D1920877

Kohlhammer

Wilhelm Körner,
Gülcan Irdem & Ullrich Bauer (Hrsg.)

Psycho-soziale Beratung von Migranten

Verlag W. Kohlhammer

Umschlag: Gestaltungskonzept Peter Horlacher
Gesamtherstellung:
W. Kohlhammer Druckerei GmbH + Co. KG, Stuttgart
Printed in Germany

ISBN 978-3-17-021410-1

Inhalt

Vorwort

Die Diskussion über Migration ist – zumindest in der seriös geführten wissenschaftlichen Diskussion – *heterogen* geworden. Über Migration wird somit differenzierter gesprochen. Die Gleichsetzung einer Bevölkerungsgruppe, etwa der türkischstämmigen, mit der gesamten Bevölkerung, die unter der Sammelbezeichnung »Migranten« zusammengezogen wird, erfolgt nicht mehr pauschal. Ganz im Gegenteil sogar, inzwischen sind die vielfältigen Unterschiede in der »Migrationsbevölkerung« in den Mittelpunkt gerückt und der Migrationsaspekt wird somit genauer gefasst. Wir sprechen von einer ersten, zweiten und dritten Generation, von Aus- und Inländern mit Migrationserfahrungen, den eigenen Migrationserfahrungen, der nah oder fern zurückliegenden Migrationserfahrung, dem Migrationshintergrund, der einen oder beide Elternteile, ganz oder auch nur teilweise betrifft. Es lassen sich aber dennoch noch immer enorme Unterschiede in der Art und Weise feststellen, in der mit der Migration umgegangen wird. Obwohl der Umgang offener und kenntnisreicher geworden ist, sind Vorurteile und Unkenntnis keinesfalls abgebaut. Und dies gilt gerade in jenen Bereichen, in denen eine professionelle Expertise gefordert wird, wenn mit Menschen umgegangen wird, bei denen dem Migrationsaspekt eine Bedeutung zugesprochen wird.

Wir haben uns im vorliegenden Band für eine sehr allgemeine Zugangsweise entschieden. Allgemein, weil wir keine Einschränkung vornehmen, die weder eine Zuspitzung der Zielgruppenfrage vorsieht noch auf einen spezifischen Beratungskontext hinweist. Diese Offenheit in der Thematisierung sehen wir v. a. deswegen als notwendig an, weil wir damit einer Thematik Raum geben, die bisher – das ist Ausweis der Problematik, dass Deutschland sich so lange nicht als Einwanderungsland verstanden hat – nur ansatzweise erschlossen wurde. Dieser Explorationscharakter bedeutet aber auch, dass wir eine Vielzahl der Bereiche der Beratung von Migranten und Migrantinnen und Personen mit Migrationshintergrund beleuchten, dabei aber keinen Vollständigkeitsanspruch erheben können. Viele der Themen sind nicht abschließend behandelt, sie dienen als Annäherung und liefern Stichworte für die Weiterbearbeitung. Das Gleiche gilt für die Umfänglichkeit der Thematik. Noch sind nicht alle Kontexte der Beratung erschlossen.

Der Vorliegende Band gliedert sich in die drei Teile (1) *Grundlagen – Migration und Beratung,* (2) *Beratung für Kinder und Jugendliche* und (3) *Beratung für Erwachsene.*

(1) Im ersten Beitrag des Grundlagenkapitels setzen sich Wilhelm Körner, Gülcan Irdem und Ullrich Bauer mit dem Thema der Migration und Beratung auseinander, wobei sie den Akzent auf Gesundheits- und Erziehungsberatung legen.

Jürgen Gerdes klärt den Interessenkonflikt zwischen den Ansprüchen der Nationalstaaten und denen der Immigrantinnen und Immigranten. Aspekte der geschlechtsspezifischen Sozialisation in konservativen muslimischen Milieus beschreiben Aladin El-Mafaalani und Ahmet Toprak. Die Repräsentation von Kultur und ihre Berücksichtigung in der Psychotherapie stellen Cinur Ghaderi und Eva van Keuk dar. Den Umgang mit Sprachbarrieren und den Einsatz von Sprach- und Kulturmittlern erläutern Jutta Bierwirth und Abdoulaye Amadou. Julia Paruch und Bernd Röhrle machen Vorschläge für eine bedürfnisgerechte Prävention psychischer Störungen bei (muslimischen) Migrantinnen und Migranten. Auf die besondere Bedeutung von Selbsthilfe für Migrantinnen und Migranten weist Emra Ilgün-Birhimeoğlu hin. Wolfgang Schrödter schließt den ersten Teil mit der Skizzierung der Notwendigkeit der Qualitätssicherung in der Beratung ab.

(2) Im folgenden Abschnitt der Beiträge gibt Jürgen Kriz zunächst einen Überblick über die Grundorientierungen in der Erziehungsberatung. Askim Müller-Bozkurt und Christian Gosberg behandeln das Verhältnis von Lese-Rechtschreib-Schwäche und Hochbegabung bei Kindern aus Familien mit Migrationshintergrund, während sich Birgit Werner mit dem Verhältnis von Rechenschwierigkeiten und Migration befasst. Joachim Schröder zeigt, dass interkulturelle Sozialarbeit eine Möglichkeit bietet, schulische Schwierigkeiten von migrantischen Kindern und Jugendlichen zu reduzieren. Aspekte von Kindesmisshandlung, -vernachlässigung und -missbrauch in Migrantenfamilien erörtert Ece Wendler. Haci-Halil Uslucan stellt Gewaltentstehung und -prävention bei Kindern und Jugendlichen und Ehsan Salehi-Jozani ein Antiaggressivitäts-Training als besondere Form der Sozialen Gruppenarbeit vor. Verschiedene Formen der Online-Beratung in der interkulturellen Jugendarbeit erläutern Kemal Bozay und Hakan Uzun.

(3) Der letzte inhaltliche Abschnitt des Bandes stellt verschiedene Themen der Beratung für Erwachsene vor: Isaac Bermejo skizziert Art und Umfang psychischer Störungen und erläutert die Konsequenzen für das deutsche Gesundheitssystem und Ruperta Matern behandelt das Themenfeld Psychosomatische Störungen und Psycho-soziale Beratung. Lösungsansätze und Herausforderungen der transkulturellen Psychotherapie beschreiben Ibrahim Özkan und Maria Belz. Havva Mazi skizziert Überlegungen zu einer möglichen bedarfs- und bedürfnisorientierten Versorgung muslimischer Patienten in der stationären Gesundheitsversorgung, Ljiljana Joksimovic konkretisiert diese Anforderungen für chronisch kranke Migrantinnen und Migranten. Ibrahim Özkan erläutert die grundsätzlichen Bedingungen für Formen der Traumabehandlung von Migrantinnen und Migranten und Jan Ilhan Kizilhan Behandlungskonzepte in Gruppenverfahren. Talibe Süzen weist auf die Themen Trennung und Scheidung als Herausforderung für Soziale Arbeit im Migrationskontext hin und abschließend erläutert Barbara Heimannsberg Grundsätze einer interkulturellen Mediation.

Wir sind froh über eine erste Sammlung von Positionen, die das Potenzial auf den Aspekt der zielgruppenorientierten Beratung sehr deutlich erkennen lässt. Wir danken allen Autorinnen und Autoren für ihre interessanten Beiträge und Herrn Dr. Burkarth vom Kohlhammer Verlag für seine Geduld mit diesem Vorhaben.

Ferner danken wir Christian Claaßen und Michael Rehder für wichtige Korrektur- und redaktionelle Arbeit.

Die Herausgeber im November 2012

Grundlagen – Migration und Beratung

Migration und Beratung – Eine eröffnende Perspektive

Wilhelm Körner, Gülcan Irdem & Ullrich Bauer

Die eröffnende Perspektive soll Grundbegriffe der Debatte erläutern und damit eine erste thematische Orientierung bieten. Wir stellen zunächst grundlegende Trends in der Betrachtung des Migrationsthemas vor und wollen exemplarisch die Bedeutung von Beratung im Rahmen von sozialen und gesundheitlichen Dienstleistungen erörtern.

1 Worüber sprechen wir, wenn wir von Migration reden?

Migration ist zu einem Querschnittsthema unserer Gesellschaft geworden. Mit der Veränderung der Bevölkerungsstruktur in den Jahrzehnten nach dem Zweiten Weltkrieg hat sich auch die gesellschaftliche Wahrnehmung von Migrationsströmen geändert. Seit inzwischen über einem Jahrzehnt versteht sich auch die Bundesrepublik als ein Einwanderungsland. Neben dem inzwischen »klassischen« Migrationstypus der Arbeitsmigration der 1950er bis 70er Jahre sind ab den 1980er Jahren die wirtschaftliche, Flucht- und Asylmigration in das Zentrum der Aufmerksamkeit gerückt, im Anschluss das Brain-Drain (die akademische Arbeitsmigration), die Heiratsmigration, der Familiennachzug und die Prostitutionsmigration (Oswald, 2007). Aktuell sprechen wir auch von Pendel- oder Transmigration und erleben damit, dass der Blick auf das Phänomen der Migration als langfristige Veränderung eines dauerhaften Wohnsitzes unscharf geworden ist. Ein individueller Wohnsitz kann demnach dauerhaft instabil sein (Bommes, 2002; Pries, 2001).

Das Statistische Bundesamt unterscheidet auf Grundlage der Berechnungen des jährlichen Mikrozensus Bevölkerungsanteile, die mit dem Begriff »Migration« verbunden werden, in inzwischen sehr differenzierter Form (Statistisches Bundesamt, 2011). Danach lassen sich Lebensbedingungen, die mit einer eigenen oder familialen Migrationserfahrung verbunden sind, wie folgt unterscheiden (► **Tabelle 1**).

Tab. 1: Ausprägungen des detaillierten Migrationsstatus (Statistisches Bundesamt, 2011, S. 7. Eigene Darstellung).

1	Deutsche *ohne* Migrationshintergrund
2	Personen *mit* Migrationshintergrund im weiteren Sinn insgesamt
2.1	Migrationshintergrund nicht durchgehend bestimmbar
2.2	Personen mit Migrationshintergrund im engeren Sinn insgesamt nach Staatsangehörigkeit einschließlich »ohne Angabe«, nach Alter oder Aufenthaltsdauer
2.2.1	Personen mit eigener Migrationserfahrung (Zugewanderte) insgesamt nach Staatsangehörigkeit einschließlich »ohne Angabe«, nach Alter oder Aufenthaltsdauer
2.2.1.1	Ausländer nach Staatsangehörigkeit, nach Alter oder Aufenthaltsdauer
2.2.1.2	Deutsche nach Staatsangehörigkeit einschließlich ›ohne Angabe‹, nach Alter oder Aufenthaltsdauer
2.2.1.2.1	(Spät-)Aussiedler nach Alter oder Aufenthaltsdauer
2.2.1.2.2	Eingebürgerte nach Staatsangehörigkeit, nach Alter oder Aufenthaltsdauer
2.2.2	Personen ohne eigene Migrationserfahrung (nicht Zugewanderte) insgesamt nach Staatsangehörigkeit einschließlich »ohne Angabe«, nach Alter oder Aufenthaltsdauer
2.2.2.1	Ausländer (2. und 3. Generation) nach Staatsangehörigkeit, nach Alter oder Aufenthaltsdauer
2.2.2.2	Deutsche nach Staatsangehörigkeit einschließlich »ohne Angabe«, nach Alter oder Aufenthaltsdauer
2.2.2.2.1	Eingebürgerte nach Staatsangehörigkeit, nach Alter oder Aufenthaltsdauer
2.2.2.2.2	Deutsche mit mindestens einem zugewanderten oder als Ausländer in Deutschland geborenen Elternteil
2.2.2.2.2.1	mit beidseitigem Migrationshintergrund
2.2.2.2.2.2	mit einseitigem Migrationshintergrund

Das Statistische Bundesamt (2011, S. 7f.) spricht von einem Anteil von 16,0 Mio. Menschen mit Migrationshintergrund. Dies sind 715 000 Personen mehr als im Jahr 2005. Im gleichen Zeitraum ist hingegen die Bevölkerung insgesamt um 561 000 Personen zurückgegangen (von 82,5 auf 81,9 Mio.), die Bevölkerung ohne Migrationshintergrund sogar noch in einem höheren Maße um 1 276 000 (von 67,1 auf 65,9 Mio.) Personen. Der Anteil der Bevölkerung mit Migrationshintergrund ist in der Folge von 18,6 % auf 19,6 % angestiegen. Dabei fällt auf, dass sich der Anteil der Bevölkerung in den unterschiedlichen Altersstufen verändert (▸ **Abb. 1**). Er verbreitert sich in den jüngeren Alterskohorten (im Altersdurchschnitt 34,6 gegenüber 45,6 Jahren), wir können somit von einer dauerhaften und nachhaltigen Implementierung des Migrationsthemas in der deutschen Bevölkerungsstruktur sprechen.

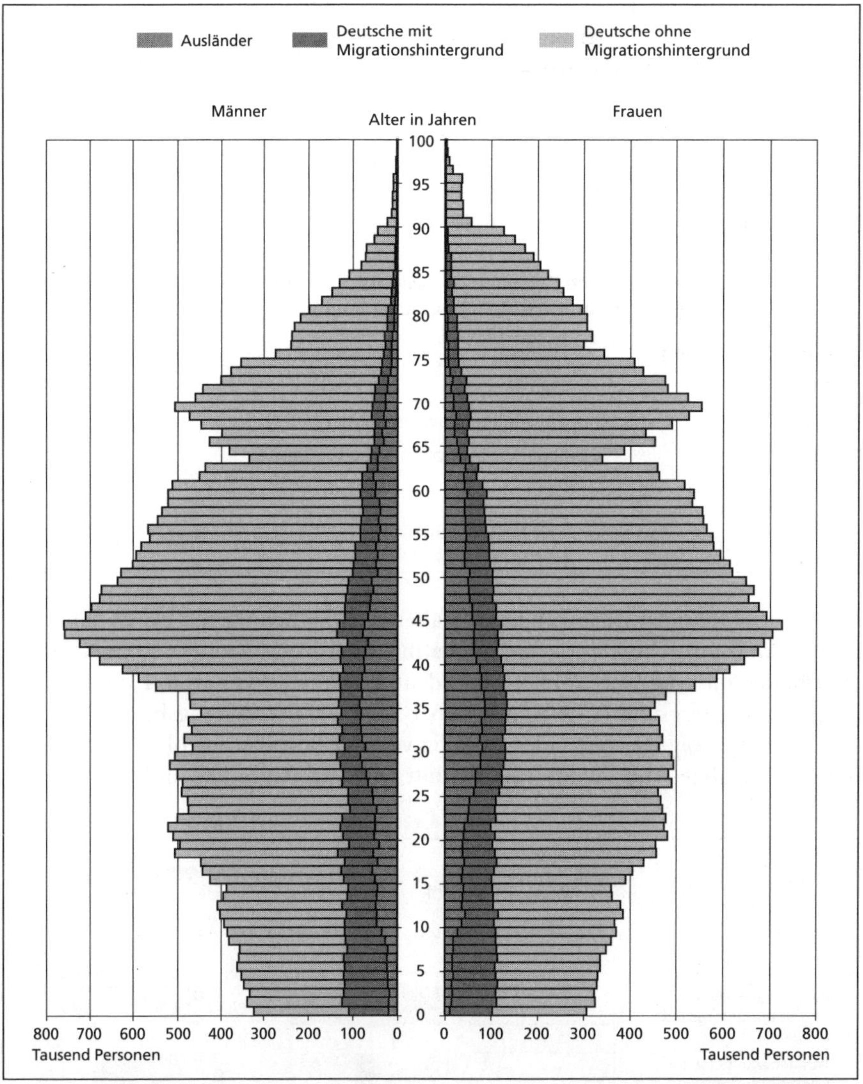

Abb. 1: Zwei Alterspyramiden, 2009, nach Migrationshintergrund, Ergebnisse des Mikrozensus (Statistisches Bundesamt, Fachserie 1, Reihe 2.2, Migration in Deutschland 2011, S. 14f.).

Von den Personen mit Migrationshintergrund machen Ausländerinnen und Ausländer (also Personen ohne deutschen Pass) 7,2 Mio. oder 8,8 % der Bevölkerung, die in Deutschland Eingebürgerten dagegen mit 8,8 Mio. oder 10,8 % der Bevölkerung mehr als die Hälfte aus (hier wie im Folgenden: Statistisches Bundesamt, 2011). Mit 10,6 Mio. stellen die seit 1950 Zugewanderten mit eigener Migrationserfahrung zwei Drittel aller Personen mit Migrationshintergrund dar. Die in Deutschland geborenen Personen ohne eigene Migrationserfahrung haben sich in ihrer Zusammensetzung verändert: Ausländerinnen und Ausländer stellen mit 1,6 Mio. weiterhin 2 % der Bevölkerung, »die Zahl der hier geborenen Deutschen mit Migrationshintergrund hat sich gegenüber 2008 aber um 189 000 auf 3,5 Mio. bzw. 4,2 % der Bevölkerung erhöht.« (Ebd., S. 7) Der europäische Herkunftskontext ist für die Migration in Deutschland quantitativ besonders bedeutsam, 70,6 % der 10,6 Mio. ausländischen oder eingebürgerten Zuwanderer kommen aus einem europäischen Land, 32,3 % von ihnen kommen aus den 27 Mitgliedsländern der Europäischen Union (► **Tabelle 2**).

Tab. 2: In Deutschland lebende Personen mit Migrationshintergrund und Herkunftsländer (Statistisches Bundesamt, 2011, S. 8. Eigene Darstellung).

Anzahl der Personen	Herkunft
3 000 000	Türkei
2 900 000	ehemalige Sowjetunion
1 500 000	Nachfolgestaaten Jugoslawiens
830 000	Italien
403 000	Griechenland
171 000	Portugal

Die ca. 10 Millionen Zugewanderten halten sich im Schnitt seit ca. 21 Jahren in Deutschland auf. Die klassische Familie mit Eltern und Kindern kommt in den Haushalten mit Migrationshintergrund deutlich häufiger vor als in Familien ohne Migrationshintergrund (57,6 % gegenüber 38,6 %). Die Bildungsbeteiligung und der Bildungserfolg weichen indes auffällig von der Bevölkerung ohne Migrationshintergrund ab (► **Abb. 2**). Im Durchschnitt 14 % der Ausländer und Personen mit

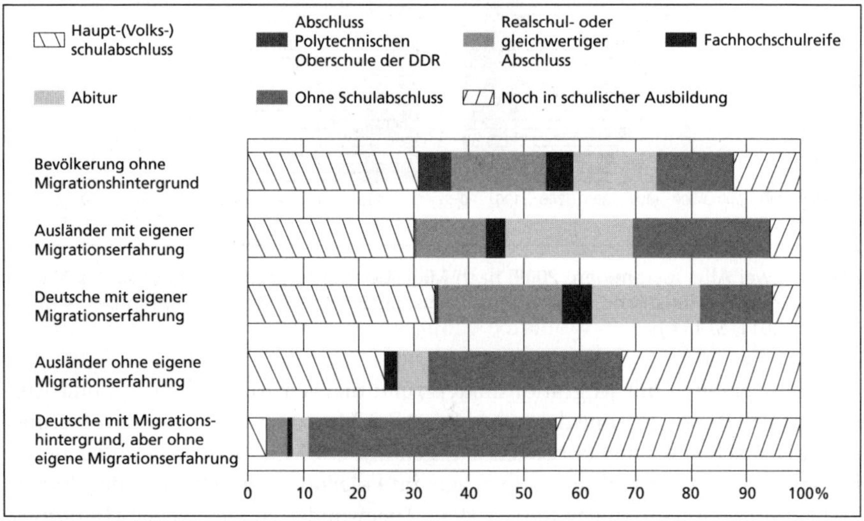

Abb. 2: Bevölkerung nach Migrationsstatus und allgemeinem Schulabschluss (Statistisches Bundesamt, Fachserie 1, Reihe 2.2, Migration in Deutschland 2011, S. 28).

Migrationshintergrund (gegenüber 2 %) haben keinen allgemeinen Schulabschluss und 45 % (gegenüber 20 %) keinen berufsqualifizierenden Abschluss. Der Mikrozensus weist zudem höhere Erwerbslosigkeitsquoten von Personen mit Migrationshintergrund (etwa doppelt so häufig) und eine höhere Quote (11,5 % gegenüber 7,0 % aller Erwerbstätigen) an Beschäftigten im Niedriglohnsektor aus (Statistisches Bundesamt, 2011, S. 28).

Differenz oder Defizit – Der Umgang mit Migration

Konstitutiv für den Umgang mit dem Thema Migration ist die Zuschreibung von spezifischen Merkmalen, die mit dem Migrationsaspekt verbunden wird. Diese erfolgt zumeist unabhängig davon, wie differenziert die Gruppe der Migrantinnen und Migranten bzw. der Bevölkerung mit Migrationshintergrund gesehen werden muss. In vereinfachender und homogenisierender Absicht werden Gruppenzugehörigkeiten zumeist unabhängig von der Aufenthaltsdauer, der Aufenthaltsmotivation und den spezifischen Lebensbedingungen in Deutschland getroffen (etwa, wenn ein Junge, der selbst, wie bereits seine Eltern, in Deutschland geboren ist, als Türke bezeichnet wird). Zu einer solchen Feststellung von Zugehörigkeit gehört an erster Stelle eine Zuschreibung von gruppenspezifischen Verhaltensweisen. Ohne hier eine vertiefende Darstellung von negativen nationalitätsspezifischen Gruppenstigmata bezüglich der Gruppen mit Migrationshintergrund vornehmen zu wollen (Madubuko, 2011; methodisch hierzu Blank et al., 2004), ist zentral, dass eine spezifische, von einer postulierten Mehrheitskultur abweichende Mentalität angenommen wird. Im Falle von Gruppen, die als Flüchtlinge und/oder als Arbeitsmigranten oder Arbeitsmigrantinnen mit wenig ökonomischen Ressourcen wahrgenommen werden und die als un- und angelernte Arbeitnehmer und Arbeitnehmerinnen (oder Transfereinkommensabhängige) am unteren Ende der sozialen Hierarchie einsortiert werden, wird diese Mentalität zumeist als unzureichend für die reibungslose Integration bestimmt. Angehörige von Migrationsgruppen sind damit nicht nur *anders;* das, was sie anders macht, wird als *defizitär* wahrgenommen und gilt damit als Auslöser für eine sozial exkludierte Lebenssituation (siehe hierfür beispielhaft die Diskussion, die als sogenannte Sarrazin-Debatte diese Vorurteilsstruktur sichtbar machte).

In der pädagogischen, bildungsbezogenen Diskussion existiert bereits seit einiger Zeit ein umfänglicher Diskurs über den professionellen Umgang mit Formen der ethnischen Stigmatisierung. Dabei wird v. a. darauf abgehoben, dass das Migrantinnen- und Migrantenbild und die damit verbundenen gruppenbezogenen Mentalitätsmerkmale einem Wandel in der Thematisierung unterliegen, der von der Kategorisierung der Andersartigkeit und der Zuschreibung eines Defizits zu einer Akzeptanz von Andersartigkeit als Differenz führt. Thomas Geier (2011) hat die Ansätze in der Pädagogik zusammengestellt, die den Umgang mit Migration im Bereich der formellen Bildung kennzeichnen. Hiernach ist zunächst das Prinzip einer *Ausländerpädagogik* vorherrschend, bei der das Andersartige der Migrantinnen und Migranten und ihrer Kinder in den Vordergrund gestellt wird. Hierbei steht zugleich das Dogma der Rückkehr der Migrantinnen und Migranten in ihre

Herkunftsländer im Zentrum und die Frage der Gemeinsamkeit von identitätsstiftenden Werten bzw. der Gleichwertigkeit der Kulturen wird nicht gestellt. Erst in der nachfolgenden Phase einer multi- und interkulturellen Pädagogik (seit den 1980er Jahren) wird indes auf die Gleichwertigkeit der kulturellen Identität (unter dem Primat der/des bleibenden Migrantin und Migranten) abgehoben. Das Besondere ist dabei, dass trotz der Orientierung auf Gleichwertigkeit und der Akzeptanz der Bleibebedingung die Vorstellung einer grundsätzlichen Andersartigkeit der Migrationsbevölkerung nicht aufgegeben wird. Auch wenn damit also ein Wandel in der Akzeptanz jener wachsenden Bevölkerungsgruppen mit Migrationshintergrund einhergeht, wird die Annahme einer grundsätzlichen Fremdheit nur positiver konnotiert, nicht aber aufgehoben.

Die Analogie zur Behandlung der Migrationsthematik im Bildungsbereich kann künftig zu einer besonderen Form der Sensibilisierung für den Gegenstandsbereich der Beratung führen: Beratung muss danach zum einen zielgruppenspezifisch ausgerichtet werden. Zum anderen darf Zielgruppenspezifität nicht bedeuten, dass Vorurteile über bestimmte Mentalitätsmuster naturalisiert, also auf Dauer gestellt und damit als unabänderlich mit einer ethnischen Zugehörigkeit verbunden werden. Dies wird einer jeweils besonderen und damit notwendig individuellen Situation der Ratsuchenden (etwa im Falle eines Migrationshintergrunds in der zweiten und dritten Generation, einer »geteilten« Zugehörigkeit bei Kindern von Eltern mit unterschiedlicher Migrationsherkunft, der Heterogenisierung von Migrationsmilieus etc.) nicht gerecht.

2 Worüber sprechen wir, wenn wir von Beratung reden?

Der Beratungsdiskurs hat eine in den vergangenen Jahrzehnten ebenso steile Karriere erlebt wie der Migrationsdiskurs. Im Vergleich zu verwandten Konzepten wie Information, Aufklärung und Begleitung hat der Beratungsbegriff dabei eine disziplinübergreifende Bedeutung erhalten. Weder in der Psychologie noch in der Medizin, der Sozialpädagogik, der Sozialen Arbeit oder der Erziehungswissenschaft ist das Feld Beratung als ein Alleinstellungsmerkmal situiert. Vielmehr ist die abgrenzende Bedingung die Professionalisierung der Beratungstätigkeit:

> Geht es um Beratung, so kann es ein erstes Anliegen sein, Beratung von Alltagsgesprächen zu unterscheiden. Beratung wird dann als eine Sonderform zwischenmenschlicher Kommunikation verstanden [...]. Situationen der Beratung sind gekennzeichnet durch die Anwesenheit eines Beraters und seine Bereitschaft, Zeit, Aufmerksamkeit und Respekt bereitzustellen. Beratung geschieht in einer besonderen Beziehung [...]. Offen bleibt, woran wir Aufmerksamkeit und Respekt festmachen, was das Anliegen des Klienten ist und welche Bedeutung Fachwissen des Beraters hat. (Steinebach, 2006, S. 12)

Spätestens seit Mitte der 1970er Jahre wird von Beratung erwartet, dass sie dem Alltag und der Lebenswelt ihrer Klientinnen und Klienten gerecht wird. Beratung ist hiernach »eine vielgestaltige, sich ständig verändernde und durch viele interne und externe Einflussfaktoren bestimmte professionelle Hilfeform. Sie unterstützt in variantenreichen Formen bei der Bewältigung von Entscheidungsanforderungen, Problemen und Krisen und bei der Gestaltung individueller und sozialer Lebensstile und Lebensgeschichten« (Nestmann et al., 2004, S. 599). Eine Ausgrenzung und Parzellierung von Problemlagen aus dem jeweiligen Kontext

> ist seitdem eines der zentralen Beratungs- und Handlungskonzepte [...], mit dem sich Expertokratie und Psychologielastigkeit von Beratung kritisieren lassen [...]. An den Rändern der Psychologie und mit deutlicher Nähe zur Soziologie entstand zudem in den 70er Jahren der Begriff ›psychosozial‹. Hierunter ließen sich Konzepte zusammenfassen, die am Zusammenhang von psychischen Problemen (wie Depression) und sozialen Phänomenen (wie Armut oder Arbeitslosigkeit) ansetzten und hierzu beratende Vorgehensweisen vorschlugen. (Engel & Sickendiek, 2004, S. 35)

Der bezeichnete Zusammenhang zwischen psychischen und sozialen Problemen scheint – noch immer – eines der innovativsten Elemente im Beratungsdiskurs zu sein. Hinzu tritt eine Diversifizierung von Praxisfeldern und Methoden der Beratung, auf die sich die Diskussion der kommenden Jahre u. E. im Besonderen konzentrieren wird. Im Folgenden wollen wir in zwei Feldern diese unterschiedlichen Zugangsweisen exemplarisch vorstellen. Die nur kursorische Vorstellung der Gesundheitsberatung soll dazu dienen, die Figur des Klienten als Coproduzenten seiner eigenen Gesundheit einzuführen, womit der Patient als aktiver Akteur im Verhältnis von Professionellen und Klienten gesehen wird. Die Gesundheitsberatung steht hierfür u. E. besonders stellvertretend und das davon ausgehende Verständnis der Klientenbeteiligung (das sowohl von institutioneller als auch aus bedarfsorientierter Sicht gewünscht wird) ist in allen Beratungsfeldern wiederzufinden. Die Konstitutions- und Praxisbedingungen im Bereich der Erziehungsberatung werden umfangreicher vorgestellt. Hiermit kann ein einführender und gleichzeitig vertiefender Blick auf das große Handlungsfeld psycho-sozialer Beratung gegeben werden.

2.1 Beratung im Bereich der gesundheitlichen Versorgung

Die gesundheitliche Beratung hat in den vergangenen Jahren einen besonderen Stellenwert erhalten, weil ein Wandel im Krankheitspanorama ihren Stellenwert in der gesundheitlichen Versorgung verändert hat. Dieser Wandel ist v. a. durch einen höheren Stellenwert der langandauernden und behandlungsintensiven gegenüber Akuterkrankungen mit kurzer Behandlungsdauer gekennzeichnet. Die sogenannten chronischen oder chronifizierten Erkrankungen bestimmen seit dem ausgehenden 20. Jahrhundert das Krankheitsspektrum in den industrialisierten Ländern. Unveränderbare Beeinträchtigungen kennzeichnen sie ebenso wie ein mit der Zeit wachsender Hilfe- und Versorgungsbedarf. Doch trotz der seit mehr als zwei Jahrzehnten geführten Diskussion über den Wandel des Krankheitspanoramas und die aus ihm resultierenden Anpassungserfordernisse stehen einer bedarfsgerechten Versorgung bei chronischer Krankheit nach wie vor zahlreiche Defizite entgegen (SVR, 2000/2001; Schwartz et al., 2003; Hurrelmann et al., 2006; Schaeffer &

Moers, 2003; von Ferber & Behrens, 1997). Sie zeigen sich u. a. (1) im Festhalten an einem traditionalen Rollenverständnis des Patienten, der überwiegend als passiver Leistungsempfänger betrachtet wird, der kaum Informationen zu seinem Krankheitsbild benötigt. Noch immer wird er damit nicht als Coproduzent seiner Gesundheit und damit als aktive Nutzerin und aktiver Nutzer (Donabedian, 1992; Schaeffer et al., 2005) im Gesundheitswesen mit einem hohen Informations- und Beratungsbedarf erkannt (hierfür steht ein gewandeltes Krankheitsverständnis Pate, das den Patienten als rein passiven Leistungsempfänger nicht mehr akzeptiert). Noch deutlicher werden diese Defizite (2) bei der Information, Beratung und Edukation chronisch Erkrankter (Dierks et al., 2001; Müller-Mundt, 2005; Schaeffer & Schmidt-Kaehler, 2006) – ein Bereich, der angestoßen durch die Gutachten des Sachverständigenrats für die Entwicklung im Gesundheitswesen (SVR, 2000/2001, 2003, 2005) immer mehr Beachtung finden muss. Inzwischen setzt sich damit auch in Deutschland die Erkenntnis durch, dass es speziell für chronisch Erkrankte neuer Formen der kommunikativen Unterstützung bedarf, um die Patienten zu befähigen, ein höheres Maß an Autonomie, Eigenverantwortung und Nutzungskompetenz zu entfalten.

Patientenedukation, Kompetenzförderung, Empowerment, Selbstmanagementunterstützung, Patienteninformation und -beratung inklusive neuer Informationsmedien bezeichnen Konzepte, die für differente Patientengruppen und Versorgungskontexte fruchtbar zu machen versucht werden (Barlow et al., 2002; Bauer et al., 2005; Ewers et al., 2006). Es existiert Übereinstimmung darin, dass diese Konzepte prinzipiell dafür geeignet sind, den im Bereich der kommunikativen Unterstützung bestehenden Bedarf im Versorgungswesen zu decken. Dafür sprechen auch die Ergebnisse der vorliegenden Untersuchungen, die betonen, dass chronische Erkrankungen mit einem hohen Bedarf an Information und Beratung einhergehen (Beverley et al., 2004; Schaeffer, 2004, 2006). Auf Basis dieser Studienlage kann heute vermutet werden, dass der Informationsbedarf sehr facettenreich ist, er zyklisch virulent wird und je nach Phase des Krankheitsverlaufs variiert. Allein in der Phase der Abklärung und Mitteilung der Diagnose entstehen zahlreiche Fragen und Unsicherheiten bei den Erkrankten (Corbin & Strauss, 2004; Schaeffer et al., 2003) und dies setzt sich anschließend bei der Entscheidung über geeignete Behandlungsmethoden/-instanzen und der dazu notwendigen, oft schwierigen Informationsbeschaffung fort (Dierks & Schaeffer, 2005; Klemperer, 2003; Sawicki, 2005). Nicht weniger viele Fragen treten in den folgenden Phasen des Krankheitsverlaufs auf, wenn es z. B. darum geht, eine Umgangsweise mit dem meist komplexen Therapieregime oder mit negativen Begleiterscheinungen chronischer Krankheit (wie körperlicher Beeinträchtigung/Behinderung, Schmerz, Medikamentennebenwirkungen, Angst, Unsicherheit, Hilflosigkeit) zu finden. Auch wenn das Alltagsleben an die Krankheit anzupassen oder aber die Versorgung (neu) zu organisieren ist und u. a. finanzielle und versicherungs- bzw. sozialrechtliche Probleme abzuklären sind, entstehen zahlreiche Fragen und Beratungsanliegen. Ähnlich ist es in den späteren Phasen chronischer Krankheit, denn zumeist steigert sich dann die Wechselhaftigkeit des Krankheitsverlaufs, verdichten sich die Versorgungsherausforderungen und nehmen an Komplexität zu (Ewers & Schaeffer, 2005).

Exemplarisch deutet dies bereits an, dass der Informations- und Beratungsbedarf bei chronischer Krankheit keinen punktuellen und gleichförmigen Charakter hat, sondern sich in den unterschiedlichen Phasen immer wieder neu und anders darstellt. Es ist durchaus anzunehmen, dass diese hohe Variabilität der Bedarfsausprägung durch die Varianz der Unterschiedlichkeit in den Patientenmerkmalen noch erhöht wird. Für den Präventions- und Pflegebereich kann dies bereits bestätigt werden (Bauer & Büscher, 2008; Bauer et al., 2012). Gleichzeitig herrscht über quantitative und qualitative Dimensionen dieses Bedarfs weithin Unklarheit, weil national wie international Studien zum Informations- und Beratungsbedarf aus Patientensicht immer noch kaum vorhanden sind. Dies gilt insbesondere für den Beratungsbedarf aus der Sicht von Patientinnen und Patienten mit Migrationshintergrund. Entsprechend machen die vorliegenden Befragungen der Nutzer und Nutzerinnen von Angeboten der Patientenberatung eine weitere Problematik sichtbar. Ihnen zufolge stoßen die vorhandenen Angebote zur Patienteninformation und -beratung zwar insgesamt auf große Resonanz, erreichen aber längst nicht alle Patientengruppen (Dierks & Seidel, 2006). Verantwortlich dafür ist primär, dass sie meist einer zu unklaren Zielgruppenkonzeption folgen, die über epidemiologische Realitäten hinweggeht. Zudem widmen bestehende Angebote ressourcenschwachen Patientengruppen zu wenig Beachtung (Seidel & Dierks, 2005): Zu den Nutzern gehören überwiegend junge Erwachsene und die bereits relativ gut informierten, zumeist weiblichen Mittelschichtsangehörigen. Menschen aus unteren sozialen Schichten und bildungsfernen Milieus, ebenso Migrantinnen und Migranten, Behinderte, Männer im Erwachsenenalter und Hochaltrige sind bislang unterrepräsentiert und gelten als schwer erreichbar. Dies bezeichnet eine Feststellung, die sich daran stößt, dass der Kenntnisstand über den Bedarf dieser Zielgruppen, die sich nach Alter, Geschlecht, Bildung, Ressourcensituation oder allgemein milieuspezifischen Lebensbedingungen unterscheiden, gering ist. Dies bestätigen insbesondere auch internationale Studien.

So ist nicht erstaunlich, dass die neu entstandenen Angebote zur Patientenberatung chronisch Erkrankte und insbesondere die ressourcenschwachen Gruppen unter ihnen nicht erreichen. Wie wichtig dies indes ist, zeigen Befunde zur Krankheitslast. Sie verweisen darauf, dass gerade diese Gruppen über geringere Nutzungskompetenzen verfügen und ihnen somit die Navigation durch die komplexen und mitunter intransparenten Strukturen des Versorgungswesens schwerer fallen (Geyer, 2001; Schaeffer, 2004; Bauer et al., 2005). Zusammenfassend betrachtet deutet der skizzierte Forschungsstand zum Thema der Gesundheitsberatung somit auf eine Schieflage zwischen Bedarf und Nutzungsmöglichkeiten hin – eine Entwicklung, die auch aus anderen Versorgungsbereichen bekannt ist und dort inzwischen als Folge einer Fehlausrichtung der Angebotsstruktur betrachtet wird (SVR, 2003). Ähnlich unvollständig ist die Befundlage dazu, wie sich die zielgruppenspezifischen Bedarfsprofile ressourcenschwacher und schwer erreichbarer Patientengruppen darstellen. Dies gilt insbesondere für Ansätze, die materielle Aspekte der Ressourcenausstattung mit einer kultursensiblen und mentalitätsbezogenen Analyse verbinden. Dieses Defizit wiegt besonders schwer, weil ressourcenschwache Gruppen, obwohl sie überproportional von chronischen

Erkrankungen betroffen sind, über geringere Potenziale zur Krankheitsbewältigung verfügen (Bauer et al., 2005; Rosenbrock & Michel, 2007).

2.2 Merkmale und Rahmenbedingungen der Erziehungsberatung

Autoren und Autorinnen, die sich mit Erziehungsberatung befassen, verzichten auf eine Definition und verweisen dafür auf ihre gesetzliche Verankerung (Körner & Hörmann, 1998; Körner & Hensen, 2008) sowie auf ihre über 100-jährige Geschichte (Hörmann & Körner, 2008 b), die somit eine Definition überflüssig machen: Erziehungsberatung sei mit über 1000 Beratungsstellen ein etabliertes Angebot im psycho-sozialen Bereich. Allenfalls befassen sie sich mit der Abgrenzung von Psychotherapie und Beratung (z. B. Hensen & Körner, 2005; Steinebach, 2006), die wir für wenig ergiebig halten, da diese Diskussion seit ca. 30 Jahren (Nestmann, 1984) ohne nennenswerte Ergebnisse geführt wird: Psychotherapie ist im Rahmen der Erziehungsberatung auch ohne Approbation gesetzlich erlaubt (vgl. Winkler, 2008). Wir skizzieren im Folgenden Rahmenbedingungen und Merkmale von institutionalisierter Erziehungsberatung und Aspekte ihrer interkulturellen Öffnung. An anderer Stelle wird das Leistungsspektrum der Erziehungsberatung (EB) ausführlich vorgestellt (Körner & Hörmann, 1998, 2000; Hörmann & Körner, 2008 a). In diesem Band gibt Kriz einen Überblick über ihre wichtigsten (Beratungs-)Methoden.

Eine Erziehungsberatungsstelle ist eine spezialisierte Facheinrichtung der Jugendhilfe, die ihre Aufgaben auf der gesetzlichen Grundlage gemäß § 28 SGB VIII in der Verbindung mit der Zugangsvoraussetzung des § 27 SGB VIII wahrnimmt. Mit der Einführung des Kinder- und Jugendhilfegesetzes im Jahre 1990 und dem Wirksamwerden als Achtes Buch des Sozialgesetzbuches ab dem 01. 01. 1991 wurde die Erziehungsberatung erstmals zum ausdrücklichen Pflichtangebot der Jugendhilfe.

Das Beratungsangebot soll Kindern, Jugendlichen, Eltern und anderen Erziehungsberechtigten bei der Klärung und Bewältigung individueller und familienbezogener Probleme und deren Ursachen helfen. Um dieses Angebot sicherzustellen und aufrechtzuerhalten, sieht der Gesetzgeber vor, dass Fachkräfte verschiedener Fachrichtungen zusammenarbeiten, die mit unterschiedlichen methodischen Ansätzen vertraut sind.

Ein erweiterter Handlungsauftrag für die EB kann aus gesellschaftlichen Veränderungsprozessen abgeleitet werden: Die Zahl der jungen Menschen, die vor dem Hintergrund des ökonomischen Paradigmas als »nicht produktiv« eingestuft werden oder nicht in sog. »normale« Erwerbsbiografien integriert werden können, wächst zusehends.

Sozialräumliche Öffnung der Erziehungsberatung

Die programmatische Wende des von Thiersch (1992; vgl. auch Thiersch, 2004 a, 2004 b) vorgestellten Konzepts der Alltagsorientierung hat sich im Ergebnis als »Lebensweltorientierung« in vielen Bereichen der Jugendhilfe durchgesetzt. Daran angelehnt sind sozialpädagogische Beratungsansätze, die fernab von individuumszentrierten Aufträgen direkt an dem Lebensraum (Lewin, 1963) und der Lebenswelt (Schütz & Luckmann, 1975) ansetzen. Die Unbestimmtheit und unmittelbare Einbettung sozialpädagogischer Beratung in Alltagszusammenhänge wird in verschiedenen Erbringungskontexten deutlich (z. B. im Bereich der Sozialen Dienste oder der Gemeinwesen- und Stadtteilarbeit). Gleichzeitig gewinnt in diesem Zusammenhang der sozialräumliche Blick vor dem Hintergrund der (Um-)Gestaltung der sozialpädagogischen Infrastruktur eine große Rolle.

Die institutionelle Erziehungsberatung war und ist von diesen Entwicklungen betroffen und steht in der aufkommenden Öffnungsdiskussion teilweise in der konzeptionellen Kritik. Gefordert wird vermehrt die Übernahme sozialräumlicher Handlungs- und Beratungskonzepte, ohne die traditionelle und notwendige Einzelfallberatung und Therapie zu vernachlässigen.

> Diese Form der Beratung, die entsprechend der Tradition sozialpädagogischen Handelns in Anspruch nimmt, Alltagsprobleme einerseits unverkürzt, andererseits aber professionell anzugehen, definiert ihre Aufgabe u. a. als eine an sozialen Situationen und am Handeln von Betroffenen ausgerichtete gemeinsame Erforschung von Problemen und Problembezügen. (Nestmann & Sickendiek 2001, S. 147)

Einige Erziehungsberatungsstellen sind diesen Weg mitgegangen, das zeigen die ausdrücklich sozialraum- und stadtteilorientierten Beratungsstellen (z. B. Hartwig et al., 2006), wobei zwischen Sozialraumorientierung und Lebensweltorientierung analytisch unterschieden werden muss. Merchel (2001, S. 372) differenziert im Folgenden: Der Begriff der Lebensweltorientierung nehme das Individuum als Ausgangspunkt und beschreibe somit einen begrenzten – individuell flexiblen – Blickwinkel. Sozialraumorientierung vermittele demgegenüber eine Perspektive auf die Infrastruktur und komme dem nahe, was Lewin mit dem Begriff des Lebensraumes beschrieben hat. Sei im Bereich der Lebenswelt die Perspektive des Individuums nicht immer vollständig, so zeige sich der Blick auf den Sozialraum ebenso räumlich eingeschränkt. Für die Beratung bedeute diese Unterscheidung, dass beide Perspektiven einbezogen werden sollten: Während Kinder z. B. stärker auf das unmittelbare Umfeld (Sozialraum) bezogen seien, könne man bei Jugendlichen eine deutliche Ausweitung des Aktionsradius' feststellen sowie eine Erweiterung individueller und selbstreflexiver Deutungsmuster ihrer Lebenswelt. Zusammenfassend stellt Merchel fest:

> Tendenziell verweist der Begriff ›Lebensweltorientierung‹ stärker auf das methodische Handeln im Einzelfall, bei dem auch die im Sozialraum vorhandenen Unterstützungspotenziale erfragt und in ihrer Bedeutung für die individuelle Lebenswelt genutzt werden sollen. Demgegenüber bündelt sich im Begriff der ›Sozialraumorientierung‹ stärker die Gestaltung des infrastrukturellen Rahmens, wobei für eine Sozialraumgestaltung eine – wenn möglich, systematisch geplante und praktizierte – Ankoppelung an die Erkenntnisse zu den Lebenswelten der Sozialraumbewohner gewährleistet werden sollte. (2001, S. 373)

Hundsalz (2003, S. 200) beobachtet in diesem Zusammenhang eine an vielen Stellen einsetzende Trendwende zur Alltags- und Lebensweltorientierung im Bereich der institutionellen Erziehungsberatung und beschreibt auf der Grundlage der Forschungsergebnisse von Kurz-Adam (1995) sogar eine Abkehr von den traditionellen Therapieschulen.

Lebensweltorientierte Beratung ist eine Form der Beratung, die Menschen in ihren Verhältnissen (vgl. Röhrle, 2004; Thiersch, 2004 b), in ihren Ressourcen (Nestmann, 2004), ihren vorenthaltenen Partizipationschancen und ihren Schwierigkeiten des Alltags sieht. Das Konzept Lebensweltorientierung fokussiert auf das genaue Betrachten der jeweiligen konkreten Situation. Lebensweltorientierung thematisiert die soziale Praxis der Adressatinnen und schaut, welche Bewältigungsmöglichkeiten der Subjekte durch sie zur Verfügung stehen. Die zentralen Arbeitsorientierungen dieses Berufsfeldes sind Ganzheitlichkeit, Subjektorientierung, Parteilichkeit und die Hervorhebung von Stärken.

Erziehungs- und Familienberatung erscheint als umfassende Unterstützungsinstanz zur Lösung individueller Probleme. Hierzu gehört auch die Hinwendung zu marginalisierten Zielgruppen, die häufig nur in geringerem Maße von anderen freiwilligen Angeboten (z. B. der Familienbildung und -förderung, Beratung etc.) als andere Bevölkerungsgruppen profitieren. Die Lebensrealität sozial benachteiligter Akteure und Familien im Gemeinwesen wird daher zunehmend als Interventionsziel psycho-sozialer Aktivitäten identifiziert. Um diese Zielgruppen zu erreichen, wird seit einiger Zeit die Strategie verfolgt, niederschwellige Beratungsangebote zunehmend im Sozialraum und der Lebenswelt ihrer Bewohner und Bewohnerinnen anzusetzen. So hat die EB mit ihrer Niedrigschwelligkeit »eigentlich einen unschätzbaren Vorteil gegenüber Privatpraxen oder Hilfen zur Erziehung mit stärkeren Zugangskontrollen« für eine gute Basis zur Beratung von Migrantinnen und Migranten (Friese, 2006, S. 62).

Grob lässt sich das Beratungsangebot wie folgt einteilen (für eine ausführliche Übersicht siehe Körner & Hörmann, 1998, 2000), in einen

- *diagnostischen Bereich* (z. B. Leistungstests, Test zur Schulreife, LRS, Dyskalkulie, psychomotorische Störungen etc. Anamnese, Exploration, Verhaltensbeobachtung),
- *beraterischen Bereich* (z. B. bei Leistungsschwächen, Schullaufbahnberatung, Mediation, Vermittlung anderer Hilfsangebote, Aufzeigen erzieherischer Methoden, Begleitung etc.) und in einen
- *psychotherapeutischen Bereich* (z. B. Verhaltenstherapie, Gesprächspsychotherapie, systemische Ansätze, Kinder- und Spieltherapie oder analytische Ansätze etc.).

Kritische Einschätzungen der Rahmenbedingungen der EB und ihrer Modernisierungstendenzen finden sich bei Abel (1998) und Gröll et al. (1998).

2.3 Zugangsbarrieren und interkulturelle Öffnung

Wie bereits erwähnt steigt die Zahl der Migrantinnen und Migranten an der bundesdeutschen Bevölkerung. Aus der Perspektive der EB ist es zentral, zu erfahren, wie viele Kinder mit Migrationshintergrund in Deutschland leben (und wie viele davon eine EB in Anspruch nehmen). Hier zeigt sich ein prozentualer Zuwachs an der Gesamtzahl der Kinder und Jugendlichen in Deutschland und eine relativ geringere Abnahme an den absoluten Zahlen:

> Etwa 4 Mio. der insgesamt 13,1 Mio. Kinder und Jugendlichen in Deutschland haben einen Migrationshintergrund (2005: 4,1 von 14,4 Mio.). Das entspricht einem Anteil von 30,9 % (2005: 28,5 %). Während der Anteil von Kindern mit Migrationshintergrund in den 14 größten Städten Deutschlands (mehr als 500 000 Einwohner) besonders hoch ist (46 %), liegt er in kleinen Gemeinden mit weniger als 5000 Einwohnern nur bei 13 %. Bei den unter Fünfjährigen macht die Gruppe der Kinder mit Migrationshintergrund inzwischen 34,9 % aus. (Migration und Bevölkerung, 8/2011)

Dagegen kamen von den insgesamt 314 045 in der EB Rat Suchenden des Jahres 2010 68 070 (ungefähr 21,7 % aller Klienten) aus einer Familie, in der mindestens ein Elternteil ausländischer Herkunft war, und in 25 857 Familien (8,2 %) wurde vorrangig nicht deutsch gesprochen (vgl. Statistisches Bundesamt Deutschland, Pressemitteilung Nr. 341 vom 19. 09. 2011). Es gibt zahlreiche Erklärungen für diese relativ geringere (gemessen an ihrem Anteil an der Gesamtbevölkerung und in Relation zur Anzahl aller Kinder und Jugendlichen) Inanspruchnahme der EB durch Migrantinnen und Migranten (Veneto-Scheib, 2003; Friese, 2006; Ministerium für Generation, Familie, Frauen und Integration des Landes Nordrhein Westfalen, 2006). Friese vermutet sogar, dass die EB Zugangsbarrieren für Migrantinnen und Migranten aufgebaut habe: »Die Zahlen sprechen dafür, dass Erziehungsberatung für die Population der Migrantenfamilien keineswegs niedrigschwellig ist, sondern offensichtlich Zugangsschwellen errichtet oder aufrecht erhalten hat« (Friese, 2006, S. 59).

Wir zitieren im Folgenden die Zusammenfassung von Gaitanides (o. J.), da sie die ausführlichste Zusammenstellung ist. Der Autor unterscheidet nach Hindernissen bei den *Migrantinnen und Migranten* und bei den *Expertinnen und Experten* und hält letztere für relevanter. Auf der Seite von Migranten macht er folgende Zugangsbarrieren aus:

- »Informationsdefizite über Vorhandensein, Struktur und Nutzwert der Angebote
- Sprachliche Verständigungsschwierigkeiten
- Mangelhaftes Vertrauen in die interkulturelle Verständigungsmöglichkeit
- Erwartung von Vorurteilen gegenüber Migrantinnen und Migranten und Mangel an Akzeptanz
- Kulturell vermittelte Tabus (Scham, Familienehre, Angst vor Stigmatisierung)
- Traditionelle Symptomdeutung: externe Verursachung und geringes Bewusstsein von eigenen ›inneren‹, psychischen Anteilen (magische Deutung, Unfälle, Schicksalsschläge, sozialer Stress usw.)
- Soziokulturell vermittelte hohe Leidensbereitschaft und Stolz

- Vorbehalte gegenüber fremdkulturellen ethischen Positionen der Beratungsdienste, Unterstellung von Kolonialisierungsabsichten (hetzen die Kinder gegen die Eltern, die Frauen gegen die Männer)
- Mittelschichtenorientierte Beratungsansätze (nondirektive Gesprächsführung und Erarbeitung von Lösungen durch Selbstreflexion erscheint u. U. als Inkompetenz oder Mangel an Engagement), geringe Erwartungen an eine rein psychologisch- personalisierende Beratung (folgenlose ›Labertherapie‹, wenig lebenspraktische Hilfe)
- Spezialisierte Problemlösungsbearbeitung bzw. Delegation von Teilproblemen an andere Einrichtungen wird als Zurückweisung erlebt
- Behörden- und Institutionen-Angst (einschließlich der Angst vor ausländerrechtlichen Folgen)
- [...] Barriere ›christlicher Tendenzbetrieb‹« (Gaitanides, o. J.).

Der Autor identifiziert als »wichtigste interaktive Ausgrenzungsmechanismen von Seiten der MitarbeiterInnen« folgende:

- »Nationalistische Verteidigung sozialstaatlicher Privilegien (vereinzelt)
- Abweisende Hilfe durch ethno- und sozio-zentrische Ressentiments
- Überbetonung und klischeehafte Generalisierung kultureller Unterschiede (Verkennung der Individualität und Reduktion der Handlungsspielräume durch defizitäre Zuschreibungen)
- Verunsicherung, Irritation und Auslösung von Ängsten und Ressentiments durch Fremdheit der Wahrnehmungen
- Aktivierung und Abwehr verdrängter kollektiver Schuldgefühle (v. a. wenn die ›Ausländerfeind!‹-Karte gezogen wird)
- Abwehr durch Kompetenzverlustängste (Annahme, dass im Umgang mit der Migrantenklientel die erworbenen Qualifikationen entwertet werden und dass die erlernten Methoden versagen)
- Furcht vor Mehrbelastung durch eine besonders ›schwierige‹ und ›belastete‹ Klientel
- Entlastung durch Delegation an Sonderdienste
- Colour-blindness – Ignorieren der kulturellen Differenz, sozialpsychologischer und struktureller Ausgrenzung. Wir behandeln alle gleich!« (Gaitanides, o. J.).

Nach Afane (2002) erfordert die Beratung von Migranten ein hohes Maß an Kenntnissen über Gründe der Ein- und Zuwanderung, über die politischen, gesellschaftlichen und strukturellen Bedingungen im Herkunftsland. Um den Menschen in ihrer Lebenswelt zu begegnen, bedarf es Einfühlungsvermögen und Sensibilität. Die Reflexionsfähigkeit des Beraters in seinen eigenen Grundeinstellungen zu Fremdheit, Toleranz und Vorurteilen ist die Voraussetzung des Gesprächs auf gleicher Augenhöhe.

2.4 Interkulturelle Öffnung und interkulturelle Kompetenzen

Hier sollen die Möglichkeiten einer interkulturellen Perspektive in der Erziehungsberatung umrissen werden. Zur Vertiefung des Themas sei z. B. auf Mecheril (2004) verwiesen.

Interkulturelle Öffnung betrifft sowohl die *Außenbezüge* der Familienberatung als auch die *Binnenstruktur* der Einrichtung. Ausgehend von den identifizierten Barrieren auf Seiten der zugewanderten Familien wie auch der Einrichtungen selbst sind die entsprechenden Ansatzpunkte für eine Umsteuerung zu wählen. Eine wichtige Voraussetzung für die praktische Umsetzung einer interkulturellen Öffnung ist die Übersicht über die jeweiligen regionalen Gegebenheiten. Dies bedeutet, dass die relevanten Einrichtungen und Dienste im Kontext der Jugendhilfeplanung analysiert werden müssen. Das Ministerium für Generation, Familie, Frauen und Integration des Landes Nordrhein Westfalen (2006) erklärt, dass »Umsteuerung« die »Einflussnahme auf das Vernetzungsgerüst vor Ort« bedeutet. Seitens der Familienberatung sollte darauf hingewirkt werden, dass Einrichtungen und Dienste, die Migrantenfamilien beraten, die Bedürfnisse und Bedarfe von Kindern und Jugendlichen aus zugewanderten Familien kontinuierlich thematisieren. Interkulturelle Öffnung der Familienberatung sollte Bestandteil der örtlichen Jugendhilfeplanung sein. Hinz-Rommel (2000) argumentiert, dass seit Beginn der 1990er Jahre intensiv die interkulturelle Öffnung der sozialen und psycho-sozialen Dienste gefordert wird, um Leistungen und Angebote besser auf die Lebenssituation und die Bedarfslagen der Zielgruppen auszurichten. Schuch (2003) hingegen betont, dass eine Öffnung der sozialen Regeldienste auch deshalb als notwendig angesehen wird, weil die bestehenden, an einzelnen Nationalitäten ausgerichteten Sonderdienste der Heterogenität der heutigen Migrationsbevölkerung und der Vielschichtigkeit ihrer Problemlagen immer weniger gerecht werden.

Laut Pavcovic (2004) galt die Beschäftigung einzelner muttersprachlicher Fachkräfte in Beratungsstellen zwar als Fortschritt, der dazu geführt habe, dass sich der Zugang entsprechender Familien vervielfältigte. Dies führte jedoch kaum zu einer interkulturellen Öffnung für andere Migrantengruppen oder zu einer nachhaltigen Steigerung der interkulturellen Kompetenz bei allen Team-Mitgliedern (Nestmann, 1999).

Die Existenz von zusätzlichen Sprachkompetenzen ist eine *notwendige*, aber *keine hinreichende* Voraussetzung für die interkulturelle Öffnung und Qualifizierung der Beratungsdienste. »Ein professionelles Beratungsgespräch wie auch der sich über mehrere Kontakte hinziehende Beratungsprozess verlangen fachliche Kompetenzen bezogen auf die jeweilige Fragestellung, die Klientinnen und Klienten vorbringen. Professionelle Berater und Beraterinnen müssen also über Fachwissen verfügen« (Pavkovic, 2004, S. 34 ff.).

Rezapour und Zapp (2011, S. 70 ff.) weisen bei den Grundlagen interkultureller Kommunikation auf *Hotspots*, *Hottopics* und *Hotwords* hin, die es zu beachten bzw. zu vermeiden gilt.

In der interkulturellen Forschung werde die Kommunikation nicht zufällig »als Hotspot bezeichnet, also als heiße Stelle in der interkulturellen Begegnung, bei denen sich die Gesprächspartner die Finger (besser: die Zunge) verbrennen können« (ebd., S. 70). Diese kritischen oder heißen Stellen seien beispielsweise beim Gefühlsausdruck, dem Konversationsstil und der Beziehungsebene zu finden.

> *Gefühlsausdruck und Umgang mit Gefühlen in der kommunikativen Interaktion:* [...] Im Allgemeinen kann gesagt werden, dass im türkischen und arabischen Raum [...] mehr, schneller und lauter gesprochen wird. Gegenseitige Unterbrechung oder gleichzeitiges Reden sind ebenso wenig Ausdruck von Unhöflichkeit, sondern schlichtweg Teil der Gepflogenheit. Für die Begrüßung gilt, dass streng gläubige Muslime nicht die Hand reichen, sondern diese auf die Brust legen. Generell sind körperliche Berührungen zwischen gegengeschlechtlichen Gesprächspartnern unüblich. (ebd.)

- Offene Antworten auf die Frage nach der Befindlichkeit seien zu Beginn eines Gesprächs eher selten,
- Siezen sei im Türkischen weniger üblich, daher sei der Vorname die übliche Anrede,
- Titel seien in der Anrede stets zu nennen,
- längerer Augenkontakt sei zu vermeiden, da er als unerlaubte Annäherung bzw. Aggression verstanden werde.

Konversationsstil:

- Im islamischen Kulturraum seien Symptombeschreibungen und Selbstdiagnosen häufig wenig präzise und implizit, indem sie nonverbal geäußert werden,
- Diskrete Umschreibungen, die in Mitteleuropa als unnötig angesehen werden, gehörten zum Kommunikationsstil im islamischen Raum,
- daher müsse der Therapeut/Berater zwischen den Zeilen lesen können.

Beziehungsebene:

- Dem Aufbau der Beziehung zwischen Klienten und Berater/Therapeuten sei eine besondere Aufmerksamkeit zu geben,
- muslimischen Menschen fehle im deutschen Gesundheitssystem, das nach Kosten-Nutzen-Kalkülen funktioniere, Wertschätzung und Geborgenheit, um sich öffnen zu können.

Als *Hottopics* gelten brisante Themen, wie z. B.:

- *Familiäre Probleme und sexuelle Themen*: Bei Nichtmuslimen und gegengeschlechtlichen Beratern werde sich der Klient zurückhalten, beim Thema »Homosexualität« könne es dagegen für den Klienten ein Vorteil sein, einen nichtmuslimischen Ansprechpartner zu haben.
- *Familienstand*: Es gelte als Makel, ledig zu sein.
- *Außereheliche Kinder*: Da Geschlechtsverkehr ohne Ehe verboten sei, werde eine unverheiratete Frau diesen Punkt diskret behandeln.

- *Kinderlosigkeit*: Gelte ab einem bestimmten Alter als Makel, auf den die Betroffene beschämt reagiere.
- *Schwangerschaft*: Eine Muslima werde mit einem Mann ungern über dieses Thema reden.

Ein weiterer Hottopic ist das Thema »Partnergewalt«, die häufig auch »häusliche Gewalt« genannt wird und zu der Rezapour und Zapp mit Bezug auf die Sure Nr. 4, Vers 34 des Korans so Stellung beziehen:

> Alle wichtigsten Hadith-Sammlungen [...] betonen, dass Schläge, wenn unvermeidlich, so verabreicht werden sollten, dass sie weder Schmerzen noch Verletzungen verursachen. [...] Der Gründer der Rechtsschule der Schafiiten vertrat sogar die Ansicht, es sei besser, Schläge ganz zu vermeiden [...]. Dieses – brisante und oft von den Medien zugespitzte – Thema zeigt, dass ein blinder Korangebrauch nicht den Mehrwert an Kultursensibilität in die Psychotherapie hineinbringt [...]. Es ist daher bewusst darauf zu verweisen, dass es eben zu einer Kultursensibilität in der Therapie gehört, auch die Fallstricke einer Kultur und ihrer gesellschaftlichen Ausformungen zu kennen. (2011, S. 108)

Den letzten Hinweis der Autoren halten wir für sehr wichtig, da dubiose Einstellungen zur Gewaltausübung in der Familie unter Beratern und Therapeuten leider immer wieder anzutreffen sind (vgl. Körner, 1989; 1992). Selbst in 2011 mussten Deegener und Körner explizite Gewaltbefürwortung bzw. -empfehlungen in den Programmen »Triple P« und »THOP« kritisieren:

> 1. Im Erziehungsprogramm Triple P finden sich 2002 folgende Empfehlungen in den für die primäre Prävention vorgesehenen so genannten ›Kleinen Helfern‹ für Eltern von Kleinkindern mit Problemen beim Schlafengehen und (alleine) Einschlafen: ›In der ersten Nacht weint Ihr Kind vielleicht einige Minuten oder sogar Stunden. Es wird sich in den Schlaf weinen.‹ Oder: ›Sie können die Tür abschließen [wenn das Kind erneut ins Elternbett kommt] oder durch einen Gegenstand (z. B. einen untergeschobenen Besenstiel) verhindern, dass Ihr Kind die Tür öffnet.‹
> 2. Im ›Therapieprogramm für Kinder mit hyperkinetischem und oppositionellem Problemverhalten‹ von Döpfner et al. (2002) werden den Eltern während der so genannten Auszeit mehr direkt als indirekt auch Schläge und Klapse erlaubt: ›Wenn die Eltern zu körperlicher Bestrafung neigen, dann sollte unbedingt vermieden werden, dass das Schlagen ins Prügeln übergeht. Erklären Sie den Eltern, dass ein kurzer Klaps auf den Oberarm oder den Po genügt und dass heftiges Schlagen eher der Abfuhr der eigenen Wut dient und nicht als Erziehungsmaßnahme geeignet ist.‹ (Deegener & Körner, 2011 a, S. 238 f., 319; zum Thema Gewalt gegen Kinder vgl. Deegener & Körner, 2005, 2006; Körner & Deegener, 2011; zur Gewalt durch Kinder und Jugendliche vgl. Deegener & Körner, 2011 b; Toprak et al., 2011)

Abschließend seien *Hotwords* erwähnt, die je nach Kultur eine besondere Bedeutung haben und deshalb mit Vorsicht zu deuten seien. Rezapour und Zapp verdeutlichen dieses Problem am Beispiel *Leber* und *Galle*:

> Während die Leber im Deutschen der Ort ist, der entweder mit Durst bzw. Alkohol oder dem ungenierten Aussprechen von unliebsamen Tatsachen assoziiert wird, steht sie im Türkischen vor allem für seelischen Schmerz, der sich als Folge einer Verlusterfahrung einstellt. [...]
> Für die Galle gilt, dass sie im Deutschen sehr oft in Verbindung mit Wut und Hass benutzt wird, im Türkischen hingegen eher als metaphorische Wendung für Hunger bzw. Selbstschutz zu verstehen ist. (2011, S. 74; vgl. dort auch die Tabelle 4)

Cagliyan (2008, S. 227 ff.) benennt z. B. für die türkische Klientel sieben zu beachtende Themenbereiche:

1. Familienkonstellation
2. Geschlechtsspezifische Erziehung
3. Ablehnung oder verspätete Akzeptanz einer Beratung
4. Voraussetzung: Elternarbeit
5. Kollektivismus versus Individualismus
6. Tradition versus Religion
7. Behandlung von Tabuthemen

Nach Gaitanides (2003 a) ist die wichtigste berufliche Gelegenheit für die Entwicklung interkultureller Handlungskompetenz ein interkulturell besetztes Team. Dabei ist die äußerliche Mischung noch keine hinreichende Voraussetzung dafür, dass es zu einem fruchtbaren Austausch und Synergieeffekten kommt. Interkulturelle Team-Entwicklung muss methodisch betrieben werden und setzt auch ein strukturelles Machtgleichgewicht durch paritätische Besetzung und die Förderung der Aufstiegschancen für Mitarbeiter und Mitarbeiterinnen mit Migrationshintergrund voraus.

2.5 Beziehung zwischen Ratsuchenden und Berater

Auch wenn die Gestaltung der Beziehung zwischen Ratsuchenden und Beraterinnen sowie Beratern zu den (interkulturellen) Kompetenzen von Beraterinnen und Beratern gehört, soll sie wegen ihrer herausragenden Bedeutung als »Anfang und [...] Fundament für die Beratung« (Hackney & Cormier, 1982, S. 18) separat abgehandelt werden.

»Die Beziehung zwischen BeraterInnen und KlientInnen ist die wichtigste Dimension einer jeden Beratungskonstellation. [...] Der Erfolg jeglicher Beratungsbemühungen ist abhängig von der Berater-Klient-Beziehung, die im Beratungsprozess aufgebaut wird« (Nestmann, 2004, S. 791). Daher stellt sich die Frage, welche Bedingungen für eine gute beraterische Beziehung erfüllt sein müssen.

> Nach Rogers (1959) liegt eine therapeutisch wirksame Beziehung dann vor, wenn die Therapeutin in der Beziehung zu ihrer Klientin empathisch, kongruent und wertschätzend sein und die Klientin dieses Angebot auch wahrnehmen und annehmen kann. Das einzige Ziel der Therapie aus der Sicht der Therapeut(inn)en ist die Herstellung der therapeutischen Beziehung. Deshalb geht es im therapeutischen Prozess um das ständige aktive Bemühen der Therapeut(inn)en, dieses Ziel zu erreichen.
> Drei Merkmale kennzeichnen also das Beziehungsangebot der Therapeutin: die Empathie, die unbedingte Wertschätzung und die Kongruenz. (Steinhage, 2002, S. 312)

- Die *Empathiefähigkeit* ist die Grundvoraussetzung eines Beratungsgesprächs, sich in die Gefühle und Gedanken einer Person hineinzuversetzen, ihr Denken und Handeln nachzuvollziehen.
- *Wärme oder Akzeptanz* ist nicht an bestimmte Bedingungen geknüpft, der Klient soll hier erfahren, dass er akzeptiert und respektiert wird. Diese Art von

Beratungsbeziehung gibt dem Ratsuchenden Sicherheit und Standhaftigkeit, sich zu öffnen und den Gedanken freien Lauf zu geben.

- *Echtheit oder Authentizität* bedingen ein erfolgreiches und ehrliches Beratungsgespräch. Fälschungen der Situation oder unwahre Geschichten etc. erschweren den Beratungsprozess. Wenn der Berater auch in seiner Berufsrolle als authentische Person auftritt, dann kann der Ratsuchende ohne Bedenken seine Gefühle äußern (vgl. Nestmann, 2004, S. 792; Steinhage, 2002; Hackney & Cormier, 1982).

Kunze (2006) verdeutlicht die kulturellen Unterschiede, die zwischen Berater/innen und Ratsuchenden bei der Beratung berücksichtigt werden müssen. Kulturelle Ausdrucksformen werden dabei anerkannt und respektiert. Außerdem sollte die Kenntnis der eigenen kulturellen Befangenheit in einer zentralen Dimension der Beziehungsanalyse bewusst sein. Kulturelle »Sensibilität zielte auf die Wahrnehmung kultureller Unterschiede und Prozesse und fördert die Besprechbarkeit derselben in der Arbeit mit den Ratsuchenden und im Team« (ebd., S. 44). Präzisiert werden diese Anforderungen im »Konzept der kulturellen Kompetenz«. Dieses Konzept

> wurde Ende der 1980er Jahre in den USA entwickelt und ist [...] fester Bestandteil der Richtlinien der American Psychological Association. [...] In diesem Konzept befinden sich:
>
> 1. Neugier auf Fremdes (cultural sensitivity),
> 2. Empathiefähigkeit (cultural empathy),
> 3. Möglichkeit und Bereitschaft, Beziehungen kulturell sinnvoll zu gestalten (adjustment of culturally relevant relations),
> 4. Bereitschaft seitens des Behandelnden, therapeutische Ziele zu formulieren, die verträglich sind mit dem kulturellen Hintergrund des Patienten (establishment of ability for cultural guidance).
>
> Es handelt sich hierbei um die Grundbedingung des Umgangs mit Patienten, die einen migratorischen Hintergrund mitbringen: die Anerkennung kultureller Unterschiede zwischen der eigenen und der Fremdkultur. (Rezapour & Zapp, 2011, S. 69)

2.6 Fazit – Die gesellschaftlichen Rahmenbedingungen interkultureller Beratung

Kunze räumt ein, dass »die psychologische Sicht und die kulturelle Sensibilität unseres Vorgehens [...] uns in sehr vielen interkulturellen Beratungen nicht entscheidend weiter« (2006, S. 45) brachte. Daher berücksichtige sein Team seit zehn Jahren darüber hinaus »explizit den gesellschaftlichen Kontext und die von ihm ausgehenden Bedeutungskonstruktionen Inländer, Ausländer, Integration, die im gesellschaftlichen Raum hier geltenden juristischen Konstruktionen von Aufenthaltsrechten auf die Beratungssituation« (ebd., S. 45). Dieses gesellschaftliche Bedeutungskonzept beeinflusse häufig

> stärker die Beziehungsgestaltung, Bedeutungsgebungen und Verständigungsprozesse zwischen den Ratsuchenden und den Beratenden [...] als die beteiligten kulturellen Unterschiede. Dieser konzeptionelle Schritt eröffnete uns die Sicht und die Erfahrung mit einer

Vielzahl von Fremdheitserfahrungen, Ausgrenzungserfahrungen, Isolationserfahrungen, erlebten Benachteiligungen, Diskriminierungen und rassistischen Übergriffen. Diese Sicht eröffnete aber auch eine Vielfalt von Erfahrungen des sich Behauptens, des sich Arrangierens, von Abgrenzungsfähigkeiten und von Selbstkonzepten, die den Gegensatz von Mehrheiten- und Minderheitengruppierung überwunden haben. Migrationsprozesse und Migrationserfahrungen aus individueller Sicht und die gesellschaftlichen Bedeutungskonstruktionen fanden in dieser Sichtweise einen hilfreichen Resonanzboden. (Kunze, 2006, S. 45 f.)[1]

Literatur

Abel, A.H. (1998). Rahmenbedingungen der Erziehungsberatungsstelle. In W. Körner & G. Hörmann (Hrsg.), *Handbuch der Erziehungsberatung, 1* (S. 87–111). Göttingen: Hogrefe.

Afane, U. (2002). *Das Phänomen der Migration unter dem besonderen Aspekt der irregulären Zuwanderung in Deutschland.* Verfügbar unter: http://www.auslaenderberatung-erfurt.de/downloads/diplomarbeit.pdf (13. 08. 2012).

Barlow, J., Wright, C., Sheasby, J., Turner, A. & Hainsworth, J. (2002). Self-management approaches for people with chronic conditions: a review. *Patient Education and Counseling, 48* (2), 177–187.

Bauer, U., Rosenbrock, R. & Schaeffer, D. (2005). Stärkung der Nutzerposition im Gesundheitswesen – gesundheitspolitische Herausforderung und Notwendigkeit. In B. Badura & O. Iseringhausen (Hrsg.), *Wege aus der Krise der Versorgungsforschung* (S. 187–201). Bern: Huber.

Bauer, U. & Büscher, A. (Hrsg.) (2008). *Soziale Ungleichheit in der pflegerischen Versorgung.* Wiesbaden: VS.

Bauer, U., Reinisch, A., Schmuhl, M. (Hrsg.) (2012). *Kanu – Gemeinsam weiterkommen: Prävention für Familien mit psychisch erkrankten Eltern. Bedarf, Koordination, Praxiserfahrungen.* Wiesbaden: VS.

Beverley, C.A., Bath, P.A. & Booth, A. (2004). Health information needs of visually impaired people: a systematic review of the literature. *Health & Social Care in the Community, 12* (1), 1–24.

Blank, R., Dabady, M. & Citro, C. (2004). *Measuring Racial Discrimination.* Washington, D.C.: The National Academic Press.

Bommes, M. (2002). Migration, Raum und Netzwerke. Über den Bedarf einer gesellschaftstheoretischen Einbettung der transnationalen Migrationsforschung. In J. Oltmer (Hrsg.), *Migrationsforschung und Interkulturelle Studien* (S. 91–116). Osnabrück: Universitätsverlag Rasch.

Cagliyan, M. (2008). Beratung von MigrantInnen. In W. Körner & G. Hörmann (Hrsg.), *Einführung in die Erziehungsberatung* (S. 220–235). Stuttgart: Kohlhammer.

Corbin, J.M. & Strauss, A.L. (2004). *Weiterleben lernen – Verlauf und Bewältigung chronischer Krankheit.* Bern: Huber.

Deegener, G. & Körner, W. (Hrsg.) (2005). *Kindesmisshandlung und Vernachlässigung – Ein Handbuch.* Göttingen: Hogrefe.

Deegener, G. & Körner, W. (2006). *Risikoerfassung bei Kindesmisshandlung und Vernachlässigung.* Lengerich: Pabst.

1 Da eine sorgfältige Diskussion dieser wichtigen Aspekte den Rahmen unseres Beitrags sprengen würde, sei an dieser Stelle abschließend auf Mecheril & Teo (1997) sowie Gaitanides (2003 b) verwiesen.

Deegener, G. & Körner, W. (2011 a). Risiko- und Schutzfaktoren – Grundlagen und Gegenstand psychologischer, medizinischer und sozialpädagogischer Diagnostik im Kinderschutz. In W. Körner & G. Deegener (Hrsg.), *Erfassung von Kindeswohlgefährdung in Theorie und Praxis* (S. 201–250). Lengerich: Pabst.

Deegener, G. & Körner, W. (2011 b) (Hrsg.), *Gewalt und Aggression im Kindes- und Jugendalter.* Weinheim: Beltz.

Dierks, M.-L., Bitzer, E.-M., Lerch, M., Martin, S., Röseler, S., Schienkiewitz, A., Siebeneick, S. & Schwartz, F.-W. (2001). *Patientensouveränität. Der autonome Patient im Mittelpunkt. Arbeitsbericht Nr. 195 der Akademie für Technikfolgenabschätzung in Baden-Württemberg.* Stuttgart.

Dierks, M.-L. & Schaeffer, D. (2005). Informationen über die Qualität der gesundheitlichen Versorgung – Erwartungen und Forderungen der Patienten. In J. Klauber, B.-P. Robra & H. Schellschmidt (Hrsg.), *Krankenhaus-Report 2004. Schwerpunkt: Qualitätstransparenz* (S. 135–150). Stuttgart, New York: Schattauer.

Dierks, M.-L. & Seidel, G. (2006). Nutzer der Patientenberatung. In D. Schaeffer & S. Schmidt-Kaehler (Hrsg.), *Lehrbuch Patientenberatung* (S. 201–212). Bern: Huber.

Donabedian, A. (1992). Quality assurance in health care. Consumers' role. *Quality in Health Care, 1*, 247–251.

Engel, F. & Sickendiek, U. (2004). Beratung. In H.-H. Krüger & C. Grunert (Hrsg.), *Wörterbuch Erziehungswissenschaft* (S. 35–41). Wiesbaden: VS.

Ewers, M. & Schaeffer, D. (Hrsg.) (2005). *Am Ende des Lebens. Versorgung und Pflege von Menschen in der letzten Lebensphase.* Bern: Huber.

Ewers, M., Schaeffer, D. & Ose, D. (2006). Aufgaben der Patientenberatung. In D. Schaeffer & S. Schmidt-Kaehler (Hrsg.), *Lehrbuch Patientenberatung* (S. 153–175). Bern: Huber.

Friese, P. (2006). Interkulturelle Erziehungsberatung – ein Regeldienst der Jugendhilfe auf dem Weg zur interkulturellen Öffnung. In Ev. Konferenz für Familien- und Lebensberatung e. V. Fachverband für Psychologische Beratung und Supervision (EKFuL) (Hrsg.), *Integration gestalten: Beraten und Begleiten – Kooperieren und Vernetzen im interkulturellen Kontext* (S. 55–72).

Gaitanides, S. (2003 a). *»Interkulturelle Öffnung der sozialen Dienste« – Visionen und Stolpersteine.* Verfügbar unter: http://www.fb4.fh-frankfurt.de/whoiswho/gaitanides/visionen_stolpersteine_ikoe.pdf (13. 08. 2012).

Gaitanides, S. (2003 b). *Interkulturelle Kompetenz als Anforderungsprofil in der Jugend- und Sozialarbeit.* Verfügbar unter: http://www.fb4.fh-frankfurt.de/whoiswho/gaitanides/interk_kompetenz_jug_soz.pdf (13. 08. 2012).

Gaitanides, S. (o. J.). *Zugangsbarrieren für Migranten zu den Sozialen Diensten.* Verfügbar unter: http://www.fb4.fh-frankfurt.de/whoiswho/gaitanides/zugangsbarrieren_oeffn07.pdf (13. 08. 2012).

Geier, T. (2011). *Interkultureller Unterricht – Inszenierung der Einheit des Differenten.* Wiesbaden: VS.

Geyer, S. (2001). *Macht Unglück krank? Lebenskrisen und die Entwicklung von Krankheiten.* Weinheim, München: Juventa.

Gröll, J., Kassebrock, F. & Körner, W. (1998). Tendenzen der Modernisierung in der Jugendhilfe und Erziehungsberatung. In W. Körner & G. Hörmann (Hrsg.), *Handbuch der Erziehungsberatung, 1*, (S. 113–128). Göttingen: Hogrefe.

Hackney, H. & Sherylin Cormier, L. (1982). *Beratungsstrategien Beratungsziele.* München: Ernst Reinhard.

Hartwig, L., Kohlmann, N. & Mockewitz, R. (2006). Von der Gemeinwesenorientierung zur Sozialraumorientierung. 30 Jahre stadtteilorientierte Erziehungsberatung. In A. Zimmer & Ch. Schrapper (Hrsg.), *Zukunft der Erziehungsberatung. Herausforderungen und Handlungsfelder* (S. 127–140). Weinheim und München: Juventa.

Hensen, G. & Körner, W. (2005). Erziehungsberatung – eine Standortbestimmung der Position von Psychotherapie in der Jugendhilfe. *Psychotherapeutenjournal,* 2, 225–233.

Hinz-Rommel. W. (2000). *Interkulturelle Öffnung als Innovation.* Verfügbar unter: http://www.tik-iaf-berlin.de/pages/HauptSeiten/TextSeiten/texte6.html (13. 08. 2012).

Hörmann, G. & Körner, W. (Hrsg.) (2008a). *Einführung in die Erziehungsberatung*. Stuttgart: Kohlhammer.

Hörmann, G. & Körner, W. (2008b). Vorwort. In G. Hörmann & W. Körner (Hrsg.), *Einführung in die Erziehungsberatung* (S. 7–8). Stuttgart: Kohlhammer.

Hundsalz, A. (2003). Die Organisation der Erziehungsberatungsstelle auf dem Prüfstand. In M. Weber, H.-W. Eggemann-Dann & H. Schilling (Hrsg.), *Beratung bei Konflikten. Wirksame Interventionen in Familie und Jugendhilfe* (S. 195–209). Weinheim und München: Juventa.

Hurrelmann, K., Laaser, U. & Razum, O. (Hrsg.) (2006). *Handbuch Gesundheitswissenschaften* (4., vollst. überarb. Aufl.). Weinheim und München: Juventa.

Klemperer, D. (2003). Partizipation der Patienten an medizinischen Entscheidungen. *Managed Care, 15*, 8–11.

Körner, W. (1989). Familientherapie Chance oder Risiko für die Gesundung der »kranken« Familie? *Widersprüche, 30*, 39–53.

Körner, W. (1992). *Die Familie in der Familientherapie. Eine Kritik systemischer Therapiekonzepte*. Opladen: Westdeutscher.

Körner, W. & Deegener, G. (Hrsg.) (2011). *Erfassung von Kindeswohlgefährdung in Theorie und Praxis*. Lengerich: Pabst.

Körner, W. & Hensen, G. (2008). Erziehungsberatung: Strömungen, Entwicklungen und Standortbestimmung der institutionellen Beratung in der Jugendhilfe. In G. Hörmann & W. Körner (Hrsg.), *Einführung in die Erziehungsberatung* (S. 10–26). Stuttgart: Kohlhammer.

Körner, W. & Hörmann, G. (Hrsg.) (1998). *Handbuch der Erziehungsberatung, 1. Anwendungsbereiche und Methoden der Erziehungsberatung*. Göttingen: Hogrefe.

Körner, W. & Hörmann, G. (Hrsg.) (2000). *Handbuch der Erziehungsberatung, 2. Praxis der Erziehungsberatung*. Göttingen: Hogrefe.

Kunze, N (2006). Interkulturelle psychologische Beratungsarbeit in der Ehe-, familien- und Lebensberatung- Konzept und Erfahrungen einer interkulturellen Orientierung. In Ev. Konferenz für Familien- und Lebensberatung e. V. Fachverband für Psychologische Beratung und Supervision (EKFuL) (Hrsg.), *Integration gestalten: Beraten und Begleiten – Kooperieren und Vernetzen im interkulturellen Kontext* (S. 39–54).

Kurz-Adam, M. (1995). Modernisierung von Innen? Wie der gesellschaftliche Wandel die Beratungsarbeit erreicht. In M. Kurz-Adam & I. Post (Hrsg.), *Erziehungsberatung und Wandel der Familie* (S. 175–218). Opladen: Leske & Budrich.

Lewin, K. (1963). *Feldtheorie in den Sozialwissenschaften*. Berlin/Stuttgart: Huber.

Madubuko, N. (2011). *Akkulturationsstress von Migranten. Berufsbiographische Akzeptanzerfahrungen und angewandte Bewältigungsstrategien*. Wiesbaden: VS.

Mecheril, P. & Teo, T. (Hrsg.) (1997). *Psychologie und Rassismus*. Reinbek: Rowohlt.

Mecheril, P. (2004). Beratung: interkulturell. In F. Nestmann, F. Engel & U. Sickendiek (Hrsg.), *Das Handbuch der Beratung, 1* (S. 295–311).

Merchel, J. (2001). Beratung im »Sozialraum«. Eine neue Akzentsetzung für die Verortung von Beratungsstellen in der Erziehungshilfe? *neue praxis 31* (4), 369–387.

Migration und Bevölkerung Newsletter 8/2011. Verfügbar unter: www.migration-info.de/mub_aktuell.php (17.07.2012).

Ministerium für Generationen, Familie, Frauen und Integration (2006). *Handreichung Interkultureller Öffnung der Familienberatung*. Verfügbar unter: http://www.callnrw.de/broschuerenservice/download/1402/ (10.10.2010).

Müller-Mundt, G. (2005). *Chronischer Schmerz. Herausforderungen für die Versorgungsgestaltung und Patientenedukation*. Bern: Huber.

Nestmann, F. (1984). Beratung in der Erziehungsberatung. In H. Zygowski (Hrsg.), *Erziehungsberatung in der Krise. Analysen und Erfahrungen* (S. 74–98). Tübingen: dgvt.

Nestmann, F. (1999). Psychische Störungen in der Migration und interkulturelle Beratung. In M. Gemende, W. Schröer & S. Sting (Hrsg.), *Zwischen den Kulturen. Pädagogische und sozialpädagogische Zugänge zu Interkulturalität* (S. 171–193). Weinheim: Juventa.

Nestmann, F. & Sickendiek, U. (2001). Beratung. In H.-H. Otto & H. Thiersch (Hrsg.), *Handbuch der Sozialarbeit/Sozialpädagogik* (2., völlig überarb. und aktual. Aufl.) (S. 140–152). Neuwied; Kriftel: Luchterhand.

Nestmann, F. (2004). Beratungsmethoden und Beratungsbeziehung. In F. Nestmann, F. Engel & U. Sickendiek (Hrsg.), *Das Handbuch der Beratung, 2* (S. 783–796). Tübingen: dgvt.

Nestmann, F., Sickendieck, U. & Engel, F. (2004). Statt einer »Einführung«: Offene Fragen »guter Beratung«. In F. Nestmann, F. Engel & U. Sickendiek (Hrsg.), *Das Handbuch der Beratung, 2* (S. 599–608). Tübingen: dgvt Verlag.

Oswald, I. (2007). *Migrationssoziologie*. Konstanz: UVK.

Pavkovic, P. (2004). Beratung für Migranten. In F. Nestmann, F. Engel & U. Sickendiek (Hrsg.), *Das Handbuch der Beratung, 1* (S. 305–325). Tübingen: dgvt.

Pries, L. (2001). *Internationale Migration*. Bielefeld: transcript.

Rezapour, H. & Zapp, M. (2011). *Muslime in der Psychotherapie. Ein kultursensibler Ratgeber.* Göttingen: Vandenhoek & Ruprecht.

Röhrle, B. (2004). Gemeindepsychologische Beratung. In F. Nestmann, F. Engel & U. Sickendiek (Hrsg.), *Das Handbuch der Beratung, 2* (S. 711–723). Tübingen: dgvt.

Rosenbrock, R. & Michel, C. (2007). *Primäre Prävention. Bausteine für eine systematische Gesundheitssicherung*. Berlin: Medizinisch Wissenschaftliche Verlagsgesellschaft.

Sawicki, P. T. (2005). Qualität der Gesundheitsversorgung in Deutschland. Ein randomisierter simultaner Sechs-Länder-Vergleich aus Patientensicht. *Medizinische Klinik, 100* (11), 755–768.

Schaeffer, D., Günnewig, J. & Ewers, M. (2003). Versorgung in der letzten Lebensphase. Analyse einzelner Fallverläufe. *Veröffentlichungsreihe des Instituts für Pflegewissenschaft. P03–120.* Bielefeld: IPW.

Schaeffer, D. & Moers, M. (2003). Bewältigung chronischer Krankheiten – Herausforderungen für die Pflege. In B. Rennen-Allhoff & D. Schaeffer (Hrsg.), *Handbuch Pflegewissenschaft. Studienausgabe* (S. 447–483). Weinheim & München: Juventa.

Schaeffer, D. (2004). *Der Patient als Nutzer. Krankheitsbewältigung und Versorgungsnutzung im Verlauf chronischer Krankheit*. Bern: Huber.

Schaeffer, D., Dierks, M.-L., Hurrelmann, K., Keller, A., Krause, H., Schmidt-Kaehler, S. & Seidel, G. (2005). *Evaluation der Modellprojekte zur Patienten- und Verbraucherberatung nach § 65 b*. Bern: Huber.

Schaeffer, D. (2006). *Bedarf an Patienteninformation über das Krankenhaus – eine Literaturanalyse im Auftrag der Bertelsmann Stiftung*. Gütersloh: Bertelsmann Stiftung.

Schaeffer, D. & Schmidt-Kaehler, S. (Hrsg.) (2006). *Lehrbuch Patientenberatung*. Bern: Huber.

Schrödter, W. (2008). Qualitätssicherung in der Beratung. In G. Hörmann & W. Körner (Hrsg.), *Einführung in die Erziehungsberatung* (S. 169–180). Stuttgart: Kohlhammer.

Schuch, J.(2003). Jugendliche mit Migrationshintergrund – eine (interkulturelle) Herausforderung der Erziehungshilfe. In I. Becker & M. Textor (Hrsg.), *SGB VIII – Online-Handbuch*. Verfügbar unter: http://www.sgbviii.de/S133.html (09. 08. 2012).

Schütz, A. & Luckmann, T. (1975). *Strukturen der Lebenswelt*. Neuwied: Luchterhand.

Schwartz, F.-W., Badura, B., Busse, R., Leidl, R., Raspe, H. & Siegrist, J. (2003). *Das Public Health Buch*. München: Urban & Fischer.

Seidel, G. & Dierks, M.-L. (2005). Ergebnisse zur Evaluation der Modellprojekte der unabhängigen Patientenberatung und Nutzerinformation nach § 65 b SGBV – Nutzerbefragung. *Veröffentlichungsreihe des Instituts für Pflegewissenschaft. P05–128*. Bielefeld.

Statistisches Bundesamt (2010). *Hilfen zur Erziehung überwiegend für Kinder.* Verfügbar unter: www.destatis.de/jeetspeed/portal/cms/Sites/Internet/DE/Presse/pm/2011/09/PD11 (29. 10. 2011).

Statistisches Bundesamt (2011). *Bevölkerung und Erwerbstätigkeit Bevölkerung mit Migrationshintergrund. Ergebnisse des Mikrozensus 2010. Fachserie 1, Reihe 2.2.*

Steinebach, C. (2006). Beratung und Psychologie. In C. Steinebach (Hrsg.), *Handbuch Psychologische Beratung* (S. 11–34). Stuttgart: Klett-Cotta.

Steinhage, R. (2002). Klientenzentrierte Gesprächspsychotherapie als Beziehungsangebot. In D. Bange & W. Körner (Hrsg.), *Handwörterbuch Sexueller Missbrauch* (S. 312–318). Göttingen: Hogrefe.

SVR – Sachverständigenrat für die Konzertierte Aktion im Gesundheitswesen (2000/2001). *Bedarfsgerechtigkeit und Wirtschaftlichkeit. Gutachten 2000/2001. Band III.* Baden-Baden: Nomos.

SVR – Sachverständigenrat für die Konzertierte Aktion im Gesundheitswesen (2003). *Finanzierung, Nutzerorientierung und Qualität (Band I und II).* Baden-Baden: Nomos.

SVR – Sachverständigenrat zur Begutachtung der Entwicklung im Gesundheitswesen. (2005). *Koordination und Qualität m Gesundheitswesen. Gutachten 2005.* Berlin: SVR.

Thiersch, H. (1992). *Lebensweltorientierte Soziale Arbeit.* Weinheim: Juventa.

Thiersch, H. (2004 a). Sozialarbeit/Sozialpädagogik und Beratung. In F. Nestmann, F. Engel & U. Sickendiek (Hrsg.), *Das Handbuch der Beratung, 2* (S. 115–124). Tübingen: dgvt.

Thiersch, H. (2004 b). Lebensweltorientierte Soziale Beratung. In F. Nestmann, F. Engel & U. Sickendiek (Hrsg.), *Das Handbuch der Beratung, 2* (S. 699–709). Tübingen: dgvt.

Toprak, A., El-Mafaalani, A. & Nowacki, K. (2011). Gewalt von Jugendlichen aus Migrantenfamilien. In G. Deegener & W. Körner (Hrsg.), *Gewalt und Aggression im Kindes- und Jugendalter* (S. 251–266). Weinheim: Beltz.

Veneto-Scheib, V. (2003). Lösungen interkultureller Konflikte von Familien in der Erziehungsberatung. In M. Weber, H. W. Eggemann-Dann & H. Schilling (Hrsg.), *Beratung bei Konflikten* (S. 127–152). Weinheim: Juventa.

von Ferber, L. & Behrens, J. (1997). *Public Health Forschung mit Gesundheits- und Sozialdaten – Stand und Perspektiven.* Sankt Augustin: Asgard.

Winkler, J. (2008). Rechtliche Rahmenbedingugnen der Erziehungsberatung. In G. Hörmann & W. Körner (Hrsg.), *Einführung in die Erziehungsberatung* (S. 27–39). Stuttgart: Kohlhammer.

Spezifika einer Einwanderungsgesellschaft

Jürgen Gerdes

Einleitung

Bis vor noch nicht allzu langer Zeit haben sich die jeweiligen Bundesregierungen hartnäckig geweigert, Deutschland offiziell als Einwanderungsland anzuerkennen, obwohl das Land in vielen Phasen der Nachkriegszeit im Vergleich mit anderen europäischen Ländern den höchsten Anteil an Zuwanderern[1] aufgenommen hat (Bade & Bommes, 2000). Erst mit der Regierungsübernahme einer rot-grünen Koalition 1998 ist Migrationspolitik zu einem bedeutenden und auch zunehmend öffentlich diskutierten Politikfeld geworden. Insbesondere mit der seit 2000 geltenden Staatsangehörigkeitsrechtsreform, durch die die Ansiedlung der ehemals sogenannten »Gastarbeiter« und ihrer Nachkommen durch substanzielle Erleichterungen des Staatsangehörigkeitserwerbs (Einführung des *ius soli* für die sogenannte zweite Generation, Verkürzung der für die Einbürgerung notwendigen Aufenthaltsdauer von 15 auf 8 Jahre) gewissermaßen im Nachhinein akzeptiert worden ist, und dem seit 2005 geltenden Zuwanderungsgesetz, das nach dem Anwerbestopp 1973 reguläre, zusätzliche Einwanderung für hochqualifizierte Arbeitskräfte und investitionsbereite Unternehmer ermöglicht und zum ersten Mal die Integration von Immigranten explizit als eine Staatsaufgabe auf bundespolitischer Ebene deklariert (Groß, 2006), wurde das langjährige Selbstverständnis Deutschlands als Nichteinwanderungsland revidiert. Es ist wohl kaum übertrieben zu konstatieren, dass seitdem Migrations- und Integrationspolitik in Deutschland zu einem der bedeutendsten Politikfelder aufgestiegen ist. Bereits im Kontext des Zuwanderungsgesetzes ist das frühere »Bundesamt für die Anerkennung ausländischer Flüchtlinge« in »Bundesamt für Migration und Flüchtlinge« (BAMF) umbenannt, politisch stark aufgewertet und in den Aufgabenbereichen erheblich erweitert worden. Während der Großen Koalition von 2005 und 2009 gab es zahlreiche bundespolitische Initiativen insbesondere im Integrationsbereich, wie die Organisation von Integrationsgipfeln und Islamkonferenzen, in deren Rahmen Vertreter unterschiedlicher gesellschaftlicher Gruppen einschließlich Immigrantenorganisationen eingeladen wurden, sowie die Verabschiedung eines »Nationalen Integrationsplans«. Inzwischen gibt es auf verschiedenen Regierungsebenen in Zusammenarbeit mit Akteuren der Zivilgesellschaft sowie der angewandten Sozialwissenschaft kaum noch übersehbare

1 Auch wenn aus Gründen der Lesbarkeit die männliche Form verwendet wird, sind natürlich immer beide Geschlechter gemeint.

Aktivitäten der Entwicklung von Integrationsindikatoren und -barometern im Zusammenhang der Implementierung und Evaluierung integrationspolitischer Maßnahmen.

In der heutigen Migrationsforschung werden diese Entwicklungen im Großen und Ganzen insofern positiv bewertet, als sie die deutsche Politik auf dem richtigen Weg sehen, auch wenn häufig dennoch kritisiert wird, dass die politisch erklärten und gesetzlich vollzogenen Öffnungen gegenüber einer aktuellen Migrationsrealität noch nicht weit genug gingen, sei es hinsichtlich der Anwerbung gut qualifizierter Migranten zur Beseitigung eines vorrangig von Unternehmervertretern reklamierten Fachkräftemangels oder sei es in Bezug auf eine Ausweitung und zielgruppenspezifische Differenzierung der Sprachkursangebote und integrationspolitischen Maßnahmen (vgl. z.B. Davy & Weber, 2006; Sachverständigenrat, 2011). Vor dem Hintergrund solcher Wahrnehmungen bietet sich eine Interpretation an, nach der die in der deutschen Migrations- und Integrationspolitik insgesamt zu beobachtende Kombination von (fortbestehenden) restriktiven Elementen und Liberalisierungen als eine Art Durchgangsstadium in einem gleichwohl umfassenderen Fortschrittsprozess in Richtung einer langsam voranschreitenden modernen und aufgeklärten Migrationspolitik zu verstehen wäre. Eine solche Lesart verkennt jedoch, dass es seit Beginn des Einwanderung anerkennenden politischen Prozesses neben deutlichen Liberalisierungen gleichzeitig eingeführte Verschärfungen im gesamten Spektrum der Migrationspolitik gegeben hat, weshalb die aktuell geltenden restriktiveren Regeln nicht vorwiegend als Restbestände aufgefasst werden können. Allerdings ist die Frage eines möglichen Fortschritts natürlich auch eine der jeweils zugrunde gelegten Kriterien.

Ich möchte im Folgenden die jüngere deutsche Migrations- und Integrationspolitik nach dem Maßstab betrachten, ob und inwieweit die Interessen und (grund-)rechtlichen Ansprüche der Migranten im Kontext eines zweiseitigen Integrationsverständnisses (stärker als zuvor) berücksichtigt werden. Ein Vergleich der im Parlament vorgetragenen Begründungen im Kontext einschneidender Reformgesetze (Reform des Ausländerrechts, 1990; Staatsangehörigkeitsrechtsreform, 2000; Zuwanderungsgesetz, 2001–2004) zeigt eine deutliche Verschiebung des dominanten Rechtfertigungshorizonts zugunsten einer einseitigen Akzentuierung nationaler Interessen. Bevor ich diese These genauer illustriere, folgen im nächsten Abschnitt erst ein paar Bemerkungen zu Art und Umfang der Migration nach Deutschland in der Nachkriegszeit. Nach dem Abschnitt über die politischen Debatten zu den bedeutenden Gesetzesreformen deute ich kurz eine Interpretation an, die die jüngeren migrationspolitischen Entwicklungen und das heute parteiübergreifend vorherrschende Integrationsverständnis in einen Zusammenhang mit Diskursen des »aktivierenden Staates« und der »Wissensgesellschaft« bringt.

1 Migration in die Bundesrepublik Deutschland

Migrationspolitik ist heute in erster Linie Integrationspolitik, die nach Auffassung der politischen Eliten zu einer Frage von »nationaler Bedeutung« geworden ist und die nur als »Querschnittsaufgabe« im Rahmen von »Mehrebenenpolitik«[2] und mit möglichst weitgehender Unterstützung aus allen Bereichen der Gesellschaft gelöst werden könne. Das Ausmaß der Aufgabe wird regelmäßig unterstrichen mit dem hohen Anteil der Personen mit Migrationshintergrund an der Gesamtbevölkerung. Die heute sogenannte Bevölkerung mit Migrationshintergrund in Deutschland umfasst etwa 16 Millionen Personen, was einem Anteil von etwa 19,6 % an der Gesamtbevölkerung entspricht. Definiert wird die Eigenschaft des Migrationshintergrunds durch eigene Migrationserfahrung oder die von mindestens einem Elternteil, unabhängig von der Staatsangehörigkeit. Die bedeutendsten Herkunftsländer der Bevölkerung mit Migrationshintergrund sind die Türkei mit etwa 3 Mio. und die Nachfolgestaaten der ehemaligen Sowjetunion mit etwa 2,9 Mio. Menschen. Aus den Nachfolgestaaten des ehemaligen Jugoslawiens stammen etwa 1,5 Mio., aus Polen knapp 1,5 Mio., aus Italien 830 000 und aus Griechenland 403 000 Menschen (Statistisches Bundesamt, 2011).

Die Einwanderung nach Deutschland in der Nachkriegszeit lässt sich in verschiedene Phasen mit jeweils dominierenden Migrationsformen einteilen. Die lange offiziell vorgetragene Parole, dass Deutschland kein Einwanderungsland sei, war u. a. möglich, weil insbesondere die ersten Migrationsströme nicht im eigentlichen Sinn als Immigration betrachtet wurden. Die bis 1950 in die Bundesrepublik migrierten etwa 8,3 Mio. Vertriebenen und Flüchtlinge aus den ehemaligen deutschen Ostgebieten und der DDR (Herbert, 2001, S. 193) wurden als kriegsfolgenbedingte Wanderungen wahrgenommen. Ebenso galten die zwischen 1950 und Ende der 1990er Jahre etwa vier Millionen osteuropäischen (Spät-)Aussiedler deutscher Abstammung deshalb nicht als Migranten, weil sie wegen der Kriegsverbrechen Nazi-Deutschlands Opfer von Zwangsumsiedlung und Diskriminierung infolge ihrer deutschen Abstammung wurden. Die Aufnahme erfolgte insofern im Namen historischer Verantwortung des Nachkriegsdeutschlands gegenüber den Verbrechen des Naziregimes. Auch die »Gastarbeiter«, die auf Basis der Anwerbeabkommen mit Italien, Spanien, Griechenland, Türkei, Marokko, Portugal, Tunesien und Jugoslawien zwischen 1955 und 1968 nach Deutschland kamen und die dazu beitrugen, den immensen Arbeitskräftebedarf im »Wirtschaftwunderland« v. a. in der Industrie zu decken, wurden deshalb nicht als Einwanderer betrachtet, weil alle Seiten (Deutschland, die Herkunftsländer und die Migranten selbst) den Aufenthalt als temporär betrachteten (Joppke, 1999, S. 65). Der 1973 infolge wirtschaftlicher Rezession und steigender Arbeitslosenquoten erlassene Anwerbestopp resultierte jedoch nicht in einem Rückgang des Anteils der nichtdeutschen Bevölkerung, weil sich die ansässigen »Gastarbeiter« in vielen Fällen

2 Presse- und Informationsamt der Bundesregierung (2007); Der Nationale Integrationsplan, S. 12, 14.

dafür entschieden hatten, statt Deutschland zu verlassen nun ihre Familien nachzuholen, weil ihnen die Möglichkeit einer Wiedereinreise nach Deutschland versperrt war. Der Anteil der Bevölkerung nichtdeutscher Staatsangehörigkeit wuchs dann in der Folgezeit weiterhin kontinuierlich an, wozu insbesondere die Familienmigration beigetragen hat (1973 knapp 4 Mio. bzw. 6,4 % der Gesamtbevölkerung, 1982 etwa 4,7 Mio. bzw. 7,6 %; vgl. Herbert, 2001, S. 233). Zu Beginn der 1990er Jahre dominierte die Flüchtlingsmigration. Infolge der Öffnung der Grenzen der osteuropäischen Staaten kam es zu stark steigenden Asylbewerberzahlen, und im Zusammenhang mit einer massiven öffentlichen Kampagne der CDU/CSU (vgl. detailliert dazu Herbert, 2001, S. 296 ff.) zu einer Grundgesetzänderung des aufgrund der deutschen Geschichte einzigartigen deutschen individuellen Rechtes auf Asyl, das durch den Ausschluss von Flüchtlingen aus sogenannten »sicheren Herkunftsstaaten« und »sicheren Drittstaaten« faktisch ausgehebelt wurde. Die Zahl der Asylbewerber ist seitdem stark rückläufig und ist erst in den letzten Jahren wieder leicht angestiegen (z. B. 1992: 438 191, 2007: 19 164, 2010: 41 330; vgl. Herbert, 2001, S. 276; BAMF, 2011, S. 35). Neben dem Asylverfahren hat Deutschland in den 1990er Jahren etwa 350 000 Bürgerkriegsflüchtlinge aus dem ehemaligen Jugoslawien und etwa 100 000 sogenannte Kontingentflüchtlinge aufgenommen. Die größte Gruppe der Flüchtlinge bildeten jedoch die sogenannten De-facto-Flüchtlinge, deren Asylanträge zwar abgelehnt wurden, die aber aus Gründen der unmittelbaren Gefahr für Leib und Leben im Herkunftsland nicht ausgewiesen werden konnten. Diese Kategorie von Flüchtlingen, die keinen Aufenthalts-, sondern nur einen durch die Ausländerbehörden alle drei bis sechs Monate zu erneuernden Duldungsstatus erhielten und aufgrund dessen keine längerfristigen Lebenspläne ausbilden konnten, hat sich (neben irregulären Migranten) als eines der größten menschenrechtlichen Probleme des deutschen Migrationsregimes erwiesen. Im Jahr 2007 gab es z. B. rund 147 100 Personen mit einer Duldung (Breitkreutz et al., 2007, S. 389).

2 Nationale Interessen und Ansprüche der Immigranten

Es wird oft davon ausgegangen, dass Nationalstaaten im Rahmen ihres Selbstbestimmungsrechts auch ein sehr weitreichendes Recht haben, sowohl die Grenzen ihres Territoriums zu kontrollieren als auch über die Kriterien des mitgliedschaftlichen Zugangs (Bedingungen des Aufenthaltrechts und des Staatsangehörigkeiterwerbs) souverän zu entscheiden (vgl. Weiner, 1996). Nach Auffassung einer bedeutenden Strömung in der Migrationsforschung sind jedoch staatliche Ermessensspielräume auf Basis menschenrechtlicher Standards auf internationaler (Soysal, 1994) oder/und nationaler Ebene (Joppke, 1999), insbesondere unter dem Einfluss von Gerichtsentscheidungen (Guiraudon, 1998), begrenzt worden. Im deutschen Fall ist insbesondere die – in Reaktion auf die nationalsozialistische Herrschaft und den Holocaust – naturrechtliche Fundierung des deutschen Grundgesetzes mit der herausgehobenen Bedeutung der Menschenwürdegarantie im Artikel 1, die eine starke Ausstrahlungswirkung auf den Vorrang der auch für Nichtstaatsangehörige geltenden Grundrechte hat, als Ursache für liberale Entwicklungen im deutschen Ausländerrecht betrachtet worden (Joppke, 1999; Geddes, 2003). So wurde mit der gesetzlichen Einführung von Rechtsansprüchen für Nichtstaatsangehörige durch die Reform des Ausländerrechts 1990 auf eine Reihe von Verwaltungs- und Verfassungsgerichtsentscheidungen reagiert, die hinsichtlich der Legitimität von Abschiebungen, Aufenthaltsverlängerungen und Familiennachzugsbedingungen grundrechtliche Ansprüche von Migranten betont und damit Verwaltungsentscheidungen korrigiert hatten (Davy & Çinar, 2001; Davy, 2005).

Andererseits sollen demokratische Staaten – nach dem Maßstab demokratischer Legitimität – im Auftrag der Präferenzen ihrer Bürger handeln, die häufig eine restriktivere Migrationspolitik favorisieren. Auch können Nationalstaaten ihr Aufenthaltsrecht, das immer auch als ein Instrument der Zuwanderungskontrolle dient, nicht unbeschränkt liberalisieren, solange sie ihre Grenzen aufrechterhalten wollen. Vor diesem Hintergrund kann man von einem grundlegenden Spannungsverhältnis zwischen einerseits staatlichen Interessen, die – vor dem Hintergrund demokratischer Legitimation – idealerweise die Belange der Staatsbürger widerspiegeln sollten, und andererseits Menschen- und Grundrechten der Migranten ausgehen. Dieses in der Literatur auch als »liberales Paradox« (Hollifield, 1992) oder »demokratisches Paradox« (Benhabib, 2004) bezeichnete Spannungsverhältnis ist sicher ohnehin ein konstitutives Merkmal demokratischer Rechtsstaaten, insofern oft fraglich und interpretationsbedürftig ist, inwieweit – wesentlich durch das Mehrheitsprinzip – demokratisch legitimierte staatliche Regulierungen in die durch Grund- und Menschenrechte gesicherten Freiheitsspielräume der Bürgerinnen und Bürger eingreifen dürfen, ohne dass diese Rechte in ihrem Grundgehalt beschädigt werden. Dieses Spannungsverhältnis verschärft sich aber in der Migrationspolitik, weil Immigranten in der nichtidealen Welt der Koexistenz wechselseitig sich abschließender Nationalstaaten entweder gar nicht oder – wenn sie zwar einen Aufenthaltsstatus, aber nicht die Staatsbürgerschaft des Aufenthaltsstaats haben – ungenügend politisch inkludiert und repräsentiert sind.

Vor dem Hintergrund dieses liberal-demokratischen Paradoxons lässt sich die Frage stellen, inwieweit von politischen Eliten bei der Rechtfertigung und Kritik migrations- und integrationspolitischer Regelungsvorschläge die Interessen und Ansprüche der Migranten einbezogen werden oder ob einseitig im Namen nationaler oder staatlicher Interessen (z.B. kulturelle Homogenität, allgemeine Wohlfahrt, wirtschaftliche Entwicklung, Sicherheit, innerer Frieden, Zuwanderungskontrolle, demografische Erfordernisse) argumentiert wird. Die zentrale Frage wäre dann, ob auch auf menschen- oder grundrechtsbezogene Ansprüche der Migranten immer noch Bezug genommen wird, wenn diese nationalen Interessen widersprechen. Denn Grundrechte zeichnen sich dadurch aus, dass sie als »Trümpfe« gegenüber kollektiven Zielen (Dworkin, 1990) aufgefasst werden müssen, wodurch individuelle Personen überhaupt eine Grundlage haben, »um Achtung ihres eigenen Willens zu beanspruchen« (Gosepath, 1998, S. 203).[3] In diesem Sinn würden mit grundrechtlichen Ansprüchen korrespondierende Integrationsregeln Migranten davor schützen, für gesamtgesellschaftliche oder staatliche Zwecke unbeschränkt instrumentalisiert zu werden. Das Spektrum möglicher grundrechtsbezogener Argumente ist breit. Sie können sich auf zivile, politische und soziale Rechte beziehen, auf zusätzliche, diese Rechte sichernde, spezifische Antidiskriminierungsmaßnahmen oder auch auf weitergehende menschenrechtlich begründete multikulturelle, »gruppendifferenzierte Rechte« (Kymlicka, 1995). Sie können aber auch auf Aufenthalts- und Einbürgerungsbedingungen bezogen werden. So sprechen grundrechtlich inspirierte moralische Intuitionen für ein Prinzip der sukzessiven Verfestigung des Aufenthaltsstatus' mit einem gleichzeitig wachsenden Einbürgerungsanspruch, wobei die Zugangsbarrieren in beiden Fällen mit zunehmender Aufenthaltsdauer geringer werden sollten (Carens, 2005). Sozusagen ein Spezialfall des Spannungsverhältnisses ist, dass das jeweilige geltende Aufenthaltsrecht aus staatlicher Perspektive als Migrationskontrollinstrument betrachtet wird, aber ebenso aus der Perspektive der Migranten grundrechtliche Ansprüche gewährleisten kann. Migrationspolitische Argumente können diese doppelte Bedeutung mehr oder weniger reflektieren und damit mehr oder weniger anerkennen, dass aufenthaltsrechtliche Regeln zugunsten von sich bereits auf dem Staatsgebiet befindenden Migranten nach einem individualrechtlichen Verständnis nicht allein auf Basis von Erwägungen der Prävention weiterer Zuwanderung bewertet werden sollten.

2.1 Ausländergesetz 1990

Wenn man die parteipolitischen Argumente in der parlamentarischen Debatte um das Ausländerrecht 1990 einerseits und um das Zuwanderungsgesetz 2001–2004 andererseits vergleicht, ergibt sich eine erstaunliche Verschiebung des dominanten Rechtfertigungsmodus migrationspolitischer Regulierung, die darauf verweist, dass Fortschritte in der Anerkennung als Einwanderungsland signifikante Rückschritte im Sinn der Anerkennung grundrechtlicher Ansprüche von Migranten korrespondieren. Während in der Debatte 1990 von Vertretern aller Parteien ein notwendiger Abwägungsprozess zwischen den legitimen Interessen der Mehrheit und denen der Immigrantenminderheit als Ausgangspunkt der Überlegungen akzeptiert wurde, lassen sich solche abwägenden Argumente in den parlamenta-

3 Die Erläuterungen der Menschenwürde, die die Grundlage der Menschen- und Grundrechte darstellen, lehnen sich in Grundgesetz-Kommentaren und bei Verfassungsrechtlern stark an die berühmte Kantische Zweckformel an, dass Menschen niemals nur als Mittel, sondern immer auch als Zweck zu behandeln wären. Dieser häufig als Instrumentalisierungsverbot bezeichnete Sinn der Menschenwürde wird z. B. bei Dürig (1956, S. 127) wie folgt erläutert: »Die Menschenwürde ist getroffen, wenn der konkrete Mensch zum Objekt, zu einem bloßen Mittel, zur vertretbaren Größe herabgewürdigt wird.«

rischen Debatten um das Zuwanderungsgesetz in den Jahren 2001–2004 zunehmend weniger auffinden.

Mit der Reform des Ausländerrechts 1990 wurden gesetzliche Rechtsansprüche für Nichtstaatsangehörige eingeführt, die sowohl das Aufenthaltsrecht als auch die Einbürgerung[4] betrafen. Noch im Ausländerrecht von 1965 wurde die Gewährung einer Aufenthaltserlaubnis uneingeschränkt als eine Angelegenheit des staatlichen Ermessens nach Maßgabe nationalstaatlicher Interessen betrachtet, wodurch selbst Verlängerungen von Aufenthaltserlaubnissen wie Erstentscheidungen behandelt wurden, so dass eine Verfestigung des Aufenthalts zunächst rechtlich vermieden werden konnte (Davy, 2005).[5] Die Abgeordneten der regierenden Parteien CDU/CSU und FDP rechtfertigten den Gesetzentwurf der Ausländerrechtsreform mit Fortschritten in Bezug auf die Rechte der Migranten, die zu einem ausgewogeneren Verhältnis von mehrheitsgesellschafts- und staatsbezogenen Belangen einerseits und den Ansprüchen von damals noch sogenannten Ausländern andererseits beitragen würden.[6] So argumentierte der damalige Innenminister Wolfgang Schäuble, dass das neue Ausländerrecht »einen fairen Ausgleich schaffen« will »zwischen den Hoffnungen und den legitimen Erwartungen der bei uns lebenden Ausländer einerseits und den Interessen der deutschen Bevölkerung andererseits.«[7] Ähnlich argumentierte ein CDU-Abgeordneter, dass das neue Ausländerrecht »zum friedlichen Ausgleich unterschiedlicher Interessen führt.«[8] Die im Parlament vertretene Position der FDP zeichnete sich in dieser Phase zudem dadurch aus, dass Minderheiten schützende Rechtsansprüche als ein integraler Aspekt demokratischer Legitimität betrachtet wurden.[9] Die Oppositionsparteien SPD und Bündnis 90/Die Grünen kritisierten in unterschiedlichem Grad die aus ihrer Sicht einseitige Ausrichtung des Gesetzentwurfs auf nationale Interessen. Die Hauptrednerin der SPD sah gar »eine Verschlechterung im Vergleich zur geltenden Praxis, in der beide Belange, nämlich die des Staates und die der Ausländer, gegeneinander abgewogen werden. Jetzt aber soll einseitig auf die Interessen der Bundesrepublik

4 Demnach sollten 16- bis 23-Jährige nach 8-jährigem legalen Aufenthalt und ältere Ausländer nach 15-jährigem legalen Aufenthalt auf Antrag i. d. R. eingebürgert werden. Diese Regelungen wurden wenig später in Rechtsansprüche auf Einbürgerung umgewandelt.

5 So heißt es in der Begründung des zuvor geltenden Ausländergesetzes von 1965: »Über die Erlaubnis zum Aufenthalt entscheiden die Behörden [...] nach pflichtgemäßem, der Natur der Sache nach weitem Ermessen. Das Ermessen ist allein eingeschränkt durch die Beachtung der Belange der Bundesrepublik Deutschland.« Gegen die Belange der Bundesrepublik Deutschland »verstößt ein Ausländer, wenn seine Anwesenheit im Bundesgebiet mit den Interessen des Staates oder der Allgemeinheit nicht in Einklang steht« (Deutscher Bundestag, Drucksache IV 868, 1962: 12).

6 Es können im Folgenden nur einige charakteristische Aussagen angeführt werden, die aber dennoch die Schwerpunkte der jeweiligen Debatten repräsentieren.

7 Deutscher Bundestag, Plenarprotokoll (im Folgenden PP) 11/207 (26. 04. 1990): 16 281B.

8 Gerster (CDU/CSU), PP 11/207: 16 275A.

9 »Die Qualität unseres Staates entscheidet sich auch daran, wie er sich gegenüber Minderheiten und gegenüber denen verhält, die bei ihm Hilfe und Schutz suchen und die sich nicht selbst helfen können« (Hirsch, FDP, PP 11/207: 16 280C).

abgestellt werden.«[10] Es wurde durchgängig kritisiert, dass Ausländer im Namen von »Allmacht und Eigennutz des Staates« als »Manövriermasse für den Arbeitsmarkt« instrumentalisiert würden.[11] Bündnis 90/Die Grünen, ihrem damaligen Selbstverständnis als Advokaten von Migrantenrechten entsprechend, kritisierten den Gesetzentwurf vehement, weil sich darin ein »institutionalisierte[r] Rassismus« offenbare, der »Menschen an Hand von völkischen Abstammungskriterien« klassifiziere.[12] Dennoch deuten Aussagen, dass »ausschließlich bundesdeutsche Interessen« berücksichtigt werden würden,[13] darauf hin, dass letztlich auch Bündnis 90/Die Grünen den Legitimationshorizont eines fairen Ausgleichs von Interessen und Ansprüchen zwischen Staat und Migranten befürworteten.

2.2 Zuwanderungsgesetz 2005

Während man also deutlich erkennen kann, dass alle an der parlamentarischen Debatte um die Reform des Ausländerrechts beteiligten Parteien den Legitimationshorizont eines fairen Ausgleichs von Interessen und Ansprüchen zwischen Staat und Migranten befürworteten, hat sich in den Debatten um das Zuwanderungsgesetz der Rechtfertigungshorizont zunehmend auf das nationale bzw. staatliche Interesse verschoben. Die zentrale politische Kontroverse zwischen rot-grüner Regierungskoalition und FDP einerseits und Unionsparteien andererseits betraf letztlich die Frage, ob hinsichtlich des nationalen Interesses der Steuerung oder der Begrenzung der Zuwanderung der Vorrang gebührt. Während es im Vorfeld der parlamentarischen Debatten in den Programmpapieren aller im Bundestag vertretenen Parteien noch relativ deutliche Aussagen darüber gab, dass Migrationspolitik eine Abwägung der legitimen Interessen der Mehrheitsgesellschaft einerseits und der legitimen Ansprüche und Rechte der Immigranten andererseits erforderlich mache,[14] sind solche Referenzen dann in den parlamentarischen Debatten von 2001–2004 weitgehend nicht wieder aufgetaucht. Die Ablehnung der verschiedenen von der Regierungskoalition eingebrachten Gesetzesentwürfe durch die Unionsparteien mit dem dominierenden Argument, dass keine quantitative Begrenzung bzw. Reduktion des Zuwanderungsstroms erreicht werde, führte letztlich zu einer Perspektive, die Differenzierungen sowohl zwischen verschiedenen Formen der Einwanderung als auch zwischen Ansprüchen potenzieller und bereits im Land residierender Migranten einebnete. So wurden die einzelnen Bestimmungen

10 Sonntag-Wolgast (SPD), PP 11/207: 16 272C.

11 Sonntag-Wolgast (SPD), PP 11/207: 16 273B.

12 Trenz (Bündnis 90/Die Grünen), PP 11/207: 16 289B.

13 Vogl (Bündnis 90/Die Grünen), PP 11/207: 16 278A.

14 In den zuwanderungspolitischen Leitsätzen der CDU hieß es noch, dass »Zuwanderung aus legitimen nationalen Interessen und Zuwanderung aus humanitären Gründen« sich »in einer vernünftigen Balance« befinden müssten (CDU, 2000). Für die SPD sollte sich die Berücksichtigung der unterschiedlichen Interessen und Ansprüche ihrem Anspruch nach bereits auf den demokratischen Prozess der Entscheidungsfindung beziehen. So heißt es in der Präambel der zuwanderungspolitischen Eckpunkte der SPD-Fraktion (SPD, 2001), dass »eine neue Migrationspolitik gemeinsam mit den Menschen – Einheimischen, Zuwanderinnen und Zuwanderern – [zu] gestalten« sei.

des Gesetzesentwurfs, unabhängig von der jeweiligen Migrationsform und Migrantenkategorie, prioritär unter dem Aspekt des wachsenden Zuwanderungspotenzials betrachtet und kritisiert. Im Bereich der Flüchtlingsmigration wurde die vorgeschlagene und am Ende durchgesetzte Anerkennung geschlechtsspezifischer und nichtstaatlicher Verfolgung kritisiert, weil damit neue »Zuwanderungsanreize« für Flüchtlinge und damit auch neue Ansprüche auf Familiennachzug geschaffen würden. Auch die Etablierung von gesicherten Bleiberechten für langjährig nur geduldete Migranten wurde aus Gründen dadurch bedingter weiterer »Zuwanderungsanreize« abgelehnt.[15] Mit der gleichen Logik wurde im Bereich der Familienmigration bemängelt, dass die Altersgrenze für den Nachzug von Kindern nicht weiter herabgesetzt würde.[16] Darin manifestiert sich eine Instrumentalisierung von auch bereits in Deutschland lebenden Migranten für staatliche Motive genereller Zuwanderungsprävention. Mögliche grundrechtliche Ansprüche im Kontext rechtlicher Voraussetzungen des Integrationsprozesses wurden nicht erwogen. In der letzten Beratung im Jahre 2004 offenbarte der damalige Vorsitzende der CDU-Zuwanderungskommission Peter Müller eine Vorstellung uneingeschränkter nationalstaatlicher Souveränität in der Migrationspolitik, die jeglicher grundrechtlicher und aufenthaltsrechtlicher Differenzierung und Qualifizierung nach verschiedenen Migrationsgründen entbehrte: »Jedes Land – auch die Bundesrepublik Deutschland – hat das Recht, klar zu sagen, wo die Grenzen der Aufnahmefähigkeit sind, wen es aufnehmen, wen es bei sich behalten und wen es wieder aus dem Land verweisen will.«[17]

Für die rot-grüne Regierungskoalition und für die oppositionelle FDP war die Verabschiedung eines umfassenden Zuwanderungsgesetzes ein Ausdruck überfälliger Modernisierung (vgl. auch Hell, 2005, S. 99ff.). Eine charakteristische Aussage lautete etwa: »Moderne, innovative Gesellschaften, die im internationalen Wettbewerb bestehen wollen, müssen atmen. Der Austausch mit dem Ausland durch Spracherwerb und Wissenstransfer, aber eben auch durch Zu- und Abwanderung ist für sie essenziell.«[18] SPD und FDP hoben v.a. hervor, dass es um eine Beeinflussung der »Qualität« der Zuwanderung ginge: »Ohne Neugestaltung des Zuwanderungsrechts bliebe es [...] bei einer Zuwanderung, die wir in dieser Form und Qualität nicht wollen.«[19] Das nationale Interesse wurde von Beginn an vorrangig ökonomisch definiert: »Wir brauchen ein marktwirtschaftliches, vernünftiges Modell, mit dem wir den wirtschaftlichen Interessen unseres Landes besser gerecht werden.«[20] Insbesondere die SPD und zum Teil aber auch die Grünen haben im Verlauf der Debatten in zunehmendem Maße den von der Union vorgegebenen Diskursrahmen akzeptiert und dabei auch den von den Unionsparteien vorgegebenen Bewertungsmaßstab des quantitativen Zuwanderungspotenzials übernommen. In den ohnehin knapp gehaltenen Bemerkungen zu den vorgesehenen Regelungsbereichen des politischen Asyls, des Familiennachzugs

15 Z.B. Marschewski, PP 14/208 (13.12.2001): 20528AB.
16 Z.B. Uhl, PP 14/208: 20534A.
17 Deutscher Bundestag, PP 15/118: 10710D.
18 V. Beck, PP 15/31 (13.03.2003): 2325D.
19 Schily, damaliger Innenminister (SPD), PP 15/31: 2319A.
20 Schily (SPD), PP 14/208: 20512A.

und eines »Bleiberechts« für bislang geduldete Migranten dominierten Hinweise auf das geringe zusätzliche Zuwanderungspotenzial. So ginge es z. B. im Fall der umstrittenen Höchstgrenze des Kindernachzugsalters um »wenige hundert Kinder pro Jahr«[21] – im Fall eines Aufenthaltsrechts für geduldete Migranten wurde argumentiert, dass dadurch »kein einziger Flüchtling mehr nach Deutschland kommen [wird,] als das heute der Fall ist.«[22] Im Fall eines gesicherten Aufenthaltsrechts für Flüchtlinge wurde ebenso eher vom gesamtgesellschaftlichen Nutzen her argumentiert, weil damit den betreffenden Migranten die Möglichkeit eröffnet werde, ihren Lebensunterhalt selbst zu verdienen und deshalb nicht länger von Sozialhilfe abhängig zu sein.[23]

2.3 Staatsangehörigkeitsgesetz 2000

Im Vergleich zum Legitimationshorizont der Debatten um die Ausländerrechtsreform 1990 hat die durch Auseinandersetzungen über das nationale Interesse geprägte Debatte um das Zuwanderungsgesetz also dazu geführt, dass legitime und grundrechtliche Ansprüche der Migranten zumindest rechtfertigungsstrategisch marginalisiert worden sind. Einen Übergang von einem parteiübergreifenden migrationspolitischen Konsens über die Notwendigkeit eines Ausgleichs der Interessen und Ansprüche von Mehrheitsgesellschaft und Migranten zu einem Konsens über die einseitige Priorität nationaler Interessen bildet der Diskurs um die Reform des Staatsangehörigkeitsrechts. Der damaligen stark ideologischen Konfliktstruktur in der Auseinandersetzung um die doppelte Staatsbürgerschaft lagen, neben populistischen Motiven der Instrumentalisierung eines migrationspolitischen Themas, grundlegend verschiedene Auffassungen über das Verhältnis von Integration und Staatsangehörigkeitserwerb zugrunde. Während die damalige rot-grüne Regierungskoalition sich auf legitime Ansprüche der Migranten auf rechtliche und politische Gleichstellung (im Verhältnis sowohl zu Staatsbürgern als auch EU-Ausländern) bezog und den (erleichterten) Staatsangehörigkeitserwerb als Element bzw. Voraussetzung der Integration verstand, betrachtete die CDU/CSU diesen als Abschluss umfassender ökonomischer, sozialer und identifikativer Integration, die aus der Perspektive staatlicher Interessen der Einbürgerung vorauszugehen habe (vgl. Gerdes & Faist, 2006). Während SPD, Bündnis 90/Die Grünen, PDS und zum Teil auch FDP Integration als Aspekt der rechtlichen Rahmenbedingungen betrachteten, wurde Integration seitens der Unionsparteien v. a. als eine Leistung und Pflicht der Migranten gesehen.

---

21 Veit (SPD), PP 15/31: 2341C.
22 Veit (SPD), PP 14/208: 20 526B.
23 Müller (Bündnis 90/Grüne), PP 14/208: 20 519D; Veit (SPD), PP 14/208: 20 526C.

3 Migrationsmanagement und Integrationsverständnis

Die zunehmend einseitige Orientierung an nationalen ökonomischen Interessen im vorherrschenden migrationspolitischen Rechtfertigungsmodus spiegelt sich auch im heute parteiübergreifend dominierenden Integrationsverständnis wider (vgl. zum Folgenden detaillierter Gerdes & Bittlingmayer, 2012). Erstens gelten Spracherwerb und Bildung seit der Einführung von Sprach- und Integrationskursen im Zuwanderungsgesetz als inzwischen vielzitierte »Schlüssel zur Integration«, denen gegenüber andere Aspekte rechtlicher, politischer und sozialer Integration – wie z. B. politische Partizipation, aufenthaltsrechtliche Bedingungen, Einbürgerungsbedingungen, Antidiskriminierungspolitik, institutionelle Anerkennung kultureller Differenz – entweder nachgeordnet oder ausgeblendet werden.[24] Zweitens werden die Bedeutung von Spracherwerb und deren Voraussetzung für Bildung im Integrationsprozess i. d. R. eindimensional auf Beschäftigungsfähigkeit und Arbeitsmarktintegration sowie die potenzielle Sozialleistungsunabhängigkeit von Migranten bezogen und z. B. kaum als Voraussetzungen demokratischer Partizipation, lebensweltlicher Teilhabe oder der Inanspruchnahme von Grundrechten thematisiert.

Aktivierende Integrationspolitik

Es gibt zunehmend rechtliche Regelungen und Gesetzesvorschläge im Integrationsbereich, die günstigere Aufenthalts- und Einbürgerungsbedingungen, aber auch Rechte auf Familieneinheit und soziale Rechte an erwartete oder erbrachte Leistungen seitens der Migranten knüpfen. Mit dem sogenannten EU-Richtlinienumsetzungsgesetz 2007 wurden die bereits durch das Zuwanderungsgesetz eingeführten Sanktionen im Fall des Versäumens von Integrationsleistungen erweitert. Während zuvor eine unerfüllte Teilnahmepflicht an Integrationskursen ungünstige Konsequenzen für die Verlängerung der Aufenthaltsgenehmigung und eine Kürzung von Sozialleistungen nach sich ziehen konnte, werden diese möglichen Sanktionen seit 2007 auf das Nichtbestehen des Abschlusstests ausgedehnt und um die mögliche Erhebung von Bußgeldern ergänzt. Hinsichtlich des Bezugs von Sozialleistungen wird das Verhalten der betroffenen Migranten damit den entsprechenden Bewertungen von mit breitem Ermessen ausgestatteten Fallmanagern der Jobcenter ausgesetzt. Außerdem sind die grundrechtlichen Ansprüche von Migranten auf Familieneinheit nachhaltig relativiert worden, seitdem der Nachzug von Ehegatten – außer im Fall von Asylberechtigten, Flüchtlingen, Hochqualifi-

24 So konzentrieren sich die zentralen Themenfelder und Arbeitsgruppen des *Nationalen Integrationsplans* (2007) auf Sprachförderung, Integrationskurse, Bildung, Ausbildung und Erwerbsleben. Aspekte des rechtlichen Status, der Aufenthaltssicherheit von Migranten, der Bekämpfung von Diskriminierung und der politischen Gleichberechtigung durch Staatsangehörigkeitserwerb fehlen weitgehend.

zierten und aufenthaltsberechtigten Staatsangehörigen aus westlichen Staaten ohne Visumpflicht und einigen anderen spezielleren Ausnahmefällen – davon abhängig gemacht wird, dass diese bereits im Herkunftsland einen Deutschkurs absolvieren und bestehen. Auch die im Kontext des Richtlinienumsetzungsgesetzes eingeführte Regelung des Bleiberechts für (ketten-)geduldete Migranten sieht vor, dass die betreffenden Personen nur unter hohen Voraussetzungen[25] eine reguläre Aufenthaltserlaubnis erhalten, wenn sie den größten Anteil ihres Lebensunterhalts aus eigenen Mitteln bestreiten. Denjenigen, die aktuell nicht in einem Arbeitsverhältnis standen, aber ansonsten die Voraussetzungen erfüllten, konnte eine »Aufenthaltserlaubnis auf Probe« erteilt werden, in deren Rahmen ihnen eine bestimmte Frist eingeräumt wurde, eine Beschäftigung zu finden (vgl. Kirsch, 2008).

Auffällig ist die Parallelität von Diskursen und Regelungen in der Arbeitsmarkt- und Sozialpolitik einerseits und der Integrationspolitik andererseits. In beiden Politikbereichen ist das Leitbild das des »Förderns und Forderns«, dem mit gesetzlich verankerten Sanktionen im Fall unzureichender Integrationsanstrengungen Geltung verschafft wird. Mit dem Paradigma des aktivierenden Staates hat sich das prioritäre Ziel politischer Intervention von wirtschaftspolitischer Rahmensteuerung, der Regulierung von Arbeitsmärkten und -verhältnissen und der Gewährleistung solidarischer Sicherungssysteme auf die Ausbildung und Entwicklung der Kompetenzen der einzelnen Personen verlagert, wodurch diese in die Lage versetzt werden sollen, in einem größeren Umfang für sich selbst zu sorgen (vgl. Gerdes, 2006; Lessenich, 2008). Eine vorwiegend bildungs- und arbeitsmarktorientierte Leitvorstellung der Integration kann allerdings auch selektive rechtliche Liberalisierungen zur Folge haben, wenn dies mit den nationalen Interessen korrespondiert. Beispiele wären etwa die jüngeren Gesetzesänderungen im Kontext der Anerkennung von ausländischen beruflichen Bildungsabschlüssen (vgl. dazu Maier & Rupprecht, 2011) oder Erleichterungen des Schulbesuchs der Kinder irregulärer Migranten, indem das Schulpersonal von den aufenthaltsrechtlichen Übermittlungspflichten befreit wird.[26]

4 Schlussfolgerung

Der Schwerpunkt der deutschen Migrationspolitik hat sich von Migrationskontrollpolitik zu einer aktivierenden Integrationspolitik verlagert. Zum Teil ist Migrationsmanagement auch ein Bestandteil der Integrationspolitik geworden,

25 Ununterbrochener 8-jähriger Aufenthalt, Deutschkenntnisse des Niveaus A2, Verfügung über ausreichenden Wohnraum, Straffreiheit, keine Bezüge zu extremistischen oder terroristischen Organisationen, keine Vorstrafen, keine frühere Verzögerung oder Behinderung aufenthaltsrechtlicher Maßnahmen, keine frühere Täuschung der Behörden über die eigene Identität.

26 Vgl. etwa »Wachstum, Bildung, Zusammenhalt«, Koalitionsvertrag von CDU, CSU, FDP (2009), 17. Legislaturperiode, S. 79.

wie im Fall der neueren Steuerungsversuche der seit Jahrzehnten quantitativ bedeutendsten Quelle der Zuwanderung, des Familiennachzugs (vgl. Sachverständigenrat, 2011, S. 97 ff.). Ich habe mich in diesem Beitrag darauf konzentriert zu zeigen, wie die (grundrechtlichen) Ansprüche der Migranten zugunsten der Priorität nationalen Interesses im nunmehr offiziell selbsterklärten Einwanderungsland Deutschland rechtfertigungsstrategisch marginalisiert und gesetzlich qualifiziert worden sind. Angesichts dessen, dass auch die selektive Immigrationspolitik der klassischen Einwanderungsstaaten wie den USA und Kanada immer schon relativ eindeutig nach nationalen (wirtschaftlichen und demografischen) Interessen ausgerichtet ist, mag das gar nicht überraschen. Deutschland befindet sich zudem im europäischen Trend. In den westeuropäischen Staaten sollen offenbar Versäumnisse, bereits im Bereich der Migrationssteuerung die nationalen und ökonomischen Interessen des Einwanderungslandes zum Maßstab zu nehmen, nun mit den Mitteln einer aktivierenden Integrationspolitik korrigiert werden. Aufgrund der Diagnose eines vermeintlichen Scheiterns der Integration von Migranten, die sich u. a. wesentlich auf überproportionale Arbeitslosenquoten und Sozialleistungsabhängigkeiten bezog, haben eine Reihe von europäischen Staaten Integrationsprogramme eingeführt, die staatlich organisierte und geförderte Sprach- und Integrationskurse in unterschiedlichem Umfang mit restriktiven Maßnahmen wie aufenthaltsrechtlichen und sozialleistungsbezogenen Sanktionen und Einbürgerungstests verkoppeln (Michalowski, 2006; Jacobs & Rea, 2007; Joppke, 2007).

Die starke Fokussierung des inzwischen dominierenden Integrationskonzeptes auf Spracherwerb, Bildung und Qualifizierung erklärt sich auch aus der großen Bedeutung, die in Wissenschaft und Politik heute der Vorstellung der »Wissensgesellschaft« zukommt (vgl. Bittlingmayer, 2005; Bittlingmayer & Bauer, 2006). Bereits der konzeptuelle Ausgangspunkt im Bericht der Zuwanderungskommission, an den auch viele spätere migrationspolitische Expertisen anknüpfen, brachte Annahmen über eine zunehmende Wissensbasierung einer globalisierten Ökonomie mit Problemen der demografischen Entwicklung einer zunehmenden Alterung der deutschen Gesellschaft, die die Innovations- und Wettbewerbsfähigkeit Deutschlands gefährde, in Verbindung.[27]

Relevante, diesen Kurs unterstützende Teile der deutschen Migrationsforschung scheinen zu meinen, dass sich eine die Interessen der Migranten und der Mehrheitsgesellschaft abwägende Perspektive erübrigt, wenn die Belange der Migranten als ein legitimer Teil der deutschen Bevölkerung in das nationale Interesse einbezogen werden. Die Auffassung, dass Migranten und ihre Beiträge für die ökonomische Entwicklung Deutschlands gebraucht werden, kann sicher für die Bevölkerung mit Migrationshintergrund eine starke und längst überfällige Anerkennung bedeuten. Andererseits liegt es auf der Hand, dass die Kehrseite einer Anerkennung, die wesentlich auf Leistungen zu einem weitgehend von Eliten vordefinierten Gemeinwohl basiert, die Missachtung derjenigen zur Folge hat, die nicht willens oder in der Lage sind, die erwarteten Beiträge zu leisten. Eine utilitaristische Qualifizierung oder Konditionalisierung von grundrechtlichen An-

27 Vgl. Unabhängige Kommission »Zuwanderung« (2001): Zuwanderung gestalten – Integration fördern, Berlin, S. 17, 25.

sprüchen konfligiert zudem offensichtlich mit dem Bekenntnis zu unveräußerlichen (und nicht an konformes Verhalten zu bindenden) Menschenrechten und steht erkennbar in einem Spannungsverhältnis zu dem Instrumentalisierungsverbot der Menschenwürdegarantie. So ist aus ökonomischer Perspektive tatsächlich vorgeschlagen worden, die Staatsangehörigkeit an »zahlungskräftige Neumitglieder« zu verkaufen, da Staaten in erster Linie als Kollektivgüter bereitstellende Klubs zu verstehen seien: »Wer mehr Steuern in Deutschland zahlen würde, als zusätzliche Kosten für Straßen, Krankenhäuser oder Schulen zu verursachen, sollte mit offenen Armen willkommen geheißen werden« (Straubhaar, 2003, S. 89). Man sollte sich vielleicht nicht wundern, wenn ein solcher wissensgesellschaftlicher Utilitarismus sich zu einem auf Intelligenzdefiziten bestimmter Migrantengruppen basierenden Rassismus radikalisiert (vgl. Sarrazin, 2010).

Literatur

Bade, K.J. & Bommes, M. (2000). Migration und politische Kultur im Nicht-Einwanderungsland. In K.J. Bade & R. Münz (Hrsg.), *Migrationsreport 2000. Fakten – Analysen – Perspektiven* (S. 163–204). Frankfurt a.M./New York: Campus.

Benhabib, S. (2004). *The Rights of Others. Aliens, Residents and Citizens.* Cambridge: Cambridge University Press.

Bittlingmayer, U.H. (2005). *»Wissensgesellschaft« als Wille und Vorstellung.* Konstanz: UVK Verlagsgesellschaft.

Bittlingmayer, U.H. & Bauer, U. (Hrsg.) (2006). *Die »Wissensgesellschaft«. Mythos, Ideologie oder Realität?* Wiesbaden: VS.

Breitkreutz, K., Franßen-de la Gerda, B. & Hübner, C. (2007). Das Richtlinienumsetzungsgesetz und die Fortentwicklung des deutschen Aufenthaltsrechts – Fortsetzung. *Zeitschrift für Ausländerrecht und Ausländerpolitik (ZAR), 27,* 381–389.

Bundesamt für Migration und Flüchtlinge (Hrsg.) (2011). *Statistikbericht Migration und internationaler Schutz.* Nürnberg.

Carens, J.H. (2005). The Integration of Immigrants. *Journal of Moral Philosophy, 2,* 29–46.

CDU (2000). Arbeitsgrundlage für die Zuwanderungskommission der CDU Deutschlands. In Konrad-Adenauer-Stiftung, *Zuwanderung – Stellungnahmen der Parteien und einiger gesellschaftlicher Gruppen, Projekt Zuwanderung und Integration* (S. 4–9). Zusammengestellt von Michael Wolffs.

Davy, U. (2005). Integration of Immigrants in Germany: A Slowly Evolving Concept. *European Journal of Migration and Law, 7,* 123–144.

Davy, U. & Çinar, D. (2001). Deutschland. In U. Davy (Hrsg.), *Die Integration von Einwanderern: Rechtliche Regelungen im europäischen Vergleich* (S. 277–423). Frankfurt a.M./New York: Campus.

Davy, U. & Weber, A. (Hrsg.) (2006). *Paradigmenwechsel in Einwanderungsfragen? Überlegungen zum neuen Zuwanderungsgesetz.* Baden-Baden: Nomos.

Dürig, G. (1956). Der Grundrechtssatz von der Menschenwürde. *Archiv des öffentlichen Rechts, 81,* 117–157.

Dworkin, R. (1990). *Bürgerrechte ernstgenommen.* Frankfurt a.M.: Suhrkamp.

Geddes, A. (2003). *The Politics of Migration and Immigration in Europe.* London: Sage.

Gerdes, J. (2006). Der »Dritte Weg« als ideologische Kolonialisierung der Lebenswelt. Die Sozialdemokratie in der Wissensgesellschaft. In U.H. Bittlingmayer & U. Bauer (Hrsg.),

Die »Wissensgesellschaft«. Mythos, Ideologie oder Realität? (S. 553–613). Wiesbaden: VS.
Gerdes, J. & Bittlingmayer, U.H. (2012). Assimilation und Wissensgesellschaft. Bildungsgesteuerte Integrationsimperative im deutschen parteipolitischen Diskurs seit den Debatten um das Zuwanderungsgesetz. *Sociologia Internationalis, 50*, i.E.
Gerdes, J. & Faist, T. (2006). Von ethnischer zu republikanischer Integration. Der Diskurs um die Reform des deutschen Staatsangehörigkeitsrechts. *Berliner Journal für Sozialforschung, 16*, 313–335.
Gosepath, S. (1998). Das Verhältnis von Demokratie und Menschenrecht. In H. Brunkhorst (Hrsg.), *Demokratischer Experimentalismus. Politik in der komplexen Gesellschaft* (S. 201–240). Frankfurt a.M.: Suhrkamp.
Groß, T. (2006). Die Verwaltung der Migration nach der Verabschiedung des Zuwanderungsgesetzes. In M. Bommes & W. Schiffauer (Hrsg.), *Migrationsreport 2006: Fakten – Analysen – Perspektiven* (S. 31–61). Frankfurt a.M./New York: Campus.
Guiraudon, V. (1998). Citizenship Rights for Non-Citizens: France, Germany, and the Netherlands. In C. Joppke (Hrsg.), *Challenge to the Nation-State. Immigration in Western Europe and the United States* (S. 272–318). Oxford: Oxford University Press.
Hell, M. (2005). *Einwanderungsland Deutschland? Die Zuwanderungsdiskussion 1998–2002.* Wiesbaden: VS.
Herbert, U. (2001). *Geschichte der Ausländerpolitik in Deutschland.* München: Beck.
Hollifield, J.F. (1992). *Immigrants, Markets and States: The Political Economy of Postwar Europe.* Cambridge: Cambridge University Press.
Jacobs, D. & Rea, A. (2007). The End of National Models? Integration Courses and Citizenship Trajectories in Europe. *International Journal on Multicultural Societies, 9*, 264–283.
Joppke, C. (1999). *Immigration and the Nation-State. The United States, Germany, and Great Britain.* Oxford: Oxford University Press.
Joppke, C. (2007). Beyond National Models: Civic Integration Policies for Immigrants in Western Europe. *West European Politics, 30*, 1–22.
Kirsch, A. (2008). Die erste bundesrechtliche Altfallregelung in § 104 a Aufenthaltsgesetz. *Zeitschrift für Ausländerrecht und Ausländerpolitik (ZAR), 28*, 130–135.
Kymlicka, W. (1995). *Multicultural Citizenship: A Liberal Theory of Minority Rights.* Oxford: Clarendon Press.
Lessenich, S. (2008). *Die Neuerfindung des Sozialen. Der Sozialstaat im flexiblen Kapitalismus.* Bielefeld: Transkript.
Maier, R.W. & Rupprecht, B. (2011). Der Regierungsentwurf des Anerkennungsgesetzes. *Zeitschrift für Ausländerrecht und Ausländerpolitik (ZAR), 31*, 201–205.
Michalowski, I. (2006). Qualifizierung oder Selektion? Die Dynamiken der Neuformulierung einer Integrationspolitik. In A. Walter, M. Menz & S. De Carlo (Hrsg.), *Grenzen der Gesellschaft? Migration und sozialstruktureller Wandel in der Zuwanderungsregion Europa* (S. 143–162). IMIS-Schriften, 14. Göttingen: V&R Unipress.
Sachverständigenrat deutscher Stiftungen für Integration und Migration (2011). *Migrationsland 2011. Jahresgutachten mit Migrationsbarometer.* Berlin.
Sarrazin, Thilo (2010). *Deutschland schafft sich ab: Wie wir unser Land aufs Spiel setzen.* München: Deutsche Verlags-Anstalt.
Soysal, Y.N. (1994). *Limits of Citizenship. Migrants and Postnational Membership in Europe.* Chicago/London: University of Chicago Press.
SPD (2001). *Steuerung, Integration, innerer Friede. Die Eckpunkte der SPD-Bundestagsfraktion.* Querschnittsarbeitsgruppe Integration und Zuwanderung.
Statistisches Bundesamt (2011). *Bevölkerung und Erwerbstätigkeit. Bevölkerung mit Migrationshintergrund. Ergebnisse des Mikrozensus 2010.* Wiesbaden.
Straubhaar, T. (2003). Wird die Staatsangehörigkeit zu einer Klubmitgliedschaft? In D. Thränhardt & U. Hunger (Hrsg.), *Migration im Spannungsfeld von Globalisierung und Nationalstaat* (S. 76–89). Leviathan-Sonderheft 22. Wiesbaden: Westdeutscher.
Weiner, M. (1996). Ethics, National Sovereignty and the Control of Immigration. *International Migration Review. Special Issue*, 30, 171–197.

Migration und geschlechtsspezifische Sozialisation – Männlichkeit und Weiblichkeit in konservativ-muslimischen Milieus

Ahmet Toprak & Aladin El-Mafaalani

Einleitung

»Für die Erziehung eines Kindes braucht man ein ganzes Dorf.« Dieses afrikanische Sprichwort macht deutlich, dass für das Heranwachsen eines Kindes gewisse zeitliche und personelle Ressourcen benötigt werden, die weit über die Möglichkeiten der Kernfamilie hinausgehen. Klassischerweise waren die Sozialisationsinstanzen Großfamilie, Kirche, Schule und dörfliche Nachbarschaft relativ homogene soziale Gebilde, da sie sowohl in einem engen Austausch standen als auch sehr ähnliche Erziehungsstile und -ziele verfolgten. Es herrschte eine wechselseitige soziale Kontrolle. Hier haben also alle Interaktionspartner des Kindes gewissermaßen zusammengearbeitet. Das Auseinanderbrechen dieser Strukturen durch die stetige Pluralisierung der Gesellschaft, die damit einhergehende Erosion der Großfamilie, der Bedeutungsverlust der Kirche und die Anonymität in der modernen Stadt lassen die »alten Zeiten« in einem gewissen nostalgischen Lichte erscheinen. Aber in jedem Fall haben die beschriebenen Veränderungen dazu beigetragen, dass sich Eltern heute nicht mehr ohne Weiteres auf ihre Intuition verlassen (können). Erwachsene, denen in ihrer subjektiven Wahrnehmung sichere Orientierungsrahmen fehlen, aus denen heraus intuitiv gehandelt werden kann, sehen sich vor kaum lösbare Herausforderungen gestellt, wollen sie den Nachwuchs zu einem »richtigen« Leben erziehen. Die Ideale von Kirche und Schule bieten diese Orientierung kaum noch, da sie sich erstens nicht mehr in dem Maße an der Erziehung aktiv beteiligen, sondern in ihren Institutionen sozialisierte Kinder und Jugendliche voraussetzen, und weil sie zweitens relativ inkonsistente Ideale zwischen den Polen Disziplin/Autorität und Freiraum/Selbstständigkeit verfolgen. Dies gilt für die Bedeutung und die Konstruktion von Geschlecht in besonderer Weise. Auch hier bieten die Institutionen wenig Orientierungshilfen an: In der Schule bilden mittlerweile Jungen die benachteiligte Gruppe; die Kirche hält einerseits an dem traditionellen Familienbild fest und betont andererseits die moderne Gleichberechtigung der Geschlechter, ohne diese beiden Aspekte integrieren zu können. Vielmehr kann man also auch in den Institutionen ambivalente Haltungen gegenüber der Modernität von Gesellschaft und Geschlecht feststellen (zu den besonderen Herausforderungen für die Sozialisation insbesondere von Jungen und Männern in der modernen Gesellschaft vgl. Hertling, 2008).

In diesem komplexen Kontext leben Migranten, die wiederum andere Wertevorstellungen mitbringen und auf ihre Weise nach Möglichkeiten suchen, wie ihre

Kinder aufwachsen können und sollen. Im Weiteren soll es darum gehen, wie Kinder und Jugendliche aus Migrantenfamilien diese ambivalenten Verhältnisse in der deutschen Gesellschaft wahrnehmen und welche Spannungsverhältnisse sich zwischen mehrheitsgesellschaftlichen und herkunftsspezifischen (Geschlechts-) Vorstellungen ergeben. Dabei legen wir den Schwerpunkt auf *die Situation von Kindern und Jugendlichen ressourcenarmer arabisch- und türkeistämmiger Familien.* Die besondere Herausforderung, die sich für diese Zielgruppen ergibt, ist das Aufwachsen in einem interkulturellen und gleichzeitig sozial benachteiligten Kontext, indem sich traditionelle und moderne Sphären permanent überlappen. Erst ein Einfühlungsvermögen in diese Gemengelage kann die Grundlage für Verständigung und Beratung sein. Hierfür werden in den folgenden Abschnitten die allgemeinen Sozialisationsbedingungen, die Familienerziehung und die Denk- und Handlungsmuster für diese Zielgruppen dargestellt.

1 Sozialisationsbedingungen

Alle Kinder und Jugendlichen wachsen im Wesentlichen in den vier Lebenswelten »Familie«, »Medienlandschaft«, »Peergroup« und »Schule« auf. Allerdings stellen diese vier Bezugspunkte arabisch- und türkeistämmige Kinder vor besonders widersprüchliche Erwartungen und Handlungsoptionen. Das deutsche *Schulsystem* ist bekanntlich kaum in der Lage, soziale Unterschiede auszugleichen. Die Nachkommen der ehemaligen Arbeitsmigranten sind dadurch nachweislich benachteiligt. Sie machen seltener als ihre Altersgenossen hochwertige Schulabschlüsse, verlassen das Schulsystem deutlich häufiger ohne Abschluss und haben entsprechend auch größere Probleme beim Übergang von der Schule in den Ausbildungs- und Arbeitsmarkt (El-Mafaalani, 2010). Das liegt neben der Schulstruktur und wenig lernförderlichen Unterrichtsmethoden auch daran, dass in der Schule Werte wie Selbstständigkeit, Selbstdisziplin und Selbstreflexion (zu Recht) eine besondere Rolle spielen. Denn viele Jugendliche mit arabischem oder türkischem Migrationshintergrund wachsen in autoritären Familienstrukturen auf, in denen Gehorsam, Unterordnung und vielfach auch Gewalt den Alltag begleiten. Ihnen fehlt oft die Intimsphäre (bspw. durch ein eigenes Zimmer), die Heranwachsende in Deutschland benötigen, um ein selbstbestimmtes Leben zu üben. Zusätzlich führen inkonsistente Erziehungspraktiken, die sie häufig in ihren Familien, aber auch in der Schule (bspw. durch unterschiedliche Lehrertypen) erleben, zu Irritationen (El-Mafaalani & Toprak, 2011).

Diese Widersprüchlichkeiten im Verhältnis von Schule und Familie, denen sich diese Jugendlichen gegenübersehen, werden dadurch verschärft, dass ihre Eltern sowohl Loyalität gegenüber den traditionellen Werten als auch Erfolg in der Schule (und später im Arbeitsleben) erwarten (King, 2009) – eine typische Erwartungshaltung von Migranten der ersten Generation gegenüber ihren Kindern. Dabei können die Eltern den Kindern kaum Hilfestellungen geben, auch weil sie traditionsbedingt sowohl die Bildungs- als auch die Erziehungsverantwortung vollständig an die Institution Schule abgeben. Insbesondere für junge Männer ergeben sich also strukturelle Konflikte in den Passungsverhältnissen von schulischer und familialer Lebenswelt. Eine Gruppe von Bildungsforschern formulierte es folgendermaßen:

> Für Kinder aus ›bildungsfernen‹ Milieus stellt sich damit beim Eintritt in die Schule die mehr oder minder ausgeprägte Alternative, sich entweder auf den Versuch des Bildungsaufstiegs einzulassen und dabei das eigene Selbst schutzlos den schulischen Zuweisungen von Erfolg und Misserfolg preiszugeben, oder sich den Anforderungen zu verweigern und ihnen die in den Peers und im eigenen Herkunftsmilieu ausgebildeten Bildungsstrategien und Annerkennungsmodi entgegen zu halten, die das eigene Selbst zu stützen und anzuerkennen vermögen. (Grundmann et al., 2008, S. 58)

Für die Jugendlichen bestehen also keine »vorgeprägten Laufbahnen« (Juhasz & Mey, 2009), an denen sie sich in Schule und Arbeitsmarkt orientieren könnten. Sie fühlen sich nicht als Deutsche und nicht als Araber bzw. Türken. Sie distanzieren sich in gewisser Hinsicht sowohl von der Mehrheitsgesellschaft als auch von der Familie und der traditionsorientierten ethnischen Community. Sie suchen nach Orientierungspunkten, die Sicherheit und Identität stiften. Die Tatsache, dass sie sich nicht als Deutsche und nicht als Türken bzw. Araber fühlen, kann dabei auf unterschiedliche Weise gedeutet werden. Zum einen wird davon ausgegangen, dass die Jugendlichen zwischen den Stühlen stehen, wodurch ein statisches identitäres Entweder-Oder suggeriert wird. Zum anderen wird dieser Zustand mit der Metapher des dritten Stuhls interpretiert (Badawia, 2002). Damit ist eine hybride Identität umzeichnet, die ein Deutscher mit arabischen Wurzeln folgendermaßen konkretisiert: »Wenn ich sage, ich bin deutsch, aber nicht wie die Deutschen, und marokkanisch, aber nicht wie die Marokkaner, das ist für Deutsche ein Rätsel« (Badawia, 2006, S. 183).

Diese dritte Identität ist eine Herausforderung, da viele Syntheseleistungen des Ichs selbstständig entwickelt werden müssen, und gleichzeitig eine große Chance, da die Widerstandsfähigkeit des Jugendlichen gestärkt wird und der erweiterte Erfahrungsschatz eine enorme Ressource darstellen kann. Die beschleunigte Dynamik und Prozesshaftigkeit dieser hybriden Identitäten, nämlich weder deutsch noch ausländisch zu sein und trotzdem beides zugleich, führen unweigerlich zu komplexen Anforderungen an die Heranwachsenden. Deutschen fällt es bereits schwer zu erläutern, was »Deutschsein« bedeutet. Entsprechend stehen Migrantenjugendliche vor einer doppelten Herausforderung, da sie ein Mehr an Möglichkeiten der Identitätsbildung haben und gleichzeitig ein Weniger an Orientierung – und offenbar auch ein Weniger an gesellschaftlich etablierten Vorbildern.

Vor diesem Hintergrund ist dann auch das entgegengesetzte Phänomen zu verstehen: Viele in Deutschland aufgewachsene Jugendliche definieren sich selbst als Türken bzw. Araber. Dabei ist ihr Referenzpunkt nicht das tatsächliche Heimatland ihrer Eltern – darüber wissen sie in der Regel relativ wenig –, sondern vielmehr eine Vorstellung, ein Narrativ desselben. Es wird gewissermaßen eine Wunschvorstellung der eigenen Herkunft aufrechterhalten, was psychologisch betrachtet durchaus funktional ist. Fühlt man sich nicht zugehörig, gleichberechtigt oder erwünscht, dann werden Vorstellungen entwickelt, die es erleichtern, mit diesem subjektiv wahrgenommenen Zustand zu leben. Zu einem Problem wird dies, wenn die ersten Erfahrungen mit dem Heimatland der Eltern gemacht werden. Beispielsweise werden die türkeistämmigen Jugendlichen aus Deutschland in der Türkei als »Deutschländer« bezeichnet. Damit wird eine deutliche Abgrenzung konstruiert. Ähnlich ist auch die häufig beobachtbare Selbstbeschreibung als Muslim zu interpretieren. Die Jugendlichen suchen in dieser Kategorie ein Definitionskriterium, das Orientierung bietet – allerdings auch hier häufig, ohne sich mit der Religion hinreichend auseinanderzusetzen. Das Gefühl, irgendwo dazuzugehören, ist bei Jugendlichen im Allgemeinen stark ausgeprägt. In den prekären Verhältnissen, in denen sich viele muslimische Jugendliche in Deutschland befinden, ist eine solch »einfache« und zugleich Orientierung stiftende Identitätsarbeit durchaus rational. Es muss gewissermaßen ein eigenes Milieu geschaffen werden, ein Lebensraum, der sich weder strikt an der Herkunftsgesellschaft oder der Lebensweise der Eltern noch an der Mehrheitsgesellschaft orientiert. Genau dies wird durch das Kollektiv von Peers mit ähnlicher Geschichte ermöglicht.

Die ethnische und soziale Segregation in den Städten hat dazu geführt, dass sich in besonders benachteiligten Quartieren junge Männer mit Zuwanderungsgeschichte konzentrieren, die keine Vorbilder kennen, die zeigen könnten, dass man Achtung und Respekt auch ohne Gewaltanwendung erfahren kann. Im Gegenteil: Sie finden eine Art Ersatzfamilie, bzw. eine zweite Familie, bestehend aus wenigen – in der Regel nur einer Hand voll – Freunden, die füreinander (beinahe) alles tun, unter Umständen sogar unter Inkaufnahme, das eigene Leben zu gefährden. So können in solchen Jugendgruppen Gewalt und Machterfahrung zu einem »effektiven Mittel der Selbststabilisierung« werden (Heitmeyer, 2004, S. 647). Diese vermeintlichen Tugenden werden durch die Medien unterstützt – zumindest bei Betrachtung der für diese Jugendlichen attraktiven Teile der Medienlandschaft.

2 Geschlechtsspezifische Erziehung in traditionellen Familien

Ursprünglich stammen sehr viele Zuwanderer türkischer und arabischer Herkunft aus den wirtschaftlich benachteiligten Gebieten ihrer Herkunftsländer bzw. aus Krisenregionen. In diesen Gebieten hat die Tradition auch heute noch einen großen Stellenwert. Massenarbeitslosigkeit, Armut, Analphabetismus und eine unterentwickelte Infrastruktur bestimmen das alltägliche Leben dort auch heute noch. In diesen konservativen Arbeiter- und Bauernmilieus beginnen spätestens während der Adoleszenz, Aspekte wie Autorität und Respekt die Beziehung, insbesondere zwischen den Kindern und dem Vater, zu prägen. Offene Zornesäußerungen werden weder gegenüber Vätern noch gegenüber anderen Autoritätspersonen, wie z. B. Lehrern, toleriert. Die Eltern diskutieren in den seltensten Fällen mit ihren

Kindern, um sie mit Argumenten zu überzeugen und ihnen zu erklären, was richtig und was falsch ist. Dieser Erziehungsstil führt dazu, dass die Kinder von der Außenkontrolle Erwachsener abhängig bleiben. Dadurch überlässt ein Kind die Kontrolle seines Verhaltens ständig anderen und es wird sich selbst nach den Maßstäben und Einschätzungen anderer bewerten (El-Mafaalani & Toprak, 2011). Das Verhalten des Kindes bleibt also stark von sozialer Kontrolle abhängig, wodurch sich die Selbstkontrolle und Selbstständigkeit nicht in dem Maße entwickeln, wie es in der deutschen Gesellschaft gewünscht und erforderlich ist. Eigenschaften wie Gehorsam, Verlässlichkeit, Loyalität, Respekt vor Autoritäten und Rücksichtnahme anderen gegenüber, die für das Funktionieren einer in so enger Verbindung miteinander lebenden Familiengruppe unerlässlich sind, werden Jungen und Mädchen gleichermaßen beigebracht (Kagitcibasi & Sunar, 1997). Gleichzeitig gelten für Kinder beider Geschlechter jeweils unterschiedliche Werte und Erwartungen. Da ein Kind in den Kontext vorgeformter Werte und Erwartungen hineingeboren wird, unterliegt es schon bald einem teils unterschwelligen, teils offensichtlichen Druck, sich in seine durch die Gesellschaft definierte geschlechtsspezifische Rolle zu fügen. Die Eltern gewähren dabei den Söhnen mehr Selbstständigkeit und erlauben diesen mehr Aggressivität, während sie von ihren Töchtern eher Abhängigkeit und Ergebenheit erwarten.

2.1 Erziehung zur Männlichkeit

Da sich der Junge zunächst in der häuslichen Umgebung aufhält, sind die wichtigsten Bezugspersonen die Mutter und die älteste Schwester. Ab dem vierten Lebensjahr ist das Verhältnis des Jungen zur Mutter bzw. zur Schwester zwiespältig: Einerseits ist es noch von körperlicher Zärtlichkeit geprägt, andererseits wird von beiden Seiten diese Körperlichkeit abgelehnt. Die kleinen Aufforderungen, wenn er z. B. die Mutter zum Einkaufen begleiten oder etwas aus der Küche holen soll, appellieren an seinen freien Willen. Er soll ihnen zwar nachkommen, aber außer einem Tadel geschieht ihm nichts, wenn er sich verweigert. Diese Aufforderungen werden häufig von einer Art Vorlob begleitet. Dieses Gewährenlassen führt beim Jungen teilweise zu Verunsicherung hinsichtlich der Autorität seiner weiblichen Bezugspersonen und auf der Handlungsebene zu Provokationen diesen gegenüber (Pfluger-Schindlbeck, 1989). Auch wenn die Mutter und die ältere Schwester noch die Hauptbezugspersonen des Jungen sind, wird die Zuordnung zum Vater forciert: Der Junge beginnt z. B., den Vater außer Haus zu begleiten. Außerhalb der Familie sucht sich der Junge Freunde, die ihm gleichwertig sind. Der Junge erfährt hier das Verhalten, das später für die Beziehung der Männer untereinander charakteristisch ist. Der Junge lernt über die Orientierung am männlichen Geschlecht nicht nur das enge familiale Umfeld, sondern auch dessen Umgebung kennen.

Im mittleren Alter zwischen sechs und neun Jahren verfestigt sich die familiale Erziehung, und weitere Differenzierungen der Rollenmuster werden erlernt. Die Zuordnung des Jungen zum männlichen Geschlecht wird intensiviert, die Hauptkontaktperson des Jungen wird der Vater. Durch diese ständige Begleitung des

Vaters erlernt der Junge die meisten außerhäuslichen männlichen Handlungsmuster. Die Rolle der Mutter konzentriert sich auf das körperliche Wohlbefinden sowie auf den Bereich der Hygiene; die Beziehung ist somit weiterhin auf Fürsorge und Bedürfniserfüllung beschränkt. Die Mutter tritt erst dann als Erziehungsperson in Erscheinung, wenn sich der Junge im Haus aufhält. Im Gegensatz zur Autorität des Vaters ist die der Mutter teilweise angreifbar.

2.2 Erziehung zur Weiblichkeit

In der Vorschulphase hält sich das Mädchen in der unmittelbaren Nähe der Mutter (und ggf. der Schwestern) auf, die dauerhaft die Hauptbezugsperson des Mädchens bleibt. Der Aufenthaltsort des Mädchens ändert sich nicht, der räumliche Bezug bleibt das Haus und die nähere Umgebung. Mädchen kommen mit anderen Haushalten und deren Familienmitgliedern erst dann in Kontakt, wenn sie von der Mutter zum Besuch bei Verwandten oder Nachbarn mitgenommen werden. Im Gegensatz zum Jungen werden die Kontakte des Mädchens über die Mutter vermittelt und berühren primär Nachbarschaft und Verwandtschaft. Während die Mutter den Jungen bei der Neuorientierung am männlichen Geschlecht ohne Strenge positiv unterstützt, wird der gleiche Prozess beim Mädchen durch die Festlegung der weiblichen Geschlechterrolle mit mütterlicher Rigidität begleitet. Die Autorität der Mutter ist unangreifbar. Die Mutter bestraft das Mädchen, wenn es nicht Gehorsam leistet. In dieser Phase führt die Tochter leichte Dienstleistungen, wie z. B. ihr Zimmer aufzuräumen, sporadisch aus. Weiterhin soll das Mädchen lernen, sich in Anwesenheit anderer ruhig zu verhalten und nicht unaufgefordert zu sprechen. Die Mutter-Tochter-Beziehung ist kaum von körperlicher Zärtlichkeit geprägt. Zudem wird jedem Mädchen prinzipiell die Fürsorge für jüngere Geschwister übertragen; diese Verantwortung wird dem Jungen nicht in dem Maße übertragen.

Bei den Konflikten zwischen Mutter und Tochter schaltet sich der Vater oft ein, indem er den Konflikt durch einen lauten Befehl beendet. In vielen Fällen droht die Mutter dem Mädchen mit dem Vater, überträgt aber die Disziplinierungsmaßnahmen nicht auf den Vater, sondern führt diese selbst aus. Im Laufe der Zeit dehnt sich die Erziehungskompetenz der Mutter und der älteren Schwester – und später auch der Brüder – auf alle Verhaltensbereiche des Mädchens aus. Dem Mädchen wird anerzogen, dass körperbetonte Verhaltensweisen nicht erwünscht sind. Während die Ehre der Familie kämpferische Eigenschaften vom Jungen verlangt, so erfordert sie bei der Tochter Körperbeherrschung, die im Zusammenhang mit Scham steht. Da sich der Vater aus der Erziehung der Tochter weitgehend heraushält, ist die Vater-Tochter-Beziehung oft freundlich. Selbst bei Problemen mit dem Verhalten der Tochter kann der Vater der Mutter gegenüber eine kritische Position einnehmen und erst wenn die Mutter dauerhaft nicht in der Lage ist, erfolgreich zu intervenieren, wird der Vater energisch eingreifen.

2.3 Geschlechterrollen

In der »mittleren Kindheit« bleibt die Tochter an das Haus gebunden und führt meist die anfallenden, kleinen Arbeiten aus (Geschirr spülen, die Mutter beim Kochen unterstützen etc.). Während die häuslichen Tätigkeiten des Jungen von ihm nur eine zeitlich beschränkte Arbeitsleistung erfordern, zielen die Anforderungen an das Mädchen auf eine ständige Bereitschaft zu Arbeit und Kooperation. Spätestens in der späten Kindheitsphase zwischen neun und zwölf Jahren sollte sowohl der Junge (Dominanz, Männlichkeit oder Selbstbewusstsein) als auch das Mädchen (Schamhaftigkeit, Zurückhaltung, Gehorsamkeit und Ehrenhaftigkeit) seine bzw. ihre Rolle in der Familienhierarchie gefunden und übernommen haben. Das Hauptziel der Erziehung in die Geschlechterrollen ist folgendermaßen zusammenzufassen: Der Junge wird zum späteren Familienoberhaupt und Ernährer der Familie, das Mädchen zur späteren Hausfrau und Mutter erzogen. Im Gegensatz zum heutigen deutschen Erziehungsideal, nach dem Mädchen dazu ertüchtigt werden sollen, sich selbst versorgen und in Notfällen sich auch selbst schützen zu können, deuten die Erziehungsziele traditioneller arabisch- und türkeistämmiger Familien sehr viel markanter auf eine geschlechtsspezifische Arbeitsteilung. Das hat dann auch Folgen für die Problemstellungen in Beratungssituationen von jungen Frauen bzw. jungen Männern (El-Mafaalani & Toprak, 2011).

Die an Lebensgewohnheiten und Traditionen der ländlich-provinziellen Gebiete des Orients angelehnten Denkmuster können zum größten Teil nicht beibehalten werden, was häufig dazu führt, dass umso stärker an jenen mitgebrachten Werten festgehalten wird, die realisierbar erscheinen. Diese Erziehung in die Geschlechterrollen gleicht also eher einer Wunschvorstellung des traditionellen Arbeiter- und Bauernmilieus in Deutschland, als dass sie in dieser orthodoxen Form in der deutschen Gesellschaft umgesetzt werden könnte. Wie im folgenden Abschnitt gezeigt werden soll, modifizieren die Jugendlichen diese traditionellen Formen und entwickeln gewissermaßen neue – aber aus den alten abgeleitete – Denkmuster und Orientierungen.

2.4 Denk- und Handlungsmuster

Solidarität und Loyalität gegenüber der Familie und Verwandten sowie gegenüber Freunden sind die wichtigsten Werte in der traditionellen muslimischen Community in Deutschland. Diese Werte werden im Kontext des Migrationsprozesses stärker betont und verschärft, weil die Familie bzw. die Freunde die einzigen Rückzugsgebiete sind, ihnen darf uneingeschränkt vertraut werden. Den staatlichen Institutionen (bspw. Schule oder Jugendamt) und den sozialen Netzwerken in Deutschland (wie z.B. Kulturvereine) misstrauen die Migranten auch noch in der dritten Generation, weil sie deren Aufgaben nicht richtig einschätzen (können). Solidarität und Loyalität innerhalb der Familie bleiben unantastbar, selbst dann, wenn es innerhalb der Familie immense Probleme gibt, die ohne die Hilfe von außen nicht gelöst werden können. Sich mit den internen Problemen der Familie an die

Beratungsstellen, das Jugendamt oder die Schule zu wenden, gilt als Loyalitätsbruch oder gar Verrat, weil das Familienbild nach außen hin beschädigt wird. Beispielsweise legitimieren – abgesehen von einer Eheschließung – lediglich funktionale Notwendigkeiten, wie die Aufnahme eines Studiums oder eines Arbeitsverhältnisses in einer anderen Stadt, den Auszug aus dem Elternhaus. Ein vorzeitiger Auszug des Kindes deutet ansonsten – aus Sicht der traditionellen Community – darauf hin, dass die Familie Probleme hat, dass das Kind nicht gehorsam ist und die Familie auch im Notfall (wie z. B. im Alter oder bei Krankheit) im Stich lassen könnte.

Ausgehend von diesen sozialen Strategien von konservativen Migrantenfamilien lassen sich die Denkmuster von auffälligen Jungen und jungen Männern besser nachvollziehen. Hierfür werden im Folgenden die zentralen Begriffe »Freundschaft«, »Ehre« und »Männlichkeit« kurz erläutert (ausführlicher in El-Mafaalani & Toprak, 2011; Toprak, 2006).

Freundschaft

Nicht selten rechtfertigen gewaltbereite Jugendliche ihr Verhalten mit ihrem Begriff der Freundschaft. Sie setzen sich für den Freund ein, auch auf die Gefahr hin, verletzt zu werden. Diese bedingungslose Solidarität bedeutet auch, dem Freund, ohne die Situation zu hinterfragen, Hilfe zu leisten. Sie ist eine tief verankerte Verhaltensnorm, über die nicht nachgedacht und die auch nicht in Frage gestellt wird. Wenn dies doch geschehen sollte, wäre nicht nur die Freundschaft, sondern auch die Ehre und Männlichkeit des Jugendlichen infrage gestellt. Ehre und Männlichkeit sind Begriffe, die türkeistämmige und arabische jugendliche Straftäter immer wieder artikulieren.

Ehre

Der Begriff der Ehre klärt die Beziehung zwischen Mann und Frau sowie die Grenzen nach innen und außen (vgl. Schiffauer, 1983). Ein Mann gilt als ehrlos, wenn seine Frau, Familie oder Freundin beleidigt oder belästigt wird und er nicht extrem bzw. empfindlich darauf reagiert. Derjenige Mann gilt als ehrenhaft, der seine Frau verteidigen kann, Stärke und Selbstbewusstsein zeigt und die Sicherheit seiner Familie garantiert. Eine Frau, die einen Ehebruch begeht, befleckt damit nicht nur die eigene Ehre, sondern auch die ihres Gatten, weil er nicht Mann genug war, sie davon abzuhalten. Ähnliches gilt für die Kontrollfunktion der Brüder in Bezug auf vorehelichen Geschlechtsverkehr der Mädchen. Ein (ehrenhafter) Mann steht zu seinem Wort. Er muss dies klar und offen tun und darf niemals mit »vielleicht« oder »kann sein« ausweichen, weil diese Antworten nur von einer Frau zu erwarten sind. Darüber hinaus muss ein ehrenhafter Mann in der Lage und willens sein, zu kämpfen, wenn er dazu herausgefordert wird bzw. sich dazu herausgefordert fühlt. Die Eigenschaften eines ehrenhaften Mannes sind Virilität, Stärke und Härte. Er muss in der Lage sein, auf jede Herausforderung und Beleidigung, die seine Ehre betrifft, zu reagieren, und darf sich nicht versöhnlich zeigen.

Männlichkeit

Für das Verständnis der Denk- und Handlungsmuster der Heranwachsenden wird zuletzt der Begriff der Männlichkeit erläutert. Traditionell werden muslimische Jungen zu körperlicher und geistiger Stärke, Dominanz und selbstbewusstem Auftreten, insbesondere im Hinblick auf die Übernahme von männlichen Rollenmustern, erzogen. Wenn ein Jugendlicher diese Eigenschaften nicht zeigt, wird er als Frau und Schwächling bezeichnet. Wenn ein Mann zu homosexuellen Männern Kontakt aufnimmt, wird er als unmännlich und Schande begriffen, weil er – aus diesem Geschlechtsbegriff heraus – eine Frauenrolle übernommen hat, die sich mit der traditionellen Männerrolle nicht vereinbaren lässt. Auch freundschaftliche Beziehungen zu homosexuellen Männern werden nicht toleriert.

Dementsprechend werden Beleidigungen der Mutter, Schwester oder Freundin sowie Andeutungen bezüglich der sexuellen Orientierung zu gereiztem, u.U. aggressivem Verhalten des Beleidigten sowie seiner Freunde führen. Ähnliches ist zu erwarten, wenn abfällige Äußerungen gegenüber der nationalen Herkunft oder der Religion, aber auch gegenüber dieser Vorstellung von Männlichkeit gemacht würden. Diese Reaktionen sind umso bemerkenswerter, wenn man bedenkt, dass diese Migrantenjugendlichen der dritten Generation weder ihre Herkunftsländer noch ihre Religion gut kennen und zudem vielfach weder in der Lage noch willens sind, ein klassischer autoritärer Familienernährer zu sein. Sie werten solche kritischen Äußerungen in der Regel als persönlichen Angriff, demgegenüber man »handeln« müsse.

Aggressives bzw. aufmüpfiges Verhalten bei arabisch- und türkeistämmigen Mädchen wird aus unserer Perspektive häufig fehlinterpretiert bzw. voreilig als milieutypisch stereotypisiert. Die Tatsache, dass weibliches abweichendes Verhalten im selben Milieu vorkommt wie das männliche, lässt noch nicht auf dieselben Ursachen bzw. Funktionen des Verhaltens schließen. Dieser neue Typus ist eben *nicht* auf die Verfolgung traditioneller Muster zurückzuführen, da es in Familie und Community problematisiert und teilweise scharf sanktioniert wird. Vielmehr würde die Auslegung dieses betont selbstbewussten Auftretens als Widerstand gegenüber der traditionellen Begrenzung der Geschlechterrolle dem emanzipatorischen Charakter dieses Handelns gerechter werden.

3 Spannungsverhältnisse und Herausforderungen

Wie bereits mehrfach angedeutet wurde, sehen Eltern mit Zuwanderungsgeschichte in Individualität und Unabhängigkeit kein besonders hervorzuhebendes Ideal. Sie betonen die Gemeinschaft »Familie« und ordnen kollektive Interessen immer über individuelle Bedürfnisse. Sie selbst haben sich stets an diesem Prinzip orientiert und damit häufig auf persönliche Ziele verzichtet. Im Laufe des Sozialisationsprozesses erfahren die Heranwachsenden mehrfach, wie sehr auch sie selbst von diesem

Zusammenhalt profitieren konnten. Eine Trennung von den Eltern kommt einem Bruch mit der ethnischen Community gleich, was mit großen Risiken verbunden sein kann. Auf der einen Seite steht das Bedürfnis nach einer (ungewissen) individuellen Entwicklung; auf der anderen Seite steht das Kollektiv, stehen Solidarität und Loyalität, solange man den traditionellen Prinzipien treu bleibt. Bei der Wahl zwischen Freiheit (also: Ungewissheit und Individualität) und Sicherheit (also: Orientierung und Kollektivität) fühlen sich Jugendliche häufig überfordert und werden sich häufig – und aus ihrer subjektiven Sicht rational – für den vermeintlich sichereren Weg entscheiden.

Überforderungstendenzen, Orientierungslosigkeit und Desintegration – ausgelöst durch verschärfte »Individualisierungszwänge« in der modernen Gesellschaft – sind in der sozialwissenschaftlichen Literatur gängige Beschreibungen der Konflikte, in denen alle Jugendlichen heute heranwachsen. Individualisierung geht einher mit zunehmender Freiheit, aber auch abnehmender Sicherheit. Dabei wird betont, dass der Individualisierungsprozess für Jugendliche nur dann positive Züge hat,

> wenn diese Ablösung von Bindungen nicht in ein Vakuum mündet, sondern durch Anerkennungen als moderne Form der Integration ersetzt wird. Desintegration zeigt sich deshalb gerade in einem Anerkennungsvakuum; es ist ein Ausdruck emotionaler Desintegration, die verunsichernd wirken muss. Bleibt Anerkennung aus, kann leicht eine Entwicklung eintreten, die traditionelle Form der Integration durch Bindung wiederzubeleben. (Heitmeyer et al., 1998, S. 59)

Und für Jugendliche mit Migrationshintergrund stellen die Bindungen zur ethnischen Community bedeutsame Orientierungspunkte dar, da die Chance, Anerkennung außerhalb dieses Kollektivs zu erfahren, ungewiss ist, bzw. als unwahrscheinlich eingeschätzt wird. Ebenso können die relativ stabilen Orientierungsmuster in der Erziehung gedeutet werden: Der Misserfolg, bzw. die ausbleibende gesellschaftliche Etablierung der eigenen Kinder, wird von konservativen Eltern auf den Mangel an Kontrolle, Strenge und Autorität in der Mehrheitsgesellschaft zurückgeführt, wodurch sich traditionelle Erziehungsziele und -stile bewahren können, was dann die beschriebenen Spannungsverhältnisse auch für folgende Generationen konservieren würde (ausführlich hierzu El-Mafaalani & Toprak, 2011).

Es existieren also bei arabisch- und türkeistämmigen Kindern und Jugendlichen zwei parallel laufende Anerkennungsmodi: Einerseits ein mehrheitsgesellschaftlich gewünschtes Bild von Männlichkeit und Weiblichkeit, welches den Jugendlichen mit Migrationshintergrund insbesondere in der Schule vermittelt wird, andererseits die beschriebenen Geschlechtsbilder des Herkunftsmilieus. Dies stellt eine enorme Herausforderung für das einzelne Individuum dar, denn es handelt sich um zwei unterschiedliche Identitäten, zwei verschiedene kulturelle Codes mit zwei divergierenden Geschlechtsmodellen, also im wörtlichen und metaphorischen Sinne um zwei Sprachen, bei denen sich die Heranwachsenden als Sprecher und Übersetzer zugleich üben müssen. Diese zu vollziehenden komplexen Syntheseleistungen zwischen herkunfts- und aufnahmelandbezogenen Erwartungen werden um schichtspezifische Problemstellungen verstärkt. Die Art, in der Jungen und Mädchen eine Möglichkeit erhalten bzw. erkennen, Anerkennung in Schule und Beruf zu erfahren, bestimmt entscheidend mit, inwieweit sie die traditionellen Denk- und Handlungsmuster aufrechterhalten, verstärken oder den »deutschen« Verhältnissen angleichen.

Literatur

Badawia, T. (2002). *Der dritte Stuhl. Eine Grounded Theory-Studie zum Umgang bildungserfolgreicher Immigrantenjugendlicher mit kultureller Differenz.* Frankfurt a. M.: Campus.

Badawia, T. (2006). »zweiheimisch«, eine innovative Integrationsformel. In C. Spohn (Hrsg.), *zweiheimisch. Bikulturell leben in Deutschland* (S. 181–191). Bonn: Bundeszentrale für politische Bildung.

El-Mafaalani, A. (2010). *Ohne Schulabschluss und Ausbildungsplatz. Konzeptentwicklung und Prozesssteuerung in der beruflichen Benachteiligtenförderung.* Marburg: Tectum.

El-Mafaalani, A. & Toprak, A. (2011). *Muslimische Kinder und Jugendliche in Deutschland. Lebenswelten, Denkmuster, Herausforderungen.* St. Augustin/Berlin: Konrad-Adenauer-Stiftung.

El-Mafaalani, A. & Toprak, A. (2010). Hausfrau oder Kauffrau? Beratungssituationen mit jungen Frauen türkischer Herkunft. *Sozialmagazin, 35,* 10–16.

Grundmann, M., Bittlingmayer, U., Dravenau, D. & Groh-Samberg, O. (2008). Bildung als Privileg und Fluch – zum Zusammenhang zwischen lebensweltlichen und institutionalisierten Bildungsprozessen. In R. Becker & W. Lauterbach (Hrsg.), *Bildung als Privileg. Erklärungen und Befunde zu den Ursachen der Bildungsungleichheit* (S. 47–74). Wiesbaden: VS.

Heitmeyer, W. (2004). Gesellschaftliche Integration, Anomie und ethnische Konflikte. In W. Heitmeyer (Hrsg.), *Was treibt die Gesellschaft auseinander?* (S. 629–653). Frankfurt a. M.: Suhrkamp.

Heitmeyer, W., Collmann, B. & Conrads, J. (1998). *Gewalt. Schattenseiten der Individualisierung bei Jugendlichen aus unterschiedlichen Milieus.* Weinheim: VS.

Hertling, Th. (2008). *Jungen und Männer heute. Die erschwerte männliche Sozialisation in der modernen Gesellschaft und ihre Folgen.* Münster: Lit.

Juhasz, A. & Mey, A. (2009). Adoleszenz zwischen sozialem Aufstieg und sozialem Ausschluss. In V. King & H.-Ch. Koller (Hrsg.), *Adoleszenz – Migration – Bildung. Bildungsprozesse Jugendlicher und junger Erwachsener mit Migrationshintergrund* (S. 85–102). Wiesbaden: VS.

Kagitcibasi, C. & Sunar, D. (1997). Familie und Sozialisation in der Türkei. In B. Nauck & U. Schönpflug (Hrsg.), *Familien in verschiedenen Kulturen* (S. 144–161). Stuttgart: Lucius & Lucius.

King, V. (2009). Aufstieg aus der bildungsfernen Familie? Anforderungen am Beispiel junger Männer mit Migrationshintergrund. In A. Henschel, R. Krüger, Ch. Schmitt & W. Stange (Hrsg.), *Jugendhilfe und Schule – Handbuch für eine gelingende Kooperation* (S. 333–346). Wiesbaden: VS.

Pfluger-Schindlbeck, I. (1989). *Achte die Älteren, liebe die Jüngeren. Sozialisation türkischer Kinder.* Frankfurt a. M.: Suhrkamp.

Schiffauer, W. (1983). *Die Gewalt der Ehre. Erklärungen zu einem türkisch-deutschen Sexualkonflikt.* Frankfurt a. M.: Suhrkamp.

Toprak, A. (2006). *Jungen und Gewalt. Die Anwendung der konfrontativen Pädagogik in der Beratungssituation mit türkischen Jugendlichen.* Herbolzheim: Centaurus.

Von kultureller Irritation und kulturalistischer Reduktion in der Psychotherapie

Cinur Ghaderi & Eva van Keuk

Einleitung

In den vergangenen Jahren hat die Zahl der deutschsprachigen Bücher und Artikel zum Thema Psychotherapie und Kultur im weitesten Sinne zugenommen (van Keuk et al., 2011; Machleidt et al., 2011; Erim, 2009; Wohlfart & Zaumseil, 2006). Die Diskurse und Ausrichtungen pendeln dabei in einem Spannungsfeld von der Beschreibung »kulturell differenter Gruppen« (z.B. Rüschoff & Laabdallaoui, 2009) über die Betonung der Unterschiedlichkeit innerhalb von Gruppen bis hin zu den Bemühungen, universelle Merkmale hervorzuheben. Die Grenze zwischen dem universell Menschlichen und kulturell Besonderen ist schwer auszumachen, ebenso die Grenze zwischen kultureller Verschiedenheit und Verschiedenheit aufgrund anderer sozialer Gruppenzugehörigkeiten wie Geschlecht, Status, Milieu und Lebenswelt.

Während sich Psychotherapie ohne den Begriff »Kultur« nicht denken lässt, ist ihre Verknüpfung mit dem Begriff »Irritationen« erklärungsbedürftig und ein Spiegel der aktuellen gesellschaftspolitischen Debatten. Migration, demografischer Wandel und Mobilität haben die Politik verändert. So nimmt die Integrationspolitik aktuell eine zentrale Stellung ein, die Inklusion der »kulturell anderen« gehört zu einem politischen Auftrag. Akteure in psychiatrisch-psychologischen Berufsfeldern sind in diesem kontinuierlichen gesellschaftlichen Integrationsprozess involviert, sie sind gefordert, ihre Haltungen und ihren Umgang mit Kultur in der klinischen Praxis zu reflektieren. Das ist nicht möglich, ohne sich mit der »Kultur der Psychotherapie« in dieser Gesellschaft zu befassen und nach den Implikationen für Interventionen im transkulturellen therapeutischen Setting zu fragen. Unser Ziel in diesem Beitrag ist es, zu einer Integration von soziokulturellen Realitäten in das psychotherapeutische Verständnis von Heilung anzuregen. Ausgehend von der kritischen Reflektion der psychotherapeutischen Kultur und seiner Subjektzentrierung verfolgen wir die These, dass ein individualisierter Blick zu kurz greift und den multiplen Zugehörigkeiten zu sozialen Gruppen (Minderheiten, Mehrheiten, Frauen, Männer etc.) in unseren postmodernen Gesellschaften nicht mehr gerecht werden kann (Abschnitt 2). Nach einem konkreten Fallbeispiel (Abschnitt 3) beleuchten wir den Kulturbegriff in der Psychotherapie (Abschnitt 4): Wann wird kulturelle Zugehörigkeit verwendet? Was möchten die Kommunikationsteilnehmer/innen damit ausdrücken? In den letzten beiden Abschnitten widmen wir uns der kulturellen Irritation und stellen abschließend mögliche Umgangsformen mit kulturellen Irritationen im psychotherapeutischen Setting vor, die sich in unserer beruflichen Praxis als hilfreich herausgestellt haben.

1 Kultur der Psychotherapie

Eine Beziehung zu gestalten mit dem Ziel, psychisches Leid zu reduzieren, ist ein alter und universeller Weg von Menschen in jeder Kultur. Doch sind die Beziehungsgestalter nicht immer Psychotherapeuten gewesen, ähnliche Funktionen übernahmen bspw. Philosophen, Priester/innen oder weisere Familienmitglieder. Die moderne Psychotherapie, wie wir sie heute kennen, ist Anfang des 20. Jahrhunderts entstanden und wird Sigmund Freud zugeschrieben. Psychotherapie ist an einen bestimmten kulturellen und historischen Kontext gebunden und somit selbst ein kulturelles Produkt und nicht »kulturfrei«. Unserer Ansicht nach ist sie als westliche Heilungskultur und als eine kulturelle Praxis der Problemlösung zu betrachten.

Mittlerweile haben sich zahlreiche anerkannte psychotherapeutische Kulturen entwickelt – wie bspw. verhaltenstherapeutische, klientenzentrierte, humanistische, systemische, körperorientierte. In der zeitgenössischen Psychologie geht es nach Straub und Thomas (2003) um das Verhältnis von Kultur und Subjekt (bzw. dessen Erleben, Verhalten und Handeln). Setze man dessen wechselseitige Abhängigkeit voraus, so sei Kultur sowohl Bedingung und Kontext für psychologische Strukturen als auch Handlungsprodukt (ebd., S. 37). Trotz dieser Einsichten setzt die Mainstream-Psychologie ihre Priorität auf das Individuum und weniger auf die soziokulturelle Seite des Menschen und seine vielfältigen Gruppenbezüge. Sie geht von der Grundannahme aus, dass Psychotherapie helfen könne, wenn Menschen in eine Lebenslage kommen, in der sie ihr alltägliches Leben nicht mehr bewältigen können, sie keinen Halt mehr finden und das Leben in den Sinnmustern, die Gesellschaft ihnen anbietet, sinnlos erscheint.

Der Subjektbegriff, der hinter dieser Kultur der Psychotherapie steht, unterstellt ein handlungsmächtiges Individuum, das seine Krankheit bzw. Gesundheit managen kann, das aus eigener Willensanstrengung die eigene Funktionsstörung kompensieren kann, weil es Zugang zu Informationen, Spielraum und Handlungskontrolle, Ressourcen und soziale Unterstützung hat. Dabei wird dieses Subjekt unterstützt von einer Therapeutin als Expertin des Subjektmanagements (Bröckling, 2007; Reckwitz, 2010). Psychotherapie unterliegt somit einem paradoxen Doppelauftrag: Einerseits soll sie den »verrückten«, handlungs- und energielosen Individuen in der Gesellschaft einen Raum geben, der sie wieder integriert und aktiviert, damit sie wieder ohne Fremdbestimmung »sich selbst finden« und »autonom ihren Weg finden«, andererseits tritt der Therapeut als Wegweiser auf, der weiß, wie Einzelne sich selbst optimal steuern können. Mit Wolfgang Krieger lässt sich sagen, dass sich damit in »Identitäts-, Motiv- und Handlungskonflikten der Klientel […] die Ambivalenzkonflikte postmoderner Gesellschaften ebenso [widerspiegeln] wie in den Doppelbotschaften des gesellschaftlichen Auftrags« von Sozialer Arbeit und Psychotherapie, nämlich »die Schrecken der Desintegration in Schach zu halten und zugleich dem Menschlichen zu dienen« (Krieger, 2006, S. 109). Die Psychotherapie bietet dabei einen Raum an, in dem Widersprüchlichkeiten und Ambivalenzen möglich sind. Gleichzeitig sind die gesellschaftlichen Irritationen auch in diesem psychotherapeutischen Raum angekommen.

Die Vorstellung der Zentrierung auf das Individuum mit einem nicht austauschbaren inneren Kern ohne angemessene Berücksichtigung soziokultureller Kontexte erscheint uns als Handlungskonzept für die klinische Psychologie aus mehreren Gründen fragwürdig. Zum einen hat sich die These der Zentrierung des Individuums in unseren postmodernen, globalisierten Gesellschaften verändert. Die Annahme einer monokulturellen Sozialisation des Individuums gilt innerhalb der soziologischen Wissenschaften als veraltetes Relikt überlieferter Gesellschaftsbegriffe und Menschenbilder (Straub, 2007, S. 22), vielfältige kulturelle Bindungen von Menschen sind gerade in modernen Gesellschaften eher der Normalfall geworden. Dementsprechend haben sich neue Konzepte bei der Erforschung der Kultur und der Identität der Postmoderne herausgebildet, die umschrieben werden mit der »Fragmentierung des Subjekts«, »Multiplizität von Teilidentitäten«, »Patchwork-Identitäten« usw., in denen sich unterschiedliche kulturelle Stile in der gleichen Person kombinieren. Das Ideal der Zentriertheit und einheitlichen Identität eines Individuums wird zunehmend abgelöst von der Kompetenz zur Kombination und Multiplizität (Reckwitz, 2010).

Zum anderen besitzt jede Handlung Bedeutungen, die individuell und soziokulturell konstituiert sind, denn jeder Mensch macht individuelle Erfahrungen aufgrund sozialer Gruppenzugehörigkeit, was sich am offensichtlichsten bei kollektiv-sozialen Gruppenerfahrungen zeigt. Das Thema der Minderheiten und Mehrheiten innerhalb einer Gesellschaft schlägt sich im psychotherapeutischen Setting nieder, wenn wir uns beispielsweise eine deutsche Psychotherapeutin, die in einem städtischen, bürgerlichen Milieu groß geworden ist, und einen Patienten vorstellen, der in Rumänien in der Gruppe der Roma geboren und aufgewachsen ist. Seine und ihre individuellen Erfahrungen hängen zusammen mit ihren Gruppenzugehörigkeiten (als Mann, als EU-Bürger und Migrant, als Minderheitenangehöriger bzw. als Frau, als deutsche Staatsangehörige, als Mehrheitenangehörige etc.). Auch bei der Bewältigung extremen Leidens bei organisierter Gewalt ist die individuelle mit der Gruppenerfahrung verwoben. Ein individualisierender, psychologisierender Blick würde zu kurz greifen, nicht nur bei Erfahrungen aufgrund kultureller Gruppenzugehörigkeit, sondern ebenso bei Erfahrungen, die mit der Zugehörigkeit zu anderen sozialen Kategorien bestehen, wie Geschlecht, Alter usw. Soziokulturelle Aspekte mit in das Verständnis von Heilung und Psychotherapie zu integrieren, bedeutet, eine neue, der aktuellen Realität angemessene Perspektive einzunehmen, die kulturwissenschaftliche Erkenntnisse mit einbezieht und erhöhte Aufmerksamkeit einfordert für Machtasymmetrien zwischen sozialen Positionen aufgrund von Gruppenzugehörigkeit (z. B. bei Flüchtlingen) und für die strukturellen und gesundheitspolitischen Rahmenbedingungen (Zaumseil, 2007, S. 6).

Diese Ausführungen machen die Notwendigkeit der neuen Diskurse nach langer Zeit der »Gesellschaftsvergessenheit der Psychotherapieszene« (Keupp, 2005) deutlich. Ferner zeigen sie, dass Psychotherapie keineswegs ein kulturfreies Unterfangen ist, sondern ein Kulturprodukt in kontinuierlicher Entwicklung. Dabei leitet sich die Thematisierung von Kultur in der Psychotherapie aus den aktuell bestehenden Kulturdefinitionen ab.

2 Repräsentation von Kultur in der Psychotherapie

Moderne Kulturbegriffe gehen von »Kultur« als Bedeutungsraum und Kontext aus, in dem Verhalten verständlich wird, dabei wird Kultur als veränderbar und prozesshaft betrachtet (Knipper & Bilgin, 2009; Geertz, 1987). Der Begriff »Kultur« verweist immer auf eine Mehrzahl von Personen, die ein gemeinsames Bezugssystem haben und »in ein Bedeutungsgewebe aus Wirklichkeitsdefinitionen, Welt- und Selbstauffassungen, Deutungs- und Orientierungsmustern [...] sowie in kollektive, symbolische, insbesondere sprachliche Praktiken eingebunden sind« (Straub, 2007, S. 15).

In dieser modernen Interpretation entsteht Kultur durch die Interaktionen von Menschen und ihrer Umwelt. Nicht nur Systeme und Kulturen bringen bestimmte Menschen hervor, sondern auch die Menschen schaffen Kulturen. Diese Dynamiken betreffen Menschen, die eine Zuwanderungsgeschichte haben, ebenso wie die, die sich zu ihnen verhalten. Auch wenn zur Festschreibung des Anderen gerne Kultur als Marker gesetzt wird, bewegt sich dieser Marker, verändert sich und zwingt jeden, der sich mit ihm befasst, in Bewegung zu bleiben und die Angemessenheit der eigenen Position zu reflektieren. Genau dieser Prozess intensiviert sich in einem psychotherapeutischen Setting.

Aus diesem dynamischen Prozess resultieren verschiedene Haltungen im Umgang mit Kultur, die wir beispielsweise in der aktuellen Debatte der Medien über Integration ablesen können. Ein konstruiertes Fallbeispiel und das Gespräch zweier Psychologinnen über den Fall veranschaulicht im Folgenden, aus welchen polarisierenden Blickwinkeln die Diskussion um Kultur sich präsentieren und welchen Umgang damit es in der klinischen Praxis geben kann.

Fallbeispiel

Es ist Montagmittag, Zeit für die Übergabe in einem Psychiatrischen Krankenhaus. Eine Klientin wurde einige Stunden zuvor eingewiesen:

Es handelt sich um eine 37-jährige Patientin, Asylbewerberin aus Nigeria, die wegen einer suizidalen Krise in die Psychiatrie eingeliefert wird. Die Patientin hat eine zweijährige Tochter in Deutschland, ihr Ehemann lebt mit zwei weiteren Kindern in der Heimat. Sie berichtete bei der Aufnahme aufgeregt und weinend, sie könne nicht zurück, ihre Schwiegermutter hätte einen Voodoo-Zauber gegen sie verhängt. Sie könne nicht mehr, sie habe einfach keine Kraft mehr. Die Patientin machte einen verzweifelten Eindruck, ist kaum zu beruhigen. Die Verständigung ist auf Englisch möglich.

Zwei Psychologinnen unterhalten sich während der Übergabe über den Fall:

A: Heute stellte sich eine Patientin vor – suizidale Krise, durch eine Beratungsstelle eingewiesen. Es scheint ein sehr spannender Fall zu sein. Ich habe bisher nur ein Erstgespräch mit ihr geführt, aber sie erzählt von dem Voodoo in ihrer Heimat Nigeria, weswegen sie fliehen musste, und sie ist immer noch in Gefahr.

G: Wie war die Symptomatik, was war Ihre diagnostische Einschätzung?

A: Wie Afrikanerinnen so sind, sehr emotional, sie hat nur geweint, viel erzählt, war sehr durcheinander, hat viel Angst. Dieser Voodoo-Zauber ist immer noch eine Gefahr, sie will keinesfalls zurück. Ihr Ehemann hatte ihr gesagt, sie solle fliehen, denn hinter dem Voodoo stecke seine Mutter, die immer gegen die Heirat war.

G: Ihr Ehemann sagte ihr, sie soll fliehen? Deutet sich da nicht ein Paarkonflikt an?

A: Nein, ihr Mann sei ihre große Liebe, erzählt sie, es schien wirklich nur um Voodoo und ein Ritual zu gehen.

G: Ja, unabhängig von Voodoo, wie war Ihr diagnostischer Eindruck? Fühlt sie sich denn immer noch verfolgt – vielleicht liegt eine paranoide Symptomatik vor?

A: Ja, das sagte die Oberärztin auch, aber ich denke, dass der Voodoo-Glaube eine andere Dimension ist, in die wir Westler uns schwer hineinversetzen können, die jedoch relevant ist.

G: Tatsächlich sollten wir jetzt nicht über Voodoo sprechen, sondern der Frage nachgehen, ob es eine suizidale Krise in Folge einer Depression ist oder ob die Klientin Neuroleptika braucht, weil sich eine prodromale schizophrene Symptomatik anbahnt.

A: Aber ich habe noch mal recherchiert, in der englischen Literatur gibt es viel dazu und in der Tat bestätigt ein Anthropologe in seinen Forschungen, was mir diese Patientin aus Nigeria heute erzählte.

G: Wir sollten die Patientin nicht danach behandeln, dass sie aus Nigeria kommt, wir behandeln hier alle nach dem gleichen Standard.

A: Diese Patientin scheint besonders, der Fall ist wirklich faszinierend und anders gestrickt.

G: So sehe ich das nicht. Es gibt schließlich weltweit gültige Diagnosen. Depression – da gibt es Leitsymptome und biologische Dysbalancen und bei der Schizophrenie haben wir eine starke biologisch-genetische Komponente. Da hilft kein Voodoo-Experte.

A: Diese nigerianische Patientin hat einen völlig anderen Erlebniskontext, wir müssen bei jedem einzelnen Patienten nach individualisierten Ansätzen suchen.

In dem Dialog breitet sich die Palette der Reaktionen aus, die bei den Psychologinnen durch die »kulturell andere« Patientin ausgelöst werden: Neugier, Faszination, Ängste, Unsicherheit, Irritation. Bereits im Erstkontakt und in der

Diagnostik entstehen Fragezeichen. Gibt es kulturelle Besonderheiten und Differenzen, die für die klinische Einschätzung relevant sind? Ist nicht gerade der Anspruch der Psychologie, Einschätzungen aufgrund der universellen Natur des Menschen zu begründen und eben nicht über Kultur? Was kann ich wissen oder was muss ich als klinische Expertin wissen bei »Anderen«?

Das Gespräch der Psychologinnen spiegelt die neuen Suchbewegungen der Psychologie und Psychotherapie, eine angemessene Antwort auf die selbstverständliche kulturelle Vielfalt in der Gesellschaft zu finden und der Tatsache Rechnung zu tragen, dass nun Menschen Anspruch auf psychotherapeutische Versorgung haben, die in ihren Werten und Normen, Erleben und Verhalten nicht nur vom christlichen Glauben oder vom Nichtglauben, sondern auch von Voodoo, Islam oder anderen religiösen und kulturellen Bedeutungssystemen beeinflusst sein können. Wie kann für die Relevanz diverser kultureller Bedeutungssysteme sensibilisiert werden, ohne in die »Kulturalisierungsfalle« (vgl. Gün, 2007) zu tappen?

3 Umgang mit Kultur in der Psychotherapie

Als einen Ausweg aus der Kulturalisierungsfalle stellen van Keuk und Ghaderi (2011) das Modell der Universalität-Diversität nach Marie Rose Moro vor (vgl. Moro, 2006). Das Modell geht von der menschlichen Gemeinsamkeit, ein soziales Wesen zu sein, aus (Universalität). Gleichzeitig ist jeder Mensch durch die soziale Gruppe, in die er hineingeboren wird, geprägt und daher interindividuell unterschiedlich (Diversität). Die Aufgabe für transkulturell arbeitende Psychotherapeuten ist es nach Moro, die eigene soziale und kulturelle Position mit Abstand als eine Variation von vielen und nicht als universelle Norm zu sehen. Diese »kulturelle Dezentrierung« durch die Reflexion der beiden Dimensionen der Diversität und Universalität ist ein möglicher Weg aus der Kulturalisierungsfalle.

Eine weitere Option im Umgang mit kulturell attribuierten Fallstricken in der Psychotherapie ist die Analyse und Reflexion der Funktion von Kultur in der Kommunikation. Im psychotherapeutischen Setting empfiehlt es sich, sich der Frage der Kultur nicht dadurch anzunähern, *was* Kultur *ist*, sondern mehr, mit welcher Funktion, d. h., *wie* Kultur in der psychotherapeutischen Kommunikation *erscheint*.

Warum bezieht sich ein Klient auf seine »authentische Kultur« oder begründet ein Psychotherapeut eine Hypothese mit der »Selbstverständlichkeit der Kultur«? Inwiefern ist ein Zugang über den Kulturbegriff hilfreich zum Verständnis? Welche Frage oder welches Bedürfnis verbirgt sich dahinter, wenn kulturelle Bedeutungen thematisiert werden? Armin Nassehi (2008) differenziert drei Fälle, in denen Kommunikationsteilnehmer den Begriff »Kultur« verwenden:

1. Zur Beschreibung der unsichtbaren Taktgeber für Handlungen und Orientierungen, latente Muster für Verhalten und Verstehen, zum Beispiel, wenn auf Rituale und Bräuche Bezug genommen wird
2. Zur Normierung als Vergleichsmöglichkeit, zur Identifikation des Fremden, wenn es um Vergleiche geht und das Eigene und das Fremde beschrieben werden, wenn bspw. für die kulturelle Differenz der Muslime über Geschlechternormen argumentiert wird
3. Zur Normierung als Distinktions-, Kampf- und Emanzipationsbegriff, zur Demonstration gesellschaftlicher Erfahrungen, die durch die Selbstkulturalisierung erst erzählbar werden, zum Beispiel, wenn Migranten oder Frauen über ihre Lebensgeschichten sprechen

Der Bezug auf Kultur will eine Bedeutung vermitteln und diese interpersonelle Botschaft in der Kommunikation hat der Profi zu deuten und zu interpretieren. Wenn zum Beispiel eine Patientin sagt: »In meiner Kultur ist das so«, kann diese Aussage eine hilfreiche Erklärung von impliziten Normen und Werten sein, die beschrieben werden. Es ist ein konstruktiver Prozess, wenn z. B. Codes explizit gemacht werden, in der Annahme, dem »fremden« Therapeuten seien sie unbekannt und unverständlich. Die Erklärung kann auch die kommunikative Botschaft enthalten, »was Du da von mir haben willst, das geht nicht«, und eine Ablehnung der vom Therapeuten ausgesprochenen Empfehlungen aus kulturellen oder religiösen Gründen bedeuten. Allerdings kann der Rückgriff auf Kultur auch ein wirksamer Abwehrmechanismus sein, um sich nicht näher mit einer unangenehmen Fragestellung beschäftigen zu müssen, wie Gün (2007) analysiert.

Kultur*wissen* kann nur den ersten kommunikativen Fall (s. o.), die Frage nach den latenten Sinn- und Handlungsmustern, erklären. Der Verweis auf Kultur kann auch eine wahrgenommene Differenz und Fremdheit zwischen den Kommunikationsteilnehmern verdeutlichen, so wie bei der dritten Variante die Verwendung von Kultur Abgrenzung bedeuten kann: »Ich bin nicht so wie die.« Oder: »Ich will damit nichts zu tun haben.« In diesem Fall verweist es auf Klischees und präsentiert die Selbstpositionierungen in Relation zu kulturalisierenden Stereotypen.

Diese Analyse der Funktion von Kultur in der Kommunikation ist hilfreich, reicht aber in schwierigen Interaktionssituationen nicht aus. Wird beispielsweise ein Klient vorschnell als »muslimischer Patient« identifiziert und unterbreitet der Therapeut aufgrund seines Kulturwissens (Punkt 1: Wissen über Kultur) über den Islam einen Interventionsvorschlag, kann der Klient sich abgrenzen (Fall 3: Distinktion), weil er unter Umständen gar nicht religiös ist. Es kommt zu gegenseitigen kulturellen Irritationen – der Patient ist irritiert von dem Therapeuten (»Warum erzählt er etwas vom Islam? Ich wollte Psychotherapie und keinen Hodscha – ist er etwa einer der deutschen Konvertiten?«) und der Therapeut ist irritiert vom Patienten (»Jetzt gebe ich mir doch so eine Mühe und bin sehr kultursensibel und wieder soll es nicht richtig sein. Er ist doch muslimisch, hat er gesagt. Vielleicht will er sich nicht ändern.«)

4 Was bedeutet »kulturelle Irritationen« in der Psychotherapie?

In den vermeintlichen kulturellen Irritationen in der Psychotherapie spiegeln sich kulturelle Vorannahmen. Denn der Kern von Kultur ist kein abfragbares Wissen, sondern besteht aus Praktiken, Fähigkeiten, Bedürfnissen, Emotionen, Institutionen, Beziehungskonstellationen und psychologischen Besonderheiten, die nicht als deklaratives Wissen im Bewusstsein repräsentiert sind. Kulturelle Bedeutungssysteme lassen sich nicht auf persönliche Wissensstrukturen reduzieren. Kultur beschreibt die impliziten gesellschaftlichen Wissensordnungen, das *know how*, nicht dass *know what* (Straub, 2007). Dieses implizite Wissen ist in der Regel nicht bewusst, gleichzeitig aber für alle Mitglieder einer Gruppe handlungsleitend. Sie bestimmt subjektive Definitionen von Krankheit und Gesundheit und strukturiert die Interventionen und Haltungen der psychologischen Experten.

Irritationen in der Kommunikation entstehen, weil wir unsere eigenen Vorannahmen entdecken und das Gesehene explizit machen müssen. Begegnen wir zum Beispiel in einer Psychotherapie einem Klienten, den wir aufgrund seiner sichtbaren Herkunft – anhand der Hautfarbe oder Bekleidung – als »anders« und »fremd« erleben, schreiben wir ihn einer fremden Kultur zu. Die Fremdzuschreibung führt noch nicht zu Irritation, sie kann uns sogar das Handeln erleichtern, da wir annehmen, auf Vorwissen und Erfahrungen mit dieser Gruppe zurückgreifen zu können. Erst, wenn wir vielleicht entdecken, dass dieser Mensch uns überrascht, weil er von Konflikten berichtet, die wir bei diesem Klienten nicht erwarten würden, oder Werte anstrebt, die wir niemals gutheißen und teilen würden, beginnt die Irritation. In beiden Fällen – der unerwarteten Identifizierung oder Abwertung – regen wir uns, weil wir die Differenz zu unseren eigenen Vorannahmen und unseren Normen wahrnehmen, wir entdecken uns selbst als kulturelle Wesen und sind dadurch befremdet. Diese Irritationen zeigen zugleich unsere blinden Flecken und einseitigen Sichtweisen, die wir nun mittels Perspektivwechsel und Selbstreflexion erkennen können. Hierbei ist es wichtig, dass die Reflexionen frei sein können und nicht Kulturalisierungen oder kulturellen Relativierungen dienen, um auf der »richtigen Seite« zu stehen, seine Haltungen moralisch zu legitimieren. Es geht nicht um ein »kluges Management kultureller Differenzen« als Voraussetzung für gesellschaftlichen Normierungs- und Homogenisierungsdruck (Schiffauer, 2002), sondern darum, Widersprüchlichkeiten und Ambivalenzen zu benennen und dabei sowohl nach individuellen als auch nach soziostrukturellen Aspekten zu hinterfragen.

5 Quintessenz: Umgang mit kulturellen Irritationen

Zum Umgang mit kulturellen Irritationen lässt sich zusammenfassend sagen:

- Aus den bisherigen Ausführungen und aus der Praxis in der Psychotherapie wissen wir, dass die Vorstellung einer kulturspezifischen Herangehensweise ebenso wenig haltbar ist wie die einer kulturneutralen. Die Annahme, dass kulturelle Prägung Handeln und Denken bestimmt, ist ebenso unzureichend wie die Hypothese, dass Kultur keinen Einfluss habe.
- Der Streit um kulturspezifische oder universalistische Ansätze ist praxisfern, in der Praxis geht es mehr um die Frage, ob und wie es dem Therapeuten gelingt, eine tragfähige Beziehung und Vertrauen zu etablieren. Aus diesem Grund ist die Achtsamkeit für Abwehrmechanismen wichtig, die sich mal universalistisch (»In der Psychotherapie werden alle Menschen gleich behandelt«), mal kulturalisierend (»Diese Klientin ist kulturell besonders«) zeigen können. Ebenso wichtig ist, aufmerksam zu sein, in welcher Funktion der Begriff »Kultur« verwendet wird. Der Verweis auf Kultur kann in der psychotherapeutischen Kommunikation unterschiedliche Funktionen haben, neben Wissen kann er auch als Differenz- oder Ausgrenzungskategorie dienen.
- Jeder Mensch ist ein soziales Wesen und so sind sowohl Therapeut/in als auch KlientIn soziokulturell eingebunden. Da es keine homogene Kultur gibt, sondern intrakulturelle Varianz und Differenz besteht, und es zudem eine Dynamik der Veränderung von Kulturen durch Globalisierung gibt, ist kein Klient das Produkt einer klar definierten Kultur. Und v.a. ist nicht der Klient »Kulturträger« und der therapeutische Experte ohne »Kulturkoffer«. Klient und Therapeut outen sich im Gespräch, so wie sie reden und handeln und argumentieren, zeigen sie, aus welchen Kulturen sie kommen, wie sie sozialisiert sind. Dazu gehört aber auch z. B. Milieuzugehörigkeit, Religion, Region, Geschlecht usw.
- Die Analyse der eigenen soziokulturellen Prägung des Therapeuten und die wertungsfreie Wahrnehmung einer möglichen Differenz zur kulturellen Einbindung des Klienten ist die Voraussetzung zum kompetenten Umgang mit Fremdheit, der sich im Konfliktfall als »kulturelle Irritationen« präsentiert. Das Befremdliche in der Psychotherapie, das als das kulturell Andere entdeckt und benannt wird, sagt mehr über den »Befremdeten« aus als über den Fremden. Es zeigt die subjektiven Grundannahmen und Implikationen, die mit denen des Klienten nicht übereinstimmen. Eigentlich ist Fremdverstehen psychotherapeutische Kernkompetenz, dennoch scheint sie bei dem »kulturell Fremden« zu irritieren. Der empfohlene Umgang mit Irritationen ist die Achtsamkeit für die eigene (sozio-)kulturelle Eingebundenheit, denn die therapeutische Arbeit mit ethnisierten Minderheiten zwingt zur Thematisierung der Person des Therapeuten in besonderer Weise, zur Stellungnahme, zur Reflexion eigener Haltungen und Werte in therapeutischen Beziehungen.

Literatur

Bröckling, U. (2007). *Das unternehmerische Selbst. Soziologie einer Subjektivierungsform.* Frankfurt a. M.: Suhrkamp taschenbuch wissenschaft.

Erim, Y. (Hrsg.) (2009). *Klinische interkulturelle Psychotherapie: Ein Lehr- und Praxisbuch.* Stuttgart: Kohlhammer.

Geertz, C. (1987). Dichte Beschreibung. Bemerkungen zu einer deutenden Theorie von Kultur. In C. Geertz, R. Bindemann & B. Luchesi. *Dichte Beschreibung. Beiträge zum Verstehen kultureller Systeme* (S. 7–44). Frankfurt a. M.: Suhrkamp.

Gün, A. K. (2007). *Interkulturelle Missverständnisse in der Psychotherapie.* Freiburg i. B.: Lambertus.

Junghals, J. (2008). Kultur der Therapie der Kulturen – Psychotherapie und Psychiatrie mit Migrationshintergrund. *Beiträge zur Allgemeinen Psychotherapie,* 6, Bonn: Deutscher Psychologen Verlag.

Keupp, H. (2005). Die ambivalente gesellschaftliche Funktion von Psychotherapie. *Psychotherapie im Dialog, 6* (2), 141–144.

Khalili, S. (2007). *Psychologie, Psychotherapie und Islam: Erste Entstehungsphasen einer Theorie aus islamischer Psychologie.* Saarbrücken: Vdm Verlag Dr. Müller.

Knipper, M. & Bilgin, Y. (2009). Migration und andere Hintergründe. Medizin und ethnisch-kulturelle Vielfalt. *Deutsches Ärzteblatt, 107* (3), A76–79.

Krieger, W. (2006) Postmoderne für alle? – Soziale Arbeit und die Zwiespältigkeit der Postmoderne. *Zeitschrift für systemische Therapie und Beratung, 24* (2), 106–113.

Machleidt, W. & Heinz, A. (Hrsg.) (2011). *Praxis der interkulturellen Psychiatrie und Psychotherapie. Migration und psychische Gesundheit.* Stuttgart/Jena: Urban und Fischer.

Moro, M. R. (2006). Bases de la clinique transculturelle. In M.R Moro, Q. De la Noe & Y. Mouchenik (Hrsg.), *Manuel des la psychiatrie transculturelle* (S. 159–178). Grenoble: La Pensée Sauvage.

Nassehi, A. (2008). Soziologie. Zehn einführende Vorlesungen. Wiesbaden: VS Verlag für Sozialwissenschaften.

Reckwitz, A. (2010). *Subjekt.* Bielefeld: transcript.

Rüschoff, I. & Laabdallaoui, M. (2009). *Basiswissen: Umgang mit muslimischen Patienten.* Bonn: Psychiatrie-Verlag.

Schiffauer, W. (2002). *Kulturelle Identitäten.* Vortrag im Rahmen der 52. Lindauer Psychotherapiewochen 2002. Verfügbar unter: http://www.psychotherapiewochen.de/archiv/vortrag/2002/schiffauer_w.pdf (11. 12. 2012).

Straub, J. (2007). Kultur. In. J. Straub, A. Weidemann & D. Weidemann (Hrsg.), *»Kultur«. Handbuch interkulturelle Kommunikation und Kompetenz: Grundbegriffe – Theorien – Anwendungsfelder* (S. 7–24). Stuttgart/Weimar: Verlag J. B. Metzler.

Straub, J. & Thomas, A. (2003). Positionen, Ziele und Entwicklungslinien der kulturvergleichenden Psychologie. In A. Thomas (Hrsg.), *Kulturvergleichende Psychologie* (S. 29–80). Göttingen: Hogrefe.

Van Keuk, E. & Ghaderi, C. (2011). Diversity-Kompetenz in der transkulturellen Psychotherapie. In E. van Keuk, C. Ghaderi, L. Joksimovic & D. David (Hrsg.), *Diversity. Transkulturelle Kompetenz in klinischen und sozialen Arbeitsfeldern.* Stuttgart: Kohlhammer.

Van Keuk, E., Joskimovic, L. & Ghaderi, C. (2011). Diversity im klinischen und sozialen Alltag: Kompetenter Umgang mit kultureller Vielfalt. In E. van Keuk, C. Ghaderi, L. Joksimovic & D. David (Hrsg.), *Diversity. Transkulturelle Kompetenz in klinischen und sozialen Arbeitsfeldern.* Stuttgart: Kohlhammer Verlag.

Wohlfart, E. & Zaumseil, M. (Hrsg.) (2006). *Transkulturelle Psychiatrie – Interkulturelle Psychotherapie. Interdisziplinäre Theorie und Praxis.* Heidelberg: Springer.

Zaumseil, M. (2007). Beiträge der Psychologie zum Verständnis des Zusammenhangs von Kultur und psychische Gesundheit bzw. Krankheit. In E. Wohlfahrt & M. Zaumseil (Hrsg.), (2006) (S. 5–28).

Umgang mit Sprachbarrieren in der Psychotherapie

Jutta Bierwirth & Abdoulaye Amadou

Einleitung

Zuwanderer, Migranten und Flüchtlinge stammen aus vielen verschiedenen Herkunftsländern und sprechen viele verschiedene Sprachen. Psychotherapie ist auf Sprache angewiesen. In den wenigsten Fällen ist es möglich, eine Psychotherapie in der jeweiligen Muttersprache anzubieten. Die Auswege sind vielfältig: Bei einfachen Deutschkenntnissen ist eine Therapie auf Deutsch möglich, insofern der/die Therapeut/in bereit ist, sich darauf einzulassen und neue Wege der Verständigung auszuprobieren. Beherrschen Therapeut/in und Patient/in beide dieselbe Fremdsprache, z. B. Englisch, ist so eine Verständigung möglich. Außerdem ist die Unterstützung durch eine/n Übersetzer/in denkbar. Alle Varianten haben ihre Vor- und Nachteile und benötigen eine kritische Reflexion der therapeutischen Möglichkeiten. »Aber eine Psychotherapie mit Dolmetscher? Das geht doch gar nicht!« Diese Bemerkung begegnet uns häufig. Dies würde aber bedeuten: keine Psychotherapie mit Menschen, die nicht ausreichend Deutsch sprechen, selbst dann, wenn sie notwendig wäre. Will man nicht ganze Gruppen von Menschen vom Zugang zu einer Psychotherapie ausschließen, muss die Frage lauten: Wie können Sprachbarrieren erfolgreich überwunden werden?

Warum Sprach- und Kulturmittler und keine Dolmetscher?

Um Sprachbarrieren zu überwinden, insofern sie darin bestehen, dass zwei Menschen unterschiedliche Sprachen sprechen, braucht es jemanden, der in beide Richtungen übersetzen kann, üblicherweise eine/n Dolmetscher/in. Qualifizierte Sprach- und KulturmittlerInnen sind wichtig, um einen erfolgreichen Kontakt zu den Patienten zu gewährleisten. Viel zu oft wird das Übersetzen als reines Dolmetschen verstanden, so dass Personen dafür herangezogen werden, die über keine der notwendigen Fähigkeiten verfügen, außer dass sie dieselbe Sprache sprechen wie der/die Patient/in; auch bedingt durch das strukturelle Problem, dass Kosten für qualifizierte Personen von Kostenträgern derzeit noch nicht übernommen werden. So kommt es, dass im Krankenhaus Reinigungskräfte oder beim Hausarzt die Kinder der Patienten als Dolmetscher eingesetzt werden. Vor allem im psychotherapeutischen Bereich ist so ein Vorgehen, v. a. die Übersetzung durch Verwandte, völlig abzulehnen. Familienmitglieder und Bekannte sind mit einer psychodiagnostischen oder psychotherapeutischen Vorgehensweise nicht vertraut und überfordert, sie wissen meist viel über Beschwerden und aktuelle Lebensbedingungen der Person, so dass sie Fragen nicht weitergeben, sondern diese selber beantworten. Insbesondere Familienmitglieder sind emotional verstrickt und neigen dazu, eigene Wertungen und Interpretationen einzubringen. Die massive psychische Symptomatik führt innerhalb der Familie zu erheblichen Spannungen und Konflikten, die in einer solchen Situation nicht angesprochen werden. Vor allem schambesetzte Themen werden in einer solchen Konstellation nicht aufgegriffen. Insbesondere Erlebnisse sexualisierter Gewalt sind oft in einem hohen Maße tabuisiert und werden nicht thematisiert, oft weil diese Erfahrungen aus Angst vor sozialer Ächtung bisher nicht öffentlich gemacht wurden, aber auch, um die übersetzende Person zu schonen. Wenn Kinder zum Dolmetschen herangezogen werden, besteht unserer Meinung nach auch auf Seiten der Behandelnden gegenüber diesen eine Fürsorgepflicht. Durch diese Aufgabe sind Kinder in der Regel überfordert und es verkehren sich die Rollen innerhalb der Familie, was zu weiteren Konflikten führen kann.

In diesem Kapitel wollen wir statt von Dolmetschern von Sprach- und Kulturmittlern (SpuK) sprechen, da sich im Therapieprozess jenseits von Sprache noch andere Aspekte herauskristallisieren, die möglicherweise einer Vermittlung bedürfen, um eine Brücke zwischen den Fachkräften und den Klient/innen zu schlagen: der Aspekt der Kulturalität und der Religiosität. Durch den Einsatz qualifizierter SpuK, die sich in dem Dreieck Sprache, Kulturalität und Religiosität bewegen können, wird die Basis einer vertrauensvollen, kommunikativen Atmosphäre geschaffen, welche einerseits zur professionellen und effizienteren Umsetzung des Arbeitsauftrags seitens des Profis beiträgt, andererseits zu einer klareren und zufriedenstellenderen gegenseitigen Verständigung führt (www.sprint-wuppertal.de, 2011; BMAS, 2009).

1 Welche Aspekte beeinflussen die Kommunikation in der Psychotherapie?

Sprache

Sprache ist in der Psychotherapie und Beratung in besonderem Maße der Schlüssel zum Zugang zu den Patienten. Sich nicht verständigen zu können, bedeutet für viele ohnehin schon eine Demütigung und wird als schamhaft erlebt. In Therapie und Beratung geht es um intime Erfahrungen, scham- oder angstbesetzte Themen, um Bedürfnisse, Wünsche und den Ausdruck von Emotionen. Zum Teil sind Sprachkenntnisse nicht oder nur in geringem Maß vorhanden, so dass solche schwierigen Themen kaum in der Fremdsprache, sondern am besten in der Muttersprache vermittelt werden können (Eberding, 2001). Ohne eine Möglichkeit der angemessenen Verständigung können wichtige Details verlorengehen, die ggf. eine zentrale Rolle spielen, wenn es darum geht, eine vollständige Information zu bekommen.

Die Möglichkeit, in der Muttersprache zu kommunizieren, ist eine große Erleichterung sowohl für Patienten als auch für die in die Behandlung involvierten Personen. Auch wenn die Muttersprache in Bezug auf die Wahrnehmung der psychischen Erkrankung in bestimmten Kulturkreisen nicht immer die einzige geeignete Sprache sein muss, bleibt sie die beste Art, um die Klientel zu erreichen. Aber auch dann ist damit zu rechnen, dass die Botschaft nicht eins zu eins übermittelt werden kann, was die Berücksichtigung der anderen Aspekte »Kulturalität« und »Religiosität« notwendig macht.

Kulturalität

Die kulturelle Prägung eines Menschen beeinflusst verschiedene Aspekte, die in Psychotherapie und Beratung wichtig sind. Hierzu gehört bspw., welche Bedeutung die psychische Erkrankung in einem vom Islam geprägten Kulturkreis haben könnte. Hilfreiche Fragen, um sich einem guten Verständnis anzunähern, sind: Was könnten in dem Zusammenhang die Erwartungen des Klienten bzw. der Klientin sein? *Was* darf *wie* thematisiert werden und was bleibt absolut tabu? Was davon könnte hilfreich für den Therapieprozess sein?

Weiter sind v. a. auch nonverbale Zeichen durch die jeweilige Kultur geprägt, so dass eine Brücke nötig ist, damit überhaupt eine gelungene Kommunikation erfolgen kann. Selbst ohne Sprache kann »man nicht nicht kommunizieren«, wie von Paul Watzlawick (1983) betont wurde. Abgesehen von der Sachebene der Kommunikation, bei der die Sprache eine entscheidende Rolle spielt, erfordert die Beziehungsebene, die sich in besonderer Weise durch die Körpersprache ausdrückt, bestimmte Fähigkeiten, die die Interpretation betreffen. Diese Interpretation von Mimik, Gestik und Körperhaltung ist jedoch nur möglich, indem u. a. kulturelles Hintergrundwissen und das Wissen um die Möglichkeit der Fehlinterpretation vorhanden sind. Nonverbale Äußerungen der Körpersprache sind nicht eindeutig, werden aber in der Kommunikation interpretiert. Auch hier ist eine Verständigungsbrücke hilfreich, denn die Körpersprache ist Ausdruck der Kulturation, der Sozialisation und der Individualität.

Fallbeispiel

In einem Gespräch mit einem afrikanischen Patienten in der Psychiatrie lachte dieser viel und auch in unangemessenen Situationen. Dieses wurde vom untersuchenden Arzt stereotyp interpretiert: »Der Afrikaner lacht wohl gerne.« Der in diesem Fall anwesende SpuK konnte hier korrigierend eingreifen, so dass das Lachen als parathymer Ausdruck eingeordnet werden konnte, der auf Drogeneinfluss zurückzuführen war.

Dem SpuK gelang es, dem Ausdruck einer Körpersprache eine deutliche Interpretation zu verleihen, indem, unter Berücksichtigung des Gesprächskontextes, von dem kulturellen Hintergrundwissen Gebrauch gemacht wird. D. h., er konnte den untersuchenden Arzt darauf hinweisen, dass diese Verhaltensäußerung nicht durch die Herkunft des Patienten erklärbar ist. Hier zeigt sich die besondere Kompetenz des SpuK, die nicht nur in dem Wissen um kulturelle

Einflüsse von Menschen nichtdeutscher Herkunft besteht, sondern auch darin, kulturell beeinflusste Einordnungen und daraus resultierende Fehlinterpretationen des professionellen Gegenübers zu erkennen und anzusprechen.

Religiosität

Die Kultur beeinflusst die Religionsausübung, so dass es nicht möglich ist, ein bestimmtes Verhalten als »islamisch« zu definieren. So wie das Christentum im Süden Europas anders gelebt wird als im Osten Europas und anders als in Südamerika, verhält es sich ähnlich mit dem Islam, der im Nahen Osten anders in Erscheinung tritt als in Zentralasien oder in Afrika. Dennoch, trotz des Einflusses der kulturellen Prägung auf die Aspekte zur Religiosität, bleibt der Kern des Islams derselbe. Das heißt, wo auch immer sich eine muslimische Gesellschaft befindet, richtet sich der Grundgedanke nach dem »Qur'ān«. Abgesehen davon, dass sich bei den muslimisch Gläubigen alles um Gott, »Allah«, dreht, werden häufig die psychischen Erkrankungen, denen keine klar identifizierbaren Trigger zugrunde liegen, in Zusammenhang mit Geistern gebracht. Im Hinblick auf diese religiös bedingten Überzeugungen könnten ohne kulturelle Vermittlung ganz komplizierte, vertrauensbedrohliche Phänomene auftauchen, wenn z. B. die Fachkraft (Psychotherapeut/in) auf eine rein fachliche Methode setzt und weder Gott noch irgendwelche mit Geistern verbundenen Vorstellungen in Betracht zieht. Bei solch einer Konstellation ist es nur eine Frage der Zeit, bis es zu einer Konfrontation kommt. Zu bedenken ist noch, dass allein das Begrüßungsritual oder der Blickkontakt (bei Geschlechterunterschieden) unter Berücksichtigung der religiösen Vorstellungen sich deutlich auf die Beziehung Fachkraft-Patient/in auswirken kann.

Ein männlicher muslimischer Patient gibt mir als weiblicher Therapeutin nicht die Hand zur Begrüßung. Mit welchen Interpretationen und Bewertungen reagiere ich? Beispiele:

- Diese frauenfeindlichen, rückständigen Islamisten!
- Welche Motive und Überzeugungen liegen diesem Verhalten zugrunde? Wie beeinflussen diese die therapeutische Beziehung und Arbeit?
- Zwangsstörung?
- Psychose?
- Erkältet und möchte mich nicht anstecken?

Die Interaktion wird durch diese Unklarheiten beeinflusst. Dass auch hier eine Brücke geschlagen werden muss, um die Situation in den Griff zu bekommen, ist und bleibt eindeutig.

2 Besonderheiten beim Einsatz von SpuK in Beratung und Therapie

Vorneweg die Bemerkung, dass Psychotherapie mit SpuK von uns, die wir seit Jahren in einem solchen Setting arbeiten, als weitgehend unproblematisch und erfolgreich erlebt wird. Die Beachtung einiger Dinge bei der Auswahl des/der SpuK, bei der Gestaltung des Settings und des Gewahrseins von Filterungs- und Verzerrungsprozessen kann Schwierigkeiten verringern, die dabei entstehen können, dass sich die übliche Dyade durch den Einsatz von SpuK in eine Triade verwandelt, an die sich alle Beteiligten auch erst einmal gewöhnen müssen.

Welche Qualifikationen und Eigenschaften sollte ein/eine SpuK mitbringen? Notwendige Voraussetzung ist eine ausreichende Sprachfähigkeit in beiden Sprachen, hilfreich ist eine Qualifizierung der/des SpuK in Bezug auf psychische Störungsbilder und psychotherapeutisches Vorgehen. Sind SpuK damit nicht vertraut, kann es zu großen Irritationen kommen, wenn z. B. durch eine emotionsaktivierende Intervention, z. B. im Rahmen einer Konfrontation, starke Gefühle hervorgerufen werden und diese eher verstärkt werden. Es sollte konsekutiv – das heißt: versetzt –, in kleinen Abschnitten übersetzt werden und klar sein, dass die SpuK in Ich-Form übersetzen – sowohl die Äußerungen der Therapeutin als auch die des Patienten, was dazu beitragen soll, eine direktere Beziehung zwischen Patient/in und Therapeut/in zu fördern (Orth, 2001).

Es ist auch günstig, bei der Auswahl der SpuK auf bestimmte Personenmerkmale zu achten, die eine erfolgreiche Beziehungsaufnahme erleichtern. Bei Patient/innen beispielsweise, die als Flüchtlinge aus Konfliktregionen stammen, kann die Zugehörigkeit zu einer bestimmten Bevölkerungsgruppe, Religionsgemeinschaft oder einer politischen Gruppierung ein Grund sein, SpuK misstrauisch und ablehnend zu begegnen. Kurden haben wegen der langen Geschichte der Unterdrückung und Diskriminierung in der Türkei möglicherweise Vorbehalte gegen türkische Übersetzer/innen oder weigern sich gänzlich, die türkische Sprache zu sprechen. Tamilen aus Sri Lanka begegnen auch Personen der eigenen Bevölkerungsgruppe oft sehr vorsichtig, da die politische Orientierung bzw. die Sympathie, Zugehörigkeit oder Unterstützung der tamilischen Unabhängigkeitsbewegung hier eine große Rolle spielt. Auch die religiöse Glaubensrichtung kann zu Verunsicherungen im Kontakt zwischen Patient/in und SpuK führen. Zum Beispiel entschuldigte sich ein Patient alevitischen Glaubens immer wieder bei der sunnitischen, bedeckten SpuK, wenn er von seiner Glaubensgemeinschaft und deren Schwierigkeiten in der Türkei berichtete. Hilfreich ist es, bei der Wahl des/der SpuK um solche gesellschaftlichen oder politischen Klippen zu wissen oder mithilfe des SpuK solche Quellen möglicher Störungen oder Einflüsse auf die Therapie zu klären, und darauf zu achten, dass diese der Patientin möglichst ähnlich sind oder möglichst weit entfernt. So zeigt die praktische Erfahrung, dass tschetschenische Patienten nur mit großen Schwierigkeiten eine tschetschenische SpuK akzeptieren würden. Die sozialen Vorgaben von Stärke sind so beherrschend, dass es der Patientin sehr schwer fallen würde, sich in der Therapie mit ihren Schwierigkeiten zu offenbaren. Auch russischstämmige SpuK sind wegen der politischen Situation im Kaukasus eher heikel. Eine gute Zusammenarbeit war aber immer mit deutschstämmigen Aussiedlerinnen möglich.

Egal ob eine solche Abstimmung möglich ist oder nicht, um Irritationen zu minimieren, ist die Gestaltung des Settings, die Aufklärung über die Bedingungen, unter denen eine Therapie stattfindet, und Transparenz notwendig. Das auch für den/die SpuK einzuhaltende Schweigegebot ist gerade in der Arbeit mit Zuwanderern immens wichtig. Da es sich oft um kleinere Gruppen von Menschen aus bestimmten Ländern handelt, die untereinander vernetzt und bekannt sind, müssen Patienten sicher sein können, dass ihre Leidensgeschichte nicht in der jeweiligen Community bekannt wird. Gerade diese Bedenken sind oft ein Grund, weshalb Patienten dem SpuK misstrauisch begegnen. Zu Beginn der Beratung/Therapie sollten die Struktur und die Regeln deutlich gemacht werden. Dazu gehört neben den üblichen Informationen über Frequenz und Dauer der Sitzungen auch die Information darüber, dass alles übersetzt wird, was während der Therapiestunde oder außerhalb zwischen Patient/in und SpuK gesprochen wird. Nach Möglichkeit sollte der Kontakt zwischen Patient/in und SpuK ohne Anwesenheit der Therapeutin auf ein Minimum reduziert werden. Dadurch wird der/die SpuK vor einer Überforderung geschützt und Loyalitätskonflikten vorgebeugt. Zentral ist, dass der/die SpuK ihre Rolle als Mittler/in und die Therapeutin als Verantwortliche für den therapeutischen Prozess akzeptiert. Dass dies gelingt, liegt in der Verantwortung der Therapeutin, welche die SpuK gegen Überforderung schützen sollte, z. B. indem sie in den Sitzungen wenn nötig immer wieder die Verantwortung für den Therapieprozess übernimmt und auch die strukturelle Organisation, wie Terminabsprachen etc., gewährleistet.

Fallbeispiel

In der Therapie einer schwer traumatisierten und depressiven kurdischen Patientin klärte ich in einer krisenhaften Situation Suizidalität ab. Nach der Antwort der Patientin übersetzte die Dolmetscherin nicht unmittelbar, sondern erwiderte der Patientin. Nach langjähriger Arbeit mit traumatisierten Flüchtlingen kenne ich einige Wörter und Begriffe, so dass ich aufhorchte, als die Dolmetscherin das Wort »Harram« benutze. Die Patientin hatte die Frage nach suizidalen Gedanken bejaht. Im Zuge der Rückübersetzung gab die SpuK an, sie habe die Patientin direkt auf ihren Glauben verwiesen und ihr gesagt, Selbstmord sei Sünde. Im Nachgespräch konnte mit der SpuK geklärt werden, dass dieser spontane Einwurf hochproblematisch sein kann, da die Patientin dadurch in Zukunft möglicherweise davon abgehalten wird, über akute Suizidalität zu berichten, und eine Intervention dann nicht möglich wäre.

Ist einmal eine vertrauensvolle Beziehung entstanden, ist die Sicherung der personellen Kontinuität wichtig, das heißt, es ist förderlich, wenn für den gesamten Prozess ein/e SpuK zur Verfügung stehen kann. Es ist günstig, für die Sitzungen ausreichend Zeit für Vor- und Nachgespräche einzuplanen. Vorher kann es sinnvoll sein, den/die SpuK über Inhalte und Ziele der Stunde aufzuklären. Das Gespräch im Anschluss kann dazu dienen, Schwierigkeiten im Übersetzungsprozess oder mögliche Irritationen zu besprechen, unverstandene Äußerungen mit evtl. kultureller oder religiöser Bedeutung zu klären und auch mögliche Belastungen des SpuK aufzufangen und Entlastung anzubieten. Dies erleichtert es auch, zu überprüfen, ob von allen Beteiligten die verschiedenen Rollen akzeptiert und eingehalten werden. Neben dem/der Therapeuten/in, der/die klar für den Therapieprozess Verantwortung übernehmen muss, sowie dem/der SpuK, die nicht eigeninitiativ fragen oder antworten sollte, muss auch der/die Patient/in die jeweiligen Rollen anerkennen. Gar nicht so selten kommt es vor, dass der/die Patient/in den/die SpuK direkt anspricht und nachfragt oder nach privaten Informationen fragt, sei es nach der genauen Herkunft oder nach der Telefonnummer, mit dem Wunsch, auch außerhalb der Therapiesitzungen Kontakt aufzunehmen. Letzteres sollte bis auf definierte Ausnahmefälle (z. B. in der Therapie vereinbarte Begleitung zu einem Amt oder einem Arzt zur Absprache von Zeit und Ort) grundsätzlich nicht geschehen. Hier ist es ebenfalls an der Therapeutin, die SpuK vor solchen Erwartungen zu schützen und die Verantwortung dafür zu übernehmen.

Seitens der Therapeutin ist es wichtig, Verzerrungs- und Filterungsprozesse, die durch die Übersetzung entstehen, zu beachten. So ist es so gut wie unmöglich, einen völlig unstrukturierten, von Themen- und Zeitsprüngen gekennzeichneten Vortrag eines Patienten detailgetreu zu übersetzen, da die menschliche Wahrnehmungs- und Informationsverarbeitung unwillkürlich ordnet und sortiert, was sich in der Wiedergabe zwangsläufig niederschlägt. Hier ist es wichtig, auf Verunsicherungen bei der SpuK oder Widersprüche zwischen Antwort und Frage sowie einzelnen Aussagen zu achten und diese im Nachgespräch zu klären. Es kann auch sein, dass die SpuK Verständnisschwierigkeiten als eigenen Fehler oder Unvermögen interpretiert und Äußerungen ordnend verändert. Hier sind Informationen über Auswirkungen psychischer Störungen auf die Denkfähigkeit und deren diagnostische Relevanz entlastend. Bei der Flut der Informationen, welche auf die SpuK im Übersetzungsprozess einströmen, ist ebenfalls nicht auszuschließen, dass auch bestimmte Themen von der SpuK besonders wahrgenommen und herausgestellt bzw. ausgeblendet werden. Eine besondere Herausforderung für alle Beteiligten sind auch Übertragungs- und Gegenübertragungsprozesse. Patienten reagieren auf zwei Personen. Die Therapeutin ist gefordert, ihre Wahrnehmungen zu sortieren: Ist es meine Reaktion auf den Patienten, auf die Reaktion der SpuK auf den Patienten, meine Reaktion auf die Reaktion der SpuK auf die Reaktion des Patienten? Die SpuK benötigt ein gewisses Maß an Reflexions- und Introspektionsfähigkeit, um dies im Nachgespräch unterstützen zu können.

Dass diese Filterungsprozesse nicht zu unterschätzen sind, zeigen Fälle, in denen wir zunächst mit und später ohne SpuK gearbeitet haben. Eine Patientin erschien plötzlich wesentlich stabiler und viel weniger vermeidend als im Beisein der SpuK. Nach dem Wechsel zum Zweiersetting zeigte sich, dass es durchaus ein größeres Bedürfnis der Patientin gewesen war, über ihre Verluste zu sprechen, als es den Anschein gehabt hatte. Möglicherweise war die SpuK durch die Geschichte der Patientin stärker erschüttert, als sie wahrgenommen hatte, was als vermeintliche Labilität der Patientin erschien. Es zeigte sich, dass die Patientin in den Gesprächen mit der SpuK dieses wohl gespürt haben musste, denn sie gab an, sie habe diese nicht belasten wollen, sie sei ja auch noch so jung gewesen. Dies zu klären war nur möglich, da die Gespräche später auf Deutsch geführt wurden. Das bedeutet, dass manche Phänomene und Irritationen im Dreiersetting nicht so leicht zu erörtern sind. Hier hilft es nur zu akzeptieren, dass mache Informationen durch den Übersetzungsprozess verlorengehen, was ein deutlicher Nachteil des Einsatzes von Dolmetschern ist. Aber auch eine gewisse Gelassenheit im Umgang mit Unsicherheiten und ein Vertrauen in die/den SpuK erscheint hilfreich, um mit solchen Irritationen umgehen zu können. Gleichzeitig ist es durchaus eine Bereicherung und ein Schutz vor einseitig verzerrten Wahrnehmungen und Interpretationen, wenn zur Perspektive der Therapeutin die des SpuK hinzukommt (Abdallah-Steinkopff, 1999). Durchaus komfortabel ist der Einsatz von SpuK, wenn man bedenkt, dass die Therapeutin durch die Übersetzungspause mehr Zeit hat, nonverbale Kommunikationsanteile mehr zu beachten und Interventionen zu planen (Ghaderi & van Keuk, 2008; van Keuk & Ghaderi, 2010). Manche Patientinnen fühlen sich außerdem in einem Zweiersetting mit einem statushohen Angehörigen der Mehrheitsgesellschaft (Ärztin, Therapeut) unwohl und exponiert (Morina, 2007). Dieses Empfinden wird durch die Erweiterung der Dyade um den/die SpuK gemildert.

3 Wie kann Kommunikation im interkulturellen Kontext gelingen? – Selbsterfahrung und Selbstreflexion

Die oben beschriebenen Besonderheiten in der Arbeit mit SpuK stellen die formale und strukturelle Ebene dar: Welche Merkmale und Fähigkeiten sollten SpuK, Therapeut/in und Patient/in mitbringen, wie sollte das Setting gestaltet sein? Zentral für ein Verständnis eines anderen Menschen aus einem anderen Kulturkreis jenseits von Kommunikation über Sprache sind aber weitere Aspekte, die viel mit eigenen Erfahrungen zu tun haben und der Fähigkeit, diese im Kontakt mit dem Anderen zu reflektieren. Dies bezeichnen wir in unserer Arbeit als Kultursensibilität. Die Vielfalt der Ausprägungen kulturell geformter und religiös beeinflusster Normen, Werte und Vorstellungen von der Welt sind auch innerhalb eines Landes so divers, dass es nicht das Ziel sein kann, stereotypes Wissen darüber zu erwerben, wie »der Türke« oder »der Moslem« im Allgemeinen funktioniert. So wie das Christentum in verschiedene Glaubensrichtungen aufgespalten ist und in unterschiedlichen Ländern verschieden gelebt wird, ist auch der Islam in seinen Auslegungen und Auswirkungen auf das Leben des Einzelnen mannigfaltig. Es hilft daher für das wirkliche Verständnis wenig weiter, zu wissen, dass Moslems kein Schweinefleisch essen, und dieses Wissen im Sinne einer Gebrauchsanweisung auf jeden Patienten muslimischen Glaubens anzuwenden. Erst im Zusammenhang mit dem Einfluss des Glaubens auf das Individuum werden allgemeinere Grundsätze einer Kultur oder einer Glaubensrichtung bedeutsam. Diese sind häufig so implizit, dass sie nur mühsam bewusst reflektiert werden können. Viel hilfreicher ist es darum, Selbsterfahrung und Selbstreflexion im Sinne einer transkulturellen Professionalisierung um eine kulturelle und religiöse Komponente zu erweitern.

Hier hat sich aus unserer Sicht das Diversity-Konzept von Auernheimer (2005) besonders bewährt, welches eine Berücksichtigung aller soziokulturellen Merkmale ermöglicht (Alter, Geschlecht, soziokulturelle und nationale Herkunft, Hautfarbe, Bildung, sexuelle Orientierung, Behinderung) und hilft, die kulturellen Prägungen im Blick zu haben, aber nicht jede auftauchende Schwierigkeit direkt »der anderen Kultur« zuschreibt. Kommunikationssituationen werden in dieser Sicht dadurch interkulturell, dass sich die beteiligten Gesprächspartner als Zugehörige verschiedener Gruppen wahrnehmen. Neben den differenten Kulturmustern im engeren Sinne betrachtet dieser Ansatz drei weitere Dimensionen im Umgang mit Irritationen in der Kommunikation, die zur (Er-)Klärung herangezogen werden: Machtasymmetrie, Kollektiverfahrungen und gegenseitige Fremdbilder. Machtasymmetrien ergeben sich durch allgemeine gesellschaftliche Gegebenheiten (Statusungleichheit, Ungleichheit in den Möglichkeiten der gesellschaftlichen Teilhabe, Wohlstandsgefälle etc.) und auch direkt aus der Situation durch institutionelle Strukturen und auch unterschiedliche Möglichkeiten sprachlicher Verständigung. Kollektive Erfahrungen gründen auf der Geschichte der jeweiligen Gruppe oder auch auf aktuellen gemeinsamen Erfahrungen (etwa die aktuelle Diskussion über den Islam, Islamismus, Terrorismus etc.). Fremdbilder sind geprägt durch stereotype Vorstellungen des jeweils Anderen und Vorurteile. Die Frage, die sich stellen lässt, ist: Was könnten die differenten Erwartungen sein im Zusammenhang mit diesen Dimensionen in einem Gesprächssetting, die es zu berücksichtigen gilt, damit die Kommunikation gelingt? Fest steht, dass sowohl der/die Psychotherapeut/in als auch der/die SpuK über diskursive »Macht« verfügen. Im Hinblick darauf wäre hier die Begegnung auf gleicher Augenhöhe sowie eine einfühlsame Umgangsart von großer Bedeutung in der Auseinandersetzung mit dem Machtgefälle. Die Stereotypen, die meistens von Kollektiverfahrungen beeinflusst werden, sollten durch Selbstreflexion zumindest in ihrer Wirkung bewusst werden können. Die Fremdbilder, die durch gesellschaftliche Diskurse bestärkt werden, könnten dadurch weniger in Erscheinung treten, indem der Profi versucht, die Patientin nicht mit irgendeinem Klischee zu konfrontieren, z. B. Thema »Kopftuch«. Frage ich mich, welche »Brille« ich bei der Begegnung mit Menschen aus einem anderen Kulturkreis aufsetze, kann es gelingen, die fachliche Professionalität um transkulturelle Kompetenz zu erweitern. Umso effizienter gestaltet sich auch die Zusammenarbeit mit SpuK.

Das wichtigste Argument für den Einsatz von SpuK ist, dass dadurch überhaupt erst eine Kommunikation und damit eine angemessene Behandlung ermöglicht werden. Für die Patienten ist es oft eine große Erleichterung, über ohnehin schon schwierige Themen in der Muttersprache sprechen zu können und nicht auf eigene, oft rudimentäre Deutschkenntnisse mühsam zurückgreifen zu müssen. In einem gelingenden Setting mit SpuK ist es bestenfalls so, dass sowohl Patient/in als auch Therapeut/in vergessen, dass eine Übersetzung stattfindet. Darauf zu vertrauen, dass es ein ausreichendes Angebot an muttersprachlichen Kolleginnen und Kollegen gibt, ist nicht realistisch, führt erneut zu einer Marginalisierung von

Menschen aus anderen Ländern und steht der notwendigen interkulturellen Öffnung unseres Gesundheitssystems entgegen.

Literatur

Abdallah-Steinkopff, B. (1999). Psychotherapie bei Posttraumatischer Belastungsstörung unter Mitwirkung von DolmetscherInnen. In A. Maercker (Hrsg.): *Verhaltenstherapie, 9 (4): Posttraumatische Belastungsstörung: Stand und Perspektiven des Wissens über effektive Therapien*, 211–222. Freiburg: Karger GmbH.

Auernheimer, G. (2005). *Einführung in die Interkulturelle Pädagogik*. Darmstadt: Wissenschaftliche Buchgesellschaft.

Bundesministerium für Arbeit und Soziales (Hrsg.) (2009). Qualifizierung zum/zur professionellen Sprach- und Integrationsmittler/-in. Ein Beitrag zum Fachdiskurs. Sprach- und Integrationsmittlung aus dem SprInt-Transfer Netzwerk. *Gesundheitliche Versorgung von Personen mit Migrationshintergrund. Dokumentation. Expertenworkshop am 5. Mai 2009*. Berlin.

Eberding, A. (2004). Bedeutung der Sprache in der systemischen Beratung und Therapie. In J. Radice von Wogau, H. Eimmermacher & A. Lanfranchi (Hrsg.), *Therapie und Beratung von Migranten. Systemisch-interkulturell denken und handeln* (S. 92–103). Weinheim: Beltz PVU.

Ghaderi, C. & van Keuk, E. (2008). Therapie mit Dolmetscherinnen. In S. Golsabahi & T. Heise. (Hrsg.), »Von Gemeinsamkeiten und Unterschieden«. *Das transkulturelle Psychoforum. 15*, 177–186. Verfügbar unter: http://www.sprint-wuppertal.de (abgerufen: 12. 08. 2012).

Morina N. (2007). Sprache und Übersetzung. In T. Maier, T. & U. Schnyder (Hrsg.), *Psychotherapie mit Folter- und Kriegsopfern. Ein praktisches Handbuch* (S. 179–202). Bern: Huber.

Orth, G. (2001). »Keine Miene verziehen?« Dolmetschen mit Folterüberlebenden. In M. Verwey (Hrsg.), *Trauma und Ressourcen – Trauma und Empowerment* (S. 317–329). Berlin: Verlag für Wissenschaft und Bildung.

van Keuk, E. & Ghaderi, C. (2010). Leitfaden zum Einsatz von Dolmetschern bzw. Sprach- und Kulturmittlern. In: E. van Keuk, C. Ghaderi & D. David (Hrsg.), *Diversity. Transkulturelle Kompetenz in klinischen und sozialen Handlungsfeldern* (S. 266–287). Stuttgart: Kohlhammer.

Prävention

Julia Paruch & Bernd Röhrle

Einleitung

Es besteht Konsens, dass der Häufigkeit und der Zunahme an psychischen Störungen nicht mehr allein durch kurative Maßnahmen begegnet werden kann. Das gilt sowohl im Allgemeinen als auch im Besonderen für Menschen, die bestimmten Risikofaktoren ausgesetzt sind. Auch das Erlebnis der Migration ist mit solchen Risikofaktoren verbunden.

Dem generellen Bedarf entsprechend wurden zahlreiche Typen, Konzepte und Programme zur allgemeinen Prävention der psychischen Störungen entwickelt (z. B. O'Connell, Boat & Warner, 2009). Sie setzen entweder vor jedweder Art von Beeinträchtigung der seelischen Gesundheit an (primäre Prävention), richten sich an alle Personen (universelle Prävention), beschäftigen sich mit spezifischen Risiken oder Risikogruppen, ungeachtet dessen, ob bereits Anzeichen für eine beginnende Störung der seelischen Gesundheit vorliegen (selektive Prävention), oder versuchen Personen mit deutlichen Hinweisen auf die Entstehung einer psychischen Krankheit zu helfen (indizierte Prävention). Die frühe Erkennung und Behandlung jüngst manifester Erkrankungen fällt in den Bereich der sekundären Prävention, wobei hier folgerichtig bereits von *Intervention* gesprochen werden kann. Der Versuch, Folgeschäden einer bestehenden Erkrankung zum Beispiel durch Rehabilitationsmaßnahmen einzudämmen, ist im Begriff der tertiären Prävention gefasst.

Die entwickelten Programme sind als effizient einzuschätzen, wenn sie bestimmten Standards entsprechen, zu denen auch die kulturelle Angemessenheit der Programme gehört (O'Connell et al., 2009). Dennoch muss festgestellt werden, dass nicht nur im deutschsprachigen Bereich die Prävention psychischer Störungen diesen Standard selten erfüllt. Der folgende Beitrag ist ein Versuch, eine Orientierung darüber zu geben, auf welche Weise kulturelle Angemessenheit von Präventionsprogrammen zu erreichen wäre.

Zunächst wird nochmals auf die Breite der Problematik der für Prävention relevanten Risiken verwiesen, um dann die allgemeinen und migrations- bzw. die für Muslime spezifischen Vorgehensweisen und notwendigen Rahmenbedingungen zu skizzieren. Mit allgemeinen Betrachtungen in Hinsicht auf für die Umsetzung von Präventionszielen notwendige Entwicklungen endet der Beitrag.

Ausgangspunkte

Präventive Bemühungen, die der großen Zahl an Erkrankungen vorbeugen wollen, orientieren sich – unabhängig vom Migrationsstatus – im Allgemeinen an Vulnerabilitäts-Stress-Ressourcen-Modellen. Obschon grundsätzlich jeder Mensch eine Störung der seelischen Gesundheit entwickeln kann, besteht ein breiter Konsens darüber, dass bestimmte Risikofaktoren diese Entwicklungen begünstigen können, während auf der anderen Seite protektive Faktoren wirksam werden können, welche die Wahrscheinlichkeit einer krankhaften Entwicklung reduzieren. Diese protektiven Faktoren können, selbst wenn ungünstige Prädispositionen und belastende Lebensumstände und -ereignisse eine Person anfällig für Krankheit machen, dieser Vulnerabilität eine Widerstandsfähigkeit oder Resilienz entgegensetzen.

Unter den 15 Millionen Migranten in Deutschland gehörten im Jahr 2009 etwa vier Millionen Menschen konfessionell dem Islam an, darunter größtenteils Menschen mit türkischer Staatsangehörigkeit, gefolgt von Muslimen aus südosteuropäischen Ländern, dem Iran, dem Nahen Osten und Afrika. Obwohl die Zielgruppe entsprechender Maßnahmen groß ist, wurde die Frage nach der kulturspezifischen Gestaltung in der Entwicklung von Präventionsforschung und Praxis erst sehr spät gestellt. Maßnahmen der Prävention und Gesundheitsförderung sind nicht allein wegen der Häufigkeit von Störungen und Erkrankungen und den zugleich begrenzten Behandlungsmöglichkeiten notwendig. Da die Zahl der Migranten in der Bevölkerung beträchtlich ist, die Migration selbst einen für die Prävention auch epidemiologisch bedeutsamen Risikofaktor darstellt und Migranten zudem auch vermehrt unter spezifischen, krankheitserzeugenden Belastungen leiden, sind kulturspezifische bzw. in diesem Beitrag fokussierte, spezifisch auf die Bedürfnisse und Probleme muslimischer Bürger ausgerichtete vorbeugende Interventionen erforderlich.

Allgemeines Rational der Prävention psychischer Störungen

In Deutschland sind über 16 Millionen Erwachsene psychisch erkrankt. Jeder Dritte entwickelt im Laufe seines Lebens eine psychische Störung, 40 % der Betroffenen leiden an mehr als einer psychischen Störung (Schulz, Barghaan, Harfst & Koch, 2008). Psychische Erkrankungen zeichnen für einen großen Teil der durch Behinderung beeinträchtigten Lebensjahre und die assoziierten direkten und indirekten Kosten für Betroffene, Angehörige und Gesellschaften verantwortlich (Murray & Lopez, 1997; DAK Gesundheitsreport, 2010; TK Gesundheitsreport, 2010; Statistisches Bundesamt, 2009; Clark & Drake, 1994; Clark & Fawcett, 1992; Morschitzky, 2007). Da trotz engagierter Bemühungen und wertvoller Fortschritte im Bereich der Therapie psychischer Störungen noch immer viele Verläufe als ungünstig und durch Einbußen in der Erfüllung sozialer Rollenfunktionen gekennzeichnet sind, konstatierte die WHO im Jahr 2004 die Prävention als einzig gangbaren Weg zu einer erfolgreichen Bekämpfung der negativen Konsequenzen psychischer Erkrankungen.

1 Spezifisches Rational der Prävention psychischer Störungen bei Migranten

1.1 Prävalenz psychischer Beschwerden und Störungen bei Migranten

Es existieren nur sehr wenige aktuelle wissenschaftlich fundierte Untersuchungen und umfassende spezifische Berichte über die Gesundheitssituation von (muslimischen) Migranten (Weilandt, Rommel & Raven, 2003; Krones, 2000). Berichtet wird über erhöhte relative Arbeitsunfähigkeit nichtdeutscher gegenüber deutschen Pflichtversicherten (Statistisches Bundesamt, 2008). Eben da wird von einer höheren Belastung durch Gefühle von Hilflosigkeit und Einsamkeit bei 10- bis 17-jährigen Kindern und Jugendlichen aus Familien mit Migrationshintergrund gegenüber einer deutschen Vergleichsgruppe berichtet. Einen groben Überblick in Bezug auf die Verteilung von psychischen Erkrankungen bei Kindern von Migranten liefert auch ein Bericht des Robert-Koch-Instituts (2008) auf Basis eines Risikogruppenscreenings für psychische Auffälligkeiten bei Kindern und Jugendlichen mit und ohne Migrationshintergrund. Etwa 9,8 % der Kinder mit beidseitigem Migrationshintergrund berichteten von psychischen Auffälligkeiten in den Bereichen emotionale Probleme, Hyperaktivität, Verhaltensprobleme und Probleme mit Gleichaltrigen; bei Kindern ohne bzw. mit einseitigem Migrationshintergrund waren es 6,7 %. Auch wurde im Vergleich mit Kindern der Vergleichsgruppe häufiger ein gestörtes Essverhalten angegeben (30,0 % vs. 20,0 %), wobei hier von einer Konfundierung von psychischen Auffälligkeiten und Essverhalten mit einem niedrigeren sozioökonomischen Status auszugehen ist.

In den 1970er Jahren wurden meist Hospitalisierungshäufigkeiten in Patientenpopulationen im Querschnitt verwendet, um die Gesundheitssituation von Migranten in Deutschland zu beschreiben (Krones, 2000). In diesen Fällen ergaben sich im Vergleich zu Deutschen eher niedrigere Prävalenzraten für die ausländische Bevölkerung (z. B. Friessem, 1974; Häfner, 1980), was die Autoren mit dem auf der Selektionshypothese basierenden »Healthy-Migrant-Effekt« erklären. Heute gibt es allerdings Hinweise darauf, dass dieser Effekt seit den 1980er Jahren abgenommen hat (z. B. Lazaridis, 1987). Dietzel-Papakyriakou und Olbermann (1995) berichten z. B., dass über 50 % der untersuchten Migranten der ersten Generation aus der Türkei, Spanien und Griechenland durch körperliche und psychische Beschwerden belastet sind. In der Regel leiden Migranten stärker unter körperlichen Beeinträchtigungen, Schlafstörungen, somatoformen Störungen, Schizophrenie, Depressionen, Anpassungsstörungen und Alkoholismus (Albani et al., 2007; Assion, 2009; Cantor-Graae & Selten, 2005; Swinnen & Selten, 2007).

Für migrierte Türken, die den größten Anteil muslimischer Migranten in Deutschland stellen, wird insgesamt über höhere Inzidenzen psychischer Störungen gegenüber Migranten aus anderen Ländern berichtet (Friessem, 1974; vgl. Bengsi-Arslan, Verhulst & Crijnen, 2002). In einer Studie an türkischen »Gastarbeitern« in Deutschland konnte gezeigt werden, dass 33 % der Untersuchten 18 Monate nach der Emigration depressive und ca. 50 % davon auch psychosomatische Symptome zeigten (Häfner, Moschel & Özek, 1977). Gerade Depressionen scheinen bei türkischen Mitbürgern in Deutschland gegenüber dem Heimatland erhöht zu sein (Akbiyik, Sumbuloglu, Berksun, Senturk & Priebe, 2009). Eine Reanalyse des aktuellen Bundes-Gesundheitssurveys (Bermejo, Ruf, Mösko & Härter, 2010) zeigt auch für erwachsene Migranten eine gegenüber Nichtmigranten um ca. 8 % erhöhte Lebenszeitprävalenz psychischer Störungen, insbesondere bei türkischen Migranten im Hinblick auf die Häufigkeit affektiver und somatoformer Störungen.

Insgesamt hat der bundesrepublikanische Forschungsstand zum Thema aufgrund mangelnder Aktualität und widersprüchlicher Ergebnisse jedoch wenig Aussagekraft für Schätzungen von Prävalenz und Inzidenz psychischer Störungen von Migranten. Einen spezifischen Befund stellt jedoch die Beobachtung dar, dass insbesondere unter türkischen Migranten (in Deutschland und der Schweiz) das Suizidrisiko gegenüber Einheimischen im Herkunftsland sowie gegenüber Deutschen/Schweizern erhöht ist (Grube, 2004; Yilmaz & Riecher-Rössler, 2008). Festzuhalten ist zudem, dass ein Anstieg gesundheitlicher Probleme alternder Migranten der ersten Generation seit den 1970er Jahren nicht auszuschließen ist. In einem Bericht der Aktion Psychisch Kranke e. V. (2009) werden ebenfalls keine differenzierten Zahlen genannt, wohl aber enthält der Bericht den konkreten Hinweis darauf, dass es kultur- und religionsspezifische Angebote für Menschen mit Migrationshintergrund geben müsse.

Die Schwierigkeit der Beurteilung bestehender Befunde verschärft sich durch die uneinheitliche Definition des Migrantenstatus innerhalb der Forschung. So kommen Glaesmer et al. (2009) anhand einer repräsentativen Bevölkerungsstichprobe zu dem Schluss, dass Migranten nicht häufiger von psychischen Störungen betroffen sind als Nichtmigranten; Bermejo et al. (2010) hingegen kommen zum gegenteiligen Schluss. In erstgenannter Studie wurden all jene als Menschen mit Migrationshintergrund definiert, bei denen mindestens ein Elternteil selbst migrierte. Bermejo et al. (2010) hingegen beziehen ihre Ergebnisse auf die Subgruppe der selbst migrierten Personen, die nicht in Deutschland geboren wurden. Auch nach Kontrolle von Alter, Geschlecht und sozialer Schicht blieben die erhöhten Prävalenzen unter Personen mit eigenem Migrationshintergrund bestehen, so dass hier eine determinierende Rolle migrationsspezifischer Belastungsfaktoren anzunehmen ist.

1.2 Die migrationsspezifischen Risiken

Migranten sind nicht allein durch den eigenständigen Risikofaktor Migration betroffen. Mit der Migration ist die Wahrscheinlichkeit des Auftretens weiterer Risikofaktoren gegenüber der Allgemeinbevölkerung erhöht (Schwerpunktbericht der Gesundheitsberichterstattung des Bundes Migration und Gesundheit, Statistisches Bundesamt, 2008). Im Folgenden werden empirisch gut abgesicherte psycho-soziale Risiko- und Schutzfaktoren (nach Egle, Hoffmann & Steffens,

1997; Laucht, Esser & Schmidt, 1997; Häfner, Franz, Lieberz & Schepank, 2001a, b) im Hinblick auf die Situation muslimischer Migranten betrachtet.

So haben Schüler mit Migrationshintergrund im Durchschnitt eine deutlich schlechtere Schulbildung als deutsche Schüler, die Arbeitslosenquote ist unter Migranten gegenüber Deutschen um das Doppelte erhöht, gleichsam der Anteil derjenigen Migranten, die unterhalb der Armutsrisikogrenze leben. Auch ist das Alter ausländischer Mütter bei einer Erstgeburt geringer und die Geburtsraten sind insgesamt höher als in deutschen Familien. Aufgrund nach wie vor bestehender fremdenfeindlicher Mentalität in Deutschland – in repräsentativen Umfragen sind z.B. 60% der Befragten der Ansicht, dass »zu viele Ausländer in Deutschland leben« oder dass Muslimen die freie Religionsausübung nicht gestattet sein sollte (Heitmeyer, 2006) – haben Migranten zudem ein spezifisches Risiko, verdeckter oder offener Diskriminierung und sozialer Abwertung zum Opfer zu fallen. Jüngst berichteten Igel, Brähler und Grande (2010) anhand einer repräsentativen Studie, dass Diskriminierung ein bedeutsamer Prädiktor der subjektiven psychischen und physischen Gesundheit von Migranten in Deutschland ist.

Je nach Hintergrund der Migration sind darüber hinaus Traumatisierungen durch Krieg und politische Verfolgung im Herkunftsland zu bedenken. Allgemein dürfte die umfassende Entwurzelung, die Herauslösung aus dem gewohnten Umfeld, der kulturellen Umgebung und des sozialen Netzwerks im Heimatland in vielen Fällen ein Lebensereignis darstellen, das der Anpassung bedarf.

Die Tatsache, dass islamisch geprägte Herkunftsländer den kollektivistischen Kulturen zugeordnet werden (Hofstede, 1991, 2001), birgt sowohl Risiko als auch Ressource. Zum einen gelten Zusammenhänge zwischen Zugehörigkeit zu kollektivistischen Kulturen und der erhöhten Neigung zu externaler Kontrollüberzeugung, passiven und emotionsfokussierten Stressbewältigungsstrategien als gesichert (Chun, Moos & Cronkite, 2006; See & Essau, 2010). Sowohl die habituelle Annahme, dass Ereignisse nicht der eigenen, sondern fremder oder schicksalhafter Kontrolle unterliegen, als auch eine – wahrscheinlich daraus folgende – Neigung zu eher passiven Stressbewältigungsstrategien, wie z.B. Vermeidung, gelten als eher ungünstig für den Erhalt der psychischen Gesundheit (Judge, Erez, Bono & Thoresen, 2002). Zum anderen herrscht in kollektivistischen Kulturen eine stärkere Bevorzugung engmaschiger sozialer Netzwerke, eine stabile Integration des Einzelnen in die Familie, die sich oftmals mit großer Loyalität verbunden fühlt (Hofstede, 2001). Die protektive Wirksamkeit dieser Vernetzungstendenz muss bei muslimischen Migranten, die in Deutschland leben, jedoch nicht gleichermaßen ausgeprägt sein wie in der Heimat. Abgesehen davon, dass oftmals nicht alle Mitglieder der eigentlichen Großfamilie ebenfalls in Deutschland leben, kann durch den Minderheitenstatus und die oftmals, zumindest in der ersten Generation, noch bestehenden Sprachbarrieren die enge familiäre Integration leicht zur Isolation führen.

Eine ähnliche Bedeutung hat auch die religiöse Bindung der Migranten (Assion, 2009). Während Religiosität ein, wenn auch nicht im Übermaß bedeutsamer, Schutzfaktor sein kann, wird sie zur Last, wenn psychische Störungen und andere Erkrankungen durch sie wenig modifizierbar werden. Dies ist gerade in muslimischen Kontexten der Fall, wenn Erkrankungen als eine Strafe Gottes interpretiert werden und so ein religiöser Lebenswandel zum entscheidenden Schutzfaktor gerät (Franz et al., 2007). Dies mag gerade in Migrationssituationen zur Bewältigung neuer, auch kultureller Anforderungen im Sinne präventiven Handelns vielfach zu wenig sein. Nicht zuletzt werden auch die Akkulturationsprozesse zwischen Integration und Assimilation mit den damit einhergehenden Identitätskrisen und auch erlebten anomisch wirkenden enttäuschten Erwartungen als bedeutsames Belastungspotenzial angesehen (Albani et al., 2007; Haasen et al., 2007).

Ungeachtet der bislang eher unzureichend differenzierten Datenlage scheint die Gruppe der in Deutschland lebenden Migranten – speziell die Subgruppe der Islamangehörigen – in der Gesamtheit in besonderem Maße durch Risikofaktoren belastet zu sein. Dem Konzept der indizierten Prävention (Gordon, 1987) folgend, die darauf abzielt, mit Risikofaktoren belastete Populationen möglichst frühzeitig zu erkennen, um die gegenüber Menschen, die diese Risikofaktoren nicht aufweisen, wahrscheinlichere Manifestation einer psychischen Erkrankung zu verhindern, sollten also spezifische Präventionsangebote für muslimische Migranten etabliert werden.

2 Kultur- und migrationsspezifische Prävention

Es wäre gewagt, zu behaupten, dass gut beforschte kultur- und migrationsspezifische Behandlungsangebote unüberschaubar wären; immerhin liegen hierzu zahlreiche Übersichten und auch Meta-Analysen vor (z. B. Bernal, Jiménez-Chafey & Rodrıguez, 2009; Griner & Smith, 2006; Huey & Polo, 2008; Miranda et al., 2005; Pick, Poortinga & Givaudan, 2003; Walter, Salman, Krauth & Machleidt, 2007; Tseng, 1999; Zaumseil, 2006). Sicher ist aber, dass eine vergleichbare Situation für den Bereich der Prävention und Gesundheitsförderung nicht gegeben ist. Hier reduzieren sich die Übersichtsarbeiten auf Einschätzungen und vielfach auf Desiderate (Hudley, 2001). Dennoch wird deutlich, dass kulturspezifisch angepasste Programme effektiver sind als solche, die es nicht sind (z. B. O'Connell et al., 2009; vgl. insgesamt Röhrle, 2008).

Nicht kulturell angepasste Präventionsprogramme waren teilweise ohne Wirkung. Vielfach erreichen diese Programme die möglichen Nutzer unter den Migranten nicht (Keller & Baume, 2005). Die wichtigsten erkennbaren kultur- oder migrationsspezifischen Maßnahmen, insbesondere zur Stärkung sozialer Stützpotenziale, zur Vermeidung von Depression und Sucht waren (vgl. Miranda et al., 2005):

- der Einsatz von kulturell gebundener Erzählungen und Geschichten,
- die betonte Nutzung der familiären und netzwerkgebundenen Potenziale,
- die Besprechung kulturspezifisch bedeutsamer Ereignisse sowie
- das bikulturelle Fertigkeitstraining in Kombination mithilfen bei der Bewältigung von Generationskonflikten.

3 Bestehende Angebote für muslimische Migranten

Das Angebot an Präventionsprogrammen im Bereich psychischer Störungen, die speziell auf die Bedürfnisse muslimischer Migranten in Deutschland abzielen, ist dürftig. Besonders aktiv erscheint die Stadt Berlin, aus der drei Projekte kurz vorgestellt werden sollen.

Die BMBF-geförderte *Suizidpräventionsinitiative für Frauen mit türkischem Migrationshintergrund SpiMig* der Arbeitsgruppe Migrations- und Versorgungsforschung der Charité Berlin setzt auf Öffentlichkeitskampagnen sowie Schulung von Multiplikatoren, die regelmäßig professionell mit türkischen Mädchen und Frauen in Kontakt sind (Ärzte, Lehrer, Religionsvertreter etc.), und ein Krisentelefon, das seit dem 22. Juni 2010 neun Monate lang täglich von 9 bis 16 Uhr besetzt ist.

Primäres Ziel des *Berliner Bündnis gegen Depression* (Träger: Psychiatrische Universitätsklinik der Charité im St. Hedwig-Krankenhaus Berlin) ist ebenfalls die Prävention von Suiziden bei mit dem spezifischen Risikofaktor Depression belasteten Menschen, insbesondere Betroffene mit türkischem Migrationshintergrund. Maßnahmen sind die Bereitstellung muttersprachlicher Informationen, gezieltes Ansprechen türkischer Einrichtungen und Gemeinden und die Schulung muttersprachlicher Allgemeinärzte. Die Ausweitung auf weitere Migrantengruppen ist geplant.

Das Programm *Eltern-AG* versteht sich als eine Kombination aus »Elternschule« und Förderung von Selbsthilfe. Zielgruppe sind Menschen mit benachteiligenden sozioökonomischen Status, darunter explizit auch Migranten. In Kleingruppen wird über mehrere Wochen spezifisches Wissen über günstiges und ungünstiges Erziehungsverhalten vermittelt, es werden Entspannungs- und Stressbewältigungsmaßnahmen für Eltern erlernt und individuelle Erziehungsfragen bearbeitet. Den Eltern wird hier eine Moderatorfunktion für die seelische Gesundheit von Kindern und Jugendlichen zugesprochen, so dass die Prävention sich indirekt auch an die nächste Generation richtet. Es versteht sich als niedrigschwellig, auch durch die Kostenfreiheit des Programms und der begleitenden Kinderbetreuung, und aufsuchend. Im Fokus der Erziehungsförderung stehen gemeinsames Lernen auf gleicher Augenhöhe, Empowerment und positives Bindungsverhalten. Die relativ hohe Zahl der Teilnehmer, die das 20 Sitzungen umfassende Programm beenden (80 %), und derer, die sich auch nach einem Jahr noch selbstorganisiert treffen (65 %), legt eine gute Akzeptanz auf Seiten der Zielgruppe nahe.

4 Ausblick: Welchen besonderen Erfordernissen müssen Präventionsangebote für muslimische Migranten gerecht werden?

Barrieren zum Zugang zur professionellen Versorgung sind für Migranten generell vielfältig. Neben sprachlichen Barrieren, die in besonderem Maße für Migranten der ersten Generation bedeutsam sind, sind auch die juristischen zu bedenken, da es in Deutschland noch viele Migranten ohne bzw. mit unsicherem Aufenthaltstitel gibt. Die sprachliche Hürde bezieht sich nicht allein auf die Durchführung bestimmter Maßnahmen, sondern auch auf den Zugang zu Informationen über bestehende Angebote. Nur selten werden Aufklärungskampagnen und Broschüren in den verschiedenen Muttersprachen muslimischer Migranten breit zur Verfügung gestellt. Hier kommt bei Migranten, die unter subklinischen oder bereits klinischen Beschwerden leiden, zu den allgemeinen Hürden, wie sozialem Rückzug und reduziertem Antrieb, die oftmals ohnehin geringe gesellschaftliche Integration erschwerend hinzu. Des Weiteren sind interkulturelle Kompetenzen – als unabdingbare Voraussetzung einer bedürfnisorientierten Prävention – weder im Studiengang Psychologie noch in der psychotherapeutischen Weiterbildung curricularer Ausbildungsgegenstand. Eine wesentliche Voraussetzung, vorhandene Hemmnisse in der Wahrnehmung bestehender und zukünftiger Präventionsangebote abzubauen, besteht darin, die Mehrsprachigkeit und Kultursensibilität der ausführenden Einrichtungen zu erhöhen. Dies bedeutet in erster Linie, schon bei der Planung entsprechender Projekte Schlüsselpersonen aus der Gruppe muslimischer Migranten einzubeziehen.

In der Zusammenschau des hier Skizzierten sowie in Anlehnung an die Sonnenberger Leitlinien (Machleidt, 2002) können folgende Notwendigkeiten in der Realisierung einer breiten und bedürfnisgerechten Prävention und Versorgung psychischer Störungen bei (muslimischen) Migranten in Deutschland festgehalten werden (vgl. auch Schröer, 2007; Walter et al., 2007; Tseng, 1999):

- Aufnahme interkultureller Kompetenz in den Gegenstandskatalog heilberuflicher Ausbildungen, basierend auf kulturspezifischen Psychopathologietheorien, flächendeckende Verfügbarkeit von Informationsbroschüren über Möglichkeiten der psycho-sozialen Unterstützung in verschiedenen Sprachen,
- Einsatz von Screenings zu psychischen Auffälligkeiten im Rahmen von Routineuntersuchungen z. B. im schulischen Setting, breite Verfügbarkeit muttersprachlicher Ansprechpartner bzw. Präventionsberater oder mindestens qualifizierter Dolmetscher,
- Verhinderung der Datenweitergabe von Migranten mit unsicherem Aufenthaltsstatus bei Beantragung gesundheitsbezogener Maßnahmen,
- Kooperation der anbietenden Institutionen mit Schlüsselpersonen und -verbänden der Gruppe muslimischer Migranten in Deutschland in Planung und Realisierung von Präventionsmaßnahmen,

- Förderung gemeindenaher und settingspezifischer Präventionsangebote und Selbsthilferessourcen,
- Kultur- und migrationsspezifische Öffnung und Anpassung bestehender Präventionsangebote, differenziertere und gezieltere Forschungstätigkeit zur Beschreibung der Situation und der Bedürfnisse spezifischer Migrantengruppen sowie zur Evaluation entsprechender Unterstützungsangebote.

Wichtigste Voraussetzung einer umfassenden Realisierung entsprechender Maßnahmen ist – wie für jegliches Bemühen um eine Prävention psychischer Störungen – eine gesetzliche Regelung, die finanzielle Ressourcen für präventive Angebote im Bereich psycho-sozialer Gesundheit regulär und dauerhaft verfügbar macht.

Jüngst hat die Bundespsychotherapeutenkammer entsprechende Forderungen für die Verbesserung der psychotherapeutischen Versorgung von Migranten formuliert und sehr konkrete Reformvorschläge ausgearbeitet (Bundespsychotherapeutenkammer, 2010). Hier wird deutlich, dass zunächst flächendeckend die Rahmenbedingungen für eine effektive und bedürfnisgerechte Prävention psychischer Störungen für Migranten geschaffen werden müssen. Auf der Mikroebene, in der Ausgestaltung spezifischer Programme, sind in einem nächsten Schritt v. a. interkulturelle Aspekte zu berücksichtigen. Hier sind insbesondere die kulturspezifische Bewertung und der kulturspezifische Ausdruck psychischer Beschwerden hervorzuheben. Aus Sicht der Autoren ist es eine riskante Fehleinschätzung, dass seelische und psycho-soziale Probleme von muslimischen Migranten per se weniger wahrgenommen oder stets auf den westlichen Gesellschaften fremde Weise interpretiert und ausgedrückt werden. Sicher sollten Professionelle, die mit Menschen muslimischen Glaubens arbeiten, sich der Spiritualität und Religiosität, auch dem mitunter starken Glauben an Geister und Besessenheitszustände, bewusst sein. Nichtsdestotrotz scheint sich bei vielen in Deutschland lebenden Muslimen ein multifaktorielles Verständnis seelischer Zustände und ihrer Ursachen sowie Lösungsmöglichkeiten etabliert zu haben, was umso mehr für Migranten der zweiten Generation gelten dürfte. So wird von kollektivistischen und soziozentristischen Kulturen vielmehr angenommen, dass körperliche, emotionale und spirituelle Prozesse als eng miteinander verwoben und gleichermaßen bedeutsam angesehen werden, so dass Krankheit oftmals als Resultat eines Ungleichgewichts durch interpersonelle Konflikte und negative Emotionen verstanden wird (Landrine & Klonoff, 2001). In der Praxis werden bei Migranten muslimischen Glaubens subjektive Krankheitskonzepte unterschiedlichster Ausgestaltung – vom rein spirituellen bis hin zum bio-psycho-sozialen Modell – beobachtet (Berg, 1998). Insbesondere belastende Lebens-, Arbeits- und familiäre Bedingungen werden oft als Ursachen seelischer Probleme genannt, so dass nicht per se von der in der Literatur oftmals postulierten traditionellen (und somit psychologischen Interventionen eher abgeneigten) Ursachenattribution ausgegangen werden kann (David, Borde & Kentenich, 2000). Auch sind die von muslimisch Gläubigen nicht selten verwendeten symbolischen Ausdrücke sicher oftmals irreführend. Es besteht durchaus die Tendenz, seelische Belastung über einen körperlichen Schmerz auszudrücken, wenn ein Betroffener z. B. äußert, das Herz schmerze oder der Leib brenne, wenn er sich einsam fühlt. Dies ist jedoch eher im Sinne eines holistischen Krankheitsverständnisses zu interpretieren als im Sinne der Ablehnung psychischer Prozesse in der Entstehung von Unwohlsein. Hier wird insgesamt deutlich, dass es vielleicht weniger die gemeinsamen kognitiven Strukturen und Modelle, sondern vielmehr die gemeinsame Sprache ist, an der es bisher in Prävention und Versorgung mangelt. Hier scheint auch die verbreitete Annahme widerlegbar, dass muslimische Migranten grundsätzlich das professionelle Gesundheitssystem ablehnen und sich eher auf spirituelle Beratung zurückziehen. Aufgrund einer tendenziell eher externalen Kontrollorientierung (siehe oben) bevorzugen Menschen mit kollektivistischem kulturellem Hintergrund sogar das Aufsuchen professioneller Hilfe gegenüber Unterstützung durch Laien. Da sie sich aufgrund der dargestellten strukturellen Unzulänglichkeiten jedoch oftmals unverstanden fühlen oder fürchten, suchen viele Betroffene Hilfe bei den Moscheenvorstehern, den Hocas bzw. Imamen oder – falls sie es sich leisten können – bei Behandlern in der Heimat. Stellt man sich selbst, als deutscher Behandler, die Frage, ob man in einem Land, dessen Amtssprache nicht die eigene Muttersprache ist, ohne Weiteres professionelle Hilfe bei seelischen (oder auch körperlichen) Problemen aufsuchen würde, liegt es möglicherweise nahe, dass man einen muttersprachlichen Ansprechpartner bevorzugen würde.

Sehr deutlich werden der grundsätzliche subjektive Bedarf und v. a. die Bereitschaft muslimischer Migranten, Unterstützung aufzusuchen, an der beispielhaften Betrachtung der Selbstorganisation, die zumindest in deutschen Großstädten zu beobachten ist (Spielhaus & Färber, 2006): Die Berliner *Arabische Elternunion* veranstaltet z. B. alle zwei Wochen einen Elternabend, bei dem auch ein Kinderpsychologe anwesend ist. Hier werden aktuelle Probleme und Erziehungsfragen besprochen und Erfahrungen ausgetauscht. Sehr verbreitet in Berlin ist zudem die seelsorgerische Betreuung durch den Hoca im Treffpunkt Moschee. Hier lassen Frauen sich nicht nur in religiösen Fragen beraten, sondern auch bei Erziehungsproblemen, Fragen der Ehegestaltung und persönlichen psychologischen Problemen. Frauen kommen hier oft in Gruppen zusammen, so dass die religiöse Gemeinschaft auch soziales Netzwerk ist. Bei Bedarf macht der Hoca zudem auch Hausbesuche, um ganz individuell zu beraten. Generell werden Moscheen überall in Deutschland als kommunikativer Begegnungsort verstanden. Nicht nur um gemeinsam Religion zu leben, sondern auch, um sich auszutauschen, gemeinsam Probleme zu besprechen und die besonderen Konflikte, die z. B. durch den gegenläufigen Druck aus Familie und Gesellschaft für muslimische Frauen entstehen können.

Auch für Fragen der Kriminalitätsprävention und Integration werden Moscheevereine zunehmend zu zentralen Ansprechpartnern und Orientierungspunkten. Die Vereine bemühen sich mit diesem Präventionsziel besonders auch um Kontakt zu deutschen öffentlichen Einrichtungen wie Polizei und Schulen. Hier geht es z. B. um Einbeziehung muslimischer Mitbürger in diese Institutionen. Zudem streben viele muslimische Vereine soziale Aktivitäten wie Hausaufgabenbetreuung, Nachhilfe, Eltern-, Familien- und Jugendarbeit und allgemeine Bildungsangebote an, um die Integration zu fördern.

In den genannten Beispielen findet sich vielleicht ein erster Ansatzpunkt für die bedürfnisorientierte Konzeptualisierung von flächendeckenden, gemeindenahen

Präventionsprogrammen für muslimische Migranten, die aus dieser Sicht vielmehr einen Ausbau und eine Differenzierung bereits bestehender Eigeninitiativen denn eine Neuschaffung darstellen würden.

Literatur

Akbiyik, D. I., Sumbuloglu, V., Berksun, O. E., Senturk, V. & Priebe, S. (2009). Symptoms of Turkish Patients with Depression in Ankara and Berlin. *Culture Medicine and Psychiatry, 33*, 412–420.

Aktion Psychisch Kranke e. V. Bonn (2009). *Psychisch kranke alte und demente Menschen (PAD): Organisation und Finanzierung von personenzentrierten Hilfen*. Bonn: Psychiatrie-Verlag.

Albani, C., Blaser, G., Geyer, M., Bailer, H., Grulke, N., Schmutzer, G. & Brähler, E. (2007). Innerdeutsche Migration und psychisches Befinden. *Psychotherapeut, 52*, 347–354.

Assion, H.-J. (2009). Migration und psychische Krankheit. In H. J. Assion (Hrsg), *Migration und seelische Gesundheit* (S. 133–144). Berlin: Springer.

Behrens, K. & Calliess, I. T. (2008). Migration und Kultur als Determinanten diagnostischer und therapeutischer Prozesse bei seelisch erkrankten Migranten. *Psychotherapie, Psychosomatik, Medizinische Psychologie, 58*, 162–168.

Bengi-Arslan L., Verhulst F. C. & Crijnen A. M. (2002). Prevalence and determinants of minor psychiatric disorder in Turkish immigrants living in the Netherlands. *Social Psychiatry and Psychiatric Epidemiology, 37*, 118–124.

Berg, G. (1998). Subjektive Krankheitskonzepte – eine kommunikative Voraussetzung für die Arzt-Patientin-Interaktion. In M. David, T. Borde & H. Kentenich (Hrsg.), *Migration und Gesundheit. Zustandsbeschreibung und Zukunftsmodelle* (S. 81–94). Frankfurt a. M.: Mabuse.

Bermejo, I., Ruf, D., Mösko, M. & Härter, M. (2010). Epidemiologie psychischer Störungen bei Migrantinnen und Migranten. *Psychiatrische Praxis, 37*, 225–232.

Bernal, G., Jiménez-Chafey, M. I. & Rodrıguez, M. M. D. (2009). Cultural Adaptation of Treatments: A Resource for Considering Culture in Evidence-Based Practice. *Professional Psychology: Research and Practice, 40* (4), 361–369.

Bundespsychotherapeutenkammer (2002). *Reformbedarf in der psychotherapeutischen Versorgung von Migranten. BPtK-Standpunkt vom 14. Juni 2010*. Verfügbar unter: http://www.2.bptk.de/uploads/100 614_bptk_standpunkt_pt_versorgung_migranten.pdf (25. 07. 2010).

Cantor-Graae, E. & Selten, J.-P. (2005). Schizophrenia and Migration: A Meta-Analysis and Review. *American Journal of Psychiatry*, 162, 12–24.

Chun, C.-A., Moos, R. H. & Cronkite, R. C. (2006). Culture: A fundamental context for the stress and coping paradigm. In P. T. P. Wong & L. C. J. Wong (Eds.), *Handbook of multicultural perspectives on stress and coping* (pp. 29–54). New York: Springer Science & Business Media.

Clark, D. C. & Fawcett, J. (1992). Review of empirical risk factors for evaluation of the suicidal patient. In B. Bongar (Ed.), *Suicide. Guidelines for assessment, management and treatment* (pp. 16–48). New York: Oxford University Press.

Clark, R. E. & Drake, R. E. (1994). Expenditures of time and money by families of people with severe mental illness and substance disorders. *Community Mental Health Journal, 30*, 145–163.

DAK – Unternehmen Leben. *DAK Gesundheitsreport 2010*. Berlin: IGES Institut GmbH.

David, M., Borde, T. & Kentenich, H. (2000). Unterschiede in der subjektiven Krankheitstheorie bei gynäkologisch erkrankten deutschen und türkischen Frauen. In E. Koch, R. Schepker & S. Taneli (Hrsg.), *Psychosoziale Versorgung in der Migrationsgesellschaft – Deutsch-türkische Perspektiven* (S. 201–210). Freiburg: Lambertus.

Dietzel-Papakyriakou, M. & Olbermann, E. (1995). *Entwicklung von Konzepten und Handlungsstrategien für die Versorgung älter werdender und älterer Ausländer.* Forschungsbericht 253 des Bundesministeriums für Arbeit und Sozialordnung.

Egle, U. T., Hoffmann, S. O. & Steffens, M. (1997). Psychosoziale Risiko- und Schutzfaktoren in Kindheit und Jugend als Prädisposition für psychische Störungen im Erwachsenenalter. *Nervenarzt, 68*, 683–695.

Franz, M., Lujica, C., Koch, E., Wüsten, B., Yürük, N. & Gallhofer, B., (2007). Subjektive Krankheitskonzepte türkischer Migranten mit psychischen Störungen – Besonderheiten im Vergleich zu deutschen Patienten. *Psychiatrische Praxis, 34*, 332–338.

Friessem, D. H. (1974). Psychiatrische und Psychosomatische Erkrankungen ausländischer Arbeitnehmer in der BRD. *Psychiatrische Neurologie und Medizinische Psychologie, 26*, 78–90.

Glaesmer, H., Wittig, U., Brähler, E., Martin, A., Mewes, R. & Rief, W. (2009). Sind Migranten häufiger von psychischen Störungen betroffen als Deutsche? Eine Untersuchung an einer repräsentativen Stichprobe der deutschen Allgemeinbevölkerung. *Psychiatrische Praxis, 36*, 16–22.

Gordon, R. (1987). An Operational Classification of Disease Prevention. In J. A. Steinberg & M. M. Silverman (Eds.), *Preventing Mental Disorders* (pp. 20–26). Rockville, MD: Department of Mental Health and Human Services.

Griner, D. & Smith, T. B. (2006). Culturally adapted mental health interventions: A meta-analytic review. Psychotherapy. *Theory, Research, Practice, Training, 43* (4), 531–548.

Grube, M. (2004). Suizidversuche von Migranten in der Akutpsychiatrie. *Der Nervenarzt, 75*, 681–687.

Haasen, C., Levit, O., Gelbert, A., Foroutan, N., Norovjav, A., Sinaa, M. & Demiralay, C. (2007). Zusammenhang zwischen psychischer Befindlichkeit und Akkulturation bei Migranten. *Psychiatrische Praxis, 34*, 339–342.

Häfner, H. (1980). Psychiatrische Morbidität von Gastarbeitern in Mannheim. Epidemiologische Analyse einer Inanspruchnahmepopulation. *Der Nervenarzt, 51*, 672–683.

Häfner, H., Moschel, G. & Özek, M. (1977). Psychische Störungen bei türkischen Gastarbeitern. *Der Nervenarzt, 48*, 268–275.

Häfner, S., Franz, M., Lieberz, K. & Schepank, H. (2001 a). Psychosoziale Risiko- und Schutzfaktoren für psychische Störungen: Stand der Forschung. Teil 1: Psychosoziale Risikofaktoren. *Psychotherapeut, 46*, 373–347.

Häfner, S., Franz, M., Lieberz, K. & Schepank, H. (2001 b). Psychosoziale Risiko- und Schutzfaktoren für psychische Störungen: Stand der Forschung. Teil 2: Psychosoziale Schutzfaktoren. *Psychotherapeut, 46*, 403–408.

Haug, S., Müssig, S. & Stichs, A. (2009). *Muslimisches Leben in Deutschland.* Nürnberg: Bundesamt für Migration und Flüchtlinge.

Heitmeyer, W. (2006). *Deutsche Zustände, Folge 6.* Berlin: Suhrkamp.

Hofstede, G. (1991). *Cultures and Organizations. Software of the Mind.* London: McGraw-Hill Book Company.

Hofstede, G. (2001). *Culture's Consequences: Comparing Values, Behaviors, Institutions, and Organizations across Nations (2nd ed.).* Thousand Oaks, CA: Sage.

Huey, S. J. & Polo, A. J. (2008). Evidence-based psychosocial treatments for ethnic minority youth: A review and meta-analysis. *Journal of Clinical Child and Adolescent Psychology, 37*, 262–301.

Igel, U., Brähler, E. & Grande, G. (2010). Der Einfluss von Diskriminierungserfahrungen auf die Gesundheit von MigrantInnen. *Psychiatrische Praxis, 37*, 183–190.

Judge, T. A., Erez, A., Bono, J. E. & Thoresen, C. J. (2008). Are measures of self-esteem, neuroticism, locus of control, and generalized self-efficacy indicators of a common core construct? *Journal of Personality and Social Psychology, 83*, 693–710.

Keller A. & Baune B. (2005). Impact of social factors on health status and help seeking behaviour among migrants and Germans. *Journal of Public Health, 13*, 22–29.

Krones, T. (2000). *Interkulturelle Depressionsforschung in Deutschland.* Marburg: Techem.

Landrine, H. & Klonoff, E. A. (2001). Cultural diversity and health psychology. In A. Baum, T. A. Revensen & J. E. Singer (Eds.), *Handbook of Health Psychology* (pp. 851–891). Mahwah, NJ: Lawrence Erlbaum Associates.

Laucht, M., Esser, G. & Schmidt, M. H. (1997). Wovor schützen Schutzfaktoren? Anmerkungen zu einem populären Konzept der modernen Gesundheitsforschung. *Zeitschrift für Entwicklungspsychologie und Pädagogische Psychologie, 29*, 260–270.

Lazaridis, K. (1987). Psychiatrische Erkrankungen bei Ausländern – Hospitalisations- und nationalitätsspezifische Inzidenz. *Der Nervenarzt, 58*, 250–255.

Machleidt, W. (2002). Die 12 Sonnenberger Leitlinien zur psychiatrisch-psychotherapeutischen Versorgung von MigrantInnen in Deutschland. *Der Nervenarzt, 73*, 1208–1209.

Miranda, J., Bernal, G., Lau, A., Kohn, L., Hwang, W.-C. & LaFromboise, T. (2005). State of the Science on psychosocial Interventions for Ethnic Minorities. *Annual Review of Clinical Psychology, 1*, 113–142.

Morschitzky, H. (2007). *Psychotherapie Ratgeber. Ein Wegweiser zur seelischen Gesundheit.* Wien: Springer.

Murray, C. J. & Lopez, A. D. (1997). Global mortality, disability and the contribution of risk factors: Global Burden of Disease Study. *Lancet, 349*, 1436–1442.

O'Connell, M. E., Boat, T., Warner, K. & Committee on the Prevention of Mental Disorders and Substance Abuse Among Children, Youth and Young Adults: Research Advances and Promising Interventions; Institute of Medicine; National Research Council (2009). *Preventing Mental, Emotional, and Behavioral Disorders among Young People: Progress and Possibilities.* New York: National Academies Press. Verfügbar unter: http://www.nap.edu/catalog/12 480.html

Pick, S., Poortinga, Y. H. & Givaudan, M. (2003). Integrating Intervention Theory and Strategy in Culture-Sensitive Health Promotion Programs. *Professional Psychology: Research and Practice, 34* (4), 422–429.

Robert Koch-Institut (Hrsg.) (2008). *Beiträge zur Gesundheitsberichterstattung des Bundes. Kinder- und Jugendgesundheitssurvey (KiGGS) 2003 – 2006: Kinder und Jugendliche mit Migrationshintergrund in Deutschland.* Bericht im Auftrag des Bundesministeriums für Gesundheit. Berlin.

Röhrle, B. (2007). Prävention psychischer Störungen und Gesundheitsförderung bei Kindern und Jugendlichen: Einführung und Überblick. In B. Röhrle (Hrsg.), *Prävention und Gesundheitsförderung Band III: Kinder und Jugendliche.* (S. 13–102). Tübingen: DGVT.

Röhrle, B. (2008). Die Forschungslage zur Prävention psychischer Störungen und Förderung psychischer Gesundheit. *Prävention. Zeitschrift für Gesundheitsförderung, 1*, 11–15.

Schröer, H. (2007). Diversity als Herausforderung – Interkulturelle Orientierung und Öffnung Sozialer Arbeit. In Verein für Kommunalwissenschaften e. V. (Hrsg.), *Diversity-orientierte Prozesse im Gemeinwesen: Integration von Migrantinnen und Migranten auf kommunaler Ebene und die Rolle der Kinder- und Jugendhilfe.* Dokumentation des Workshops am 13. und 14. September 2007 in Berlin.

Schulz, H., Barghaan, D., Harfst, T. & Koch, U. (2008). Psychotherapeutische Versorgung. *Gesundheitsberichterstattung des Bundes. Heft 41.* Berlin: Robert Koch-Institut.

See, C.M & Essau, C. A. (2010). Coping Strategies in Cross-Cultural Comparison. In B. Mayer & H.-J. Kornadt (Hrsg.), *Soziokultureller Kontext und menschliche Entwicklung.* Frankfurt: VS.

Spielhaus, R. & Färber, A. (2006). *Islamisches Gemeindeleben in Berlin.* Der Beauftragte des Senats von Berlin für Integration und Migration. Verfügbar unter: http://www.berlin.de/imperia/md/content/lb-integration-migration/publikationen/religion/islamischesgemeindeleben.pdf?start&ts=1 176 203 977&file=islamischesgemeindeleben.pdf (30. 01. 2012).

Statistisches Bundesamt (2006). *Leben in Deutschland. Migrationserfahrung der Bevölkerung 2005.* Mikrozensus 2005. Wiesbaden: Statistisches Bundesamt.

Statistisches Bundesamt (2008). *Schwerpunktbericht der Gesundheitsberichterstattung des Bundes Migration und Gesundheit.* Wiesbaden: Statistisches Bundesamt.

Statistisches Bundesamt (2009). *Gesundheit auf einen Blick, Ausgabe 2009.* Wiesbaden: Statistisches Bundesamt.

Swinnen, S. G. H. A. & Seiten, J.-P. (2007). Mood disorders and migration. Meta-analysis. *British Journal of Psychiatry, 190*, 6–10.

Techniker Krankenkasse (2010). *Gesundheitsreport 2010 – Veröffentlichungen zum Betrieblichen Gesundheitsmanagement der TK, Band 24.* Lübeck: Schipplick Winkler Printmedien.

Tseng, W.-S. (1999). Culture and Psychotherapy: Review and Practical Guidelines. *Transcultural Psychiatry, 36* (2), 131–179.

Walter, U., Salman, R., Krauth, C. & Machleidt, W. (2007). Migranten gezielt erreichen: Zugangswege zur Optimierung der Inanspruchnahme präventiver Maßnahmen. *Psychiatrische Praxis, 34*, 349–354.

Weilandt, C., Rommel, A. & Raven, U. (2003). *Gutachten zur psychischen, psychosozialen und psychosomatischen Gesundheit und Versorgung von Migrantinnen in NRW.* Bonn: Wissenschaftliches Institut der Ärzte Deutschlands (WIAD). Verfügbar unter: http://www.landtag.nrw.de/portal/WWW/GB_I/I.1/EK/EKALT/13_EK2/Gutachten_Migrantinnen.pdf (26. 07. 2012).

World Health Organization WHO (2004). *Promoting Mental Health – Concepts, Emerging Evidence, Practice. Summary Report.* Geneva: World Health Organization.

Yilmaz, A. T. & Riecher-Rössler, A. (2008). Suizidversuche in der ersten und zweiten Generation der ImmigrantInnen aus der Türkei. *Neuropsychiatrie, 22*, 261–267.

Zaumseil, M. (2006). Beiträge der Psychologie zum Verständnis des Zusammenhangs von Kultur und psychischer Gesundheit bzw. Krankheit. In E. Wohlfart & M. Zaumseil (Hrsg.), *Transkulturelle Psychiatrie – Interkulturelle Psychotherapie – Interdisziplinäre Theorie und Praxis* (S. 3–60). Berlin/Heidelberg: Springer.

Beratung in Migrantenorganisationen – Zwischen Professionalität und Selbsthilfe

Emra Ilgün-Birhimeoğlu

Einleitung

Migrantenorganisationen sind inzwischen zu wichtigen Akteuren der Gesellschaft geworden. Sie werden sowohl auf kommunaler als auch auf Bundesebene immer häufiger einbezogen, wenn es um migrations- und integrationsrelevante Themen geht. Dies ergibt sich zum einen daraus, dass die Politik und andere gesellschaftliche Akteure Migrantenorganisationen hierzu ansprechen, zum anderen aber auch deshalb, weil Selbstorganisationen von Personen mit Migrationshintergrund sich auch aktiv zu Wort melden und ihre Rechte einfordern. Kurz gesagt partizipieren sie innerhalb der demokratischen Strukturen dieses Landes, um ihre Interessen zu verwirklichen. Sie wollen nicht mehr lediglich Objekte deutscher Politik sein, sondern als Subjekte aktiv mitgestalten.

Das Einfordern von Rechten und/oder die Pflege gemeinsamer Interessen sind ausschlaggebend für diese Organisationen. Die Motivation zur Gründung einer solchen Organisation liegt stets in einer nicht erfüllten Bedarfslage einer Gruppe von Personen innerhalb einer Gesellschaft. Statt auf die Erfüllung dieser Bedarfe von außen zu warten, wird eine eigene Organisation gegründet, mit deren Hilfe aktiv die Erfüllung der Interessen herbeigeführt werden soll.

In diesem Beitrag wird der Begriff »Migrantenorganisation« verwendet. Der ältere Begriff »Migrantenselbstorganisation« wird inzwischen insbesondere von den Migrantenorganisationen selbst abgelehnt. Im folgenden Text geht es nach einer kurzen Bestimmung des Begriffs der Migrantenorganisation sowie einer Auseinandersetzung mit dem Konzept eines interkulturellen Beratungsansatzes um die Beratungspraxis in Vereinen und Einrichtungen von Personen mit Migrationshintergrund.

1 Organisationen von Migrantinnen und Migranten

Was Migrantenorganisationen von anderen Selbstorganisationen unterscheidet, ist der ethnische bzw. kulturelle oder religiöse Hintergrund ihrer Mitglieder. Wir sprechen dann von einer Migrantenorganisation, wenn mindestens die Hälfte ihrer

Mitglieder einen Migrationshintergrund aufweist. Hier kann zudem zwischen ethnisch homogenen und ethnisch heterogenen Organisationen unterschieden werden. Während die Türkische Gemeinde Deutschland eine eindeutig ethnisch homogene Gruppe darstellt, handelt es sich bei dem Bildungs- und Fortbildungszentrum für muslimische Frauen in Köln um eine ethnisch heterogene Gruppe, die sich anhand der Kriterien »Frau« und »muslimische Zugehörigkeit« definiert. Neben den ethnisch homogenen und den multiethnischen Migrantenorganisationen existieren des Weiteren die deutsch-migrantischen Vereinigungen. Einer Studie der Ruhr-Universität Bochum zufolge bilden die herkunftshomogenen Migrantenorganisationen eine deutliche Mehrheit, während sich demgegenüber lediglich 3 % als multiethnisch bezeichnen. In dieser Studie wurden insgesamt 3480 Migrantenorganisationen in Deutschland nachgewiesen (Sezgin, 2009, S. 3 f.). Die größte Herkunftsgruppe stellt hierbei die türkeistämmige Bevölkerung, der 28 % aller Organisationen, also ca. 970 Organisationen bundesweit, zugeordnet werden können (multinationale Organisationen werden separat aufgeführt, hierbei handelt es sich also um weitgehend herkunftshomogene Organisationen).

Migrantenorganisationen existieren in unterschiedlichen Formen in der Bundesrepublik Deutschland. Während sich einige als informelle Gruppe organisieren, ohne eine offizielle Anerkennung als eingetragener Verein anzustreben (als Beispiel seien hier die muslimischen Frauengruppen zu nennen, die sich im Rahmen eines »sohbets« in Privatwohnungen treffen, um sich über religiöse Themen auszutauschen und weiterzubilden), haben andere Selbstorganisationen höchst formalisierte Strukturen entwickelt (so beispielsweise der Spanische Elternverband mit seiner Weiterbildungsakademie).

Schließlich ist bei Migrantenorganisationen auch nach ihren Tätigkeitsgebieten und Zielsetzungen zu unterscheiden. Während sie alle für die Verbesserung spezifischer oder allgemeiner Ziele aus migrationsspezifischer Sicht eintreten – sei es nun für die eigene Ethnie/Kulturgruppe/Religion oder für die Gesamtgruppe der Personen mit Migrationshintergrund –, sind die Lebensbereiche, für die sie dies tun, höchst unterschiedlich (s. unten). Allerdings liegt eine weitere Gemeinsamkeit der Migrantenorganisationen darin, dass die meisten von ihnen multifunktional tätig sind, d. h., sie spezialisieren sich seltener auf ein bestimmtes Thema, wie es klassische deutsche Organisationen häufig tun (z. B. der Schützenverein oder der Kleingärtnerverein). Im Rahmen einer nordrhein-westfälischen Studie der dortigen Migrantenorganisationen identifizierte Thränhardt (Ministerium für Arbeit, Soziales und Stadtentwicklung, Kultur und Sport des Landes Nordrhein-Westfalen, 1999, S. 48 ff.) folgende Tätigkeitsschwerpunkte:

1. Kultur	7. Sport
2. Begegnung	8. Politik
3. Integration	9. Gesundheit
4. Beratung	10. Religion
5. Bildung	11. sonstige Themengebiete (z. B. humanitäre Hilfe im Herkunftsland oder Optimierung der eigenen Organisationsstruktur)
6. Betreuung	

Nachdem Migrantenorganisationen an sich betrachtet wurden, sollen nun die Besonderheiten, die bei einem interkulturell ausgelegten Beratungsansatz berücksichtigt werden sollten, erörtert werden, um die beiden Konzepte (Migrantenorganisationen und interkulturelle Beratung) dann in einem dritten Schritt zusammenzuführen.

2 Interkulturelle Beratung und Kompetenz

Die Bandbreite der Auslegungen des Konzeptes der interkulturellen Kompetenz und ihrer Kritiker ist erheblich. Sie reicht von überzeugten Befürwortern bis hin zu Kritikern, die nicht nur die Bezeichnung, sondern überhaupt seine Möglichkeiten in Frage stellen. Der Begriff hat sich inzwischen weitgehend etabliert, wobei es stets wiederkehrend vereinzelte Vorschläge für andere Bezeichnungen gibt. Nach Veronika Fischer handelt es sich bei interkultureller Kompetenz um

> eine soziale Kompetenz oder Beziehungskompetenz, die sich in der Interaktion und Kommunikation zwischen dem hauptberuflichen Personal einer Einrichtung und Klienten mit Migrationshintergrund sowie im multikulturellen Team und in der Zusammenarbeit mit Freiwilligen realisiert. Sie umfasst eine Reihe von Teilkompetenzen, die sich auf einer Ich-, Wir-, Sach- und Organisationsebene weiter aufschlüsseln lassen. Sie weist kognitive, emotionale und handlungsbezogene Aspekte auf. Sie bezieht sich darüber hinaus auf einen Referenzrahmen in der jeweiligen Organisation in einer gegebenen historisch-gesellschaftlichen Situation, die zugleich von globalen Prozessen bestimmt wird. Sie basiert auf einem Werteverständnis, in dem sich die Ziele für das Miteinander in der Gesellschaft widerspiegeln. (Fischer, 2006, S. 35)

Somit handelt es sich bei interkultureller Kompetenz nicht um eine einzelne Fähigkeit, sondern um ein Set von Fähigkeiten.

Paul Mecheril (2008) schlägt als Gegenbegriff die »Kompetenzlosigkeitskompetenz« vor, womit er eine inhaltliche Kritik an der Technologiefavorisierung in interkulturellen Kompetenzvermittlungen vornimmt; denn: »Durch die für die pädagogische Praxis kennzeichnende Undurchschaubarkeit und Widersprüchlichkeit von thematisch werdenden Situationen und durch die Mehrdeutigkeit und Facettiertheit von Anliegen und möglichen Wegen der Bearbeitung sind dem Handlungsmodell der technischen Übersetzbarkeit von Wissen jedoch recht enge Grenzen gesetzt« (ebd., S. 28). Mecheril weist zu Recht auf die Gefahr der Kulturalisierung hin, bei der Problemursachen stets in der Kultur gesucht und Erklärungsfaktoren wie »Geschlecht« und »Schicht« vernachlässigt werden. Nach Fischer (2006) bedeutet interkulturelle Kompetenz, dass sich interkulturell sensibilisiertes Personal stets auch gesellschaftlicher, globaler und institutioneller Bedingungen bewusst sein muss, um dort verursachte Probleme nicht im Individuum oder dessen Kultur zu suchen und somit nicht zu Unrecht Psychologisierung oder Kulturalisierung zu betreiben. Dafür ist es notwendig, über rassistische Strukturen der Gesellschaft informiert zu sein und grundlegende Gesetze sowie ökonomische und soziale Grundlagen zu kennen. Nur wenn viele Informationen und mögliche Ursachenquellen bekannt sind, kann differenziert betrachtet und die Gefahren einer fehlgeleiteten Situationsanalyse verringert werden.

Somit ist eine konsequent umgesetzte Beratungsmethode auch im interkulturellen Bezug vonnöten: »Beratung ist zunächst eine Interaktion zwischen zumindest zwei Beteiligten, bei der die beratende(n) Personen die Ratsuchende(n) – mit Einsatz von kommunikativen Mitteln – dabei unterstützen, in Bezug auf eine Frage oder auf ein Problem mehr Wissen, Orientierung oder Lösungskompetenz zu gewinnen« (Sickendiek et al., 2002, S. 13). Bei den kommunikativen Mitteln sowie der Sensibilität muss die interkulturelle Kompetenz ansetzen. Boeger (2009, S. 9) hebt in diesem Zusammenhang den Beziehungsaspekt für den Erfolg einer Beratung hervor. Dies scheint in interkulturellen Begegnungen, insbesondere zwischen einheimischen deutschen Personen und Personen mit Migrationshintergrund, umso bedeutsamer, da die meisten dieser Begegnungen durch Machtasymmetrien gekennzeichnet sind (Auernheimer, 2007, S. 108 f.). Diese Asymmetrien können durch Ungleichheiten des rechtlichen und sozialen Status sowie der ökonomischen Ressourcen entstehen. Die interkulturellen Beziehungen häufig zugrunde liegende Machtungleichheit wird in der professionellen Beratung noch weiter verstärkt durch die institutionell bedingte Amtsautorität, wie sie normalerweise zwischen Sozialarbeiter/in und ratsuchender Person oder Arbeitsvermittler und arbeitsuchender Person besteht. Die Machtasymmetrien in interkulturellen Beziehungen identifiziert Auernheimer als größte Störungsquelle bei der interkulturellen Kommunikation. Auf diese sensibilisiert zu sein und sie weitgehend zu vermeiden, ist eine der Hauptaufgaben interkulturell kompetenter Personen.

Wichtig ist es, bei der Beratung eine vertrauensvolle Beziehung aufzubauen, die auf Gegenseitigkeit beruht. Dies ist eine notwendige Bedingung für einen erfolgreichen Beratungsprozess. Ebenso stellt die Ressourcenorientierung eine wichtige Säule des Beratungsablaufs dar. Hier sollte man nicht in der Betrachtung von Defiziten verharren, sondern Ressourcen bei Ratsuchenden erkennen und aktivieren, so dass die ratsuchende Person in eigener Verantwortung verbleibt. Schließlich ist auch die Freiwilligkeit kennzeichnend für Beratung, so dass der/die Klient/in motiviert und veränderungsbereit in die Beratungsarbeit einsteigt (Boeger, 2009, S. 14).

Gleichfalls sind neben dieser kognitiven Ebene auch die emotionale sowie die handlungsbezogene Ebene zu beachten. So ist die ständige Arbeit an der eigenen Person, das Reflektieren der damit zusammenhängenden Fremdheitsgefühle, Vorurteile, Grenzen und Einstellungen ebenso wichtig wie die reflektiert und fair gestaltete Beziehungsarbeit. Hierfür wird die Fähigkeit und Bereitschaft zur Empathie, eine bedingungslose Akzeptanz sowie eine respektvolle Haltung benötigt. Mehrsprachigkeit ist gerade in diesem Zusammenhang ein wichtiger Aspekt, nicht nur weil sie mögliche Sprachbarrieren überbrückt, sondern weil sie die Möglichkeit des Sprachwechsels eröffnet. Die ständige Reflexion macht die interkulturelle Kompetenz zu einem lebenslangen Prozess und stellt gleichzeitig eine universelle Fremdheitskompetenz dar.

3 Beratung in Migrantenorganisationen

Bei einer nordrhein-westfälischen Studie aus dem Jahr 1999 (MASSKS, 1999, S. 47) gaben 62 % aller befragten Migrantenorganisationen an, dass sie Beratung anbieten und durchführen. Somit stellt Beratung die vierthäufigste Tätigkeit von Vereinen nach den Bereichen »Kultur«, »Begegnung« und »Integration« dar. Zum einen findet in Migrantenorganisationen Beratung im professionellen Sinne, ähnlich wie bei anderen gemeinnützigen Einrichtungen und gefördert durch öffentliche Mittel, statt. Zum anderen gibt es eine informelle, selbst initiierte Beratung in Form von Selbsthilfe, bei der Personen mit ähnlichen Lebenslagen andere ratsuchende Personen aufgrund ihrer Erfahrungen und der in der Organisation vorhandenen Informations-Pools beraten. Da bekannt ist, dass die meisten Migrantenorganisationen eher selten hauptamtliches Personal beschäftigen (können), wird es sich in den meisten Fällen eher um den letzteren Fall handeln. Ein weiteres Indiz hierfür ist, dass die meisten Vereine angeben, allgemein beratend tätig zu sein und bei besonderen Problemen diese an Fachstellen weiterzuleiten (ebd.).

Mehrere Vereine geben an, ganzheitlich tätig zu sein. So werden dort nicht nur die aktuellen Probleme besprochen, sondern die gesamte Lebenssituation in das Blickfeld genommen und zur Grundlage der Beratungstätigkeit gemacht (ebd.). Ähnliche Ansätze können auch bei Frauenorganisationen beobachtet werden. Beratungstätigkeiten stellen einen großen Bereich dar, in dem sich Selbstorganisationen von Migrantinnen engagieren (Schwenken, 2000, S. 137). Insgesamt hat Helen Schwenken in einer bundesweiten Erhebung 56 solcher Organisationen recherchiert. Diese unterscheiden sich allerdings von Beratungseinrichtungen für einheimisch deutsche Frauen durch ihre breite Themenpalette. Sie sind weniger spezialisiert und müssen zumeist auf mehrere Beratungsanfragen seitens der Ratsuchenden eingehen. Die Problemlagen der ratsuchenden Frauen erweisen sich hier des Öfteren als eine Kombination aus rechtlichen, finanziellen und gesundheitlichen Schwierigkeiten, auf die spezialisierte Beratungsstellen der Regeldienste nicht in der erforderlichen Breite reagieren (können).

Dietrich Thränhardt (MASSKS, 1999, S. 47) benennt insbesondere die Mehrsprachigkeit sowie die durch ähnliche Voraussetzungen entstehende Vertrauensbeziehung als Erfolgsfaktor für gelungene und stark in Anspruch genommene Beratungsleistungen durch Personen mit Migrationshintergrund. Hier weist er auch darauf hin, dass Regeleinrichtungen es häufig nicht vermögen, die Klientel mit Migrationshintergrund hinreichend zu erreichen, und somit eine interkulturelle Öffnung notwendig sei, um dem entgegenzuwirken. Gleichfalls hilfreich sei aber auch eine stärkere Kooperation mit Migrantenorganisationen, die dieses Problem nicht haben. In einer Pilotstudie in NRW (Boos-Nünning & Ilgün, 2010) konnte gezeigt werden, wie wichtig die interkulturelle Öffnung und insbesondere die interkulturelle Kompetenz des Personals von Organisationen ist, um Personen mit Migrationshintergrund anzusprechen.

In Anlehnung an Mecheril und Hinz-Rommel bedeutet interkulturelle Öffnung hier, die Beratungsangebote der Regeleinrichtungen mit Bezug auf sprachliche und kulturelle Kompetenzen, hinsichtlich ihrer Mitarbeiterstrukturen und ihrer Organisationsformen so zu strukturieren, dass diese für alle Bevölkerungsgruppen tatsächlich zugänglich sind (vgl. Mecheril, 2004; Hinz-Rommel, 1994). Hierzu gehören auch das Einstellen von Mitarbeiterinnen mit Migrationshintergrund und interkulturelle Schulungen für alle Mitarbeiterinnen dieser Organisationen.

Wichtiger noch als die klassische Beratung erscheint in Migrantenorganisationen der Selbsthilfefaktor. So schließen sich dort Personen mit ähnlichen Interessen und ähnlichen Anliegen zusammen. Bekanntestes Beispiel erfolgreicher Elternnetzwerke von Migrationsangehörigen sind die spanischen Elternvereine, die bereits Ende der Sechzigerjahre gegründet wurden. Die Gründung des Bundes der spanischen Elternvereine erfolgte dann im November 1973 (Riesgo, 2003, S. 54). Das Ergebnis: Die spanische Migrationsbevölkerung weist hohe Schulerfolge auf und hat sich bezüglich des Bildungsniveaus der einheimischen deutschen Bevölkerung weitgehend angeglichen. Zu erklären ist dies laut Thränhardt »mit der starken Selbstorganisation der spanischen Einwanderer und einer gezielten Bejahung der vollen Integration in das einheimische Schulsystem – in Deutschland zum Teil durchgesetzt gegen die Behörden, die Sonderklassen bilden wollten« (2005, S. 99). Die Bildungssituation ihrer Kinder spielte ebenso für die griechische Gemeinde in Deutschland eine große Rolle. Allerdings verfolgte man hier eine andere Strategie. Im Gegensatz zu den spanischen Elternverbänden forderten die griechischen Eltern eine getrennte Beschulung ihrer Kinder in griechischen Klassen und Schulen und setzten dies in vielen Fällen auch durch (Huth, 2007, S. 31). Und auch hier wird der soziale Integrationserfolg dieser Migrationsgruppe auf ihr frühes Engagement für die Bildungssituation ihrer Kinder und die Aktivierung der Eltern zurückgeführt. Eher unwichtig für den Erfolg dieser Netzwerke scheint die Intensität des Assimilationswunsches zu sein, wie der Vergleich zwischen den griechischen und spanischen Vereinen deutlich macht. Während die spanischen Elternvereine einen hohen Assimilationswunsch aufwiesen, gilt dies für die griechischen Vereine kaum (ebd., S. 32).

Wie Dietrich Thränhardt (2005, S. 18) eindrücklich belegt, ist die Generierung von sozialem Kapital nicht zu unterschätzen für den Bildungserfolg. In diesem Zusammenhang zieht er einen Vergleich zwischen italienischen und spanischen Migranten. Während die spanischen Einwanderer sich in Deutschland recht früh selbst organisiert haben und eigene Elternvereine gründeten (bereits Ende der 1970er Jahre bestanden mehr als 130 Elternvereine), um für die bessere Förderung ihrer Kinder in den deutschen Schulen einzutreten, schafften es die italienischen Migrantinnen und Migranten bis heute kaum, unabhängige Organisationsstrukturen zu etablieren. Demzufolge erweisen sich die spanischen Migrationsangehörigen als recht erfolgreich, was ihre Bildungs- und Berufsintegration angeht. Dagegen stellt sich die Berufs- und Bildungssituation der italienischen Migrationsbevölkerung als unterdurchschnittlich im Vergleich zu anderen Migrationsgruppen dar, obschon sie mit besseren Eingangsvoraussetzungen einwanderten. So kommt Thränhardt zu dem Schluss: »Die gezielte und konsistente Aktivität der spanischen Elternvereine resultierte in dem hohen Erziehungserfolg, der in den oben genannten Zahlen deutlich wird« (ebd., S. 109).

4 Fazit/Ausblick

Dass Beratungsleistungen überhaupt in einem so großen Umfang durch Migrantenorganisationen angeboten werden, zeigt den hohen Bedarf innerhalb der Migrationsbevölkerung. Auch ein Blick auf die sozialen Lebensbedingungen eines Großteils der Migrationsbevölkerung macht deutlich, dass der Bedarf vorhanden sein muss. Die Leistungen allerdings, die in professioneller Form in Regeleinrichtungen angeboten werden, werden seitens der Migrationsbevölkerung zu selten wahrgenommen. Hieran schließen sich nun zwei Fragen an: Welche Besonderheiten zeichnen die Beratungsangebote in Migrantenorganisationen aus? Und zweitens: Welche Konsequenzen können aus den Beratungsleistungen der Migrantenorganisationen für die Regeleinrichtungen gezogen werden?

Der Erfolg dieser Angebote von Migrantenorganisationen ist zum Teil den wegfallenden oder zumindest sehr viel schwächer ausgeprägten Machtungleichheiten zwischen beratender und ratsuchender Person geschuldet. Dadurch, dass beide Gesprächspartner einen Migrationshintergrund vorweisen, beide Diskriminierungserfahrungen haben und ähnlichen strukturellen Bedingungen unterliegen, fällt die migrationsbedingte Asymmetrie weg. Die Beachtung dieser Asymmetrien stellt also für Regeleinrichtungen eine besonders wichtige Aufgabe dar, ebenso wie der Versuch, diese so gering wie möglich zu halten.

Die gelebte Mehrsprachigkeit der Organisationen erweist sich ebenfalls als Vorteil und macht die Attraktivität dieser Angebote mit aus. So bilden Sprachdefizite keine Hürde bei der Erklärung von Problemen, bremsen Verständnisprobleme nicht die Bearbeitung von Lösungsmöglichkeiten. Beratende mit Migrationshintergrund genießen zudem einen Vertrauensvorschuss. Für Regeleinrichtungen bedeutet dies die Einstellung mehrsprachigen Personals. Die Einstellung von Mitarbeiterinnen und Mitarbeitern mit Migrationshintergrund ist aber auch deshalb wichtig, weil dadurch ein Signal nach außen gesetzt wird, dass Migrationsangehörige für diese Einrichtung nicht nur Klientinnen und Klienten darstellen, sondern sich selbstverständlich auch auf der Seite der professionellen Dienstleister wiederfinden. Zudem können im Team interkulturelle Missverständnisse oder Themen erlebt und bearbeitet werden, aus denen auch Konsequenzen und Lösungsmöglichkeiten für die Arbeit mit der Klientel gezogen werden.

Dass Ratsuchende zumeist nur bezüglich separater Einzelprobleme angehört werden, ist sicherlich mit ein Grund für die Zurückhaltung vieler Personen mit Migrationshintergrund gegenüber speziellen Fachdiensten. Migrantenorganisationen bieten ganzheitliche Ansätze, die zumindest in einigen Bereichen von den Regelangeboten übernommen werden können. Zudem stellen Migrantenorganisationen Orte dar, die ohne Hemmungen besucht werden. Diese werden nicht als fremd wahrgenommen, sie sind in den ethnischen Gemeinden anerkannt und dort auch verhaftet. Somit befinden sie sich bereits dort, wo Migranten leben und stellen offene Begegnungsstätten dar. Dies gilt nur selten für die Regelangebote, die in diesem Punkt sicherlich verstärkte Öffentlichkeitsarbeit betreiben und Mobilität zeigen müssen. Auch die juristischen Inanspruchnahmebarrieren, die Unkenntnis über die Trennung von staatlichen und wohlfahrtsstaatlichen Leistungen und die Angst vor Sanktionen sind bei Migrantenorganisationen ausgeschaltet. Die Aufgabe von Regeleinrichtungen ist es daher, diese Trennung zu kommunizieren und dennoch Vertrauensarbeit zu leisten.

Es stellt sich aber insgesamt die Frage, ob Beratungsleistungen in Migrantenorganisationen durch interkulturell konzipierte Angebote in Regeleinrichtungen ersetzt werden sollten. Die interkulturelle Öffnung von Regeleinrichtungen spricht nicht gegen das Angebot von Beratungsleistungen in Migrantenorganisationen, weil es sich nicht in beiden Fällen um formalisierte Beratung handelt. Gerade die Selbsthilfefunktion und das Konzept des »von Migranten – für Migranten« setzen Potenziale und produktive Prozesse frei, die Regeleinrichtungen nicht leisten können.

Im Falle von öffentlich geförderten Leistungen bestehen für Migrantenorganisationen die gleichen Bedingungen wie für alle anderen gemeinnützigen freien Träger. Sie fallen unter den Schutz des Subsidiaritätsprinzips.

Mit Blick auf den geringen Umfang, den Migrantenorganisationen aufgrund fehlender finanzieller und personeller Ressourcen auffangen können, ist eine interkulturelle Öffnung von Regeldiensten unumgänglich. Hier müssen Migrantenorganisationen intensiv mit einbezogen werden und als Experten sowie »Keypersons« ernst genommen und honoriert werden.

Literatur

Auernheimer, G. (2007). *Einführung in die Interkulturelle Pädagogik* (5. erg. Aufl.). Darmstadt: WBG.

Boeger, A. (2009). *Psychologische Therapie- und Beratungskonzepte. Theorie und Praxis.* Stuttgart: Kohlhammer.

Boos-Nünning, U. & Ilgün, E. (2010). Gesellschaftliche und politische Partizipation von Frauen mit Migrationshintergrund. Ergebnisse einer Pilotstudie. *Migration und Soziale Arbeit, 1*, 62–74.

Fischer, V. (2006). Interkulturelle Kompetenz – ein neues Anforderungsprofil für die pädagogische Profession. In V. Fischer, M. Springer & I. Zacharaki (Hrsg.), *Interkulturelle Kompetenz. Fortbildung – Transfer – Organisationsentwicklung* (S. 33–47). Schwalbach/Ts: Wochenschau.

Hinz-Rommel, W. (1994). *Interkulturelle Kompetenz. Ein neues Anforderungsprofil für die soziale Arbeit.* Münster: Waxmann.

Huth, S. (2007). Bürgerschaftliches Engagement von Migrantinnen und Migranten – Lernorte und Wege zu sozialer Integration. Verfügbar unter: http://www.inbas-sozialforschung.de/download/0705_BE_Migranten_Lernorte_Integration_SHuth.pdf (11. 02. 2010).

MASSKS – Ministerium für Arbeit, Soziales und Stadtentwicklung, Kultur und Sport des Landes Nordrhein-Westfalen (Hrsg.) (1999). *Selbstorganisationen von Migrantinnen und Migranten in NRW. Wissenschaftliche Bestandsaufnahme.* Düsseldorf.

Mecheril, P. (2008). »Kompetenzlosigkeitskompetenz«. Pädagogisches Handeln unter Einwanderungsbedingungen. In G. Auernheimer (Hrsg.), *Interkulturelle Kompetenz und pädagogische Professionalität* (S. 15–34). Wiesbaden: VS.

Mecheril, P. (2004). *Einführung in die Migrationspädagogik.* Weinheim: Beltz.

Riesgo, V. (2003). Bund der Spanischen Elternvereine in der Bundesrepublik Deutschland e. V. In Beauftragte der Bundesregierung für Migration, Flüchtlinge und Integration (Hrsg.), *Tagungsdokumentation »Migranten sind aktiv«. Zum gesellschaftlichen Engagement von Migrantinnen und Migranten* (S. 53–59). Berlin/Bonn.

Schwenken, H. (2000). Frauenbewegungen in der Migration. Zur Selbstorganisierung von Migrantinnen in der Bundesrepublik Deutschland. In I. Lenz, M. Mae & K. Klose (Hrsg.), *Frauenbewegungen weltweit* (S. 133–166). Opladen: Leske & Budrich.

Sezgin, Z. (2009). Grenzüberschreitende Migrantenorganisationen – Herausforderungen und Chancen im 21. Jahrhundert. Verfügbar unter: http://www.b-b-e.de/fileadmin/inhalte/aktuelles/2009/04/nl07_korr_sezgin_tuncer.pdf (13. 08. 2012).

Sickendiek, U., Engel, F. & Nestmann, F. (2002). *Beratung – Eine Einführung in sozialpädagogische und psychosoziale Beratungsansätze.* Weinheim/München: Juventa.

Thränhardt, D. (2005). Spanische Einwanderer schaffen Bildungskapital: Selbsthilfe-Netzwerke und Integrationserfolg in Europa. In K. Weiss & D. Thränhardt (Hrsg.), *SelbstHilfe. Wie Migranten Netzwerke knüpfen und soziales Kapital schaffen* (S. 93–111). Freiburg i. B.: Lambertus.

Qualitätssicherung in der Beratung

Wolfgang Schrödter

Einleitung

Seit Beginn der ausgedehnten Diskussion über Qualität und Qualitätssicherung in der Beratung vor etwa 25 Jahren haben sich die Verhältnisse gravierend gewandelt. Die psycho-soziale und sozioökonomische Umwelt, in der Beratung stattfindet, ist eine andere geworden. Die sich stellenden Aufgaben von Seiten der Ratsuchenden sowie des lokalen Sozialstaats und des Gesetzgebers unterliegen einem tiefgreifenden Wandel. Beraterinnen und Berater stehen heute vor neuen professionellen Herausforderungen – Qualität erhält zusätzliche Dimensionen.

Wegen der Bedeutung des Themas »sozialer Wandel« für unsere Fragestellung möchte ich einige Stichworte dazu an den Anfang stellen. Anschließend sollen Ergebnisse der Fachdiskussion und Forschung zum Thema »Qualität« beschrieben werden. Dabei soll es besonders um den Gesichtspunkt der Transparenz gehen, einem zentralen Strukturmerkmal der Qualität von Beratung.

1 Beratung im Kontext gesellschaftlicher Entwicklung

Die Aufgaben in der Beratungspraxis unterliegen schon immer Wandlungen. Teilweise spielen dabei neue Erkenntnisse aus Psychologie, Pädagogik, Sozialpädagogik, Psychotherapie und anderen beteiligten Wissenschaften eine Rolle. Sie führen dazu, dass neue pädagogische und therapeutische Arbeitsweisen Einzug in die Praxis halten und das etablierte Methodenspektrum ergänzen. Vor Jahrzehnten war es die Familientherapie, die eine wichtige Innovation mit sich brachte, heute ist es z. B. die videogestützte Erziehungsberatung. Des Weiteren ändern sich gesetzliche Grundlagen und Aufträge. Auch technische Innovationen und damit verbundene neue Kommunikationsgewohnheiten spielen eine Rolle; zurzeit nimmt etwa die Bedeutung der Onlineberatung zu. Entscheidend aber waren und sind in diesem Zusammenhang globale gesellschaftliche Prozesse und ihre psycho-sozialen Auswirkungen.

Zunächst zwei demografische Aspekte: Jedes vierte Kind in Deutschland stammt heute aus einer Familie mit einem sogenannten Migrationshintergrund. Das heißt, entweder die Kinder und Jugendlichen selbst oder deren Eltern stammen aus einer anderen Kultur. In Frankfurt am Main liegt der Anteil der unter Fünfjährigen mit einem Migrationshintergrund bei 64,6 %. Das Statistische Bundesamt weist im Mikrozensus von 2005 aus, dass 1,9 Mio. Ehen (9,7 %) zwischen Partnern und Partnerinnen mit und ohne Migrationshintergrund bestehen, was man im Jargon als »bikulturelle Ehe« bezeichnet. Da es sich bei diesen Daten nur um Verheiratete handelt, dürfte die Gesamtzahl solcher Paarkonstellationen noch erheblich höher sein. Die Tendenz ist weiterhin steigend. Dazu kommt die Zunahme von Armut im letzten Jahrzehnt, speziell von Kinderarmut, inmitten einer reichen Gesellschaft. Ist eine Familie ihrem Einkommen nach arm, steigt das Risiko, dass die Kinder materiell, kulturell, gesundheitlich und sozial unterversorgt und im Hinblick auf Bildungschancen massiv benachteiligt sind. Beispielsweise lassen sich bei sechsjährigen armen Kindern im Vergleich zu materiell gut gestellten Kindern deutlich häufiger Auffälligkeiten beim Sprach-, Spiel- und Arbeitsverhalten oder Probleme bei der Einschulung beobachten; weiterhin zeigen sich bei Klassenwiederholungen deutliche Unterschiede.[1]

Beide Bereiche, Migration und Armutsentwicklung, sind zudem eng miteinander verflochten. Der stärkste Anstieg von Kinderarmut in der Bundesrepublik ist bei Kindern aus Familien mit Migrationshintergrund zu verzeichnen. In den 1990er Jahren verdreifachte sich der Anteil armer Kinder in dieser Bevölkerungsgruppe von rund 5 auf 15 %.[2]

Die mit Kindern, Jugendlichen und Familien arbeitenden pädagogischen und therapeutischen Fachfelder sehen in der Regel eine Klientel mit Vielfachproblemen: Zu Lern- oder Verhaltensschwierigkeiten eines Kindes in der Schule kommen die Arbeitslosigkeit beider Eltern oder eines Elternteils, schlecht bezahlte Arbeit, Minijobs und/oder ungünstige Wohnverhältnisse. Solche Lebensumstände betreffen natürlich nicht nur Migrantenfamilien, diese aber besonders häufig und intensiv.

Die skizzierten Entwicklungen bleiben nicht ohne Folgen für den Beratungsbereich. Institutionelle psycho-soziale Beratung erfüllt einen öffentlichen Auftrag, nämlich Probleme, Konflikte und Krisen im menschlichen Leben, in Übergangsstadien und in besonderen Lebenslagen zu bearbeiten. Angesichts des gesellschaftlichen Wandels sind beispielsweise die Familien- und Erziehungsberatung oder Paar- und Lebensberatung aufgefordert, sich für Menschen zu öffnen, deren Familiengeschichte geprägt ist von Migration und damit in Verbindung stehenden schmerzhaften bis traumatischen Erlebnissen, anschließendem mehr oder minder

1 Während fast 30 % der armen Kinder eine Klasse wiederholen müssen, sind es bei den nicht armen Kindern nur 8,4 %.

2 Die UNICEF-Studie von 2005 zeigt, dass sich die Situation von Kindern in 17 von 24 OECD-Staaten verschlechtert hat. Mit 2,7 Prozentpunkten ist Kinderarmut in Deutschland seit 1990 stärker gestiegen als in den meisten anderen Industrienationen. Die Zahlen des Armuts- und Reichtumsberichtes der Bundesregierung aus dem Jahr 2008 dokumentieren: 12 % der Kinder sind armutsgefährdet. 1,9 Millionen Kinder unter 15 Jahren sind auf staatliche Unterstützung angewiesen.

glücklichen Neubeginn in einer fremden Kultur, vom Bruch im Gefüge von Traditionen, Glauben und Lebensgewohnheiten.

Für Beraterinnen und Berater bedeutet das u. a.: Sie sind verstärkt angeregt zu interkulturellem Lernen, die Teams zu veränderten Formen der Fallreflexion; die »Bevorratung« sprachlicher Kompetenzen spielt ebenso eine große Rolle wie die Beschäftigung mit fremden Religionen (Wogau et al., 2004). Die Neugier und Bereitschaft, auf andere soziale Lebenswelten und Kulturen zuzugehen und sie verstehen zu wollen, wird zunehmend wichtig. Aus institutioneller Perspektive betrachtet bedeutet dies: Eine hohe Integration unterschiedlicher Beratungsangebote »unter einem Dach« bekommt einen neuen Stellenwert, wenn soziale, wirtschaftliche, familiäre und psychische Probleme der Ratsuchenden zunehmend sozusagen »Hand in Hand« gehen. Wenn Probleme mit dem Aufenthaltsstatus und/oder der Arbeitserlaubnis dazukommen, liegt es nahe, Sozialberatung und pädagogisch-therapeutische Beratung, unter Umständen auch Rechts- und Schuldnerberatung, in einem Verbund anzubieten. Ich komme darauf später zurück.

Zusammengefasst und noch einmal in anderen Worten formuliert: Jede Form institutioneller psycho-sozialer Unterstützung grenzt Personen und Gruppen ein und aus. Die praktizierten Methoden, das Personal, das Image der Einrichtung, das Profil des Trägers, die Vernetzung der Stelle im Versorgungsspektrum, die Qualität der Öffentlichkeitsarbeit und andere Größen führen zu einer Selektion der Klientelen. Bestimmte Klienten und Klientinnen werden erreicht, andere nicht. Problematischerweise geschieht dies meistens relativ unbemerkt und zuweilen auch unbeabsichtigt. Zu den ganz besonderen Herausforderungen in der Gegenwart gehört die kritische und selbstkritische Reflexion der Mechanismen von Ein- und Ausgrenzung. Sie betrifft nicht nur, aber auch und besonders, Menschen aus fremden Kulturen.

Die Fähigkeit einer Einrichtung, sich bei diesen Gruppen Akzeptanz und Annahme zu erarbeiten und *gleichberechtigte Zugangsvoraussetzungen* zu ermöglichen, ist zu einem *zentralen Merkmal von Qualität* geworden. Aus einer umfassenden Perspektive betrachtet gilt auch für den Beratungsbereich: Der Umgang mit Differenz und Diversität, als Charakteristikum moderner Gesellschaften, zählt zu den wichtigsten Herausforderungen der Zukunft.

2 Beratung und ihre Aufgabenvielfalt

Hinter der Sammelüberschrift »Beratung« verbirgt sich ein breites Aufgaben- und Leistungsspektrum, das von verschiedenen Einrichtungen, Trägern und Institutionen erbracht wird. Von den Extrempolen an Möglichkeiten ausgehend lassen sich inhaltlich zwei Formen unterscheiden: die reine Sachberatung als Informations- und Wissensvermittlung auf der einen Seite; die therapeutische Krisenintervention auf der anderen Seite. Dazwischen liegen Misch- und Übergangsformen.

Erziehungs- und Familienberatung, Paar- oder Suchtberatung sind Beispiele für solche Mischformen. Im Gespräch mit Eltern etwa geht es häufig um Information und Wissensvermittlung. Vorrangig aber ist die Klärung von Problemzusammenhängen, Gründen und Ursachen für Schwierigkeiten in der Familie, sowie die therapeutische und pädagogische Arbeit daran. Im Fall der Erziehungsberatung ist der spezifische therapeutische Auftrag an die Institution im Kinder- und Jugendhilfegesetz definiert[3] – nicht alle Beratungsbereiche haben einen so klar beschriebenen gesetzlichen Auftrag –, die Erziehungsberatung darf als Musterbeispiel für »institutionelle Beratung« gelten.

Der erste Typus von Beratung dürfte für eine komplexe Gesellschaft selbstverständlich sein. Wir alle geraten bei einer Vielzahl anstehender Entscheidungen im Alltag an Grenzen unseres Wissens und Könnens. Der zweite Beratungstyp, die therapeutische Problembearbeitung und Krisenintervention, stellt zunächst einmal das Ergebnis eines Differenzierungsprozesses dar: Ursprünglich einmal in unterschiedlichen Bereichen wie Medizin (z. B. im Hausarztwesen), Pädagogik (Lehrer und Lehrerinnen, Erzieher und Erzieherinnen) oder Seelsorge (Gemeindepfarrer und Gemeindepfarrerinnen) angesiedelt, bildet sich ein eigenständiger Spezialsektor namens »Beratung« heraus und spezialisiert sich auf die Bewältigung spezifischer Probleme in bestimmten Lebenslagen, insbesondere, was die Bereiche Familie, Partnerschaft, Kinder und Jugendliche betrifft. Das heißt: Wo früher der Pfarrer oder Hausarzt, die Erzieherin oder Lehrerin, vielleicht auch eine Freundin oder ein Nachbar Ansprechpartnerin oder Ansprechpartner waren, ist es heute der Berater in einer auf Beratung fachlich und organisatorisch spezialisierten Institution. Auch an dieser Stelle zeigt die Entwicklung der sozioökonomischen Verhältnisse Folgen: Konflikte und Krisen in den intimen sozialen Nahbereichen wie Familie und Partnerschaft oder in bestimmten Übergangsstadien im Lebenszyklus wie Jugend, frühes Erwachsenenalter, Altern oder bei bestimmten kritischen Lebensereignissen, z. B. Trennung und Scheidung, schwere Krankheit, Schicksalsschläge, Migration, gelten zunehmend als hoch wahrscheinlich; also als der durchschnittlich zu erwartende Fall im Leben vieler Menschen und nicht als Ausnahme. Gesellschaft »bevorratet« daher im Interesse des Allgemeinwohls ein breites Netz an Unterstützungs- und Hilfesystemen.

Wir sprechen in diesem Verständnis von *institutioneller Beratung*: Die Bewältigung von Problemen in den genannten Bereichen ist keine Privatangelegenheit; vielmehr geht es um das Gemeinwohl und den Zukunftsbezug einer Gesellschaft, die sich auf Werte wie Solidarität und Gerechtigkeit verständigt hat.

Zur Vielfalt der Aufgaben von Beratung kommt die Vielfalt der Formen. Relativ neu ist die Internetberatung. Das Spektrum reicht vom »virtuellen Sprechzimmer« über Mail-Beratung bis zum Chat. So sollen Gruppen, die eher nicht den Weg in eine Beratungsstelle finden, erreicht werden, Ratsuchende können rund um die Uhr

3 In § 28 KJHG heißt es: »Erziehungsberatungsstellen und andere Beratungsdienste und -einrichtungen sollen Kinder, Jugendliche, Eltern und andere Erziehungsberechtigte bei der Klärung und Bewältigung individueller und familienbezogener Probleme und der zugrundeliegenden Faktoren, bei der Lösung von Erziehungsfragen sowie bei Trennung und Scheidung unterstützen.«

ihre Anliegen schildern, Berater und Beraterinnen müssen sich auf die Kommunikation »per Text und PC« einlassen und einstellen. Das verlangt eigene Lern- und Supervisionsverfahren, neue Organisation der Arbeitsabläufe und -zeit sowie spezielle Wege der Qualitätssicherung.

3 Was soll Beratung leisten?

Nach diesen Vorbemerkungen stellen sich die Fragen: Was bedeutet »Qualität« in der Beratung? Wie könnte Qualität gemessen, sichergestellt und weiterentwickelt werden? Was sind die beabsichtigten Wirkungen und Ziele psycho-sozialer Beratung? Jeder Qualitäts-, Ziel- oder Wirkungsdiskussion geht eine grundsätzliche Verständigung unter den beteiligen Akteuren darüber voraus, was sie unter »guten« und »wirkungsvollen« Hilfen verstehen wollen (Schrödter, 1999).

Zwangsläufig öffnen sich bei diesem Thema verschiedene Perspektiven der Betrachtung: Qualität aus Sicht der Ratsuchenden, der Berater und Beraterinnen, der Einrichtungsträger, des lokalen Sozialstaats als Finanz- und letztlich Auftraggeber. Man könnte noch weiter gehen und die beraterischen Fachverbände, den Sektor Wissenschaft und Forschung oder die therapeutischen Ausbildungsinstitutionen hinzuzählen. Alle diese Instanzen und Größen beteiligen sich am »Produkt Beratung«. Es ist zu erwarten, dass aus ihren unterschiedlichen Blickwinkeln differenzierte, im Verhältnis zueinander widersprüchliche Einschätzungen über das, was Qualität ausmacht, resultieren. Ein globaler Konsens über Aufgaben und Ziele von Beratung sowie elementare institutionelle Grundvoraussetzungen meint:

- Beratung soll informieren, Entwicklung fördern, Kompetenz stärken, neue Sichtweisen ins Spiel bringen, ermutigen, Handlungsalternativen zu erproben, Ressourcen freisetzen, Blockaden und festgefahrene Muster in Beziehungen, im Denken oder im Verhalten lösen.
- Die Inanspruchnahme von Beratung geschieht auf freiwilliger Basis.
- Beratung soll leicht und ohne bürokratische Voraussetzungen oder Anspruchsberechtigungen zugänglich sein.
- Beratung ist ein zeitlich begrenztes Unterstützungsangebot.
- Beratungsgespräche sind vertraulich, Beraterinnen und Berater unterliegen der gesetzlichen Schweigepflicht.
- Ratsuchende können die Angebote von Beratungsstellen unabhängig von Alter, Herkunft, Lebensform, Status und Religion in Anspruch nehmen.

Wie »geschieht« Beratung? Beratung wird praktiziert in einem kommunikativen Dialog. Dieser besteht aus den Achsen »Begegnung« und »Verstehen«. *Begegnung* bedeutet die besondere Kunst des »Ins-Gespräch-Kommens«, des Sich-Einlassens auf eine lebendige, unmittelbare Beziehung in ihrer einmaligen Besonderheit. Der sokratische Dialog findet sich in der Literatur gerne als Prototyp einer solchen

Beziehungsform (Welter-Enderlin & Hildenbrand, 1996, S. 19). In ihm geht es darum, dass »der Andere zum eigenen Sehen« begleitet werden soll, zum Beispiel durch klärende Fragen, einfühlsame Vertiefung eines Themas oder auch respektvolle Konfrontation. Ratsuchende sollen auf diesem Wege in die Lage versetzt werden, *sich selbst* neue Handlungsmöglichkeiten und Ressourcen sowie neue Freiheitschancen zu erschließen.

Verstehen, auch als Fallverstehen bezeichnet, meint den parallel ablaufenden Prozess der kognitiven Beobachtung und Verarbeitung dessen, was in der lebendigen Beziehung geschieht. Auf dieser Ebene kommen Konzepte und Theorie ins Spiel und, für unser Thema von besonderem Interesse, Überlegungen im Hinblick auf *kulturelle Unterschiede*. Was bedeutet der Beziehungskonflikt eines Paares vor dem Hintergrund (aus unserer Sicht) einer fremden Kultur? Oder die Lernschwierigkeit eines Kindes? Für Berater und Beraterinnen stellen sich zusätzliche Fragen; es gilt dabei, Differenz zu spüren, nicht vorschnell einzuebnen und gleichzeitig nicht überzubetonen.

Die Fragen »Was ist kulturspezifisch?« und »Was ist universell menschlich-sozial?« sind ebenso anregend wie schwierig zu beantworten. Wir müssen mögliche Zusammenhänge zwischen Kultur und Konflikten besonders sorgfältig im unmittelbaren beraterischen Gespräch klären, also nachfragen, uns erkundigen, lernen, Vorannahmen überdenken, Voraussetzungen prüfen.

Die Fähigkeit, sich ein Berufsleben lang auf einen solchen Doppelprozess von Erleben, Beobachtung, Selbstbeobachtung und Fallverstehen einlassen zu können, dabei die Balancen von Nähe und Distanz, Respekt und Kritikfähigkeit, Sensibilität und Selbstschutz, Fremdheit und Vertrautheit wahren zu können, macht die *beraterische Kernkompetenz* aus. Dazu bedarf es persönlicher wie institutioneller und organisatorischer Voraussetzungen und Ressourcen. Auf diesen Ebenen – Person, Institution, Organisation – findet die Diskussion über Qualität und deren Sicherung bzw. Weiterentwicklung statt.[4]

3.1 Qualität als Transparenz nach innen und außen

Wir können einige objektive *universelle Merkmale von Qualität in der Beratung* beschreiben; diese sind in den therapeutischen und beraterischen Fachgemeinschaften sowie im sozialpolitischen Raum unumstritten, teilweise auch gesetzlich festgeschrieben – zum Beispiel im Kinder- und Jugendhilfegesetz, das ausdrücklich die Multiprofessionalität des Fachteams vorschreibt.[5] Wie Beratung selbst bedarf es auch zur Sicherung ihrer Qualität des interdisziplinären Austauschs. Keine Einzeldisziplin kann in dieser Hinsicht ein Monopol begründen. Man könnte hier, wäre

4 Unter »Qualitätsmanagement« versteht man heute das Zusammenspiel von vier Elementen: Planung, Lenkung, Sicherung und Verbesserung. Daran sind Träger von Beratungsstellen, Leiter und Leiterinnen und Teams sowie die öffentlichen Auftraggeber beteiligt.

5 Noch einmal § 28 KJHG: »Dabei sollen Fachkräfte verschiedener Fachrichtungen zusammenwirken, die mit unterschiedlichen methodischen Ansätzen vertraut sind.« Bis heute ist das multiprofessionelle Team ein konstitutives Basiselement institutioneller Erziehungsberatung und vieler anderer Beratungsbereiche.

der Begriff nicht so schrecklich technokratisch vorbelastet, von unumstrittenen »Güte-Standards« sprechen.

Zu den Gütestandards zählt an erster Stelle *Transparenz*. Klarheit, Durchschaubarkeit und Durchsichtigkeit zählen zu den Zentralmerkmalen von Strukturqualität. »Was Beratung wie für wen tut«, muss *nach innen und außen* durchsichtig und nachvollziehbar beschrieben, wissenschaftlich und fachlich begründet, empirisch untersucht und der vorbehaltlosen allgemeinen Kritik zugänglich sein.[6] In anderen Worten: »Beraten« ist eine lehr- und lernbare, konzeptionell und methodisch ausweisbare professionelle Tätigkeit.

Durchsichtigkeit *nach innen* betrifft zunächst einmal die Profession der Beraterinnen und Berater, ihr Verständnis über die beruflichen Aufgaben und die zu deren Erfüllung notwendigen persönlichen, institutionellen und organisatorischen Arrangements. An erster Stelle steht dabei ein geklärtes Aufgaben- und Auftragsverständnis. Es muss zum Beispiel klar sein, was Beratung von Psychotherapie im Gesundheitswesen unterscheidet oder von Formen der Begleitung, wie sie die Seelsorge praktiziert. Es sollte explizit formuliert sein und im Fall von Unsicherheiten oder externen Wandlungsanforderungen immer wieder neu reflektiert werden, was Beratung leisten soll und kann, welche Konzepte und Methoden dabei dienlich sind, welche Klientelen man erreichen will und in welchem Sozialraum mit welchen objektiven Problemkonstellationen sich die Beratungseinrichtung bewegt.

Transparenz nach innen heißt, weiterhin zu wissen und begründen zu können, welche fachlichen Kompetenzen und Qualifikationen zur Aufgabenerfüllung notwendig sind. Zur Fachlichkeit gehören die ethischen Selbstverpflichtungen. Welche Lern-, Ausbildungs- und Erfahrungsbildungswege sind erforderlich, um gut beraten zu können? Hier sind die beraterischen, pädagogisch-therapeutischen und psychotherapeutischen Lernwege angesprochen. Die Kompetenz jedes Beraters und jeder Beraterin bildet die Basis zur Erfüllung der Aufgaben. Über die in der Regel mehrjährigen Zusatzausbildungen »wachen« die Fach- und Ausbildungsgesellschaften.[7]

Wie eben schon festgestellt: Spezifisch für Beratung ist die Kooperation im multidisziplinären Fachteam, die Vernetzung und Verknüpfung unterschiedlicher Perspektiven und Anschauungen. Beratungsarbeit bedeutet die Verpflichtung zu kontinuierlicher Teamarbeit und Fallreflexion (Supervision, Intervision), zu berufslebenslanger Fortbildung, die Bereitschaft, sich selbst und die eigene Arbeit immer wieder selbstkritisch und kritisch zu betrachten und betrachten zu lassen. Dazu bedarf es der Pflege einer inneren Kultur von Offenheit, Vertrauen, Respekt und wiederum Transparenz, d.h., alles das, was zur Erbringung der »Leistung Beratung« zählt, muss kritisierbar sein, muss bei Bedarf und Anlass neu begründet, ggf.

6 Zur Transparenz gehört natürlich auch die Begründung punktueller *Intransparenz*. Wenn ein Frauenhaus seine Anschrift, Daten zur Klientel und Konzeption schützt, hat dies zwingende Gründe.

7 Über die Ausbildungsgänge kann man sich auf den Internetseiten der Fachgesellschaften erkundigen. Auch hier existiert heute ein hohes Maß an Transparenz.

verändert werden. Es bedarf dazu so etwas wie einer »selbstlernenden Organisation«.[8]

Hier kommt die sogenannte *Prozessqualität* ins Spiel, die Art und Weise, wie Beratung sich intern gestaltet, welche Schritte, Abläufe und Regeln in der »Fallarbeit« eingespielt sind. Der Kommunikation im Team kommt erneut zentrale Bedeutung zu; externe Begleitung, zum Beispiel in Form von Supervision, Schulung für bestimmte Aufgaben oder Organisationsberatung zählen dazu. Den Hauptbeitrag zur Qualitätssicherung leistet aber das Fachteam der Einrichtung. Auch die gerade angesprochene Sensibilität für fremde Lebenswelten und Kulturen dauerhaft zu erhalten, stellt eine Teamaufgabe dar.

Wer überprüft die Einhaltung von Standards? Wer prüft die Teams, ihre Zusammensetzung und Arbeitsweise? Im Bereich der *institutionellen Erziehungsberatung* kontrollieren Fachverbände, Träger und andere öffentliche Instanzen die Einhaltung von Standards. Als Teil des Systems der öffentlichen Kinder-, Jugend- und Familienhilfe, d. h. mit eindeutiger sozialsystemischer Platzierung (Schrödter, 2003), sind Aufgaben und Aufträge, Personalausstattung, räumliche Erfordernisse und anderes auf kommunaler und globaler politischer Ebene ausgehandelt. Die Qualitätsmerkmale der Praxis sind von daher immer schon »offiziell«. Der Fachverband, die Bundeskonferenz für Erziehungsberatung (bke), trägt seinen Teil zur Qualitätskontrolle bei, zum Beispiel dadurch, dass er den Einrichtungen nach eingehender Prüfung ein »Qualitätssiegel« auf Zeit verleiht. So kann sichergestellt werden, dass Ratsuchende ein »gleichmäßig hochwertiges Angebot« erhalten, das kontinuierlich der Prüfung, Kontrolle und Weiterentwicklung unterliegt.

Transparenz *nach außen* meint den komplementären Prozess der Aufklärung über Aufgaben, Methoden, Ziele und Sinn institutioneller Beratung im öffentlichen, besonders im sozialpolitischen Raum. Wählen wir zur Veranschaulichung noch einmal den Bereich der Familien- und Erziehungsberatung: In Form regelmäßiger Jahresberichte informieren die Einrichtungen über ihre Arbeit, Klientenzahlen, Beratungsdauer, Problemstellungen, pädagogisch-therapeutische und diagnostische Angebote sowie besondere Projekte.

Ein *gegliedertes Berichtswesen* zählt zu den *wesentlichen Elementen der Qualitätssicherung und -fortentwicklung*. Ohne standardisierte Dokumentation der Arbeit in Form von Zahlen, Daten und Fakten ist keine Bewertung, sei es als Selbstbewertung oder eine Bewertung durch Dritte, möglich. Die Dokumentation vereint zwei Funktionen: Sie ermöglicht den öffentlichen Dialog über Beratung und damit die allgemeine Aufklärung über das, was Beratung leistet – oder nicht leistet; sie ermöglicht gleichzeitig den inneren Dialog und befähigt Beraterinnen und Berater zur selbstkritischen Weiterentwicklung ihrer Praxis. Anhand der Daten aus den Jahresberichten lassen sich erwünschte und unerwünschte Entwicklungen beobachten und Veränderungen initiieren.

Zur Transparenz tragen weiterhin die »großen Standardwerke der Fachdisziplin Beratung« bei. Wissenschaft und Praxis erbrachten in den zurückliegenden Jahr-

8 Man muss nicht betonen, dass dabei die Leitung in besonderer Verantwortung steht (weshalb Leitungssupervision eine nützliche Erfahrungsmöglichkeit ist). Leitung, Planung, Organisation bedeuten in psychosozialen Einrichtungen eine sensible Herausforderung.

zehnten umfangreiche Werke über Beratung zur Begründung, wissenschaftlichen Fundierung und Wirkungs- und Ergebnisprüfung. Man darf hier von Standardwerken des Fachgebietes sprechen (Körner & Hörmann, 1998, 2000; Nestmann et al., 2004). Beratung konnte sich dadurch zu einer eigenständigen, unterscheidbaren Disziplin mit einem spezifischen Profil im Kontext der psycho-sozialen Versorgung entwickeln.

Auf der *konkreten Ebene der jeweiligen Einrichtung* tragen weitere Elemente zur Durchsichtigkeit und Klarheit des Angebots und seiner Qualität bei: Flyer, Internetauftritt, öffentlich zugängliches Leitbild der Institution, die Konzeption der Einrichtung. Auch die Mitarbeiter und Mitarbeiterinnen der Einrichtung können sich in diesem Rahmen vorstellen. Alles das dient dem Ziel, potentielle Ratsuchende sowie Kooperationspartner im sozialen Raum darüber zu informieren, wer für was zuständig ist und wie Beratung »geschieht«.

3.2 Spezifische weitere Qualitätsmerkmale

Das Angebot unter der Überschrift »Beratung« entsteht in einem *komplexen Prozess der Co-Produktion* von: Beratern und Beraterinnen, Trägern, lokalem Sozialstaat (insbesondere Jugend- und Sozialamt), Gesetzgebern auf Landes- und Bundesebene, beraterischen Fachverbänden, Wissenschaft und Forschung. Die Beteiligung der Ratsuchenden ist in diesem Gefüge bisher vorgesehen, zum Beispiel bei der Hilfeplanung im Einzelfall. Im Wesentlichen sind es die Aushandlungsergebnisse mit politischen Instanzen, die den objektiven Möglichkeitsrahmen von Beratung, insbesondere auch den finanziellen, setzen. Für den Bereich Erziehungsberatung ist das die kommunale Jugendhilfe. Für die Paar- und Lebensberatung sind hier die zumeist kirchlichen Träger von erstrangiger Bedeutung, daneben die Jugendhilfe, soweit Paarberatung Aufgaben des KJHG erfüllt, und die Bundesländer – wobei nicht alle Bundesländer Paar- und Lebensberatung fördern. Für andere Beratungsbereiche gelten teilweise ähnliche, teilweise eigene Bedingungen.

Die Qualität der Organisation des interinstitutionellen Gesprächs über Beratung auf lokaler Ebene zählt zu den bedeutsamen Güte-Merkmalen. So gut wie alle zeitgenössischen Beratungsaufgaben sind nur durch Vernetzung und Dialog über die Grenzen einzelner Institutionen hinweg erfüllbar. Die eingangs erwähnte Reflexion von Mechanismen der Ein- und Ausgrenzung sowie die interkulturelle Öffnung sind Beispiele dafür. Der Kinderschutz, eine andere wichtige zeitgenössische Aufgabe, ist ein anderes Beispiel. Die erforderliche Zusammenarbeit setzt Grenzziehung und Unterscheidung einerseits, Kooperation und Öffnung andererseits voraus. Deren Qualität ist messbar, etwa indem die Beratungsstelle regelmäßig die Einschätzungen und Verbesserungswünsche aller beteiligten Akteure einholt.

Was bedeutet das für die *Ergebnisqualität*? Zunächst einmal müssen, wie schon erwähnt, die »erwünschten Wirkungen« der jeweiligen Hilfe definiert und im sozialen Raum konsensuell verankert werden. Aufgrund der Vielschichtigkeit des Themas verbieten sich einfache Zielkonstruktionen und Ideen über deren Erreichung, um diese dann nach einem linearen Ursache-Wirkungs-Schema zu untersuchen: »Hilfe A bewirkt Wirkung B«. Fast alle Hilfen und Unterstützungsverfahren erzielen erwünschte Wirkungen, weniger erwünschte und gänzlich unerwünschte. Viele Entscheidungen basieren auf einem ambivalenten Abwägen von Vor- und Nachteilen. Auch das sollten alle Beteiligten kritisch bedenken. Hilfeplanung, wo immer es geht, unter Beteiligung der Ratsuchenden, insbesondere der Kinder, ist von hoher Bedeutung; die Plausibilität und Akzeptanz der Hilfe zählt zu den elementaren Wirkfaktoren.

Versucht man, die heutigen Anforderungen an institutionelle Beratung insgesamt in den Blick zu nehmen, liegt auf der Ebene der Struktur und Organisation des Beratungswesens eine Konsequenz auf der Hand: Die Einrichtungen sollten ein hohes Maß *interner Integration unterschiedlicher Angebote* vorsehen. Diese zentrale zeitgenössische Anforderung erfüllen am ehesten *integrierte Zentren*, in denen eine enge Kooperation, zum Beispiel von Sozialberatung für Migranten und Flüchtlinge (einschließlich Unterstützung in Rechtsfragen), Erziehungs-, Familien-, Jugend- und Paar-/Eheberatung, Suchtberatung und Familienbildung, unter einem Dach möglich ist. Die Bevorratung vieler Sprachen, durch Sprachkompetenzen der Beraterinnen und Dolmetscher, lässt sich sinnvoll in einem Zentrum erbringen; gleiches gilt für die Bündelung unterschiedlicher fachlicher Kompetenzen. In den Teams eines Zentrums arbeitet selbstverständlich Fachpersonal mit Migrationshintergrund.

Weitere Einrichtungen sind, je nach regionaler Versorgungssituation, natürlich denkbar. Auch damit sind diffizile Prozesse der Öffnung von Teams verbunden, teilweise die Aufhebung traditioneller Disziplingrenzen und der ihnen zugeschriebenen Monopole. »Professionalität« und »Identität« bedeuten heute mehr und anderes, als ein Berufsleben lang spezifische Leistungen in einem bestimmten Bereich zu erbringen. Die Öffnung für Neuerungen und Bereitschaft zum Perspektivwechsel, daneben die Aufmerksamkeit gegenüber gesellschaftlichen und (sozial-)politischen Prozessen und Entwicklungen gewinnen den Stellenwert von Schlüsselqualifikationen.

3.3 Beratungsforschung

Darüber hinaus befindet sich der Bereich institutioneller Beratung in einer privilegierten Situation: Er verfügt über eine vergleichsweise ausgedehnte Forschung zu Wirkungen und Wirkfaktoren von Beratungsprozessen. Das gilt für die unterschiedlichsten »Settings«, von der Einzel-, über die Paar- und Familienberatung bis hin zu pädagogisch-therapeutischen Gruppenangeboten.

Für Qualitätssicherung und -weiterentwicklung sind wissenschaftliche Studien von hohem Interesse. Der distanzierte Blick von außen, den die wissenschaftliche Vorgehensweise und Methodik ermöglicht, liefert wertvolle Einsichten, welche der am Einzelfall orientierten Praxis nicht zugänglich sind. Dazu in Stichworten: Die Ergebnisse der Paar- und Lebensberatung ausgiebig untersucht hat Klann (2002). Er konnte anhand der Ergebnislage seiner Studie der Beratungsarbeit ein positives

Zeugnis ausstellen; sowohl was die Partnerschaftszufriedenheit anbelangt, als auch die Verbesserung symptomatischen Leidens. Da, wie schon gesagt, Beratung hauptsächlich als »Kurzzeitberatung« durchgeführt wird, ist die Untersuchung der sich über 10–15 Stunden erstreckenden Prozesse von besonderem Interesse. Dazu haben Schulz und Schmidt (2004) eine interessante Studie vorgelegt: Die Autoren konnten zeigen, dass mit einem vergleichsweise geringen Aufwand an Zeit in der Erziehungsberatung positive Resultate erzielbar sind. Dieser Punkt war traditionell umstritten. Schließlich ein letztes Beispiel, das ich heranziehe, weil es einen aufgrund der demografischen Entwicklung für die Zukunft wichtigen Arbeitszweig betrifft: Vogt (2009) hat sich der verdienstvollen Aufgabe gewidmet, die Beratung älterer Ratsuchender, speziell von Paaren in fortgeschrittenem Alter, empirisch zu untersuchen. Dieser Beitrag ist aus zwei Gründen wertvoll. Seit Jahrzehnten gibt es im Fachgebiet eine verbreitete Skepsis gegenüber Beratung und Psychotherapie im Alter; weiterhin ist der Bereich »Paarberatung« insgesamt eher wenig erforscht – sieht man einmal von einer älteren Studie ab, die Vennen (1992) durchgeführt hat. Auch die Resultate der Studie von Vogt sind für die Beratungsarbeit sehr ermutigend.

Ich möchte es bei diesen kursorischen Hinweisen auf die Forschungslage, die natürlich in keiner Weise einen systematischen Überblick geben wollten, belassen. Exemplarisch sollte an dieser Stelle gezeigt werden: Institutionelle Beratung wird intensiv wissenschaftlich beobachtet und begleitet. Auch unter diesem Gesichtspunkt können Ratsuchende sicher sein, ein »seriöses« Angebot zu erhalten, dessen »Güte« auf verschiedenen Ebenen geprüft und weiterentwickelt wird.

Literatur

Klann, N. (2002). *Institutionelle Beratung – ein erfolgreiches Angebot.* Freiburg i. B.: Lambertus.

Körner, W. & Hörmann, G. (Hrsg.) (1998, 2000). *Handbuch der Erziehungsberatung, 1 und 2.* Göttingen: Hogrefe.

Nestmann, F., Engel, F. & Sickendiek, U. (Hrsg.) (2004). *Das Handbuch der Beratung, 1 und 2.* Tübingen: dgvt.

Schrödter, W. (1999). Qualität und Evaluation in der Beratungspraxis. *System Familie 12,* 9–16.

Schrödter, W. (2003). Zur sozialsystemischen Platzierung institutioneller Beratung. In R. Oetker-Funk et al. (Hrsg.), *Psychologische Beratung. Beiträge zu Konzept und Praxis* (S. 36–52). Freiburg i. B.: Lambertus.

Schulz, W. & Schmidt, A. (2004). Inanspruchnahme und Wirksamkeit von Kurzberatung in der Erziehungsberatung. *Praxis der Kinderpsychologie und Kinderpsychiatrie 52,* 406–418.

Vennen, D. (1992). *Behandlungsergebnisse und Wirkfaktoren von Eheberatung.* Göttingen: Hogrefe.

Vogt, M. (2009). *Beziehungskrise Ruhestand. Paarberatung für ältere Menschen.* Freiburg i. B.: Lambertus.

Welter-Enderlin, R. & Hildenbrand, B. (1996). *Systemische Therapie als Begegnung*. Stuttgart: Klett-Cotta.

Wogau, J. R. von, Eimmermacher, H. & Lanfranchi, A. (Hrsg.) (2004). *Therapie und Beratung von Migranten: Systemisch-interkulturell Denken und Handeln*. Weinheim: Beltz.

Beratung für Kinder und Jugendliche

Grundorientierungen in der Erziehungsberatung

Jürgen Kriz

1 Pluralität der Weltzugänge

Unsere modernen pluralistischen Gesellschaften zeichnen sich durch eine Vielfalt an Lebensgeschichten, Gewohnheiten, Vorlieben, Werten und Lebenszielen aus. Diese Vielfalt der Perspektiven wird üblicherweise nicht als ein Nachteil gesehen, den man auf einem noch mangelhaften Stand wissenschaftlicher Forschung in Kauf nehmen müsse, der aber möglichst bald in Richtung auf *eine* »wissenschaftlich begründete« Grundorientierung zu überwinden sei. Vielmehr besteht weitgehend Konsens darin, dass eine Gesellschaftsform, in der die eben skizzierte Vielfalt der Lebensweisen und »Weltzugänge« ideologisch gleichgeschaltet wäre, keineswegs anzustreben sei, sondern dahingehende Tendenzen eher zu bekämpfen wären. Die beträchtlichen Unterschiede in den impliziten und expliziten Antworten auf die Frage: »Wie wollen wir leben?« werden daher in demokratischen Gesellschaften nicht als Bedrohung oder unerwünschte Abweichungen vom Durchschnitt begriffen (sofern sie mit den Grundkonsensen der Gesellschaft nicht in Widerspruch stehen), sondern als positive Leistung einer Kultur und damit als etwas Erhaltenswertes oder gar Förderungswürdiges.

Diese große Bedeutung der Perspektivenvielfalt in Erinnerung zu rufen und zu Beginn dieses Beitrags herauszustellen, scheint deshalb notwendig, weil es auch in der Erziehungsberatung – herüberschwappend von starken Strömungen in der Klinischen Psychologie und Psychotherapie – gegenwärtig Kräfte gibt, vor dem Hintergrund eines fragwürdigen Wissenschaftsverständnis diese Pluralität einzuschränken. Dies geschieht dadurch, dass die Vielfalt hoch komplexer Ansätze, die es in der Erziehungsberatung (noch) gibt, einem Bewertungsverfahren unterzogen wird, das nur solche operational reduzierten Vorgehensweisen zulässt, die einer rein positivistisch verstandenen und vermessenen »Effektivität« genügen, wobei für letztere wiederum eher formale als inhaltliche Parameter ausschlaggebend sind. Dass dabei manch Sinnvolles und auch – komplexer wirkendes – Effizientes »auf der (Mess-)Strecke« bleibt, sollte nicht wundern. So wie auch Pferde kaum überleben dürften, wenn man die Forderung stellt, dass diese aus Sicherheitsgründen nach Kriterien des Auto-TÜV überprüft werden müssten und daher z. B. die Erfüllung der Parameter-Vorgaben für Benzineinfüllstutzen und Fußbremsen unabdingbar seien. Dass im Bereich der Psychotherapie hierzulande eine ehemals blühende Landschaft auf diese Weise innerhalb weniger Jahre auf zwei gut abgegrenzte Monokulturen reduziert wurde (die psychodynamische und die verhaltenstherapeutische Orientierung), sollte jedenfalls der Erziehungsberatung als warnendes Beispiel dienen. Zumal der psychodynamische Zugang in diesem Kräftespiel nur aufgrund seiner Verankerung in der Ärzteschaft eine Überlebenschance hatte – was aber für die Erziehungsberatung nicht gilt, so dass hier eine reine Monokultur zu befürchten wäre.

Es handelt sich bei solchen Bestrebungen aber nicht nur um eine, wissenschaftstheoretisch gesehen, Missdeutung von »Wissenschaftlichkeit« – denn Wissenschaft soll primär der Aufgabe dienen, scheinbare »Selbstverständlichkeiten« kritisch zu hinterfragen und damit (trotz Aufzeigen auch von Irrtümern und Sackgassen) Denk- und Möglichkeitsräume immer wieder zu erweitern und nicht vor dem Hintergrund unhinterfragbarer »Wahrheiten« als Wächter Denk-, Handlungs- (und sogar: Forschungs-)Räume zu beschneiden. Vielmehr wird auch verkannt, dass sowohl die Tätigkeit von Erziehungsberatung selbst als auch die systematische Reflexion über die Grundstrukturen und Wirkungsweisen dieser Tätigkeit – also die wissenschaftliche (Er-)Forschung der Erziehungsberatung – in besonderem Maße die Pluralität der »Weltzugänge« widerspiegelt. Denn selbst unter wünschenswerter maximaler Einbeziehung der Erkenntnisse aus »wertfreien« Wissenschaften bezieht sich die Erziehungsberatung im Kern immer auf sinnhafte und interventionistische Beziehungen zwischen Beratern und ihrem Klientel im Rahmen einer Gesellschaft.

Mehr als andere interventionistische Tätigkeiten (z. B. technische Veränderungen, biologische Eingriffe, ja selbst Vorgehensweisen im Bereich der somatischen Medizin) wirken Erziehungsberatung und Psychotherapie in die Struktur von Sinndeutungen hinein. Es geht darum, wie Menschen sich relativ zu einer Sozialgemeinschaft (und ihren Untergruppierungen) biografisch und narrativ in »Vergangenheit« einordnen und auf »Zukunft« hin entwerfen. Selbst die Entscheidung, eine als isoliert verstandene »Lernstörung wegkonditionieren« zu lassen, kommt nicht ohne zumindest implizite Stellungnahme zu Lerngeschichten und zu Bedeutungskontexten aus. Auf der anderen Seite ist Erziehungsberatung – mehr als viele andere Bereiche, die ebenfalls in besonderem Maße Sinn- und narrative Strukturen zum Gegenstand haben, wie z. B. Soziologie, Theologie oder Literaturwissenschaft – auf interventionistische Veränderung dieser Lebenswelt ausgerichtet.

Die Fragen danach, wie wir leben wollen, was wir für wesentlich erachten, aus welchem Bild vom Menschen wir die Maximen unseres Handelns ableiten etc., betreffen daher nicht nur das konkrete Handeln selbst, sondern auch dessen Erforschung im Bereich von Erziehungsberatung. Zu einem bedeutsamen Teil hat Erziehungsberatung nämlich direkt oder indirekt mit Vorstellungen der Menschen über Entwicklung, Erziehung, Verhaltensursachen, Veränderung etc. zu tun – also mit Alltagstheorien über denselben Gegenstandsbereich, über den auch Erziehungsberatung aus wissenschaftlicher Perspektive ihre Aussagen trifft. Diese Alltagstheorien sind wiederum durchsetzt von einem Spektrum aus hinreichend korrekten bis absurden Teilen und Abbildern der wissenschaftlichen Literatur über Erziehungsberatung und ihrer zugrunde liegenden Theorien und Grundorientierungen. Dies führt zu erheblichen Interferenzen, die wiederum theoretisch wie praktisch mit berücksichtigt werden müssen.

2 Grundlegende Standpunkte und Perspektiven

Bevor wir die Grundorientierungen in der Erziehungsberatung so darstellen, wie sie in einem großen Bereich der Diskurse unterschieden werden – nämlich die psychodynamische, die behaviorale, die humanistische und die systemische Grundorientierung – sollen noch grundsätzlichere Standpunkte und Perspektiven in der Pluralität der Weltzugänge angesprochen werden. Diese beruhen auf grundlegenden Fragen und Problemen, die in den Diskursen über die Grundorientierungen eine Rolle spielen und der (meist impliziten) Entscheidung für eine bestimmte Position zugrunde liegen, ohne dass sie jeweils eindeutig diesen Grundorientierungen zugeordnet werden könnten oder gar darin aufgingen.

2.1 Innenwelt versus Außensicht

Ähnlich wie in der Psychotherapie treffen auch in der Erziehungsberatung zwei grundsätzlich unterschiedliche Perspektiven zusammen:

Außensicht: Man kann einerseits den Menschen hinsichtlich seiner biochemischen, neuronalen, verhaltensmäßigen Aspekte und deren Korrelate zu Reizkonfigurationen, seine Antworten auf Fragebögen und seine verbalen Aussagen, seine Berichte über Ängste, Ziele, Wertvorstellungen, vermutete logische Zusammenhänge etc. untersuchen. Obwohl hier bereits unterschiedliche Teilperspektiven aufgezählt wurden – ein streng behavioraler Ansatz würde zumindest die letzten beiden nicht berücksichtigen – bleibt es doch die Sicht von außen.

Innenwelt: Im Unterschied dazu weiß jeder Mensch, dass sein gesehenes »Rot«, seine »Angst«, seine »Werte« für ihn etwas grundsätzlich anderes sind als das, was sich in physiologischen Messungen, Antworten in Fragebögen oder auch in verbalen Berichten widerspiegelt. Seine erlebte Innenwelt bleibt letztlich privat, auch wenn er den (vermutlich überwiegenden) Teil jener Strukturen, mit denen er auf sich selbst und »die Welt« Bezug nimmt, in bedeutsamen sozialen Beziehungen erworben und entfaltet hat. Auf der Basis eigener erlebter Innenwelten, ererbter und gelernter Kommunikationsmittel (Affekte und Sprache) sowie gemeinsamer Kultur gelingt es, empathisch (einfühlend) und hermeneutisch (verstehend) etwas über die Innenwelt des Gegenüber zu erschließen. Aber es kann – bestenfalls – sinnvolle, bedeutsame, erlebensintensive und handlungsrelevante Interaktionen über gegenseitig letztlich individuell-persönliche Innenwelten geben.

Uns interessieren hier weniger die erkenntnis- und wissenschaftstheoretischen Grundsatzdebatten zu dieser Problematik – diese füllen bereits viele Regale in Bibliotheken und liefern immer noch weiteres Material. Es geht vielmehr darum, dass nicht nur Begriffe wie »Selbst«, »Hermeneutik«, »Biografie« diese Innen-außen-Differenz reflektieren, sondern auch mit Konzepten wie »Coping« oder »Stress« zunehmend deutlich wird, dass beispielsweise außenweltliche, beschriebene Belastungsfaktoren empirisch und theoretisch nicht hinreichend sind, sondern notwendig die innenweltliche, subjekt-bedeutsame Perspektive mit einbezogen werden muss. Konzepte in der Erziehungsberatung müssten daher beide – sehr voneinander zu unterscheidende – Perspektiven berücksichtigen. Es sei betont, dass diese Differenz keineswegs in der im nächsten Abschnitt diskutierten Unterscheidung »Natur versus Kultur« voll abgebildet werden kann.

2.2 Natur versus Kultur

»Die Natur erklären wir, das Seelenleben verstehen wir.« Dieser 1894 formulierte und oft zitierte Satz von Wilhelm Dilthey weist auf einen bedeutsamen Perspektiven-Unterschied im alltäglichen wie wissenschaftlichen Umgang mit Phänomenen hin. Dies lässt sich anhand eines Beispiels weiter erhellen (Slunecko & Mayer, 1999):

Ein Forscher erblickt in einem ihm unbekannten Tal eine Ansammlung von verwitterten, eingekerbten Steinen und untersucht diese zunächst mit geologischen und anderen naturwissenschaftlichen Fragestellungen und Methoden, bis er plötzlich entdeckt, dass es sich um eine Formation aus Grabsteinen handelt und die Kerbungen offenbar Zeichen darstellen.

Damit geraten nun die *Intentionen* der menschlichen Handlungen in den Fokus: Nicht die *Ursachen,* sondern die *Gründe* für die Kerbungen und die Steinformation sind nun wichtig. Was sollen diese bedeuten und für wen soll(t)en sie etwas bedeuten? Um dies zu erforschen, muss versucht werden, Wissen über die Lebensumstände, die Geschichte, die Glaubenssysteme – kurz: die Kultur – dieser zu gewinnen (bzw. vorhandenes Wissen unter dieser Perspektive zusammenzustellen).

Es dürfte kaum zu bestreiten sein, dass diese Kultur-Perspektive für die Psychotherapie sehr bedeutsam ist. Die Aussage eines Patienten ist selten als Naturvorgang zu fassen, den es objektiv nomothetisch (gesetzmäßig) zu erklären gilt, sondern als Kulturvorgang, der subjektiv und kommunikativ idiographisch (Eigentümliches, Einmaliges beschreibend) verstanden werden muss. Zusätzlich treffen auch hier die o.a. Innen- und Außenperspektive aufeinander, da sich der Mensch wesentlich selbst verstehen muss als jemand, dessen persönliche (Auto-)Biografie hinreichend konsistent einer Vergangenheit bedarf und sich auf eine Zukunft hin entwerfen kann.

Welche Eigenschaften, Defizite und Symptome hat jemand (und »ich selbst«), welche Leistungen und Verhaltensweisen werden (wie stark, wie oft, wann etc.) gezeigt? – Diese Perspektive unterscheidet sich von Fragen wie: »Als wen sehe ich mich, wer bin ich geworden, was will ich im Leben erreichen?« und dem Erleben, verstanden zu werden, oder von dem, was wir mit Geborgenheit oder mit Sinnlosigkeit meinen.

Bekanntlich ist der Mensch sowohl in der frühen Entwicklung der Persönlichkeit und des Selbstbewusstseins als auch später zumindest in hinreichendem Maße auf das empathische Verstehen signifikanter Anderer angewiesen und die Realität baut sich bedeutsam aus den kulturellen Strukturen auf, wie schon die Sprache zeigt. Gleichzeitig aber sind Verstehens-, Bewusstseins-, Handlungs- und Sprachprozesse nicht nur allgemein in Naturvorgänge eingebettet, sondern auch spezifisch von diesen abhängig: Wird das Gehirn funktionsunfähig, so hört jedes psychische Geschehen auf; dies gilt in spezifischer Weise auch für ganz bestimmte, oft hoch spezialisierte neuronale und psychische Zusammenhänge bei Ausfällen und Leistungen (auch wenn die interindividuelle Plastizität und die interindividuelle Varianz der Befunde und Befindlichkeiten im Laufe der Forschung zunehmend höher eingeschätzt wird).

Ferner verändern Entwicklungsvorgänge oder die Zufuhr bestimmter Substanzen das subjektive Erleben und beobachtbares Handeln; das Gefühlsleben ist an die Funktion bestimmter Drüsen gebunden etc. Alle diese somatischen Vorgänge lassen sich im Rahmen der Naturwissenschaft untersuchen und deren Perspektive lässt sich auf die Zusammenhänge zwischen somatischen und psychischen Vorgängen (durch Introspektion oder deren Äußerungen bei anderen) ausdehnen. Ferner lassen sich bestimmte Aspekte von Wirksamkeit – etwa Reduktion von spezifischen Symptomen, Erweiterung spezifischer Kompetenzen etc. – mit quantitativ-nomothetischer Methodik gut untersuchen. Allerdings ist dabei zu beachten, dass das, was unter »spezifisch« jeweils zu verstehen ist, wiederum von Sinn-, Wert- und Zielentscheidungen relativ zur jeweiligen Kultur und ihren (allgemeinen wie wissenschaftsspezifischen) Diskursen abhängt.

»Natur versus Kultur« ist somit ein prägnantes Kürzel für zwei unterschiedliche – eher komplementäre – Perspektiven und Vorgehensweisen, die auch und gerade in der Erziehungsberatung wichtig sind. Komplementär meint, dass beide Perspektiven wichtig sind und sich die eine nicht durch die jeweils andere ersetzen lässt. Es wäre daher unangemessen, in der Diskussion der Grundorientierungen nur eine der beiden zu berücksichtigen.

2.3 Statisch-mechanistisches versus dynamisch-systemisches Weltverständnis

Unsere Kultur hat ihr heutiges Gesicht und ihre größten Entwicklungsfortschritte dem zu verdanken, was wir mit »Wissenschaft und Technik« bezeichnen: Ein vor etwa vierhundert Jahren in Europa begonnenes Projekt, das sich machtvoll über den gesamten Erdball ausgebreitet und andere Kulturen oft erheblich verändert hat. Dieses beinhaltet einen besonderen Umgang mit der Natur und einen spezifischen (Forschungs-)Zugang zu ihren »Geheimnissen«, verbunden mit Namen wie Newton, Bacon und Descartes. Entwickelt wurde dabei die experimentelle Methodik einer als Objekt vom Erkenntnissubjekt abgespaltenen Natur. Hauptmotivation für diese Forschung war die praktische Verwertbarkeit von Ergebnissen – was sich beispielsweise in dem 1710 eingeführten Verdict von VICO »verum et factum conventur« (wahr sein und hergestellt sein ist dasselbe) niederschlug, das über Jahrhunderte das Credo abendländischer Wissenschaft war. Nach wie vor gibt es im Bereich der Naturwissenschaft und Technik kaum einen überzeugenderen Beweis, als wenn etwas »funktioniert« oder aufgrund von Funktions-Kenntnissen hergestellt werden kann.

Dieses Programm war so erfolgreich, dass es nicht nur andere Zugänge zur Naturerkenntnis weitgehend verdrängte, sondern sowohl mit seinen Untersuchungsprinzipien als auch mit zugrunde liegenden Annahmen bald für universell gehalten wurde. Als Konsequenz durchsetzten diese Prinzipien als allgemeingültige Metaphern zunehmend das Verständnis von »Welt« auch in der Alltagwelt. Spezifische Interpretationen von Ursache-Wirkungs-Relationen, von Veränderung und Stabilität, von Entwicklung etc. durchsetzten daher nicht nur die gegenständliche Alltagswelt, sondern auch das Verständnis im Umgang mit lebenden Systemen einschließlich des Menschen. Medizin, Psychologie und Pädagogik – und damit auch die Erziehungsberatung – sind voll von Konzepten und Metaphern, die eben die erfolgreichen klassischen Prinzipien abendländischer Naturwissenschaft widerspiegeln.

Dieser Sichtweise konnten auch die prinzipiellen Umwälzungen der Weltsicht durch Relativitätstheorie und Quantenmechanik wenig anhaben, da sich diese (scheinbar) auf die Randbereiche dieser Welt beschränkten: Die supermikroskopische sowie die supermakroskopische Welt (letztere zudem mit extrem großen Energien, Geschwindigkeiten und Entfernungen). Erst seit höchstens vier Jahrzehnten ist eine weit bedeutsamere Umwälzung des Weltverständnisses im Gang – die aber noch längst nicht alle Wissenschaftsbereiche und schon gar nicht die Metaphern der Alltagswelt erfasst hat. Die durch die »Chaostheorie« ausgelöste breite Erforschung nichtlinearer Systeme zeigt allerdings zunehmend, dass zentrale, lange Zeit für »universell« gehaltene Prinzipien im Bereich der Naturwissenschaft und Technik nur unter sehr stark eingeschränkten Randbedingungen gelten (die dort, für nicht allzu komplexe Systeme, aber hinreichend erfüllt sind). Sie zeigen aber zugleich, dass diese Randbedingungen für die Betrachtung und den Umgang mit lebenden Systemen, und erst Recht den Menschen wegen einer weiteren sinnhaften und sozialen Komplexitätssteigerung, überaus fragwürdig sind.

Es ist hier nicht der Ort, diese Prinzipien einer bewertenden Analyse zu unterziehen und die Gründe zu diskutieren, warum zentrale Annahmen, die auch den Human- und Sozialwissenschaften – und damit ebenso den Konzepten der Erziehungsberatung – zugrunde liegen, sich zunehmend als (Wissenschafts-)»Mythen« erweisen (vgl. Kriz, 1992, 1997, 1999, 2002). Es sollen aber beschreibend einige wesentliche Prinzipien klassisch-mechanistischer und systemisch-dynamischer Sichtweise einander gegenübergestellt werden (▸ **Tab. 1**), die hoffentlich weitgehend verständlich sind, auch wenn auf die Begriffe hier nicht weiter eingegangen werden kann (Näheres Kriz, 2004).

Tab. 1: Klassisch-mechanistische und systemisch-dynamische Grundprinzipien (modifiziert nach Kriz, 2004; ©Kriz, 2003).

Klassisch-mechanistisches Bild	**Systemisch-dynamisches Bild**
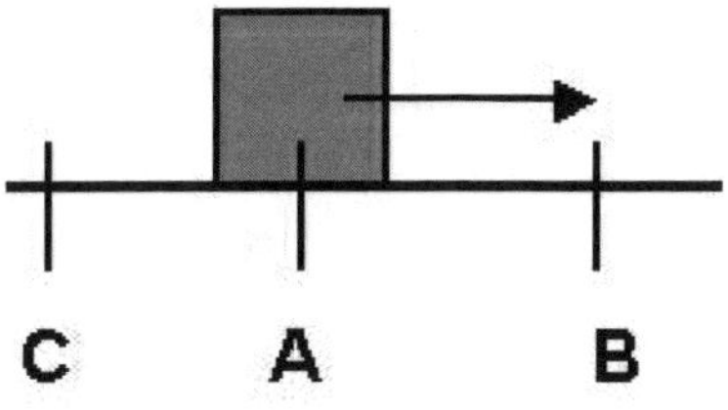	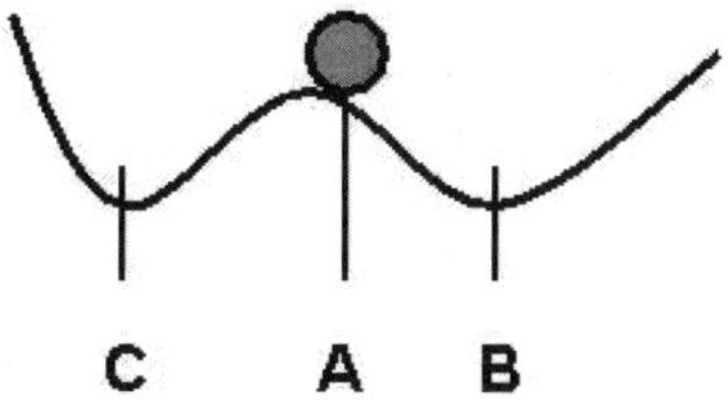
Fremdorganisation: Eine Kraft, bzw. ein Einfluss oder ein Wirkfaktor bewirkt, dass sich das System (Quadrat) von A nach B bewegt. Ebenso könnte das System aber auch zu jedem anderen Punkt (bzw. Ordnungszustand) zwischen A und B – oder auch in Richtung auf C etc. – bewegt werden – das hängt ausschließlich von der genauen Dosierung, d. h. von Ausmaß und Richtung der Kraft ab.	*Selbstorganisation*: Aufgrund von unspezifischen Umgebungsbedingungen (Kräfte, die die Kurvenlandschaft bewirken) nimmt das System (Landschaft mit Kugel) einen dynamischen Ordnungszustand (sog. Attraktor) ein: Die Kugel rollt nach B. Diese Ordnung wird nicht von außen eingeführt – das wäre Fremdorganisation –, sondern ist dem System inhärent (die o. a. Kräfte können nur bestimmte, systeminhärente Landschaften bewirken; die Kugel kann dann nur bei C oder B landen; es gibt also »ausgezeichnete« Zustände).
Determinismus: Was geschieht, ist nur von der Dosierung (s. o.) der Kraft abhängig. Zufallseinflüsse spielen höchstens als Fehlervariable eine Rolle.	*Wahlfreiheit*: Es gibt immer mehrere inhärente Zustände (C und B), zwischen denen das System »wählen« kann – d. h., aufgrund von Zufallseinflüssen oder minimalen Steuereinflüssen (am Gipfel oder noch bei A) werden relativ große Veränderungen bewirkt.
Stabile Gleich-Gültigkeit: Ohne Wirkkraft geschieht gar nichts, ansonsten sind alle Punkte der Ebene gleich gültig (s. o.). Die Ordnung (irgendeine(!) Position zwischen C und B) wird von außen eingeführt.	*Instabilität*: Für das Entstehen von Ordnung (Emergenz) oder den Ordnungs-Ordnungs-Übergang (Phasenübergang von B nach C) spielt Instabilität eine zentrale Rolle (Gipfel).
Ordnung als Ordnungs-Aufbau: Typischerweise werden etwas kompliziertere Ordnungszustände aus einfachen synthetisch zusammengesetzt (*Baukastenprinzip*). Z. B. wird kompliziertes Verhalten aus einer Sequenz operationaler Konditionierungen »zusammengesetzt«.	*Ordnung als Reduktion*: Die Emergenz von Ordnung bedeutet eine radikale Reduzierung von Komplexität.
Ordnung wird hier nur von außen in die Organisation des Systems eingeführt.	*Zirkuläre Kausalität*: Die Dynamik auf der Mikro-Ebene etabliert die Ordner, die ihrerseits *als Feld* auf der Makro-Ebene die Ordnung der Dynamik bewirken (sog. *slaving-Prinzip*).

Klassisch-mechanistisches Bild	Systemisch-dynamisches Bild
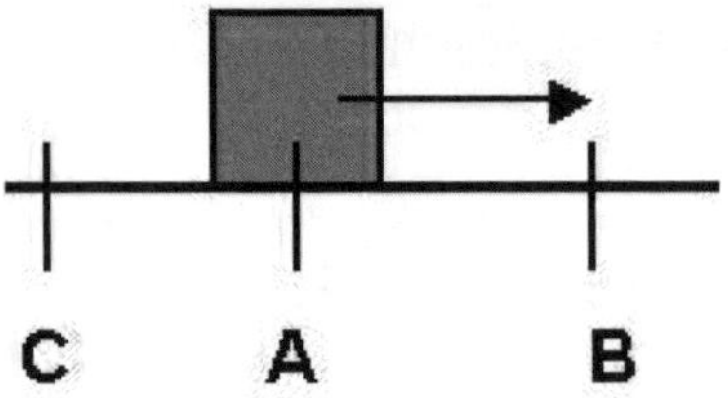	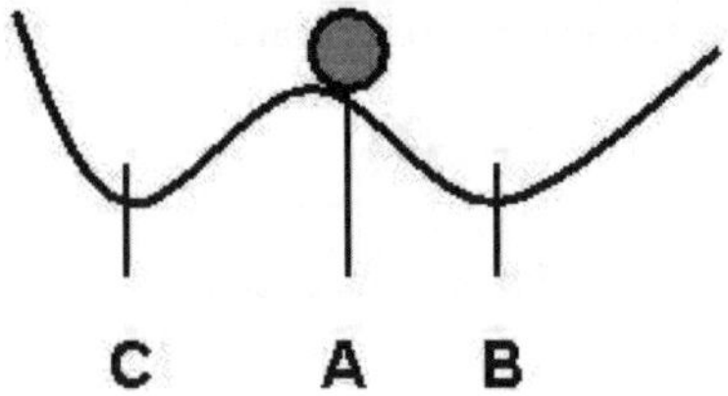
Lineare Ursache-Wirkung: Je größer die aufgewendete Arbeit (Ursache), desto größer die Veränderung (die zurückgelegte Wegstrecke von A zum neuen Punkt – z. B. B).	*Keine lineare Ursachen-Wirkungs-Relation*: Je nach Systemzustand und Geschichte des Systems bewirken »dieselben« Veränderungen Unterschiedliches (in der Umgebung von B oder C wird jede Einwirkung bzw. Abweichung wieder nivelliert; bei A hingegen führen geringste Einflüsse zu großen Veränderungen).
A-historisch: Ganz gleich, wo das System sich befindet oder wie es dort hingekommen ist: Die lineare Ursache-Wirkung gilt stets. (*Ob von A nach B oder B nach A oder von A-x nach B-x: Es bewirkt stets die gleiche Arbeit eine gleich große Veränderung.*)	*Geschichtlichkeit*: Werden Veränderungen der Umgebungsbedingungen (Ursachen) zurückgefahren, so beharrt das System länger in dem Attraktor, in dem es gerade ist. Das heißt, dieselben quantitativen Veränderungen »verursachen« Unterschiedliches. (Die Entwicklung von A nach B ist ungleich der von B nach A; von A führt eine kleine Veränderung nach B, von B aber nur eine große zurück nach A.)

2.4 Mechanistisch – organismisch – potentiell selbstreflexiv

Ausgehend von früheren Arbeiten Eckensbergers (1979) haben Eckensberger und Keller (1998) als Taxonomie der Modellvorstellungen in der Entwicklungspsychologie *drei* Perspektiven vorgeschlagen. Obwohl hier einige der obigen Prinzipien wieder auftauchen, soll diese dennoch erläutert werden, weil grundlegende Prinzipien von Entwicklungs- und von Erziehungs(-beratungs)-Prozessen ähnlich diskutiert werden (wobei wir hier »Entwicklung« allgemeiner durch »Veränderung« ersetzen). In der eben skizzierten systemisch-dynamischen Sichtweise wird dabei im Hinblick auf den Menschen nochmals die Selbstreflexion analytisch gesondert betrachtet.

Mechanistische Perspektive

Sie orientiert sich an der Maschinenmetapher: Veränderung liegt außerhalb des Subjekts, steht unter Stimuluskontrolle, ist kausal erklärbar, weitgehend über Reiz-

Reiz- oder Reiz-Reaktions-Kontingenzen bestimmt und wird in quantitativ fassbaren, sich kontinuierlich ändernden Größen beschrieben. Sie ist bidirektional (Ab- und Zunahme von Leistungen) und normativ neutral, d. h., aus dem Modell heraus lässt sich kein optimaler Endzustand ableiten. Stabilität scheint gegeben, Veränderung muss erklärt werden. Eckensberger & Keller (1998) argumentieren, dass nicht nur die Lerntheorien typischerweise diese Perspektive einnehmen. Vielmehr wird sie gegenwärtig durch die Verknüpfung der Kognitiven Psychologie, wo diese mit der Computermetapher arbeitet, mit der modernen Hirnforschung belebt.

Organismische Perspektive

Sie orientiert sich an der (sozio-)biologischen Metapher einer phylogenetischen Entwicklung mit Adaption, Selektion und Mutation von Organismen. Veränderung liegt eher innerhalb des Subjekts, das in aktiver Interaktion mit der Umwelt über *Assimilation* (sich *die* Welt anpassen) und *Akkomodation* (sich *der* Welt anpassen) seine Strukturen (z. B. Schemata) ausbildet und modifiziert. Teile und Teilprozesse sind ganzheitlich miteinander vernetzt, woraus eine diskontinuierliche qualitative Transformation der Struktur folgen kann (entsprechende Entwicklungstheorien sind daher Stufentheorien). Veränderung findet zwar unter Anpassungsgesichtspunkten statt und lässt sich im Hinblick auf diese bewerten, ist aber nicht auf ein Entwicklungsziel ausgerichtet und daher normativ neutral. Es sei bemerkt, dass manche Wissenschaftstheoretiker genau diese *dynamisch-systemischen Aspekte* zum Anlass nehmen, statt der Natur-Kultur-Dichotomie eine Unterscheidung in *nomologische und autopoietische Realität* vorzunehmen. Letztere ist nicht konstant und unveränderlich gegeben, sondern (in Interaktion mit einer Umwelt) sich selbst steuernd und entwickelnd und damit eines offenen Entwicklungshorizontes fähig (Schülein & Reitze, 2002; Slunecko, 2002).

Potentiell selbstreflexive Perspektive

Diese stellt ins Zentrum, dass der Mensch nicht nur denken, sondern *über sich* nachdenken und somit intendiert und zukunftsorientiert handeln kann (auch wenn er von dieser Potenz nicht immer Gebrauch macht). Menschen deuten und (re-)konstruieren, im Kontext der Gemeinschaft mit anderen Subjekten, nicht nur Situationen und bilden kognitive Schemata, sondern sie manifestieren durch ihr Handeln auch Bedeutung in der Umwelt (vgl. das o. a. Grab-Stein-Beispiel, Werkzeuge und andere Dinge unserer weitgehend »hergestellten« Kultur-Welt). Kultur bietet dabei sowohl Handlungsgrenzen wie auch -möglichkeiten; zwischen letzteren kann das Subjekt auswählen, es hat dabei (zumindest begrenzte) Entscheidungsfreiheiten und ist daher verantwortlich (zu machen).

Auf den ersten Blick mag man versucht sein, die drei Perspektiven unterschiedlichen Phänomenbereichen als Selbstverständlichkeiten zuzuordnen: die mechanistische eher physikalisch-chemischen Prozessen, die organismische den biologisch-somatischen Vorgängen und die selbstreflexive dem Humanbereich. Dies mag zwar tendenziell korrekt sein, doch wurden die Weltbilder im 20. Jahrhundert, besonders durch die oben erläuterten System- und Selbstorganisationstheorien, erheblich »aufgemischt«. So sind für die naturwissenschaftliche Forschung zunehmend physikalische und chemische Prozesse interessant, welche eben nicht mechanistisch »funktionieren«, sondern genau qualitative Entwicklungssprünge, Adaptation an gegebene Umweltbedingungen, Nichtdeterminierbarkeit, Förderung von Selbstregulation und Selbstorganisation usw. aufweisen. Auf der anderen Seite findet man in den Diskursen zu Prozessen des Lebens (z. B. Medizin) und sogar des Psychischen und Sozialen eine Berufung auf die o. a. klassisch-mechanistische Perspektive. Selbst Praktiker und Wissenschaftler, die sich beispielsweise dezidiert einer humanistischen und phänomenologischen Position zurechnen, sind dabei nicht gefeit davor, ungewollt mechanistische Modellvorstellungen zu transportieren (Kriz, 2003). Eine explizite Auseinandersetzung mit grundlegenden Vorstellungen von Entwicklung, Veränderung und Stabilität ist daher gerade für die Psychotherapie unerlässlich, um nicht zu Metaphern zu greifen, die zur eigenen Theorie und dem Menschenbild »quer« stehen.

3 Vier Grundorientierungen in der Erziehungsberatung

Bei aller Heterogenität und Ausdifferenzierung im Einzelfall werden oft vier Richtungen in der Erziehungsberatung unterschieden, welchen das Spektrum der Ansätze und Konzepte zugeordnet werden kann. Dabei geht es nicht um eindeutige oder überschneidungsfreie Cluster, sondern um die Zentrierung auf bestimmte Aspekte, Themen und Fragen. Die bereits dargestellten Perspektiven sind zudem diesen Richtungen nicht eindeutig zuzuordnen. Dennoch macht die Unterscheidung dieser vier Cluster Sinn, da mit ihnen nicht nur unterschiedliche Kernkonzepte und Fokussierungen in den Prozessen der Erziehungsberatung diskutiert werden, sondern auch die Grundlage der Frage, was »Veränderung« überhaupt bedeuten soll. Sie sind damit unterschiedlichen Paradigmen verpflichtet, was die »Realität« der Erziehungsberatung überhaupt ausmacht – und damit, was als »Fakten« zu verstehen ist.

3.1 Die psychodynamische (d. h. analytische und tiefenpsychologische) Perspektive

Die Gemeinsamkeit aller Ansätze, die dieser Perspektive zuzuordnen sind, liegt in der großen Bedeutung, die der Biografie eines Menschen für das Verständnis und die Behandlung gegenwärtiger Symptome und »Störungen« beigemessen wird. Letztere sind als aktueller Ausdruck eines meist lang zurückliegenden grundlegenden inneren Konfliktes unterschiedlicher Entwicklungstendenzen und damit zusammenhängender Bedürfnisse anzusehen – etwa zwischen Autonomie und Abhängigkeit. Da es sich gewöhnlich um Konflikte zwischen Entwicklungstendenzen handelt, die jeder Mensch durchläuft, repräsentieren die Symptome inadäquate, in der weiteren Entwicklung nicht adaptive »Lösungen« von besonderen Belastungen und Verletzungen (Traumata), die symptomfreie Menschen nicht in diesem Ausmaß und/oder mit besserer genetischer bzw. pränataler Ausstattung ausgesetzt waren.

Darüber hinaus trägt die psychodynamische Perspektive auch der Tatsache ganz besonders Rechnung, dass nicht nur viele unserer Verhaltensweisen, sondern auch der Zugriff auf bestimmte Gedächtnisinhalte sowie die Auswahl und Interpretation von Wahrnehmungen nicht von Bewusstsein begleitet sind. Manches könnten wir uns freilich bewusst machen – es war dann also nur vorbewusst. Zu manchen Motiven und eigentlichen Ursachen unseres Eindrucks und Ausdrucks sowie des (Er-)Lebens aber haben wir keinen Zugriff – dies gilt besonders für die Basis symptomatischen Verhaltens, bei dem sich der Mensch ja oft selbst fremd erscheint. Diese inneren Zusammenhänge sind dann typisch (und nicht nur momentan) aus dem Bewusstsein »verdrängt« – sie sind, im engeren Sinne, unbewusst. Im Detail gibt es dazu auch aus psychodynamischer Perspektive recht unterschiedliche Vorstellungen:

So stellte die klassische Psychoanalyse (Freud) zunächst eine enge Verbindung von Symptomen mit den unterschiedlichen frühkindlichen Entwicklungsstufen einer auch der Sexualität zugrunde liegenden Lebensenergie her: der »Libido«. Nicht adäquate, verletzende Bedingungen in diesen Phasen – die nacheinander orale, anale und genitale Zentrierungen der Lustgewinnung durchlaufen – lassen typische Bewältigungsmuster entstehen, die dann später, besonders unter einer massiven aktuellen Stressbelastung, aufgrund mangelnder Adaptabilität des Gesamtorganismus zu Symptomen führen. Dies gilt auch für Traumatisierungen, die im Zusammenhang mit anderen frühkindlichen Entwicklungsthemen stehen – dem narzisstischen und dem ödipalen Thema, bei dem es, grob gesagt, um Bewundertwerden bzw. um Rivalität mit dem gleichgeschlechtlichen Elternteil geht.

Während diese stark energetische Fokussierung problematischer Entwicklungsverläufe in den Körpertherapien (Reichs »Vegetotherapie« und Lowens »Bioenergetik«) beibehalten und konzeptionell wie praktisch ausdifferenziert wurde, vollzog Freud und damit die Psychoanalyse ab 1920 einen Wandel zu einem strukturellen Modell: Die Konflikte werden nun v. a. zwischen drei Bereichen (»Instanzen«) beschrieben: dem »ES«, das (noch) nicht sozialisierte triebhafte Bedürfnisse repräsentiert, dem »Über-ICH«, das die Werte und Normen der Sozialgemeinschaft repräsentiert, die einen großen Teil des »ES« so nicht akzeptieren und zulassen können, und dem dazwischen vermittelnden »ICH«, das in reifer, gesunder Form zwar durchaus die triebhaften Bedürfnisse wahrnimmt, diese aber nur soweit und in solcher Weise in Handlungen (einschließlich Sprechhandlungen) umsetzt, wie dies mit den Normen und Werten zu vereinbaren ist.

Gerade diese soziale Komponente wird wesentlich stärker betont und ist deutlich weiter ausgearbeitet im Ansatz von Adler, der »Individualpsychologie«. Zentral ist hier die Realisation, zur »Gemeinschaft« zu gehören, und damit z. B. empfundene »Minderwertigkeiten« des Kindes oder Behinderter in ihrem Beitrag zur Gemeinschaft überwinden zu können. In diesem Ansatz steht »Individuum« für die Unteilteilbarkeit des gesamten Menschen – es wird somit gerade kein »Individualismus« propagiert. Konkretes Verhalten – auch symptomatisches – ist bei Adler die Manifestation von typischen Taktiken des Menschen seinen Leitlinien im Leben folgen zu können. Dies alles dient einem Lebensplan, dessen Grundstrukturen sich schon in früher Kindheit in Relation zu den Bedingungen der Umwelt (besonders der Eltern) herausbilden. Aus diesem Ansatz haben sich besonders viele pädagogische und erzieherische Konzepte entwickelt, weshalb er auch für die Erziehungsberatung von besonderer Bedeutung ist.

Ein dritter, ebenso klassischer wie zentraler Ansatz der psychodynamischen Perspektive ist die »Analytische Psychologie« von C. G. Jung. Neben dem persönlichen Unbewussten spielt darin das »Kollektive Unbewusste« eine wichtige Rolle. Darunter sind über die in der persönlichen Biografie hinausgehenden allen Kulturen gemeinsamen Muster und Grundprinzipien kognitiver Strukturierung der Lebenswelt zu verstehen. Diese tauchen auch in Mythen und Märchen auf – eben als prägnante Strukturprinzipien von Realität und typischen menschlichen Entwicklungsaufgaben. Noch prägnanter und personifiziert sind uns diese Prinzipien als »Weiser«, »Hexe«, »Herrscher«, »Tod« etc. bekannt – aber auch als Männlichkeits- und Weiblichkeitsprinzip, genannt »Animus« und »Anima«. Diese Grund- und Urtypen menschlicher (Er-)Lebensprinzipien nannte Jung – in Anlehnung an Plato – »Archetypen«.

Die Entwicklung des Menschen wird von Jung als »Individuation« thematisiert: Hierunter versteht er insbesondere die (Re-)Integration von nicht realisierten, negierten oder verdrängten Persönlichkeitsanteilen – dem »Schatten« – in die Gesamtpersönlichkeit. In der zweiten Lebenshälfte (für die Erziehungsberatung daher weniger zentral) geht es um die »Initiation« in die »innere Wirklichkeit«, wozu auch Spiritualität, Kulturbewusstsein etc. gehören. In der ersten Lebenshälfte geht es um die Initiation in die »äußere Wirklichkeit«, wozu auch ein angemessenes Verhältnis zur Sozialgemeinschaft und die Entwicklung einer Persönlichkeit gehören. Eine förderliche Haltung des Erziehungsberaters wäre aus dieser Sicht insbesondere das Annehmen der Gesamtpersönlichkeit und eher eine verstehende als eine verurteilende Einstellung. Symptomatische Aspekte können als Heilkrise gesehen werden, bei welcher der Berater ein Begleiter auf einem Stück des Weges der Individuation ist.

Insgesamt geht es unter der psychodynamischen Perspektive somit darum, biografische Gewordenheiten des Menschen und ihren Ausdruck in der aktuellen, symptombelasteten Situation verstehbar zu machen. Dies kann – gerade aus erziehungsberaterischer Sicht – durchaus auch mit Aspekten der »Nachsozialisation« verbunden werden.

3.2 Die behaviorale bzw. verhaltenstherapeutische Perspektive (einschließlich der kognitiven VT)

Das wesentliche Moment dieser Perspektive ist ein lerntheoretisches Verständnis für die Genese und die Therapie von »Störungen«. Anfangs wurde versucht, alle Begriffe und Konzepte allein auf beobachtbares Verhaltens zurückzuführen und die Prozesse entsprechend zu beschreiben. Dies geht zurück auf ein vielzitiertes Manifest zur »Psychologie, wie der Behaviorist sie sieht[, die] ein Zweig der reinen, objektiven Naturwissenschaften« (Watson, 1913) sein sollte, welche den Begriff des Bewusstseins ebenso wenig brauche wie z. B. die Physik. Diese Auffassung und die damit vorgegebene Struktur einer Forschungsprogrammatik wurden für lange Zeit richtungsweisend in der amerikanischen – und später z. B. auch deutschen – Psychologie.

Diese Betrachtungsweise wurde allerdings in den neueren Ansätzen, insbesondere in der sog. kognitiven Verhaltenstherapie, um viele nicht unmittelbar beobachtbare Aspekte erweitert. In den letzten drei Jahrzehnten mehren sich solche Definitionen, die ein extrem weites Verständnis vorschlagen, indem sie praktisch alles Störungs- und Interventionswissen, das auf der empirischen Psychologie basiert und deren Wirksamkeit empirisch abgesichert ist, als »Verhaltenstherapie« bezeichnen (z. B. Margraf, 1996). Ein Problem ist dabei sicher, dass es auch andere empirisch abgesicherte und in der Psychologie verankerte Ansätze gibt, die sich fundamental in der Weltsicht und dem Verständnis des Menschen unterscheiden (eben die anderen hier genannten Perspektiven).

Einer der klassisch behavioralen Grundpfeiler ist die Entdeckung des »bedingten Reflexes« durch Iwan P. Pawlow bei seinen Tierexperimenten an Hunden. Dieses »klassische Konditionieren« (in heutiger Terminologie) kann grob wie folgt gekennzeichnet werden: Ausgangspunkt ist ein natürliches (angeborenes) Reiz-Reaktions-Schema, bei dem auf einen unkonditionierten Reiz UCS (z. B. Futter) eine unkonditionierte Reaktion UCR (z. B. Speichelfluss) erfolgt. Wird nun ein zunächst »neutraler« Reiz CS (z. B. ein Glockenton) mehrmals gleichzeitig mit dem UCS dargeboten (die genauen zeitlichen Bedingungen der Verknüpfung werden unterschiedlich gesehen, meist aber sollte der CS kurz vor dem UCS einsetzen), so tritt die UCR nun auch als konditionierte Reaktion CR auf den CS auf. Hierzu sind allerdings meist mehrere Wiederholungen dieses Vorganges notwendig. Die Stärke der Verbindung zwischen CS und CR lässt sich z. B. durch »Löschung« (oder »Extinktion«) feststellen: Wird häufig hintereinander nur CS – also ohne UCS – gegeben, so tritt CR immer seltener auf, bis die Verbindung ganz gelöscht ist (allerdings gibt es dann nach einer Pause eine »Spontanerholung«).

Ein zweiter zentraler Ansatz ist als »operantes Konditionieren« bekannt. Hierbei wird ein bestimmtes Verhalten belohnt, was die Wahrscheinlichkeit für das Auftreten dieser Reaktion in einer gleichen Situation erhöht: Die Reaktion ist »verstärkt«, bzw. zu einer »instrumentellen Reaktion« geworden. So lernen Ratten, eine Taste der »Skinner-Box« zu drücken, wenn dieses zunächst zufällige Verhalten mit einer Futterpille belohnt wird. Ein anderer Aspekt dieses Ansatzes heißt Verhaltensformung (»shaping«) bzw. Näherungslernen (»approximation«): Dabei wird nicht erst eine bestimmte Verhaltensleistung belohnt, sondern schon Verhaltensteile, die sich dem gewünschten Endverhalten annähern (z. B. Blicken in Richtung des Hebels in der Box, dann Hinlaufen, dann Pfote-Heben und letztlich das Drücken). Auf diese Weise können komplizierte Verhaltenssequenzen konditioniert bzw. ein komplexes Verhalten in kleine, eher spontan auftretende Schritte zerlegt werden – eine wichtige Erkenntnis für viele behaviorale Pläne.

Übertragen auf den Menschen und die Erziehungsberatung werden aus dieser Sicht viele Probleme und Störungen als »konditioniert« verstanden. Man sucht dann nach den »Verstärkern« dieses Verhaltens und versucht diese auszuschalten oder zu kontrollieren (sofern diese noch aktuell wirksam sind). Oder man »rekonditioniert« durch positive Reize (Süßigkeiten), bzw. bewirkt den Aufbau alternativer positiver Verhaltensweisen. Im Rahmen von Psychotherapie gibt es zahlreiche weitere Vorgehensweisen (vgl. Kriz, 2001), die aber in der Erziehungsberatung üblicherweise keine Anwendung finden.

Wie bereits erwähnt vollzog sich ab den 1960er Jahren eine deutliche Erweiterung dieser Konzepte dahingehend, dass neben den behavioralen auch den kognitiven Prozessen große Bedeutung beigemessen und entsprechende Aufmerksamkeit gezollt wird. Es zeigt sich nämlich zunehmend, dass nicht nur externe Reize selbst entscheidend sind, sondern innere symbolische Prozesse (Aufmerksamkeit, Wahrnehmung und Gedächtnis) die Bedeutung der Reize und damit wiederum das Verhalten beeinflussen. So zeigt sich beispielsweise beim Modelllernen (Bandura et al., 1969) in Bezug auf die Therapie von Ängsten: Wenn Kinder mit Angst vor einem bestimmten Objekt (etwa »Hunden«) beobachten können, wie andere Kinder furchtlos mit diesem Objekt umgehen, so überträgt sich dieses Verhalten.

Ein anderer Bereich betrifft den Erwerb sozialer Kompetenzen: Wenn sich jemand in bestimmten (besonders: in sozialen) Situationen unangemessen verhält, so kann er (eine ankonditionierte) Angst haben, bestimmte Verhaltensweisen zu zeigen. Es kann aber auch sein, dass diese Verhaltensweisen gar nicht erst erworben wurden – es handelt sich dann also um Verhaltenslücken. Dabei können entweder schlicht Kenntnisse fehlen – wenn jemand zu wenig Gelegenheit hatte, ein bestimmtes Verhaltensrepertoire zu beobachten und/oder zu erproben –, es ist aber auch möglich, dass es einfach an Diskriminationsfähigkeit mangelt, Situationen und Verhaltensalternativen angemessen aufeinander abzustimmen.

Neben Schwierigkeiten im Sozialkontakt kann auch ein unangemessener Umgang mit »Sachproblemen« und Lebensschwierigkeiten (z. B. nicht rechtzeitiges Eintreffen bestellter Bücher für ein wichtiges Referat) zu erheblichen Beeinträchtigungen führen. In solchen Fällen wäre die Erhöhung der Problemlöse-Kompetenz angezeigt (D'Zurilla & Goldfried, 1971).

Während beim Training von sozialen Fertigkeiten und von Problemlöse-Kompetenzen durchaus noch (die mit Kognitionen verbundenen) äußeren Verhaltensweisen im Zentrum stehen, beschäftigt sich ein weiterer Bereich von Techniken mit der Arbeit an Selbstinstruktionen, bei denen es um Veränderungen eines (das Verhalten begleitenden) »fehlerhaften« Denkstils geht. Historisch ist der Selbstinstruktions-Ansatz vorwiegend mit dem Namen Donald W. Meichenbaum verbunden (vgl. z. B. 1977, 1979) – obwohl wesentliche Aspekte auf Aaron T. Beck bzw. Albert Ellis zurückgehen.

In Becks sog. Kognitiver Therapie werden Emotionen im Zusammenhang mit bestimmten Kognitionen gesehen: z. B. Trauer als Reaktion auf wahrgenommenen Verlust von bedeutsamen Personen oder Materialien, Angst als Reaktion auf wahrgenommene Bedrohung oder Gefährdung der eigenen Domäne. Beck weist dabei auf eine »kognitive Trias« aus negativem Selbstbild, negativer Interpretation der Lebenserfahrungen und nihilistischer Sicht der Zukunft hin. Ein großer Teil des Bewertens läuft dabei in Form von automatischen Gedanken ab, Gedanken also, die dem Patienten in der Regel selbst nicht voll bewusst werden. Emotionale Störungen beruhen somit oftmals auf »Denkfehlern«, deren Analyse und Behebung bei diesem Ansatz im Zentrum stehen. Sehr ähnlich geht auch Ellis mit seiner »Rational Emotiven Therapie (RET)« vor: Hierbei wird der Schwerpunkt auf die Aufdeckung und Veränderung eines (irrationalen) Glaubenssystems gelegt, das eine Verbindung zwischen auslösenden Ereignissen und den (scheinbaren) Konsequenzen herstellt.

Es kann hier nicht der Ort sein, auf die Vielzahl der Konzepte oder gar der spezifischen Vorgehensweise einzugehen, die im Laufe der Jahrzehnte unter der Bezeichnung »verhaltenstherapeutischer« Ansatz entwickelt worden sind. Dem Vorteil einer vielfach sorgfältigen empirischen Erforschung der Wirksamkeit (*dass* etwas wirkt) steht der Nachteil gegenüber, dass manche Vorgehensweisen und besonders das Gebäude als Ganzes wenig inhaltlich-theoretisch fundiert ist (*was* also *warum* wirkt).

3.3 Die humanistische Perspektive

Obwohl die Prinzipien dieser Perspektive in sehr vielen Ansätzen und seit Jahrhunderten zu finden sind, kulminierte die explizite Bündelung der im Einzelnen recht heterogenen Vorstellungen in der Gründung der »Gesellschaft für Humanistische Psychologie«, die 1962 in den USA stattfand (u. a. von Charlotte Bühler, Abraham Maslow und Carl Rogers). Die Gesellschaft hatte sich zum Ziel gesetzt, explizit die – wie es hieß – »Dritte Kraft« im therapeutisch-beraterischen Bereich, aber auch allgemein gesellschaftlichen Diskurs zu stärken. Von den anderen beiden etablierten »Kräften«, der Psychoanalyse und dem Behaviorismus, wollte sich diese Richtung durch eine deutlich anders zentrierte Perspektive dahingehend unterscheiden, wie theoretische Erklärungen, wissenschaftliche Erforschung und die Anleitung von Praxis im Bereich menschlichen Erlebens und Verhaltens ausgerichtet sein sollten. Diese Unterschiedlichkeit der Perspektive lässt sich v. a. in den folgenden beiden Aspekten bündeln:

- *Betonung einer phänomenologisch-existenzialphilosophischen Position*: Hier wird v. a. das »Wesen des Menschen« ins Zentrum gerückt und von daher versucht, die konkrete Situation des therapeutischen Handelns und die dort beobachtbaren Vorgänge zu verstehen und theoretisch zu rekonstruieren. Damit wird die Verankerung menschlicher Entwicklung, ihrer Störungen und deren Veränderungen in den bio-physischen Lebensprozessen und das Vorhandensein reiz-reaktions-bedingter Lernzusammenhänge keineswegs negiert. Aber als mindestens eben so bedeutsam für den Menschen – im Gegensatz zum nicht-menschlichen Bio-Organismus – ist der Aspekt, dass der Mensch als reflexives Wesen seine Existenz und sein Dasein in dieser Welt sinnhaft definieren kann und muss.

- *Betonung einer ganzheitlich-systemischen Theoriekonzeption*: Sowohl die Gestalttheorie – eine wesentliche psychologische Grundlage humanistischer Beratungsansätze – als auch das zentrale Axiom in Rogers Gesprächspsychotherapie, die Aktualisierungstendenz, sind *Feldtheorien*. In diesen sind die o. a. Prinzipien einer systemisch-dynamischen Weltsicht sowie des Menschen als potentiell selbstreflexives Wesen in hohem Ausmaß bereits vorweggenommen.

Die für die Erziehungsberatung zentralen Aspekte der humanistischen Perspektive, die ihre philosophischen Wurzeln in der Existenzphilosophie, der Phänomenologie und im klassischen sowie französischen Humanismus haben (Kriz, 2001), lässt sich mit Heidegger an der Unterscheidung zwischen dem »Was« und dem »Wie« deutlich machen: Üblicherweise kennzeichnen wir etwas in der Welt durch eine Ansammlung von einzelnen Entitäten. Mit dieser Beschreibung des »Was« klassifizieren wir etwas z. B. als »Haus« oder »Baum«. Beim Menschen ist das Wesentliche aber nicht seine Zugehörigkeit zu einer Klasse, sein *was* er ist, sondern die Art und Weise, *wie* er sich und seine Existenz selbst in dieser Welt versteht, wie er sich zur Welt, zu sich selbst und zu seinen Möglichkeiten verhält. Indem der Mensch nicht (nur) als ein Beispiel für die Spezies »Mensch« verstanden wird, machen ihn die unterschiedlichen Weisen, er selbst sein zu können, kategoriell frei. Existenz ist somit etwas, das erst verwirklicht werden soll.

Damit kann der Mensch nur »von innen her« – autonom – in seiner Zeitlichkeit und Endlichkeit begriffen werden. Der existenziell gelebte und erfahrene Augenblick gewinnt zentrale Bedeutung: Nicht das, was der Mensch ist, sondern das, wozu er sich jeweils durch die Tat macht, ist sein Wesen. Er ist, wie Sartre sagt, »zur Freiheit verdammt«, er selbst oder nicht er selbst zu sein und zu werden. Durch diese Verantwortung und den Entscheidungsspielraum werden gleichzeitig aber auch Autonomie, Identität und menschliche Würde möglich. Besonders die phänomenologische Position betont das erfahrende Subjekt mit seinen sinnlichen Möglichkeiten, seiner Intentionalität und seinen Verstehensprozessen. So hob Husserl hervor, dass alle Erfahrung von Gegenständen letztlich auf Selbsterfahrung aufbaut – eine Sichtweise, die das Ernstnehmen der subjektiven Realität eines Patienten unterstützt. Die übliche Subjekt-Objekt-Trennung wird dabei zumindest soweit überwunden, als mit der »Lebenswelt« als Grundlage menschlicher Erfahrung zentrale Aspekte des Lebens nicht in objektiviert-messbarer, sondern in sinnhaft-eigenwertiger Weise beachtet werden: Lebenszeit und Lebensgeschichte, Sprache mit ihrer kommunikations- und traditionsbegründenden Funktion sowie Leiblichkeit und Geschlechtlichkeit als Voraussetzungen sinnerfüllten Lebens stehen im Zentrum der Betrachtung (Vetter & Slunecko, 2000).

Von besonderer Bedeutung ist auch die Ich-Du-Beziehung als »Begegnung« (speziell bei Buber, 1923). In einer solchen Begegnung soll jeder die Möglichkeit haben, sich selbst tiefer zu finden, ohne vom anderen in irgendeiner Weise manipuliert zu werden – die Partner sind dann wechselseitig Katalysatoren zum Wachsen in Freiheit. »In das Leben der Dinge eingreifen«, sagt Buber (1957; nach Rogers, 1977, S. 21), »bedeutet, ihnen wie sich selbst Schaden zuzufügen [...]. Der vollendete Mensch [...] greift nicht in das Leben der Wesen ein, er erlegt sich ihnen nicht auf, sondern er ›verhilft allen Dingen zu ihrer Freiheit‹ (Laotse).«

Starken Einfluss auf die Entwicklung der humanistischen Perspektive in der Beratung hatten auch holistische und gestaltpsychologische Konzepte. Der Begriff »Holismus« (von gr. »holos« = ganz, vollständig) wurde von dem südafrikanischen Staatsmann, General und Philosophen Jan Smuts geprägt. In der amerikanischen Psychologie wurden solche Ansätze im Rahmen der »Organismischen Psychologie« ausdifferenziert. Im deutschen Sprachraum entstanden zu Beginn des 20. Jahrhunderts unterschiedliche Schulen der Ganzheits- und Gestaltpsychologie. Besonders die Gestaltpsychologie der Berliner Schule (Max Wertheimer, Wolfgang Köhler, Kurt Koffka – später auch Kurt Goldstein, Kurt Lewin, Wolfgang Metzger u. a.) erlangte Weltgeltung, bis das nationalsozialistische Regime diese Richtung zerschlug (außer Metzger emigrierten alle genannten in die USA).

Im Gegensatz zur »Elemente-Psychologie«, die von der Annahme ausgeht, dass psychische Phänomene aus (isoliert untersuchbaren) einzelnen Elementen zusammengesetzt sind, betont die Gestaltpsychologie, dass beim Wahrnehmen, beim Denken, bei Willenshandlungen und bei Bewegungsabläufen eine ganzheitliche Organisation nach übergreifenden Gestaltgesetzlichkeiten und dynamischen Gerichtetheiten stattfindet. Gestalten sind insbesondere transponierbar (z. B. eine Melodie, die in anderer Tonhöhe, von einem anderen Instrument, in anderem Rhythmus etc. gespielt werden kann) und heben sich vor einem Hintergrund als tendenziell geschlossene, in sich gegliederte Ganzheiten ab (Figur-Grund-Unterscheidung).

Gestalten sind weder dadurch charakterisiert, dass zu den Elementen etwas hinzukommt (das Ganze ist keineswegs »mehr als die Summe der Teile«, sondern *etwas anderes*!), noch, dass Elemente-Eigenschaften durch die Gestalt stets zum Verschwinden gebracht würden. Vielmehr erhalten Elemente eine neue Funktion und Bedeutung: Der »Leitton« einer Melodie wird z. B. nur im Rahmen dieser Gestalt so empfunden und ist nicht etwa eine Eigenschaft des Tones (z. B. C) selbst.

Der Neurophysiologe und Psychiater Kurt Goldstein zeigte, dass die Gestaltgesetze nicht nur im Wahrnehmungsbereich gelten oder auf rein psychische Phänomene beschränkt sind. Vielmehr gelten Aspekte von Ganzheitlichkeit und Selbstregulation für den gesamten Organismus. Er wies z. B. nach, dass ein Organismus ein nicht mehr funktionstüchtiges Körperteil in einer ganzheitlichen Umorganisation der verbliebenen Teile kompensiert: Schneidet man einem Käfer eines oder mehrere seiner sechs Beine ab, so werden die übrigen spontan in einer neuartigen Weise erfolgreich zur Fortbewegung organisiert. Mit dieser »Tendenz zu geordnetem Verhalten« erklärte er, warum ein Organismus auch dann oft weiter existieren kann, wenn er erhebliche Beeinträchtigungen erfahren musste. Auf der Basis weitreichender Erfahrungen mit hirnverletzten Soldaten aus dem Ersten Weltkrieg stellte Goldstein die Tendenzen zur Selbstregulierung und zur Selbstaktualisierung heraus und verwies ähnlich wie auch Köhler auf die grundsätzliche Interdependenz psychischer und somatischer Prozesse.

Diese »Selbstaktualisierung« ist ein zentraler Begriff bei Goldstein (und später auch in der Klient-zentrierten Psychotherapie von Carl Rogers). Goldstein verstand darunter die selbstorganisierte Realisierung und Entfaltung inhärenter Potenziale. Der Organismus braucht für seine Ordnung also keinen externen »Organisator«, sondern in Relation zur Umwelt strebt der dynamische Prozess selbst zu einer angemessenen Ordnung, bei der die inneren Möglichkeiten und äußeren Gegebenheiten dynamisch zu einer ganzheitlichen Gestalt abgestimmt werden. Veränderung dieser dynamischen Ordnung wird von Goldstein beschrieben als eine Reorganisation einer alten Struktur (»pattern«) zu einer neuen und effektiveren Struktur.

Das Charakteristische des gestalttheoretischen Ansatzes für unseren Kontext lässt sich an folgender Begebenheit schon aus den Anfängen verdeutlichen (nach Stemberger, 2001): Um 1906 forschte Max Wertheimer, späterer Begründer der Berliner Gestaltpsychologie-Schule, an der Wiener Neuro-Psychiatrischen Klinik. Deren Direktor, Wagner-Jauregg, beauftragte ihn damit, herauszufinden, ob bestimmte Patienten, es handelte sich um z. T. taubstumme Kinder, schwachsinnig waren. Wertheimer überprüfte das nicht mit den damals üblichen Tests, sondern indem er den Kindern bestimmte Aufgaben stellte und ihnen für die Lösung dieser Aufgaben möglichst gute Rahmenbedingungen zu schaffen suchte (Luchins & Luchins, 1982). Die Fähigkeiten eines Menschen auf einem bestimmten Gebiet wurden hier also in einer sehr untypischen Weise getestet: Untersucht wurden jene Bedingungen, unter denen sich diese Fähigkeiten entfalten bzw. nicht entfalten können. Der Mensch wird somit nicht als Ansammlung fester, unveränderlicher Teileigenschaften oder psychischer Funktionseinheiten verstanden, die in immer gleicher, festgelegter Weise auf einen äußeren Reiz bzw. auf eine bestimmte Anforderung reagieren. Vielmehr kommt in Wertheimers Vorgehen bereits die für humanistische Ansätze grundlegende Überzeugung zum Ausdruck, dass dem Menschen die Fähigkeit zu geordnetem, der Situation angemessenem Erleben und Verhalten innewohnt, wie gestört und verschüttet diese Fähigkeit in bestimmten Situationen und Konstellationen auch sein mag – und dass es folglich darauf ankommt, sich mit den Bedingungen zu befassen, die zu schaffen wären, um diese Fähigkeit freizulegen.

3.4 Die systemisch-familientherapeutische Perspektive

Einige zentrale Aspekte und Konzepte der systemischen Perspektive wurden bereits in Abschnitt 2.3 in allgemeiner Form erläutert. De facto haben sich die damit verbundenen Vorgehensweisen in der Mitte des 20. Jahrhunderts zunächst als eine Praxeologie ausgebildet. Eine fundierende theoretische Entwicklungsarbeit setzte erst rund zwei Jahrzehnte später ein – was parallel zum Aufblühen systemtheoretischer Konzepte auch in anderen Wissenschaften geschah.

Ausgangspunkt für die Praxeologie war die Erfahrung – fast zeitgleich an unterschiedlichen Stellen in den USA –, dass bei der Arbeit mit jugendlichen Patienten (besonders sog. »Schizophrenen« gemäß der damaligen sehr weiten

Diagnostik) bei Erfolgen aus der Sicht der Patienten und Therapeuten die Eltern solche Erfolge eher beunruhigten und sie diese daher zu boykottieren suchten. Dies wird vor dem Hintergrund verständlich, dass in der langen Erfahrung der Eltern mit dem Jugendlichen jegliche »Veränderung« eigentlich immer nur »Verschlechterung« bedeutet hatte – und sie daher die aktuellen Veränderungen nach diesem Schema interpretierten. Ähnlich lassen sich andere, »merkwürdige« Verhaltensweisen in den Familien solcher Patienten – aus heutiger Sicht – als gemeinsam mit der Störung entwickelte Interaktionsmuster verstehen. Die ursprüngliche Sichtweise, die Familie oder gar nur die Mutter als Verursacher der Störung anzusehen (z. B. »schizophrenogene Mutter«), ist heute somit nicht mehr zu finden: Sie wäre nicht nur kontraproduktiv – da man kaum jemand für die Zusammenarbeit gewinnen kann, dem man die »Schuld« am Leid der eigenen Kinder zuweist. Sie ist aber auch theoretisch kurzschlüssig, weil sowohl Mutter bzw. Eltern als auch das Kind eine lange gemeinsame Coevolution der Verhaltensweisen hinter sich haben, die sich gegenseitig verstärken und aufrechterhalten.

Unabhängig von der Interpretation der Gründe, warum die Eltern scheinbar auch positiven Veränderungen eher entgegenwirken, folgte daraus der konsequente Schritt, die Eltern – und analog die ganze Familie oder gar möglichst alle am »Problem« Beteiligten – mit zu den Sitzungen einzuladen. Letzteres gilt stärker noch als in der Familientherapie für die Erziehungsberatung nach diesen Konzepten, da in die hier zu behandelnden Probleme oft auch andere Institutionen mit hereinspielen: Schule, Jugendamt etc.

Es geht also im Kern darum, die Probleme bzw. »Störung« im Kontext zu verstehen und zu verändern. So wäre der Kontext für das »System Familie« das soziale Beziehungsnetzwerk drum herum. Dies wurde anfangs recht wörtlich genommen: die Vorstellungen von »System« und »Kontext« zunächst recht materiell und gegenständlich geprägt – beispielsweise in der Arbeit des Mailänder Teams um Mara Selvini-Palazoli (1977): Da wurde eine Familie nach ggf. langer Fahrt durch ganz Italien wieder nach Hause geschickt, falls man feststellte, dass im Hause auch eine Oma lebte, diese aber nicht mitgekommen war. Es handelte sich somit um eine sehr rigide und gegenständliche Überstrapazierung der Vorstellung, dass die sozialen Akteure eines »Systems« auch alle im Raum sein müssten.

Inzwischen wird sehr viel deutlicher gesehen, dass »Familie« und »Kontext« etwas meinen, was im Kopf stattfindet. Interessanterweise findet man damit wieder eine gemeinsame Basis mit anderen therapeutischen Richtungen, in denen der Begriff der Kognition eine Rolle spielt. Denn »Familie« ist inzwischen eigentlich eher ein kognitives Phänomen – etwas, mit dem auch dann gearbeitet werden kann, wenn die realen Akteure nicht alle physisch im Raum anwesend sind. Es ist klar, dass es zwar *praktischer* ist, bestimmte Probleme und Aspekte sowie die zugrunde liegende Interaktions- und Deutungsdynamik mit einem Paar oder mit der Familie in vivo real zu bearbeiten. Aber niemand würde heute die Familienmitglieder wieder nach Hause schicken, weil irgendjemand fehlt. Das gleiche gilt für die anderen wichtigen Personen aus Institutionen: Ihre physische Anwesenheit ist zwar wünschenswert, aber nicht notwendig. Viel wichtiger ist die Einbeziehung ihrer (vermuteten) Perspektiven und Deutungen.

Heutzutage geht es im systemischen Ansatz primär um die kognitive Repräsentation von bedeutsamen Kontexten. Ins Zentrum der Betrachtung sind die »narrativen Strukturen« gerückt: Ausgehend von dem Verständnis, dass sehr viel dessen, was unsere »Lebenswelt« ausmacht, in Form von kleineren Erzählungen und Geschichten (eben: *Narrationen*) erinnert wird, geht es darum, destruktive, Symptom stabilisierende, Narrationen zu transformieren – nämlich in solche, die konstruktiv neue Verstehens- und Handlungsoptionen eröffnen. Die Arbeit an narrativen Strukturen kann man, auch wenn sich diese auf Partner, Familien und andere Soziale Systeme beziehen, daher notfalls auch mit einem einzelnen Patienten machen, ohne dass diese Sozialpartner eben physisch anwesend sind.

Ohne auf Details einzugehen, sollte auch bei dieser Kurzbeschreibung deutlich geworden sein, dass Probleme oft in soziale Strukturen eingebettet sind und dass die Bilder (»Aufträge«) in der subjektiv-inneren Realität eines Menschen für dessen Wohlbefinden und Verhalten mindestens so wichtig wie deren objektiv-soziale Realität sind. Diese Vorstellungen innerhalb einer Person können durch bestimmte Techniken so nach außen verlagert werden, dass man sogar Beratung oder Supervision unter systemischer und familientherapeutischer Perspektive mit nur einer einzelnen Person machen kann.

Vor dem Hintergrund einer prozesshaft verstandenen Welt – v.a. der psychischen und sozialen – geht es darum, die Interaktionsmuster und deren kognitive Repräsentationen daraufhin zu erörtern, was das Problemgeschehen unterstützt und produktive Wandlungen bisher verhindert hat. Im sog. lösungsorientierten Ansatz wird allerdings weniger auf die bisherige Verhinderung geblickt, sondern fast ausschließlich auf die bereits in der Person bzw. im System vorhandenen Lösungen, die oft aber gar nicht selbst bemerkt wurden. So ist eben auch der »Depressivste« nicht 24 Stunden x 365 Tage im Jahr gleich schwer depressiv: In welchen Situationen geht es ihm also besser – und was trägt er ggf. selbst dazu bei? Mit solchen Fragen können die o.a. lähmenden »Narrationen« über das eigene Unvermögen um Aspekte bereichert werden, die das »Vermögen« zeigen – der Raum an Optionen wird somit erweitert. Im Einzelnen gibt es auch zu dieser Perspektive sehr viele Techniken – auch im Kontext von Erziehungsberatung –, deren Beschreibung aber diesen Rahmen sprengen würde.

Literatur

Bandura, A., Blanchard, E. & Ritter, B. (1969). Relative efficacy of desensitization and modeling approaches for inducing behavioral, affective, and attitudinal changes. *Journal of Personality and Social Psychology, 13*, 173–199.

Buber, M. (1923). *Ich und Du*. Heidelberg: Lambert Schneider.

D'Zurilla, T.J. & Goldfried, M.R. (1971). Problem solving and behavior modification. *Journal of abnormal Psychology, 78*, 107–126.

Eckensberger, L. H. (1979). A metamethodological evaluation of psychological theories from a crosscultural perspective. In L. H. Eckensberger et al. (Hrsg.), *Cross-cultural contributions to psychology* (S. 255–275). Lisse: Swets & Zeitlinger.
Eckensberger, L. H. & Keller, H. (1998). Menschenbilder und Entwicklungskonzepte. In H. Keller (Hrsg.), *Entwicklungspsychologie* (S. 12–56). Bern: Huber.
Kriz, J. (1992). *Chaos und Struktur. Systemthorie, 1.* München/Berlin: Quintessenz.
Kriz, J. (1996). Grundfragen der Forschungs- und Wissenschaftsmethodik. In R. Hutterer-Krisch et. al. *Psychotherapie als Wissenschaft – Fragen der Ethik* (S. 15–160), Band 5 der »Serie Psychotherapie« (Hrsg.: G. Sonneck). Wien: Facultas.
Kriz, J. (1997). Systemtheorie. *Eine Einführung für Psychotherapeuten, Psychologen und Mediziner.* Wien: Facultas.
Kriz, J. (1998). Die Effektivität des Menschlichen. Argumente aus einer systemischen Perspektive. *Gestalt Theory, 20*, 131–142.
Kriz, J. (1999).Von der »science-fiction« zur »science«. Methodologische und methodische Bemerkungen zur Frage der »Wissenschaftlichkeit von Psychotherapieverfahren«. *Report Psychologie, 24*, 21–30.
Kriz, J. (2003). Mechanistischer Humanismus statt humanistischer Systemtheorie? *PERSON, 7*, 115–127.
Kriz, J. (2004 a). Personenzentrierte Systemtheorie. Grundfragen und Kernaspekte. In A. v. Schlippe & W. C. Kriz (Hrsg.), *Personenzentrierung und Systemtheorie. Perspektiven für Psychotherapeutisches Handeln* (S. 13–67). Göttingen: Vandenhoeck & Rupprecht.
Kriz, J. (2007). *Grundkonzepte der Psychotherapie* (6. Aufl.). Weinheim: Beltz.
Luchins, A. S. & Luchins, E. (1982). An Introduction to the Origins of Wertheimer's Gestalt Psychology. *Gestalt Theory, 4* (3–4), 145–171.
Margraf, J. (Hrsg.) (1996). *Lehrbuch der Verhaltenstherapie.* 2 Bände. Heidelberg: Springer.
Meichenbaum, D. H. (1977). Cognitive-behavioral modification. The need for a fairer assessment. *Cognitive Theapy and Research, 2*, 127–132.
Rogers, C. R. (1977). *Therapeut und Klient. Grundlagen der Gesprächspsychotherapie.* München: Kindler.
Schülen, J. A. & Reitze, S. (2002). *Wissenschaftstheorie für Einsteiger.* Wien: WUV/UTB.
Selvini Palazzoni, M. et al. (1977). *Paradoxen und Gegenparadoxen.* Stuttgart: Klett.
Slunecko, T. (2002). *Von der Konstruktion zur dynamischen Konstitution.* Wien: WUV.
Slunecko, T. & Mayer, H. (1999). Das Hindernis und die Schwelle. In T. Slunecko et al. (Hrsg.), *Psychologie des Bewusstseins – Bewusstsein der Psychologie* (S. 219–232). Wien: WUV.
Stemberger, G. (2002). Gestalttheoretische Beiträge zur Psychopathologie. In G. Stumm & A. Pritz (Hrsg.), *Wörterbuch der Psychotherapie* (S. 512–513).Wien/New York: Springer.
Watson, J. B. (1913). Psychology as the behaviorist views it. *Psychological Review, 20*, 158–177.

(Dieser Artikel ist ein Nachdruck, zunächst erschienen in G. Hörmann & W. Körner (Hrsg.), *Einführung in die Erziehungsberatung* (S. 101–120). Stuttgart: Kohlhammer.)

Lese-Rechtschreib-Schwäche und Hochbegabung bei Kindern und Jugendlichen aus Familien mit Migrationshintergrund

Askim Müller-Bozkurt & Christian Gosberg

Einleitung

Dem Aspekt der Bildung wird in unserer Gesellschaft eine große Bedeutung beigemessen, da das Bildungsniveau in hohem Maß die Teilhabe am beruflichen und gesellschaftlichen Leben bestimmt. Dabei bildet bereits im Kindesalter das soziale wie familiäre Umfeld die Grundlage für eine erfolgreiche Bildungsbiografie: Im Bildungsbericht »Bildung in Deutschland« für das Jahr 2010 werden soziale (Erwerbslosigkeit) sowie finanzielle Faktoren (geringes Einkommen) und Bildungsferne der Eltern als Risikolagen benannt, die einen negativen Einfluss auf die Bildungschancen der Kinder ausüben können (vgl. Autorengruppe Bildungsberichterstattung, 2010, S. 24).

Zahlen, die für das Jahr 2008 gewonnen werden konnten, belegen, dass insgesamt 29 % der 13,6 Millionen Kinder unter 18 Jahren von mindestens einer Risikolage betroffen waren. Bei mehr als einem Viertel der Kinder unter 18 Jahren ging somit die Kindheit mit dem Bestehen von mindestens einer Risikolage einher. Insgesamt lässt sich anhand der gewonnenen Zahlen auch feststellen, dass der Anteil der Kinder aus Zuwandererfamilien, die mit mindestens einer Risikolage aufwuchsen, besonders hoch war (vgl. Autorengruppe Bildungsberichterstattung, 2010, S. 27).

Dass es einen Zusammenhang zwischen dem Sozialstatus der Kinder und deren schulischen Leistungen gibt, lässt sich besonders durch die internationale Vergleichsstudie PISA der OECD verdeutlichen. Demnach verwiesen sowohl deutsche als auch Kinder mit Migrationshintergrund, deren Sozialstatus als niedrig beschrieben werden konnte, auf erkennbar schlechtere schulische Erfolge. Wenngleich die Ergebnisse der PISA-Studie verdeutlichen, dass Bildungsdefizite insbesondere durch soziale Umstände hervorgerufen werden, betont die Studie aber auch mangelnde Sprachkenntnisse innerhalb der Gruppe der Zuwandererfamilien.

Die ersten Berührungspunkte mit der deutschen Sprache haben viele dieser Kinder erst in der Kindertagesstätte, sofern sich die Eltern dazu entscheiden, ihre Söhne und Töchter in die Obhut einer solchen Einrichtung zu geben. Allerdings wird im Bildungsbericht betont, dass ein Kindertagesstättenplatz von Zuwandererfamilien seltener in Anspruch genommen wird, so dass Kinder mit Migrationshintergrund seltener als deutsche Kinder eine solche Einrichtung besuchen. Trotzdem sind diese oftmals dadurch gekennzeichnet, dass sie einen hohen Anteil von Kindern, die nicht mit der deutschen Sprache aufgewachsen sind, aufweisen. Den

Ergebnissen des Bildungsberichts entsprechend erfolgt somit die Betreuung nahezu jeden dritten Kindes, das in einer Familie groß wird, in der kein bis wenig Deutsch gesprochen wird, in einem Umfeld, in dem gleichaltrige Kinder, deren Muttersprache Deutsch ist, die Minderheit darstellen (vgl. Autorengruppe Bildungsberichterstattung, 2010, S. 206). Es lässt sich daher annehmen, dass ein Teil dieser Kinder im Übergang zur Schule weiterhin sprachliche Probleme aufweisen.

Ob aus diesen Sprachproblemen bei der Gruppe der Kinder aus Zuwandererfamilien im Vorschulalter mit großer Wahrscheinlichkeit eine Leseschwäche entstehen kann, wie es Özkurt und Akkuş in ihrer durch die LAGA NRW veröffentlichte Diplomarbeit zum Thema »Lese-Rechtschreibeschwäche bei Kindern mit Migrationshintergrund« nahelegen (vgl. 2004, S. 85), ist unserer Kenntnis nach bislang wenig fokussiert worden. Der Beitrag stellt daher den Versuch dar, die Situation betroffener Kinder mit Migrationshintergrund und die Auswirkungen der LRS auf deren Bildungsbiografie eingehender zu betrachten. Darüber hinaus soll auch das Gegenextrem Beachtung finden: Der Beitrag widmet sich ebenfalls bei diesen Kindern dem Aspekt der Hochbegabung.

Zunächst erfolgt ein Blick auf die Definition der Begriffe »Legasthenie« und »LRS«. Anschließend werden die Symptome benannt, die auf das Bestehen einer solchen Schwäche hinweisen können. Weiterhin widmen wir uns in unserer Betrachtung den Ursachen für die Entstehung und klären, ob es mit Migration in Zusammenhang stehende Aspekte als Einflussfaktoren gibt, die die Entwicklung einer Lese- und oder Rechtschreibschwäche begünstigen. Darüber hinaus beleuchten wir die Situation von betroffenen Kindern und Jugendlichen aus Zuwandererfamilien und die Auswirkung, die eine solche Schwäche für sie mit sich bringt.

1 Begriffsbestimmung

Die Lese-Rechtschreib-Schwäche (LRS) ist Gegenstand zahlreicher Studien, Ratgeber und anderer Veröffentlichungen. Dennoch scheint es schwierig, eine einheitliche Definition für das Phänomen zu finden. Oftmals wird man bei der Suche nach einer Bestimmung des Begriffs »LRS« auf den Begriff »Legasthenie« verwiesen: »Legasthenie (lat. legere lesen; Asthenie*) f: (engl.) leghasthenia; Lese-Rechtschreib-Schwäche; Störung von Lesen u. Rechtschreibung bei normaler Gesamtintelligenz (Teilleistungsschwäche) inf. auditiver und visueller Wahrnehmungsstörungen« (Pschyrembel, Stichwort »Legasthenie«, 1997, S. 904). Hier wird der Begriff der »Legasthenie« synonym für den Begriff der Lese-Rechtschreib-Schwäche genutzt. Dabei verweist die Definition auf lateinische Ursprünge, denen zufolge der Wortstamm »Leg« vom Verb legere (lesen) abzuleiten ist. Der Wortstamm »Asthenie« wiederum steht im medizinischen Sinn für eine Schwäche. Somit umschreibt der Begriff »Legasthenie« im eigentlichen Sinne ausschließlich eine Leseschwäche (vgl. Duden Fremdwörterbuch, Stichwort »Asthenie«, 1997, S. 89).

Differenzierter beschreibt die WHO im Diagnoseklassifikationssystem der Medizin ICD-10 (International Statistical Classification of Diseases and Related Health Problems unter F81.0) die Lese-Rechtschreib-Schwäche wie folgt:

> Das Hauptmerkmal ist eine umschriebene und bedeutsame Beeinträchtigung in der Entwicklung der Lesefertigkeiten, die nicht allein durch das Entwicklungsalter, Visusprobleme oder unangemessene Beschulung erklärbar ist. Das Leseverständnis, die Fähigkeit, gelesene Worte wieder zu erkennen, vorzulesen und Leistungen, für welche Lesefähigkeit nötig ist, können sämtlich betroffen sein. Bei umschriebenen Lesestörungen sind Rechtschreibstörungen häufig und persistieren oft bis in die Adoleszenz, auch wenn einige Fortschritte im Lesen gemacht werden. Umschriebenen Entwicklungsstörungen des Lesens gehen Entwicklungsstörungen des Sprechens oder der Sprache voraus. Während der Schulzeit sind begleitende Störungen im emotionalen und Verhaltensbereich häufig. (ICD-online WHO Version, 2006)

Die Betrachtung der WHO ist insofern differenzierter, als aus ihr hervorgeht, dass einer Leseschwäche vielfach erst eine Rechtschreibschwäche folgen kann. Das bedeutet, dass diese Definition das Aufeinandertreffen von Schwächen aus unterschiedlichen Bereichen, dem Bereich des Lesens und dem Bereich des Rechtschreibens nicht ausschließt, es aber auch für die Diagnose dieser Schwäche nicht voraussetzt.

Mechthild Firnhaber (2005) plädiert zusätzlich dafür, das Bestehen einer Lese-Rechtschreib-Schwäche auch auf deren Ursache hin differenzierter zu betrachten. Firnhaber verweist auf eine Vielzahl von Unterschieden, die eine LRS hervorrufen bzw. begünstigen können. So erkennt sie neben der

a) anlagebedingten LRS
b) die methodisch bedingte LRS,
c) Lern- und Leistungsdefizite aufgrund äußerer Bedingungen,
d) Minderbegabung und
e) primäre Verhaltungsstörungen, die zum allgemeinen Lese- und Leistungsversagen führen (vgl. Firnhaber, 2005, S. 29 f.).

Aufgrund der Ursachenvielfalt kann somit die LRS als Sammelbegriff für erhebliche und langandauernde Schwierigkeiten beim Erlernen des Lesens und Rechtschreibens beschrieben werden.

2 Symptome der LRS

Die Symptome einer LRS äußern sich sehr vielfältig. In Hinblick auf die bspw. vom Bundesverband Legasthenie und Dyskalkulie e. V. (http://www.bvl-legasthenie.de/) aufgeführten »Kann-Auffälligkeiten« können u. a. folgende Symptome aufgelistet werden:

- Unsicherheiten in der Buchstaben-Laut-Assoziation
- Schwierigkeiten im Zusammenführen von Wörtern und Sätzen
- lautierendes Lesen
- Schwierigkeiten, das Gelesene inhaltlich zu verstehen
- auffallend langsames Lerntempo
- ungenaues Lesen
- Schwierigkeiten, einzelne Buchstaben zu unterscheiden und zu schreiben
- Schwierigkeiten, das Gehörte niederzuschreiben (Laut-Buchstaben-Beziehung)
- Weglassen bzw. Hinzufügen einzelner Buchstaben
- sog. Wortruinen zu schreiben
- erkennbar Fehlerhaftes im Abschreiben
- unleserliche Handschrift
- hohe Fehlerquoten bei ungeübten Diktaten
- Produzieren von geringen Textmengen

In Hinblick auf die Liste der möglichen »Kann-Auffälligkeiten«, die keinen Anspruch auf Vollständigkeit erhebt, lässt sich schlussfolgernd sagen, dass es »die« Lese-Rechtschreib-Schwäche gar nicht gibt, sondern dass das Auftreten der unterschiedlichen Symptome und somit das Erscheinungsbild der LRS variieren kann.

3 Vererbung als Einflussfaktor für LRS

In Hinblick auf die Definitionen des Begriffs der Lese-Rechtschreib-Schwäche scheint insbesondere die Vererbung als Einflussfaktor von großer Bedeutung zu sein. In Bezugnahme auf die Ergebnisse internationaler Forschung verweist Katrin Sellin 2004 darauf, dass bei 5 % der Bevölkerung und somit bei ca. 3,5 Millionen Deutschen das Bestehen einer derartigen Schwäche angenommen werden kann (vgl. Sellin, 2004, S. 28). Bei schätzungsweise 50–60 % dieser Fälle beruhe die Lese-Rechtschreib-Schwäche auf einer erblichen Komponente, sei demzufolge genetisch bedingt (vgl. Sellin, 2004, S. 29).

Auf eine von Gilger, Penningten und De Fries durchgeführten Studie verweisend führen Klicpera, Schabmann und Gasteiger-Klicpera aus, dass »das Risiko für Kinder, eine Lese- und Rechtschreibstörung zu entwickeln, [...] bei Jungen etwa 40 Prozent« betrage, »wenn der Vater, und 36 Prozent wenn die Mutter die gleichen Schwierigkeiten hatte«. Bei Mädchen sei »die Übertragung von Eltern auf die Kinder [...] geringer und betrage etwa 20 Prozent, wenn einer der beiden Eltern Störungen hatte, wobei zwischen den Eltern kein Unterschied« herrsche (Klicpera et al., 2007, S. 164). Für die Vererbbarkeit der LRS ist dabei weder der IQ der Kinder von Bedeutung, noch spielen deren sozialer bzw. kultureller Hintergrund eine Rolle.

4 Sozioökonomische, soziale und migrationsspezifische Einflussfaktoren

Obschon bei der Mehrheit der Betroffenen die Lese-Rechtschreib-Schwäche anlagebedingt auftritt, werden in den unterschiedlichen Fachbereichen, die sich dem Thema widmen, weitere Einflussfaktoren benannt, die eine LRS beeinflussen können. In diesem Kontext lässt sich die PISA-Studie anführen, deren Ergebnissen entsprechend, wie zuvor dargestellt, ein Zusammenhang zwischen dem Sozialstatus und den schulischen Leistungen von Kindern besteht.

Auch Klicpera, Schabmann und Gasteiger-Klicpera betonen in Bezugnahme auf unterschiedliche Langzeitstudien den Einfluss von Armut auf die Entwicklung der Kinder. So verweisen die Studien darauf, dass die Dauer und das Ausmaß der Armut mit den Leistungen der Kinder korrelieren: »Je länger Kinder in Armut leben, desto größer ist der negative Effekt auf die kognitiven Fähigkeiten. Auch [...] zeigt sich, dass der negative Einfluss der Armut umso größer ist, je schlechter die ökonomischen Bedingungen der Familie sind« (Klicpera et al., 2007, S. 185). Weiterhin führen sie aus, dass nicht die Armut im eigentlichen Sinne, sondern vielmehr all jene Faktoren eine Lese- und Rechtschreibschwäche begünstigen können, die in engem Zusammenhang stehen. Zu diesen Faktoren zählen sie bspw. die Wohnverhältnisse, Freizeitgewohnheiten der Kinder oder das Bildungsniveau der Eltern (vgl. ebd., S. 190).

Özkurt und Akkuş beschreiben in diesem Kontext die Wohnverhältnisse von Migrantenfamilien, die häufig der gesellschaftlichen Unterschicht zuzuzählen seien, als defizitär. Die Wohnungen wiesen angesichts des geringen Einkommens vielfach einen schlechten Zustand auf und der Wohnraum wird für die Anzahl der Bewohner oftmals als zu eng beschrieben. Die schlechten Wohnverhältnisse begünstigten insofern die Entwicklung von Problemen im Bereich des Lesens und Rechtschreibens, als dass Schulkinder ihre schulischen Verpflichtungen daheim nur schwer erfüllen könnten, da sie weder über einen eigenen Arbeitsplatz verfügten noch ihre Hausaufgaben ungestört lösen könnten (vgl. Özkurt & Akkuş, 2004, S. 82 f.). Kinder, die an einer LRS leiden, werden in Anbetracht dieser Situation zudem Mühe haben, sich daheim in Ruhe auf fördernde Maßnahmen bezüglich des Lesens und Rechtschreibens konzentrieren zu können.

Auch das Bildungsniveau der Eltern steht im Fokus der Betrachtung. Demnach werden Eltern mit einem hohen Bildungsniveau die kognitive Entwicklung ihrer Kinder und somit deren Lese- und Rechtschreibkompetenzen möglicherweise besser unterstützen können als Eltern mit einer niedrigen Bildung. Gleiches kann in Bezug auf die von den Eltern erworbenen Sprachkenntnisse angenommen werden. Eltern, die nur rudimentäre Kenntnisse der deutschen Sprache aufweisen, werden mit einer hohen Wahrscheinlichkeit nicht nur Schwierigkeiten haben, inhaltlich die schulischen Aufgabenstellungen und Übungen der Kinder zu erfassen, sie werden aufgrund dessen auch Schwierigkeiten haben, ihre Kinder bei deren Durchführung unterstützen zu können.

5 Vorschulische Sprachprobleme als Einflussfaktor für LRS

Obwohl in den meisten Fällen die LRS anlagebedingt auftreten dürfte, wird auch auf migrationsspezifische Einflussfaktoren hingewiesen, die bei einer Lese-Rechtschreib-Schwäche von Bedeutung sein dürften. Wir haben uns im vorangegangenen Abschnitt diesbezüglich den Sprachfähigkeiten der Eltern zugewandt und daraus resultierende Schwierigkeiten benannt.

Rudimentär erworbene Deutschkenntnisse können aber nicht alleine erklären, dass die Kommunikation in den Familien, in denen die Migrantenkinder aufwachsen, überwiegend in der jeweiligen Muttersprache stattfindet. Auch in Familien hier bereits aufgewachsener Migranten unterhalten sich die Familienmitglieder untereinander vorwiegend in der jeweiligen Muttersprache.

> Sie tun dies unter der Nutzung der funktionalen sowie intuitiven, situativen und gefühlsbetonten Seite der Sprache. Sie nutzen Muttersprache nicht nur formell, sondern auch als Beziehungssprache und Sprache der Konfliktlösung. Somit bereiten gute Muttersprachenkenntnisse jede Ausweitung auf eine zu erlernende Zweitsprache vor, geben den Kindern ein erlebtes, gefühltes, erdachtes, und hirnphysiologisch verankertes Erfahrungsmodell des Sprachelernens. (RAA, 2007, S. 10)

Kinder aus Migrantenfamilien, welche ein Sprachsystem, und zwar in der Regel das der Muttersprache, regelgerecht erlernt haben, sind demnach in der Lage, neue Sprachsysteme, wie das der deutschen Sprache, zu erkennen und sich relativ schnell anzupassen.

Wenn sich Migranteneltern dazu entscheiden, ihr Kind in die Obhut einer Kindertagesstätte zu geben, kommen viele dieser Kinder hier zum ersten Mal in Kontakt mit der deutschen Sprache. Die Kindertagesstätte bietet daher für Kinder aus Zuwandererfamilien oftmals die Grundlage für den Erwerb deutscher Sprachkenntnisse. In der Interaktion mit anderen Kindern und Erziehern entwickelt sich neben der Sozialkompetenz auch die vorhandene Sprachkompetenz. Daher werden Kinder aus Zuwandererfamilien, die viel mit deutschsprachigen Kindern spielen, über diese gemeinschaftliche Aktion auch schnell die deutsche Sprache erlernen.

Viele Migrantenfamilien leben in Stadtteilen mit einer hohen Migrantendichte. Kindertagesstätten in diesen Stadtteilen weisen daher einen hohen Anteil an Migrantenkindern auf, Kinder aus deutschsprachigen Familien sind meistens unterrepräsentiert. Es ist anzunehmen, dass sich Kinder aus Zuwandererfamilien in der Regel Spielkameraden aus dem gleichen Herkunftsland suchen. Kinder aus dem gleichen Herkunftsland unterhalten sich untereinander weitestgehend in der Muttersprache. Daher findet der Erwerb von deutschen Sprachkenntnissen in diesen Einrichtungen unter erschwerten Umständen statt. Demzufolge muss hier ganz besonders darauf geachtet werden, dass Sprachangebote geschaffen werden, die die Vermittlung deutscher Sprachkenntnisse in den Vordergrund stellen. Insofern aber innerhalb dieser Einrichtungen ausreichende Sprachangebote bestehen und zusätzlich Sprachförderprogramme bereitgestellt werden, durch die die Sprachentwicklung der Kinder gefördert und vorbereitend Lese- und Schreibfähigkeiten gestützt werden, werden auch hier Kinder mit Migrationshintergrund, die über ein regelgerechtes Sprachsystem verfügen, sich schnell assimilieren können.

Neben den Kindern, die innerhalb ihrer Familien ein Sprachsystem regelgerecht erlernt haben, finden sich aber auch immer wieder Kinder, die mit zwei Sprachen aufgewachsen sind. Hieraus kann resultieren, dass das Kind keines der angebotenen Sprachsysteme gut beherrscht, und zwar vor dem Hintergrund, dass es entweder über wenig Sprachtalent verfügt und mit dem Angebot von zwei Sprachen überfordert ist oder beide Sprachsysteme mangels gut ausgebildeter Sprachkenntnisse der Eltern in beiden Sprachen fehlerhaft vermittelt werden. In dem Fall kann es zu sprachlichen Rückständen kommen, in deren Folge aber nicht zwangsläufig eine LRS begünstigt wird.

Sollten mit der Einschulung demnach Sprachprobleme in der deutschen Sprache bestehen, ist das noch lange kein Indikator dafür, dass bei Migrantenkindern tatsächlich eine klassische Lese-Rechtschreib-Schwäche vorliegt.

6 Einflussfaktor Zeit

Wir haben bislang aufgezeigt, dass die Lese-Rechtschreib-Schwäche im Wesentlichen anlagebedingt ist. Es gibt jedoch sowohl schicht- als auch migrationsspezifische Faktoren, die zwar nicht zwangsläufig zum Entstehen einer LRS beitragen, aber eine bestehende LRS beeinflussen können. Diese Faktoren dürften bei einem Teil der betroffenen Kinder und Jugendlichen aus Zuwandererfamilien von Bedeutung sein. Somit lässt sich bei den Betroffenen in mindestens zweifacher Hinsicht eine strukturelle Benachteiligung aufzeigen. Insofern bei Kindern und Jugendlichen unabhängig ihrer Herkunft eine Lese-Rechtschreib-Schwäche diagnostiziert wird, sehen sich deren Eltern in Hinblick auf die vorschulische und schulische Integration ihrer Kinder oftmals mit einem enormen bürokratischen Prozess konfrontiert. Dies wird im folgenden Beispiel verdeutlicht:

Fallbeispiel

Halimas Eltern kommen ursprünglich aus Marokko. Das Kind besucht die 4. Klasse und, obwohl eine schriftliche, ärztliche Bescheinigung vorliegt, der zufolge Halima Legasthenikerin ist, wird sie seitens ihrer Lehrer als so begabt eingestuft, dass sie trotz der Leseschwäche auf das Gymnasium wechseln kann. Damit ihre Tochter trotz der Legasthenie die entsprechende finanzielle (und schulische) Förderung erhält, muss sich die Mutter nicht mehr an die Krankenkasse, sondern an das Jugendamt wenden. Dort wird von Halimas Mutter verlangt, dass sie für eine Förderung ihrer Tochter eine zusätzliche Bescheinigung über eine seelische Beeinträchtigung des Kindes vorlegen müsse. Über das nächste halbe Jahr hinweg nehmen Mutter und Tochter eine Vielzahl von Terminen bei der Schule, dem Jugendamt und beim Arzt wahr, in deren Verlauf die Notwendigkeit einer entsprechenden Förderung überprüft werden soll. Erst mithilfe des Leiters einer freien Jugendhilfe bekommt Halima die notwendige Förderung.

Am Beispiel von Halima, die stellvertretend für viele Kinder und Jugendliche mit oder ohne Migrationshintergrund steht, wird klar, dass sich Eltern, deren Kinder eine Förderung aufgrund einer festgestellten Lese-Rechtschreib-Schwäche bedürfen, vielfach mit einem langwierigen Verwaltungsprozess konfrontiert sehen. Bei Migrantenfamilien wird dieser Prozess häufig auch migrationsspezifische Faktoren wie der Sprachkompetenzen einerseits und Probleme informellen Charakters andererseits flankiert und beeinflusst:

- Diesbezüglich lässt sich auf die Erfahrung vieler Eltern verweisen, wonach sich bspw. Lehrer einem Gespräch mit ihnen verweigern, darauf verweisend, »dass sie nur mit einer Erziehungsperson sprechen, die auch Deutsch spricht«. Gerade an Schulen werden die Eltern dann auch aufgefordert, einen Dolmetscher zur Verständigung mitzubringen, was häufig Unverständnis hervorruft.
- Auch wenn einige im interkulturellen Bereich tätige Verbände einen Dolmetscherdienst anbieten, haben viele der hilfesuchenden Migranten über dieses Angebot keine Informationen. Die Suche nach einem geeigneten Dolmetscher ist daher oftmals mit viel zeitlichem aber auch finanziellem Aufwand verbunden.
- Sprachliche als auch informelle Probleme ergeben sich auch im Zugang zu entsprechenden Hilfseinrichtungen. Viele der Eltern sehen sich mit der Frage konfrontiert, welche Aufgaben Schulämter/Schulverwaltungsämter, Jugendämter, Gesundheitsämter etc. wahrnehmen. Es erfordert sehr viel Zeit und Aufwand, die Aufgaben und Befugnisse der einzelnen Ämter bezogen auf das Problem herauszufinden. Unterstützung erhoffen sich viele Migranten durch Migrantenselbstorganisationen und Migrationsberatungsstellen, die aber in Hinblick auf das Thema LRS kaum vorbereitet sind. Für türkische Eltern besteht daher neben dem türkischen Konsulat kaum eine andere Anlaufstelle, welche effektive Hilfeleistungen anbieten könnte.

Die oben benannten Probleme können den ohnehin schon langwierigen Verwaltungsprozess erschweren und zusätzlich enorm verzögern. Es stellt sich generell die Frage, weshalb die vorschulische bzw. schulische Integration von Kindern, deren Leiden bereits ärztlich attestiert wurde, durch Verwaltungsvorschriften, wie dem Erbringen zusätzlicher Atteste, und unangemessene Untersuchungs- und Kontrollzeiten dermaßen in die Länge gezogen – im Extremfall sogar behindert – wird. Dabei benötigten diese Kinder angesichts der erkannten LRS unverzüglich gezielte Hilfestellungen! Klicpera, Schabmann und Gasteiger-Klicpera konstatieren daher folgerichtig:

> Ein Warten vergrößert im Allgemeinen die Probleme und stellt keine angemessene Reaktion dar, da die Zeit meist gegen die Kinder arbeitet. Je länger die Schwierigkeiten bestehen, desto größer wird der Rückstand, da die Kinder in der Zwischenzeit nicht nur im Unterricht, sondern auch außerhalb der Schule Gelegenheiten zum Üben des Lesens und Rechtschreibens versäumen. (Klicpera et al., 2007, S. 230)

Eltern, deren Kinder an einer Lese-Rechtschreibschwäche leiden bzw. die die Vermutung haben, dass eine LRS vorliegen könnte, wird vor dem Hintergrund empfohlen, sich an Förderinstitute für LRS zu wenden. Eventuell sind solche Institute etwas schneller in der Hilfestellung als staatlich angeordnete Jugendhilfen; sie sind in vielen Fällen aber auch kostenpflichtig.

7 Auswirkung auf das Selbstbewusstsein

Kinder, die über Schwierigkeiten im Lesen und Schreiben verfügen, erleben ihren schulischen Alltag bereits von der Grundschule an als problematisch. Die Aufgaben, in denen von ihnen Lesen und Schreiben abverlangt werden, sind für sie schwer zu lösen und das Schreiben geht mit enormen Fehlern einher. Das ruft vielfach Schamgefühl hervor, v. a. wenn sich die Kinder aufgrund der Misserfolge durch die Reaktion der Mitschüler, Lehrer und Eltern in ihrem Selbstwertgefühl stark herabgesetzt fühlen.

Wenn Kinder beginnen, die Verantwortung für ihre mangelnden Lese- und Rechtschreibfähigkeiten ausschließlich bei sich zu suchen und diese »Unfähigkeit« als beständige Eigenschaft wahrnehmen, laufen sie Gefahr, diese »Eigenschaft« auch auf sämtliche anderen schulischen Bereiche zu projizieren. Die Folge ist, »dass nicht nur sie selbst, sondern Mitschüler und sogar Lehrer sich eine negative Meinung bilden« (Klicpera et al., 2007, S. 197) bzw. diese verfestigen. Diese Kinder werden von ihren Mitschülern eher als scheu und zurückhaltend wahrgenommen. »Sie suchen oft die Hilfe bei ihren Mitschülern und werden eher zum Opfer von Aggressionen« (ebd.).

Vor dem Hintergrund scheint die Reaktion der Schulen sowie der Lehrer insbesondere in der Grundschulzeit nicht unerheblich für das künftige Selbstbewusstsein von Kindern zu sein, die sich zum einen aufgrund ihrer Lese-Rechtschreibschwierigkeiten als »Leistungsversager« sehen und sich andererseits in der Interaktion mit Mitschülern als »Versager« erleben. Bei Kindern aus Zuwandererfamilien können zusätzlich auch noch Stigmatisierungen in Bezug auf ihren sozialen und ihren kulturellen Hintergrund hinzukommen. Daher ist es für diese Kinder in besonderer Weise belastend, wenn sie keine Unterstützung seitens der Lehrer erhalten, wenn sich diese ignorant und wenig empathisch zeigen und dem betroffenen Kind das Gefühl vermitteln, tatsächlich dumm zu sein.

Alarmierend sind vor dem Hintergrund Hinweise darauf, dass insbesondere mit Migrantenkindern, die Schwierigkeiten im Lesen und Schreiben aufwiesen, vermeintliche »Sprachtests« durchgeführt wurden, die vielfach eine Überforderung für die Kinder darstellten und den Eindruck bei ihnen vertieften, dumm zu sein, da ja nur sie, nicht aber die anderen Kinder, einen solchen Test absolvieren mussten. Überhaupt erfordert die Durchführung von Tests an Kindern und Jugendlichen das Einverständnis der Eltern. Es scheint jedoch häufig die Praxis zu sein, Migranteneltern bewusst außen vor zu lassen, weil diese »sowieso die Sprache nicht verstehen würden«. Dies sind die Rückmeldungen nicht nur der Eltern, sondern auch die Erfahrungsberichte der Lehrer selbst.

Letztlich sind es dann die Eltern, denen die Verantwortung für die Kinder und deren seelischem Gleichgewicht obliegt. In Hinblick auf ein gestärktes Selbstwertgefühl ist es von Bedeutung, »wie die Eltern den Kindern in den Schuljahren gegenübergestanden sind und inwieweit sich die Betroffenen in dieser Zeit von den Eltern akzeptiert und unterstützt gefühlt haben« (Klicpera et al., 2007, S. 129).

Es sind insbesondere die Eltern, die ihr Kind auffangen und wesentlich dazu beitragen, dass das Kind sowohl schulische als auch außerschulische Erfolgserlebnisse hat. Die Unterstützung der Eltern ist für das Kind wichtig, damit sie sich nicht, wie in der Schule, als Versager fühlen. Allerdings können auch Freizeitaktivitäten mit Gleichaltrigen hilfreich sein, Versagensängste abzubauen. In Freizeitangeboten, die nicht auf dem Erbringen von Leistungen beruhen, sondern bspw. die Kreativität der Kinder in den Vordergrund rücken und in denen die betroffenen Kinder den Umgang mit Gleichaltrigen als freundschaftlich und hilfsbereit erleben, werden sie Hemmungen und Versagensängste abbauen können. Mechthild Firnhaber ist sogar der Überzeugung, dass eine solche positive Wahrnehmung der eigenen Person den Umgang der von einer Lese-Rechtschreib-Schwäche betroffenen Kinder mit schlechten Noten vorteilhaft beeinflussen kann (vgl. Firnhaber, 2005, S. 156).

8 Interkultureller Stress

In diesem Rahmen kann auch von erhöhtem interkulturellem Stress bei den Eltern ausgegangen werden, welcher sich wie folgt zeigen kann und sich auch mittelbar/unmittelbar auf das Kind/den Jugendlichen überträgt. Interkultureller Stress entsteht,

1. weil die sprachliche Anpassung (Erlernen der Sprache etc.) alleine nicht ausreicht, wenn kultur-politische Methoden und Mittel des Umgangs miteinander nicht verstanden werden (auf beiden Seiten),
2. zwischen Vertretern der Mehrheits- und Minderheitsgemeinschaft (dominante vs. untergeordnete Rolle der Gemeinschaftsmitglieder),
3. bei dem Gefühl der Ohnmacht und der Machtlosigkeit auch gegenüber ständigen Stereotypen und Stereotypisierungen (»Warum wollen sich die Türken nicht integrieren« etc.),
4. wenn Multi-Kulturalität als ein Problem begriffen wird,
5. weil das Selbstwertgefühl des Migranten direkt/indirekt angegriffen werden soll: »Der Migrant« als Verursacher von Angst und als ein sich nicht integrieren Wollender; der »Fremde«, der versucht, sich »bei uns – auch bildungspolitisch – einzunisten«,
6. verbunden mit unterschiedlichen Erziehungsvorstellungen (autoritäre vs. kommunikativer Erziehungsstil),

7. bei ungleichem sozialen Status (z. B. zwischen gebürtig deutschen Lehrern und gebürtig türkischen/ausländischen/migrantischen Eltern), wobei sich das Kommunikationsproblem verstärkt (vgl. auch Balci, 2009),
8. wenn wenig Wissen über die Kultur, Politik und Wirtschaft der Aufnahmegesellschaft existiert (Fehlen interkultureller Handlungskompetenz),
9. bei Veränderung der eigenen Identität im Prozess der Anpassung an die neue Umgebung,
10. bei ständigem Rechtfertigungszwang gegenüber verallgemeinernden Äußerungen; dies führt auf die Dauer zur Resignation in der Kommunikation zwischen den Kulturangehörigen.

9 LRS als Talentsignal

Wir haben im vergangenen Abschnitt die Auswirkungen der LRS auf das Selbstwertgefühl betroffener Kinder fokussiert und festgestellt, dass sie sich angesichts ihrer Schwäche vielfach als »Versager« empfinden. Ronald D. Davis appelliert jedoch dafür, vielmehr auf positive Fähigkeiten einzugehen, die mit der LRS einhergehen können und die er als Talent der Betroffenen wertet. Als solche grundlegenden Fähigkeiten, die alle Betroffenen aufweisen, beschreibt er:

1. »Sie benutzen die Fähigkeit des Gehirns, Sinneswahrnehmungen zu verändern und zu erzeugen (Haupttalent).
2. Sie nehmen ihre Umgebung sehr bewusst wahr.
3. Ihre Wissbegier ist überdurchschnittlich.
4. Sie denken vorwiegend in Bildern, nicht in Wörtern.
5. Sie besitzen Scharfblick und starke Intuition.
6. Ihre sinnliche Wahrnehmung und ihr Denken sind vielschichtig.
7. Sie erleben Gedachtes als real.
8. Sie verfügen über eine lebhafte Phantasie« (Davis, 2006, S. 9 f.).

Er schlussfolgert, dass, insofern diese acht Fähigkeiten nicht von Eltern, Erziehern oder Lehrern abgewertet, unterdrückt oder zerstört werden, hieraus zwei charakteristische Eigenschaften entstehen: Überdurchschnittliche Intelligenz und außergewöhnliche Kreativität (vgl. Davis, 2006, S. 10).

Wir fanden diesen Ansatz vor dem Hintergrund erwähnenswert, da er nicht die Schwächen von lese- und rechtschreibschwachen Kinder in den Fokus rückt, infolge derer sie sich als defizitär empfinden, sondern im Gegenteil auf die Vielzahl von Potenzialen verweist, die in den Betroffenen schlummern. Diese gilt es, bei Kindern zu fördern, ob sie einen Migrationshintergrund besitzen oder nicht!

10 Hochbegabung unter Migrantenkindern

Menschen mit Migrationshintergrund und ihre Kinder haben es in der Bundesrepublik Deutschland nicht leicht, sich gleichberechtigt zu integrieren. Die oftmals mangelnde Bildung der Eltern spielt dabei eine zentrale Rolle. Da die meisten Menschen mit Migrationshintergrund eher mit geringer Bildung und geringer Qualifizierung gleichgesetzt werden, erscheint eine Kombination von Hochbegabung, Legasthenie und Migrationshintergrund wie eine »unheilvolle« Kombination, auch und gerade wenn die Hochbegabung unentdeckt bleibt. Nach Christina Heinisch (2008) gibt es in der Bundesrepublik Deutschland Schätzungen zufolge ca. zwei Millionen Migrantenkinder an deutschen Schulen. Wissenschaftler gehen davon aus, dass davon ca. 90 000 hochbegabt und 180 000 überdurchschnittlich begabt sind. Hochbegabung kann als ein geistiges/körperliches Potenzial verstanden werden, das die betreffende Person entwickelt, um herausragende Leistungen und Kenntnisse zu entwickeln. So heißt es in der Studie vom Bundesministerium für Bildung und Forschung (BMBF, 2009) über Begabung und Hochbegabung:

> Unter Begabung verstehen wir also ein Potenzial, welches sich in der Regel unter günstigen Umweltbedingungen wie gezielter Anregung und Förderung zu außergewöhnlicher Leistung entwickeln kann, aber eben nicht muss. Hochbegabung in diesem Sinne kann als extrem hoch ausgeprägtes Entwicklungspotential verstanden werden. (BMBF, 2009, S. 15)

Nach Dursun Tan (2005) drücken sich die Fähigkeiten und Begabungen dabei auch kulturspezifisch aus, so dass diese vor dem Hintergrund der jeweilig spezifischen »Kulturbrille« nicht sofort erkannt werden können. Denn Intelligenzvorstellungen und Begabungsperformance, so Tan, sind nicht frei von kulturellen Deutungen und von Konstruktion von sog. Gruppenunterschieden in der Leistungsperformance. Das heißt, bestimmten Menschen mit einer speziellen ethnischen, kulturellen sowie religiösen Zugehörigkeit werden auch nur bestimmte Leistungen zugestanden. Da wissenschaftliche Analysen zur Begabtenforschung, bezogen auf Migration und Hochbegabung, noch in Deutschland in »Kinderschuhen« steckten, bezog sich Dursun Tan auf Ausführungen aus Großbritannien. Diese belegten, dass der sozioökonomische Status als »Weißer«, d.h. als Person mit britischer Herkunft, zu besseren Leistungswerten führe als bei Personen anderer ethnischer Herkunft (untersucht an Asiaten, Afrikanern etc.).

Auch die Frage der sozialen Herkunft (Kopfarbeiter versus Handarbeiter) ist entscheidend in der Leistungsbeurteilung der Kinder und Jugendlichen. Hier ist die Pädagogik gefordert, um Erkennungs- und Messinstrumente zu verfeinern. Damit soll auch der Blick der Pädagogen daraufhin geschärft werden, eigene Konstruktionen der Wirklichkeit zu erkennen. Das heißt, konkret zu sehen, dass auch sie mittels eigener Erwartungen, Vorstellungen und Zuweisungen ethnische Grenzen in der Bildung mit konstruieren. In diesem Rahmen behaupten Mechthild Gomolla und Frank-Olaf Radtke (2002, S. 16), dass die Schule eine Organisation sei, die den Zugang zu ihren Leistungen entlang ethnischer Unterscheidungen ungleich regelt. Das heißt, Schule diskriminiert auch als Institution. Die Förderung von Chancengleichheit wird damit nicht allein darin gesehen, wenn sich die Kinder und ihre

Eltern entsprechend alleine ändern, um den mangelnden Erfolg zu kompensieren. Auch die Lehrer – so die Erkenntnis schon vor acht Jahren – tragen mit ihren Weltbildern, Normvorstellungen und ethischen Grundätzen zur institutionellen Diskriminierung bei.

Vor diesem Hintergrund erscheint nicht nur ein hochbegabtes Migrantenkind aus einer Arbeiterfamilie wie ein Exot in der »Schule der Mittelschichts«-Normierung. Die Hochbegabung wird zudem bei den meisten Menschen nicht wirklich erkannt. Wenn Hochbegabung nicht wahrgenommen wird, kann das zu einem langen Leidensweg der Betroffenen führen, weil sie zwar spüren, dass sie anders sind – aber nicht wissen, was es ist – und was getan werden kann. Sowohl das persönliche Leid der Hochbegabten wie auch das Mitgefühl der sozialen Umgebung führen zu Frustrationen und nicht selten auch zur Depression/Aggression/Klassenclownerie. Durch frühzeitige Erkennung und nachhaltige Förderung der Begabungen können Benachteiligungen behoben werden.

11 Fazit

In diesem Beitrag wurden die Themen LRS und Hochbegabung vor dem Hintergrund eines aktuellen praktischen Beispiels gewählt, um zu verdeutlichen, warum Eltern – auch und gerade mit Migrationshintergrund – sich selbst frühzeitig und genauestens über die Situation ihrer Kinder informieren und entsprechende Stellen zur Förderung aufsuchen sollten. Dies sollte durch gezielte Informationsweitergabe an den Schulen über die Lehrer wie auch über die Jugend- und Schulämter erfolgen. Die Möglichkeit der kostenlosen Tests an den Schulen sollte Lehrern, Eltern wie Schülern helfen, dass sie insbesondere auch hinsichtlich der beiden Schwerpunktthemen LRS und Hochbegabung rechtzeitig aufgeklärt werden. Darüber hinaus können weitere zum Teil kostenfreie Unterstützungen in Anspruch genommen werden. Erwähnenswert in dem Zusammenhang sind:

- die Diagnostik bei Psychologen, wobei die Kosten in der Regel von den Krankenkassen übernommen werden,
- die kostenfreie Diagnostik bei Schulpsychologen,
- die Diagnostik bei Erziehungsberatungsstellen,
- die Diagnostik bei Kinder-neurologischen Zentren.

Auch könnten interkulturelle Kompetenzschulungen für pädagogisches Personal an Schulen und Kitas helfen, kulturell bedingte Reibungen schneller zu erkennen und präventiv zu begegnen. Dies ermöglicht auch einen volkswirtschaftlich Gewinn für alle.

Zukunftsträchtig erscheinen Schulformen wie die integrative Schule, in denen behinderte mit nicht behinderten Menschen lernen und leben können. Es erscheint politisch, sozial wie wirtschaftlich dringlicher denn je, die Rahmenbedingungen an

Sonderschulen, Hauptschulen, Realschulen und Gymnasien stärker an den Bedürfnissen der Schüler zu orientieren, damit hier über eine bedarfsgerechte Förderung der Bildungsauftrag so umgesetzt werden kann, dass allen Schülern unabhängig von der sozialen Klassenzugehörigkeit der Eltern mit dem Schulabschluss eine Chancengleichheit auf dem Arbeitsmarkt zuteil wird. Es gibt schon vorbildhafte Schulen wie Waldorfschulen in Deutschland, welche stärker in den Fokus gerückt und entsprechend weiter propagiert werden können. Diese kosten jedoch Geld. Eine solche Gebühr kann aber von der Mehrheit der Migranten kaum erbracht werden. Eine Investition in Bildung auch und gerade bei Migrantenkinder ist jedoch eine Zukunftsinvestition für Deutschland.

Literatur

Alvarez, C. (2008). *Hochbegabung: Tipps für den Umgang mit fast normalen Kindern* (2. Aufl.). München: dtv.

Autorengruppe Bildungsberichterstattung (2010). *Bildung in Deutschland 2010. Ein Indikatorengestützter Bericht mit einer Analyse zu Perspektiven des Bildungswesens im demografischen Wandel.* Bielefeld: W. Bertelsmann.

Balci, E. (2009). Der Einfluss türkischer Eltern auf den Schulerfolg ihrer Kinder. Zur Bildungssituation von Teilnehmern an einer berufsvorbereitenden Maßnahme und Schülern an allgemeinbildenden Schulen in Berlin. Verfügbar unter: http://opus.kobv.de/tuberlin/volltexte/2009/2312/pdf/balci_erdinc.pdf (18. 01. 2012).

Bundesministerium für Bildung und Forschung (BMBF) (2009). *Begabte Kinder finden und fördern. Ein Ratgeber für Eltern, Erzieherinnen und Erzieher, Lehrerinnen und Lehrer.* Bielefeld: W. Bertelsmann.

Davis, R. D. & Brown, E. M. (2006). *Legasthenie als Talentsignal. Das Praxisbuch.* Kreuzlingen/München: Heinrich Hugendubel.

Dubovaya, L. (2008). *Doppelt fremd.* Verfügbar unter: www.begabtenzentrum.at/.../01_2_Liliana%20Dubovaya_Doppelt%20fremd_gekuerzt.pdf. (28. 10. 2010).

Duden (1997). *Fremdwörterbuch, 5* (6., überarb. und erw. Aufl.) Mannheim: Dudenverlag.

Firnhaber, M. (2005). *Legasthenie und andere Wahrnehmungsstörungen. Wie Eltern und Lehrer Risiken frühzeitig erkennen und helfen können* (9. Aufl.). Frankfurt a. M.: Fischer Taschenbuch.

Gomolla, M. & Radtke, F.-O. (2002). *Institutionelle Diskriminierung. Die Herstellung ethnischer Differenz in der Schule.* Opladen: Leske & Budrich.

Heinisch, C. (2008). *Hochbegabte Migranten: Häufig unerkannt.* Verfügbar unter: http://www.klett-pressebox.de/sixcms/media.php/273/KTD_41_3-4.pdf. (28. 10. 2010).

Karakaşoğlu, Y. (2007). Abgrenzung und Mission statt Toleranz und Dialog. In J. Micksch (Hrsg.), *Evangelisch aus fundamentalem Grund. Wie sich die EKG gegen den Islam profiliert* (S. 238–252). Frankfurt: Lembeck.

Karakaşoğlu, Y. (2009). Beschwörung und Vernachlässigung der Interkulturellen Bildung im »Integrationsland« Deutschland – ein Essay. In W. Melzer & R. Tippelt (Hrsg.), *Kulturen der Bildung.* Beiträge zum 21. Kongress der Deutschen Gesellschaft für Erziehungswissenschaft (S. 177–198). Opladen: Verlag Barbara Budrich.

Klicpera, C., Schabmann, A. & Klicpera-Gasteiger, B. (2007). *Legasthenie.* München: Ernst Reinhardt.

Neubauer, A. & Stern, E. (2008). *Lernen macht intelligent. Warum Begabung gefördert werden muss* (2. Aufl.). München: DVA.

Özkurt, H. & Akkuş, S. (2004). *Lese-Rechtschreib-Schwäche bei Kindern mit Migrationshintergrund.* Verfügbar unter: http://www.laga-nrw.de/data/leserechtschreibschwche2005_2.pdf (28.07.2012).
Pschyrembel (1998). *Klinisches Wörterbuch* (258. Aufl.). Berlin/New York: Walter de Gruyter.
Prenzel, M., Artelt, C., Baumert, J. et al. (Hrsg.) (2007). *PISA 2006. Die Ergebnisse der dritten internationalen Vergleichsstudie.* Münster: Waxmann.
Regionale Arbeitsstellen zu Förderung von Kindern und Jugendlichen aus Zuwandererfamilien RAA. (Hrsg.) (2007). *Handbuch für Griffbereit – Elternbegleiterinnen.* Essen.
Sellin, K. (2004). *Wenn Kinder mit Legasthenie Fremdsprachen lernen.* München: Ernst Reinhard.
Tan, D. (2005). *Migrant und missverstanden.* Verfügbar unter: www.dghk.de/laby85/85_tan_migranten.pdf (28.10.2010).
Tan, D. (2008). *Migration als Chance//Zukunft braucht Begabung – Begabung braucht Zukunft.* Berlin: LIT.

Internetquellen

Bundesverband Legasthenie und Dyskalkulie e.V.: http://www.bvl-legasthenie.de/
Begabungspsychologische Beratungsstelle an der Ludwig-Maximilians-Universität München: www.paed.uni-muenchen.de
Begabungspsychologische Beratungsstelle der Universität Würzburg: http://www.begabungsberatungsstelle.uni-wuerzburg.de/
Beratungsstelle der Universität Rostock: www.phf.uni-rostock.de/institut/ipp/index.htm
CJD-Akademie – Institut für Hochbegabung: www.cjd-akademie.de
Gaesdoncker Beratungsstelle für Begabtenförderung (GBfB): www.gbfb.de
Landesweite Beratungs- und Forschungsstelle für Hochbegabung an der Universität Ulm (LBFH): www.hochbegabungsberatung.de
Bildung und Begabung e.V., Bonn: www.bildung-und-begabung.de

Migration als Lern- und Entwicklungsfaktor: Dyskalkulie, Rechenschwierigkeiten – Phänomene, Befunde, Erklärungsmuster

Birgit Werner

Die Frage nach dem Zusammenhang zwischen Dyskalkulie und Migrationshintergrund lässt sich zunächst recht einfach beantworten: Es liegen derzeit keine Befunde vor, die belegen, dass es zwischen den Faktoren Migration und Dyskalkulie bzw. Schwierigkeiten im Mathematikunterricht einen ursächlichen Zusammenhang gibt. Deutlich differenzierter und komplexer wird die Antwort auf die Frage nach dem Zusammenhang zwischen den individuellen Lern- und Leistungsvoraussetzungen von Schülern mit Migrationshintergrund und ihren Schulleistungen in Mathematik.

1 Befunde zum Zusammenhang von Schulleistung und Migration

Zu Beginn der Ausführungen seien einige Befunde zu dem Themenkreis Schulleistungen und Migration skizziert: Insgesamt beträgt der Anteil ausländischer Schüler an den allgemeinbildenden Schulen in Deutschland 9,5 %. Im Sekundarbereich liegt er bei 7,7 %, im Vorschul- und Primarbereich sind 12,0 % aller Schüler Ausländer, an den Sonderschulen 14,9 % (KMK, 2008). Diese Statistik erfasst nur die Schüler mit einer nichtdeutschen Staatsbürgerschaft. Da der Begriff »Migration« deutlich weiter gefasst wird, geht man davon aus, dass 1/3 der gesamten Schülerschaft in Deutschland einen Migrationshintergrund hat (Schütte, 2009 a, S. 35).

»Die Schulleistungen der Migrantenschüler kovariieren mit der Beherrschung der Verkehrssprache Deutsch« (Hopf, 2009, S. 169), d. h. der vorherrschenden Unterrichtssprache. Umgekehrt wurde festgestellt: Wird die Zweitsprache, in diesem Fall Deutsch, beherrscht, geht dies einher mit normalen Schulleistungen (a. a. O.). »Jugendliche, deren Umgangssprache im Elternhaus nicht der Unterrichtssprache entspricht, erzielen in den PISA-Tests in allen Domänen geringere Kompetenzwerte (vgl. PISA-Konsortium Deutschland, 2004, S. 259 f.)« (Schütte, 2009 b). Die Ergebnisse der PISA- und IGLU-Studie (2006) bestätigen, dass nach wie vor Kinder und Jugendliche mit Migrationshintergrund »eklatant weniger als ihre jeweils gleichaltrigen Mitschüler und Mitschülerinnen« (Klemm, 2009, S. 78) lernen. Ebenso verlassen deutlich mehr Schüler mit Migrationshintergrund die

Schule ohne einen Hauptschulabschluss als Schüler mit Deutsch als Muttersprache. Während dies auf 7 % der deutschen Jugendlichen zutrifft, sind es bei den ausländischen Schülern 16 % (Klemm, 2009, S. 78).

Schüler mit Migrationshintergrund scheinen die »Verlierer« im deutschen Schulsystem zu sein. Aufgrund der starken Abhängigkeit des Schulerfolgs von der sozialen Herkunft und dem Sprachvermögen sind Kinder und Jugendliche mit Migrationshintergrund von der Ungleichheit im Bildungssystem besonders stark betroffen (Auernheimer, 2009, S. 8). Die schulische Situation für Schüler mit Migrationshintergrund ist u. a. dadurch gekennzeichnet, dass sie als »zweisprachige Schüler an einer einsprachigen Schule« unterrichtet werden (Triarchi-Herrmann, 2008, S. 39). Neben ihrer Muttersprache erleben sie Deutsch als Zweitsprache und gleichzeitig als dominante Schulsprache. Meist erwerben sie in dieser Sprache ihre Lese- und Rechtschreib- sowie mathematischen Kompetenzen.

Mehrsprachigkeit ist eine wesentliche Entwicklungs-, Lern- und Rahmenbedingung innerhalb schulischer Lernprozesse. Trotz dieser alarmierenden Befunde darf nicht daraus geschlossen werden, dass Zwei- bzw. Mehrsprachigkeit generell die Lernfähigkeit beeinträchtigt. Selbst Untersuchungen von bilingualen Kindern mit einem niedrigen Intelligenzquotienten belegen, dass sie »im Vergleich zu ähnlich minderbegabten monolingualen Kindern signifikant bessere Testresultate erzielten und somit durchaus von Mehrsprachigkeit profitieren. [...] Die Annahme, dass Bilingualismus zu Lernschwäche führen könne, ist überholt (vgl. Baker, 2000; Roamine, 1995)« (Scharff Rethfeld, 2010, S. 71 f.). Derartige Phänomene lassen sich weit eher auf unzureichende Diagnosen zurückführen und/oder auf den Tatbestand, dass die Kinder häufig in ihrer zweiten Sprache, ihrer schwächeren, getestet werden (a. a. O.). Zudem belegt die Studie von Scharff Rethfeld, dass mehrsprachige Kinder mit sonderpädagogischem Förderbedarf »bei der Lösung sprachlicher Herausforderung bessere Strategien erkennen [lassen] als ihre monolinguale Vergleichsgruppe« (Scharff Rethfeld, 2010, S. 201). Das heißt, bei Lösung sprachlicher Probleme zeigten mehrsprachige Kinder mit sonderpädagogischem Förderbedarf bessere Strategien als monolinguale Kinder mit sonderpädagogischem Förderbedarf (ebd., S. 200).

Die Ergebnisse aus PISA (2003) widerlegen die weit verbreitete Meinung, dass die Ursache für die derzeitige Bildungssituation von Schülern mit Migrationshintergrund ausschließlich auf einen niedrigen sozioökonomischen Status und unzureichende Sprachkenntnisse zurückzuführen ist (Walter et al., 2006, S. 147). Über die Erfassung der Problemlösekompetenz, die eher die prozessualen Aspekte und weniger die Inhalte des Lernens betont, sowie deren Relation zu den übrigen Schulleistungen konnte festgestellt werden, »dass bestimmte Gruppen von Jugendlichen aus Migrantenfamilien über fächerübergreifende kognitive Kompetenzen verfügen, die im Unterricht nicht vollständig zur Entwicklung domänenspezifischer Kompetenzen genutzt werden« (ebd., S. 166). Auch bei bestimmten Unterschieden aufgrund der Geschlechtsspezifik und des Migrationsstatus kann davon ausgegangen werden, dass die Fähigkeiten dieser Jugendlichen »zum analytischen Schlussfolgern im Unterricht noch nicht optimal genutzt werden« (ebd., S. 146).

Diese Annahme wird gestützt durch die Überlegungen von Kronig (2003, S. 130). Auch er setzt sich kritisch mit der weit verbreiteten Annahme auseinander, dass sich das Schulleistungsversagen von Schülern mit Migrationshintergrund durch eine allgemeine Bildungsferne sowie kulturbedingt unangepasste Auffassung vom Verhältnis zwischen Schule und Elternhaus begründen lässt. Diese »sozialen Stereotypen« (Kronig, 2003, S. 130) prägen entschieden die Gestaltung des Unterrichts mit diesen Schülergruppen.

2 Mathematik-Lernen unter Migrationsbedingungen

Welchen Zusammenhang gibt es zwischen Zwei- bzw. Mehrsprachigkeit und den Leistungen im Mathematikunterricht?

2.1 Das Phänomen Dyskalkulie bzw. Rechenschwierigkeiten

Die Problematik leistungsschwacher bzw. versagender Kinder im Fach Mathematik ist hinlänglich bekannt. Zahlreiche Lehrkräfte, ebenso viele Eltern, kennen mehr oder weniger starke Leistungsabfälle und -ausfälle in diesem Unterrichtsfach, die sich allgemein beschreiben lassen als fehlerhaftes bzw. fehlendes Verständnis für Mathematik, ihren Aufbau und ihre Operationen. Das Phänomen Dyskalkulie ist nicht neu und beschreibt zunächst nur die Beobachtung, dass es Kinder gibt, die im Mathematikunterricht nicht die erwarteten schulischen Leistungen zeigen. Der allgemeine Tatbestand dieses Phänomens ist ein dauerhaftes Leistungsversagen im Unterrichtsfach Mathematik. Die Kinder bewältigen die in der Schule geforderten Leistungen nicht angemessen.

Das Verständnis über dieses Phänomen, die Begrifflichkeiten sowie die Diskussion um die Ursachen sind sehr breit gestreut. Grundsätzlich lassen sich in der gegenwärtigen Diskussion zwei Richtungen unterscheiden: zum einen die Auffassung von Rechenschwäche als personenbezogenes Merkmal, als defizitäre Ausprägung in der Entwicklung mathematischer Fähigkeiten und Fertigkeiten, zum anderen systemtheoretisch geprägte, (multikausale) Auffassungen, die von vielschichtigen Wechselwirkungen im Gesamtzusammenhang des Erlernens von Mathematik ausgehen.

2.2 Definition von Rechenstörung nach WHO (World Health Organisation)

Eine weit verbreitete und für die Diagnose häufig zugrunde gelegte Definition ist die der WHO (Weltgesundheitsorganisation). Hier zählt die Rechenstörung – der

Begriff der Dyskalkulie taucht im Vokabular der WHO nicht auf – neben zehn anderen diagnostischen Kategorien zu den Entwicklungsstörungen:

> Diese Störung beinhaltet eine umschriebene Beeinträchtigung von Rechenfertigkeiten, die nicht allein durch eine allgemeine Intelligenzminderung oder eine eindeutig unangemessene Beschulung erklärbar ist. Das Defizit betrifft die Beherrschung grundlegender Rechenfertigkeiten wie Addition, Subtraktion, Multiplikation und Division, weniger die höheren mathematischen Fertigkeiten, die für Algebra, Trigonometrie, Differential- sowie Integralrechnung benötigt werden. (Dilling & Freiberger, 2001, S. 267)

Die Diagnostische Leitlinie wird wie folgt beschrieben:

> Die Rechenleistung des Kindes muss eindeutig unterhalb des Niveaus liegen, welches aufgrund des Alters, der allgemeinen Intelligenz und der Schulklasse zu erwarten ist. Dies wird am besten auf der Grundlage eines standardisierten Einzeltests für Rechenfähigkeiten beurteilt. Die Lese- und Rechtschreibfähigkeiten des Kindes müssen im Normbereich liegen, nach Möglichkeit beurteilt auf der Grundlage einzeln angewendeter, angemessen standardisierter Testverfahren. Die Rechenschwierigkeiten dürfen nicht wesentlich auf unangemessene Unterrichtung oder direkt auf Defizite im Sehen, Hören oder in neurologischen Störungen zurückzuführen seien. Ebenso dürfen sie nicht als Folge irgendeiner neurologischen, psychiatrischen oder anderen Krankheit erworben worden sein. (Dilling & Freiberger, 2001, S. 267)

Die WHO – analog argumentiert auch die ICD-10 (International Classification of Diseases) – orientiert sich an den curricular normierten Erwartungen an das Fach Mathematik innerhalb der Institution Schule. Die hier benannten Schwierigkeiten, die eine Dyskalkulie kennzeichnen, sind schulbezogene Fertigkeiten und Kenntnisse, für deren Vermittlung die Schule verantwortlich zeichnet. Sie werden gemessen an den Vorgaben aktueller Rahmenrichtlinien bzw. Schulnormen und dokumentieren eine – meist erhebliche – Diskrepanz zwischen den Lernvoraussetzungen bzw. -möglichkeiten des einzelnen Schülers und den Erwartungen seitens der Schule. Vernachlässigt werden in dieser Definition individuell unterschiedliche, z. B. kulturell-sprachlich geprägte Lernvoraussetzungen. Man geht von relativ homogenen Lern- und Erkenntnisprozessen bei den Schülern aus. Rechenstörung wird hier als Persönlichkeitsmerkmal, als relativ manifeste, statische Eigenschaft des Betroffenen definiert. Zudem spielen Fragen, die die Sachstruktur, also das Wesen mathematischer Aufgaben, sowie die Vermittlungsstruktur, d. h. die pädagogischen und didaktisch-methodischen Bedingungen betreffen, hier kaum eine Rolle (Werner, 2009).

2.3 Weitere Erklärungsmuster zum Phänomen Dyskalkulie

Seit Beginn der 1990er Jahre erweitert sich die Diskussion zu diesem Phänomen um pädagogisch-psychologische und systemtheoretische Sichtweisen (Lorenz & Radatz, 1993; Grissemann, 1996; Wember, 1991; Werner, 2009). Auch neuere Perspektiven aus medizinischen bzw. psychotherapeutischen Professionen nähern sich einem multikausalen Erklärungsmodell: »Rechenstörungen können durch genetisch und frühkindlich erworbene Hirnfunktionsstörungen sowie schulische, soziokulturelle und emotionale Faktoren mitverursacht werden« (v. Aster, 2005, S. 621).

Schwierigkeiten im Mathematikunterricht sind somit als komplexe, mehrdimensionale Phänomene zu verstehen. Während in den traditionellen Ansätzen diesen Faktoren eindeutige Wirkungen i. S. von linearen Verursachungsfaktoren zugeschrieben wurden, ist heute davon auszugehen, dass es dafür keine monokausalen Verursachungsmuster gibt.

Die Analyse der zahlreichen Publikationen lässt erkennen, dass die Konsequenzen für die Erkennung, Behebung und Vorbeugung einer Rechenschwäche weitgehend im Rahmen »wohlbekannter Kategorien der Mathematikdidaktik« (Wittmann, o. J.) liegen. Eine aktuelle Zwischenbilanz empfiehlt daher einen »terminologischen Wandel von der Dyskalkulie zu Schwächen oder noch besser Schwierigkeiten im Rechnenlernen« (Fritz et al., 2003, S. 453). Dyskalkulie ist der nicht gelungene Umgang mit verschiedenartigen Lösungswegen der Kinder, mit ihren individuellen Fähigkeiten und Fertigkeiten bezüglich mathematischer Sachverhalte. Sie beschreibt eine Diskrepanz zwischen den individuellen Lernvoraussetzungen und Lösungswegen des Kindes und den schulischen, konventionellen Erwartungen (Werner, 1999, 2009).

3 Mathematik und Mathematiklernen

3.1 Mathematiklernen im Kontext Schule als sozial-kommunikative Situation

Unterricht ist ein soziales System, dessen Grundbaustein Kommunikation ist. Mathematikunterricht als kommunikatives, historisch-konkret ablaufendes, d. h. kontextabhängiges Geschehen ist ein gemeinsam auszuhandelnder Erfahrungsbereich, ein durch einen mathematischen Inhalt geprägter sozialer Kontext. Sein Erfolg hängt u. a. davon ab,

- ob eine gemeinsame Absicht anerkannt wird,
- ob die Verständigung auf einem gemeinsamen Zeichenvorrat beruht und
- ob die zu vermittelten Botschaften/Informationen gegenseitig verstanden werden und subjektiv bedeutsam sind (vgl. v. Glasersfeld, 1997; Luhmann, 1997).

Mathematisches Denken und Wissen entwickeln sich in der sozialen Interaktion und sind Ergebnisse von Prozessen, die sich im Spannungsfeld von kommunikativer Deutung des mathematischen Wissens und der epistemologischen Charakterisierung des interaktiv erzeugten Wissens bewegen (Steinbring, 2000, S. 40). Mathematikunterricht ist vollumfänglicher Sprachunterricht mit hohen fachwissenschaftlichen und umgangssprachlichen Anteilen (Lorenz, 2005; Krauthausen, 2007; Gogolin, 2009; Werner, 2009).

Im Gegensatz zu unserer eher informellen Umgangssprache ist die Sprache der Mathematik ausgesprochen elaboriert, d. h., sie zeichnet sich durch ein hohes Maß an Kontextunabhängigkeit aus (Schütte, 2009a, S. 38). Dennoch lässt sich Mathematik nicht als »kulturneutral« sondern als kulturelles Phänomen betrachten, das auf historischen Überlieferungen beruht und in unterschiedlichen Kulturen auch unterschiedliche Ausprägungen erfährt (Schütte, 2009a). Hier ist ein Forschungsdesiderat sowohl im Bereich der Mathematikdidaktik, der sonderpädagogischen Didaktik als auch innerhalb der gesamten Lehr- und Lernforschung zu verzeichnen. Allein aufgrund sprachsozialisatorischer und kultureller Unterschiede sind Missverständnisse im Unterricht systemimmanent vorgeprägt.

3.2 Mathematik als konventionelles und kulturell geprägtes Zeichen- und Begriffssystem

Diese Überlegungen haben hier ihre besondere Relevanz, da sich Mathematik als Fachwissenschaft ausschließlich mit abstrakten Zeichen, Begriffen und Symbolen beschäftigt (Jetter, 1982). Symbole und Diagramme, Zeichen und Symbole tragen keine statischen Bedeutungen, sondern repräsentieren relationale Strukturen (Krauthausen, 2007, S. 1027). Ihre Bedeutung lässt sich nicht »absehen«, sondern erschließt sich erst in ihrem vielfältigen Umgang.

Die Syntax der Mathematik, unsere regelgeleitete, konventionelle mathematische »Schrift« (meist in Form von Gleichungen, Termen, Aussagen) beschreibt ursächliche, räumliche (mit den Dimensionen Anzahl, Länge, Fläche und Volumen) und zeitliche Zusammenhänge. Die Gleichung »3 + 4 = 7« beschreibt den mengentheoretischen Zusammenhang zwischen den Teilmengen 3 und 4, die bei einer Vereinigung genau so groß sind bzw. werden wie die Menge 7. Während dieser Sachverhalt in Wort und Schrift auf vielfache Weise sachlich richtig ausgedrückt werden kann, gibt es in der Mathematik nur eine konventionelle, »richtige« Schreibweise: 3 + 4 = 7. Gerade dieser hohe Abstraktionsgrad mathematischer Ausdrücke, Zeichen und Begriffe beeinflusst erheblich die Kommunikationssituation.

Da Mathematik als Geisteswissenschaft sich nur mit abstrakten Zeichen und Begriffen beschäftigt, eröffnet sich der Zugang zu ihr nur auf der sprachlich-begrifflichen Ebene. Jegliche Form von Visualisierung und/oder Vergegenständlichung können die Erarbeitung abstrakter Begriffe unterstützen, stellen letztlich aber wieder aufgrund ihrer möglichen Vieldeutigkeit einen neuen Lehr- bzw. Lerngegenstand dar. Mathematik als Sprache muss demnach erlernt werden – dies geschieht wiederum kontextabhängig. Welche Deutungen jeder einzelne Schüler dem verwendeten Wort/Begriff letztlich zuschreibt, lässt sich erst durch detaillierte, rekonstruierende diagnostische Verfahren erfassen. Unterschiedliche subjektive Deutungen sind daher eine ganz normale Erscheinung und nicht als Merkmal defizitärer Denkweisen zu betrachten.

Mathematik ist ein kulturelles Produkt, das sowohl universale Aspekte, gleichzeitig aber auch unterschiedliche kulturelle Ausprägungen besitzt. Die Untersuchungen von Kaiser & Schwarz (2003) weisen darauf hin, dass eine mögliche Ursache für diese Leistungsunterschiede speziell in Mathematik in »kulturell differenten Auffassungen von Mathematik und der Art und Weise, sie zu lernen«, liegt (Kaiser & Schwarz, 2003, S. 365). Sie bewegen sich »per definitionem in mehreren Sprachen und kulturell divergent vorgeprägten Lebenswelten« (Kaiser & Schwarz, 2003, S. 368).

3.3 Ausgewählte, zentrale Sprachstrukturen der Mathematik und des Mathematikunterrichts

Mathematische Begriffe bilden Netzwerke bzw. vernetztes Wissen über mathematische Objekte, Beziehungen, Operationen und Strukturen ab. Sie treten als Lerninhalte in folgenden Formen auf, als:

- Arithmetische Begriffe: Zahlbegriff (eins, erster), Relationsbegriffe (größer als, gleich), Operationsbegriffe (addieren, dividieren), Strukturbegriffe (Einer, Zehner),
- Algebraische Begriffe (Variable, Term, Gleichung, Körper),
- Geometrische Begriffe (Kreis, Gerade, Strecke, Höhe, Radius),
- Stochastische Begriffe (Häufigkeit, Mittelwert, Wahrscheinlichkeit),
- Begriffe der Analysis (Stetigkeit, Konvergenz),
- Kenntnisse von (Lehr-)Sätzen (Einspluseins-, Einmaleinssätze), Vorzeichen- und Größenregeln, Umrechnungszahlen für Größen, Verknüpfungsregeln für Bruchzahlen, Schreibweise für Bruch- und Potenzzahlen,
- Kenntnisse von Verfahren, Algorithmen (schriftliches Rechnen, Lösen von Gleichungen und Gleichungssystemen) usw.

Auf der *Wortebene* ist u.a. zu berücksichtigen, dass im Mathematikunterricht Wörter verwendet werden, die nicht in der Alltagssprache vorkommen: Primzahl, Divisor, Ungleichung, Sinus, addieren. Zudem finden aber auch Wörter Anwendung, die in der Alltagssprache in gleicher oder ähnlicher Form auftreten, z.B. Produkt (einer Firma oder zweier Zahlen), Scheitel (einer Kurve und als Teil der Frisur). Eine besondere Rolle nehmen hierbei die *Präpositionen* (z.B. oben, unten, vorwärts, rückwärts, an, bei, hinter) sowie *Ausdrücke für logische Beziehungen* (z.B. wenn – dann) ein. Deren Bedeutung lässt sich nicht wörtlich, sondern nur kontextbezogen erschließen. Hinzu kommt, dass die Bildung unserer Zahlwörter nicht regelhaft und systematisch ist (z.B. sind die Zahlwörter für 356 und 536 trotz gleicher Wortteile nicht identisch: dreihundertsechsundfünfzig ist nicht gleich fünfhundertsechsunddreißig).

Die *logisch-grammatikalischen Strukturen* gerade in Sach- und Textaufgaben bilden ein weiteres zu berücksichtigendes Moment der Sprachstruktur: Bei der Aufgabe »Peter hat vier Äpfel, Paula hat drei Äpfel. Wie viele Äpfel haben sie zusammen?« ist zur Lösung lediglich ein einfacher Algorithmus erforderlich. Bei der Aufgabe »Peter hat vier Äpfel, Paula hat zwei Äpfel mehr als Peter. Wie viele Äpfel haben Peter und Paula zusammen?« sind Zwischenschritte notwendig (Stern, 2004, S. 46). Gerade in diesen Aufgabenformaten sind es besonders die Schlüsselwörter wie »mehr«, »weniger«, »schneller als«, »gleich viel«, die je nach Kontext unterschiedliche Lösungswege verlangen. Allein die kleine sprachliche Veränderung von »Ergänze auf 100« zu »Ergänze um 100« fordert zur exakten Lösung zwei unterschiedliche Rechenverfahren. Andere Beispiele wie »K. bekommt 8 € Taschengeld« oder »K. bekommt 8 € Taschengeld mehr« machen die mathematische Relevanz sprachlicher Unterscheidungen deutlich, so dass auch hier falsche Ergebnisse nicht ausschließlich auf fehlerhafte Zahlenrechnungen zurückzuführen sind.

3.4 Sprachliche und kulturelle Diversität als didaktische Herausforderung

All die genannten Sprachstrukturen können zu Missverständnissen, zu »Stolpersteinen« im Mathematikunterricht werden. Der derzeitige Unterricht berücksichtigt weder den konventionellen Charakter noch die Fülle der Fachbegriffe im ausreichenden Maße.

Auf die besonderen Aspekte einer migrationsbedingten besonderen mathematischen Sozialisation weist auch die Studie von Gogolin et al. (2004) hin. Sie untersuchten die Frage, ob das Aufwachsen in zwei Sprachen und kulturellen Traditionen Einfluss auf die schulbildungsrelevanten sprachlichen Fähigkeiten und die schulische (kognitive) Leistungsfähigkeit hat. Als entscheidendes Moment hat sich herausgestellt, ob die Schüler nicht allgemein über allgemeinsprachliche gute Fähigkeiten verfügen, sondern »ob die Schülerinnen und Schüler über spezifische sprachliche Strategien und Redemittel verfügen« (Gogolin et al., 2004, S. 151). Schulbezogene Spracherfahrungen in der Herkunftssprache erweisen sich ebenfalls als bedeutsam (Gogolin et al., 2004, S. 151). Das heißt, diejenigen Schüler, die bereits in ihrer Muttersprache mit mathematischen Begriffen souverän umgingen, haben im deutschen Mathematikunterricht weniger Schwierigkeiten. Diese schulischen Spracherfahrungen kompensieren darüber hinaus eine geringe allgemeinsprachliche Fähigkeit.

Signifikante Unterschiede zwischen deutschen und Migrationskindern zeigten sich auch in der Oldenburger Längsschnittsstudie (Grüßing & Schmitman, 2007, S. 30). Hier wurden bei 1000 Kindern vom letzten Kindergartenjahr vor der Einschulung bis zum Ende des 2. Schuljahres die mathematischen Kompetenzen erfasst. Wichtigstes Ergebnis dieser Studie ist, dass die Kinder ohne Migrationshintergrund in allen elf Bereichen bessere Ergebnisse als Kinder mit Migrationshintergrund erreichten.

Die Untersuchungen ergaben höchst signifikante Korrelation zwischen den frühen mathematischen Kompetenzen und der Sprachfähigkeit in der Erst- bzw. Zweitsprache (Grüßing & Schmitman, 2007, S. 30). Allgemein ist davon auszugehen, dass Kinder mit Migrationshintergrund unter den gegebenen schulischen Bedingungen mehr Schwierigkeiten haben als ihre deutschen Mitschüler. Diese begründen sich aber nicht allein in den sprachlichen Kompetenzen der Schüler, sondern in kulturellen Differenzen bezüglich des Gegenstandes Mathematik sowie der gängigen (fach-)sprachlastigen Herangehensweise im Unterricht selbst. Dies wird hauptsächlich auf die Grundstruktur des deutschen Mathematikunterrichts zurückgeführt, der im Wesentlichen ergebnis- bzw. lösungs- und nicht prozessorientiert ist. Die Möglichkeiten, mentale, innere Vorstellungsbilder zu konstruieren, Lösungswege selbstständig zu entwickeln sowie mathematische Begriffe zu deuten und zu kreieren, Verfahren zu beschreiben und zu reflektieren, ist nur selten gegeben. Inner- und außerfachliche Vernetzungen, Bezüge zur eigenen Lebenswelt werden wenig genutzt. Es sind aber gerade diese Faktoren, die sich als wesentlich für einen erfolgreichen Mathematikunterricht herausgestellt haben (Benz, 2005; Wittmann, o. J.; Krauthausen & Scherer, 2003; Schipper, 2009).

Die Zwei- bzw. Mehrsprachigkeit bei Schülern erfordert die Einbeziehung einer zusätzlichen Dimension in das Verhältnis von Alltags- und Fachsprache: die differenzierte Einführung und Reflexion der Fachsprache. Es ist zu sichern, dass der spezifische sprachlich-kulturelle Zugang zur Begrifflichkeit als individuelle Lernvoraussetzung berücksichtigt und einbezogen wird.

In Untersuchungen zum Zusammenhang von Zweisprachigkeit und bilingualem Unterricht zeigten sich bei einer Unterrichtung auch in der Herkunftssprache deutlich positive Effekte. Eine ressourcenorientierte Förderung zweisprachiger Schüler begreift die sprachlich-kulturellen Unterschiede und die unterschiedlichen Lebenswelten als Bereicherung einer gemeinsamen Annäherung an die Erarbeitung fachwissenschaftlicher Begriffssysteme. Eine Förderung in der Erstsprache steigert zum einen das Verstehen von mehr Unterrichtsinhalten, zum anderen die Lesekompetenz der Schüler (Schmitman, 2007, S. 65).

Auf der Ebene der Sprache ist demnach einmal die Unterscheidung zwischen Alltags- und Fachsprache, andererseits die große Wechselwirkung zwischen Erst- und Zweitsprache zu berücksichtigen. Diese Wechselwirkungen können den Erwerb mathematischen Wissens erschweren. Hohe Fähigkeiten in der Erstsprache scheinen andererseits aber auch den Erwerb mathematischer Kompetenzen in der Zweitsprache zu begünstigen (Schmitman, 2007, S. 93; Gogolin et al., 2004). Diese Ressourcen, z. B. die Einheitlichkeit mathematischer Symbole auf (fast) weltweiter Ebene, die Chancen bilingualer Unterrichtung, d. h., die Nutzung der Vorerfahrungen der Schüler aus ihrer Erstsprache, gilt es zukünftig genauer zu analysieren und zu nutzen.

4 Zusammenfassung und Konsequenzen

Aus all diesen Befunden lassen sich folgende Prinzipien für die Gestaltung eines individualisierten, sprach- und entwicklungsförderlichen Mathematikunterrichts (nicht nur) für Schüler mit Migrationshintergrund ableiten:

- Anerkennung und Nutzung »lebensweltlicher Mehrsprachigkeit«, gekoppelt mit einer systematischen und kontinuierlichen Vermittlung der »Schulsprache« (Gogolin et al., 2004),

- Einbettung schulischer Inhalte in den Alltag, d. h. Wiederkennen mathematischer Strukturen im Alltag,
- Erkennen von Mathematik als (kulturelles) Werkzeug, um sich den Alltag zu erschließen und ihn zu bewältigen zu können,
- Anerkennung von Fehlern bzw. Misserfolgen als notwendige, normale Erfahrungen im Lernprozess,
- Anerkennung und Nutzung der kognitive Funktion der Sprache zum Erkenntnisgewinn,
- Geben von individuelle Rückmeldungen mit notwendigen Korrekturen bei gleichzeitiger Akzeptanz subjektiver Vorstellungen; Nutzen empirischer Mehrdeutigkeit nicht als »Störfaktor«, sondern als Anregung, Anlass zur Diskussion (Krauthausen, 2007),
- Gestaltung eines sprachanregenden und -förderlichen Unterrichts, d. h. Situationen, in denen Schüler Situationen beschreiben, selbst Aufgaben und Fragen formulieren, ihre Lösungswege, die Auswahl der Rechenoperationen und relevanten Zahlen verbal begleiten, beschreiben, begründen, Antworten selbst formulieren; eigene themenaffine Erlebnisse erzählen (Krauthausen & Scherer, 2003; Schipper, 2009; Werner, 2009),
- Verwenden fester Satzmuster, z. B. Frage-, und Antwortsätze, sprachstrukturierende und sprachverständniserleichternde Veränderungen des Sprachmodellverhaltens von Lehrkräften (Motsch & Berg, 2003),
- Integration von Wortschatzarbeit in den mathematischen Lernprozess, d. h. durch die Auseinandersetzung mit Sach-, Bildsituationen bzw. Materialen neue Begriffe erarbeiten bzw. semantisch erläutern, z. B. Klassifikationsübungen zu Oberbegriffen; individuelle Umschreibungen als »konstruktive Bewältigungsstrategie« nutzen (Glück & Berg, 2010),
- Parallele Nutzung notwendiger mathematischer Begriffe wie »gleich« einschließlich visueller Unterstützung z. B. durch Wortkarten,
- Verknüpfung von Umgangs-, Alltags- und Fachsprache; Fachsprache dann einsetzen, wenn Umgangssprache die Zusammenhänge nicht mehr ausreichend erklären kann (Krauthausen, 2007, S. 1028; Krauthausen & Scherer, 2003; Schipper, 2009; Werner, 2009).

Während Mehrsprachigkeit in vielen gesellschaftlichen Bereichen als Reichtum wertgeschätzt wird (Riehl, 2002), zeigen sich im schulischen Bereich erst nur vorsichtig Ansätze, die grundsätzliche Mehrsprachigkeit als pädagogisch-didaktisches Potenzial nutzen. Umgang mit Multilingualität wird vor diesem Hintergrund zu einem entscheidenden didaktischen Faktor und erhält zudem große Bedeutung als Moment der Prävention von Lern- und/oder Rechenschwierigkeiten. Unter Anerkennung der Potenziale der Mehrsprachigkeit sollte es auch im Mathematikunterricht das Ziel sein, eine »mehrsprachige Handlungsfähigkeit« (Kracht et al., 2005) zu fördern.

Literatur

Auernheimer, G. (Hrsg.) (2009). *Schieflagen im Bildungssystem.* Wiesbaden: Verlag für Sozialwissenschaften.

Benz, C. (2005). *Erfolgsquote, Rechenmethode, Lösungswege und Fehler von Schülerinnen und Schülern bei Aufgaben zu Addition und Subtraktion im Zahlenraum bis 100.* Hildesheim: Franzbecker.

Dilling, H. & Freiberger, J. (Hrsg.) (2001). *Taschenführer zur ICD10-Klassifikation psychischer Störungen.* Bern: Huber.

Fritz, A., Ricken, G. & Schmidt, S. (2003). *Rechenschwäche. Lernwege, Schwierigkeiten und Hilfen bei Dyskalkulie.* Weinheim: Beltz.

Glück, C. & Berg, M. (2010). Kugel, Kegel und Zylinder. Wortschatzförderung (nicht nur) im Geometrieunterricht: spachheilpädagogische Prinzipien und Beispiele. *Zeitschrift für Heilpädagogik 3* (61), 97–108.

Gogolin, I., Kaiser, G., Roth, H., Deseniss, A., Hawighorst, B. & Schwarz, I. (2004). *Mathematiklernen im Kontext sprachlich-kultureller Diversität.* DFG-Abschlussbericht. Hamburg: Universität Hamburg, Fachbereich Erziehungswissenschaft, Forschungsbericht an die DFG.

Gogolin, I. (2009). Chancen und Risiken nach PISA – über Bildungsbenachteiligung von Migranten Kindern und Reformvorschläge. In G. Auernheimer (Hrsg.), *Schieflagen im Bildungssystem* (S. 33–50). Wiesbaden: Verlag für Sozialwissenschaften.

Grissemann, H. (1996). *Dyskalkulie heute. Sonderpädagogische Integration auf dem Prüfstand.* Bern: Huber.

Grüßing, M. & Schmitman, A. (2007). »Ohne Zahlen keine Welt und ohne Wörter guckt man sich nur an«. Erkenntnisse aus dem Elementarmathematischen Basisinterview bei Kindern mit Migrationshintergrund. *Grundschulunterricht, 7–8*, 28–32.

Hopf, D. (2009). *Mehrsprachigkeit und Schulerfolg bei Schülern mit Migrationshintergrund.* Postprints der Universität Potsdam.

Jetter, K.H. (1982). Mathematik – Rechnen. Thesen zur Entwicklung des mathematischen Denkens. *AkoP: Zeitschrift des Arbeitskreises Kooperative Pädagogik, 1*, 66 f.

Kaiser, G. & Schwarz, I. (2003). Mathematische Literalität unter einer sprachlich-kulturellen Perspektive. *Zeitschrift für Erziehungswissenschaft, 3* (6), 357–377.

Klemm, K. (2009). Schullaufbahn als Hindernisparcours. *Themenheft Migration*, 78 f. Seelze: Kallmeyer.

KMK (2008). Statistik. Verfügbar unter: http://www.kmk.org/statist/auslschueler.pdf (04. 08. 2012).

Kracht, A., Romey, S. & Welling, A. (2005). *Mehrsprachigkeit in den sonderpädagogischen Förderschwerpunkten Lernen und Sprache.* Bericht der Arbeitsgruppe 24. Verfügbar unter: http://www.erzwiss.uni-hamburg.de/inst05/Kracht/novemberakademie.htm (15.04.2010).

Krauthausen, G. (2007). Sprache und sprachliche Anforderungen im Mathematikunterricht der Grundschule. In H. Schöler & A. Welling (Hrsg.), *Sonderpädagogik der Sprache* (S. 1022–1034). Göttingen: Hogrefe.

Krauthausen, G. & Scherer, P. (2003). *Einführung in die Mathematikdidaktik.* Heidelberg: Spektrum.

Kronig, W. (2003). Das Konstrukt des leistungsschwachen Immigrationskindes. *Zeitschrift für Erziehungswissenschaft, 6*, 126–141.

Lorenz, J.H. & Radatz, H. (1993). *Handbuch des Förderns im Mathematikunterricht.* Hannover: Schroedel.

Lorenz, J.H. (2005). Mathematikverstehen und Sprachrezeptionsstörungen in den Eingangsklassen. In P. Arnoldy & B. Traub (Hrsg.), *Sprachentwicklungsstörungen früh erkennen und behandeln* (S. 184–194). Karlsruhe: Loeper.

Luhmann, N. (1997). *Die Gesellschaft der Gesellschaft.* Frankfurt: Suhrkamp.

Motsch, H. & Berg, M. (2003). Therapie grammatischer Störungen – Interventionsstudie zur Kontextoptimierung. *Die Sprachheilarbeit, 48* (4), 151–156.

Riehl, C. (2002). *Mehrsprachigkeit – ein Reichtum für alle.* Verfügbar unter: http://www.laga-nrw.de/data/statement_zur_mehrsprachigkeit_claudia_maria_riehl.pdf (28. 07. 2012).

Scharff Rethfeld, W. (2010). *Sonderpädagogische Feststellung der Sprachkompetenz mehrsprachiger Kinder vor dem Hintergrund ihrer persönlichen Lebenssituation und der schulischen Anforderung.* Idstein: Schulz-Kirchner-Verlag.

Schipper, W. (2009). *Handbuch für den Mathematikunterricht an Grundschulen.* Hannover: Schroedel.

Schmitman gen. Pothmann, A. (2007). *Mathematik und sprachliche Kompetenz.* Oldenburg: Carl von Ossietzky Universität Oldenburg, Institut für Bildung und Kommunikation in Migrationsprozessen.

Schütte, M. (2009 a). *Sprache und Interaktion im Mathematikunterricht an Grundschulen.* Münster: Waxmann.

Schütte, M. (2009 b). *Sprachliche Gestaltung von Lehr-Lern-Prozessen im Grundschulmathematikunterricht.* Verfügbar unter: http://www.mathematik.uni-dortmund.de/ieem/BzMU/BzMU2009/Beitraege/alle%20ModSek/Meyer_Schuette_ModSek/SCHUETTE_Marcus_2009_Paedagogik.pdf (20. 05. 2012).

Steinbring, H. (2000). Mathematische Bedeutung als soziale Konstruktion. *Journal für Mathematik-Didaktik, 21*, 28–48.

Stern, E. (2004). *Lernen als der mächtigste Mechanismus der kognitiven Entwicklung: der Erwerb mathematischer Kompetenzen.* Tätigkeitsbericht der Max-Planck-Gesellschaft. Berlin, 45–50.

Triarchi-Herrmann, V. (2008). Rechtschreibschwierigkeiten von Schülern mit Migrationshintergrund. *Sonderpädagogische Förderung, 53,* 39–52.

Von Aster, M. (2005). Rechenstörungen im Kindesalter. *Kinderheilkunde, 153*, 614–622.

Von Glasersfeld, E. (1997). *Wege des Wissens. Konstruktivistische Erkundungen durch unser Denken.* Heidelberg: Carl-Auer-Systeme.

Walter, O., Ramm, G., Zimmer, K., Heidemeier, H. & Prenzel, M. (2006). PISA 2003 – Kompetenzen von Jungen und Mädchen mit Migrationshintergrund in Deutschland. *Unterrichtswissenschaften. Zeitschrift für Lernforschung*, (34), 146–169.

Wember, F. (1991). Die Frühdiagnostik bei Rechenschwäche zwischen früher Diagnostik und früher Stigmatisierung. In H.-J. Lorenz (Hrsg.), *Störungen beim Mathematiklernen* (S. 3–40). Köln: Aulis.

Werner, B. (1999). Rechenschwäche – oder nicht geförderte Rechenfähigkeiten? *Zeitschrift für Heilpädagogik, 50* (10), 471–476.

Werner, B. (2009). *Dyskalkulie – Rechenschwierigkeiten. Diagnose und Förderung rechenschwacher Kinder an Grund- und Sonderschulen.* Stuttgart: Kohlhammer.

Wittmann, E. (o. J.) *Ein alternativer Ansatz zur Erklärung von Rechenschwierigkeiten.* Verfügbar unter: http://www.uni-dortmund.de/didaktik/mathe 2000/pubonline.de (10.05. 2008).

Interkulturelle Schulsozialarbeit

Joachim Schroeder

1 Was ist Schulsozialarbeit?

In Deutschland haben Kinder, Jugendliche und junge Erwachsene sowie deren Familien einen gesetzlichen Anspruch, in Notlagen und Krisensituationen öffentliche Unterstützung zu erhalten. Im Achten Sozialgesetzbuch (SGB VIII) ist diese »Kinder- und Jugendhilfe« (KJHG) geregelt. Es ist festgelegt, dass es eine staatliche Aufgabe und Pflicht ist, junge Menschen in ihrer individuellen und sozialen Entwicklung zu fördern sowie beizutragen, Benachteiligungen zu vermeiden oder abzubauen. Vorgesehen ist auch, dass Eltern in Erziehungsfragen Beratung und Unterstützung erhalten können und Kinder und Jugendliche vor Gefährdungen zu schützen sind. Geleitet ist das Gesetz von dem Anliegen, positive Lebensbedingungen für junge Menschen und ihre Familien sowie eine kinder- und familienfreundliche Umwelt zu schaffen (§ 1 (3) SGB VIII).

Das KJHG beschreibt drei Arbeitsschwerpunkte, mit denen diese Zielsetzungen erreicht werden sollen: 1. Im Rahmen der *Jugendarbeit* sind allgemeine Lern- und Sozialisationshilfen im schulischen und außerschulischen Bereich zu leisten, um zu verhindern, dass Kinder und Jugendliche überhaupt in Krisen geraten: Kindergärten, Tageseinrichtungen, Jugendhäuser, Sport- oder Kulturvereine usw. können solche präventive Aufgaben übernehmen. Dann gibt es 2. die *Jugendsozialarbeit*, die Unterstützung bei der schulischen und beruflichen Ausbildung für sozial benachteiligte oder individuell beeinträchtigte Menschen bietet und in Krisensituationen schnell und wirksam handelt: Beratung, Familienhilfen, Inobhutnahme von Kindern und Unterbringung in Heimen oder Wohngruppen können solche Interventionen sein. Außerdem gibt es 3. Maßnahmen zum *Jugendschutz*, in denen politische oder juristische Regelungen erarbeitet werden, um junge Menschen am Arbeitsplatz vor Drogen oder Sekten, vor Pornografie und Gewalt u. a. zu schützen.

Im Achten Sozialgesetzbuch werden drei Altersgruppen unterschieden: Als »Kinder« werden Mädchen und Jungen zwischen 0 und 14 Jahren bezeichnet und »Jugendliche« sind 14 bis 18 Jahre alt. »Junge Menschen« im Alter von 18 bis 27 Jahren haben in einzelnen Fällen ebenfalls noch Anspruch auf Hilfen. Die Kinder- und Jugendhilfe wurde 1991 grundlegend reformiert: Das zuvor gültige Jugendwohlfahrtsgesetz (JWG) bezog sich explizit auf Heranwachsende mit einer deutschen Staatsangehörigkeit, für ausländische junge Leute gab es Sonderregelungen. Inzwischen sind auch Kinder und Jugendliche mit Migrationshintergrund in das SGB VIII einbezogen, doch es gibt immer noch vielfältige Sonderbestimmungen, die dazu führen, dass von einer Gleichstellung ausländischer mit deutschen

Kindern, Jugendlichen und jungen Erwachsenen gegenwärtig nicht die Rede sein kann.

Sozialarbeit ist ein pädagogisches Arbeitsfeld, das v. a. auf die Bewältigung von akuten individuellen oder familiären Krisen und Notlagen zielt. In der Jugendsozialarbeit erhalten junge Menschen, die zum Ausgleich sozialer Benachteiligungen oder zur Überwindung individueller Beeinträchtigungen in erhöhtem Maße auf Unterstützung angewiesen sind, sozialpädagogische Hilfen, die ihre schulische und berufliche Ausbildung, Eingliederung in die Arbeitswelt und ihre soziale Integration fördern (§ 13 (1) SGB VIII). Jugendsozialarbeit kann von öffentlichen Einrichtungen (z. B. von Behörden), von Wohlfahrtsverbänden oder von Bildungsträgern übernommen werden – und auch in den Schulen, so bestimmt es das Gesetz, soll Jugendsozialarbeit geleistet werden (§ 13 (4) SGB VIII).

Schulsozialarbeit gibt es in Deutschland schon sehr lange, bereits in den 1920er Jahren führte man unter dem Begriff der »Schulpflege« solche Ansätze ein (vgl. Grossmann, 1987). Schulsozialarbeit ist, ganz einfach beschrieben, eine intensive Kooperationsform zwischen Schule und Kinder- und Jugendhilfe, »die langfristig vereinbart mit sozialpädagogisch qualifizierten Fachkräften direkt in Schulen oder zentral auf Schule bezogen stattfindet« und die sich in fünf »klassische« Handlungsfelder gliedern lässt (Bolay, 2004, S. 147):

- die Unterstützung von einzelnen Kindern und Jugendlichen in Alltagsproblemen, in Notsituationen und Krisen, Hilfen, die teilweise auch in Arbeitsformen kleiner Gruppen angeboten werden können;
- es werden Erziehungs- und Bildungsangebote unterbreitet, die den Unterricht ergänzen. Da kann es um Gewaltprävention gehen oder darum zu lernen, angemessen mit Konflikten umzugehen;
- es können Beratungsangebote für Schülerinnen und Schüler, Lehrkräfte oder Eltern gemacht werden, oftmals haben die Schulsozialarbeiterinnen hierfür ein eigenes Beratungszimmer in den Schulen und sie bieten Sprechzeiten an;
- wichtig ist die Vernetzung mit der örtlichen Jugendhilfe, mit Vereinen, Behörden usw., um die Angebote im Stadtteil oder in der Region für die jungen Leute verfügbar zu machen;
- Schulsozialarbeit beteiligt sich außerdem an der Weiterentwicklung des pädagogischen Profils von Schulen, insbesondere in Ganztagesschulen ist dies von zentraler Bedeutung.

Schulsozialarbeit richtet sich prinzipiell an *alle* Kinder und Jugendliche, die einer Schule zugehören. Eine *interkulturelle Schulsozialarbeit* reagiert auf die Tatsache, dass in den meisten Schulen in Deutschland Kinder und Jugendliche mit einem Migrationshintergrund zu finden sind und sich somit die sprachliche, kulturelle und religiöse Heterogenität in spezifischen Beratungs- und Unterstützungskonzepten für junge Migrantinnen und Migranten widerspiegeln sollte. Ein zweiter, m. E. noch wichtigerer Grund für eine interkulturell orientierte Schulsozialarbeit wurde bereits erwähnt: Zwischen den verschiedenen Migrantengruppen, wie zum Beispiel EU-Ausländern, Eingebürgerten, Migranten mit einer unbefristeten oder mit einer temporären Aufenthaltserlaubnis, Asylsuchenden, Geduldeten oder

Illegalisierten, bestehen große gesetzliche Unterschiede hinsichtlich der Möglichkeiten und Rechte für eine staatliche Förderung und Unterstützung.

Auch das Zugangsrecht zu schulischer und beruflicher Bildung – und somit der Zugang zu den Angeboten der Schulsozialarbeit – ist sehr unterschiedlich geregelt: Nach längerem Hin und Her hat die Kultusministerkonferenz 1964 beschlossen, die ausländischen Kinder in die deutsche Schulpflicht einzubeziehen (und beendete damit das zunächst favorisierte Modell, es den Herkunftsländern zu überlassen, in Deutschland eigene Schulen einzurichten). Einzelne Migrantengruppen sind jedoch bis heute entweder gar nicht oder nur eingeschränkt schulpflichtig. Wurden in den meisten Bundesländern immer mehr Barrieren zum Besuch der allgemeinbildenden Schule in den letzten Jahren abgebaut, so sind die Möglichkeiten, eine Ausbildung zu absolvieren, selbst für rechtlich privilegierte EU-Migranten weiterhin erschwert, etliche Migrantengruppen sind gänzlich ausgeschlossen (Schroeder, 2007a). Um Bedarfe und Arbeitsfelder für die interkulturelle Schulsozialarbeit zu skizzieren, ist es unerlässlich, diese rechtlichen Unterschiede zu berücksichtigen.

2 Typische Arbeitsfelder der interkulturellen Schulsozialarbeit

Angesichts der Befunde, dass die »ausländischen« Schülerinnen und Schüler im Vergleich zu den »deutschen« vielfältigen Bildungsbenachteiligungen unterliegen, haben sich einige typische Handlungsfelder interkultureller Schulsozialarbeit herausgebildet, deren Ziel es ist, solche Benachteiligungen auszugleichen. Es lassen sich drei Institutionalisierungsformen unterscheiden (vgl. Schroeder, 2004, 2007b): Interkulturelle Schulsozialarbeit, die 1. sich an junge Migrantinnen und Migranten richtet, die im Schulsystem ausgegrenzt sind, die 2. in den allgemein bildenden Regel- und Sonderschulen angeboten oder die 3. im Berufsbildungssystem geleistet wird.

2.1 Interkulturelle Schulsozialarbeit für schulisch unversorgte Kinder und Jugendliche

Es gibt etliche Einrichtungen der Jugendhilfe, die »ausländischen« Kindern und Jugendlichen formale – schulische – Bildungsangebote machen, weil die jungen Menschen ansonsten, aufgrund fehlender Schulpflicht, gar nicht unterrichtet würden. Zudem werden mit solchen Angeboten die teilweise mehrmonatigen Wartezeiten überbrückt, bis ein Schulplatz gefunden ist. Sozialpädagogische Erstversorgungseinrichtungen oder Jugendwohnungen für junge Flüchtlinge bieten deshalb Alphabetisierungs- und Deutschkurse an oder führen sogar abschlussorientierten Unterricht durch (vgl. Schroeder & Seukwa, 2007).

Wie bereits angedeutet sind in einigen Bundesländern Kinder von Asylbewerbern und Geduldeten nicht schulpflichtig, wenngleich alle Bundesländer ihnen inzwischen ein Bildungsrecht gewähren, allerdings nur bis zur Vollendung des 16. Lebensjahres. Ob junge Flüchtlinge ohne gesicherten Aufenthaltsstatus am Schulunterricht teilnehmen dürfen, wird vielerorts davon abhängig gemacht, inwiefern die erforderlichen sachlichen, personellen und räumlichen Ressourcen vorhanden sind. Junge Flüchtlinge sind zudem meist vom Besuch einer weiterführenden Sekundarstufe II einschließlich der berufsvorbereitenden und ausbildungsbezogenen Angebote ausgeschlossen. Bis Januar 2001 wurde Flüchtlingen ohne einen gesicherten Aufenthaltsstatus keine Arbeitserlaubnis erteilt, inzwischen können sie nach einer einjährigen Wartezeit eine auf zwei Stunden täglich eingeschränkte Arbeitserlaubnis erhalten. Ohne Beschäftigungsgenehmigung ist die Aufnahme einer Ausbildung nicht möglich, die Chancen, einen Beruf zu erlernen, sind somit sehr gering. Zudem dürfen Flüchtlinge auf der Grundlage des SGB III (Arbeitsförderungsgesetz) nur dann gefördert werden, wenn ein dauerhafter Aufenthaltsstatus vorliegt.

Jugendhilfeeinrichtungen und Freie Bildungsträger reagieren auf diese Ausgrenzungen mit dem Angebot von allgemein bildenden Kursen oder mit berufsorientierenden Qualifizierungsmöglichkeiten. Teilweise übernehmen sie auch die Durchführung von Unterricht oder Förderkursen in den Sammelunterkünften für Flüchtlinge oder betreiben »Lagerschulen« (vgl. Becker et al., 1997; Carstensen et al., 1998; Neumann et al., 2003). Sozialpädagogik übernimmt somit Ausfallbürgschaften für Aufgaben, die genuin dem staatlichen Schulwesen obliegen, von diesem aber, aufgrund rechtlicher Ausschlussbestimmungen, nicht erfüllt zu werden brauchen.

2.2 Interkulturelle Schulsozialarbeit in den allgemein bildenden Schulen

Einem durchschnittlichen Migrantenanteil von 9 % in den allgemein bildenden Schulen steht eine ungleiche Verteilung auf die verschiedenen Schulformen gegenüber: Das Statistische Bundesamt (2008 a) gibt für das Jahr 2007 an, dass in den Hauptschulen der Migrantenanteil durchschnittlich bei 42 % (Deutsche: 21 %) lag, in den Realschulen bei 31 % (Deutsche: 41 %) und in den Gymnasien bei 11 % (Deutsche: 30 %). In den alten Bundesländern sind junge Migranten in Sonderschulen aller Art überrepräsentiert, v. a. jedoch in der Sonderschule für Lernbehinderte (Förderschule), in der Schule für Erziehungshilfe und in den Sprachheilschulen. Der Anteil junger Migrantinnen und Migranten ist in dieser Schulform in der Regel doppelt bis dreimal so hoch wie ihr Anteil an der Gesamtschülerzahl. In fast allen alten Bundesländern beträgt der Anteil jeweils zwischen 20 % und 30 %, in Baden-Württemberg liegt er in den Förderschulen seit Jahren bei 40 %. Diese Unterschiede lassen sich nur durch unterschiedliche Maßnahmen zur Feststellung der Sonderschulbedürftigkeit erklären.

Ebenfalls in 2007 waren 16 % der jungen Migrantinnen und Migranten ohne einen Schulabschluss geblieben (Deutsche: 7 %), fast jede/r zweite hatte einen Hauptschulabschluss, jede/r dritte die Mittlere Reife, jede/r zehnte die Hochschulreife erworben (Statistisches Bundesamt, 2008 b). Vergleicht man diese Ergebnisse mit denen früherer Jahre, so lassen sich drei Trends ausmachen: 1. Der Anteil der Migranten, die einen mittleren und höheren Abschluss erreichen, steigt langsam aber kontinuierlich an; 1986 erwarben nur rund 5 % eines Jahrgangs das Abitur, 2007 sind es 11 %. Ähnliche Entwicklungen verzeichnet auch die Realschule. 2. Die Zahl der Migrantenjugendlichen, die ohne einen Schulabschluss die allgemein bildenden Schulen verlassen, sank langsam aber kontinuierlich: 1986 lag ihr Anteil bei knapp 20 % und liegt seit 2000 bei etwa 15 %. 3. Gleichbleibend hoch und nur langsam sinkend ist der Anteil derer, die den Hauptschulabschluss erwerben: 1986 waren dies zusammengenommen 54 %, absinkend auf aktuell ca. 42 %.

Offensichtlich gelingt es in den Schulen zunehmend besser, die jungen Migrantinnen und Migranten zu fördern, andererseits sind die Bildungsbenachteiligungen weiterhin gravierend. Schulsozialarbeit reagiert hierauf mit einer breiten Palette kompensatorischer Angebote (Die Bundesregierung, 2007; Friedrich-Ebert-Stiftung, 2007): Hausaufgabenhilfe, ergänzende Deutschförderung und Nachhilfeunterricht verbunden mit weiteren Förderangeboten im sozialen und emotionalen Bereich, wie z. B. Spielangebote. Die Einrichtung von Sonderklassen für »schwierige« ausländische Jungen an Hauptschulen findet sich ebenso wie die sozialpädagogisch begleitete Vorbereitung auf das Abitur für türkische Mädchen. Einzelberatung, Drogen- und Gewaltprävention, interkulturelle Sexualpädagogik u. ä. gehören inzwischen zum Standardangebot schulischer Sozialarbeit. In manchen »Brennpunktschulen« werden Alphabetisierungs- und Deutschkurse für die Mütter der ausländischen Schüler angeboten, um deren Kompetenzen zu erweitern, ihre Kinder im häuslichen Umfeld zu fördern (Elfert & Rapkin, 2007). Zumeist sozialpädagogisch orientiert sind auch zahlreiche Modellversuche zur Förderung und Eingliederung ausländischer Kinder und Jugendlicher in das Bildungssystem, ebenso sind Schulversuche initiiert worden mit dem Ziel, eine interkulturelle Schulentwicklung voranzutreiben (Schnabel & Schaeffer, 2008). Mit finanzieller Unterstützung von Industriestiftungen wurden zahlreiche didaktische Materialien entwickelt und interkulturelle Unterrichtsprojekte durchgeführt (Özdemir, 2004).

2.3 Arbeitsweltbezogene interkulturelle Schulsozialarbeit

Migrantenjugendliche, die eine allgemein bildende Schule verlassen, haben bei der Ausbildungsplatzsuche deutlich schlechtere Chancen als gleichaltrige Deutsche. Die Berufsbildungsberichte zeigen, dass sich die Ausbildungssituation von ausländischen Jugendlichen verbessert hat, doch liegt ihre Ausbildungsbeteiligung immer noch deutlich unter der von gleichaltrigen Deutschen. In den weiterführenden Zweigen des beruflichen Schulwesens sind Migrantenjugendliche zudem unterrepräsentiert (BMBF, 2008). Hinzu kommen geschlechtsspezifische Unterschiede: Migrantinnen haben erhebliche Schwierigkeiten, einen Ausbildungsplatz zu finden, zumal sich das Angebot auf wenige Berufe, wie Friseurin oder Arzthelferin, beschränkt. Die Jungen finden am ehesten als Kraftfahrzeugmechaniker oder Elektroinstallateur einen Ausbildungsplatz.

Die strukturelle Benachteiligung von Migrantenjugendlichen beim Übertritt in das Erwerbsleben ist durch drei Probleme gekennzeichnet (Granato, 2006): Wie gezeigt, verteilen sich Schülerinnen und Schüler ohne deutschen Pass anders über die Schulformen als deutsche Schüler. Durch diese ungünstige Verteilung werden von vornherein die Chancen, ein Ausbildungsverhältnis eingehen zu können, gemindert. Zweitens stoßen sie bei einigen Ausbildungsbetrieben immer noch auf Ablehnung. Drittens brechen, trotz hoher Motivation, mehr »ausländische« Jugendliche einmal eingegangene Ausbildungsverhältnisse ab als »deutsche« Jugendliche.

Auch in diesem formalen Bildungssegment hat sich ein System migrantenbezogener schul- bzw. ausbildungsbegleitender Sozialarbeit entwickelt, in dem zumeist freie Bildungsträger Angebote machen. Unter dem pädagogischen Anspruch der »Passgenauigkeit« und »Bedürfnisorientierung« finden sich hier eher selten multikulturelle Lerngruppen, vielmehr sind die Angebote teilweise sehr spezialisiert konzipiert: Berufsorientierung nur für kurdische Mädchen, eine Fahrradwerkstatt ausschließlich für afrikanische männliche Jugendliche, Computerkurse für Farsi-Sprecher, Qualifizierung in Pflegeberufen für afghanische Frauen mit Kindern, berufsorientierende Hauptschulabschlussprojekte für junge Roma, Förderung der beruflichen Eingliederung hochqualifizierter Aussiedlerinnen usw.

3 Interkulturelle sozialpädagogische Schulprofile

Will die Schulsozialarbeit für die Kinder und Jugendlichen spürbare Wirksamkeit entfalten, muss sie in ein kohärentes Schulprogramm eingebunden sein. Hierfür ist es u.a. erforderlich, dass in einer »interkulturellen« Schule sozialpädagogische Fachkräfte arbeiten, die ein spezifisches Berufsprofil haben: die also über profunde Kenntnisse im Schulrecht für ethnische Minderheiten der Länder, des Bundes und der Europäischen Gemeinschaft, zum Ausländer- und Asylrecht und deren Bedeutung für Schulpflicht und Zugang zu Bildung verfügen (Hansen & Wenning, 2003); die um die besonderen kranken- und sozialversicherungsrechtlichen Gegebenheiten und die Spezifika im Kinder- und Jugendhilfegesetz sowie in der Sozialhilfe für Ausländer wissen; die gründlich ausgebildet sind in der Sprachstandsdiagnostik für Kinder ohne deutsche Muttersprache und die sozialpädagogische Materialien zur Erarbeitung von migrantenspezifischen Kompetenzprofilen kennen.

Es sind Sozialpädagoginnen und -pädagogen, die auch in ihren Fallbesprechungen systematisch auf interkulturelle Zusammenhänge achten: In diesem Kontext muss untersucht werden, ob konstatierte Lern- oder Verhaltensauffälligkeiten tatsächlich in einem biografischen Zusammenhang zur Migration stehen und z.B. aufgrund von Traumatisierungserfahrungen auf der Flucht hervorgerufen wurden, oder ob die Bildungsbenachteiligungen der Schüler eher durch ethnisierende Zuschreibungen der Lehrkräfte oder Sozialarbeiterinnen verursacht werden (vgl. Weber, 2007). An den Schulen werden ebenso regelmäßig schulinterne Bildungsberichte erstellt, die über die Schülerstruktur und den Stand der Arbeit Auskunft geben und Probleme sowie daraus folgernd schulische Entwicklungslinien aufzeigen. In diesen Berichten wird außerdem geklärt, wie viele benachteiligte Schülerinnen und Schüler die Schule bezogen auf welches Kriterium hat, wie sich die Zahl der »Fälle« im Vergleich mehrerer Jahre entwickelt und was man getan hat, um mit den Schwierigkeiten umzugehen.

In den Konzepten der Beratung von Kindern, Jugendlichen und deren Familien werden in den Schulen verschiedene Ansätze verknüpft (vgl. Mecheril, 2004): Während das Konzept der »Ausländerberatung« als ein zielgruppenspezifischer Beratungsansatz auf die Behebung konkreter Probleme von Menschen mit Migrationshintergrund fokussiert, steht in der »Interkulturellen Beratung« die Notwendigkeit einer Öffnung der Hilfs-, Versorgungs- und Bildungseinrichtungen im Vordergrund, um Institutionen niedrigschwellig auch für Migranten zugänglich zu machen. Ein dritter Ansatz spricht von der »interkulturellen Dimension von Beratung«, um zu verdeutlichen, dass jede Beratungskonstellation und jedes Beratungsthema eine interkulturelle Dimension haben kann, jedoch immer neu zu überprüfen ist, ob mit Bezug auf konkrete Themen und Beziehungen die Perspektive »interkulturell« angemessen und fruchtbar ist.

In ihrer Vernetzung werden solche interkulturellen Schulen nicht nur enge Kontakte zu den ausländerrelevanten Behörden und Beratungsstellen knüpfen, sondern auch intensive Kooperationen zu Migrantenvereinen, Ausländerinitiativen und zu den lokal relevanten Religionsgemeinschaften pflegen. In der Elternarbeit weiß man um die kulturelle Vielfalt von Rollenverständnissen oder familiären Arbeitsteilungen, aber auch um die Fallstricke und Potenziale mono- oder multikultureller Verwandtschaftsbeziehungen für die Heranwachsenden. Diese Schulen kooperieren mit herkunftssprachlichen Ärztinnen, Anwälten und Polizisten, ebenso können sie rasch auf ehrenamtlich tätige Dolmetscher zurückgreifen.

Eine interkulturelle Schulprofilbildung muss nicht zu einer »Sonderschule« für Ausländerkinder führen, aber solche Schulen sind gerade für junge Migrantinnen und Migranten attraktiv, weil sie deren Lebenslagen, Lernbedürfnisse und Lebenswelten anerkennen, hochprofessionell entsprechende Unterrichts- und Schulkonzepte entwickeln und durch geeignete Kooperationen deren Anschlussfähigkeit an andere pädagogische Felder sichern. Es sind Schulen, in denen nicht alltäglich neu gejammert wird, dass diese Mädchen und Jungen keinen Kindergarten besucht haben, sondern die dies als gegebene Lernausgangslage nehmen und den Anfangsunterricht entsprechend didaktisch konzipieren. Es sind Schulen, die nicht permanent den Schwimmunterricht mit der Menschenrechtsdebatte verknüpfen, sondern in denen man fördert, dass die jungen Mädchen mit Kopftuch sehr gerne am Karatekurs teilnehmen. Es sind Schulen, die Seiteneinsteiger nicht als lernbehindert disqualifizieren, sondern denen es gelingt, auch für Jugendliche mit »Querbiografien« erfolgreiche Zukunftsperspektiven zu entwickeln.

Literatur

Achtes Buch Sozialgesetzbuch – Kinder und Jugendhilfe (Artikel 1 des Gesetzes vom 26. Juni 1990, BGBl. I S. 1163) in der Fassung der Bekanntmachung vom 14. Dezember 2006 (BGBl. I S. 3134), zuletzt geändert durch Artikel 105 des Gesetzes vom 17. Dezember 2008 (BGBl. I S. 2586) [SGB VIII].

Becker, G., Hartmann-Kurz, C. & Nagel, U. (Hrsg.) (1997). *Schule für alle. Die Asylpolitik und ihre Auswirkungen auf Kinder von Asylbewerbern.* Weinheim/Basel: Juventa.

Bolay, E. (2004). Überlegungen zu einer lebensweltorientierten Schulsozialarbeit. In E. Grundwald & H. Thiersch (Hrsg.), *Praxis Lebensweltorientierter Sozialer Arbeit. Handlungszugänge und Methoden in unterschiedlichen Arbeitsfeldern* (S. 147–162). Weinheim/München: Juventa.

Bundesministerium für Bildung und Forschung (BMBF) (2008). *Berufsbildungsbericht 2008.* Bonn: BMBF.

Carstensen, C., Neumann, U. & Schroeder, J. (Hrsg.) (1998). *Movies – Junge Flüchtlinge in der Schule.* Hamburg: Bergmann + Helbig.

Die Bundesregierung (2007). *Der Nationale Integrationsplan. Neue Wege – Neue Chancen.* Berlin: Presse- und Informationsamt der Bundesregierung.

Elfert, M. & Rapkin, G. (2007). *Family Literacy. Internationale Konzepte zur familienorientierten Schriftsprachförderung.* Stuttgart: Klett.

Friedrich Ebert Stiftung (Hrsg.) (2007). *Schule in der Einwanderungsgesellschaft.* Bonn: FES.

Granato, M. (2006). »Erfolgreiche« Strategien und Wege von Jugendlichen mit Migrationshintergrund im Übergang Schule – Ausbildung. In Deutsches Jugendinstitut (Hrsg.), *Herausforderung Integration. Der Blick von außen.* München: DJI.

Grossmann, W. (1987). *Aschenputtel im Schulalltag. Historische Entwicklungen und Perspektiven von Schulsozialarbeit.* Weinheim: Juventa.

Hansen, G. & Wenning, N. (2003). *Schulpolitik für andere Ethnien in Deutschland.* Münster: Waxmann.

Mecheril, P. (2004). Beratung in der Migrationsgesellschaft. Paradigmen einer pädagogischen Handlungsform. In A. Treicherl & N. Cyrus (Hrsg.), *Handbuch soziale Arbeit in der Einwanderungsgesellschaft* (S. 371–387). Frankfurt a. M.: Brandes & Apsel.

Neumann, U., Niedrig, H., Schroeder, J. & Seukwa L. H. (Hrsg.) (2003). *Lernen am Rande der Gesellschaft. Bildungsinstitutionen im Spiegel von Flüchtlingsbiografien.* Münster: Waxmann.

Özdemir, C. (Hrsg.) (2004). *Integration stiften! Was leisten Stiftungen in Deutschland, um Kinder und Jugendliche mit Migrationshintergrund in das Bildungssystem zu integrieren?* Gutachten erstellt im Auftrag der Körber-Stiftung an der Humboldt-Viadrina School of Gouvernance. Berlin.

Schnabel, B. & Bianchi Schaeffer, M. (Hrsg.) (2008). *Das interkulturelle Klassenzimmer.* Frankfurt a. M.: Brandes & Apsel.

Schroeder, J. (2004). Schulsozialarbeit als Beitrag zu einer interkulturellen Sozialpädagogik. In B. Hartnuß & S. Maykus (Hrsg.), *Handbuch Kooperation von Jugendhilfe und Schule. Ein Leitfaden für Praxisreflexionen, theoretische Verortungen und Forschungsfragen* (S. 458–475). Berlin: Eigenverlag des Deutschen Vereins für öffentliche und private Fürsorge.

Schroeder, J. (2007 a). Recht auf Bildung – auch für Flüchtlinge. Aktuelle Regelungen, konzeptionelle Überlegungen und bildungspolitische Folgerungen. *Die Deutsche Schule, 99* (2), 224–241.

Schroeder, J. (2007 b). Interkulturalität. In S. Ellinger., K. Koch. & J. Schroeder (Hrsg.), *Risikokinder in der Ganztagsschule. Ein Praxishandbuch.* (S. 55–76). Stuttgart: Kohlhammer.

Schroeder, J. & Seukwa, L. H. (2007). *Flucht – Bildung – Arbeit. Fallstudien zur beruflichen Qualifizierung von Flüchtlingen.* Karlsruhe: von Loeper.

Statistisches Bundesamt (2008 a). *Bildung und Kultur.* Allgemeinbildende Schulen, Fachserie 11, Reihe 1, Schuljahr 2007/08. Wiesbaden.

Statistisches Bundesamt (2008 b). *Bildung und Kultur.* Berufliche Schulen, Fachserie 11, Reihe 2, Schuljahr 2007/08. Wiesbaden.

Weber, M. (2007). *Heterogenität im Schulalltag. Konstruktion ethnischer und geschlechtlicher Unterschiede.* Opladen: Leske & Budrich.

Kindesmisshandlung, -vernachlässigung und -missbrauch bei Migrantenfamilien in Deutschland

Ece Wendler

1 Kindesmisshandlung

> Kindesmisshandlung ist eine nicht zufällige (bewusste oder unbewusste) gewaltsame körperliche und/oder seelische Schädigung, die in Familien oder Institutionen (z. B. Kindergarten, Schulen, Heimen) geschieht und die zu Verletzungen, Entwicklungsverzögerungen oder sogar zum Tode führt und die somit das Wohl und die Rechte eines Kindes beeinträchtigt oder bedroht. (Bast, 1975; nach Senatsverwaltung Berlin, 2002, S. 6)

1.1 Formen der Kindesmisshandlung

- *Körperliche Misshandlung*: Dazu gehören zum Beispiel das Schlagen mit der Hand oder einem Gegenstand, Treten, Stoßen, Schütteln von Kleinkindern, Verbrennen, Hungernlassen, Ins-kalte-Wasser-Setzen oder Ähnliches (vgl. Deegener, 2005).
- *Vernachlässigung*: Darunter versteht man körperliche Vernachlässigung wie mangelnde hygienische Versorgung, Ernährung, Gesundheitsversorgung, Gefährdung durch mangelnde Beaufsichtigung sowie emotionale Vernachlässigung durch keine ausreichende Förderung der geistigen, motorischen, emotionalen und sozialen Fähigkeiten des Kindes oder Vorenthalten von verlässlichen Bindungsmöglichkeiten.
- *Emotionale Misshandlung*: Dabei werden Kinder durch Bedrohen, Beschimpfen, Erniedrigen oder Isolieren geschädigt oder durch übermäßiges Behüten an ihrer Entwicklung gehindert. Auch Kinder, die vorzeitig Verantwortung für ihre Eltern und Geschwister übernehmen oder sie versorgen müssen, gehören dazu.
- *Sexueller Missbrauch*: Kinder werden durch sexuelle Handlungen von Erwachsenen an oder vor ihnen seelisch und körperlich verletzt und an ihrer emotionalen und sexuellen Entwicklung maßgeblich gestört. Dabei handelt es sich meist um Verwandte oder fremde erwachsene Personen, die ihre Überlegenheit gegenüber dem Kind ausnutzen, es gibt aber auch sexuelle Gewalt unter Kindern und Jugendlichen, insbesondere unter Geschwistern.

Häufig treten diese Formen von Kindesmisshandlung nicht isoliert auf. Meistens wird z. B. sexuelle Gewalt durch körperliche Gewalt oder Bedrohung durchgesetzt, vernachlässigte Kinder werden häufiger Opfer sexueller Misshandlungen (vgl. Deegener, 2005).

1.2 Häufigkeiten der Kindesmisshandlung

In einer Studie von Pfeiffer, Wetzels und Enzmann (1999) wurden 16 190 Jugendliche aus neun Städten deutscher und verschiedener nichtdeutscher Herkunft zu ihren Gewalterfahrungen in ihren Familien befragt. Danach waren 9,8 % in ihrer Kindheit Opfer elterlicher Misshandlung, eine Rate, die in etwa der Rate für Misshandlungserfahrungen in der Kindheit entspricht, wie sie in einer früheren Repräsentativstudie für die BRD festgestellt wurde (vgl. Wetzels, 1997). Lediglich 43,3 % sind ohne elterliche Gewalt aufgewachsen. 29,7 % haben leichte elterliche Züchtigung erlitten, 17,1 % wurden schwer gezüchtigt und weitere 9,8 % wurden misshandelt. Das heißt, mehr als ein Viertel der Jugendlichen ist durch häufigere oder massive Formen elterlicher Gewalt in der Kindheit betroffen (Pfeiffer et al., 1999, S. 10).

Wenn man die Jugendlichen nach ihrer Herkunft differenziert betrachtet, zeigt es sich allerdings, dass 7,1 % der deutschen Jugendlichen körperlich misshandelt wurden, dagegen aber waren 21,1 % der türkischen, 18,8 % der Jugendlichen aus Ex-Jugoslawien und 17,3 % aus anderen südeuropäischen Ländern davon betroffen. Repräsentative Statistiken zur Vernachlässigung von Kindern in Deutschland gibt es nicht. Nach einer Untersuchung gingen Esser und Weinel (1990) davon aus, dass 5 – 10 % aller Kinder unter sechs Jahren in Deutschland davon betroffen waren. Das bedeutet, 250 000 bis 500 000 Kinder werden in Deutschland vernachlässigt. Wie viele davon einen Migrationshintergrund haben, ist nicht bekannt.

Es gab nach der Polizeilichen Kriminalstatistik des BKA (S. 135, Tabelle 61) im Jahr 2009 bundesweit 8461 erfasste Fälle von Kindesmissbrauch. Darunter waren 12,4 % der Tatverdächtigen Nichtdeutsche. Nach derselben Statistik wurden 4081 Kinder Opfer von Kindesmisshandlung (ebd., S. 151, Tabelle 191). Wie viele der Opfer einen Migrationshintergrund hatten, ist in der Statistik nicht aufgeführt. Es ist statistisch nahezu nicht mehr möglich, Deutsche von eingebürgerten Migranten zu unterscheiden, wobei der Anteil der Mitbürger mit ausländischem Pass Ende 2008 8,8 % betrug (GENESIS Datenbank).

1.3 Risikofaktoren, die mit Kindesmisshandlung in Zusammenhang stehen

> Die Misshandlungsraten der Familien, die von Arbeitslosigkeit und/oder Sozialhilfeabhängigkeit betroffen sind, erweisen sich in Relation zu der Vergleichsgruppe als mehr als doppelt so hoch. Ebenso lässt sich zeigen: Je gravierender die elterliche Gewalt ist, der Jugendliche in den letzten zwölf Monaten ausgesetzt waren, desto niedriger ist der soziale Status der Familie. (Pfeiffer et al., 1999, S. 13)

Von daher lässt sich zwar nicht bestreiten, dass elterliche Gewalt gegen Kinder und Jugendliche in allen sozialen Schichten vorkommt, unter der Rahmenbedingung sozialer Benachteiligung ist ihre Auftretenswahrscheinlichkeit jedoch signifikant erhöht.

2 Migrantenfamilien in Deutschland

2.1 Ehemalige »Gastarbeiter«

Ende der 1950er Jahre des letzten Jahrhunderts wurden aus verschiedenen Ländern sogenannte »Gastarbeiter« nach Deutschland angeworben. Obwohl der Aufenthalt in Deutschland zunächst nur auf ein bis drei Jahre begrenzt sein sollte, ist die Entwicklung dahin gegangen, dass die einzeln eingereisten jungen Arbeitskräfte ihre Familien nachholten oder welche gründeten, deren Kinder teilweise in Deutschland aufgewachsen sind und ihrerseits Familien gründeten. Die Kinder, mit denen wir uns heute beschäftigen, sind meist Enkelkinder dieser sogenannten ersten Generation der »Gastarbeiter«. Mindestens ein Elternteil dieser Kinder ist in Deutschland aufgewachsen, wobei oft ein Elternteil nach Deutschland »eingeheiratet« hat. Das heißt, dass wir hier verschiedene Migrationsgeschichten und Integrationsstufen innerhalb einer Familie haben (s.a. Gaitanides, 2001, S. 16–25).

2.2 Spätaussiedler

Wir haben in Deutschland die große Gruppe der Spätaussiedler, die ursprünglich deutsche Wurzeln haben, wobei die Eltern oder Großeltern nach Deutschland kommen wollten und die Kinder oft widerwillig mitgekommen sind. In diesen Familien gibt es oft das Phänomen, dass Großeltern Deutsch sprechen, Eltern eher erst Deutsch lernen müssen und Kinder mit der deutschen Sprache aufwachsen. Die erwachsenen Familienmitglieder haben durchschnittlich eine bessere Bildung/Ausbildung als die ehemaligen »Arbeitsmigranten« und sie kommen im Gegensatz zu ihnen nach Deutschland, um zu bleiben. Für Erwachsene macht es zwar einige Mühe, sich ins Arbeitsleben zu integrieren, da oft ihre Berufe und Ausbildungen in Deutschland nicht anerkannt werden, bei ihren Kindern gelingt dies allerdings durchschnittlich besser.

2.3 Flüchtlinge

Ein Teil unter den Migranten sind Flüchtlinge. Den Anteil dieser Migranten kann man mittlerweile nicht mehr genau angeben, da sie nach Anerkennung ihrer Asylanträge oft die deutsche Staatsbürgerschaft angenommen haben und so nicht mehr zu identifizieren sind (siehe Broschüre Asyl in Zahlen 2009, Bundesamt für Migration und Flüchtlinge, S. 65). Diese Gruppe hat eine besondere Migrationsgeschichte und besonders schwierige Startbedingungen in Deutschland. Sie sind oft aus sehr bedrohlichen Zuständen aus ihren Heimatländern nach Deutschland geflohen, sie sind häufig traumatisiert, haben hier oft lange in rechtlich unsicheren Verhältnissen gelebt oder sie tun es noch. Die Erwachsenen haben recht unterschiedliche Bildungsvoraussetzungen – darunter viele intellektuelle Akademiker, die in ihren Ländern politisch negativ aufgefallen sind, und auch viele Analphabeten, die von Bürgerkriegen überrollt wurden.

3 Rahmenbedingungen in der Erziehung der Kinder bei Migrantenfamilien

> Erziehung ist der Versuch der Einflussnahme mit bestimmten Methoden, durch die wünschenswerte Verhaltensweisen, Fähigkeiten, Eigenschaften unterstützt und gefördert werden sollen. (Tschöpe-Scheffler, 2005, S. 303)

3.1 Erziehungsziele

Viele Migrantenfamilien kommen nicht aus individualistischen sondern kollektivistischen Gesellschaften. So antworten zum Beispiel die meisten der türkischen Eltern, wenn man sie nach ihren Erziehungszielen befragt, dass ihre Kinder nützliche Mitglieder der Gesellschaft werden und Verantwortung für die Familie übernehmen sollen (s. a. Wendler, 2005). Sie sollen die Familie unterstützen und so weit Respekt vor den älteren Mitgliedern der Familie haben, dass die meisten der wichtigen Entscheidungen nur nach Absprache mit diesen getroffen werden. Sie möchten gerne, dass ihre Kinder die Religion, Sprache, Sitten und Wertvorstellungen der Eltern übernehmen. In diesem Bestreben haben sie oft das Gefühl, durch deutsche Schulen und Kindergärten nicht unterstützt zu werden.

3.2 Zusätzliche Stressfaktoren bei der Kindererziehung, die die Wahrscheinlichkeit einer Kindesmisshandlung oder Vernachlässigung bei Migrantenfamilien erhöhen

Durchschnittlich höhere Arbeitslosigkeit, geringere Bildung und Einkommen

> Soziale Benachteiligung im Sinne von Ressourcenarmut ist ein Vorhersagefaktor für Gefährdungen des Kindeswohls; nicht die Armut an sich, sondern dadurch mitbedingte Verhaltensweisen der Eltern und mit Armut verbundene weitere Risikofaktoren vermitteln die Folgen an die Kinder. (Seus-Seberich, 2006, S. 21)

Ausländische Familien sind von der Arbeitslosigkeit und Armut etwa doppelt so oft betroffen wie deutsche Familien (nach Holz & Skoluda, 2003). Mangelhafte materielle Ressourcen und/oder Arbeitslosigkeit erhöhen den Stressfaktor. Man geht davon aus, dass Stress das innere Erregungsniveau erhöht, was wiederum die

Frustrationstoleranz und Impulskontrolle negativ beeinflusst (Bender & Friedrich, 2005). Arbeitslose Eltern, insbesondere Väter halten sich dann eher häufiger in der Wohnung auf, so dass es mehr Möglichkeiten zu Spannungen zwischen den Familienmitgliedern gibt.

Kulturelle und Kommunikationsprobleme

Viele Familien mit Migrationshintergrund haben mindestens einen Elternteil, der im Erwachsenenalter durch Heirat aus dem ehemaligen Heimatland kommt und seine Kindheit nicht in Deutschland verbracht hat. Die Kinder werden in Deutschland geboren und wachsen in die deutsche Sprache hinein. Oft können die Eltern ihre eigene Muttersprache nur rudimentär an die Kinder weitergeben, weil sie sich nicht sehr viel Zeit nehmen, sich mit ihren Kindern zu unterhalten, und die Kinder ab dem Besuch eines Kindergartens die deutsche Sprache bevorzugen. Wenn die Kinder ihre Muttersprache nicht perfekt beherrschen und die Eltern nicht für eine gute Beziehung und Erziehung ausreichende Deutschkenntnisse erwerben, entsteht zwischen den Kindern und ihren Eltern häufig ein verbales Kommunikationsproblem (s. a. Nauck, 2002). Hinzu kommt, dass sehr viele Migranteneltern sich mit den Geschehnissen in den jeweiligen Herkunftsländern beschäftigen, entsprechende Zeitungen kaufen und Fernsehsender anschauen (Studie ARD/ZDF, 2007). Ihre Kinder hingegen wachsen in der deutschen Umgebung auf, orientieren sich an den Interessen ihrer Peergroups und leben dann häufig spätestens ab der Pubertät stärker als deutsche Jugendliche in Bezug auf ihre Eltern in verschiedenen Welten. Wenn dann etwas nicht so funktioniert, wie die Eltern es sich vorstellen, wie vermeintlicher Alkohol-, Drogenkonsum oder Spielsucht der männlichen Jugendlichen, der Freund der Tochter, falls sich die muslimische Familie voreheliche Beziehungen nicht vorstellen kann, bedeutet dies ein großer Stressfaktor für die Eltern. Es findet keine adäquate Kommunikation statt. Es gilt dann, das Gesicht zu wahren, die Familienehre nicht zu gefährden, denn besonders in den muslimischen oder südeuropäischen Gesellschaften werden soziale Kontakte nur mit »ehrenhaften« Familien aufrechterhalten. Da aber soziale Kontakte aus demselben Kulturkreis für die meisten Menschen nicht verzichtbar sind, reagieren die Eltern in solchen Situationen panisch.

Destabilisierung der familiären Rollenmuster

Eltern aus Migrationsfamilien sind häufig in hierarchischen Rollenmustern aufgewachsen; der Vater sollte Familienoberhaupt sein und die Kinder Respekt vor ihren Eltern haben. Bei Familien, in denen beide Elternteile arbeiten, verliert der Vater seine Stellung. Besonders schwierig wird es, wenn die Eltern auf Dolmetscherdienste ihrer Kinder angewiesen sind. Ob beim Arztbesuch oder Gespräch mit dem Lehrer, die Vermittlerfunktion des Kindes hebt es auf die Augenhöhe der Eltern, die andererseits dieses Kind auch erziehen müssen (Gaitanides, 2003).

Bildung der Kinder

Die meisten Eltern wünschen sich eine gute Bildung und Ausbildung für ihre Kinder. Das gilt insbesondere für Migranteneltern, da sie in Deutschland und oft genug in ihren Heimatländern schlechte schulische Startbedingungen hatten und nun möchten, dass ihre Kinder eine bessere Ausbildung bekommen. Sie wissen aber nicht, wie sie ihre Kinder auf die Schule (z. B. durch sinnvolle Spiele, Bücher, aber auch Begrenzen von Fernsehen) vorbereiten sollten. Hinzu kommt, wenn die Eltern nicht in Deutschland in die Schule gegangen sind und möglicherweise die deutsche Sprache schlecht beherrschen, können sie ihren Kindern bei den Hausaufgaben und beim Lernen nicht helfen, was im deutschen Bildungssystem für einen Schulerfolg der Kinder leider immer noch notwendig ist. Bei sehr hohen Erwartungen an den schulischen Erfolg der Kinder, der sich leider oft nicht einstellt, entsteht in vielen Familien zusätzlicher Stress.

Fehlende soziale Netzwerke

Viele der Familien mit Migrationshintergrund haben ihre Verwandten in ihren Herkunftsländern zurückgelassen. Oft ist es so, dass beispielsweise in Familien aus den ehemaligen Anwerbeländern die erste Generation nach dem Ruhestand wieder ganz oder teilweise in die frühere Heimat zurückgekehrt ist. Das bedeutet, dass den Eltern mit minderjährigen Kindern die familiäre Unterstützung weitgehend fehlt. Freundschaftliche Kontakte, wenn sie vorhanden sind, ersetzen die Familie häufig nicht. Gerade bei jungen Eltern, die keine Geburtsvorbereitungs- oder Babypflegekurse besuchen oder nach der Geburt nicht in Krabbelgruppen oder Ähnliches eingebunden sind, möglicherweise mindestens ein Elternteil die deutsche Sprache nicht gut beherrscht, ist der Stressfaktor mit einem Kind durchschnittlich größer als bei deutschen Eltern (Wendler, 2005). Familien, in denen Misshandlung stattfindet sind sozial isolierter, haben kleinere Netzwerke und weniger Kontakte. Dagegen kann eine soziale auch außerfamiliäre Unterstützung einen puffernden Effekt haben (s. a. Bender & Lösel, 2005; Garbarino, 2002).

Familien, die den deutschen professionellen Helfern in den Institutionen nicht trauen, weil es in den ehemaligen Heimatländern zum Beispiel keine Jugendämter gab, beziehungsweise man dort solche Institutionen als nicht hilfreiche, sondern als repressive staatliche Organe erlebt hat – wie in den ehemaligen Sowjet-Republiken – werden sich nicht vertrauensvoll beratungs- und hilfesuchend an sie wenden.

Fehlende erzieherische/pädagogische Kompetenz – persönlich und gesellschaftlich erlebte Gewalt der Elterngeneration

Schon J. Korbin geht 1980 von drei Ebenen aus, die bei der Definition von Kindesmisshandlung berücksichtigt werden müssen. Sie beschreibt u. a. die erste Ebene, bei der Erziehungsmethoden in einer Gruppe als akzeptabel und in der anderen Gruppe als schädigend angesehen werden. Die zweite Ebene umfasst, vereinfacht gesagt, kulturelle und gesellschaftliche Faktoren, die bei der Definition von Kindesmisshandlung eine Rolle spielen, während die dritte Ebene die gesellschaftlichen Umstände wie Armut oder Arbeitslosigkeit meint. Diese Ebenen wären eigentlich auch auf die zeitliche Dimension der Entwicklung einer Gesellschaft anzuwenden. Erziehungsmethoden, die stark körperliche Strafen vorsahen, haben sich in Deutschland nach dem Zweiten Weltkrieg erst sehr langsam geändert.

In vielen der Länder, aus denen Migrantenfamilien stammen, kennt man, um Kindern Grenzen zu setzen, nur körperliche Strafen. Eltern aus den osteuropäischen Ländern oder der ehemaligen Sowjetunion berichten, dass sie als Erziehungsmaßnahme neben Schlägen tagelanges Knien auf grobem Salz hinnehmen mussten. Eltern aus der Türkei, Nordafrika, Pakistan und Afghanistan berichten häufig, dass sie neben grenzenlosen Freiheiten als jüngere Kinder in ihren Heimatdörfern einem autoritären Vater, Großvater und/oder einer Mutter bedingungslos gehorchen mussten und Verfehlungen immer mit Schlägen bestraft wurden. Das heißt, oft fehlen Eltern mit Migrationshintergrund, die in den 1970er und 80er Jahren in den ehemaligen Heimatländern aufgewachsen sind, Vorbilder, wie man Kinder mit einer konsequenten Haltung und weitgehend ohne Gewalt erziehen kann. Sie fehlen sogar Eltern, die der zweiten Generation der Migranten angehören, da ihre Eltern abgeschnitten von den Entwicklungen in der Heimat und in Deutschland sie weiterhin durch Gewalt erzogen haben. Die gesellschaftlichen Veränderungen, auch in Form von Gesetzen zum Schutz der Kinder, dringen in diese Familien oft zeitlich sehr stark verspätet durch.

Viele der Eltern haben ihre Kindheit und Jugend außerdem in Ländern wie Ex-Jugoslawien, dem Südosten der Türkei, Irak, Afghanistan oder Sri Lanka verbracht, in denen während dieser Zeit Krieg und Terror geherrscht haben. Sie sind in Gesellschaften aufgewachsen, in denen Gewalt gewissermaßen als »normal« angesehen wurde und die Gesellschaft eine gewisse »Verrohung« zeigte oder immer noch zeigt.

4 Kindeswohl und Kindeswohlgefährdung in Migrantenfamilien

4.1 Kindesmisshandlung in Migrantenfamilien

Die Untersuchung von Pfeiffer et al. von 1999 hat gezeigt, dass in Migrantenfamilien Kinder mehr Gewalt in der Erziehung ausgesetzt sind. Eine neuere Untersuchung, bei der Jugendamtsmitarbeiter aus drei Standorten über alle Kinderschutzverdachtsfälle aus dem Jahr 2008 befragt wurden, ergab ebenfalls, dass körperliche Gewalt als Grund bei Familien mit Migrationshintergrund deutlich häufiger genannt wurde als bei anderen Familien (ISM, 2001). Wenn diese Familien den Weg in die Beratung finden und erfahren, dass sie ihre Kinder nicht schlagen dürfen, wird schnell deutlich, dass Schlagen das einzige bekannte

Erziehungsmittel ist, um den Kindern Grenzen zu setzen und sie zu lenken. Es spricht sich in verschiedenen Migrantengruppen herum, dass »beim Schlagen der Kinder sie vom Jugendamt weggeholt werden«. So entsteht häufig ein »Erziehungsvakuum«, in dessen Folge viele dieser Kinder in deutschen Institutionen wie Schule oder Kindergärten als sehr schwierig oder verhaltensauffällig erlebt werden.

4.2 Vernachlässigung

Auch und insbesondere kann man Vernachlässigung von Kindern nicht kulturunabhängig sehen. Während Unterernährung oder inadäquate Kleidung deutliche Zeichen für Vernachlässigung sind, ist von den Eltern aus gesehen die Beaufsichtigung von kleinen Kindern durch ihre älteren Geschwister durchaus akzeptabel und seien diese auch nur acht oder zehn Jahre alt. Eltern, die selbst als Kinder mit acht Jahren wochenlang alleine Ziegen hüten mussten, finden es durchaus angemessen, wenn ihre Kinder in diesem Alter alleine aufstehen, um in die Schule zu gehen, und nebenher ihre 4- oder 5-jährigen Geschwister für den Kindergarten vorbereiten und sie dort abliefern. Eltern, die als Kinder kaum etwas Süßes bekommen haben, weil sie nicht genug zu essen hatten, und Übergewicht als Zeichen von Wohlstand immer noch im Hinterkopf haben, werden keinen besonderen Wert darauf legen, ihren Kindern Süßes dosiert zu geben und Übergewicht zu vermeiden.

Man kann davon ausgehen, dass alle Eltern nach bestem Wissen und Gewissen ihre Kinder fördern wollen. Häufig ist es noch immer so, dass Eltern nicht wissen, was ihre Kinder für diese Gesellschaft und deren Anforderungen – v. a. was den Schulerfolg betrifft – brauchen. Erst allmählich dringt es bei vielen Migrantenfamilien durch, dass Kinder durch Vorlesen im Vorschulalter an Bücher, Wissen und Sprache herangeführt werden sollten. Dann scheitern viele Mütter daran, dass sie in ihrer Muttersprache keine adäquaten Kinderbücher finden, ihre Kinder diese oft auch nicht verstehen und sie deutschsprachige Bücher nicht vorlesen können. Der Umgang mit Schere, Buntstiften, Farben und Knete wird bei vielen Migrantenfamilien als gefährlich, schmutzig und, v. a. im Vorschulalter, als unnötig angesehen. Fernsehkonsum bei jungen Kindern betrachtet man in sehr vielen Migrantenfamilien dagegen relativ unkritisch. Wenn die kleinen Kinder in Fernsehen vertieft sind, können Mütter ihren Haushalt erledigen.

4.3 Emotionale Misshandlung

Wie oben schon erwähnt, kommt es bei Migrantenfamilien, bei denen mindestens ein Elternteil nicht gut Deutsch spricht, immer wieder vor, dass Kinder für ihre Eltern, ob beim Frauenarzt der Mutter oder beim Anwalt, selbst wenn es um die Scheidung der Eltern geht, übersetzen müssen. Sie erledigen Behördengänge, Gespräche in der Schule oder Kindergarten für ihre jüngeren Geschwister und sind damit in ihrer ganzen Kindheit durchgehend überfordert.

Kritisch ist auch die noch gelegentlich auftretende Gepflogenheit, Kinder für längere Zeit in die Obhut von Verwandten, teilweise in den Heimatländern zu geben. Die zweite Generation von Migranten ist häufig in den Heimatländern von ihren Eltern bei der Verwandtschaft zurückgelassen und erst später nach Deutschland geholt worden. Dieses nach bindungstheoretischen Gesichtspunkten höchst problematische Verhalten hat den Eltern der heutigen Kinder mit Migrationshintergrund geschadet und schadet ihren Kindern heute auch noch (s. a. Gaitanides, 2003).

4.4 Sexueller Missbrauch

Obwohl alle Kulturen, alle Religionen und natürlich Gesetze sexuellen Missbrauch von Kindern verbieten, kommt er in allen Kulturen vor. Die Dynamik innerhalb der Familien ähnelt sich auch: Es fehlt den Tätern an Einsicht, an Schuldbewusstsein, sie nutzen das Abhängigkeitsverhältnis zu ihrem Opfer aus, schüchtern es ein und es gibt auch immer andere in der Familie, die wegschauen oder es nicht wahrnehmen wollen.

Sexueller Missbrauch ist in den Familien immer ein Tabuthema. Da in Migrantenfamilien mit muslimischem Hintergrund oder aus dem südeuropäischem Raum voreheliche Kontakte tabuisiert sind, Jungfräulichkeit der Mädchen vor der Heirat fast als etwas »Heiliges« angesehen und deren Verlust als eine Verletzung der Familienehre gedeutet wird, ist es eine große Katastrophe, wenn ein Missbrauchsfall zutage gefördert wird. Auch für den Täter bedeutet der Missbrauch von sowohl weiblichen als auch männlichen Kindern völligen Verlust seiner persönlichen Ehre, der auch auf seine Familie ausstrahlen kann, wenn sie sich von ihm nicht gründlich distanziert. Daher ist anzunehmen, dass die Dunkelziffer der nicht gemeldeten Missbrauchsfälle in Migrantenfamilien höher ist als in deutschen Familien.

5 Prävention und Intervention

In der Beratungsarbeit erleben wir, dass den Migranteneltern, die in einer Beratungsstelle ankommen, ihre fehlende Erziehungskompetenz durchaus bewusst ist und sie teilweise offen und motiviert sind, diesen Mangel zu beheben. Es sind selbstverständlich die motivierteren Eltern, die eine Erziehungs- oder psychologische Beratungsstelle aufsuchen. Damit auch diejenigen Migranteneltern, die dieses nicht tun, mit präventiven Angeboten erreicht werden, ist es lohnend, die möglicherweise schon bestehenden Angebote an sie anzupassen oder Möglichkeiten zu finden, sie in diese Angebote zu integrieren.

5.1 Präventive Angebote

Viele junge Mütter, die nicht in Deutschland aufgewachsen sind und in Deutschland kein psycho-soziales Netz haben, sind mit ihren Säuglingen alleingelassen. Sogar der Kinderarzt, den sie eher aufsuchen, kann sie mangels Sprachkenntnisse oft nicht gut genug beraten. Daher sind präventive Angebote wie der Einsatz von Familienhebammen (s. a. Ludwig-Körner & Koch, 2005) und Familienkinderkrankenschwestern, die beide aufsuchend arbeiten, besonders geeignet, um junge Migrantenfamilien in der frühen Elternschaft zu begleiten. Dabei wären sowohl Sprach- als auch Kulturkenntnisse beziehungsweise auch der Einsatz von muttersprachlichen Fachkräften zumindest von Hauptmigrantengruppen von großem Vorteil. Auch die sogenannten Schreiambulanzen in verschiedenen Städten wären für junge Migrantenfamilien sehr hilfreich, müssten aber bekannter gemacht werden, indem die Informationen verstärkt durch Migrantenvereine, Moscheen und Kirchengemeinden weitergegeben werden.

Bewährt haben sich auch verschiedene Kursangebote für Mütter oder junge Familien mit Inhalten wie Kinderpflege, Erziehung, Ernährung und muttersprachliche Informationsnachmittage oder -abende, die in den Schulen oder Kindergärten stattfinden. Sie haben weiterhin nicht nur einen für die Familien sehr informativen Aspekt, sondern dienen nach wie vor dem Austausch und zur Knüpfung von Kontakten zu anderen Familien in ähnlichen Lebensphasen.

Wichtig bei allen Angeboten ist es, dass sie niederschwellig und stadtteilbezogen sind, sie nicht einmalig, sondern fortlaufend stattfinden, die Kursleiterinnen nicht öfter wechseln und möglichst im Stadtteil auch präsent bleiben. Bei den meisten Migrantengruppen funktioniert »Mund-zu-Mund-Propaganda« am besten, um hilfreiche Veranstaltungen oder Fachleute bekannt zu machen. Dabei ist es wichtig, sowohl geeignete professionelle Fachkräfte (Lehrerinnen, Erzieherinnen) als auch in der Schule oder im Stadtteil aktive Eltern als Multiplikatoren einzusetzen (s. a. Bundesministerium für Familie, Senioren, Frauen und Jugend, 2008).

Auch Fernsehsendungen über Kinderpflege, -gesundheit und -erziehung sind insbesondere bei Migrantenmüttern sehr beliebt. Dabei werden nicht nur muttersprachliche, sondern auch deutschsprachige Sender genutzt. Sehr viele junge Eltern nutzen das Internet, auch um sich über verschiedene Erziehungs- und Gesundheitsthemen zu informieren (s. a. Studie ARD/ZDF, 2007).

Es wäre interessant, eine neuere vergleichbare Untersuchung für Deutschland als die Untersuchung von Pfeiffer et al. von 1999 zu haben. Zu erwarten ist, dass Migranteneltern sowohl durch ihre muttersprachlichen Medien als auch durch die seit wenigen Jahren verstärkten Bemühungen, bundesweit Sprach- und Integrationskurse anzubieten und teilweise sie dazu zu verpflichten, Impulse für gewaltfreiere Erziehungsmethoden erhalten und umgesetzt haben.

5.2 Intervention

Viele Migrantenfamilien können sich auch nach einigen Jahren Aufenthalt in Deutschland nicht vorstellen, dass bei innerfamiliären Problemen Außenstehende hilfreich sein können. Während sie bei Schulproblemen der Kinder Erziehungsberatung eventuell noch akzeptieren können, wird es mit der Akzeptanz schwierig, wenn es sich um so sensible Themen handelt wie Kindesmisshandlung, Vernachlässigung oder gar Missbrauch. Die Vorstellung, dass ihre Kinder aus der Familie herausgenommen werden könnten (ginge möglicherweise mit Ehrverlust einher), hindert sie mehr als deutsche Familien daran, ihre Probleme offen anzusprechen und Hilfen anzunehmen. Auch strafrechtliche Konsequenzen, die gleichzeitig befürchtet werden, sind weitreichender als bei Menschen mit deutscher Staatsangehörigkeit. Sie haben Angst vor einer möglichen Ausweisung. Auch wenn diese Befürchtungen weit hergeholt erscheinen, weil professionelle Helfer üblicherweise nicht mit Strafanzeigen arbeiten, werden sie zu muttersprachlichen Fachkräften in einer Beratungssituation häufig geäußert. Daher muss am Anfang jeder Beratung insbesondere mit Migrantenfamilien verstärkt darauf geachtet werden, eine vertrauensvolle Atmosphäre aufzubauen.

Zugang zu den Migrantenfamilien

Muttersprachliche Fachkräfte genießen üblicherweise einen Vertrauensvorschuss. Die Familien gehen davon aus, dass ihr/e Landsmann/-frau nicht nur Experte/in in Psychologie oder Pädagogik, sondern auch für die eigene Kultur ist und ihre Situation eher verstehen wird als deutsche professionelle Helfer. Die Familien akzeptieren Hilfen dann eher und können unter Umständen über ihre Probleme offener sprechen (s. a. Pavkovic, 2001).

In einer Beratungssituation mit Migrantenfamilien aus sehr vielen Kulturen müssen Fachkräfte interkulturell kompetent handeln: Das bedeutet, dem »anderen« durch Fragenstellen und Zuhören zu seiner persönlichen Migrationsgeschichte kulturelle und religiöse Hintergründe, Wertschätzung entgegenzubringen, um eine tragfähige Arbeitsbeziehung aufzubauen (Gaitanides, 2003). Die Gründe für eine Misshandlung oder Vernachlässigung dürfen dabei nicht immer im kulturellen Kontext gesucht werden. Vielmehr muss man eruieren, ob nicht auch kulturübergreifende Faktoren dabei eine Rolle spielen wie Sucht oder psychische Erkrankung in der Familie, Überforderungssituation der Eltern aufgrund einer Erkrankung oder Behinderung des Kindes und Ähnliches (Kunze, 2009).

Bei sprachlichen Problemen sind die Dienste professioneller Dolmetscher zu nutzen. Eine sehr schlechte Lösung ist es, wenn die Elternpaare füreinander übersetzen oder die Familie einen Verwandten, eine Freundin oder eine Nachbarin mitbringt. Die Informationen werden gefiltert übertragen, zensiert, es entsteht eine andere Gesprächsdynamik, weil die nicht professionellen Dolmetscher immer auch ihre eigene Sichtweise mit einbauen. Leider passiert dies gelegentlich sogar mit professionellen Dolmetschern.

Sehr viele junge Migranteneltern nutzen das Internet völlig selbstverständlich. Sie telefonieren mit ihren Angehörigen per Skype, sie chatten, schauen Filme oder suchen nach Informationen. Sie würden sich auch online beraten lassen, wenn es zumindest für die Hauptmigrantengruppen in ihrer Muttersprache eine Online-Beratungsmöglichkeit geben würde. Die Online-Beratung der Bundeskonferenz für Erziehungsberatung (bke) hat bisher leider keine andere Beratungssprache als Deutsch.

Besonderheiten der Intervention

Migranteneltern brauchen Handlungsalternativen, wie sie ihre Kinder gewaltfrei erziehen sollen, sie müssen ihre Beziehungen innerhalb der Familie verbessern und ihren Kindern eine gute und förderliche Umgebung zum Aufwachsen bieten können (s. a. Körner & Vogt-Sitzler, 2005). Der Berater oder die Beraterin braucht eine besondere Sensibilität, um die Ressourcen und Belastungen der Familie zu erspüren. Verwandtschaft kann eine Ressource sein, um die Eltern zu entlasten, kann aber auch eine Belastung sein, wenn zum Beispiel Großeltern anderer Meinung sind, was die Erziehung der Kinder betrifft. Da durch die hierarchischen Strukturen die Eltern zu ihren eigenen Eltern nicht »nein« sagen dürfen, entsteht eine schwierige Konstellation. Katastrophal wird es erst, wenn die Familie als Großfamilie in einer Wohnung mit den Großeltern zusammen lebt wie oft in türkischen oder albanischen Familien. Es ist dann empfehlenswert, eine vorsichtige Vorgehensweise zu wählen und allmählich die Erziehungskompetenz den Eltern zu übertragen und trotzdem möglichst den Großeltern gegenüber Respekt zu zeigen. Im Zweifelsfall müssen sich die jungen Eltern loyal zu ihren eigenen Eltern zeigen.

Ebenso schwierig ist es, wenn ein muslimisches Mädchen wegen ihrem Freund Probleme mit ihren Eltern bekommt und untergebracht werden möchte. Da Jugendfreundschaften selten ein Leben lang halten, das Mädchen aber nicht dazu erzogen ist, ohne ihre Familie zu leben, andererseits die Familie es wegen der verlorenen Ehre verstoßen müsste, ist es besser zu versuchen, einen Konsens zu finden. Auch sehr aufgebrachte muslimische Familien möchten ihre Töchter nicht verlieren und sind immer wieder zu Kompromissen bereit. Wenn Kinder untergebracht werden müssen, ist es für die Familien akzeptabler, wenn sie zum Beispiel bei der Verwandtschaft unterkommen.

Wenn es Eheprobleme gibt, lohnt es sich immer, nach eigenen Lösungsideen zu fragen. Den Migranteneltern kann eine Eheberatung möglicherweise fremd sein, aber eine ältere verwandte Person, die von beiden respektiert wird, kann möglicherweise hilfreich vermitteln.

Ausblick

Wir haben in Deutschland durch verschiedene Faktoren immer weniger Zuzug aus dem Ausland. Das bedeutet, die meisten Menschen in Deutschland, die einen Migrationshintergrund haben, sind oft schon einige Jahre hier und wollen auch hier bleiben. Diese Menschen haben durchaus Interesse daran, dass ihre Kinder hier gut aufwachsen, in die Gesellschaft integriert sind und ein glückliches und erfolgreiches Leben führen. Angebote zur Beratung und Bildung, die die Familien erreichen, werden weiterempfohlen, die Inhalte weitererzählt. Wenn Familien mit Beratungsstellen oder Jugendämtern gute Erfahrungen gemacht haben, werden diese eher aufgesucht, bevor die Probleme größer werden.

Literatur

Bundesamt für Migration und Flüchtlinge (2009). *Asyl in Zahlen.* Verfügbar unter: http://www.bamf.de/SharedDocs/Anlagen/DE/Publikationen/Broschueren/broschuere-asyl-in-zahlen-2009.html.

Bender, D. & Lösel, F. (2005). Misshandlung von Kindern: Risikofaktoren und Schutzfaktoren. In G. Deegener & W. Körner (Hrsg.), *Handbuch Kindesmisshandlung und Vernachlässigung* (S. 317–346). Göttingen: Hogrefe.

Bundesministerium für Familie, Senioren, Frauen und Jugend (2008). *Wie erreicht Familienbildung- und Beratung muslimische Familien – eine Handreichung.*

Bundeskriminalamt, Polizeiliche Kriminalstatistik (2009). Verfügbar unter: http://www.bka.de/pks/pks2009/download/pks-jb_2009_bka.pdf.

Deegener, G. (2005). Formen und Häufigkeiten der Kindesmisshandlung. In G. Deegener & W. Körner (Hrsg.), *Kindesmisshandlung und Vernachlässigung* (S. 37–58). Göttingen: Hogrefe.

Esser, G. & Weinel, H. (1990). Vernachlässigende und ablehnende Mütter in Interaktion mit ihren Kindern. In J. Martinius & R. Frank (Hrsg.), *Vernachlässigung, Missbrauch und Misshandlung von Kindern. Erkennen, Bewusst machen, Helfen* (S. 22–30). Bern: Huber.

Gaitanides, S. (2003). »Migrantenjugendliche – Lebenslagen und Risiken beim Aufwachsen. Was folgt für die Jugendhilfe?«. In H.-J. Kerner & E. Marks (Hrsg.), *Internetdokumentation Deutscher Präventionstag.* Hannover. Verfügbar unter: http://www.praeventionstag.de/content/8_praev/doku/gaitanides/index_8_gaitanides.html.

Gaitanides, S. (2001). Die Legende der Bildung von Parallelgesellschaften. Einwanderung zwischen Individualisierung, subkultureller Vergemeinschaftung und liberal-demokratischer Leitkultur. *Zeitschrift für Migration und Soziale Arbeit, 3* (4), 16–25.

Gaitanides, S.(2003). *Warum interkulturelle Ansätze in der Kinder- und Jugendhilfe?* Dokumentation der Fachkonferenz am 3. April 2003 im Hospitalhof Stuttgart. Stuttgart: Jugendamt.

Garbarino, J. (2002). Kindesmisshandlung vor dem Hintergrund angespannter wirtschaftlicher Verhältnisse. In M.E. Helfer, R.S. Kempe & R.D. Krugman (Hrsg.), *Das misshandelte Kind* (S. 79–95). Frankfurt a.M.: Suhrkamp.

GENESIS Datenbank – Gemeinsamer neuer statistischer Informationssystem – www.statisikportal.de.

Holz, G. & Skoluda, S. (2003). *Armut im frühen Grundschulalter.* Frankfurt a. M.: Eigenverlag der Arbeiterwohlfahrt.

ISM (2011). Verfügbar unter: http://www.familien-mit-zukunft.de/doc/doc_download.cfm?uuid=E21F5BA3C2975CC8A77 976A8535F30D7&&IRACER_AUTOLINK&&.

Körner, W. & Vogt-Sitzler, F. (2005). Konzepte der Erziehungsberatung bei elterlicher Gewalt. In G. Deegener & W. Körner (Hrsg.), *Kindesmisshandlung und Vernachlässigung* (S. 617–636). Göttingen: Hogrefe.

Korbin, J. (1980). The cross-cultural context of child abuse and neglect. In C. H. Kempe & R. E. Helfer (Eds.), *The Battered Child.* (3d ed.) (pp. 21–35). Chicago: University of Chicago.

Kunze, N. (2009). Interkulturelle psychologische Beratung. In R. Oetker-Funk & A. Maurer (Hrsg.), *Interkulturelle psychologische Beratung, Entwicklung und Praxis eines migrantensensiblen Konzeptes* (S. 47–57). Norderstedt: Books on Demand GmbH.

Ludwig-Körner, C. & Koch, G. (2005). Prävention und Intervention in der frühen Kindheit. In G. Deegener & W. Körner (Hrsg.), *Kindesmisshandlung und Vernachlässigung* (S. 735–769). Göttingen: Hogrefe.

Migranten und Medien (2007). Ergebnisse einer repräsentativen Studie der ARD/ZDF-Medienkommission. Verfügbar unter: www.unternehmen zdf.de.

Nauck, B. (2002). Solidarpotenziale von Migrantenfamilien: Expertise/- [Electronic ed.] – Bonn, 2002, Text Titel nur online veröffentlicht. – Online ed.: Bonn: FES Library, 2002. – Verfügbar unter http://library.fes.de/fulltext/asfo/01389toc.htm.

Pavkovic, G. (2001). Erziehungsberatung mit Migrantenfamilien. *Praxis der Kinderpsychologie und Kinderpsychiatrie, 4,* 252–264.

Pfeiffer, C., Wetzels, P. & Enzmann, D. (1999). *Innerfamiliäre Gewalt gegen Kinder und Jugendliche und ihre Auswirkungen.* Forschungsbericht Nr. 80. Hannover: Kriminologisches Forschungsinstitut.

Senatsverwaltung für Gesundheit, Soziales und Verbraucherschutz unter anderem (Hrsg.) (2002). *Gewalt gegen Kinder und Jugendliche. Was ist zu tun? Ein Leitfaden für Berlin.* Berlin.

Seus-Seberich, E. (2006). Welche Rolle spielt soziale Benachteiligung in Bezug auf Kindeswohlgefährdung? In H. Kindler, S. Lillig, T. Meysen & A. Werner (Hrsg.), *Handbuch Kindeswohlgefährdung nach § 1666 BGB und Allgemeiner Sozialer Dienst (ASD).*

Studie ARD/ZDF (2007). *Migranten und Medien 2007.* Ergebnisse einer repräsentativen Studie der ARD/ZDF-Medienkommission.

Tschöpe-Scheffler, S. (2005). Erziehungsstile und kindliche Entwicklung. In G. Deegener & W. Körner (Hrsg.), *Kindesmisshandlung und Vernachlässigung* (S. 303–316). Göttingen: Hogrefe.

Wendler, E. (2005). Kindesmisshandlung und Vernachlässigung in Migrantenfamilien. In G. Deegener & W. Körner (Hrsg.), *Kindesmisshandlung und Vernachlässigung* (S. 186–197). Göttingen: Hogrefe.

Wetzels, P. (1997). *Zur Epidemiologie physischer und sexueller Gewalterfahrungen in der Kindheit. Ergebnisse einer repräsentativen Prävalenzstudie für die BRD.* Forschungsbericht Nr. 59. Hannover: Kriminologisches Forschungsinstitut.

Woellert, F., Kröhnert, S., Sippel, L. & Klingholz, R. (2009). *Ungenutzte Potentiale, zur Lage der Integration in Deutschland.* Berlin Institut. Verfügbar unter: www.berlin-institut.org.

Gewaltentstehung und Gewaltprävention bei Kindern und Jugendlichen

Haci-Halil Uslucan

Einleitung

Der folgende Beitrag widmet sich zunächst entwicklungspsychologischen Aspekten der Gewaltanfälligkeit von Kindern und Jugendlichen und skizziert daran anknüpfend einige spezifische Risiken für Migrantenjugendliche. Im dritten Teil werden einige Daten aus einer eigenen empirischen Untersuchung zu Erziehung und Gewalt deutscher und türkischer Jugendlicher in Berlin berichtet. Abschließend werden im vierten Teil ausgewählte Maßnahmen zur Gewaltprävention sowie zur Förderung von Migrantenjugendlichen diskutiert.

1 Entwicklungspsychologische Dimensionen der Gewalt

Für ein angemessenes Verständnis jugendlicher Gewalthandlungen ist es wichtig, ihre psychologischen Vorläufer, Spezifika und ihre Entwicklungsverläufe zu kennen. So lassen sich dann, mit Blick auf Prävention und Intervention, gezieltere Aussagen darüber treffen, wie diese beeinflusst werden können. Zunächst gilt es zu vergegenwärtigen, dass im Laufe der individuellen Entwicklung des Kindes erst die »harten« Formen der Aggression, so etwa die physischen, körperlich Ausgetragenen (Schubsen, Beißen, Schlagen etc.) erworben werden, bevor es die »Softformen«, wie etwa die psychische oder verbale Aggression, erwirbt. Denn einer anderen Person Verletzungen durch Schlagen zuzufügen, scheint ein relativ primitives Verhalten zu sein, wogegen die psychische Gewalt anspruchsvoller ist, denn sie hat zur Voraussetzung, dass der Akteur die Perspektive des anderen einnehmen und die Wirkung seiner Handlung auf den anderen antizipieren kann. Das sind jedoch Fähigkeiten, die erst in der späteren Kindheit erworben und bei Kleinkindern kaum als gegeben betrachtet werden.

Was die Prävalenzraten betrifft, so zählt aggressives Verhalten zu den häufigsten Auffälligkeiten: Es tritt bei 2–7 % aller Kinder und Jugendlichen auf (Petermann, 2000). Beispielsweise wurden bei einer repräsentativen epidemiologischen Studie von Döpfner et al. (1998) rund 3 % aller Mädchen und ca. 6 % aller Jungen von ihren Eltern als ausgesprochen aggressiv eingestuft. Bei einer Selbsteinschätzung bewerteten sich in der Gruppe der 11–18-Jährigen rund 6 % der Mädchen und 7 % der Jungen als aggressiv.

Bei den Ausdrucksformen der Gewalt sind deutliche geschlechtsspezifische Manifestationen bemerkbar: Zeigen sich aggressive Akte bei Jungen eher offen und direkt in Form von physischer Verletzung und Raufereien, so tendieren Mädchen dagegen eher zu indirekten Formen, d. h. dazu, entweder mit verbaler oder »relationaler« Gewalt den anderen zu verletzen, wie etwa die Beziehungen einer Person zu einer anderen durch Gerüchte, Hänseleien etc. zu zerrütten. Die Unterschiede zwischen Jungen und Mädchen beginnen zwischen dem vierten und fünften Lebensjahr und vergrößern sich nach Schuleintritt. Oft geht mit aggressiven Verhaltensweisen auch ein hyperkinetisches Verhalten einher, was häufig zu Sekundärproblemen wie Schul- und Leistungsschwierigkeiten führt. Mehrfachbelastete weisen in der Regel auch eine ungünstigere therapeutische Perspektive auf (Döpfner et al., 1996; Petermann & Scheithauer, 1998). Gerade bei Gewalthandlungen von Kindern, die aus Angst und Unsicherheit heraus begangen werden, wird angenommen, dass diese u. a. aus geringen Ressourcen an verfügbaren Verhandlungsstrategien resultieren und Gewalt ein Ausdruck dieser Verunsicherung ist.

Was die familialen Einflüsse auf die Entwicklung und Verfestigung jugendlicher Gewalthandlungen betrifft, so scheinen diese in besonderer Weise mit folgenden Aspekten zusammenzuhängen: 1. ein elterlicher Erziehungsstil, der sich durch geringe emotionale Nähe und Unterstützung sowie durch elterliche Gewalt auszeichnet, bzw. 2. ein hohes Ausmaß an elterlichem Konflikt und feindselig ausgetragenen Streitepisoden zwischen den Eltern sowie 3. ein wenig kontrollierendes und ein inkonsistentes Erziehungsverhalten der Eltern.

Sowohl die Entstehung als auch die Aufrechterhaltung des aggressiven Verhaltens muss insgesamt als ein multikausales Geschehen begriffen werden, in das biologische, psychologische, soziologische und situative Faktoren eingehen, die vielfach miteinander verflochten sind, wie das Ineinandergreifen des biologischen Risikos (z. B. einer Geburtskomplikationen oder einer Fehlbildung) mit einem psychologischen Risiko (bspw. der Ablehnung durch die Mutter und andere frühe Bezugspersonen) und dem späteren delinquenten Verhalten. Bspw. wurden in einigen Studien kleinere neurologische Defizite bereits kurz nach der Geburt bei Personen beobachtet, die später einer erhöhten Gewaltbelastung und antisozialem Verhalten ausgesetzt waren (Moffitt, 1993). Individuelle Variationen in der Hirntätigkeit können gewaltrelevante Faktoren wie Temperament und Impulskontrolle (Erregbarkeit), aber auch natürliche kognitive Fähigkeiten wie das Argumentieren beeinflussen. Kinder mit schwierigem Temperament widersetzen sich häufiger und intensiver elterlichen Erziehungsbemühungen und werden von Gleichaltrigen und Erwachsenen eher abgelehnt. Daher entwickeln sie eher eine feindselige Persönlichkeit und wenden vermutlich selber »vorsorglich« Gewalt an. So finden reziproke Interaktionen zwischen Persönlichkeitsmerkmalen (traits) und den Umweltreaktionen statt.[1] Die meisten von ihnen schaffen es nicht, langandauernde, durch

1 Für Migrantenkinder und -jugendliche liegt potenziell ein höheres Risiko vor, da ihre *Störungen* aufgrund von Zugangsbarrieren zu Experten, sprachlichen Schwierigkeiten und

Loyalitäten gekennzeichnete Freundschaften zu unterhalten. Dadurch entgehen ihnen aber wiederum auch Chancen, konventionelle soziale Fertigkeiten zu erlernen.

Darüber hinaus wird in einigen Studien zu Jugendentwicklungen auch das Alter, ab wann eine kriminelle Tat begangen wird (»age of onset of antisocial behavior«), als ein recht zuverlässiger Hinweis für spätere kriminelle Belastung bei beiden Geschlechtern gesehen (Gove, 1985). Was den Höhepunkt der Gewalthandlungen betrifft, so ist die Forschung hier eher uneinheitlich: Einigen Studien zufolge liegt sie im Alter von 17 Jahren, andere beobachten das »Peak« (die Spitze) in der Altersphase von 15 Jahren (Moffitt, 1993).

Festzuhalten ist jedoch, dass nicht einzelne Risiken, kritische Lebensereignisse oder Belastungen junge Menschen zu Gewalt führen, denn diese können manchmal durch ein unterstützendes soziales Umfeld oder auch durch persönliche Ressourcen/Resilienzfaktoren kompensiert werden, sondern eher die Kumulierung von Risiken. In der Studie von Roth und Seiffge-Krenke (2005) war bspw. ein sprunghafter Anstieg von kindlicher Delinquenz bis zum Alter von 15 Jahren zu beobachten, wenn in der Vorgeschichte mehr als vier familiäre Belastungen vorlagen. Generell lässt sich aber festhalten, dass Aggression dann als ein relativ stabiles Persönlichkeitsmerkmal zu betrachten ist, wenn es früh beginnt, sich ausgeprägt und vielfältig äußert und immer unabhängiger vom spezifischen Kontext wird.

2 Spezifische Risiken für Migrantenjugendliche

Was die Gewaltbelastung von Jugendlichen mit Zuwanderungsgeschichte betrifft, so ist diese in der sozialwissenschaftlichen Diskussion alles andere als einheitlich: In einigen Studien zeigen Migrantenjugendliche höhere Belastungen (z. B. Pfeiffer & Wetzels, 2000), in anderen dagegen weisen sie entweder keine Unterschiede oder nur leicht erhöhte Werte gegenüber einheimischen Jugendlichen auf (Uslucan, Fuhrer & Mayer, 2005). Beim Vergleich der Gewaltbelastungen von Jugendlichen mit Migrationshintergrund und Einheimischen sind jedoch bestimmte methodische Einschränkungen zu berücksichtigen: Sowohl die Prävalenz als auch die Entwicklung gewalttätigen Verhaltens sind nicht unabhängig vom Bildungshintergrund zu verstehen, wobei dieser sowohl ein Indikator für kognitive Fähigkeiten und Potenziale als auch auf künftige Chancen im Leben ist. So ist in der Forschung mehrfach dokumentiert, dass gewalttätige Auseinandersetzungen häufiger in Hauptschulen auftreten und Gymnasien mit diesem Problem weniger konfrontiert

der Bildung ihrer Eltern seltener erkannt werden, dadurch eine frühe Intervention versäumt wird und stattdessen diese vielfach eher eine kulturalistische Deutung erfahren, d. h. einem »heißblütigem Temperament« von Südländern bzw. ihrem hohen Aktivierungsniveau zugeschrieben wird, jedoch nicht als eine (behandlungsbedürftige) Störung der Impulskontrolle betrachtet wird.

sind (Babka von Gostomski, 2003). Gleichzeitig ist eine deutlich stärkere Präsenz von Migrantenjugendlichen in Hauptschulen zu verzeichnen. Beispielsweise konnten Lösel und Bliesener (2003) keine bedeutsamen Unterschiede in der generellen Prävalenz von aggressivem Verhalten zwischen deutschen und ausländischen Jugendlichen finden. Deutliche Unterschiede treten dann zutage, wenn man den Bildungshintergrund der Jugendlichen nicht betrachtet.

Für Heranwachsende ist der besuchte Schultyp oft verbunden mit erlebter Benachteiligung und birgt schlechtere Zukunftsperspektiven und Chancen für späteres soziales Prestige, Einkommen und v. a. Selbstverwirklichung. Auch ist im Auge zu behalten, dass Migrantenjugendliche in der Regel bei Eintritt in die Schule im Vergleich zu deutschen Kindern schwierigere Voraussetzungen für eine entsprechende schulische und soziale Entwicklung mitbringen. Oft verfügen sie über geringere Deutschkenntnisse, die zum Teil auf die geringeren Bildungskompetenzen ihrer Eltern und deren Migrationsbelastungen zurückzuführen sind; zum Teil bringen sie oder ihre Eltern aber auch Traumatisierungen bzw. traumatische Kriegs- und Gewalterlebnisse aus den Herkunftsländern (so etwa aus dem Libanon, Bosnien etc.) mit, die zu einer individuell deutlich höheren Gewalttoleranzschwelle führt.

Vielfach fühlen sich Migrantenjugendliche auf der einen Seite aufgrund ihrer Sozialisation in Deutschland stärker mit der Aufnahmegesellschaft verbunden als ihre Eltern, werden aber auf der anderen Seite durch Ausgrenzungserfahrungen frustriert (Merkens, 1997). Darüber hinaus sind auch spezifische Risiken in den häuslichen Aufwachsensbedingungen von Migrantenjugendlichen nicht ganz von der Hand zu weisen: So gibt es bspw. einige Hinweise, die über eine deutlich höhere Rate häuslicher Gewalt in Migrantenfamilien berichten (Pfeiffer & Wetzels, 2000; Uslucan, Fuhrer & Mayer, 2005; Schröttle, 2007). Seit langem ist bekannt, dass die Erfahrung von Gewalt im Elternhaus ein eminent bedeutsames Gewaltrisiko für Jugendliche darstellt (vgl. Wetzels, 1997). Auch wenn die plakative Feststellung »Gewalt erzeugt weitere Gewalt und geschlagene Kinder werden selber zu Schlägern« in dieser Form und Verkürzung nicht haltbar ist, denn Gewalt erleidende Kinder können später sowohl depressive Verstimmungen und Rückzugsneigungen zeigen als auch aggressive Tendenzen aufweisen, steigt jedoch das Risiko der Gewaltweitergabe bei selbst erfahrener Gewalt, wie sie in einer umfangreichen Metaanalyse dokumentiert wird (Widom, 1989).

Darüber hinaus lässt sich bei vielen Migrantengruppen, und hier beziehe ich mich v. a. auf türkischstämmige Migranten, stärker von gewaltbegünstigenden Sozialisationsmustern für junge Männer berichten. Darunter sind traditionelle Männlichkeitskonzepte zu verstehen, die Maskulinität stark an Dominanz und körperliche Stärke binden, was die Disposition zur Gewalt erhöht. Das wird bei Ehrkonflikten oder Ehrverletzungen besonders deutlich, in denen nicht die Gewaltvermeidung, sondern die gewalttätige Auseinandersetzung als normativ für den Erhalt der persönlichen Identität erachtet wird. Ehrverletzende Beleidigungen werden aus der Sicht des Beleidigten als Herausforderungen wahrgenommen, die unabdingbare, oft gewalttätige Entgegnungen erfordern. Diese Herausforderung nicht anzunehmen, sich dieser nicht zu stellen, wird als Niederlage und als Ausschluss aus dem Kreis der »ehrenwerten Männer« erlebt. Verwerflich ist aus der

Perspektive der Akteure also nicht das Unterliegen in einer gewaltsamen Auseinandersetzung, sondern vielmehr, sich von vornherein dem Kampf zu entziehen.

3 Eigene empirische Untersuchung zur Gewaltbelastung deutscher und türkischer Jugendlicher

Stichprobenbeschreibung: Die hier berichteten Ergebnisse beruhen auf einer Befragung von 304 deutschen Jugendlichen und 214 Jugendlichen türkischer Herkunft, die zum Großteil in Deutschland geboren waren (nahezu 85 %), aber deren beide Eltern in der Türkei geboren waren. Das Alter der Jugendlichen variierte insgesamt zwischen 13 und 16 Jahren; das Durchschnittsalter der deutschen Jugendlichen betrug 13,6 Jahre (SD =.67), das der türkischen 13,94 Jahre (SD =.63). In der deutschen Stichprobe überwogen geringfügig die Jungen (53 %), in der türkischen die Mädchen (55 %). Deutliche Unterschiede gab es entsprechend der Schulbesuchsstatistik beim besuchten Schultyp: So gingen 17,8 % der deutschen Jugendlichen auf die Hauptschule, 10,8 % auf die Realschule, 22,4 % besuchten eine Gesamtschule und nahezu die Hälfte (49 %) das Gymnasium. Von den türkischen Jugendlichen besuchten dagegen 23,8 % die Hauptschule, 41,6 % die Realschule, lediglich 3,7 % eine Gesamtschule und 30,8 % das Gymnasium.

Zunächst sollen hier einige Ergebnisse berichtet werden, inwiefern sich Unterschiede in der erfahrenen häuslichen Gewalt zeigen. Hierzu haben wir die Jugendlichen mit einem standardisierten Fragebogen in der Schule befragt, zum einen, wie häufig sie selber Opfer elterlicher Gewalt wurden, und zum anderen, wie häufig sie Gewalt zwischen den Elternteilen beobachtet haben.

Tab. 1: Gewalt im Elternhaus von deutschen (D) und türkischen Jugendlichen (T) (Angaben in prozentualer Häufigkeit).

Item		nie	selten	manchmal	oft – sehr oft
Meine Mutter hat mir eine 'runtergehauen.	D	87,0	10,6	1,7	0,6
	T	83,6	13,1	2,3	0,9
Mein Vater hat mir eine 'runtergehauen.	D	81,9	12,1	5,3	0,8
	T	84,2	7,9	6,4	1,5
Ich habe gesehen, wie ein Elternteil den anderen mit der Hand geschlagen hat.	D	84,8	7,6	5,5	2,1
	T	78,4	10,2	7,4	4,0

Tabelle 1 verdeutlicht, dass mit über 80 % in beiden Gruppen der überwiegende Teil weder Opfer mütterlicher noch väterlicher Gewalt geworden ist. Hinsichtlich der mütterlichen Gewalt ist zu sehen, dass 10,6 % der deutschen und 13 % der türkischen Jugendlichen selten der Gewalt ihrer Mutter ausgesetzt waren. Werden jedoch die Angaben zu gelegentlicher und öfters vorkommender Gewaltanwendung zusammengefasst, so berichteten 2,3 % der deutschen und 3,2 % der türkischen Jugendlichen von Viktimisierungen seitens ihrer Mütter. Hinsichtlich der väterlichen Gewalterfahrung berichteten rund 82 % der deutschen und 84 % der türkischen Jugendlichen, dass sie nie der Gewalt ihres Vaters ausgesetzt waren. 12 % der deutschen und ca. 8 % der türkischen Jugendlichen waren selten der Gewalt ihres Vaters ausgesetzt, dagegen waren ca. 6 % der deutschen und 8 % der türkischen Jugendlichen des Öfteren der Gewalt ihres Vaters ausgesetzt. Zwar sind die Gewalterfahrungen türkischer Jugendlicher etwas häufiger als die deutscher, die Unterschiede sind jedoch auf einer aggregierten Skalenebene statistisch nicht signifikant. Eher treten die Unterschiede bei der beobachteten Elterngewalt hervor: Hier zeigt sich, dass rund 85 % der deutschen und ca. 78 % der türkischen Jugendlichen gar keine Gewalt der Elternteile beobachteten, 7,6 % der deutschen und 10,2 % der türkischen Jugendlichen eher selten Zeuge der Gewalt zwischen den Elternteilen wurden. Werden jedoch auch hier die Angaben zu gelegentlicher und zu öfterer Gewaltanwendung zwischen den Elternteilen zusammengefasst, berichteten 7,1 % der deutschen, aber mehr als 11 % der türkischen Jugendlichen von Gewalt zwischen den Elternteilen.

Im zweiten Schritt haben wir uns der Frage gewidmet, inwiefern sich die Gewaltbelastung der Jugendlichen in ihrem Alltag zeigt, und haben hierbei, statt uns nur entlang ethnischer Differenzierungen zu orientieren, zusätzlich die unterschiedlichen Bildungsgänge der Jugendlichen herangezogen. Dabei haben wir die aktive und passive Gewaltbelastung (Viktimisierung) im Blick gehabt, uns aber auch auf die kognitiven Vorformen der Gewalt, und zwar der Billigung bzw. Akzeptanz der Gewalt fokussiert, die so etwas wie prinzipielle Gewaltbereitschaft vor der aktuellen Gewalttat misst (► **Tab. 2**).

Tab. 2: Gewalt in unterschiedlichen Bildungsgängen: Mittelwerte[2] und Standardabweichungen (in Klammern).

	Deutsche Jugendliche			**Türkische Jugendliche**		
Jugendliche Gewalt	**Gewalt-akzeptanz**	**Aktive Gewalttat**	**Viktimisierung**	**Gewalt-akzeptanz**	**Aktive Gewalttat**	**Viktimisierung**
Hauptschule	2.17 (1.04)	1.55 (.63)	1.83 (.76)	2.46 (.88)	1.65 (.81)	1.56 (.62)
Realschule	2.09 (.73)	1.45 (.45)	1.68 (.59)	2.19 (.92)	1.44 (.43)	1.44 (.45)
Gymnasium	1.57 (.55)	1.31 (.29)	1.56 (.57)	1.94 (.70)	1.39 (.38)	1.51 (.62)

Bei der aktiven Gewalttat (jemanden schlagen, treten etc.) zeigten sich die Unterschiede zwischen deutschen und türkischen Jugendlichen über alle Schultypen hinweg als eher gering, wenngleich aber die türkischen Jugendlichen sowohl

2 Die Skala reichte von 1 bis 5, wobei eine 1 die geringste und eine 5 die stärkste Ausprägung bedeutet; es handelt sich also durchweg um Werte im »low-level«-Bereich.

in den Hauptschulen als auch auf den Gymnasien etwas höhere Werte aufwiesen. Deutlich größer jedoch waren die Werte bei der Akzeptanz von Gewalt: Hier ließen sich bei den türkischen Jugendlichen über alle Bildungsgänge hinweg signifikant stärkere Billigung von gewaltlegitimierenden und männlichkeitszentrierten Auffassungen zeigen, was auf problematische Sozialisationsaspekte hinweist. Auf der anderen Seite zeigten deutsche Jugendliche durchwegs höhere Viktimisierungsraten (geschlagen oder getreten worden zu sein), die türkischen eher geringere. Denkbar ist aber auch, dass türkische Jugendliche, und v. a. männliche, genauso häufig Opfer von Gewalt werden, sich aber schwerer tun, dies zuzugeben, weil es das Selbstbild als »starken, dominanten Mann« eher negativ beeinträchtigt. Darüber hinaus wurde in einem weiteren Schritt, quasi als Klammer zwischen häuslicher und eigener Gewaltbelastung, überprüft, inwieweit die im Elternhaus erfahrene Gewalt mit der Gewaltbelastung der Jugendlichen in einem Zusammenhang steht.

Tab. 3: Zusammenhänge von Gewalt im Elternhaus und eigener Gewaltbelastung; Pearson-Korrelationen (Korrelationskoeffizient r; signifikante Korrelationen: * $p < .05$).

	Deutsche Jugendliche			**Türkische Jugendliche**		
Familiale Gewalt	**Gewalt-akzeptanz**	**Aktive Gewalttat**	**Viktimisie-rung**	**Gewalt-akzeptanz**	**Aktive Gewalttat**	**Viktimisie-rung**
Mütterliche Gewalterfahrung	.18*	.17*	.15*	.21*	.28*	.26*
Väterliche Gewalterfahrung	.10	.07	.18*	.18*	.29*	.27*
Beobachtete Elterngewalt	.19*	.29*	.14*	.14*	.12	.16*

Tabelle 3 verdeutlicht einen relativ einheitlichen Zusammenhang zwischen häuslicher bzw. familialer Gewaltbelastung und der eigenen Gewalt der Jugendlichen: Zunächst scheinen häusliche Gewalterfahrungen die Billigung von Gewalt bei deutschen wie bei türkischen Jugendlichen signifikant zu fördern; dieser Zusammenhang ist aber bei deutschen Jugendlichen etwas schwächer ausgeprägt und hinsichtlich der väterlichen Gewalterfahrung nicht signifikant. Dagegen weist eine Zeugenschaft elterlicher Gewalt bei deutschen Jugendlichen auf signifikant positive Zusammenhänge mit der eigenen Gewaltbelastung hin; bei türkischen Jugendlichen scheint dieser »spill-over«-Effekt, das »Überschwappen« beobachteter Gewalt auf die eigene aktive Gewalttat im Sinne einer Imitierung elterlicher Modelle, jedoch etwas schwächer ausgeprägt zu sein. Zuletzt tangieren Gewalterfahrungen im familialen Umfeld auch das Risiko eigener Viktimisierung im Peer-Kontext: Wer vermehrt im Elternhaus Opfer von Gewalt wird oder auch diese beobachtet, wird mit einem größeren Risiko auch Opfer der Gewalt von Gleichaltrigen. Auch hier ist dieser Zusammenhang bzw. dieses Risiko für türkische Jugendliche stärker.

4 Maßnahmen zur Gewaltprävention, Förderung und Integration von Migrantenjugendlichen

Zunächst ist die Frage zu klären, ob Interventionen, wie bspw. Gewaltpräventionsprojekte, immer erwünschte Effekte zeitigen. Hierzu führt bspw. eine sehr detailreiche und methodisch aufwendige Studie von Dishion, McCord und Poulin (1999) vor, dass in bestimmten Konstellationen Interventionen sogar Gewalt steigern können. Die Autoren stellten fest, dass insbesondere bei »High-risk youths«, also bei Jugendlichen mit einem hohen Gefährdungspotenzial, Gruppentrainingsmaßnahmen sogar kontraproduktive Effekte entfalten, wenn diese Jugendlichen in einem post-pubertären Alter sind. Zurückgeführt wird dieser Effekt auf negative Verstärker, die von Peers ausgehen: Der Einfluss Gleichaltriger war hierbei ca. neunmal stärker als bspw. der von Erwachsenen/Trainern/Lehrern. Es zeigte sich, dass die höhere Dichte der Peer-Einflüsse die von den Trainern und Erwachsenen ausgehenden Gewalt hemmenden Einflüsse unterminierte. Generell konnten die Autoren zeigen, dass bei der Durchsicht mehrerer hundert Interventionsstudien rund 29 % von diesen auch negative Effekte hatten. Dabei scheint diese Rate eher eine Unterschätzung zu sein; denn häufig werden sowohl Studien mit sogenannten Null-Effekten (also wirkungslose) als auch Studien, die negative Effekte hervorbringen, kaum berichtet, weil sie die Maßnahme und die damit verbundenen Ausgaben in Frage stellen. Generell teilen Präventionsprogramme das Problem der Messung ihrer Effektivität: Denn mit Prävention sind stets Maßnahmen gemeint, die vorbeugend agieren und letztlich die Ausbildung, bzw. die Ausprägung eines unerwünschten Ereignisses oder eines unerwünschten Persönlichkeitsmerkmales (z. B. der Aggression, der antisozialen Persönlichkeit etc.) verhindern sollen. Sie sind deshalb schwer nachzuweisen, weil es darum geht, etwas nicht Vorhandenes, nicht Ausgebildetes, also die Unterdrückung eines solchen Merkmales direkt an das Wirken einer Maßnahme zu binden; denn es ist ja nicht der Normalfall, dass sich solche Merkmale immer ausbilden; d. h., auch unabhängig von Präventionsmaßnahmen wächst eine Vielzahl von Menschen ohne antisoziale Tendenzen auf (vgl. Gollwitzer, 2007).

Um die potenzielle Wirksamkeit von Interventionen einschätzen zu können, ist die Zielgruppe im Vorhinein zu spezifizieren. Dabei sind universelle Ansätze, also jene, die bspw. wahllos alle Jugendliche, alle Kinder oder alle Migrantenjugendliche etc. in den Fokus der Prävention nehmen, weniger effektiv als selektive Ansätze, die eher bei jenen Gruppen ansetzen, die eine hohe Wahrscheinlichkeit haben, das unerwünschte Verhalten auszubilden.

Präventionsprogramme, die *Gewalt im Kindesalter* einzudämmen versuchen, scheinen dann besonders wirksam zu sein, wenn sie bei den Eltern und deren Erziehungskompetenz ansetzen: So konnte bspw. bei aggressiv-verhaltensauffälligen vierjährigen Kindergartenkindern (also einer selektiven Gruppe) mittels eines Elterntrainings und durch Einsatz von Familienhelfern das auffällige Verhalten substanziell gemindert werden. Die Effekte blieben auch nach einem Jahr stabil (vgl. Lehmkuhl et al., 2002). Im Allgemeinen wird bei jüngeren Kindern von einer kindzentrierten Sicht abgeraten, stattdessen werden familienzentrierte Maßnahmen favorisiert. Hingegen erweisen sich auch Elterntrainings allein als wenig wirksam, wenn Familien sich mehrfachen Belastungen und Risiken ausgesetzt sahen, so etwa durch Partnerschaftsprobleme, psychische Auffälligkeiten, soziale Isolation und sozioökonomische Benachteiligung gekennzeichnet waren (wie in bestimmten Konstellationen bspw. Migrantenfamilien). Unter diesen Bedingungen ist nur mit mäßigen Erfolgen zu rechnen. Hier sind therapeutische sowie konkrete Verbesserungen der Lebenslage von Familien zu avisieren.

Interventionsprogramme gegen *jugendliche Gewaltbelastungen* scheinen eher dann Erfolge zu versprechen, wenn sie recht früh beginnen (so bspw. in der Altersphase von der 3. bis 5. Klasse), in der sich also das problematische Verhalten noch nicht verfestigt hat. Das Training sollte so durchgeführt werden, dass riskante (bzw. gefährdete) und nichtriskante Jugendliche in einer Gruppe zusammen sind, also nicht nur eine »Behandlung« von »Gefährdeten« erfolgt. Ein Mix von »antisozialen« und »prosozialen« Jugendlichen scheint eher hilfreich zu sein.

Programme, Interventionen wie Präventionen, die sich der Jugendentwicklung bzw. der psychischen Stärkung Jugendlicher verpflichtet fühlen, sollten sich an den sogenannten »Five Cs: *competence, confidence, connection, character and caring*« orientieren (Lerner et al., 2005). Diese sind indirekt auch gewalthemmend bzw. antisoziales Verhalten unterdrückend. Es sollten also *Kompetenzen* gestärkt werden, *Vertrauen* geschaffen werden, soziale *Verbindungen* gestiftet und Netzwerke hergestellt werden, Jugendliche *charakterlich* gestärkt und ihnen ein Gefühl von *Sorge/Kümmern* vermittelt werden, und zwar sowohl, dass sich um Jugendliche gekümmert wird, als auch, dass Jugendliche sich um andere kümmern.

Darüber hinaus zeigen sich jene Programme als hilfreich, die Selbstkontrolle bzw. Ärgerkontrolle zum Ziel haben. Es geht dabei darum, in der konkreten Situation die eigene Anspannung, den aufkommenden Ärger, den Auslöser sowie die daran anschließenden negativen und den Ärger bekräftigenden Gedanken zu erkennen, gezielter zu urteilen und schließlich diese Gedanken auch zu ändern. Entspannungsübungen, Atemtechniken und Selbstberuhigungen begleiten diesen Prozess. Denkbar ist der Einsatz solcher Projekte bei Jugendlichen, die in häufige Konflikte aufgrund sogenannter Ehrverletzungen, persönlichen Beleidigungen etc. verwickelt sind (vgl. Uslucan, 2008).

Ferner kann auch eine Stärkung des Rechtsbewusstseins, eine Verdeutlichung der Normen und der Folgen von Gewalt für die eigene Lebensplanung von Migrantenjugendlichen gewaltpräventiv sein. Diese Vermutung ist in der Studie von Brüß (2004) empirisch geprüft worden. Darin konnte er über verschiedene Gruppen hinweg (türkische Migranten, Aussiedler und deutsche Jugendliche) konsistent zeigen, dass das Vertrauen in das Rechtssystem sich statistisch signifikant reduzierend auf aggressive antisoziale Aktivitäten auswirkt. Dieser Effekt war sogar bei den türkischstämmigen Jugendlichen noch deutlicher ausgeprägt.

In diesem Kontext sei abschließend auch auf eine exemplarische praktische Umsetzung dieser Überlegungen in Berlin verwiesen: Das »Zentrum des Jugendrechts Mitte« in Berlin führt – in Zusammenarbeit mit Schule, Staatsanwaltschaft, Polizei und Jugendgerichtshilfe – seit 2005 ein Projekt durch, an dem bislang mehr als 1500 Schüler im Alter von 13 bis 18 Jahren teilgenommen haben. Konkret geht es dabei darum, insbesondere an Oberschulen in sozialen Brennpunkten, im Rahmen von Projektwochen eine intensive Schulung in Rechtskunde, Normen und Werte, Beschäftigung mit Gewalt und ihren Folgen durchzuführen. Anschließend werden Schülern alle Stationen von der Straftat bis zur Verurteilung praxisnah vorgeführt, indem sie zur Vernehmung zur Polizei, zur Urteilsverkündung zum Amtsgericht und sogar auch für einige Minuten in eine Einzelzelle gehen. Daran anknüpfend werden die Folgen von strafbaren Gewalthandlungen über Medien (Film) aufgearbeitet. Als klare Botschaft dieser einwöchigen Schulung kristallisiert sich, dass bspw. das unter Jugendlichen als Kavaliersdelikt fungierende »Abziehen« (Handy wegnehmen, Jacke wegnehmen etc.) ein sehr folgenreiches strafrechtliches Delikt darstellt. Als ein psychologischer Nebeneffekt wird der Umgang mit Polizei und anderen Amtspersonen (Staatsanwaltschaft, Richter) in einer positiven Richtung verändert, indem ein Stück weit auch den Jugendlichen diese Prozesse transparent gemacht werden.[3]

Notwendig scheint es, solche Projekte verstärkt in Schulen mit einem hohen Migrantenanteil durchzuführen und hierbei auch die Eltern einzubeziehen, um auf die strafrechtliche Relevanz von Gewaltdelikten hinzuweisen, die sich aus einer falsch verstandenen Männlichkeits-, Dominanz- und Ehrvorstellung ableiten. Nicht zuletzt lernen Jugendliche dabei auch, welche rechtlichen (und nicht nur gewaltförmigen) Möglichkeiten sie selber bei der Durchsetzung ihrer legitimen Interessen haben.

Ferner können für die Gewaltprävention bewährte Erfahrungen und Erkenntnisse aus der sozialpsychologischen Einstellungsforschung herangezogen werden: Beispielsweise kann es sinnvoll sein, in der Schule gerade durch Gewalttaten aufgefallene Jugendliche aktiv für ein gewaltfreies Miteinander werben zu lassen, wohl wissend, dass diese stark chauvinistischen, gewaltverherrlichenden Überzeugungen anhängen. Dadurch werden diese Jugendlichen in eine Dissonanzsituation gebracht, die kognitiv unangenehm und spannungsgeladen ist, weil sie sich dabei ihrer Heuchelei bewusst werden. Um die Selbstachtung zu erhalten, so zeigen bspw. ähnlich gelagerte experimentelle Befunde im Gesundheitsverhalten, sind dann Jugendliche eher bereit, das geheuchelte Verhalten auch tatsächlich umzusetzen (vgl. Aronson, 2008).

Effektive Gewaltprävention basiert nicht zuletzt auch darauf, dass im alltäglichen Umgang mit Migranten rassistische und vorurteilsbeladene Haltungen und diskriminierende Praktiken vermieden sowie aktiv dagegen vorgegangen wird. Wenn in öffentlichen Diskursen um Migration stets Assoziationen wie Ehrenmorde und Jugendgewalt aktiviert werden, werden bestimmte Bilder verfestigt und andere Lebensrealitäten von erfolgreichen Migrationsgeschichten ausgeblendet. Gleichwohl der Einsatz für ein vorurteilsloses, nichtdiskriminierendes Miteinander von Mehrheiten und Migranten für die unmittelbare Gewaltprävention gering sein mag, so ist sie doch als ein öffentliches Signal bedeutsam und in Institutionen prägend für ein Klima von Respekt, in dem auch latenten Rassismen keine Chance gegeben wird.

---

3 Vgl. für eine Beschreibung des Projekts die Homepage des Vereins: http://www.zentrumdes-jugendrechts.de/.

Und zuletzt ist zu empfehlen, in die bisherigen Programme die Förderung von Sprachkompetenzen/Kommunikationskompetenzen junger Menschen mit Zuwanderungsgeschichte zu implementieren: So konnte Jerusalem bereits 1992 in seiner Untersuchung mit türkischen Jugendlichen feststellen, dass nicht die Aufenthaltsdauer allein, sondern vielmehr die Sprachkompetenz mit einem höheren Akkulturationsniveau einherging; höhere Sprachkompetenzen reduzierten interethnische Spannungen, ermöglichten eine differenzierte Selbstdarstellung und erleichterten dadurch die soziale Akzeptanz. In entwicklungspsychologischen Studien gilt der Zusammenhang von fehlenden sprachlichen/kommunikativen Kompetenzen und höherer Gewaltbelastung als gesichert (Moffitt, 1993). Festgestellt wurde, dass bei persistenten Delinquenten verbale Fähigkeiten beeinträchtigt sind: Mangelnde kommunikative Möglichkeiten bzw. ein geringes Ausdrucksrepertoire erweisen sich deshalb als Gewalt begünstigend, weil deeskalierende diskursive Fähigkeiten schwächer ausgebildet sind. Deshalb könnte also auch die Förderung kommunikativer Kompetenzen/Sprachkompetenzen indirekt gewalthemmende Wirkungen entfalten.

Literatur

Aronson, E., Wilson, T.D. & Akert, R.M. (2008). *Sozialpsychologie*. Pearson: München.

Babka von Gostomski, C. (2003). Einflussfaktoren inter- und intraethnischen Gewalthandelns bei männlichen deutschen, türkischen und Aussiedler-Jugendlichen. *Zeitschrift für Soziologie der Erziehung und Sozialisation, 23* (4), 399–415.

Brüß, J. (2004). *Zwischen Gewaltbereitschaft und Systemvertrauen. Eine Analyse zu aggressivem antisozialem Verhalten zwischen deutschen, türkischen und Aussiedler-Jugendlichen.* München: DUV.

Dishion, T.J., McCord, J. & Poulin, F. (1999). When interventions harm: Peer groups and problem behavior. *American Psychologist, 54*, 755–764.

Döpfner, M., Plück, J., Berner, W., Englert, E., Fegert, J.M., Huss, M., Lenz, K., Schmeck, K., Lehmkuhl, G., Lehmkuhl, U. & Poustka, F. (1998). Psychische Auffälligkeiten und psychosoziale Kompetenzen von Kindern und Jugendlichen in den neuen und alten Bundesländern – Ergebnisse einer bundesweit repräsentativen Studie. *Zeitschrift für Klinische Psychologie, 27*, 9–19.

Gollwitzer, M. (2007). Ansätze zur Primär- und Sekundärprävention aggressiven Verhaltens bei Kindern und Jugendlichen. In M. Gollwitzer et al. (Hrsg.), *Gewaltprävention bei Kindern und Jugendlichen* (S. 141–157). Göttingen: Hogrefe.

Gove, W.R. (1985). The effect of age and gender on deviant behavior: A biopsychosocial perspective. In A.S. Rossi (Ed.), *Gender and the Life course* (pp. 115–144). New York: Aldine.

Jerusalem, M. (1992). Akkulturationsstreß und psychosoziale Befindlichkeit jugendlicher Ausländer. *Report Psychologie, 2*, 16–25.

Lehmkuhl, U., Lehmkuhl, G., Döpfner, M. (2002). Gewaltprävention bei Kindern und Jugendlichen. Frühe Verhaltensindikatoren, Verlauf und Interventionsansätze. *Bundesgesundheitsblatt – Gesundheitsforschung – Gesundheitsschutz, 45*, 984–991.

Lerner, R.M., Almerigi, J.B., Theokas, Ch. & Lerner, J. (2005). Positive Youth Development. A View of the Issues. *Journal of Early Adolescence, 25*, 10–16.

Lösel, F. & Bliesener, Th. (2003). *Aggression und Delinquenz unter Jugendlichen. Untersuchungen von kognitiven und sozialen Bedingungen*. Neuwied: Luchterhand.

Merkens, H. (1997). Familiale Erziehung und Sozialisation türkischer Kinder in Deutschland. In H. Merkens & F. Schmidt (Hrsg.), *Sozialisation und Erziehung in ausländischen Familien in Deutschland* (S. 9–100). Baltmannsweiler: Schneider Hohengehren.

Moffitt, T. (1993) »Life-Course Persistent« and »Adolescent-Limited« Antisocial Behaviour: A Developmental Taxonomy. *Psychological Review, 100*, 674–701.

Petermann, F. & Scheithauer, H. (1998). Aggressives und antisoziales Verhalten im Kinder- und Jugendalter. In F. Petermann, M. Kusch & K. Niebank (Hrsg.), *Entwicklungspsychopathologie* (S. 243–295). Weinheim: PVU.

Petermann, F. (2000) Aggression – Einführung in den Themenschwerpunkt. *Kindheit und Entwicklung, 9* (1), 1–2.

Pfeiffer, C. & Wetzels, P. (2000). Junge Türken als Täter und Opfer von Gewalt. *Kriminologisches Forschungsinstitut Niedersachsen*. Forschungsbericht Nr. 81.

Roth, M. & Seiffge-Krenke, I. (2005). Die Relevanz von familiären Belastungen und aggressivem, antisozialem Verhalten in Kindheit und Jugend für Delinquenz im Erwachsenenalter: Eine Studie an »leichten« und »schweren« Jungs in Haftanstalten. In I. Seiffge-Krenke (Hrsg.), *Aggressionsentwicklung zwischen Normalität und Pathologie* (S. 293–315). Göttingen: Vandenhoeck & Ruprecht.

Schröttle, M. (2007). *Gesundheit-Gewalt-Migration. Eine Vergleichende Sekundäranalyse zur gesundheitlichen und Gewaltsituation von Frauen mit und ohne Migrationshintergrund in Deutschland*. Berlin: BMFJFS.

Uslucan, H.-H. (2008). Gewalt und Gewaltprävention bei Jugendlichen mit Migrationshintergrund. In *Texte zur Inneren Sicherheit. Schwerpunkt: Gelingensbedingungen und Grundlagen nachhaltiger Gewaltprävention*. Herausgegeben vom Bundesministerium des Innern (S. 153–176). Berlin: BMI.

Uslucan, H.-H., Fuhrer, U. & Mayer, S. (2005). Erziehung in Zeiten der Verunsicherung. In Th. Borde & M. David (Hrsg.), *Kinder und Jugendliche mit Migrationshintergrund* (S. 65–88). Frankfurt: Mabuse.

Wetzels, P. (1997). *Gewalterfahrungen in der Kindheit*. Baden-Baden: Nomos.

Widom, C. S. (1989). Does violence beget violence? A critical reexamination of the literature. *Psychological Bulletin, 106*, 3–28.

Soziale Arbeit mit jungen Migranten im Kontext von Jugendgewalt – Das Anti-Aggressivitäts-Training® als spezialisierte Form der Sozialen Gruppenarbeit

Ehsan Salehi-Jozani

Der folgende Beitrag befasst sich mit einer besonderen Belastung junger Migranten im Kontext von Jugenddelinquenz (insbesondere Jugendgewalt). Dabei soll Soziale Arbeit mit gewalttätigen jungen Migranten im Rahmen des Anti-Aggressivitäts-Trainings (AAT®) näher beschrieben und anhand von ausgewählten Handlungsempfehlungen für die Fachkräfte der Sozialen Arbeit genauer gekennzeichnet werden. Hintergrund des Beitrages bildet eine biografische Einzelfallstudie mit einem jugendlichen Gewalttäter mit Migrationshintergrund und die professionelle Erfahrung als sozialpädagogischer Mitarbeiter in AAT®-Trainings mit jungen männlichen Migranten.

1 Risikokonstellationen

Die Frage, ob Jugendliche und Heranwachsende mit Migrationshintergrund einem größeren Risiko als deutschstämmige Jugendliche ausgesetzt sind, aggressiv zu werden, soll einführend anhand von ausgewählten Risikokonstellationen beantwortet werden.

1.1 Risiko: Identität

Jedes Individuum steht vor der Herausforderung, eine tragfähige Identität auszubilden, die es ermöglicht, innere und äußere Realität in Übereinstimmung zu bringen und damit gesellschaftliche Anforderungen produktiv zu bewältigen. Dies ist keine einfache Aufgabe; denn gesellschaftliche Wandlungsprozesse erfordern in zunehmend hohem Maße Ressourcen und Schlüsselkompetenzen zur Gestaltung der Biografie in einer »postmodernen Gesellschaft«. Die Sammelbegriffe »Postmoderne« bzw. »Globalisierung« bezeichnen in diesem Zusammenhang nicht nur ökonomische Phänomene, sondern Prozesse der Intensivierung weltweiter sozialer Beziehungen. Neben der ökonomischen Form der Globalisierung gibt es eine andere, viel entscheidendere Form für die Identitätsbildung des Individuums: *die kulturelle Globalisierung.*

Die Vielzahl der Nutzer von modernen Informationstechnologien und der damit verbundene Informationsaustausch stellen den Kern dieser Globalisierungsform dar. Das Individuum ist einer ständigen Deutung und Spiegelung seiner selbst ausgesetzt. Diese Informationen werden ihm v. a. über das globale Mediennetz vermittelt und werden dann individuell verarbeitet. Die Schaffung einer persönlichen Identität, die in alten Gesellschaftsformen weitgehend von traditionellen sozialen und kulturellen Einflüssen bestimmt war, wird fortan dem Einzelnen selbst überlassen und abverlangt (vgl. Eickelpasch & Rademacher, 2004, S. 6 ff.).

Die weltweiten Wanderungsbewegungen von Menschen unterschiedlicher Nationen im Zeitalter der Globalisierung führen zu verschiedenen Grenzüberschreitungen, nicht nur von Staatsgrenzen, sondern auch von Kultur-, Sprach- und Religionsgrenzen (vgl. Eickelpasch & Rademacher, 2004, S. 8 f.).

> Der indo-angloamerikanischer Literaturwissenschaftler Homi Bhabha [...] einer der führenden Köpfe der Postkolonialismustheorie – hat für die postkoloniale Welt der Grenzüberschreitungen und Kulturellen Übergänge das Bild des ›dritten Raumes‹ (Bhabha, 1994) geprägt. Für Migranten lösen sich Grenzen zwischen Heimat und Fremde auf, sie leben in einem Raum des Dazwischen (in-between-space), in dem es darum geht, sich selbstständig und erneut in den Wechseln zwischen zu Hause (home) und anderswo (abroad) zu verorten, Als ›versetzte Menschen‹ (displaced persons) sind sie unwiderruflich Übersetzer. Sie lernen, mindestens zwei Identitäten anzunehmen, zwei kulturelle Sprachen zu sprechen, um zwischen ihnen zu übersetzen und zu vermitteln. (Eickelpasch & Rademacher, 2004, S. 66)

Bhabhas Postkolonialismustheorie geht von der Annahme aus, dass der Migrant in eine fremde Umgebung auswandert und nicht in diese hineingeboren wird. Der Zustand des Dazwischenseins (in-between-space) wird in der ersten Entwicklungsphase des Menschen gar nicht, bzw. nicht bewusst, wahrgenommen und hinterfragt. Die kritische Hinterfragung kommt möglicherweise auch gar nicht zustande, wenn die Eltern eines jungen Migranten die neue Identität bewusst zulassen. Jugendliche mit Migrationshintergrund im Kontext des hier vorgestellten Bezugsrahmens zeigen jedoch eine Entwicklung, in der sie in dieser Gesellschaft kulturell desorientiert sind und aus verschiedenen Gründen die Rückkehr zu ihren früheren kulturellen Wurzeln, also nach Bhabas Theorie ihrem ursprünglichen Zuhause (home) suchen. Es ist anzunehmen, dass viele dieser Jugendlichen eine Rückbesinnung auf ihre Wurzeln vornehmen, um einen Verlust an kollektiver Sicherheit und Zugehörigkeit zu vermeiden und damit ihre Identität zu sichern. Dadurch entsteht jedoch ein hohes Risiko der Distanzierung zu der etablierten Gesellschaftsform des Aufnahmelandes und ihren Mitgliedern.

1.2 Risiko: Geschlecht

Abweichendes Verhalten im Kontext der Geschlechterfrage beschäftigt Wissenschaftler und Forscher seit Jahrzehnten. Als Tatsache gilt die statistisch abgesicherte Erkenntnis, dass Männer bzw. Jungen deutlich häufiger kriminell-deviantes Verhalten als Frauen bzw. Mädchen aufweisen. Dies macht sich besonders im Rahmen öffentlicher Gewaltkriminalität bemerkbar. Hier sind Männer bzw. Jungen überproportional stärker repräsentiert als Frauen bzw. Mädchen (vgl. u.a. Heinz, 2003). Theorien männlicher Sozialisation (z.B. Böhnisch & Winter, 1997) verdeutlichen, dass Jungen im Rahmen ihrer Identitätsentwicklung schon sehr früh männliche Rollenvorbilder brauchen, die ihr Selbstkonzept als männliche Mitglieder der Gesellschaft prägen. Sie sind dabei laufend – seit ihrer frühkindlichen Lebensphase – Bindungs- und Ablösungskonflikten ausgesetzt. Entscheidend für die Übernahme eines Männlichkeitskonzeptes ist der Verlauf dieses Sozialisationsprozesses, der von vielen Faktoren beeinflusst wird. Dabei spielt die Zugehörigkeit des Jungen zu einer kulturellen Gruppe eine große Rolle. Die Zugehörigkeit kann aber gleichzeitig auch einen möglichen Risikofaktor darstellen und sie entscheidet über Ressourcen und Bewältigungsstrategien innerhalb des jeweiligen kulturellen Milieus. Bezogen auf die kulturellen Milieus von Jugendlichen mit Migrationshintergrund kann ein stark ausgeprägtes Männlichkeitsideal also Identitätsstütze und Risiko gleichzeitig sein. Aus Untersuchungen (Pfeiffer et al., 2009; Toprak, 2006) geht hervor, dass es vor diesem Hintergrund der Solidarität innerhalb des Freundeskreises und eines im Zentrum des Männlichkeitsbildes stehenden »Ehrbegriffes« bei jugendlichen Migranten auch zu Straftaten kommen kann. Sie setzen sich dabei bewusst Gefahren und Dynamiken aus, die sogar in einigen Fällen in einer Massenschlägerei enden können (vgl. Toprak, 2006, S. 70f.). Die betroffenen Jugendlichen haben jedoch in dieser Situation wenig Möglichkeit, ihr Tun zu hinterfragen, da dies in den Augen der Peergroup mit dem Verlust der »Ehre« und »Männlichkeit«, und in Bezug auf das eigene Selbstbild mit dem Verlust von Handlungskompetenz als Identitätsstütze einhergeht (vgl. Toprak, 2006, S. 70ff.).

1.3 Risiko: Desintegration

Betrachtet man die Integrationsnotwendigkeiten und -herausforderungen im Zeitalter der Globalisierung einerseits und die sichtbare soziale Desintegration einzelner Mitglieder und Gruppen andererseits, so ist eine subjektive bzw. gruppenbezogene »Menschenfeindlichkeit« kein seltenes Phänomen innerhalb einer Gemeinschaft. Kaletta (2008, S. 40) betont in diesem Zusammenhang, dass für die Entstehung derartiger Einstellungen die »Aufwertung der Eigengruppe; Zustimmung zu utilitaristischen Kalkülen und Machtdemonstration gegenüber Unterlegenen« als Ursache zu nennen ist. Fühlt sich ein Mensch aufgrund kultureller oder ideologischer Unterschiede durch einen oder mehrere Mitglieder einer Gemeinschaft abgelehnt, so kann er eine »feindselige Einstellung« entwickeln, die sogar so weit gehen kann, dass der Abgelehnte einen möglichen Integrationswunsch vorerst zurückstellt oder ganz aufgibt (vgl. Kaletta, 2008, S. 37f.). Wenn die betroffenen Individuen der Gesellschaft ihre »Nichtannerkennung« durch ein Verhalten signalisieren, das von der Mehrheit der Gesellschaft abgelehnt wird, führt dies zu einer stärkeren Desintegration von jungen Migranten. Die Teilhabechancen in der Gesellschaft werden dadurch deutlich reduziert und somit wird indirekt auch abweichendes Verhalten gefördert.

1.4 Risiko: Stigmatisierung

Geht es um Kriminalität, taucht nicht nur in medialen Aufbereitungen immer wieder das Schlagwort der »Ausländerkriminalität« auf. Die Verknüpfung von Kriminalität mit Ausländern erzeugt eine selektive Wahrnehmung von Migranten in der Öffentlichkeit. Der Migrant wird dann möglicherweise generell mit einer Bedrohung assoziiert. Inwiefern solche gesellschaftlichen Zuschreibungen einen Risikofaktor im Kontext von Jugendkriminalität für junge Migranten darstellen, soll unter Berücksichtigung des Labeling-Approach-Ansatzes kurz beispielhaft beschrieben werden.

> Wird eine ältere, gepflegt wirkende Dame beim Schwarzfahren erwischt, so werden Mitreisende und Kontrolleure ihr Verhalten mit ›Vergesslichkeit‹, ›Zerstreutheit‹ etc. erklären, sie aber noch kaum als in irgendeiner Weise abweichend betrachten und behandeln. Einen nachlässig gekleideten, unrasierten und nach Alkohol riechenden Mann wird man dagegen eher als ›asozial‹ etikettieren und entsprechend behandeln. Treten derartige Erfahrungen gehäuft auf, so wird mit der Zeit diese Rollenzuschreibung akzeptiert und das Verhalten danach ausgerichtet. (Lemert, 1975, S. 438)

Menschen, die solchen negativen Erfahrungen täglich ausgesetzt sind, brauchen Ressourcen, um auf derartige Stigmatisierungen angemessen reagieren zu können. Das eigene Selbstbild von der negativen Außenspiegelung unberührt zu lassen, gelingt kaum. Die meisten Menschen ziehen sich eher zurück, übernehmen resignativ das über sie verhängte Etikett oder verhalten sich so, wie es die Zuschreibung vorsieht (vgl. Kaletta, 2008, S. 35 ff.). Diese Stigmatisierung von Migranten spiegelt sich auch im Anzeigeverhalten der Bevölkerung bei Straftaten. Entscheidend dabei ist die bereits erwähnte Assoziation der Migranten mit einer Bedrohung. Diese stigmatisierenden Zuschreibungen können (insbesondere von desintegrierten und bildungsfernen Jugendlichen) nur schwer eingeschätzt werden. Dies hat dann häufig zur Folge, dass die Jugendlichen sich, nach bereits auffälligem Verhalten und drohenden Sanktionen, wider Erwarten noch auffälliger in der Öffentlichkeit präsentieren. Damit riskieren sie weitere Anzeigen seitens der Bevölkerung und eine im Vergleich zu Jugendlichen ohne Migrationshintergrund häufigere Kontrolle durch die Polizei. In diesem Kreislauf besteht die Gefahr, dass es immer wieder zu Auseinandersetzungen kommt, der Jugendliche das Label »deviant-kriminell« in sein Selbstbild übernimmt und sich weiterhin entsprechend verhält. Irgendwann hat er dann in seiner Selbstwahrnehmung »nichts mehr zu verlieren« (vgl. Toprak, 2006, S. 62 f.).

2 Gewalterfahrungen und Gewalthandlungen

Gewalt ist nicht als feste Eigenschaft des Verhaltens in einem Menschen verankert, sondern wird im Rahmen der Sozialisation erfahren und gelernt. Hintergrund der folgenden Ausführungen bilden daher nur lerntheoretische Bezüge.

Gewalterfahrungen innerhalb der Familie

> In einer Untersuchung des Kriminologischen Forschungsinstituts Niedersachsen wurden Jugendliche der neunten Jahrgansstufe danach gefragt, ob sie in den letzten zwölf Monaten Opfer von Gewalt wurden. Es konnte eindeutig belegt werden, dass Jugendliche türkischer Herkunft zwei bis drei Mal häufiger von elterlicher Gewaltanwendung betroffen sind als die anderen Jugendlichen. (Toprak, 2006, S. 68)

In meiner Einzelfalluntersuchung (Salehi-Jozani, 2009, S. 14 ff.) bestätigt der Vater, den G. als jemanden charakterisiert, der ihm und seinen älteren Brüdern gegenüber häufiger gewalttätig wurde, diese Annahme. Im Blick auf die Erziehungsziele der in den biografischen Unersuchungen thematisierten Eltern gewalttätiger Migranten zeigen sich häufig sehr traditionelle Einstellungen, was ein Grund für die Gewalt des Vaters innerhalb seiner Familie sein kann. Toprak (2006, S. 33 f.) schrieb, dass dabei zwischen primären und sekundären Erziehungszielen unterschieden werden muss. Primäre Erziehungsziele können demnach Respekt vor Autorität, Ehrenhaftigkeit, Zusammengehörigkeit sowie Lernen und Leistungsstreben sein, das sekundäre Erziehungsziel ist die »Erziehung zur türkischen und religiösen Identität« (vgl. Toprak, 2006, S. 33 f.). G. fällt es z. B. in den Interviews nicht besonders schwer, erlebte Situationen zu schildern, jedoch ist es für ihn unbegreiflich, warum sein Vater immer wieder zugeschlagen hat. Viele Handlungen des Vaters, betont er, seien »einfach sinnlos« gewesen: »Er hat mich oft mit diese Oklava [Nudelholz] [...] damit hat er mich oft geschlagen, fast jeden Tag [...]. [I]ch musste mich mal auf Tisch setzen, so er hat meine Schuhe, ich sollte meine Schuhe ausziehen [...] hat er damit unterm Fuß gehauen [...] aufm Kopf hab ich schon oft gekriegt von ihm, diese Dinger sind so oft kaputt gegangen, so oft war das [...]« (Salehi-Jozani, 2009, Interview I, S. 6, Z. 184–197).

Die Lerntheorien versuchen zu erklären, wie und warum Gewalt im Prozess der Sozialisation zu einer Handlungsoption für den Einzelnen werden kann. Die Grundannahme dieser Theorien lautet, dass Aggressionen, wie die meisten anderen Verhaltensweisen, gelernt werden und nicht angeborene Eigenschaften oder Triebe dafür verantwortlich sind (vgl. Borg-Laufs, 1997, S. 54 ff.). Um diese Annahme weiter untersuchen zu können, ist es wichtig, sich die menschlichen Verhaltensgewohnheiten im Kontext von Gewalthandlungen näher zu betrachten. Bei der Zunahme eines aggressiven Verhaltens sind drei Prozesse entscheidend:

- Zunächst muss die grundlegende Kompetenz für ein aggressives Verhalten gewonnen werden, d. h., das Verhalten muss als solches überhaupt ausführbar sein (z. B. bestimmte Schläge oder Tritte).
- Weiterhin muss das Verhalten als solches zu einem bestimmten Zeitpunkt ausgelöst werden (welche Auslöser führen bei einen Menschen dazu, dass er Schläge und Tritte verteilt?)
- und schließlich müssen diese Verknüpfungen gelernt werden, damit dann in bestimmten Situationen das Gelernte umgesetzt werden kann.

Das Individuum lernt durch die unterschiedlichen Folgen seines Handelns, in welcher Situation welche Verhaltensweisen anwendbar sind und kann so auch sein Verhalten »optimieren«, um aus seiner Sicht noch effektiver zu handeln (vgl. Borg-Laufs, 1997, S. 54 ff.). Die Person übernimmt entweder die ihr zuvor unbekannten Verhaltensweisen (z. B. Tritte) oder bereits bestehende Verhaltensweisen werden bestärkt (z. B. Tritt auf den Kopf). Vor allem durch das Beobachten von realen »Modellen« (z. B. Eltern, Bruder usw.), die sich aggressiv verhalten, können Kinder solche Verhaltensweisen erlernen. Entscheidend ist allerdings weniger die Imitation des Verhaltens, sondern die Tatsache, dass erfolgreiche aggressive Modelle die Einstellungen des Kindes verändern und Gefühle gegenüber Gewalt abstumpfen lassen (vgl. Borg-Laufs, 1997, S. 58 f.).

Durch gezieltes pädagogisches Handeln können solche Verhaltensmuster thematisiert werden. Der Betroffene kann befähigt werden, alternative Verhaltensmuster zu erlernen. Eine Maßnahme, die in der Sozialen Arbeit mit jugendlichen Gewalttätern zum Einsatz kommt, ist das Anti-Aggressivitäts-Training®.

3 Soziale Arbeit mit gewalttätigen jungen Migranten

Die Soziale Arbeit mit der beschriebenen Klientel ist ein besonders sensibler Arbeitsbereich, der einerseits spezielles methodisches Handlungswissen und andererseits Kenntnisse über die lebensweltlich-kulturellen Deutungen dieser Gruppe erfordert. Im Mittelpunkt der folgenden Ausführungen stehen das Anti-Aggressivitäts-Training® und die Konfrontative Pädagogik als mögliche Interventionsformen bei jungen Gewalttätern mit Migrationshintergrund. Darüber hinaus werden abschließend einige Handlungsempfehlungen für den Umgang mit dieser Klientel gegeben.

3.1 Das Anti-Aggressivitäts-Training® als spezialisierte Gruppenmaßnahme

Das Anti-Aggressivitäts-Training® ist eine spezialisierte Form der Sozialen Gruppenarbeit bzw. des Sozialen Trainings mit Gewalttätern. Dieses spezielle Verfahren steht im Kontext einer konfrontativen Pädagogik. Bei diesem Training geht es zum einen darum, Jugendlichen Alternativen zu gewalttätigem Verhalten aufzuzeigen, und zum anderen soll ihnen so die Möglichkeit eröffnet werden, ein angemessenes Verhalten in Konfliktsituationen zu erlernen (vgl. Schanzenbächer, 2003, S. 51 ff.). Diese Methode greift jedoch nicht bei allen Jugendlichen gleichermaßen; es sind vielmehr überwiegend Jugendliche, die mehrfach auffällig geworden sind und bei denen andere pädagogische Maßnahmen nicht wirkungsvoll waren. Dabei geht es zum einen darum, den Jugendlichen als Personen Verständnis entgegenzubringen, Zuwendung zu geben und einen empathischen Beziehungsaufbau zu gewährleisten. Zum anderen ist es wichtig, dem Jugendlichen deutlich und ehrlich gegenüberzutreten und ihn mit seinem Problemverhalten zu konfrontieren. Eine solche wirkungsvolle Konfrontation ist jedoch ohne Beziehung zum jeweiligen Klienten nicht möglich, würde dann sogar eher eine Verhärtung des Problemverhaltens zur Folge haben (vgl. Weidner et al., 2001, S. 7f.). Die Trainingseinheiten des Anti-Aggressivitäts-Trainings® finden in der Gruppe statt und werden von Einzelgesprächen in Form von Vor- und Nachgesprächen begleitet (vgl. Schanzenbächer, 2003, S. 51ff.).

> Der konfrontative Stil richtet sich zuallererst nach einem Thema. Es lässt sich fragen: Was ist der Inhalt der Interaktion? Wir haben insgesamt acht thematische Module herausgearbeitet, die Themen konfrontativen Handelns sein können. Sicher ist es möglich, dass in einer Sitzung mehrere Themen angesprochen werden, die sich überschneiden und daher nicht klar voneinander abgrenzen lassen. (Schanzenbächer, 2006, S. 71)

Ein Bestandteil des Trainings ist der sogenannte Provokationstest, der den Trainingsteilnehmern die Grenzen von Selbstkontrolle, Erregbarkeit und Aggressivität vermitteln soll (vgl. Schanzenbächer, 2003, S. 53f.). Hintergrund bei diesen Provokationstests ist die Annahme, dass durch ständiges Wiederholen bestimmter Situationen die aggressive Person lernen kann, Provokationen auszuhalten und sich nicht mehr auf diese einzulassen. Dadurch kann die Hemmschwelle, Gewalt auszuüben, beim jeweiligen Klienten so ansteigen, dass provokante Situationen gesteuert werden und alternative Handlungsformen eingesetzt werden können (vgl. Schanzenbächer, 2003, S. 51f.). Dies verdeutlicht auch ein Zitat von G.: »[N]ach 'n' Zeit kam das, halt nach dem Anti-Aggressions-Training, ist mir so 'n Licht aufgegangen, hab ich auch halt vorher nachgedacht, bevor ich gehandelt habe [...] sonst einfach blind drauf los, [...] dabei hat er kaum etwas gemacht« (Salehi-Jozani, 2009, Interview II, S. 3, Z. 79–82).

Der sogenannte »heiße Stuhl« stellt ein besonderes Setting im Rahmen des Trainings dar und bedeutet, den in der Regel in der Mitte sitzenden Trainingsteilnehmer mit seiner Tat und seinen gewalttätigen Handlungen zu konfrontieren und gezielt, aber kontrolliert zu provozieren. Dieses Setting muss akribisch vorbereitet und kann nur von ausgebildeten Trainern und Trainerinnen im Gruppenprozess durchgeführt werden. Es handelt sich hierbei um ein pädagogisches Setting mit einem Regelwerk, das unbedingt eingehalten werden muss (vgl. Toprak, 2006, S. 79f.). »Bei der praktischen Durchführung des ›heißen Stuhls‹ gibt es zwei Regeln: 1. der auf dem ›heißen Stuhl‹ sitzende Teilnehmer darf sich nur mit verbalen Mitteln zur Wehr setzen sowie 2. darf er jederzeit die Sitzung abbrechen, muss aber mindestens einmal im Laufe des Kurses diese Sitzung aushalten« (Toprak, 2006, S. 80).

Des Weiteren sind Einzelgespräche vor und nach dem Setting ein Bestandteil der Übung. Bei männlichen Jugendlichen mit Migrationshintergrund bedeutet die Auseinandersetzung mit dem Gewaltmotiv »Ehre« eine besondere Herausforderung. Daher ist es dringend erforderlich, etwas über die kulturelle Bedeutung dieses

Begriffes zu wissen. Bei türkischen Jugendlichen ist mit dem Ehrbegriff z. B. das familiale und gesellschaftliche Ansehen eines Mannes verbunden, dass durch seine Handlungen entsprechend gesteigert oder verringert werden kann (vgl. dazu Toprak, 2001, S. 44 ff.). »Ich weiß nicht, da habe ich mich nicht unter Kontrolle, bei Familie lässt, so denk ich mal, keiner was sagen, ne? Ich scheiß dann auf alles, weil du willst ja deine Familie beschützen, und das ist der Instinkt einfach so was, ich krieg einfach immer ein Blackout [...] das ist irgendwie, ich weiß einfach nicht ja [...] das kann man, glaube ich, nicht abgewöhnen, niemals [...] das ist einfach das Gefühl, die Familie zu beschützen« (Salehi-Jozani, 2009, Interview III, S. 12–13, Z. 440–464).

Die Einstellung G.s zum Thema »Ehre« macht deutlich, wie existentiell wichtig das Thema für junge Migranten sein kann und in welche kulturell sensiblen Arbeitsfelder sich Sozialarbeiter und Pädagogen begeben. Der Erfolg eines Trainings wird nicht daran gemessen, ob der Klient sich in Zukunft völlig gewaltfrei verhalten kann. Ein erster Schritt ist bereits ein Erfolg, dies verdeutlicht ein weiteres Zitat von G.: »Früher bin ich schon einfach ausgetickt, wenn mich einer dumm angeguckt hat. Da hab ich mir gedacht, was guckst du so [...] ach das ist jetzt nicht mehr so, ich lass die gucken. Soll der gucken, guck ich sogar meistens weg, soll er denken was er will, sobald keiner handgreiflich zu mir wird, dann werde ich auch nicht handgreiflich, so« (Salehi-Jozani, 2009, Interview III, S. 11, Z. 381–385).

3.2 Handlungsempfehlungen für die Fachkräfte der Sozialen Arbeit

Bei den folgenden Empfehlungen für Fachkräfte der Sozialen Arbeit geht es nicht darum, die Jugendlichen mit Migrationshintergrund als »ganz anders« zu definieren, sondern darum, deutlich zu machen, dass diese jungen Männer sich einerseits kaum von deutschstämmigen männlichen Jugendlichen unterscheiden, es aber andererseits Herausforderungen gibt, die eine spezifische Sensibilität für den Migrationshintergrund erfordern, um das Handeln dieser Jugendlichen besser verstehen zu können. Handlungsempfehlungen:

- Treten Sie selbstbewusst und, wenn es nötig ist, auch durchaus direkt auf, so verschaffen Sie sich Respekt, und die Jugendlichen wissen recht schnell, was sie von Ihnen erwarten. Problematisch im pädagogischen Kontext wäre es, bei Fehlverhalten der Jugendlichen nicht mit direkter Konfrontation zu reagieren, sondern Konsequenzen anzudrohen, die in der Regel aber nur schwer eingehalten werden können. Ein Grund dafür kann Gleichgültigkeit oder Konfliktangst der Professionellen sein (vgl. Weidner et al., 2001, S. 16 ff.). Dies ist durchaus nachvollziehbar, da der konfrontative Ansatz nicht für jeden Jugendlichen bzw. für jede pädagogische Fachkraft geeignet ist (vgl. Toprak, 2006, S. 104).
- Sie sollten sich nicht zurückziehen, sich also nicht passiv verhalten, sondern offensiv mit den Jugendlichen agieren. Lassen Sie die Reibungen zu, die die

Jugendlichen Ihnen anbieten und suchen Sie bewusst eine effektive »Streitkultur« (Weidner et al., 2001, S. 17), es verschafft Ihnen möglicherweise mehr Respekt.
- Suchen Sie den empathischen Zugang und seien Sie mutiger, wenn es um die konfrontativen Settings geht, die jungen Männer können mehr verkraften, als Sie denken. Aber Vorsicht: keine Konfrontation ohne vorherigen Beziehungsaufbau!
- Bauen Sie eine Beziehung zu den Jugendlichen auf, seien Sie empathisch. Immer wenn Grenzen überschritten werden, seien Sie sehr ehrlich und konsequent und vertreten Sie den gewaltfreien Ansatz direkt.
  »Wer einen guten Draht zu mir hat, der kann mir auch hässliche Wahrheiten sagen. Da stell' ich meine Ohren nicht auf Durchzug. Da denk' ich darüber nach. Vielleicht verändere ich mich sogar zum Besseren« (ebd., S. 7).
- Seien Sie vorsichtig bei Themen wie »Ehre« und »Männlichkeit«, denn an dieser Stelle sind die Jugendlichen sehr sensibel. Vermeiden Sie unüberlegte und von stereotypen Vorurteilen geprägte Konfrontationen, wie z. B. »Der Islam erlaubt dir nicht zu schlagen« (Toprak, 2006, S. 103). Dies könnte verletzend, kränkend und schließlich kontraproduktiv wirken.

Die erfolgreiche professionelle Arbeit mit jugendlichen Migranten setzt hier ein hohes Maß an interkultureller Kompetenz voraus. Selbstreflexion ermöglicht eine differenzierte Wahrnehmung der eigenen kulturellen Identität und der eigenen kulturell eingefärbten Männlichkeitsvorstellungen. Damit wird verhindert, dass die eigene Kultur überhöht wird.

4 Fazit

Die hier lebenden Jugendlichen sind zum großen Teil in der vierten Generation hier und sollten nicht primär als Migranten bezeichnet und geführt (z. B. in der Kriminalstatistik) werden. Die Frage, warum sich ein 21-Jähriger, der seit 21 Jahren in Deutschland lebt und die Türkei nur aus Urlaubsreisen kennt, mehr wie ein »Türke« als wie ein »Deutscher« fühlt, sagt etwas über die Aufnahmegesellschaft aus. Der Migrationsstatus stellt insbesondere für bildungsferne männliche Jugendliche, deren Eltern nicht voll integriert sind, ein enormes Devianzrisiko dar. Dies kann zur Desorientierung in der Entwicklungsphase und zum aggressiven Ressentiment gegen das Aufnahmeland und seine Menschen führen. Aktuelle Untersuchungen (z. B. Kinder- und Jugendberichte) verdeutlichen, dass viele junge Menschen mit Migrationshintergrund sich in Deutschland nicht von vornherein schlecht aufgenommen, aber teilweise als Bürger »zweiter Klasse« behandelt und nicht anerkannt fühlen. Dies verstärkt sich noch, wenn diese Jugendlichen aufgrund ihrer Desintegration auffälliges Verhalten zeigen. Die konfrontative Pädagogik (insbesondere das AAT®) ist eine Herangehensweise, die zwar auch immer wieder kritisch hinterfragt und angepasst werden muss, die aber meiner Erfahrung nach eine effektive Methode für bestimmte Jugendliche darstellt. Um effektiv mit den hier thematisierten Jugendlichen arbeiten zu können, sollten die in diesem Bereich arbeitenden Fachkräfte der Sozialen Arbeit sich über die Kulturgeschichte der Teilnehmer gut informieren, um Handlungen und Einstellungen verstehen und nachvollziehen zu können. Dadurch könnten sie auch eher eine Beziehungsebene mit den Jugendlichen aufbauen und vor diesem Hintergrund Normen und Werte vermitteln. Nur der Jugendliche, der im Sozialarbeiter dessen klare eigene Haltung spürt, aber zugleich auch dessen Bemühen um ein grundlegendes Verständnis der Eigenart des anderen, wird sich ihm anvertrauen können und auf lange Sicht bereit sein, sich selbst zu verändern.

Literatur

Borg-Laufs, M. (1997). *Aggressives Verhalten. Mythen und Möglichkeiten*. Tübingen: Carl-Auer.

Bönisch, L. & Winter, R. (Hrsg.) (1997). *Männliche Sozialisation. Bewältigungsprobleme männlicher Geschlechtsidentität im Lebenslauf* (3. Aufl.). München: Juventa.

Eickelpasch, R. & Rademacher, C. (Hrsg.) (2004). *Identität*. Bielefeld: transcript.

Heinz, W. (2003). Jugendkriminalität in Deutschland – Kriminalstatistische und kriminologische Befunde. Verfügbar unter: http://www.uni-konstanz.de/rtf/kik/Jugendkriminalitaet-2003-7-e.pdf (30.07.2012).

Kaletta, B. (2008). *Anerkennung oder Abwertung. Über die Verarbeitung sozialer Desintegration*. Wiesbaden: VS.

Lemert, E. M. (1975). Der Begriff der sekundären Devianz. In K. Lüdersen & F. Sack (Hrsg.), *Seminar: Abweichendes Verhalten I. Die selektiven Normen der Gesellschaft* (S. 433–476). Frankfurt a. M.: Suhrkamp.

Pfeiffer, C., Baier, D., Simonson, J. & Rabold, S. (Hrsg.) (2009). *Jugendliche in Deutschland als Opfer und Täter von Gewalt. Erster Forschungsbericht zum gemeinsamen Forschungsprojekt des Bundesministeriums des Innern und des KFN*. Verfügbar unter: http://www.kfn.de/versions/kfn/assets/fb107.pdf (30.07.2012).

Schanzenbächer, S. (2003). *Anti-Aggressivitäts-Training auf dem Prüfstand. Gewalttäter-Behandlung lohnt sich*. Herbolzheim: Centaurus.

Schanzenbächer S. (2006). *Gewalt stoppen mit Konfrontation. Techniken für Prävention und Täterarbeit*. Herbolzheim: Centaurus.

Salehi-Jozani, E. (2009). *Soziale Arbeit mit jungen Migranten im Kontext von Jugendgewalt. Analyse und Handlungsempfehlungen am Beispiel einer Einzelfallstudie*. Unveröffentlichte Bachelorarbeit, Fachhochschule Münster, Fachbereich Sozialwesen. Münster.

Toprak, A. (2006). *Jungen und Gewalt. Die Anwendung der Konfrontativen Pädagogik in der Beratungssituation mit türkischen Jugendlichen* (2., überarb. Aufl.). Herbolzheim: Centaurus.

Weidner, J., Colla, H. E. & Scholz, C. (Hrsg.) (2001). *Konfrontative Pädagogik. Das Glen Mills Experiment*. Mönchengladbach: FORUM.

Interkulturelle Online-Beratung im Kontext der Jugendkommunikation

Kemal Bozay & Hakan Uzun

Einleitung

Internet und Jugendliche – zwei Begriffe, die im Zeitalter der digitalen Medien nahezu eine Einheit bilden. Für die Jugendlichen spielt das Medium Internet eine bedeutende Rolle in ihrem Leben. Für sie sind speziell Online-Communities ein fester Bestandteil ihrer Lebensrealitäten (vgl. Medienpädagogischer Forschungsverbund Südwest, 2010) geworden. Fast 96 % der Jugendlichen sind online und verbringen im Schnitt 13 Stunden pro Woche im Web (vgl. Albert, Hurrelmann & Quenzel, 2010). Die meiste Zeit nutzen sie für Kommunikation, vornehmlich in Social Communities. Setzt man die Kommunikation als primäres Bedürfnis der Jugendlichen voraus, so wird ersichtlich, wie wichtig es für die pädagogische und interkulturelle (Jugend-)Arbeit wird, die Jugendlichen auch über das Medium Internet zu erreichen und ihre Beratungs- und Unterstützungsangebote auf diesem Kommunikationskanal anzubieten.

In diesem Beitrag wird auf die Möglichkeiten der Online-Beratung für Jugendliche, auch mit zwei ausführlichen Beispielen, eingegangen und auf ihre entscheidende Bedeutung im digitalen Zeitalter hingewiesen. Dass das Internet als interaktive Kommunikationsplattform auch für Beratungstätigkeiten eine wichtige Grundlage in der Ansprache der Jugendlichen wird, ist durch das Internet-Nutzungsverhalten dieser Zielgruppe kaum zu bestreiten. Der Beitrag geht auch auf die steigenden Angebote an Online-Beratungsmöglichkeiten ein, die von pädagogischen und sozialen Einrichtungen im Zuge dessen eingerichtet werden.

1 Online-Beratung in der interkulturellen Jugendarbeit

Die Praxis der vergangenen Jahre hat v. a. gezeigt, dass Jugendliche in ihrem Alltag Wirklichkeit und Identität weniger allein durch direkte Interaktion, sondern vermehrt in Verbindung mit und über neue Medien konstruieren. Infolge dessen nehmen Online-Angebote in den biografisch orientierten Sozialisations- und Kommunikationsinstanzen von Jugendlichen einen wichtigen Platz ein. Hinter dieser neuen Medienlandschaft verbirgt sich insbesondere auch die Hinwendung zu Web 2.0. Dieser Begriff wurde Ende 2001 geprägt und beschreibt den Übergang vom Internet als Ansammlung von Information hin zum interaktiven Partizipationsnetzwerk, in dem v. a. die aktive Beteiligung bzw. Partizipation und Kommunikation eine große Rolle spielt.

Diese Form der Interaktion und Konstruktion von Wirklichkeit und Identität spiegelt sich auch v. a. in der Lebensrealität von Migrationsjugendlichen wider, die in den virtuellen Medienräumen neue Formen der Kommunikation unter- und miteinander suchen und finden (vgl. Hugger, 2009). Vielfältig entwickeln sich in diesen medial-virtuellen Räumen unter Jugendlichen mit Migrationshintergrund hybride Identitäten, die sich auf unterschiedliche Prozesse auswirken. Jugendliche mit Migrationsgeschichte sind mit einer Realität konfrontiert, in mindestens zwei Kulturen bzw. Zugehörigkeiten zu leben und zu fühlen. Sie müssen lernen, mindestens zwei Identitäten anzunehmen, zwei kulturelle Sprachen zu sprechen, um zwischen diesen als Übersetzer zu fungieren. Hybride Identitätsentwicklung entfaltet sich in diesem Verlauf als fortwährender Prozess der Identifizierung durch die Verortung des eigenen Selbst, ohne dabei feste Koordinationspunkte zu besitzen und ohne vorgegebenen gesellschaftlichen Mustern zu folgen (vgl. Hall, 1999). In diesem Beziehungspool bedeutet die Entwicklung sowie Entfaltung hybrider Identität die »Vermischung« mehrerer kultureller Lebensweisen, die durchaus ambivalent und mehrschichtig sind. Zugleich bedeutet hybride Identität, multiple bzw. mehrere Identitäten zu besitzen und sich diese immer wieder neu anzueignen. In diesem interaktiven Partizipationsprozess spielt zweifellos auch die Online-Beratung eine wichtige Rolle.

2 Online-Beratung und Partizipation

Zur Begriffsimplikation »Online-Beratung« ist zu sagen, dass sie eine computer- und internetgestützte Beratung beinhaltet, die über das Internet medial vermittelt wird und interaktiv stattfindet. Online-Beratung ist somit eine schriftliche Beratung im Internet. Sie findet auf Beratungsportalen in Form von Mail- und/oder Chatberatung statt und erfolgt webbasiert bzw. ist SSL-verschlüsselt. Gegenwärtig werden unter dem Begriff Online-Beratung sehr verschiedene virtuelle Beratungsangebote zusammengefasst, z. B. Forenberatung, Chatberatung und E-Mail-Beratung. Inhaltlich unterscheidet die Onlineberatung in Zielgruppenausrichtung, Themenfeld (rechtlich, psychologisch, pädagogisch) und Beratungskonzepten (Fachberatung oder Prozessberatung).

Die aktive Beteiligung der Internetnutzer auf Online-Beratungsplattformen ist das, was sie in öffentlichen Foren und Chats so interessant und wirksam macht. Trotzdem ist Online-Beratung noch kein gesetzter Begriff, sondern hier vorerst als geflügeltes Wort zu verstehen, denn Beratung online hat sich noch längst nicht im Internetboom etabliert. Die Fülle der Beratungsangebote – Google findet etwa

1 550 000 Treffer zum Stichwort Onlineberatung – lässt sich in mehrere Gruppen einteilen: Einige Beratungsangebote stellen nur eine E-Mail-Adresse als Kontaktmöglichkeit zur Verfügung, andere nutzen Foren oder Chats und die Minderheit der Beratungsstellen hat ein eigenes Beratungssystem, das auf die besonderen Anforderungen von Onlineberatung maßgeschneidert ist und damit tatsächlich eine Eingruppierung unter Web 2.0 erlaubt.

Gerade in der (sozial-)pädagogischen Arbeit setzt Beratung eine wechselseitige Bezugnahme zwischen Beratenden und Ratsuchenden (Klienten, Kunden, Mandanten, Patienten usw.) voraus. Von Online-Beratung kann in diesem Kontext nur dann die Rede sein, wenn die Beratung darüber hinaus im Internet selbst interaktiv stattfindet. Dies kann als eigenständiger Beratungsprozess geschehen, es kann aber auch sein, dass es temporär vor Beginn einer unmittelbaren Beratung von »Angesicht zu Angesicht« geschieht (Kontaktanbahnung) oder zwischen den regulären Beratungssitzungen. Klarzustellen ist, dass für die Online-Beratung die gleichen Regeln und Prinzipien wie für die Beratung in sozialen und pädagogischen Einrichtungen gelten:

- Informationen und Beratung stehen allen Ratsuchenden zur Verfügung.
- Die Berater und Beraterinnen sind qualifizierte Fachleute, die in den Beratungsstellen der Einrichtung arbeiten.
- Alle Berater und Beraterinnen unterliegen der Schweigepflicht.
- Die Online-Informationen und die Online-Beratung sind kostenlos.

Das Internet eröffnet als interaktive Kommunikationsplattform auch für die Beratungstätigkeiten neue Möglichkeiten. Beratungseinrichtungen v.a. aus dem pädagogischen, kirchlichen und sozialen Bereich bieten daher in den letzten Jahren verstärkt Online-Beratung als Angebot an. Größtenteils sind es auch Angebote, die parallel zu den realen Face-to-Face-Beratungsangeboten stattfinden.

Die Institutionen und Einrichtungen der pädagogischen und psychologischen Arbeit bieten zum Teil seit Mitte der 1990er Jahre Beratungsangebote in Form von Online-Beratung an. So hat die ökumenische Telefonseelsorge, die schon seit den 1950er Jahren mit medialer Beratungsarbeit vertraut ist, Pionierarbeit in diesem Bereich geleistet. Neben sozialen und kirchlichen Beratungsstellen haben insbesondere die Spitzenverbände der freien Wohlfahrtspflege, wie beispielsweise AWO, Der Paritätische, Diakonie und Caritas, in den letzten Jahren verstärkt Angebote der interaktiven Kommunikation im Netz entwickelt und umgesetzt. Als Best-Practice-Beispiele können hier genannt werden: der Kinderschutzbund, Pro Familia, Eltern- und Jugendberatung, Suchtberatung, die Erziehungsberatungsstellen der Caritas NRW, die virtuelle Beratungsstelle der Bundeskonferenz für Erziehungsberatung, Online-Beratung gegen Rechtsextremismus u.a.

Die bisherigen Studien und Erfahrungen aus der Praxis von Onlineberatung zeigen, dass entgegen der zunächst vermuteten Erwartungen die Beratungskontakte im Internet emotional intensiv sind. Ratsuchende beschreiben häufig, dass sie über Problembereiche kommunizieren, die sie am Telefon niemandem anvertrauen würden. So erleben auf einer virtuellen Online-Beratungs-Plattform die Ratsuchenden Chat- und Mail-Kommunikation noch niederschwelliger als im Telefongespräch, da sie im Internet nicht einmal ihre Stimme zu erkennen geben müssen und somit ihre Anonymität bewahren. Gerade diese Form der Online-Beratung und die Möglichkeit der Anonymität im Internet bewirken, dass Onlineberatung intensiv stattfinden kann. Dabei entsteht die paradoxe Situation einer *Nähe durch Distanz*. Gerade diese Distanz bewirkt, dass gesellschaftlich tabuisierte Themen angesprochen werden: Umgang mit Gewalt, Sterben, Tod oder selbstverletzendes Verhalten.

3 Instrumente und Schritte der Online-Beratung

Der Chat wird im Gegensatz zur Mail innerhalb der Online-Beratung noch immer mit großer Vorsicht eingesetzt. Dies mag einerseits an einer gewissen Scheu der Berater liegen, sich eines Mediums zu bedienen, das im eigenen Alltag eine untergeordnete Rolle spielt, andererseits an den noch wenig gesicherten Erkenntnissen über spezielle Interventionsmöglichkeiten. Hier sind für die Zukunft Evaluationen gefordert, die trotz bestehender Probleme im Forschungsdesign zu Ergebnissen in Bezug auf Wirkfaktoren und Steuerungsmöglichkeiten in der Online- bzw. in der Chat-Beratung führen (vgl. Ott & Eichenberg, 2003). Die bislang zusammengetragenen Erfahrungen aus der Praxis geben aber bereits zur Hoffnung Anlass, dass es sich bei der Chat-Beratung um eine effektive Form der Beratung handelt. Mailberatung als zeitversetzte Beratung:

- Die Anfrage wird an die Beratungsstelle geschickt.
- Die Anfrage wird innerhalb von einigen Werktagen (je nach Beratungsangebot) von den Beratern und Beraterinnen beantwortet.
- Die Beratung kann auch eine Kontinuität einnehmen (insbesondere durch Nachfragen).

Einzel-Chat-Beratung als zeitgleiche Beratung:

- Man erhält wie in einem Gespräch sofort eine Antwort.
- Die Beratung per Chat wird derzeit beispielsweise im Beratungsbereich Schwangerschaftsberatung in Form eines Einzel-Chats angeboten.

Bei Bedarf können die Berater und Beraterinnen eine direkte persönliche Beratung in einer Beratungsstelle vor Ort vermitteln oder eine geeignete Beratungsstelle nennen. Online-Beratung und Online-Information können sinnvoll sein, wenn

- die Beratung anonym erfolgen soll,
- die Betroffenen sich in einer akuten Krise befinden,
- die Öffnungszeiten der Beratungsstellen nicht passend sind,
- die Wartezeiten der Beratungsstellen zu lang sind,
- die Betroffenen schriftliche Informationen benötigen.

4 Das Mediennutzungsverhalten von Jugendlichen mit Migrationshintergrund

Gerade das Medium Internet bietet durch seine vielfältigen Angebote und seine immense Verbreitung in allen Lebensbereichen eine Vielzahl an unterschiedlichen Identifikationsangeboten, die auch von der Zielgruppe der Migranten – insbesondere von Jugendlichen – verstärkt als Kommunikationsforum genutzt werden. Wie alle Jugendlichen nutzen auch sie zunehmend das Internet zur Informationsbeschaffung, zum Spielen, aber in erster Linie zur Kommunikation und zum Austausch. Aktuelle Studien und Untersuchungen zeigen, dass Online-Angebote von Migrationsjugendlichen vermehrt wahrgenommen werden. Eine Befragung von ARD und ZDF (Migranten und Medien, 2007) ergab, dass das Internet für Jugendliche mit Migrationshintergrund »eine wichtige Informations- und Kommunikationsfunktion« darstellt. In der WDR-Studie »Zwischen den Kulturen« (2006) wird auch festgestellt, dass für die 14–29-Jährigen das Internet – zumindest in der subjektiven Wahrnehmung – das wichtigste Medium ist. Es dient der Kommunikation (oft mit Familienangehörigen im Ausland), Nachrichtenrezeption (oft unspezifisch über Schlagzeilen) und der Unterhaltung (Spiele, Musik etc.). Zwar werden von vielen auch deutschsprachige Angebote genutzt, doch die meisten ziehen Webseiten (Ethno-Portale) vor, die speziell für ihre Zielgruppe ausgerichtet sind.

Auch der »(N)ONLINER Atlas« (2008) bestätigt das Internet als wichtigstes Medium und betont darüber hinaus, dass der formale Bildungsabschluss die Internetnutzung der Jugendlichen (insbesondere mit Migrationshintergrund) beeinflusst. Ihr Kenntnisstand von webbasierten Informations-, Kommunikations- und Bildungsangeboten zeugt von vorhandener Kompetenz.

Anlehnend an diese Ergebnisse, zeichnen sich Online-Angebote als geeignetes Medium aus, um Jugendliche mit Migrationshintergrund zu erreichen und ihnen eine Kommunikationsplattform zu bieten. Angebote wie Tools aus dem Web 2.0 haben dabei zweifelsfrei eine identitätsstiftende Wirkung und mittels Online-Beratung können unterstützende und fördernde Möglichkeiten entwickelt werden.

Aus der Praxis: Online-Beratung in der interkulturellen Arbeit

Zwar ist die Online-Beratung ein im sozialpädagogischen und psychologischen Bereich inzwischen häufiger eingesetztes Instrumentarium, aber in der interkulturellen Arbeit ist dieses Angebot kaum spürbar. In den letzten Jahren haben sich hier v. a. zwei zentrale Projekte der interkulturellen Online-Beratung für Migrationsjugendliche herauskristallisiert, die hier näher vorgestellt werden: Online-Angebot der Jugendmigrationsdienste (JMD) für junge Menschen mit Migrationshintergrund und die themenzentrierte Online-Arbeit von www.mixopolis.de.

Integration durch Online-Beratung

»Hallo! Ich weiß gar nicht wo ich anfangen soll [...], dass Du geantwortet hast, ist schon eine große Hilfe. Endlich kann man mal aus dem Herzen sprechen, [...] ich weiß keinen anderen Ausweg [...].« Solche und ähnliche Nachrichten erhalten die JMD-Beschäftigten, wenn sie sich auf dem Online-Portal www.jmd4you.de einloggen und die Anfragen von Jugendlichen lesen und bearbeiten sollen. Ihre Fragen können die Jugendlichen mit Migrationshintergrund seit Juli 2009 auf dem Online-Portal stellen. »Stell Deine Fragen!« heißt daher auch die Aufforderung, die auf Postkarten und Postern zu lesen ist.

Das Projekt »Integration durch Online-Beratung« hat das übergeordnete Ziel, die Chancen, welche die neuen Medien auch im Integrationsbereich bieten, zum Wohle von Jugendlichen mit Migrationshintergrund zu nutzen und einzusetzen.

Warum interkulturelle Online-Beratung?

Die bisherigen Erfahrungen zeigen, dass Beratungseinrichtungen oft erst dann aufgesucht werden, wenn bereits viel passiert ist. In vielen Fällen, in denen eine Beratung Hilfe anbieten kann, wird diese nicht in Anspruch genommen. Die Online-Beratung hat dabei einen niedrigschwelligen und präventiven Charakter. Sie erreicht junge Menschen, die sich schwertun, herkömmliche Beratungsangebote anzunehmen. Sie lädt junge Menschen rechtzeitig dazu ein, sich mit ihren Problemen auseinanderzusetzen und sich mit Fragen ihrer Zukunftsgestaltung zu beschäftigen. Die Beratung findet mit dem Ziel statt, entweder tatsächlich abschließend online zu beraten, die Jugendlichen an Jugendmigrationsdienste oder an vergleichbare Integrations-Einrichtungen/-Projekte zu verweisen. In akuten Konfliktsituationen kann Online-Beratung, selbst wenn sie nicht unmittelbar eine langfristige Lösung anbietet, direkte Hilfestellung bieten. »Stell Deine Fragen!« lautet das Motto der Online-Beratung und meint dies auch als schlichte Einladung an die Jugendlichen.

Die JMD-Online-Beratung bietet derzeit Mail-Beratung, Gruppen- und Themen-Chat an. Der Webauftritt ist in der Startphase auf Deutsch; als weitere Sprachen sind Arabisch, Englisch, Französisch, Russisch und Türkisch im Aufbau. Gruppenchats wurden bereits auf Polnisch, Türkisch und Russisch angeboten. Auch in der Mailberatung kann gegebenenfalls in einer Fremdsprache kommuniziert werden.

Die virtuellen Beraterinnen und Berater der JMD beteiligen sich an der Online-Beratung, indem sie sich in das Beratungsportal einloggen und innerhalb einer personalisierten Oberfläche die ihnen zugeordneten Beratungsfälle bearbeiten. In einem internen geschützten Forum für das Online-Team wird die Arbeit koordiniert und kommentierend begleitet. Die Jugendlichen können selbst wählen, wie sie ihre Anfrage an das JMD-Online-Team richten. Der regelmäßige kollegiale Austausch (Intervision) wird über spezielle Intervisionschats geleistet. Der virtuelle Austausch wird ebenso mit den zweimal jährlich stattfindenden Projekttreffen (Präsenzseminare) begleitet. Hier werden v. a. auch Arbeitsbereiche und Ergebnisse der bisherigen Arbeit reflektiert.

5 Webbasierte und verschlüsselte Mailberatung

Es handelt sich bei der Mail-Beratung um eine interpersonale Kommunikation, die eine niedrigschwellige und anonyme Kontaktaufnahme und Hilfeleistung bietet: Die/Der Ratsuchende schildert in schriftlicher Form seine Sorgen und seine Problemstellung und erhält durch JMD-Online in einem festgelegten Zeitraum eine Antwort auf sein Schreiben. Nachdem die/der Ratsuchende seine Anfrage oder sein Problem direkt in einem Eingabefeld formuliert hat, das auf der Webseite zur Verfügung gestellt wird, wird die Anfrage intern an eine JMD-Online-Beraterin oder einen -Berater weitergeleitet. Prinzipiell werden Anfragen so rasch wie möglich beantwortet. Die Beantwortung soll im Rahmen der Qualitätssicherung an Werktagen innerhalb von max. 48 Stunden erfolgen.

Die Mail-Beratung vom JMD ist die webbasierte verschlüsselte Beratung. Die Beratungssuchenden legen unter Angabe eines Nicknamens und eines Passworts einen Account auf der Website an. In diesen Account geben die Ratsuchenden nun ihre Anfrage ein und schicken sie ab. Eine Beraterin oder ein Berater antwortet im selben Account. Nur Ratsuchende und Beraterin oder Berater haben Zugang dazu. Der Datenschutz ist dadurch maximal gewährleistet.

Chat-Beratung

Die Chat-Begleitung ist sowohl einzeln als auch mit Gruppen möglich. Ratsuchende und begleitende Personen treffen sich zu einer verabredeten Zeit in einem nur für sie zugänglichen Chat-Raum. Der Chat ermöglicht den Nutzerinnen und Nutzern, mit einer/m JMD-Berater/-in direkt zu kommunizieren. Hier entsteht ein spontaner und emotionaler Austausch. Für die Chat-Beratung müssen bestimmte Termine bzw. bestimmte Zeiten festgelegt werden.

Forum-Beratung

Die Foren bieten einen besonders niedrigschwelligen Zugang für die Hilfesuchenden. Jugendliche können Beiträge lesen, auf die Fragen von anderen antworten und selbst Fragen stellen. Dabei erfahren sie, was eigentlich ihre Altersgruppe meint. Dabei können sich die Foren auf bestimmte Themen fokussieren. Ein zusätzlicher Vorteil der Foren für die Internetnutzerinnen und Internetnutzer ist der lexikalische Charakter in der Darstellung der behandelten Themen, so dass die verschiedenen Problemsituationen und die dazugehörenden Informationen allen Nutzerinnen und Nutzern zur eigenen Orientierung/Reflektion zur Verfügung stehen. Auf dem

Online-Beratungsportal werden Diskussionsforen angeboten. Die Foren erhalten jeweils Unterforen, die sich in mögliche Themenstellungen gliedern und Zielgruppen ansprechen. Die Diskussionsforen werden dabei vom JMD-Online-Team moderiert. Zu den Moderationsaufgaben zählen beispielsweise Löschungen, Ermahnungen, Korrekturen von Informationen, Anerkennung und Lob, Erklärungen, Streitschlichtungen oder Klarstellungen. Es geht v. a. darum, im Forum eine freundliche und faire Atmosphäre im Umgang miteinander zu schaffen.

Alle Mitglieder des JMD-Online-Teams erfahren durch Schulungen nicht nur etwas über die Besonderheiten der computervermittelten Kommunikation, sondern lernen auch die Möglichkeiten der Online-Software kennen. Sie werden darüber hinaus auch auf die neuen Aufgaben einer virtuellen Beratung vorbereitet. Hier werden sie von einem externen Berater gecoacht. Dieses Coaching ist sinnvoll, weil durch die Anonymität des Internets ungewohnte Situationen während des Beratungsprozesses entstehen können. Es hilft zudem, die Qualität der Online-Beratung zu sichern. Als Medien zum Coaching stehen zur Verfügung: Mail-Kontakt, Einzel-/Gruppen-Chat, Telefon, Face-to-Face-Coaching sowie zwei Präsenzveranstaltungen.

6 Muttersprachliche Beratung

Probleme der eigenen Identitätsfindung bei Jugendlichen ebenso wie Fragen des Zusammenlebens in der Familie und Gesellschaft sind eng mit der vertrauten Muttersprache verbunden. Ihrer Thematisierung in der Sprache des Aufnahmelandes sind Grenzen gesetzt. Deshalb versucht die JMD-Online-Beratung auch, die Möglichkeit einer muttersprachlichen Beratung anzubieten. Das Angebot bleibt dabei zunächst auf die webbasierte und verschlüsselte Mailberatung und den Einzel-Chat begrenzt.

7 Das interkulturelle Beratungsportal mit E-Mentoring

Eine neue Form der Online-Beratung bedient seit Januar 2009 das interkulturelle Jugend-Online-Portal Mixopolis (www.mixopolis.de) der Bildungsinitiative Schulen ans Netz e. V. Das internetgestützte Informations-, Kommunikations- und Lernangebot von Mixopolis richtet sich in erster Linie an Jugendliche (insbesondere mit Migrationshintergrund) ab 14 Jahren. Angesprochen werden Jugendliche in der beruflichen Orientierungsphase, die ihre Fähigkeiten ausbauen, erweitern und darstellen möchten.

In einer Online-Community können die Jugendlichen mit Migrationshintergrund ihre Fragen und Probleme zu verschiedenen Themen aus dem gesellschaftlichen und interkulturellen Bereich sowie der Berufs- und Arbeitswelt äußern. Ein Pool an E-Mentorinnen und -Mentoren hilft ihnen dabei in direkter Kommunikation mit Lösungsstrategien und hilfreichen Service-Tipps. Der Mehrwert des E-Mentoring liegt in der Möglichkeit, die Vernetzung und den Austausch überregional oder gar bundesweit zu gestalten. Jugendliche, die in ihrer Stadt, ihrer Region oder vor Ort keine Ansprechpartnerin oder Ansprechpartner finden, haben auf Mixopolis die Chance dazu. Sie finden eine Bezugsperson mit ähnlichen oder gleichen beruflichen Ambitionen, gleichem Geschlecht, ähnlichen Sozialisationsbedingungen wie Familie, städtischem oder ländlichen Lebensraum oder eben der gleichen Migrantengruppe. Jugendliche mit Migrationshintergrund, die ihre Ausbildungssuche erfolgreich beendet haben und damit Lösungsstrategien aufzeigen können, sind für andere Jugendliche nicht nur Vorbilder aus der Ferne, sondern darüber hinaus auch kompetente Ansprechpartner und Ansprechpartnerinnen, die Antworten geben können auf Fragen, die sich auf migrationsspezifische Lebenssituationen beziehen.

Die Kommunikation mit den Mentor/-innen erfolgt nach persönlichen Interessen und Beweggründen und hat somit einen starken Identifikations- und Bildungscharakter. Um diesen Beratungsservice von Mixopolis zu nutzen, können sich die Jugendlichen auf dem Portal kostenlos registrieren. Die Affinität für digitale Medien voraussetzend sorgt das Instrument E-Mentoring bei den Jugendlichen für ein vertrautes Element im Umgang mit den Neuen Medien. Sie werden durch das Internet gezielt »abgeholt« und können indirekt bei der Problemlösung ihre Medienkompetenz durch die von Mixopolis verfolgte Empowerment-Strategie einsetzen. Dabei kann es beispielsweise um folgende Fragestellungen gehen:

- Welche Inhalte sind bei einer Bewerbungsmappe unerlässlich?
- Was sind interkulturelle Kompetenzen?
- Wie muss ich mich auf ein Vorstellungsgespräch ordnungsgemäß vorbereiten?
- Welche Anforderungen müssen für ein Stipendium erfüllt sein?

Dies ist ein kurzer Auszug aus möglichen Fragen, mit denen sich die E-Mentorinnen und -Mentoren auf dem Portal während ihrer Online-Zeiten beschäftigen. Die Jugendlichen können auf Mixopolis durch folgende mediale Formen mit den E-Mentorinnen und -Mentoren kommunizieren: E-Mail, Quickmessage, Notizen, Forum, Blogs oder Themen-Chats.

Vorbilder visuell sichtbar machen

Auf Mixopolis stellen sich die E-Mentorinnen und -Mentoren unter der Rubrik »Im Profil« ausführlich vor. Dadurch erhalten die ratsuchenden Jugendlichen einen ersten Eindruck von den schulischen und beruflichen Erfahrungswerten dieser

Online-Ansprechpartner/-innen. Darüber hinaus bekommen die Jugendlichen auch Informationen über Möglichkeiten der Kontaktaufnahme und der von den jeweiligen Mentorinnen und Mentoren betreuten Themen.

Online-Beratung in direkter Kommunikation

Die E-Mentorinnen und -Mentoren geben auf dem Portal ihre jeweiligen »Online-Zeiten« an, an denen sie präsent sind, um sich in direkter Kommunikation mit den Fragen der Jugendlichen zu befassen. Des Weiteren gibt es auch die Möglichkeit, dass die Jugendlichen die E-Mentorin oder den E-Mentor durch eine interne Mail oder eine Notizfunktion in einem Themenclub kontaktieren können. Diese(r) meldet sich während der eigenen Online-Zeit umgehend bei dem Kontakt- oder Fragensuchenden entweder per Mail oder mit der Notizfunktion.

Gruppenberatung in Themenclubs

Alle E-Mentorinnen und -Mentoren haben auf Mixopolis spezielle Schwerpunktthemen: Bewerbung, interkulturelle Kompetenzen, Vorstellungsgespräche, berufliche Orientierungsphase, Studium, Auslandaufenthalt, Medien-Tools, ehrenamtliches Engagement oder Stipendien sind nur einige Themenfelder, die von ihnen betreut werden. Die Jugendlichen können in der Rubrik »E-Mentoring« nach den für sie passenden Themen suchen. Diese Fokussierung auf unterschiedliche Schwerpunkte unterstützt den Ansatz des vernetzten Mentorings. Im Gegensatz zum klassischen Tandem-Verfahren können die Jugendlichen je nach persönlicher Fragestellung die/den geeigneten Ansprechpartner/-in wählen. Diese Form unterstützt somit die Netzwerkbildung zwischen den Jugendlichen.

Die Jugendlichen haben dann – nach Auswahl des für sie interessanten Themas – die Möglichkeit, in den jeweiligen Themenclub zu gehen und sich dort nicht nur mit der E-Mentorin oder dem E-Mentor, sondern auch mit anderen »Club-Mitgliedern« auszutauschen. Durch das »Peer-Mentoring« soll primär von der Einzelberatung abgekommen und eine Gruppenberatung realisiert werden. Die Jugendlichen können somit untereinander ihre Fragen und Probleme diskutieren und über mehrere Erfahrungswerte an wertvolle perspektivische Sichtweisen gelangen.

Foren als Austausch

Die Form der beratenden Funktion auf Mixopolis ist nicht nur auf das E-Mentoring begrenzt. Im Bereich »Foren« haben die Jugendlichen die Gelegenheit, sich mit Anregungen und Fragen zu unterschiedlichen Themenbereichen – wie u. a. »Ausbildung & Bewerbung«, »Berufs- und Berufsbilder« oder »Schule & Studium« – zu äußern. Die klassische Kommunikationsstruktur des Forums ermöglicht hier schnell den Austausch der Jugendlichen untereinander, wobei sich auch Mixopolis-Mitarbeiterinnen und -Mitarbeiter sowie die E-Mentorinnen und -Mentoren im jeweiligen Forum mit Ratschlägen, Tipps und wertvollen Hinweisen beteiligen.

Literatur

Albert, M., Hurrelmann, K. & Quenzel, G. (2010). *16. Shell Jugendstudie. Jugend 2010.* Frankfurt a. M.: Fischer Taschenbuch.

Beißwenger, M. (Hrsg.) (2002). *Chat-Kommunikation. Sprache, Interaktion, Sozialität & Identität in synchroner computervermittelter Kommunikation. Perspektiven auf ein interdisziplinäres Forschungsfeld.* Stuttgart: Ibidem.

Bozay, K. & Uzun, H. (2009). E-Mentoren helfen bei der Zukunftsplanung. *L. A. Multimedia, 4*, 22–25.

Dogan, A. & Bozay, K. (2010). Digitale Medien: Zunehmende Bedeutung für Jugendliche mit Migrationshintergrund. In FES (Hrsg.), *Zur Rolle der Medien in der Einwanderungsgesellschaft* (S. 52–57). Bonn: WISO Diskurs, Friedrich Ebert Stiftung.

Hall, S. (1999). Ein Gefüge von Einschränkungen. Gespräch zwischen Stuart Hall und Christian Höller. In J. Engelmann (Hrsg.), *Die kleinen Unterschiede* (S. 99–122). Der Cultural Studies-Reader. Frankfurt a. M.: Campus.

Hugger, K.-U. (2009). *Junge Migranten online. Suche nach sozialer Anerkennung und Vergewisserung von Zugehörigkeiten.* Wiesbaden: VS.

Mecheril, P. (2004). *Einführung in die Migrationspädagogik.* Weinheim/Basel: Beltz.

Medienpädagogischer Forschungsverbund Südwest (Hrsg.) (2010): *JIM-Studie 2010. Jugend, Information, (Multi-)Media. Basisuntersuchung zum Medienumgang 12–19-Jähriger in Deutschland.* Stuttgart.

Ott, R. & Eichenberg, Ch. (2003). *Klinische Psychologie und Internet. Potenziale für klinische Praxis, Intervention, Psychotherapie und Forschung.* Göttingen: Hogrefe.

Ramm, B. (2009). *Das Tandem-Prinzip. Mentoring für Kinder und Jugendliche.* Hamburg: Edition Körber-Stiftung.

Studie ARD/ZDF (2007). *Migranten und Medien 2007.* Ergebnisse einer repräsentativen Studie der ARD/ZDF-Medienkommission.

Utz, S. (2002). Interaktion und Identität in virtuellen Gemeinschaften. In G. Bente, N. Krämer & A. Petersen (Hrsg.), *Virtuelle Realitäten* (S. 159–180). Göttingen: Hogrefe.

WDR (2006). *Zwischen den Kulturen. Fernsehen, Einstellungen und Integration junger Erwachsener mit türkischer Herkunft in Nordrhein-Westfalen.* (N)ONLINER Atlas.

Beratung für Erwachsene

Psychische Störungen bei Migrantinnen und Migranten – Konsequenzen für das Gesundheitssystem in Deutschland

Isaac Bermejo

Einleitung

Aufgrund der zunehmenden Globalisierung und der hierdurch entstehenden plurikulturellen Gesellschaften müssen sowohl ethno-kulturelle Spezifika als auch Migrationsprozesse in der Gesundheitsversorgung stärker berücksichtigt werden. Galt in Deutschland bis vor kurzem noch eine andere Nationalität als Merkmal für »Migrant«, hat sich in den letzten Jahren der Begriff »Person mit Migrationshintergrund« (mindestens ein Elternteil ist emigriert) durchgesetzt. Hierdurch ist schlagartig aber auch der Bevölkerungsanteil der so bezeichneten Migranten von ca. 9 % auf ca. 20 % der Gesamtbevölkerung angestiegen. Neben der freiwilligen Migration (v. a. Aussiedler, EU-Binnenmigranten, ausländische Studierende oder Migranten im Rahmen eines Familiennachzugs) existiert eine große Zahl an unfreiwilliger Migration (v. a. Asylsuchende und Asylberechtigte mit Begründung einer Verfolgung aufgrund rassischer, religiöser oder anderer Diskrimination). Einen besonderen Status nehmen Menschen der sogenannten zweiten oder weiteren Generation ein, die zwar zu den »Personen mit Migrationshintergrund« zählen, aber per definitionem nicht selbst migriert sind. Da migrationsbezogene und kulturelle Aspekte sowohl die gesundheitliche Situation wie auch den Zugang zu Versorgung und Prävention beeinflussen, sind zur Gewährleistung einer adäquaten gesundheitlichen Versorgung auch für Menschen mit Migrationshintergrund spezifische Informationen über deren psychische Gesundheit notwendig.

Im Folgenden werden nach einer kurzen Skizzierung des Zusammenhangs von Gesundheitskonzepten und soziokulturellen Faktoren epidemiologische und klinische Studienergebnisse hinsichtlich psychischer Störungen bei Menschen mit Migrationshintergrund zusammenfassend beschrieben und im Hinblick auf kultur- und migrationsbezogene Aspekte diskutiert. Auf der Basis dieser Erörterungen werden dann praktische Konsequenzen für das Gesundheitssystem in Deutschland dargestellt und ein transkulturelles Modell der psychiatrisch-psychotherapeutischen Versorgung beschrieben.

1 Migration und psychische Gesundheit

Schon bei der Definition »Gesundheit« und »Krankheit« spielen soziokulturelle Faktoren eine entscheidende Bedeutung und die Beziehung von Migrationserfahrungen und Gesundheit ist als besonders komplex anzunehmen. Wissenschaftliche Untersuchungen hierzu sind selten und die starke Heterogenität innerhalb dieser Bevölkerungsgruppe erschwert generalisierende Aussagen (Muthny & Bermejo, 2009). Im Hinblick auf psychische Erkrankungen existieren insbesondere beim Erleben von und beim Umgang mit Symptomen sowie hinsichtlich der Einstellungen gegenüber Behandlungsmöglichkeiten kultur- und migrationsbedingte Spezifika. Ob und gegebenenfalls welche Wechselwirkungen zwischen Migrationserfahrungen und der Entstehung und Aufrechterhaltung psychischer Erkrankungen bestehen, ist noch nicht hinreichend geklärt. Während einige Autoren von mehr psychischen Erkrankungen bei Personen mit Migrationshintergrund berichten (Cantor-Graae & Selten, 2005; Kirkbride et al., 2008), sehen andere Autoren keine Unterschiede gegenüber der einheimischen Bevölkerung (Lay et al., 2005; Bhugra, 2006). Bei der Bewertung von Studienergebnissen ist aber zu berücksichtigen, dass Verständnisprobleme und unterschiedliches Inanspruchnahme-Verhalten Einfluss auf die dokumentierten Erkrankungshäufigkeiten haben. Zusätzlich können unterschiedliche Bewertungen der Symptome zwischen Patienten mit Migrationshintergrund und den zumeist einheimischen Behandlern zu Diagnoseproblemen und inadäquaten Behandlungen führen. Personen mit Migrationshintergrund sind andererseits spezifischen Gesundheitsrisiken ausgesetzt (z.B. mehr kritische »Live events«, ungesicherte Aufenthaltssituation, prekäre Arbeits- und Wohnsituation, sprachliche Schwierigkeiten und hoher Segregationsgrad, durch ethnisch-kulturelle Diversifizierung erschwerte Konflikte u.a.), die zu einer kumulierten Benachteiligung gegenüber vergleichbaren Bevölkerungsgruppen führen (Bermejo & Muthny, 2009).

1.1 Psychische Störungen im interkulturellen Vergleich

Da psychische Erkrankungen sehr von der sozialen Beurteilung der Symptome bzw. deren Einschätzung als Abweichung von einer Norm abhängen, sind die Diagnosen somit zwangsläufig auch stark soziokulturell geprägt, so dass neben sozio-demografischen und schichtbedingten Faktoren auch der kulturelle Hintergrund und spezifische Migrationserfahrungen eine Bedeutung für deren Verständnis haben. Bei Berücksichtigung der besonderen Bedeutung des kulturellen Bezugsrahmens ist davon auszugehen, dass viele der früher als kulturabhängige Syndrome beschriebenen Störungen (bspw. »Taijin Kyofu« (spezifische soziale Phobie) in Japan, »susto« (starker Schreck) in lateinamerikanischen Ländern, »Amok« (als plötzlicher, ungerichteter Aggressionsausbruch) in Malaysia und Indonesien) in ähnlicher Form auch in anderen Kulturen auftreten. Daher erscheint die Frage, wie der ethno-kulturelle Hintergrund das Auftreten, die Verteilung und Ausprägung verschiedener Symptome (zum Beispiel psychotische Wahnformen, Ausgestaltung depressiver Symptome) beeinflusst, wesentlich relevanter.

1.2 Häufigkeiten psychischer Störungen bei Menschen mit Migrationshintergrund

Ein kausaler Zusammenhang zwischen Migration als Lebensereignis und psychischen Erkrankungen ist nicht generell nachweisbar. Gleichwohl existieren Belastungsfaktoren im Zusammenhang mit der Migration, die Entstehung und Verlauf psychischer Erkrankungen beeinflussen (Assion, 2005; Machleidt & Callies, 2005; Bermejo et al., 2010; Zeeb & Razum, 2006). Insbesondere sprachliche Verständigungsprobleme, unterschiedliches Erleben und Wahrnehmen von Emotionen, ein differierendes Verständnis der Therapeut-Patient-Beziehung und verschiedenartige Wertvorstellungen führen nicht selten zu einer unterschiedlichen Beurteilung von Problemlagen zwischen Behandlern und Patienten (Mösko et al., 2008). So ist es wenig verwunderlich, dass die in verschiedenen Studien gefundenen Prävalenzraten z. T. gravierend variieren und bei Depressionen Prävalenzraten zwischen 3 % und 81 % bzw. für Angststörungen zwischen 6 % und 90 % berichtet werden (Lindert et al., 2008). Eine migrationssensitive Re-Analyse des Bundesgesundheitssurvey von 1998 zeigte nur hinsichtlich der Lebenszeitprävalenz höhere Prävalenzraten bei Migrantinnen und Migranten im Vergleich zu Einheimischen (50,8 % vs. 42,5 %), während es weder bei der 4-Wochen-Prävalenz (26,3 % vs. 19,4 %) noch der 12-Monats-Prävalenz (38,8 % vs. 30,3 %) signifikante Differenzen gab (Bermejo et al., 2010). Die Autoren interpretieren ihre Ergebnisse als Ausdruck des Zusammenwirkens verschiedener intervenierender Variablen (v. a. psycho-soziale Belastungen, stressrelevante Migrationsfolgen, kulturelle und migrationsbezogene Hintergründe); eine Interpretation, die auch durch andere Studien bestätigt wird (Glaesmer et al., 2009; Tarricone et al., 2009).

Vor diesem Hintergrund müssen auch die hinsichtlich einzelner Störungsbilder festgestellten Unterschiede zwischen Einheimischen und Personen mit Migrationshintergrund interpretiert werden. So treten *Suchtprobleme* häufig bei Personen mit Migrationshintergrund, v. a. bei Menschen aus Ländern der ehemaligen Sowjetunion, auf. Allerdings lässt sich kein direkter Einfluss der Migration auf Suchtprobleme feststellen, wohl aber ein Einfluss auf das Erkrankungsrisiko sowie die Behandlungsmöglichkeiten. Dieser Einfluss erklärt sich u. a. daraus, dass der soziale Ausschluss und das instabile soziale Gefüge als wichtige Faktoren bei der Entstehung und Aufrechterhaltung von Abhängigkeitserkrankungen gesehen werden (Penka et al., 2004). Auch das Trinkverhalten weist je nach Herkunftsland spezifische Aspekte auf. Häufig berichten Suchtberatungsstellen von einem eher unkritischen Umgang mit Suchtmitteln und unterschiedlichen Krankheits- und Behandlungskonzepten bei einigen Migrantengruppen (zum Beispiel Menschen aus der ehemaligen Sowjetunion).

Auch depressionsbezogene Symptome kommen in allen Kulturen vor und länderbezogene Prävalenzen *depressiver Erkrankungen* scheinen vergleichbar zu sein. Differenzen in Abhängigkeit vom kulturellen und Migrationshintergrund lassen sich aber insbesondere im Erleben von und beim Umgang mit depressiven Symptomen feststellen (Bermejo et al., 2009 a; Schraufnagel et al., 2006). Dabei geht die Forschung heute davon aus, dass ein hoher Assimilations- bzw. Akkulturationsdruck, d. h., je stärker die kulturellen Unterschiede zwischen Herkunfts- und Aufnahmegesellschaft sind, zu höheren Depressionsraten führt. Da auch sprachlich-kulturelle Interpretationen zu einer unterschiedlichen Beurteilung von Problemlagen führen, erscheinen Differenzen insbesondere auf unterschiedliche Ausdrucksformen depressiver Symptome zurückführbar, so dass normabhängige Symptominterpretationen (z. B. Schuldempfinden, Selbstwertgefühl) häufig eine adäquate Diagnosestellung erschweren.

Insbesondere in Kulturen mit ganzheitlichen Lebenskonzepten werden psychische Beschwerden oft körperlich ausgedrückt, so dass die *Somatisierung* psychischer Probleme und Symptome als allgegenwärtiges Phänomen betrachtet wird (Nika & Basdekis, 2000). Im Zusammenhang mit Migration lässt sich aber feststellen, dass kulturgeprägte Ausdrucksformen psychischer Symptome häufig zu (psycho-)somatischen Diagnosen führen, u. a. weil beispielsweise bei Personen aus dem afrikanischen und asiatischen Kulturkreis oft der gesamte Körper im Mittelpunkt gesundheitlicher Beschwerden steht. Allerdings geht die transkulturelle Forschung davon aus, dass die Aufenthaltsdauer, die sozio-ökonomische Situation sowie die subjektiven Krankheitskonzepte bei der Bewertung von Somatisierungsstörungen eine wichtigere Rolle spielen als die Herkunftskultur bzw. der Migrationshintergrund.

Hingegen gibt es hinsichtlich *psychotischer Störungen* Hinweise für höhere Erkrankungsraten bei Menschen mit Migrationshintergrund (Cantor-Graae & Selten, 2005; Coid et al., 2008). Allerdings existieren auch Studien, die einen solchen Zusammenhang in Frage stellen (Bhugra, 2006; Lay et al., 2005). Zwar werden Wahn und Halluzinationen sowie Depersonalisationserlebnisse in allen Kulturen berichtet, aber ob diese als (psychotische) Symptome mit Krankheitswert bewertet werden, ist von unterschiedlichen kulturellen Faktoren abhängig. So werden Halluzinationen in einigen afrikanischen Kulturen oft als Hinweise einer höheren Macht (Geister, Götter etc.) interpretiert und nicht in Zusammenhang mit krankhaftem Verhalten gesehen. Hierbei ist die Bewertung psychotischer Symptome abhängig vom zeitlichen und situativen Kontext, in dem diese auftreten. Solche Symptome können als Verhexung (z. B. Hexenglaube in Ghana; böser Blick in Vorderasien; Exorzismusglaube in der katholischen Kirche) oder als Ausdruck einer göttlichen Eingebung im Rahmen religiöser Rituale mit entsprechendem negativen bzw. positiven sozialen Stigma und Konsequenzen auftreten (Kick et al., 2004; Müller, 2006). Aber auch das Beeinflussungserleben durch böse Mächte bei südeuropäischen und afro-asiatischen Kulturen oder das Auftreten optisch-akustischer Halluzinationen in Afrika, Indien und Indonesien muss anders als in Zentraleuropa interpretiert werden. Insbesondere bei einem schwierigen und langwierigen Heilungsprozess werden oft übernatürliche »Agenten« vermutet (Fink, 1990). Zudem muss bei Migrantinnen und Migranten, v. a. bei Flüchtlingen, Asylbewerberinnen und Asylbewerbern, bei der klinischen Bewertung paranoider Gedanken auch ein möglicher realer Hintergrund bedacht werden. Im Rahmen der

Migration kann es dementsprechend auch bei psychotischen Symptomen bei Nichtbeachtung möglicher kultureller Faktoren zu »Fehldiagnosen« kommen.

In diesem Zusammenhang muss auch das unterschiedliche Inanspruchnahmeverhalten von Personen mit Migrationshintergrund als Ausdruck kulturell bedingter und durch die Migrationserfahrungen angepasster Krankheits- und Behandlungsvorstellungen (Bermejo & Muthny, 2009) bewertet werden. So scheinen Personen mit Migrationshintergrund psychiatrisch-psychotherapeutische Angebote von sich selber aus seltener in Anspruch zu nehmen (Boos-Nünning, 2000; Walter et al., 2007). Neben differierenden Gesundheits- bzw. Krankheitsmodellen, Sprachbarrieren und fehlenden muttersprachlichen Informationen spielen die alternative Inanspruchnahme typischer Hilfesysteme der Herkunftskultur und die Meidung von Diensten eine wichtige Rolle, wenn diese an Einrichtungen gebunden sind, mit denen Personen mit Migrationshintergrund »schlechte Erfahrungen« gemacht haben (in vielen Ländern wird das psychiatrisch-psychotherapeutische System zu politischen Repressalien missbraucht). Zusätzlich existieren aber auch institutionelle Barrieren, die den Zugang zu Angeboten der Gesundheitsversorgung beeinflussen (Bermejo et al., 2009 b). Während Notfalleinrichtungen stärker in Anspruch genommen werden, werden reguläre ambulante Angebote seltener genutzt. Personen mit Migrationshintergrund werden seltener stationär aufgenommen, dafür aber häufiger unfreiwillig (Zwangseinweisungen) und sowohl deren Aufenthaltsdauer als auch die Behandlungseffektivität ist geringer (Bermejo et al., 2010).

1.3 Konsequenzen für das Gesundheitssystem in Deutschland

Unter Berücksichtigung der bisherigen Ausführungen lässt sich schlussfolgern, dass Personen mit Migrationshintergrund wohl keine erhöhte psychische Morbidität im Vergleich zu Einheimischen aufweisen (vgl. Lay et al., 2005; Machleidt et al., 2007). Vielmehr können kulturspezifische Aspekte (z. B. subjektive und gesellschaftliche Gesundheits- und Krankheitskonzepte), migrationsbezogene Faktoren (z. B. Verständigungsprobleme, Verlust familiärer Bindungen) und Aspekte des Versorgungssystems (z. B. Zugangsbarrieren, mangelnde transkulturelle Fachkompetenz) sowie eine niedrigere Inanspruchnahme-Rate zu Fehldiagnosen und Fehlbehandlungen führen.

Ein zentraler Baustein, um die psychiatrisch-psychotherapeutische Versorgung von Personen mit Migrationshintergrund zu verbessern, ist die Berücksichtigung transkultureller Aspekte in den Regelangeboten des ambulanten und stationären Gesundheitssystems (z. B. Arzt- und Psychotherapeutenpraxen, stationäre und teilstationäre Angebote von Akutkrankenhäusern sowie Vorsorge- und Rehabilitationseinrichtungen). Neben der Förderung interkultureller Kompetenz der verschiedenen Berufsgruppen ist die Überwindung des Sprachproblems ein weiterer entscheidender Faktor. Da mehrsprachiges Fachpersonal nicht überall und für alle Sprachen vorhanden sein kann und der Einsatz qualifizierter Dolmetscher häufig an den finanziellen Rahmenbedingungen scheitert, sind Maßnahmen zur Sensibilisierung aller Mitarbeiterinnen und Mitarbeiter für eine kultur- und migrationssensitive Perspektive notwendig. Eine solche transkulturelle Perspektive kann wesentlich zum Verständnis und zur Integration verschiedener Wertvorstellungen und Normsysteme beitragen. Hierfür sind Maßnahmen auf verschiedenen Ebenen notwendig. Als wesentliches Element gehört insbesondere die Berücksichtigung sprachlich-kultureller Besonderheiten bei Gesundheit, Prävention, Krankheit und Gesundheitsversorgung (kulturspezifische Ebene) dazu. Aber auch der stärkere Einbezug von Vertretern von Personen mit Migrationshintergrund bei der Entscheidung für und der Durchführung von Maßnahmen (migrationsbezogene Ebene) und die Kooperation zwischen Institutionen des Gesundheitssystems und migrationsspezifischen Einrichtungen (institutionelle Ebene) sowie die Sensibilisierung und Fortbildung des Personals für Bedürfnisse und Spezifika der Migrantengruppen (interkulturelle Ebene) und die Überwindung von kultureller Zentriertheit zur Entwicklung und Umsetzung transkultureller Konzepte der Gesundheitsversorgung (transkulturelle Ebene) sind wichtige Maßnahmen.

Neben einer stärkeren konzeptionellen Neuorientierung des Gesundheitssystems sind aber sowohl konzeptionell-strukturelle als auch inhaltliche Anpassungen und Erweiterungen der Aus- und Weiterbildungs-Curricula im Gesundheitssektor erforderlich. Hierbei müssen kulturelle und migrationsspezifische Aspekte im Hinblick auf das Erleben und den Umgang mit Gesundheit, Prävention, Krankheit sowie bzgl. des Zugangs zur Gesundheitsversorgung explizit und übergreifend in die Ausbildungscurricula und -ordnungen der einzelnen Gesundheitsberufe integriert werden. Als zentrale Konsequenzen für die Aus- und Weiterbildung gelten daher die Etablierung eines Mainstreaming zur Förderung der systematischen Integration des Themas Migration und Gesundheit in die Ausbildungs-Curricula und -ordnungen von Gesundheitsberufen, die Implementierung spezifischer Unterrichtseinheiten zu transkulturellen Aspekten in die Ausbildung von Gesundheitsberufen (insbesondere Medizin, Psychologie, Pflege) sowie die Entwicklung und Umsetzung ergänzender Fort- und Weiterbildungsangebote zum Aufbau und zur Verbreitung der transkulturellen Kompetenz.

Um sowohl eine inhaltliche als auch institutionelle Weiterentwicklung des Gesundheitssystems hin zu einem transkulturell orientierten Gesundheitssystem erreichen zu können, sind allerdings differenziertere Kenntnisse zum Zusammenhang zwischen Migration und Kultur einerseits und der psychiatrisch-psychotherapeutischen Versorgung von Personen mit Migrationshintergrund andererseits notwendig. Nur auf diese Weise können adäquatere Maßnahmen für Subgruppen entwickelt und die psychiatrisch-psychotherapeutische Versorgung von Personen mit Migrationshintergrund verbessert werden. Zur Umsetzung müssen integrierte Konzepte und Aktivitäten mit allen relevanten Akteure des Gesundheitswesens (Politik, Gesellschaft, Verantwortliche im Gesundheitsbereich, Patientenvertretungen u. a.) implementiert werden.

2 Schlussfolgerungen und Empfehlungen

In einer plurikulturellen Gesellschaft, wie sie Deutschland mit den hier lebenden über 14 Millionen Personen mit Migrationshintergrund inzwischen darstellt, bestehen unterschiedliche kulturelle Krankheits- und Gesundheitskonzepte. Diese beeinflussen gemeinsam mit spezifischen migrationsbezogenen Belastungsfaktoren das Auftreten und das Verständnis psychischer Beschwerden, Erkrankungen und somit auch deren Diagnose und Behandlung. Eine zentrale Folge ist, dass die Nichtberücksichtigung kultureller, migrationsbezogener und sprachlicher Faktoren zu einem erhöhten zeitlichen, finanziellen und personellen Ressourcenaufwand und zu einer qualitativ schlechteren Versorgung von Personen mit Migrationshintergrund führt. Für die Weiterentwicklung einer transkulturellen Perspektive ist es daher notwendig, ein besseres Verständnis des Zusammenhangs zwischen Migration und Gesundheit zu gewinnen. Hierfür leistet das Erklärungsmodell von Schenk (2007) einen wichtigen Beitrag, in dem es neben den Bedingungen im Herkunftsland weitere Einflussfaktoren und Confounder – bspw. »Migration« als kritisches Ereignis, soziale Lage im Aufnahmeland, Ethnizität, rechtliche Lage im Aufnahmeland sowie unterschiedliche Barrieren zur gesundheitlichen Versorgung – berücksichtigt. Hinsichtlich der Inanspruchnahme psychiatrisch-psychotherapeutischer Angebote systematisiert das in Abbildung 1 dargestellte transkulturelle Modell der psychiatrisch-psychotherapeutischen Versorgung die für die Entwicklung kultur- und migrationssensibler Konzepte bedeutsamen Faktoren. Neben kulturellen und migrationsbezogenen Ausgangsbedingungen bzw. Faktoren integriert das transkulturelle Modell insbesondere relevante Mediatoren wie ethnisch-kulturelle Krankheits- und Behandlungskonzepte in der Phase der Intentionsbildung und berücksichtigt auch die soziale und rechtliche Lage im Aufnahmeland, ethnisch-kulturelle Praktiken oder Zugangsbarrieren zur gesundheitlichen Versorgung im Aufnahmeland als wichtige hinderliche bzw. förderliche Faktoren in der Umsetzungsphase.

Bei all den bisher dargelegten kultur- und migrationsbezogenen Überlegungen im Hinblick auf die Weiterentwicklung einer transkulturellen Psychiatrie muss bei einer praxisbezogenen Umsetzung die Prämisse der vorrangigen Berücksichtigung von Individualität vor kultureller Spezifität gewährleistet sein. Eine solche Sichtweise führt zu einer kultursensitiven Grundhaltung, die subkulturelle Aspekte wie regionale und/oder familiäre Gewohnheiten und Bräuche sowie unterschiedliche Migrations- und Integrationsprozesse berücksichtigt. Hierdurch wird die Realität einer Migrationsgesellschaft im Rahmen der transkulturellen Weiterentwicklung der Regelangebote in der Gesundheitsversorgung besser berücksichtigt, da sie sowohl kulturelle Faktoren als auch individuelle Ausgestaltungen und die Spezifika der Aufnahmegesellschaft einbeziehen.

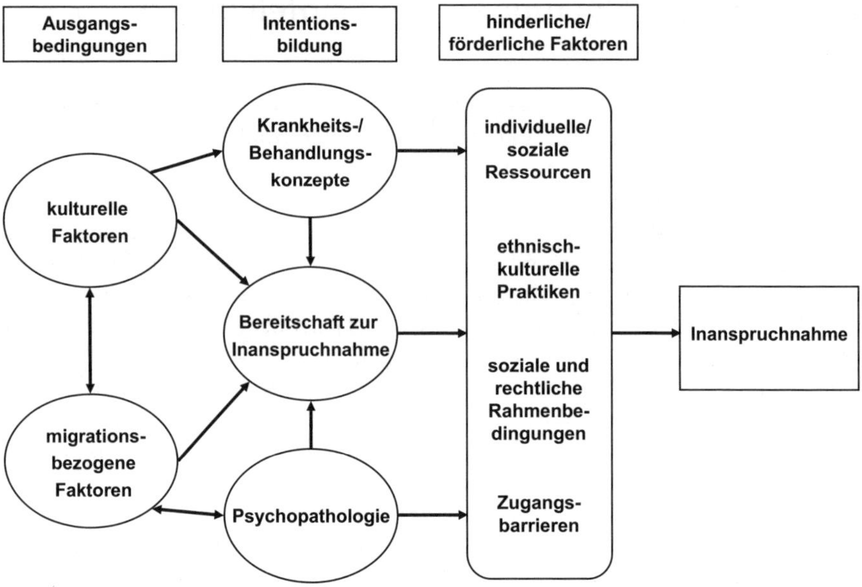

Abb. 1: Transkultures Modell der psychiatrisch-psychotherapeutischen Versorgung.

Literatur

Assion, H.-J. (Hrsg.) (2005). *Migration und seelische Gesundheit.* Berlin: Springer.

Bermejo, I. & Muthny, F. A. (2009). Fazit und Empfehlungen für das Gesundheitssystem einer multikulturellen Gesellschaft. In F. A. Muthny & I. Bermejo (Hrsg.), *Interkulturelle Aspekte der Medizin. Laientheorien, Psychosomatik und Migrationsfolgen.* (S. 139–144) Köln: Deutscher Ärzte-Verlag.

Bermejo, I., Kriston, L., Berger, M. & Härter, M. (2009 a). Patients' language proficiency affects process and outcome quality of inpatient depression treatment in Germany. *Psychiatric Services, 60*, 545–548.

Bermejo, I., Maier, I., Ruf, D., Walter-Hamann, R., Pessentheiner, H. & Härter, M. (2009 b). Barrieren von Migrantinnen und Migranten bei der Inanspruchnahme von Gesundheitsmaßnahmen. 11 2009. DGPPN Kongress, Berlin. [Abstract]. In F. Schneider & M. Grözinger (Hrsg.), *Psychische Erkrankungen in der Lebensspanne – Abstractband zum DGPPN Kongress 2009, 25.–28. November 2009 in Berlin.* (S. 449). Berlin: Deutsche Gesellschaft für Psychiatrie, Psychotherapie und Nervenheilkunde. Verfügbar unter: http://dx.doi.org/10 3287/dgppn.2009.1 (01. 08. 2012).

Bermejo, I., Mayninger, E., Kriston, L. & Härter, M. (2010). Psychische Störungen bei Menschen mit Migrationshintergrund im Vergleich zur deutschen Allgemeinbevölkerung. *Psychiat Prax, 37*, 225–232.

Bhugra, D. (2006). Severe mental illness across cultures. *Acta Psychiatr Scand, 113* (Suppl. 429), 17–23.

Boos-Nünning U. (2000). Familien in der Migration – soziale Lage, Entwicklung und Auswirkungen für soziale Versorgungsstrukturen. In E. Koch., R. Schepker & S. Taneli

(Hrsg.), *Psychosoziale Versorgung in der Migrationsgesellschaft – Deutsch-türkische Perspektiven* (S. 93–109). Freiburg i. B.: Lambertus.

Cantor-Graae, E. & Selten, J. P. (2005). Schizophrenia und migration: a meta-analysis and review. *Am J Psychiatry, 162,* 12–24.

Coid, J. W., Kirkbride, J. B., Barker, D., Cowden, F., Stamps, R., Yang, M. & Jones, P. B. (2008). Raised Incidence Rates of All Psychoses Among Migrant Groups: Findings From the East London First Episode Psychosis Study. *Arch Gen Psychiatry, 65,* 1250–1258.

Engelhardt, D. von, Gerigk, H.-J. & Schmidt, W. (2004). *Besessenheit, Trance, Exorzismus.* Münster: LIT.

Fink, H. E. (1990). *Religion, Disease and Healing in Ghana. A Case Study of Traditional Dormaa Medicine.* München: Trickster.

Glaesmer, H., Wittig, U., Brähler, E., Martin, A., Mewes, R. & Rief, W. (2009). Sind Migranten häufiger von psychischen Störungen betroffen? Eine Untersuchung an einer repräsentativen Stichprobe der deutschen Allgemeinbevölkerung. *Psychiat Prax, 36,* 16–22.

Kirkbride, JB., Barker, D., Cowden, F., Stamps, R., Yang, M., Jones, PB. & Coid, JW. (2008). Psychoses, ethnicity and socio-economic status. *Br J Psychiatry, 193,* 18–24.

Lay, B., Lauber, C. & Rossler, W. (2005). Are immigrants at a disadvantage in psychiatric inpatient care? *Acta Psychiatr Scand, 111,* 358–366.

Lindert, J., Brähler, E., Wittig, U., Mielck A. & Priebe, S. (2008). Depressivität, Angst und posttraumatische Belastungsstörungen bei Arbeitsmigranten, Asylbewerbern und Flüchtlingen. *Psychother Psych Med Psychol, 58,* 109–122.

Machleidt, W. & Callies, I. T. (2005). Transkulturelle Psychiatrie und Migration Psychische Erkrankungen aus ethnischer Sicht. *Psychiatrie, 2,* 77–84.

Machleidt, W., Behrens, K., Ziegenbein, M. & Callies, I. T. (2007). Integration von Migranten in die psychiatrisch-psychotherapeutische Versorgung in Deutschland. *Psychiat Prax, 34,* 325–331.

Mösko, M., Gil-Martinez, F. & Schulz, H. (2008). *Are migrants treated adequately? Outpatient psychotherapeutic public health care situation for people with migration background in a German metropolis.* Society for Psychotherapy Research, 39th International meeting, Barcelona, 149.

Müller, K. E. (2006). *Schamanismus: Heiler, Geister, Rituale.* München: Beck.

Muthny, F. A. & Bermejo, I. (Hrsg.) (2009). *Interkulturelle Aspekte der Medizin – Laientheorien, Psychosomatik und Migrationsfolgen.* Köln: Deutscher Ärzte-Verlag

Nika, E. & Basdekis, R. (2000). Somatisierung. In Ch. Haasen & O. Yagdiran (Hrsg.), *Beurteilung psychischer Störungen in einer multikulturellen Gesellschaft* (S. 71–88). Freiburg i. B.: Lambertus.

Penka, S., Krieg, S., Wohlfarth, E. & Heinz, A. (2004). Suchtprobleme bei Migranten – Gemeinsamkeiten und Unterschiede. *Psychoneuro, 30,* 401–404.

Schenk, L. (2007). Migration und Gesundheit. Entwicklung eines Erklärungs- und Analysemodells für epidemiologische Studien. *Int J Public Health, 52,* 87–96.

Schraufnagel, T. J., Wagner, A. W., Miranda, J. & Roy-Birne, P. P. (2006). Treating minority patients with depression and anxiety: what does the evidence tell us? *Gen Hosp Psychiatry, 28,* 27–36.

Tarricone, I., Atti, A. R., Salvatori, F., Braca, M., Ferrari, S., Malmusi, D. & Berardi, D. (2009). Psychotic symptoms and general health in a socially disadvantaged migrant community in Bologna. *Int J Soc Psychiatr, 55,* 203–213.

Walter, U., Krauth, C., Kurtz, V., Salman, R. & Achleidt W. (2007). Gesundheit und gesundheitliche Versorgung von Migranten unter besonderer Berücksichtigung von Sucht. *Nervenarzt, 78,* 1058–1061.

Zeeb H. & Razum, O. (2006). Epidemiological research on migrant health in Germany. An overview. *Bundesgesundheitsblatt, Gesundheitsforschung, Gesundheitsschutz, 49,* 845–852.

Psycho-soziale Beratung – Psychosomatische Störungen

Ruperta Mattern

Einleitung

»Globales Denken«, Weltmärkte und die internationale mediale Vernetzung haben weitreichende Konsequenzen für menschliche Arbeitsbedingungen, Lebenssituationen und -deutungen. Die Forderung, dem internationalen Arbeitsmarkt zur Verfügung zu stehen, wird zunehmend selbstverständlich und beinhaltet den Anspruch, damit verbundene psychische Prozesse individuell zu bewältigen. Dementsprechende (gelingende oder erfolglose) Coping-Resultate sind individuellen Kompetenzen zuzurechnen.

Diese Postulate tragen das Risiko, zwei wichtige Aspekte zu vernachlässigen. Erstens: Der damit kreierte »Weltbürger« ist (frei nach Georg Simmel) ein »Fremder, der heute kommt und morgen geht«, denn er ist nicht gefordert, seine bisherige Identität aufzugeben. Seine territoriale Mobilität korrespondiert nicht zwangsläufig mit anderen sozialen, ökonomischen, beruflichen oder psychosozialen Bedingungen.[1] Zweitens: Die relative Offenheit des Begriffes erlaubt es zwar, Migration oder Migrationsprozesse offenzulegen. Wer aber als »Migrant« bezeichnet werden darf, bleibt in der Fachliteratur undeutlich formuliert,[2] die Sozialwissenschaften verknüpfen diesen Status in der Regel mit einem dauerhaften Wohnortwechsel. Dieser kann freiwillig oder unfreiwillig erfolgen, allerdings macht bereits ein Blick auf die vom Bundesamt für Migration und Flüchtlinge (BAMF) vorgestellten Rechtsgrundlagen[3] für die Bundesrepublik Deutschland

---

1 Andererseits wird davon ausgegangen, dass Faktoren der sozialen Lage von Migranten Einfluss auf die Gesundheit nehmen. Dazu gehören z. B. berufliches »Downgrading«, Mehrfachbeschäftigung, schwere körperliche Arbeiten, Gefahrenstoffbelastungen, Arbeitslosigkeit, Angst vor Arbeitsplatzverlust, Armutsrisiko oder schlechte Wohnverhältnisse. Diese migrationsspezifischen »Confounder« für gesundheitsrelevante Bedingungen gelten als nur unzureichend kontrolliert (vgl. Weber & Hörmann, 2011, S. 301).

2 Auch im vorliegenden Beitrag wird auf eine genaue und systematische Merkmalsdefinition verzichtet. Diese würde den thematischen Zugang einengen und Informationskanäle verschließen.

3 Zum Beispiel: Asylverfahrensgesetz, Aufenthaltsgesetz, Aufenthaltsverordnung, AZR-Gesetz, Bundeshaushaltsordnung, Bundesvertriebenengesetz, Freizügigkeitsgesetz, Genfer Flüchtlingskonvention, Grundgesetz, Informationsfreiheitsgesetz, Informationsgebührenverordnung, Integrationskursverordnung, Staatsangehörigkeitsgesetz, Verordnung über das Verfahren und die Zulassung von im Inland lebenden Ausländern zur Ausübung einer Beschäftigung, Verordnung über die Zulassung von neueinreisenden Ausländern zur Ausübung einer Beschäftigung, Verordnung zur Durchführung des Gesetzes über das Ausländerzentralregister, Verwaltungsgerichtsordnung, Verwaltungsverfahrensgesetz, Richt-

plausibel, dass allein damit eine erhebliche Herausforderung verbunden ist, die von Einzelpersonen kaum überschaubar und handhabbar ist.

Diese begriffliche Reduktion auf das Merkmal eines »dauerhaften Wohnortwechsels« erlaubt zwar einen generalisierten Blick auf die Thematik bzw. Problematik, suggeriert damit aber einen zeitlich begrenzten (physischen) Vorgang von einem System in das andere. Damit sind Probleme verbunden, denn in der Realität ergibt sich »ein überaus komplizierter, langdauernder und schwieriger Prozess, mit dessen Folgen sich die Migranten ihr Leben lang auseinander setzen müssen« (Han, 2010, S. 205). Existentielle Unsicherheit und Orientierungsstörungen sind die Folgen. Beides beruht auf Prozessen der Entwurzelung, durch Verlassen des umfassenden Sinnzusammenhangs sozialer Handlungen, der zugehörigen Sprachgemeinschaft, des identitätsbildenden Interaktionsrahmens, der Aufgabe der Berufsrolle. Hinzu kommen Prozesse der Desozialisierung im Aufnahmeland durch notwendige Neubewertung kultureller Werte, sozialer Rollen, von Sozialisationsinhalten, der Sprache und des Humankapitals (vgl. ebd., S. 205 ff.). Insgesamt wird dann von einem Zustand der »doppelten existentiellen Unsicherheit und Orientierungsstörung« als »Zustand der Überforderung« ausgegangen, der psychosoziale Unterstützung von außen erfordert (ebd., S. 217 f.).

Unterschiedliche Hypothesen zu den hier als »Akkulturationsstress« bezeichneten Belastungen (vgl. z. B. Han, 2010, S. 219 ff.) werden in diesem Beitrag nicht weiter verfolgt. Übereinstimmung besteht mittlerweile darin, dass die Quote von Zuwanderern, die unter psychosomatischen Beschwerden leiden, bereits seit den 1970er Jahren zunimmt (vgl. ebd., S. 229 f.).

Vor diesem Hintergrund soll der folgende Beitrag zunächst die Relevanz der Problematik durch empirische Daten vorstellen. Dazu ist eine kurze Hinwendung zu den Kennzeichen psychosomatischer Störungen notwendig. Der zweite Teil widmet sich den Möglichkeiten (und Grenzen) von Beratung, auch in Abgrenzung zu therapeutischen Handlungsfeldern. Weiterhin ist es notwendig, migrationsspezifische Besonderheiten zu akzentuieren. Schließlich soll nach Qualifikation und Kompetenzen von Beratern gefragt werden, was die Frage nach der »Beratung vor der Beratung« mit einbezieht.

1 Psychosomatische Störungen

Vordergründig scheint die Bezeichnung leicht zugänglich und meint körperliche Beschwerden, die mit psychischen Prozessen verwoben sind und auf die Ganzheitlichkeit menschlicher Empfindungen verweisen. Darunter fallen z. B. Nervosität, Schlaflosigkeit, Kopf- oder Rückenschmerzen. Mit zunehmender Nähe zu medizinischen Disziplinen ändert sich allerdings die Begrifflichkeit: Die Deutsche

linie 2004/83/EG-Mindestnormen für die Anerkennung und den Status von Drittstaatsangehörigen oder Staatenlosen, Zuwanderungsgesetz.

Gesellschaft für Psychosomatische Medizin und Ärztliche Psychotherapie (DGPM, 2010, S. 1) bezeichnet psychisch bedingte anhaltende Körperbeschwerden ohne organische Ursache als »somatoform«, ordnet »Schmerzstörungen« den psychosomatischen Beschwerden zu und trennt »Depression« als eigene Krankheitsform ab.

Probleme in der Terminologie sind benannt: Der Begriff »Störung« soll den »problematischen Gebrauch von Ausdrücken wie ›Krankheit‹ oder ›Erkrankung‹ weitgehend [...] vermeiden« (ICD-10, S. 19). Er ist »kein exakter Begriff«, sondern »soll einen klinisch erkennbaren Komplex von Symptomen oder Verhaltensauffälligkeiten anzeigen, der immer auf der individuellen und auch auf der Gruppen- oder sozialen Ebene mit Belastungen und mit Beeinträchtigungen von Funktionen verbunden ist, sich aber nicht auf der sozialen Ebenen allein darstellt« (ebd.).

Der Begriff »psychosomatisch« (ebenso wie der Begriff »psychogen«) wird »wegen seiner unterschiedlichen Bedeutung in verschiedenen Sprachen und psychiatrischen Schulen« nicht gebraucht (ICD-10, 2010, S. 19). Dementsprechend befasst sich ICD-10/F 45 (2010, S. 170–179) mit »somatoformen Störungen«, die das Charakteristikum tragen, dass

> die wiederholte Darbietung körperlicher Symptome in Verbindung mit hartnäckigen Forderungen nachmedizinischen Untersuchungen trotz wiederholter negativer Ergebnisse und Versicherungen der Ärzte, dass die Symptome nicht körperlich begründbar sind. [...] Das zu erreichende Verständnis für die körperliche oder psychische Verursachung der Symptome ist häufig für Patienten und Arzt enttäuschend. (ICD-10, 2010, S. 170)

Vorübergehende nichtorganische Körperbeschwerden sind normal und gelten nicht als somatoforme Störungen (Morschitzky, 2007, S. 57).

Die hier vorgestellte begriffliche Unsicherheit ist für den Kontext von Beratung bedeutsam, denn sie veranlasst zu mehreren Fragen, die zu unterschiedlichen Konsequenzen/Weichenstellungen für den Ratsuchenden/Klienten führen: Störung kann als Krankheit dem medizinischen System, als psychisches Problem der Psychotherapie, als soziales Problem der institutionellen Problemlösung, als Mangel an Ressourcen/Informationen der Beratung zugänglich gemacht werden. Gleiches gilt für die Gewichtung/Definition von »psycho-« und/oder »somatisch«. Insbesondere muss hier auf die »Deutungsmacht« des Beraters hingewiesen werden.

Um den Problembereich sichtbar und einer Bearbeitung zugänglich zu machen, ist es trotzdem notwendig, das Störungsbild zu veranschaulichen. Dies ist auch für Mediziner schwierig, denn dabei handelt es sich um (körperliche) Befunde, für die keine ausreichende organische Erklärung gefunden wird und die für die sog. »Apparatemedizin« nur schwer zugänglich sind (vgl. Rau et al., 2008, S. 4). Jedes Organ und jede körperliche Funktion kann betroffen sein. Krankheitswert gewinnen die Symptome[4] durch ihre weitgehende Stabilität und Hartnäckigkeit. Neben dem subjektiv empfundenen Leiden existieren weitere Kriterien, die eine Beeinträchtigung im beruflichen, sozialen oder familiären Bereich, also eine »erhebliche

4 Repräsentative Untersuchungen verweisen darauf, dass ca. 80 % der Bevölkerung mindestens einmal pro Woche körperliche Beschwerden haben. Dies reicht für eine Diagnose nicht aus (vgl. Morschitzky, 2007, S. 58).

Lebensbeeinträchtigung« (vgl. Morschitzky, 2007, S. 58), bedeuten. Differenzierte Hinweise zur Diagnostik (vgl. z. B. Morschitzky, 2007, S. 39–188; Rauh et al., 2008; Deter, 1997) können im hier behandelten (Beratungs-)Kontext in den Hintergrund gestellt werden. Berücksichtigt werden muss allerdings die Charakterisierung somatoformer Störungen durch kognitive, affektive, verhaltensbezogene und interaktionelle Aspekte, nicht zuletzt auch durch Aspekte der Arzt-Patient-Beziehung, die u. a. das Risiko einer »iatrogenen Krankheitsfixierung« trägt (vgl. ebd., S. 66 f.). Noch *offene Forschungsaufgabe* ist (neben anderen) die Frage nach der *Bedeutung sozialer und kultureller Faktoren* (ebd., S. 70).

Deutlich wird hier erstens: Menschen mit psychosomatischen Störungen werden sich wahrscheinlich zunächst an das Medizinsystem wenden. Der Einbezug psychosozialer Beratung, die den Arzt-Patienten-Kontakt überschreitet, hängt von der Initiative des Arztes ab. Zweitens: Die Bedeutung migrationsspezifischer Faktoren/Ereignisse/Prozesse für das Auftreten ist nicht eindeutig identifizierbar. Zudem wird vor »pathogenetischer Stigmatisierung« gewarnt.[5] Insofern scheint eine Annährung mittels empirischer Hinweise gerechtfertigt und hilfreich: In Deutschland leiden nach Angaben der Deutschen Gesellschaft für Psychosomatische Medizin (DGPM) 11 % der 18- bis 65-jährigen Erwachsenen an einer somatoformen Störung, 8,1 % unter einer Schmerzstörung und 12 % unter einer Depression (DGPM, 2010, S. 1). Eine differenzierte »Statistik somatoformer Störungen« (Morschitzky, 2007, S. 207–224) stellt zahlreiche nationale und internationale repräsentative Studien vor und fasst folgendermaßen zusammen (ebd., S. 207):

- Jeder Dritte geht zum Arzt mit einem Symptom ohne klaren Organbefund.
- Der Anteil somatoformer Störungen beträgt bei Allgemeinärzten etwa 20–30 %, in Allgemeinkrankenhäusern bis zu 35 %.
- Zusammenfassende Schätzungen zeigen »in Allgemeinarztpraxen eine Häufigkeit von 3–5 % für die Somatisierungsstörung, von 8–35 % für das breiter definierte Somatisierungssyndrom und von 3–5 % für die hypochondrische Störung«.
- Somatoforme Störungen kommen bei Menschen mit niedrigem Bildungsniveau und niedriger sozialer Schicht häufiger vor.
- Frauen weisen häufiger somatoforme Störungen auf.
- Menschen mit Migrationshintergrund werden in diesen Statistiken nicht gesondert benannt.

Eine Annäherung an diesen Problembereich psychosomatischer Beschwerden zeigt sich als schwierig: Einerseits wird die soziale Lebenslage eines großen Teils der Menschen mit Migrationshintergrund als benachteiligt beschrieben. Dem nied-

5 »Oft werden Migranten und Flüchtlinge als Gruppen gesehen, die besonders hilfsbedürftig, sozial schwach und krankheitsanfällig sind. Dies ist eine einseitige Sichtweise. Migranten und Flüchtlinge haben in Stresssituationen oft besondere Bewältigungsstrategien entwickelt, sie wollen ihr bisheriges Leben aktiv und in eigener Verantwortung umgestalten und empfinden diesen Schritt durchaus als Befreiung. Familie oder ethnische Gemeinschaft können dabei als Ressourcen interpretiert werden, die möglicherweise eine protektive Wirkung auf die Gesundheit haben« (Razum & Geiger, 2003, S. 689).

rigeren Sozialstatus entsprechend sind sie den gleichen gesundheitlichen Risiken ausgesetzt wie vergleichbare Deutsche (vgl. RKI, 2008, S. 16), was für ein häufigeres Vorkommen psychosomatischer Störungen, wie oben beschrieben, sprechen könnte. Genauere Einlassungen dazu fehlen in vielen Studien, wie z. B. die »Auswahl von Datenquellen mit Bezug zur Gesundheit von Menschen mit Migrationshintergrund« (vgl. RKI, 2008, S. 26 ff.) veranschaulicht.

Regelmäßig erhobene Statistiken über das Krankheitsspektrum in der ambulanten Versorgung (als mögliche Vergleichsquellen zur o. g. Prävalenz somatoformer Störungen in der allgemeinärztlichen Versorgung), die eine Unterscheidung nach Migrationshintergrund der Patientinnen und Patienten bzw. Versicherten treffen, stehen nicht zur Verfügung (vgl. RKI, 2008, S. 42). Problematisch ist, dass die Zielgruppe »Migranten« in verschiedenen Datenquellen uneinheitlich definiert ist, was zu einer Unter- oder Überschätzung von Gesundheitsrisiken führen kann (vgl. Weber & Hörmann, 2011, S. 302). Wenige Erhebungen dazu[6] geben jedoch Hinweise auf mögliche Zusammenhänge:

- In der Hausarztstudie klagen türkische Patientinnen und Patienten signifikant häufiger über Schmerzen – speziell Kopfschmerzen – als deutsche.
- In einer neueren Studie in Notfallambulanzen Berlins gaben deutlich mehr ausländische als deutsche Patientinnen und Patienten eine hohe Zahl von Schmerzregionen (mehr als fünf) und eine erhöhte Schmerzstärke an (Ausnahme: Frauen unter 50 Jahre).
- Die Krankheitslast (gemessen als Arbeitsunfähigkeitstage) liegt bei nichtdeutschen Versicherten bezüglich bestimmter Diagnosegruppen deutlich höher als bei deutschen Versicherten.[7] Die größten Unterschiede bei den Arbeitsunfähigkeitstagen pro Fall finden sich bei den psychiatrischen Erkrankungen im Vergleich zwischen nichtdeutschen und deutschen Frauen (vgl. ebd.).

Umfassende Erklärungsansätze hierfür liegen nicht vor, ein Zusammenspiel von kulturell bedingten Faktoren und solchen, die mit dem Versorgungssystem zusammenhängen, erscheint jedoch wahrscheinlich (ebd., S. 43).

Daten des sozioökonomischen Panels zur subjektiven Lebenszufriedenheit belegen Unterschiede in verschiedenen Altersgruppen von Migranten.[8] Diese

6 Statistik der Arbeitsunfähigkeitsdiagnosen des BKK-Bundesverbandes, eine Auswertung der Begutachtungen zur Arbeitseinsatzfähigkeit nach dem Bundessozialhilfegesetz des Gesundheitsamtes Bremen 2002–2004, die Praxisstudie »Besuchsanlässe des Hausarztes« (vgl. RKI, 2008, S. 42).

7 Zu den betreffenden Diagnosegruppen gehören Krankheiten des Skelettsystems, der Muskeln und des Bindegewebes, psychiatrische Erkrankungen, unklar bezeichnete Krankheiten, aber auch Herz-Kreislauf-Erkrankungen und Komplikationen bei Schwangerschaft und Geburt (vgl. RKI, 2008, S. 42 f.).

8 Der Vergleich zwischen Deutschen und Zuwanderern zeigt in allen Befragungsjahren nur geringe Unterschiede für die jüngste Altersgruppe. In der mittleren Altersgruppe finden sich im Vergleich der Gruppen zunehmende Unterschiede in der Gesundheitszufriedenheit. Im Jahr 2002 sind alle Zuwanderergruppen in den Altersgruppen der 40-Jährigen und Älteren unzufriedener mit ihrer Gesundheit als die deutschen Befragten. In der Altersgruppe ab 65 Jahre sind die türkischen Zuwanderer erheblich unzufriedener als die anderen Zuwan-

können nur mittelbar mit dem Migrationsstatus in Verbindung gebracht werden, da unterschiedlich starke Veränderungen der sozialen Lage von Zuwanderern und Deutschen, insbesondere im mittleren und höheren Alter, ebenfalls zur zunehmenden Differenz in der subjektiven Gesundheit beitragen und sich zudem geschlechtsspezifisch auswirken können. Bei (Spät-)Aussiedlerinnen und -Aussiedlern ist dies bereits untersucht worden: Ihre Gesundheitszufriedenheit sinkt über die Zeit stärker als bei Deutschen, obwohl sich ihr sozioökonomischer Status verbessert (RKI, 2008, S. 52).

Auch wenn sich der Forschungsstand insgesamt als wenig zufriedenstellend präsentiert, lassen die hier zusammengestellten Befunde besondere Konstellationen für die Ausbildung psychosomatischer Störungen im Zusammenhang mit migrationsspezifischen Besonderheiten vermuten. Grundsätzlich bestehen allerdings weder Anlass noch Notwendigkeit, Menschen mit Migrationshintergrund einer quantifizierenden Etikettierung zuzuführen. Zudem finden sich wiederholte Hinweise auf überindividuelle, strukturelle oder kulturelle Einflussfaktoren, die bislang wenig untersucht sind. Daher wird auf eine breitere Erörterung weiterer statistischer Daten verzichtet. Hier wird davon ausgegangen, dass ärztliches Ethos und das Ethos von Beratenden sich jeweils der individuellen Problemlage zuwenden und auf die Reduktion von Gesundheitsbeschwerden zielen. Dieses Ziel könnte durch migrationsspezifische Besonderheiten erschwert werden. Diesen wird im folgenden Abschnitt nachgegangen.

2 Migration und Krankheit[9]

Die bisher vorgestellten Studien deuten einen möglichen Zusammenhang zwischen kulturspezifischen Faktoren und dem Auftreten psychosomatischer Störungen an. Daher soll im Folgenden nach Indizien dafür gesucht werden. Anschließend wird der Frage nach besonderen psychischen bzw. psycho-sozialen Problemen von Migranten nachgegangen, abschließend der Frage nach möglichen (therapeutischen) Hilfen, wobei hier themenspezifisch medizinische Aspekte dominieren. (Der Stellenwert von Beratung wird im letzten Abschnitt des Beitrags diskutiert.)

Ein Fallbericht aus der ärztlichen Praxis beschreibt bereits 1996 kulturbedingte Unterschiede im Leidensdruck, in der Symptombildung und der Symptom-

derer und die deutschen. Diese Muster finden sich in vergleichbarer Weise bei Frauen und Männern, so dass auf eine getrennte Darstellung verzichtet wurde. Bei Frauen liegen die Zufriedenheitswerte insgesamt leicht unter denen der Männer (RKI, 2008, S. 51 f.).

9 Die Überschrift folgt hier absichtlich nicht der gängigen Diktion, »Gesundheit« zu formulieren und über »Krankheit« zu schreiben. Der Abschnitt befasst sich ausdrücklich mit den themenrelevanten Gesundheitsstörungen. Gleichwohl muss vor einer Pathogenisierung von Bevölkerungsgruppen gewarnt werden, denn Migration ist in vielen Fällen auch mit einer Verbesserung der Gesundheit verbunden (Stichwort »Healthy-migrant-effect«; vgl. dazu z. B. Kohl, 2008).

bewertung, die als fremdartig empfunden werden, z. B. ein unerwartetes Umkippen von Emotionen oder eine überdeutliche Mimik und Gestik, Jammern, Schreien und Angst bei der Schilderung von Krankheitsbeschwerden. Beschrieben wird u. a. eine mehrjährige Behandlung von Kopfschmerzen, die sich in der Psychotherapie als seelischer Konflikt im Hinblick auf islamische Vorschriften zeigt. Symptombildungen beruhen in vielen Fällen auf »fremden Vorannahmen«, die nicht in das übliche Diagnoseschema passen (vgl. Kielhorn, 1996, S. 15 ff.).

Mittlerweile wird vor pauschalisierenden und stereotypisierenden Aussagen gewarnt: Eine unreflektierte Annahme über »fremde Kulturen« vernachlässigt die Heterogenität von Bevölkerungsgruppen, das Stereotyp von schlecht deutsch sprechenden Migranten lenkt von der Frage nach anderen Kommunikationshindernissen – z. B. die Personalsituation in Kliniken, Zeitaspekte oder andere strukturelle Bedingungen – ab (vgl. Knipper & Bilgin, 2010). Zudem lassen sich körperliche Ausdruckformen psychischer Beschwerden in allen Kulturen nachweisen. Neben der Herkunft sind weitere Faktoren, wie Geschlecht, Aufenthaltsdauer, sozioökonomischer Status, Bildungsstand und individuelle Krankheitskonzepte zu berücksichtigen (Assion, 2005, S. 139). Hinzu kommen kulturspezifisch unterschiedliche Grenzsetzungen von Normalität und Pathologie und damit verbundene unterschiedliche Verhaltenserwartungen. Notwendig ist daher, zwischen »kulturspezifischen Aspekten« und »migrationsspezifischen Aspekten« zu differenzieren (vgl. Haasen et al., 2005). Bei seelisch erkrankten Migranten zeigt sich in einer qualitativen Studie, »dass mehr Fälle durch Aspekte der Migrationsbiografie beeinflusst waren als durch kulturell bedingte Besonderheiten« (Behrens & Calliess, 2008, S. 162). Trotzdem gilt die Auseinandersetzung mit kulturspezifischen Hintergrundinformationen und dementsprechender Konfliktdynamik als »wichtiger Grundpfeiler der interkulturellen Psychotherapie« (Schouler-Ocak et al., 2008, S. 174). Komplementäre Effekte der aktuellen Lebenssituation (der Eingliederung in Deutschland) spielen aber eine gleichwertige Rolle.[10] Im Unterschied zu einseitigen Gewichtungen von kulturellen Besonderheiten wird daher auf die Bedeutung kultureller Sensibilität verwiesen, die als Verständnis für Prozesse der Identitätsbildung (z. B. Problemaspekte der Adoleszenz), für Konflikte im kulturellen Kontext (z. B. zwischen Krankheit als Stigma und Familienehre) sowie für ethnozentrische Stereotypen »Missdiagnosen« und Behandlungsfehler verhindern kann (vgl. Gül et al., 2008).

Berücksichtigt werden muss gleichzeitig, dass Krankheiten auf verschiedene Erklärungskonzepte zurückgeführt werden können. Paradigmatisch können hier,

10 Die Ärztin Mansoureh Seiedin, politischer Flüchtling aus dem Iran, schreibt dazu: »Mir fällt auf, dass in diesem Land Menschen ausländischer Herkunft immer noch als ›Gäste‹ bezeichnet werden, auch in den Medien. [...] Viele Migranten, wie ich selbst, sind mittlerweile in Deutschland zu Hause. [...] Die Basis einer körperlichen und seelischen Gesundheit ist die Gewissheit, einen Platz zu haben, zu wissen, dass dieser Platz auch anerkannt und geachtet wird. Dabei ist es egal, welche Umstände einen Menschen dorthin geführt haben« (Seiedin, 2005, S. 129).

auch im Kontext von Migration, eine »personalistische«[11] und eine »naturalistische«[12] Sichtweise gegenübergestellt werden (Hax-Schoppenhorst & Jünger, 2010, S. 44ff.; RKI, 2008, S. 110).

Die hier vorgestellten Überlegungen erlauben, den *kultur*spezifischen Blickwinkel zugunsten *migrations*spezifischer Besonderheiten zurückzustellen. Inwiefern diese im Zusammenhang mit psychosomatischen Störungen auffallen, wird im Folgenden erörtert, wobei die Frage nach dem Gesundheitsverhalten eine erste Annäherung erlaubt:

Analog zu Akkulturations- bzw. Assimilationshypothesen wird angenommen, dass Migranten mit zunehmender Aufenthaltszeit das Gesundheitsverhalten des Ziellandes mehr und mehr übernehmen (Kohls, 2008, S. 28), aber sie weisen im Vergleich zur deutschen Bevölkerung insgesamt ein anderes *Nutzungsverhalten* auf: So werden z. B. häufiger Rettungsstellen statt Hausärzte als erste Anlaufstelle aufgesucht, die dann vermehrt in den Abend- und Nachtstunden sowie am Wochenende in Anspruch genommen werden. Auch die Nutzung von Vorsorgeleistungen sowie ambulanter Pflegedienste ist im Vergleich zur deutschen Bevölkerung unterdurchschnittlich. Vorsorgeuntersuchungen hinsichtlich Zahngesundheit und Impfschutz werden auch von jugendlichen Migranten unterdurchschnittlich beansprucht (Kohls, 2008, S. 28f.; RKI, 2008, S. 110f.).

In der allgemeinmedizinischen Versorgung wird die deutlich höhere Schmerzbetonung der Beschwerden und Krankheitsbilder türkischer Patientinnen und Patienten oft sehr lange im »Einverständnis« zwischen Arzt und Patient symptombezogen mit Medikamenten behandelt. Eine eventuell indizierte psychosomatische Behandlung unterbleibt oder erfolgt erst in einem fortgeschrittenen Stadium der Chronifizierung. Dieser diagnostisch-therapeutische Prozess wird als »Einverständnis im Missverständnis« bezeichnet. Das Missverständnis besteht hinsichtlich der Behandlungserwartungen und der Therapieoptionen. Beide Beteiligten sind überzeugt, dass der bzw. die jeweils andere nur eine Reduktion der Schmerzsymptome wünscht beziehungsweise leisten kann, aber nicht das Gespräch über die psycho-sozialen Hintergründe führen mochte. Bei einem entsprechenden psychosozialen Beratungs- und Therapieangebot sind jedoch sowohl die Behandlungserwartungen der Patientinnen und Patienten als auch die Behandlungsoptionen der primär zuständigen Ärztinnen und Ärzte leicht zu modifizieren. Weil psychische und psychosomatische Beschwerden und Erkrankungen häufig als Begleitung anderer körperlicher Krankheiten diagnostiziert und behandelt werden, sind psychisch erkrankte Menschen mit Migrationshintergrund in der spezialisierten psychiatrischen und psychotherapeutischen Versorgung unterrepräsentiert (RKI, 2008, S. 110).

Diese Ausführungen bekräftigen die Annahme, dass Probleme im Umgang mit psychosomatischen Störungen nicht ausschließlich auf Seiten der Betroffenen

11 Zum Beispiel magisch-religiöse Vorstellungen, Stichworte sind bspw. Schicksal, Schuld, Ordnungskonzepte etc.

12 Zum Beispiel naturwissenschaftlich-technische Vorstellungen, ebenso parawissenschaftliche Konzepte etc.

gesucht werden können. Unter Berücksichtigung der Sinus-Milieu-Studie 2008,[13] die zu dem Ergebnis kommt, dass es sich bei den in Deutschland lebenden Menschen mit Migrationshintergrund nicht um ein besonderes und schon gar nicht um ein einheitliches Segment in der Gesellschaft handelt, müssen auch »einheimische« Reaktionsmuster auf Beschwerdeäußerungen von Migranten reflektiert werden.[14]

Insgesamt lässt sich feststellen, dass kurze Zeit nach der Migration in das Zielland noch das Gesundheits-, Ernährungs- und Risikoverhalten der jeweiligen Herkunftsländer beibehalten wird. Mit zunehmender Aufenthaltszeit werden vermehrt Akkulturationseinflüsse des Aufnahmelandes wirksam, in deren Folge sich das individuelle Verhalten zwischen Migranten und Nichtmigranten angleicht. Beim Gesundheitsverhalten sinken dann z. B. anfängliche (sprachlich und kulturell bedingte) Vorbehalte gegenüber der Nutzung der bestehenden Gesundheitsinfrastruktur (Kohls, 2008, S. 29).

Trotz dieses Fazits zeigen die hier vorgestellten Quellen grundsätzliche Unsicherheit bezüglich der Relevanz kultureller Faktoren[15], was für sich bereits Beratungsbedarf (hinsichtlich eines Einbezugs bei psychosomatischen Störungen) offenlegt.

> Diese Unsicherheit beinhaltet gleichzeitig die Chance für Ärzte und andere Beratende, den ›Anderen‹ als ›den Fremden‹ wahrzunehmen, wozu eine Haltung des ›notwendigen Nichttuns‹, des ›Seinlassen des Fremden‹ gehört. Diese bewegt sich ›auf einem schmalen Grat‹ zwischen den beiden Gefahren, dass ich entweder im Hören auf den Anspruch des Fremden nur ihm hörig bin oder dass ich ihn willkürlich meiner eigenen Ordnung und Regel gleichsetze. Nur zwischen diesen beiden Möglichkeiten kann meine Antworten [...] liegen. [...] Die Grundhaltung einer solchen Beziehung zwischen mir und dem Fremden ist eine passive, also eine solche, die allen Menschen, besonders dem aktiven abendländischen Menschen und insbesondere dem aufs Handeln sozialisierten Arzt am schwersten fällt. Aber nur in einer Öffnung durch Passivität kann ich Gewalt und ihre institutionelle Verfestigung gegenüber dem Fremden vermeiden. (Dörner, 2001, S. 43 f.)

Heute wird unabhängig von der Herkunft der Patienten für eine »offene, dialogische und empathische Anamneseerhebung« plädiert, welche »die Kompetenz der Sprach- und Kulturvermittler als Kenner der Kultur nutzt, um [...] zu verstehen und zu interpretieren« (Schouler-Ocak et al., 2010, S. 876). Die notwendige Sensibilität gegenüber kulturellen Differenzen sollte in die »Gemeinsamkeiten der conditio humana« integriert werden (ebd.).

---

13 Die Frage, ob ein neuerer sozialwissenschaftlicher Ansatz (Sinus-Migranten-Milieu) für sozialmedizinische Forschung und Praxis nützlich sein kann (vgl. Weber & Hörmann, 2011, S. 298), ist hier noch nicht einbezogen und diskutiert.

14 Die verbreiteten Negativ-Klischees entsprechenden Teilgruppen gibt es zwar, und sie sind im vorliegenden Migranten-Milieu-Modell auch lokalisierbar. Aber es sind sowohl soziodemografisch als auch soziokulturell marginale Randgruppen (vgl. Sinus-Milieu-Studie, 2008).

15 Die umso mehr in den Hintergrund treten, je größer der biologische Faktor an der Entstehung einer (psychischen) Erkrankung ist (vgl. Schouler-Ocak et al., 2010, S. 874 f.).

Wie nun ist Menschen mit psychosomatischen Störungen angemessen zu begegnen? Dazu erfolgt zunächst eine Skizzierung therapeutischer Modelle verbunden mit der Absicht, migrationsspezifische Abweichungen zu identifizieren.

Grundsätzlich ist entscheidend, »auf die Klage körperlicher Beschwerden einzugehen und kompetent auf die geäußerten Hinweise zu psychosozialen und emotionalen Belastungen zu reagieren« (Lahmann et al., 2010, S. 1393). Dazu gehört die Kooperation zwischen Somatikern und Psychosomatikern (Psychiatern, Psychotherapeuten), ebenso eine »gestufte Ausdauerbelastung« (positiver als Ruhe und Schonung), das aktive Erfragen von Angst- oder Depressionssymptomen. In der *Gesprächsführung* stellt die (häufig sehr ausführliche) Schilderung der körperlichen Beschwerden das für die weitere Therapie wesentliche Material dar. Aspekte des psychischen Erlebens und des Zusammenhangs von psycho-sozialen Belastungsfaktoren und Körperbeschwerden sollten anfangs eher beiläufig, z. B. durch allgemeine Begriffe wie »Stress« oder »Belastungsreaktion« oder durch alltägliche Redewendungen, eingeführt werden. Eine Aufklärung über mögliche Störungsmodelle (z. B. eine Dysbalance im vegetativen Nervensystem) könnte den Zugang zu einer »integrierenden Sichtweise« erleichtern. Eine Konfrontation mit inneren Widerständen oder Konflikten sollte in der Frühphase der Therapie weitestgehend ausbleiben. Fragen zur Ätiologie der Beschwerden können mit einer Haltung des »Sowohl-als-auch« beantwortet werden. Auf dem Boden einer tragfähigen (therapeutischen) Beziehung können dann die Beschwerden »psychodynamisch-interaktionell« bzw. mittels kognitiver Verhaltenstherapie bearbeitet werden. Sinnvoll kann eine *Medikation* bei einer Komorbidität mit Angst oder depressiven Störungen sein (Lahmann et al., 2010, S. 1390 f.).

Ausführliche Informationen zur »Behandlung« (hier Morschitzky, 2007, S. 271–329) veranschaulichen eindrucksvoll die Einbettung der Problematik in *therapeutische Handlungsfelder*, die über individuelle Faktoren hinaus auch systemische Bedingungen berücksichtigt, hier: systemische Verhaltensanalyse, Auswirkungen, bisherige Problemlösungs- und Erklärungsversuche, aber auch eine »Beeinflussung des Umfelds der Organe. [...] Der krank machende psychosoziale Hintergrund [...] muss ebenfalls verändert werden, wenn eine dauerhafte Heilung oder wenigstens eine Symptomlinderung gelingen soll« (Morschitzky, 2007, S. 295). In diesem Zusammenhang wird (neben interaktionsorientierten Therapien) auch Beratung (berufsbezogen) angesprochen (ebd.).

Als längerfristige Strategien gelten: Umgang mit Stress, mit Emotionen, Verbesserung der sozialen Kompetenz (Selbstsicherheitstraining), Bewältigung innerer Konflikte, Verbesserung der partnerschaftlichen Beziehung, Bewältigung familiärer Probleme, Verbesserung der allgemeinen Lebensqualität, Aufbau eines freudvolleren Lebens, Verbesserung der Problemlösefähigkeit, Bearbeitung traumatischer Erlebnisse, ggf. Reha-Maßnahmen und Rückfallprophylaxe (Morschitzky, 2007, S. 295 ff.).

Allein diese ausführliche Auflistung veranschaulicht die Komplexität des Behandlungsprozesses und die Unwahrscheinlichkeit des Gelingens allein durch ein (klinisch-)(psycho-)therapeutisches Setting. Insofern gibt es zahlreiche Fehlermöglichkeiten und falsche Annahmen (vgl. ebd., S. 307), welche sich in der *Arzt-Patienten-Interaktion* manifestieren, »in der Patienten unter anderem nicht alles preisgeben, was sie gerne berichten würden, und in der Ärzte unter anderem psychosoziale Hinweise in den Äußerungen der Patientenüberhören, z. B. aus Angst, nicht adäquat darauf reagieren zu können« (Lahmann et al., 2010, S. 1392 f.). Ärzte benötigen daher Aus- und Weiterbildung als Befähigung, auf die psycho-sozialen Bedürfnisse der Patienten einzugehen (ebd.). Dies gilt für alle. Andererseits: Für den komplizierten Prozess von Krankheit und Heilung ist die Möglichkeit, sich verständlich zu machen und verstanden zu werden, von großer Bedeutung. Sprachliche und andere Kommunikationsbarrieren können Migranten und Migrantinnen davon abhalten, ihren Anspruch auf gesundheitliche Versorgung umzusetzen. Menschen mit Migrationshintergrund sind in dieser Hinsicht »als Nachfragende« und als »Gestaltende« wenig berücksichtigt (Grieger, 2006, S. 4).

Bislang wird deutlich, dass die Bearbeitung/Behandlung psychosomatischer Störungen nicht nur übliche kommunikative Kompetenzen (der Betroffenen/der Therapeuten, Ärzte, Berater) benötigt, sondern dass eine gelingende kommunikative Beziehung unverzichtbare Komponente des Therapie- bzw. Beratungsprozesses und Voraussetzung für alle weiteren Schritte ist. Demgegenüber finden sich in der Literatur zahlreiche Hinweise auf anhaltende Defizite: Zum Beispiel werden bereits 1999 bei der Behandlung von Migranten mit psychischer Erkrankung bei zwei Dritteln Sprachbarrieren als »zentrales Problem« angesprochen, was das Einordnen von Verstehen und Handlungen erschwert (Wolfersdorf, 1999). Auch 2004 wird ein eingeschränkter Zugang zur Gesundheitsversorgung auf Kommunikationsprobleme (zusammen mit differierenden Krankheitskonzepten) zurückgeführt (vgl. Razum et al., 2004). Eine Studie aus 2008 (Tagay et al., 2008) beschreibt die geringe Zahl der Patienten mit psychischen Störungen, die aus der Hausarztpraxis in fachpsychiatrische Behandlung gelangen (ca. 2 % von ca. 30–40 % der betroffenen Patienten). Auch hier wird u. a. auf Sprachbarrieren verwiesen, die auch in der Psychotherapie negativ auffallen, weswegen Migranten mit psychischen Erkrankungen kaum ambulante Psychotherapie in Anspruch nehmen, da kaum muttersprachliche Psychotherapeuten vorhanden sind (Bundespsychotherapeutenkammer bptk, 2010). Als »Kommunikationsprobleme« können zusammenfassend identifiziert werden:

- Unzureichende bzw. lückenhafte Deutschkenntnisse mancher Menschen mit Migrationshintergrund in den Bereichen Körper, Gesundheit, Befinden und Sexualität.
- Hinweise und Informationen zu Gesundheitsleistungen sind häufig nicht in einer für diesen Personenkreis verständlichen Sprache oder Form verfasst.[16]

16 Eine Studie unter türkischen und deutschen Krankenhauspatientinnen zeigte, dass gerade die türkischen Patientinnen die Informationen zu Diagnose und Therapie, welche ihnen in den Aufklärungsgesprächen von den Stationsärztinnen und -ärzten gegeben wurden, vielfach nicht verstanden hatten. Es konnte sogar ein Informationsverlust festgestellt werden: Vor dem Aufklärungsgespräch gaben 62 % der 262 türkischen Patientinnen die Diagnose und 71 % die Therapie richtig an. Nach der Patientenaufklärung konnten nur noch 55 % die Diagnose und 66 % die Therapie korrekt wiedergeben. Ein solcher Effekt wurde bei den deutschen Patientinnen (n = 317) nicht festgestellt (RKI, 2008, S. 109).

- Sowohl ein niedriger Bildungsgrad als auch keine oder geringe Deutschkenntnisse der türkischsprachigen Patientinnen waren mit geringerem Wissen um die Diagnose und die Therapie assoziiert.
- Das Ziel, eine geeignete Aufklärung der Patientin bzw. des Patienten vor einer Therapie oder einem chirurgischen Eingriff durchzuführen, wurde nicht erreicht.
- Dies schränkt die Selbstbestimmungs- und Mitbestimmungsmöglichkeiten der Patientinnen und Patienten ein, die wiederum mit dem Patientenrecht auf Information und Aufklärung verbunden sind (RKI, 2008, 109).

Weitere Kommunikationsbarrieren stehen z. B. mit kulturspezifischen Kommunikationswegen, Tabus, aber auch dem jeweiligen Wissens- bzw. Bildungsstand in Verbindung.[17] Visuelle Kommunikationshilfen – oder auch Dolmetscherdienste –, die unterstützend genutzt werden konnten, stehen allerdings nach wie vor nur selten zur Verfügung (vgl. RKI, 2008, S. 109 f.).

Resümierend kann hier festgehalten werden, dass die Problematik in der Behandlung psychosomatischer Störungen weniger in mangelndem Wissen oder mangelnden fachlichen Kompetenzen zu finden ist, sondern in einer *doppelten Informationsasymmetrie* besteht: »Während die Informationsdefizite bei den Betroffenen und ihren Familien abgebaut werden müssen, ist den MitarbeiterInnen im Sozial- und Gesundheitssystem Wissen über Probleme und kulturspezifische Anforderungen für die Betreuung dieses Nutzerkreises zu vermitteln« (Wilkens, 2008, S. 300)[18].

Der nächste Abschnitt folgt dieser Argumentation und erörtert, positioniert und diskutiert besondere Bedingungen psycho-sozialer Beratung im Zusammenhang mit dem Auftreten psychosomatischer Störungen.

3 Psychosomatische Störungen – der Stellenwert von Beratung

Vor der Diagnose einer psychosomatischen Störung erfolgt notwendigerweise der Ausschluss eines organischen Befundes[19] durch medizinische Experten, welche

17 Eine vergleichende Untersuchung an türkischen (n = 262) und deutschen (n = 320) Frauen ergab, dass 62 % der türkischen Frauen über ein geringes Gesundheitswissen über den eigenen Körper und dessen Funktionen verfügten. Im Gegensatz dazu wiesen nur 15 % der deutschen Patientinnen einen vergleichbar geringen Kenntnisstand auf (RKI, 2008, S. 109).

18 Die Autorin geht in ihrem Beitrag auf die Probleme von Menschen mit Behinderung ein. Die zitierten Schlussfolgerungen sind auf die hier vollzogene Perspektive unschwer übertragbar.

19 Dazugehörige Problemaspekte – wie z. B. in DER SPIEGEL 7/2011 diskutiert – werden hier nicht einbezogen.

weitere Weichenstellungen, zu denen auch Beratung gehört, initiieren können. Erfahrungen aus der Beratungspraxis lassen allerdings darauf schließen, dass hier trotz Übereinstimmung bzgl. einer multifaktoriellen Genese der Störung eine Konzentration auf therapeutische Handlungsfelder erfolgt. Ursachen dafür können in begrifflichen und inhaltlichen Überschneidungen von Therapie und Beratung liegen, aber auch in der Vielfalt der Begrifflichkeit, die einerseits Allgemeinverständnis suggeriert (Beratung kennt jeder), andererseits spezialisierte theoretische Zugänge und Praxisfelder einbezieht (vgl. z. B. Nestmann et al., 2004). Zudem ist »psycho-soziale Beratung« ein unscharfer Begriff, der sich mehr auf seine Notwendigkeit (psycho-soziale Probleme, Belastungen, Störungen) als auf ein spezialisiertes Handlungsfeld bezieht.

Denkbar ist daher, dass therapeutische Intervention gleichzeitig Elemente von (psycho-sozialer) Beratung beinhaltet. Ob dies ausreicht, kann mit einem Blick auf die »Doppelverortung von Beratung« (Engel et al., 2004, S. 35) hinterfragt werden. Dazu gehört einerseits *»Handlungsfeldspezifisches Wissen«* als Faktenwissen zur jeweiligen Problemlage, Kausalmodelle, Interventionsformen, gesetzliche Grundlagen, andererseits und gleichzeitig auch *»Beratungs- und Interaktionswissen«* (ebd.).[20] Beide Wissensbereiche werden durch den »Heilungsdiskurs der Psychotherapie« und den »eher offenen integrativen Hilfediskurs der Beratung« unterschiedlich beansprucht (vgl. ebd., 36 f.). Somit kann »Beratung auch einmal identifizierbarer Teil von Psychotherapie sein und Psychotherapie auch einmal identifizierbarer Teil eines Beratungsprozesses« (ebd., S. 37). Allerdings ist damit die Frage nach psycho-sozialer Beratung bei Menschen, mit oder ohne Migrationshintergrund, mit psychosomatischen Störungen noch nicht beantwortet, sondern wirft zusätzliche Fragen auf:

1. Im Vorfeld der Diagnose, während oder im Anschluss der Therapie: Fallen migrationsspezifische Bedürfnisse/Notwendigkeiten auf?
2. Wer ist »psycho-sozialer Berater« bei psychosomatischen Störungen und wo ist dieser aufzufinden?
3. Sprachliche Kompetenz = Beratungskompetenz oder notwendige Voraussetzung gelingender Kommunikation?
4. Beratungs- und Interaktionswissen als Komponente interkultureller Kompetenz von Ärzten und Therapeuten? Gibt es dazu »Beratungsbedarf«?

Zu 1., der Frage nach migrationsspezifischen Besonderheiten vor der Diagnose, während oder im Anschluss an eine Therapie

Hier muss nochmals darauf hingewiesen werden, dass sehr unterschiedliche Interpretationen von Äußerungen und Verhaltensweisen von Menschen mit anderem kulturellen Hintergrund möglich sind und sich auch im Arzt-Patienten-

20 »Kommunikationsmodelle, Handlungsmodelle, Veränderungsmodelle, Kontextmodelle, Prozessmodelle, Beratungsmethodologie, Beratungsmethoden etc.« (Engel et al., 2004, S. 35).

Kontakt, z. B. als Symptompräsentation aufgrund anderer Körperkonzepte, zeigen (vgl. Assion, 2005, S. 137f.), denn »nicht nur in der Gesellschaft, auch in der Medizin gehören pauschale Aussagen über Migranten zum Alltag«, obwohl die Heterogenität von Migrantengruppen auf die Unmöglichkeit derartiger Komplexitätsreduktion verweist (vgl. Knipper & Bilgin, 2010, B65). Eine Vernachlässigung des kulturellen sozialen Kontextes kann bei der Behandlung psychischer Probleme allerdings Schwierigkeiten bereiten (Cagliyan, 2008, 224). In jedem der hier erörterten Bereiche ist daher eine differenzierte Betrachtung des Einzelfalles notwendig, die im Vorfeld einer diagnostischen Abklärung (als Beratung) eine *Orientierung im jeweiligen Problemfeld* ermöglicht, die während einer Therapie als sozialpädagogische, alltagsnahe Beratung *ressourcenaufdeckend* wirkt, im Anschluss die *Umsetzung hilfreicher Strategien* stützen kann bzw. als *Beratungsressource* verfügbar bleibt. Die Bedeutung von »muttersprachlichen Fachkräften«, über die Frage des Vorhandenseins von zusätzlichen Sprachkenntnissen hinaus, ist »eine notwendige, aber nicht hinreichende Voraussetzung« für die Qualität von Beratung. Empfohlen wird ein »multiperspektivischer Ansatz« und die Einlassung auf einen »dialogischen Erkundungsprozess« (vgl. Pavkovic, 2004, S. 307ff.).

Ob Betroffene professionelle/medizinische Dienste/Beratung beanspruchen, hängt mit einer Reihe von Filtermechanismen und Bewältigungsmustern zusammen, welche, neben der subjektiven Wahrnehmung, auch von anderen Personen beeinflusst werden kann: »Vor der Konsultation des professionellen medizinischen Systems [...] wird zuvor möglicherweise paraprofessionelle Hilfe in Anspruch genommen, so dass hier wiederum die Bedeutsamkeit des Laiensystems als Zugangsfilter zu professionellen Diensten greifbar wird« (Hörmann, 2004, S. 173). Bei Migranten wird die Einflussnahme durch die Familie bei Entscheidungsfindungen als groß eingeschätzt und auf traditionelle Einstellungen zurückgeführt. Dies kann einerseits als Verletzung der Selbstbestimmung bewertet werden, andererseits als Zeichen der Solidarität und Bereitschaft zu sozialer Unterstützung. Probleme können auftreten, wenn Betroffene sich den Entscheidungen ihrer Familien(-angehörigen) gegen eigene Überzeugung beugen. »In jedem Fall muss der oft besonders hohe Stellenwert der familiären Beratung in Überlegungen und Entscheidungen im Team berücksichtigt werden [...]« (Hax-Schoppenhorst & Jünger, 2010, S. 76).

Notwendige Voraussetzung für Beratung (als Prävention bzw. als Öffnung für weitere institutionelle/spezifizierte Beratungsangebote) ist daher eine »möglichst genaue Sozialraum- und Zielgruppenorientierung« (Weber & Hörmann, 2011, S. 306), bei der Motivation, Zugang und Erreichbarkeit eine besondere Bedeutung haben. Diese könnte durch Bildung ethnisch und geschlechtshomogener Gruppen, Einbeziehung Betroffener, Zuhilfenahme von »Key Persons« sowie durch Komm-Strukturen begünstigt werden (ebd.).

Deutlich wird insgesamt die Notwendigkeit sorgfältiger und reflektierter Beratung unter Berücksichtigung eines komplexen Beziehungsgefüges, die sich eher thematisch oder kontextuell, weniger qualitativ von anderen Beratungskonstellationen unterscheidet.

Zu 2., der Frage: Wer ist »psycho-sozialer Berater« bei psychosomatischen Störungen (von Migranten) und wo ist dieser aufzufinden?

Migranten haben Anspruch auf einen gleichberechtigten Zugang zu den sozialen und gesundheitlichen Versorgungsstrukturen der Gesamtbevölkerung.[21] Beratungsdienste betrachten sich von ihrem Selbstverständnis her als offen für alle Bevölkerungsgruppen, was nach wie vor als nicht befriedigend umgesetzt gilt, denn Migranten sind in den meisten Beratungsfeldern unterrepräsentiert (Pavkovic, 2004, S. 305 f.). Insofern scheint das erste Problem darin zu liegen, Kenntnis über die Möglichkeiten psycho-sozialer Beratung zu erhalten und niedrigschwellige Voraussetzungen der Inanspruchnahme zu schaffen, was eine Aufgabe sozialpädagogischer Fachkräfte in der Migrationsberatung darstellen könnte. Den meisten Mitarbeiterinnen von Beratungseinrichtungen sind Zugangsbarrieren zur Migrantenklientel[22] und strukturelle Ausgrenzungsmechanismen[23] nicht bewusst (Gaitanides, 2004, S. 315).

Hier zeichnen sich mehrere Problembereiche ab, die (als präventive Aspekte) bislang noch unbefriedigend bearbeitet sind: Defizitäre Beratungsangebote im präventiven Bereich,[24] mangelnde Aufklärung von Migranten über Möglichkeiten, Notwendigkeit und Inanspruchnahme psycho-sozialer Beratung sowie die Notwendigkeit der Fortbildung von Fachkräften, auch im Hinblick interkultureller Kompetenzen. Schließlich muss überlegt werden, ob medizinische und therapeutische Berufe (z. B. Hausärzte) bislang hinreichend über »interdisziplinäre Kompetenzen« verfügen, d. h. im hier behandelten Kontext, ob grundsätzliche Informationen über Strukturen, Konzepten und Beratungsmöglichkeiten bekannt sind. Zentrale Voraussetzung bleibt stets die Frage nach Verständigungsmöglichkeiten, der 3. Frage.

Zu 3.: Sprachliche Kompetenz = Beratungskompetenz oder notwendige Voraussetzung gelingender Kommunikation?

Kulturelle Differenzen und die daraus resultierende Angst, nicht verstanden zu werden, sind entscheidende Gründe, warum Migranten und Migrantinnen bei

21 Probleme von Asylsuchenden oder illegal im Land lebenden Ausländern werden hier ausgeblendet.

22 Nach Gaitanides (2004) z. B.: Nationalistische Verteidigung sozialstaatlicher Privilegien (vereinzelt), abweisende Hilfe durch ethno- und soziozentrische Ressentiments, Überbetonung und klischeehafte Generalisierung kultureller Unterschiede, Colour-blindness – Leugnung der kulturellen Differenz, Aktivierung und Abwehr verdrängter kollektiver Schuldgefühle, Furcht vor Mehrbelastung durch eine besonders »schwierige« und »belastete« Klientel, professionelle Überforderungsgefühle, Kompetenzverlustängste, mangelnde Bereitschaft und Energie, umzulernen (ebd., S. 315).

23 Zum Beispiel: Informationsdefizite, Befürchtung ausländerrechtlicher Konsequenzen bei Inanspruchnahme, Komm-Struktur und Wohnortferne, Geschlechterstruktur der Mitarbeiter, keine flexiblen Zeitstrukturen bei hohen Alltagsbelastungen – v. a. von Frauen –, Gebühren – z. B. bei Kursen in der Familienbildung – usw. (Gaitanides, 2004, S. 315).

24 Gaitanides spricht hier von einem »Versagen des präventiven Netzes der Sozialen Dienste« (ebd., S. 316).

Beratungs- und Therapiezentren in einer Minderheit aufzufinden sind, obwohl sie diese Hilfestellung benötigen (Cagliyan, 2008, S. 222). Hier scheint die Sprache die größte Hürde zu sein, denn Stresserfahrungen und Konflikte, mit denen sie in der Fremde »kompromisslos« konfrontiert werden, müssen verarbeitet werden. Hilfen durch professionelle Beratung oder Therapie scheitern ebenfalls an Verständigungsbarrieren (vgl. Cagliyan, 2008, S. 220f.). Missverständnisse sind besonders in der sprachlichen Kommunikation durch mangelnde Sprachkenntnisse, verkürzte, missverständliche oder fehlerhafte Übersetzungen, Idiome oder Metaphern möglich. Verwendung von Redewendungen oder Dialekten kann auch beim Dolmetschen zu falschen Interpretationen führen (Assion, 2005, S. 137). Professionelle Dolmetscher sollten daher auf Patienten-/bzw. Klientengespräche gut vorbereitet sein. Zudem neigen Menschen mit Migrationshintergrund dazu, in gesundheitlichen Krisen zu ihrer Muttersprache zurückzukehren. Dann steht die nonverbale Kommunikation im Vordergrund, hilfreich sind Beispiele, Bilder und Vergleiche (Hax-Schoppenhorst & Jünger, 2009, S. 720). Das neue Berufsbild des Sprache- und Integrationsmittlers soll die Voraussetzungen für gelingende Kommunikation verbessern.[25]

Im Überblick zeigt sich, trotz unterschiedlicher Ansätze zur Verbesserung der problematischen Ausgangsbedingungen, die Wahrscheinlichkeit missverständlicher Kommunikation. Daraus ergibt sich nicht nur die Notwendigkeit eines äußerst reflektierten Sprachgebrauchs, sondern auch die Notwendigkeit von Meta-Kommunikation, also eines Gesprächs über die Kommunikation. Der Faktor »Zeit« spielt hier eine wichtige Rolle.

Zu 4.: Beratungs- und Interaktionswissen als Komponente interkultureller Kompetenz von Ärzten, Therapeuten und Beratern? Gibt es dazu »Beratungsbedarf«?

Die Bezeichnung »interkulturelle Kompetenz« wird meistens als Sonderkompetenz von Mehrheitsangehörigen der Bevölkerung im Rahmen professionellen Handelns angefragt. Als Begriffspaar Kompetenz/Inkompetenz stützt es den Wunsch nach einem »instrumentellen Verständnis im Umgang mit Differenzen« und trägt das Risiko, von der »Eigenlogik des Falles« abzulenken (Kalpakav & Mecheril, 2010). Es stellt sich also die Frage, ob der wiederholt vorfindbare Bezug auf interkulturelle Kompetenz von den individuellen, ggf. migrationsspezifischen Problemen der Betroffenen wegführt. Insofern darf überlegt werden, ob Beratungs- und Interaktionswissen für sich ausreichen, denn auch bei »therapeutischen Aspekten geht es darum, dass der Mensch, wie jedes Wesen, mit seiner Umwelt in Beziehung tritt. Dies ist – wie bekannt – durch den jeweiligen kulturellen Hintergrund spezifisch geprägt und ausgestaltet« (Assion, 2005, S. 52). Demgegenüber stehen die Erfahrungen der Postmoderne, die tradierte Verhaltensmuster, Bräuche und Tradi-

25 Dieses wurde 2002 von der Diakonie Wuppertal initiiert, die derzeit an der Etablierung des Berufsfeldes arbeitet. Nähere Informationen dazu: http://www.sprint-transfer.de/cms/index.php/ueber-sprint/berufsbild?start; Zugriff am 16.08.12.

tionen sowie kollektive Sinnstrukturen in Frage stellt. Insofern kann auch Beratung im therapeutischen Kontext pragmatisch und ideologiefrei umgesetzt werden (vgl. dazu Sanders, 2004, 803 ff.), hier entsprechend der in der psychosomatischen Fachliteratur vorgestellten Informationen.

Vor diesem Hintergrund wäre dann Beratung, aber auch Therapie, als Anerkennungshandeln im Medium von »Verstehen« und »Nichtverstehen« zu sehen. Dabei geht es »um die Wahrnehmung und das Erkennen des Gegenübers, welches das Gegenüber nicht auf dieses So-Sein festlegt; es geht um Handlungsfähigkeit auslotende, professionelle Differenzsensibilität, die Differenz nicht festschreibt, sondern als perspektiven- und kontextabhängiges Produkt versteht« (Mecheril, 2004, S. 302). Darauf aufbauende »interkulturelle Kompetenz« kann dann als Fähigkeit verstanden werden, in einer kulturellen Überschneidungssituation unabhängig, kultursensibel und wirkungsvoll zu handeln (Gaitanides, 2004, S. 316). Das Ansammeln von Wissensbeständen allein kann kontraproduktiv sein (ebd., S. 317).

Zurück bleibt somit eine gewisse Ratlosigkeit im Hinblick auf notwendige (interkulturelle) Kompetenzen von Beratern und Therapeuten. Diese beinhaltet mehrere Chancen: die Chance einer Offenheit und Öffnung für Informationen, Wissensbestände, Weiterbildung; die Chance, Vernetzungspotenzial und interdisziplinäre Handlungsfelder wahrzunehmen und zu nutzen; die Chance, Therapie und Beratung zugunsten von Menschen mit Migrationshintergrund gleichermaßen einzubeziehen.

4 Zusammenfassung

Psychosomatische Störungen sind ein in der Bevölkerung häufig anzutreffendes Phänomen, Menschen mit Migrationshintergrund sind ebenfalls betroffen. Statistiken dazu fehlen. Die Ausprägung des Störungsbildes wird wahrscheinlicher mit migrationsspezifischen, weniger mit kulturspezifischen Belastungen verknüpft. Eine Behandlung erfolgt zunächst in medizinisch-therapeutischen Bereichen, psycho-soziale Beratung gilt als wichtige flankierende Maßnahme. Problembereiche sind eine geringe Inanspruchnahme, die interkulturelle Öffnung von Regeldiensten, Sprach- und Kommunikationsbarrieren sowie ein »instrumentelles« Verständnis von interkultureller Kompetenz. Notwendig sind die Beseitigung von Sprach- und Kommunikationsbarrieren, konsequent wachsame Sensibilität für »den Einzelfall« und Berücksichtigung und Reflexion migrationsspezifischer Besonderheiten aus einer Perspektive der »Verschiedenheit und Gleichberechtigung« (Prengel, 2006).

Literatur

Assion, H.-J. (2005). Migration und psychische Krankheit. In H.-J. Assion (Hrsg.), *Migration und seelische Gesundheit* (S. 133–144). Heidelberg: Springer.

Behrens, K. & Calliess, I. T. (2008). Migration und Kultur als Determinanten diagnostischer und therapeutischer Prozesse bei seelisch erkrankten Migranten. *Psychoter Psych Med, 58*, 162–168.

Bundespsychotherapeutenkammer bptk (2010): Aktuelles: PBtK fordert bessere psychotherapeutische Versorgung von Migranten. Verfügbar unter: www.pbtk.de/aktuelles/news/3 683 364.html (28. 07. 2010).

Cagliyan, M. (2008). Beratung von MigrantInnen. In G. Hörmann & W. Körner (Hrsg.), *Einführung in die Erziehungsberatung* (S. 220–236). Stuttgart: Kohlhammer.

Deter, H. C. (1997). *Angewandte Psychosomatik. Eine Anleitung zum Erkennen, Verstehen und Behandeln psychosomatisch Kranker.* Stuttgart/New York: Thieme.

Blech, J. (2011). Sprachlos in der Sprechstunde. Viele Ärzte versagen in der Kunst des Heilens – sie hören den Kranken nicht zu. *DER SPIEGEL, 7*, 120–128.

Deutsche Gesellschaft für Psychosomatische Medizin und Ärztliche Psychotherapie (DGPM e. V.) (2010). *Berliner Deklaration für eine qualifizierte psychosomatische Versorgung Raus aus der Schattenseite des Lebens.* Beschluss der Mitgliederversammlung am 18. 03. 2010. Verfügbar unter: http://www.dgpm.de/uploads/media/Berliner-Deklaration_AEP-Beilage_0210.pdf (12. 02. 2011).

Dörner, K. (2001). *Der gute Arzt. Lehrbuch der ärztlichen Grundhaltungen.* Stuttgart/New York: Schattauer.

Grieger, D. (2006). Gesundheit und Migration. *BZgA forum 3 – 2006. Themenheft Migration. Schriftenreihe der Bundeszentrale für gesundheitliche Aufklärung*, 3–7.

Gül, V., Öner, E. & Uyar, K. (2008). Kultur und Ethnizität. Ihre Rolle bei der Entstehung psychischer Störungen am Beispiel der türkischen Gemeinschaft in Deutschland. *psychoneuro, 34* (2), 97–99.

Haasen, C., Kleinemeier, E. & Yagdiran, O. (2005). Kulturelle Aspekte bei der Diagnostik psychischer Störungen. In H.-J. Assion (Hrsg.), *Migration und seelische Gesundheit* (S. 145–156). Heidelberg: Springer.

Han, P. (2010). *Soziologie der Migration.* Stuttgart: Lucius & Lucius.

Hax-Schoppenhorst, T. & Jünger, S. (2010). *Seelische Gesundheit von Menschen mit Migrationshintergrund.* Stuttgart: Kohlhammer.

Hax-Schoppenhorst, T. & Jünger, S. (2009). Neugier wagen, Fremdheit überwinden. Kultursensible Pflege in Gesundheits- und Pflegeeinrichtungen. *Pflegezeitschrift, 62* (12), 718–721.

Hörmann, G. (2004). Gesundheitswissenschaften/Medizin und Beratung. In F. Nestmann, F. Engel & U. Sickendiek (Hrsg.), *Das Handbuch der Beratung, 1. Disziplinen und Zugänge* (S. 171–180). Tübingen: dgvt.

Dilling, H. et al. (Hrsg.) (2010). *ICD-10 Internationale Klassifikation psychischer Störungen.* Bern: Huber.

Kielhorn, R. (1996). Krank in der Fremde. *psychosozial 19/Heft I Nr. 63. Schwerpunktthema: Migration und Gesundheit*, 15–27.

Knipper, M. & Bilgin, Y. (2010). Migration und andere Hintergründe. Medizin und ethnisch-kulturelle Vielfalt. *Deutsches Ärzteblatt, 107* (3), B64–B67.

Kohls, M. (2008). *Healthy-Migrant-Effect. Erfassungsfehler und andere Schwierigkeiten bei der Analyse der Mortalität von Migranten. Eine Bestandsaufnahme.* Working Paper 15. Nürnberg: Bundesamt für Migration und Flüchtlinge. Referat 220 – Grundsatzfragen der Migration.

Lahmann, C., Henningsen, P. & Dinkel, A. (2010). Somatoforme und funktionelle Störungen. *Der Nervenarzt, 11*, 1383–1393.

Mecheril, P. (2004). Beratung interkulturell. In F. Nestmann, F. Engel & U. Sickendiek (Hrsg.), *Das Handbuch der Beratung, 2. Ansätze, Methoden und Felder* (S. 295–304). Tübingen: dgvt.

Morschitzky, H. (2007). *Somatoforme Störungen. Diagnostik, Konzepte und Therapie bei Körpersymptomen ohne Organbefund.* Wien/New York: Springer.

Nestmann, F., Engel, F. & Sickendiek, U. (2004). (Hrsg.), *Das Handbuch der Beratung.* Tübingen: dgvt.

Pavkovic, G. (2004). Beratung für Migranten. In F. Nestmann, F. Engel & U. Sickendiek (Hrsg.), *Das Handbuch der Beratung, 1. Disziplinen und Zugänge* (S. 305–311). Tübingen: dgvt.

Prengel, A. (2006): *Pädagogik der Vielfalt. Verschiedenheit und Gleichberechtigung in Interkultureller, Feministischer und Integrativer Pädagogik.* Wiesbaden: Verlag für Sozialwissenschaften.

Rauh, E., Svitak, M. & Grundmann, H. (2008). *Handbuch Psychosomatische Begutachtung. Ein praktisches Manual für Ärzte und Versicherer.* München/Jena: Urban & Fischer.

Razum, O. & Geiger, I. (2003). Migranten. In F. S. Schwartz, B. Badura, R. Busse, R. Leidl, H. Raspe, J. Siegrist & U. Walter (Hrsg.), *Public Health – Gesundheit und Gesundheitswesen* (S. 686–692). München/Jena: Urban & Fischer.

Razum, O., Geiger, I., Zeeb, H. & Ronellenfitsch, U. (2004). Gesundheitsversorgung von Migranten. *Deutsches Ärzteblatt, 101* (43), A2882–A2887.

RKI Robert Koch Institut (2008). *Migration und Gesundheit. Schwerpunktbericht der Gesundheitsberichtserstattung des Bundes.* Berlin: Robert Koch-Institut.

Sanders, R. (2004). Die Beziehung zwischen Ratsuchendem und Berater. In F. Nestmann, F. Engel & U. Sickendiek (Hrsg.), *Das Handbuch der Beratung, 2. Ansätze, Methoden und Felder* (S. 797–807). Tübingen: dgvt.

Seiedin, M. (2005). Kultur, Migration und seelische Gesundheit. *Psych Pflege, 11,* 125–130.

Schouler-Ocak, M., Rapp, M. A., Reiske, S.-L. & Heinz, A. (2008). Psychotherapie bei traumatisierten Patientinnen mit türkischem Migrationshintergrund: Berücksichtigung kultureller Faktoren. *Psychother Psych Med, 58,* 169–175.

Schouler-Ocak, M., Aichberger, M. C., Heredia Montesinos, A., Bromand, Z., Rapp, M. A. & Heinz, A. (2010). Neue Ansätze zur Erkennung und Differenzierung von Depressionen bei Migranten. Fallbeispiel einer Patientin mit türkischem Migrationshintergrund. *Der Nervenarzt, 7,* 873–877.

Sinus-Milieu-Studie (2008). *Sinus Sociovision. Zentrale Ergebnisse der Sinus-Studie über Migranten-Milieus in Deutschland.* Verfügbar unter: www.sinusinstitut.de/uploads/tx_mpdownloadcenter/MigrantenMilieusZentrale_Ergebnisse_09 122 008.pdf (14. 02. 2011).

Tagay, S., Zarasiz, R., Düllmann, S., Schlegl, S., Brähler, E. & Senf, W. (2008). Traumatische Ereignisse und Posttraumatische Belastungsstörungen bei türkischsprachigen Patienten in der Primärversorgung. *Psychoter Psych Med, 58,* 155–161.

Weber, A. & Hörmann, G. (2011). Migration und Gesundheit – von Defizitanalysen zum Diversity-Ansatz? *Gesundheitswesen, 73,* 298–307.

Wilkens, I. (2008). MigrantInnen mit Behinderung – Ein Problemaufriss. *Migration und Soziale Arbeit. Themenschwerpunkt Migration, 30* (3/4), 298–302.

Wolfersdorf, M. (1999). Psychisch kranke Ausländer als Patienten im psychiatrischen Fachkrankenhaus. *Psycho, 25* (2), 82–94.

Psychotherapie für muslimische Patienten

Ibrahim Özkan & Maria Belz

Einleitung

In unserem Zeitalter hat Migration noch nie dagewesene Ausmaße erreicht. Nach Collatz (1996) müssen wir weltweit mit 100 bis 200 Millionen Migranten rechnen. Die UNO schätzt die Zahl auf 191 Millionen (UN Population Division, 2006). Veränderungen in den sogenannten »Push- und Pullfaktoren« (Braun & Topan, 1998; Lee, 1972) (z. B. Bürgerkriege, Naturkatastrophen, politische und wirtschaftliche Umstände) können als mitverantwortlich für das verstärkte Aufkommen von Migration auf der ganzen Welt angesehen werden. Vergleicht man Länder weltweit hinsichtlich der Anzahl der dort lebenden Migranten, liegt die Bundesrepublik Deutschland auf dem dritten Platz, hinter der Russischen Föderation und den Vereinigten Staaten von Amerika (UN Population Division, 2009). Migration muss also auch für unsere Gesellschaft als ein hoch relevantes Thema angesehen werden. Seit Ende des Zweiten Weltkrieges ist die Anzahl der in der Bundesrepublik Deutschland lebenden Ausländer stetig gestiegen. Ende des Jahres 2008 lebten rund 6,7 Millionen Ausländer (Statistisches Bundesamt, 2009), davon 1,7 Millionen Personen türkischer Abstammung (BAMF, 2010), in Deutschland.[1] Schon längst sind nicht mehr nur die selbst Migrierten, sondern v. a. die Kinder und weiteren Nachkommen dieser für die Entwicklung unserer Gesellschaft prägend. Somit ist anstatt der Bezeichnung »Migrant« der Begriff »Person mit Migrationshintergrund« als adäquat zu erachten.

Die zunehmende Migration der letzten 50 Jahre stellt die Gesundheitsversorgung in Deutschland vor spezifische Herausforderungen (Brucks, 2004). Bei der zu erwartenden Bevölkerungsentwicklung in den kommenden Jahren, einhergehend mit den Inzidenzen der psychiatrischen Erkrankungen, wird die Konfrontation mit Patienten mit Migrationserfahrung sich häufen. Patienten mit Migrationshintergrund können mit anderen kulturellen Hintergründen, anderen Traditionen und unterschiedlichem Verständnis von Krankheit und Gesundheit sowie einem anderen Umgang hiermit in die Therapie kommen (Franz et al., 2007). Der Umgang mit Gesundheit und Krankheit wird auf Basis der Motive zur Migration (Arbeitsuche, Heimatsuche, Flucht etc.) individuell über Generationen hinweg weitergegeben. Eine umfassende Kenntnis über Kultur, Tradition, Krankheitsverständnis und -umgang dieser Menschen ist nicht möglich. Die teilweise verschiedenen Sichtweisen und Bedürfnisse von Patienten mit Migrationshintergrund erfordern

1 Hier eingebürgerte Menschen mit Migrationshintergrund nicht mit eingerechnet.

keine unikulturellen Konzepte und routinierte Handlungsweisen, sondern große Flexibilität und ein breites Spektrum an verfügbaren Verhaltensoptionen (Domenig, 2001, 2007).

Im Vorwort ihres Werkes »Praxis der interkulturellen Psychiatrie und Psychotherapie: Migration und psychische Gesundheit« formulieren Machleidt und Heinz (2011): »In modernen plurikulturellen Gesellschaften sind die seelischen Belastungen und Befindlichkeitsstörungen von zugewanderten Menschen mindestens so groß wie bei den Einheimischen. Das Auftreten psychischer Symptome signalisiert die Gefahr des Scheiterns bei den Bemühungen um Integration im Rahmen eines Integrationsprozesses.«

Aktuell lassen sich – bis auf wenige Ausnahmen – kaum empirische Daten zu Kultur und Migrationshintergrund finden, die eine systematische Annäherung der Versorgungsstrukturen an diese Patienten bieten könnten.

Das folgende Kapitel soll die Herausforderungen und Lösungsansätze der transkulturellen Psychotherapie beschreiben. Dabei werden relevante Phänomene und Konzepte (z. B. Identität, Begegnung mit dem Fremden, transkulturelle Sensibilität) erläutert. Das Göttinger Konzept zur Behandlung von Patienten mit Migrationshintergrund, welches den beschriebenen Schwierigkeiten entgegenkommt, wird dargestellt. Das Konzept der »Psychotherapie für muslimische Patienten« wird dabei kritisch hinterfragt.

1 Problembereiche

Zur Verbesserung der Versorgungsstrukturen für Patienten mit Migrationshintergrund ist eine Identifikation der Problembereiche, die eine angemessene und effektive Versorgung verhindern, erforderlich. Diese Hindernisse können auf beiden Seiten, der Patienten- und der Behandlerseite, bestehen. Mögliche Problembereiche im therapeutischen Kontext auf der Behandlerseite können sein:

- Kommunikationsprobleme durch die Sprache (als besonders sensibel ist hierbei der psychotherapeutische Fachbereich zu benennen) (Özkan, 2002 b),
- Schmerzsymptomatik und -repräsentation (Yildirim-Fahlbusch, 2003),
- Multimorbidität (Berg, 2001),
- Somatisierungsneigung (Ryder et al., 2008),
- Erwartungshaltungen der Patienten begründet auf unterschiedlichen Krankheitskonzepten (Yağdiran, Kleinemeier & Haasen, 2003),
- Compliance (Erim & Senf, 2002).

Auf der Patientenseite können beispielhaft folgende Problembereiche genannt werden:

- Ernährung (Schultz, 2003), z. B. das fehlende Können, Fastenzeiten zu vermitteln, Umstellung auf andere Ernährungsgewohnheiten, anders als die in der eigenen Kultur,
- Lebensweise, z. B. Umsetzung von gesundheitsfördernden Maßnahmen (Kreuter et al., 2003; Lafaille, 2003),
- Familienstrukturen (Joksimovic, 2010).

Wechselseitige Anpassungs- und Lernprozesse stellen oft unüberwindbare Schwellen dar, da eine Umstellung der eigenen Lebensart und -gewohnheit als Aufgabe der Identität im Migrationsprozess gedeutet werden kann.

1.1 Stärkung der Identität

Zentrale Begriffe sowohl in der öffentlichen Debatte als auch im wissenschaftlichen Diskurs sind die der »Identität« und »Integration« bzw. »Assimilation«. Menschen leiten einen Teil ihrer Identität aus dem Bewusstsein ihrer Mitgliedschaft in einer wichtigen sozialen Gruppe ab. Soziale Identität bezeichnet das Gefühl der Zugehörigkeit eines Individuums zu einer sozialen Gruppe oder Kategorie, die als bedeutsam erlebt wird (Turner, 1982). Dabei gehen einschlägige Theorien des Social Identity Approach davon aus, dass dabei die Mitglieder motiviert sind, die Gruppe oder Kategorie, zu der sie sich zugehörig fühlen (= ingroup) als distinkt und positiver verglichen zu anderen relevanten Gruppen (= outgroups) zu sehen (Hogg & Abrams, 1988, zit. n. Hogg & Vaughan, 2008; Tajfel, 1981 a; Tajfel, 1982; Tajfel & Turner, 1979; Turner et al., 1987). Es kommt zu parteiischen Einstellungen und Verhaltensweisen, besonders wenn der intergruppale Kontext hoch salient ist (Hogg & Abrams, 1988; Tajfel & Turner, 1979). Dieses gelte für alle Arten sozialer Identitäten, wie z. B. die nationale oder ethnische Identität.

Ausgehend von dieser Annahme erscheint eine duale Identität als widersprüchlich. Ein Zugehörigkeitsgefühl zu zwei nationalen bzw. ethnischen Gruppen würde ein Ausbleiben der von der Theorie der sozialen Identität postulierten Abgrenzungs- und Vergleichsprozesse verhindern. Es gäbe keine sog. »In- und Outgroup« mehr. Der Social Identity Approach erklärt dieses Phänomen durch die Identifikation mit sogenannten übergeordneten Kategorien (Waldzus & Mummendey, 2004). Eine duale Identität, z. B. als »Deutsch-Türke«, erlaubt ein Zugehörigkeitsgefühl zu beiden nationalen Gruppen und setzt die postulierten Prozesse außer Kraft (Ruhs, 2009; Schultz & Sackmann, 2001). Eine duale Identität ist bei Personen mit Migrationshintergrund ein alltägliches Phänomen. Besonders junge Türkischstämmige, die in Deutschland geboren und aufgewachsen, durch die elterliche Kultur aber weiterhin stark beeinflusst sind, zeigen eine starke Ausprägung sowohl ihrer deutschen als auch ihrer türkischen Identität (Zagefka & Brown, 2002).

Eng verknüpft mit dem Begriff der Identität ist das Modell der Akkulturationsstrategien von Berry (1974, 1980). Die unterschiedlichen Ausprägungen der beiden Einstellungsdimensionen bei den verschiedenen Strategien sind in Tabelle 1 dargestellt.

Tab. 1: Akkulturationsstrategien nach Berry (1974, 1980)

		Eigene Kultur erhalten	
		JA	NEIN
Kontakt zur Gastkultur	JA	Integration	Assimilation
	NEIN	Separation	Marginalisierung

Es konnte nachgewiesen werden, dass für eine erfolgreiche Adaptation Integration als Akkulturationsstrategie am förderlichsten ist (Berry et al., 2006). Eine erfolgreiche Adaptation lässt sich anhand zweier Aspekte beurteilen: 1. die psychologische Adaptation (Gefühle des Wohlbefindens und der Zufriedenheit) und 2. die soziokulturelle Anpassung (Fähigkeit »reinzupassen« oder sich einem neuen Setting anzupassen) (Ward, 2001). Jedoch wirken sich die beiden Dimensionen unterschiedlich auf die verschiedenen Aspekte der Adaptation aus. Präferenz von Kontakten mit der eigenen ethnischen Gruppe erweist sich als besserer Prädiktor für psychologische Adaptation (Ceylan, 2006), während Präferenz von Kontakten mit der nationalen Kultur ein besserer Prädiktor für die soziokulturelle Anpassung ist (Oppedal et al., 2004).

Es ist wichtig festzuhalten, dass Integration neben Kontakt zur und Anpassung an die Gastkultur auch den Erhalt der eigenen Kultur beinhaltet und v. a. für das psychische Wohlbefinden prädiktiv erscheint. In der Alltagssprache wird Integration oft im Sinne von Assimilation verwendet (Köck, Moosmüller & Roth, 2004; McRae, 1982) und ein Erhalten der eigenen Kultur durch Migranten wird als unerwünscht angesehen (Lüdemann, 2000). Dabei bedeutet eine Betonung der ethnischen Identität nicht zwingend eine fehlende nationale Bindung (Verkuyten & Yildiz, 2007) oder eine Ablehnung anderer nationaler oder ethnischer Gruppen (Blank & Schmidt, 2003). Folglich führt eine Erhaltung der eigenen Kultur nicht automatisch zu Separation und Disidentifikation.

Die Stärkung der individuellen Identität, ganz gleich welcher Herkunft, z. B. durch Stärkung des Selbstkonzepts und der persönlichen Handlungskonzepte, stellt einen wichtigen Faktor in der Behandlung psychischer Störungen dar. Migration kann aufgrund des Verlustes von gewohnten Werten und Normen zu einem partiellen Verlust der eigenen Identität führen (Özbek & Wohlfart, 2006). Eine erfolgreich ausgebildete Identität bietet der Person Klarheit über sich selbst und ihren Platz in der Gesellschaft (Erikson, 1968; Phinney, 1989; Phinney & Alipuria, 1990). Diese Klarheit ermöglicht ein Gefühl von Sicherheit, welches sich für die Stabilität des Patienten förderlich darstellt und eine wichtige Determinante für Therapieerfolg ist. Aus diesem Grund ist eine kultursensible Versorgung im gesamten Gesundheitssystem vonnöten. Ein Setting, welches den Patienten mit seiner gesamten Identität »ansieht«, bietet die Möglichkeit der Stärkung einer Identität z. B. als »Türke«, »Deutsch-Türke«, »Migrant« etc.

1.2 Vermeidung von Missverständnissen

Die erhöhte Anzahl von Menschen mit Migrationshintergrund in einer Gesellschaft bedeutet für alle Beteiligten eine Auseinandersetzung mit dem Fremden, aber auch eine Auseinandersetzung mit der eigenen Kultur. Unsere eigene Perspektive, Wahrnehmung und Informationsverarbeitung fördert Stress in der Begegnung mit dem Fremden (Özbek & Wohlfart, 2006; Stephan & Stephan, 1985). Stereotype entstehen, die im sonst sicheren Umgang mit den Patienten der eigenen Kultur nicht deutlich bzw. benennbar wahrzunehmen sind. Sie sind »kognitiv typisierte bzw. typisierende Aussagen, die zur Erreichung einer funktionellen [...] Verallgemeinerung in einer gegebenen Kulturausprägung dienen« (Fleischer, 1996). Normalerweise ist ein solches »vereinfachtes Weltbild« (Prokop, 1995, S. 185) funktional, da sie eine leichtere Orientierung ermöglichen. Oft sind sie »nicht eine Reaktion auf eigene diesbezügliche Erfahrungen[, sondern] unabhängig von unserer eigenen empirischen Erfahrung auf dem betreffenden Gebiet« (Schaff, 1980, S. 31).

Im interkulturellen Setting kann es somit auch aufgrund dieser und ähnlicher psychophysiologischer und durch Fehlverarbeitung und Abspeicherung des Wahrgenommenen neurobiologischer Prozesse zu vermeidbaren Missverständnissen kommen, wie sie z. B. durch Brucks (1987) beschrieben sind. Zur Verringerung möglicher Missverständnisse kann sich die Bewusstmachung der »permanenten Prozesse« (Nekvapil, 1997) sowie die offene Kommunikation über die eigenen Wahrnehmungen und Interpretationen als hilfreich erweisen.

2 Ansätze – Transkulturelle Sensibilität

Durch transkulturelle Sensibilität, die oft als »interkulturelle Kompetenz« Erwähnung findet, kann man den genannten Schwierigkeiten beikommen. Dies erfordert eine regelmäßige Motivation, Interesse an fremden Lebensarten und Kulturen zu zeigen, sich damit zu beschäftigen. Ebenso ist es auch erforderlich, sich mit der eigenen Kultur auseinanderzusetzen, um eine bewusste Begegnung zwischen dem Fremden und dem Eigenen ermöglichen zu können. In Form von Schulungen und Trainings wird dieses bereits angeboten (z. B. Arnold, 2005; Götz, 2006; Landis, Bennett & Benett, 2004; Kumbruck & Derboven, 2009).

Transkulturelle Sensibilität ermöglicht die Schaffung eines »transkulturellen Übergangsraums« (Özbek & Wohlfart, 2006), in dem »die jeweiligen unterschiedlichen, gegensätzlichen kulturellen Zugehörigkeiten und Bedeutungszuschreibungen präsent sind und gleichzeitig im Verständigungsprozess neu erschaffen und mit kultureller Bedeutung versehen werden« (Bhabha, 2000). Dafür ist eine Auseinandersetzung mit dem Fremden und dem Eigenen sowie der Interaktion dieser beiden Anteile notwendig. Prozesse im transkulturellen Übergangsraum sind generell nicht wertend. Verschiedene kulturelle Sichtweisen werden nicht hinsichtlich ihrer Güte bewertet (Özbek & Wohlfart, 2006). Transkulturelle Sensibilität lässt die achtsame Wahrnehmung von Unterschieden zwischen dem Fremden und dem Eigenen zu und verhindert somit eine »unreflektierte Anwendung« (Özbek & Wohlfart, 2006, S. 175) eigener kultureller Annahmen und Praktiken.

Zur Überwindung sprachlicher Barrieren wird empfohlen, mit qualifizierten Dolmetschern zu arbeiten. Mithilfe von geschulten und qualifizierten Dolmetschern kann gewährleistet werden, dass der kultursensitive Aspekt seine Berücksichtigung findet (Morina, Maier & Schmid Mast, 2009). Der Einbezug von muttersprachlichem Personal in verschiedenen Instanzen und der Gesundheitsversorgung dienenden Einrichtungen in der expliziten Rolle des »Kulturmittlers« wird diese Problematiken ebenso erleichtern können. Die Patientenzufriedenheit in der deutschen stationären Versorgung erweist sich empirisch als abhängig von der Qualität sprachlicher Deutschkenntnisse (Bermejo et al., 2009). Muttersprachliche Angebote für Patienten mit geringen Deutschkenntnissen könnten deswegen die Patientenzufriedenheit und dadurch die Compliance verbessern.

Ziel sollte es sein, Lösungen zu finden, den langfristigen Anforderungen aller zu entsprechen, wie sie z. B. in den »Sonnenberger Leitlinien« (Machleidt, 2002) des Referates für Transkulturelle Psychiatrie des DGPPN formuliert wurden. Diese Leitlinien sollten ebenso nachhaltig Umsetzung finden wie die Bereitschaft, dem »fremden« Patienten mit seinem kulturellen Hintergrund zu begegnen und ihn in diesem Rahmen ressourcenorientiert zu unterstützen. Unter Berücksichtigung der Ergebnisse aus der Hirnforschung hinsichtlich Wahrnehmung bzw. Informationsverarbeitung und Methoden aus dem Stressverarbeitungsbereich kann – wie im Folgenden gezeigt wird – eine transkulturelle, achtsame Arbeit mit Menschen mit Migrationsgeschichte stattfinden.

3 Ein Modell zur psychotherapeutischen und psychiatrischen Versorgung von Patienten mit Migrationshintergrund

Das bestehende Göttinger Konzept (Tumani et al., 1999) wurde um vier Elemente ergänzt und aktualisiert (Özkan, Belz & Demirkan, 2010). Es resultiert ein Behandlungsangebot, das aus acht Elementen besteht und im Folgenden kurz dargestellt werden soll. Das Konzept sieht keine Einrichtung vor, welche ausschließlich Patienten mit Migrationshintergrund behandelt, sondern eine allgemeine kulturelle Öffnung unseres Hauses. Dieses Vorgehen wird auch von Hegemann (2010) gefordert. Die einzelnen Elemente des Behandlungskonzepts sollen im Folgenden kurz erläutert werden.

Bilinguale Therapie

Es wird das Angebot gemacht, in (türkischer) Muttersprache behandelt zu werden (weitere Sprachen sind geplant).

Gruppe für Patientinnen und Patienten mit Migrationshintergrund

Gemeint ist eine Gruppe, in der sich Patienten verschiedener Herkunft über Unterschiede und Gemeinsamkeiten der Herkunftsländer austauschen. Es werden Themen aus dem Bereich der psychiatrischen/psychologischen Gesundheitsversorgung und der individuelle Umgang mit Krankheit und Migration bzw. Migrationsstress behandelt.

Muttersprachliche psychoedukative Gruppe für türkische Patientinnen und Patienten

Ein Gruppenangebot, das dem Umgang mit psychischen Schwierigkeiten dienen soll, z. B. Auswirkungen psychischer Krankheiten auf Alltag, Beruf oder Familie. Ein besonderes Augenmerk wird in dieser Gruppe auf Stress und Körper gelegt. Methoden, z. B. der Stresstoleranz oder kultur- und sprachunabhängige Entspannungstechniken, werden in dieser Gruppe ebenfalls erlernt.

Innerbetriebliche Fortbildung

Eine regelmäßige Fortbildung soll als Hilfestellung für den Erhalt der Sensibilität des gesamten Personals der Kliniken dienen und mithilfe von Übungen und Rollenspielen dazu beitragen, Entwicklungen von Handlungsansätzen zur transkulturellen Öffnung in den jeweiligen Arbeitsbereichen weiterzuentwickeln. Die Thematik wurde in das Ausbildungskonzept der Gesundheits- und Krankenpflegeschule curricular integriert.

Dolmetscher/-qualifizierung für den therapeutischen Bereich

Vereidigte, amtliche Dolmetscher – z. B. der Gerichte – sind häufig mit therapeutischer Arbeit überfordert, weil sie darauf nicht vorbereitet sind. Hierzu werden (interne und externe) Dolmetscher systematisch qualifiziert, um im therapeutischen Bereich eingesetzt werden zu können. Die eingesetzten Dolmetscher erhalten Supervision im Rahmen ihres Einsatzes. Supervision und Intervision finden durch und mit interkulturell sensibilisierten oder interessierten Therapeuten regelmäßig statt. Das Angebot besteht gleichfalls für externe Therapeuten.

Transkulturelles Konsil

Bei migrations- oder kulturspezifischen Fragestellungen werden die behandelnden Kollegen konsiliarisch unterstützt. Schwerpunkte sind dabei Kontaktierung von Ansprechpartnern, spezialisierten Kliniken oder Aufklärung über bestimmte kulturgebundene Symptome.

Stationäre Behandlung

Eine stationäre (traumazentrierte) Behandlung für Menschen mit Migrationshintergrund ist möglich, sofern der Versicherungs- und Aufenthaltsstatus es erlaubt. Wir versuchen bereits vor Aufnahme in unser Haus, hinsichtlich der Klärung dieser Punkte Unterstützung zu leisten.

4 Psychotherapie für muslimische Patienten?

Der Wunsch nach spezifischen Konzepten für eine Behandlung muslimischer Patienten muss vor dem Hintergrund gesehen werden, Fremdheitserfahrungen und dadurch entstehenden Stress aus therapeutischer Perspektive nachvollziehen zu können. Im interkulturellen Kontakt geht hohe kulturelle Unähnlichkeit mit stärker empfundener Angst (Stephan & Stephan, 1985), erschwerter Kommunikation und einer höheren Wahrscheinlichkeit von Missverständnissen (Özbek & Wohlfart, 2006) einher.

Ein Therapiekonzept für *den* muslimischen Patienten ist jedoch weder möglich noch sinnvoll. Patienten muslimischen Glaubens kommen aus zahlreichen Ländern mit verschiedenen kulturellen Hintergründen. Eine ausschließliche Betrachtung der Religionszugehörigkeit würde den Blick auf den Patienten zu eng fassen und andere kulturelle Aspekte vernachlässigen. Ein Muslim aus der Türkei ist nicht gleich zu behandeln wie ein Muslim aus Somalia; ebenso wenig, wie man einen Christen aus Deutschland einem Christen aus Peru gleichsetzen würde.

Unser Gesundheitssystem benötigt keine spezifischen Versorgungskonzepte für einzelne ethnische oder religiöse Gruppen, sondern einen transkulturell sensiblen Zugang zu jedem einzelnen Patienten. Transkulturelle Sensibilität ermöglicht eine individuell adäquate Behandlung des einzelnen Patienten. Seine kulturellen und ebenso individuellen Besonderheiten finden Eingang in das therapeutische Setting, ohne dass der Patient in Stereotype eingeordnet wird. Eine transkulturelle, achtsame Arbeit mit Patienten mit Migrationshintergrund ermöglicht eine bessere Erfüllung der spezifischen Ansprüche, vor die unser Gesundheitssystem seit dem Anwachsen der weltweiten Migrationsbewegungen gestellt ist.

Literatur

Ajzen, I. (1985). From intentions to actions: A theory of planned behavior. In J. Kuhl & J. Beckman (Hrsg.), *Action-control: From cognition to behavior* (S. 11–39). Heidelberg: Springer.

Ajzen, I. (1991). The theory of planned behavior. *Organizational Behavior and Human Decision Processes, 50*, 179–211.

Arnold, M. (2005). *Interkulturelles Training in Deutschland.* Frankfurt a. M./London: IKO-Verlag für Interkulturelle Kommunikation.

Bade, K. J. (1994). *Ausländer – Aussiedler – Asyl: eine Bestandsaufnahme.* München: Beck.

Bade, K. J. (Hrsg.) (1997). *Fremde im Land: Zuwanderung und Eingliederung im Raum Niedersachsen seit dem Zweiten Weltkrieg.* Osnabrück: Institut für Migrationsforschung und Interkulturelle Studien (IMIS).

Berg, G. (2001). Subjektive Krankheitskonzepte. In M. David, T. Borde & H. Kentenich (Hrsg.), *Migration und Gesundheit* (S. 81–94). Frankfurt a. M.: Mabuse.

Bermejo, I., Berger, M., Kriston, L. & Härter, M. (2009). Ist Patientenzufriedenheit in der stationären Depressionsbehandlung von der Qualität sprachlicher Deutschkenntnisse abhängig? *Psychiatrische Praxis*, 36, 279–285.

Berry, J. W. (1974). Psychological aspects of cultural pluralism: Unity and identity reconsidered. *Topics in Cultural Learning*, 2, 239–252.

Berry, J. W. (1980). Social and Cultural Change. In H. C. Triandis & R. Brislin (Hrsg.), *Handbook of Cross-cultural Psychology* (S. 211–279). Boston: Allyn & Bacon.

Berry, J. W., Phinney, J. S., Sam, D. L. & Vedder, P. (2006). Immigrant youth: Acculturation, identity and adaptation. *Applied psychology: An International Review, 55*, 303–332.

Bhabha, H. K. (2000). *Die Verortung der Kultur.* Tübingen: Stauffenburg Verlag.

Blank, T. & Schmidt, P. (2003). National Identity in a United Germany: Nationalism or Patriotism? An Empirical Test with Representative Data. *Political Psychology, 24* (2), 289–312.

Bommes, M. (1997). Von »Gastarbeitern« zu Einwanderern: Arbeitsmigration in Niedersachsen. In K. J. Bade (Hrsg.), *Fremde im Land: Zuwanderung und Eingliederung im Raum Niedersachsen seit dem Zweiten Weltkrieg (IMIS-Schriften, 3)* (S. 249–322). Osnabrück: Universitätsverlag Rasch.

Boos-Nünning, U. (1998). Arbeiten und Wohnen als Lebensgrundlage. In A. Eryılmaz & M. Jamin (Hrsg.), *Fremde Heimat* (S. 337–357). Essen: Klartext.

Bundesamt für Migration und Flüchtlinge (2005). *Der Einfluss von Zuwanderung auf die deutsche Gesellschaft.* Nürnberg: Bundesamt für Migration und Flüchtlinge.

Bundesamt für Migration und Flüchtlinge (2010). *Fortschritte der Integration: Zur Situation der fünf größten in Deutschland lebenden Ausländergruppen.* Nürnberg: Bundesamt für Migration und Flüchtlinge.

Braun, G. & Topan, A. (1998). *Internationale Migration. Ihre Folge für die Ursprungsländer und Ansätze eines Migrationsregimes.* Interne Studie der Konrad-Adenauer-Stiftung Nr. 153, Sankt Augustin.

Brucks, U. (1987). *Soziale Lage und ärztliche Sprechstunde. Deutsche und ausländische Patienten in der ambulanten Versorgung.* Hamburg: E. B.-Verl. Rissen.

Brucks, U. (2004). Der blinde Fleck der medizinischen Versorgung in Deutschland: Migration und psychische Erkrankung. *Psychoneuro, 30* (4), 228–231.

Ceylan, R. (2006). *Ethnische Kolonien. Entstehung, Funktion und Wandel am Beispiel türkischer Moscheen und Cafés.* Wiesbaden: VS.

Collatz, J. (1996). Die Welt im Umbruch. Zu Lebenssituation, Gesundheitszustand und Krankheitsversorgung von Migrantinnen und Migranten in Deutschland. *Pro Familia Magazin, 1*, 2–6.

D'Amato, G. (2005). *Vom Ausländer zum Bürger. Der Streit um die politische Integration von Einwanderern in Deutschland, Frankreich und der Schweiz* (3. Aufl.). Münster: Lit.

Domenig, D. (2001). *Migration, Drogen, transkulturelle Kompetenz.* Bern: Huber.

Domenig, D. (2007). *Transkulturelle Kompetenz. Lehrbuch für Pflege-, Gesundheits- und Sozialberufe*. Bern: Huber.

Erikson, E. (1968). *Identity: Youth and crisis*. New York: Norton.

Erim, Y. & Senf, W. (2002). Psychotherapie mit Migranten – Interkulturelle Aspekte in der Psychotherapie. *Psychotherapeut, 47*, 336–346.

Fleischer, M. (1996). *Weltbildgesteuerte Wirklichkeitskonstruktionen. Beiträge zum Phänomen Weltbild.* Specimina philologiae Slavicae. Supplementband 48. München: Otto Sagner.

Franz, M., Liujić, C., Koch, E., Wüsten, B., Yürük, N. & Gallhofer, B. (2007). Subjektive Krankheitskonzepte türkischer Migranten mit psychischen Störungen – Besonderheiten im Vergleich zu deutschen Patienten. *Psychiatrische Praxis, 34*, 332–338.

Gogolin, I. (Hrsg.) (2000). *Migration, gesellschaftliche Differenzierung und Bildung*. Opladen: Leske & Budrich.

Götz, K. (2006). *Interkulturelles Lernen/Interkulturelles Training*. Mering: Hampp.

Hegemann, T. (2010). Gestaltung kultursensibler Servicedienste – Konsequente Entwicklungen in lernenden Organisationen. In T. Hegemann & R. Salman (Hrsg.), *Handbuch Transkulturelle Psychiatrie* (S. 187–198). Bonn: Psychiatrie-Verlag.

Hogg, M.A. & Vaughan, G.M. (2008). *Social Psychology.* Essex: Pearson Education Limited.

Hunger, U. & Thränhardt, D. (2004). Migration und Bildungserfolg: Wo stehen wir? In K.J. Bade & M. Bommes (Hrsg.), *Migration – Integration – Bildung. Grundfragen und Problembereiche* (S. 179–197). Osnabrück: Institut für Migrationsforschung und Interkulturelle Studien (IMIS).

Joksimovic, L. (2010). Psychotherapeutische Institutsambulanzen für Migranten und Flüchtlinge. *PiD – Psychotherapie im Dialog, 11* (4), 341–345.

Köck, C., Moosmüller, A. & Roth, K. (2004). *Zuwanderung und Integration. Kulturwissenschaftliche Zugänge und soziale Praxis*. Münster: Waxmann.

Kreuter, M.W., Lukwago, S.N., Bucholtz, D.C., Clark, E.M. & Sanders-Thompson, V. (2003). Achieving Cultural Appropriateness in Health Promotion Programs: Targeted and Tailored Approaches. *Health Education & Behavior, 30*, 133–146.

Kumbruck, C. & Derboven, W. (2009). *Interkulturelles Training*. (2. Aufl.) Heidelberg: Springer.

Kurtoğlu, I. (2008). *Und die Türken kommen – nicht!* Göttingen: Kurtoğlu, Ihsan.

Lafaille, R. (2003). Kulturwissenschaftliche Perspektive in der Gesundheitsförderung. In Bundeszentrale für gesundheitliche Aufklärung (Hrsg.), *Leitbegriffe der Gesundheitsförderung. Glossar zu Konzepten, Strategien und Methoden in der Gesundheitsförderung.* Schwabenheim a.d. Selz: Peter Sabo.

Landis, D., Bennett, J.M. & Bennett, M.J. (2004). *Handbook of intercultural training.* Thousand Oaks: Sage Publications.

Lee, E.S. (1972). Eine Theorie der Wanderung. In G. Széll (Hrsg.), *Regionale Mobilität* (S. 115–129). München: Nymphenburger.

Lüdemann, C. (2000). Die Erklärung diskriminierender Einstellungen gegenüber Ausländern, Juden und Gastarbeitern in Deutschland. Ein Test der allgemeinen Attitüdentheorie von Fishbein. In R. Alba, P. Schmidt & M. Wasmer (Hrsg.), *Blickpunkt Gesellschaft 5. Deutsche und Ausländer: Freunde, Fremde oder Feinde? Empirische Befunde und theoretische Erklärungen* (S. 373–399). Wiesbaden: Westdeutscher.

Machleidt, W. (2002). Die 12 Sonnenberger Leitlinien zur psychiatrisch-psychotherapeutischen Versorgung von MigrantInnen in Deutschland. *Der Nervenarzt, 73*, 1208–1209.

Machleidt, W. & Heinz, A. (Hrsg.) (2011). *Praxis der interkulturellen Psychiatrie und Psychotherapie. Migration und psychische Gesundheit.* München: Elsevier Urban & Fischer.

McRae, V. (1982). Ausländische Arbeitnehmer in der Bundesrepublik – Einwanderer oder Gäste? *Gewerkschaftliche Monatshefte, 7*, 407–416.

Morina, N., Maier, T. & Schmid Mast, M. (2009). Lost in translation? – Psychotherapie unter Einsatz von Dolmetschern. *Psychotherapie, Psychosomatik, Medizinische Psychologie, 60*, 104–110.

Musharbash, Y. & Volkery, C. (2006). Der Abstieg der Rütli-Schule. http://www.spiegel.de/politik/deutschland/0,1518,409 011,00.html (01. 08. 2010).
Nekvapil, J. (1997). Die kommunikative Überwindung der tschechisch-deutschen ethnischen Polarisation. In S. Höhne & M. Nekula (Hrsg.), *Sprache, Wirtschaft, Kultur. Deutsche und Tschechen in Interaktion* (S. 127–146). München: Iudicium.
Oppedal, B., Røysamb, E. & Sam, D. (2004). The effect of acculturation and social support on change in mental health among young immigrants. *International Journal of Behavioral Development, 28* (6), 481–494.
Özbek, T. & Wohlfart, E. (2006). Der transkulturelle Übergangsraum – ein Theorem und seine Funktion in der transkulturellen Psychotherapie am ZIPP. In E. Wohlfart & M. Zaumseil (Hrsg.), *Transkulturelle Psychiatrie – interkulturelle Psychotherapie* (S. 169–176). Springer: Heidelberg.
Özkan, I. (2002). *Sprache und Kommunikation in der multikulturellen Gesellschaft.* Vortrag auf der Fachtagung »Du kannst mich einfach nicht verstehen ...«, 26.–27. 11. 2002, Marienburg, Zell/Mosel.
Özkan, I., Betz, M. & Demirkan, D. (2010). *Behandlungskonzept für Menschen mit Migrationshintergrund.* Poster auf dem 4. Kongress des Dachverbandes der transkulturellen Psychiatrie, Psychotherapie und Psychosomatik im deutschsprachigen Raum, 09.–11. Dez. 2010, Ärztekammer Nordrhein, Düsseldorf.
Phinney, J. (1989). Stages of ethnic identity development in minority group adolescents. *Journal of Early Adolescence, 9*, 34–49.
Phinney, J. & Alipura, L. (1990). Ethnic identity in college students from four ethnic groups. *Journal of Adolescence, 13*, 171–183.
Prokop, I. (1995). Stereotype, Fremdbilder und Vorurteile. In M. Czyżewski, E. Gülich, H. Hausendorf & M. Kastner (Hrsg.), *Nationale Selbst- und Fremdbilder im Gespräch. Kommunikative Prozesse nach der Wiedervereinigung Deutschlands und dem Systemwandel in Ostmitteleuropa* (S. 180–202). Opladen: Westdeutscher Verlag.
Redfield, R., Linton, R. & Herskovits, M. J. (1936). Memorandum for the Study of Acculturation. *American Anthropologist, 38* (1), 149–152.
Ruhs, D. (2009). *Duale Identität: Konsequenzen und Antezedenzien im Kontext gesellschaftlicher Partizipation.* Hamburg: Kovač.
Ryder, A. G., Yang, J., Zhu, X., Yao, S., Yi, J., Heine, S. J. & Bagby, R. M. (2008). The cultural shaping of depression: Somatic symptoms in China, psychological symptoms in North America? *Journal of Abnormal Psychology, 117* (2), 300–313.
Schaff, A. (1980). *Stereotypen und das menschliche Handeln.* Wien, München, Zürich: Europaverlag.
Schultz, D. (2003). Kulturelle Kompetenz in der psychiatrischen Versorgung von Migrant/innen und Minderheiten: Herausforderung und Chance. In R. Geene, C. Gold & C. Hans (Hrsg.), *Armut und Gesundheit, Gesundheitsziele gegen Armut: Netzwerke für Menschen in schwierigen Lebenslagen* (S. 240–251). Berlin: b_books.
Schultz, T. & Sackmann, R. (2001). »Wir Türken...« Zur kollektiven Identität türkischer Migranten in Deutschland. *Politik und Zeitgeschichte, 43*, 40–45.
Sonnenberger, K. (2003). Verwaltete Arbeitskraft: die Anwerbung von »Gastarbeiterinnen« und »Gastarbeitern« durch die Arbeitsverwaltung in den 1950er und 1960er Jahren. In J. Oltmer (Hrsg.), *Migration steuern und verwalten* (S. 145–176). Göttingen: V&R unipress.
Statistisches Bundesamt (2009). *Bevölkerung und Erwerbstätigkeit. Ausländische Bevölkerung. Ergebnisse des Ausländerzentralregisters.* Fachserie 1 Reihe 2 (Ausgabe vom 24. März 2009). Wiesbaden: Statistisches Bundesamt.
Steinert, J. D. (1995). *Migration und Politik: Westdeutschland – Europa – Übersee 1945–1961.* Osnabrück: Secolo.
Stephan, W. G. & Stephan, C. W. (1985). Intergroup anxiety. *Journal of Social Issues, 41* (3), 157–175.
Tajfel, H. (1981). *Human Groups and Social Categories.* Cambridge: Cambridge University Press.

Tajfel, H. (1982). Social psychology of intergroup relations. *Annual Review of Psychology, 33*, 1–39.

Tajfel, H. & Turner, J. C. (1979). An Integrative Theory of Intergroup Conflict. In W. G. Austin & S. Worchel (Hrsg.), *The Social Psychology of Intergroup Relations*. Monterey: Brooks-Cole.

Tumani, V., Özkan, I., Bremer-Faure, K., Faure, H., Kandulski, F., Sachsse, U. & Koller, M. (1999). Behandlungskonzepte für ethnische Minoritäten am LKH Göttingen – das Göttinger Konzept. *Psycho, 25* (2), 111–120.

Turner, J. C. (1982). Towards a cognitiv redefinition of the group. In H. Tajfel (Hrsg.), *Social identity and intergroup relations* (S. 15–40). Cambrigde: Cambridge University Press.

Turner, J. C., Hogg, M. A., Oakes, P. J., Reicher, S. D. & Wetherell, M. S. (1987). *Rediscovering the social group. A Self-Categorization Theory*. New York: Basil Blackwell.

UN Population Division (2006). *International Migration and Development Report 2006*. New York: UN Publications.

UN Population Division (2009). *International Migration 2009. Wall Chart*. New York: UN Publications.

Vedder, P., Sam, D. L. & Liebkind, K. (2007). Adaptation of adolescents with Turkish background in Europe. *Applied Developmental Science, 11*, 126–136.

Verkuyten, M. & Yildiz, A. (2007). National (dis)identification, and ethnic and religious identity: A study among Turkish-Dutch Muslims. *Personality and Social Psychology Bulletin, 33*, 1448–1462.

von Wilamowitz-Moellendorff, U. (2001). *Türken in Deutschland – Einstellungen zu Staat und Gesellschaft*. Arbeitspapier herausgegeben von der Konrad-Adenauer-Stiftung e. V.

von Wilamowitz-Moellendorff, U. (2002). *Türken in Deutschland II – Individuelle Perspektiven und Problemlagen*. Arbeitspapier herausgegeben von der Konrad-Adenauer-Stiftung e. V.

Waldzus, S. & Mummendey, A. (2004). Inclusion in a superordinate category, in-group prototypicality, and attitudes towards out-groups. *Journal of Experimental Social Psychology, 40*, 466–477.

Ward, C. (2001). The ABC's of acculturation. In D. Matsomuto (Hrsg.), *The handbook of culture and psychology* (S. 411–445). Oxford: Oxford University Press.

Yağdiran, O., Kleinemeier, E. & Haasen, C. (2003). Psychische Störungen bei Migranten – Spezifische Stressoren sind bedeutsam. *Der Neurologe und Psychiater, 10* (3), 32–35.

Yildirim-Fahlbusch, Y. (2003). Kulturelle Missverständnisse. *Deutsches Ärzteblatt, 5*, 213–215.

Zagefka, H. & Brown, R. (2002). The relationship between acculturation strategies, relative fit and intergroup relations: immigrant-majority relations in Germany. *European Journal of Social Psychology, 32*, 171–188.

Zielgruppenorientierte Gesundheitsberatung von muslimischen Migranten im Krankenhaus

Havva Mazı

Einleitung

Seit langem werden die sozialen Benachteiligungen und Probleme in der gesundheitlichen Versorgung von Migranten diskutiert (z. B. Zimmermann, 2000; Borde et al., 2000; Ilkilic, 2002; Razum et al., 2004; Razum et al., 2008; Özcan & Seifert, 2006). Viele Migranten sind mittlerweile in einem Alter, in dem die Wahrscheinlichkeit chronischer Krankheiten und Pflegebedürftigkeit zunimmt. Dies geht oft einher mit längeren Krankenhausaufenthalten, Aufenthalten in Rehabilitationseinrichtungen und ambulanter Rehabilitation. Bis zu diesem Zeitpunkt nicht oder nur wenig beachtete Besonderheiten, wie Sprach- und Kommunikationsschwierigkeiten oder religiöse und kulturelle Gegebenheiten, werden somit zunehmend von Bedeutung sein. Insbesondere bei stationären Versorgungen stellen sie sich oft als entscheidender Hinderungsgrund mit vielfältigen Schwierigkeiten heraus (vgl. Klanke & Mazı, 2006, S. 12). Hinzu kommen die Defizite des deutschen Gesundheitswesens, zu denen auch das Fehlen eines sensiblen Versorgungsverständnisses für migrationsspezifische Gegebenheiten sowohl innerhalb der Struktur der Dienstleistungen als auch bei deren Mitarbeitern zu zählen ist.

Einige Autoren (z. B. Dietzel-Papakyriakou & Olbermann, 2005; Görres & Hasseler, 2008) haben bereits darauf hingewiesen, aufgrund der demografischen Entwicklung in der Bevölkerung und des damit verbundenen Versorgungsbedarfs spezielle Versorgungs- und Behandlungskonzepte für Migranten zu entwickeln. In einigen Einrichtungen kann man schon heute Bemühungen beobachten, die gesundheitliche Versorgung dieser Patientengruppe durch den Aufbau spezieller Angebote zu verbessern. Sie reichen jedoch noch nicht im erforderlichen Maße aus, um Patienten und Angehörige aus der Migrantenbevölkerung zu unterstützen und insgesamt eine bedarfs- und bedürfnisorientierte Versorgung zu gewährleisten (vgl. Borde, 2009, S. 2; vgl. Razum et al., 2008, S. 132).

Die folgenden Ausführungen beschreiben Überlegungen zu einer möglichen bedarfs- und bedürfnisorientierten Versorgung muslimischer Patienten in stationären Gesundheitseinrichtungen. Zunächst werden die Hintergründe der Notwendigkeit eines solchen Behandlungs- und Versorgungskonzeptes erläutert. Nach Darstellung der gesundheitlichen Situation von Migranten wird auf mögliche Barrieren in der gesundheitlichen Versorgung dieser Patientengruppe eingegangen und Defizite im deutschen Gesundheitswesen angesprochen. Hieran schließen sich Überlegungen zu einem konkreten Versorgungskonzept für muslimische Patienten in der stationären Versorgung an. Diese thematisieren Maßnahmen zur Versorgungsgestaltung im Krankenhaus auf der organisatorischen Ebene sowie Maßnahmen zur Berücksichtigung kulturell-religiöser Aspekte. Abschließend wird versucht, Möglichkeiten, aber auch Grenzen einer solchen transkulturellen Arbeit in einer stationären Einrichtung darzustellen.

1 Problemstellung

1.1 Die gesundheitliche Situation von Menschen mit Migrationshintergrund in Deutschland

Viele Migranten sind anfangs infolge staatlicher Anwerbungen als sogenannte Gastarbeiter nach Deutschland gekommen (Ceylan, 2006, S. 29). Nach und nach wurden auch die Angehörigen der ausländischen Arbeiter im Rahmen von Familienzusammenführungen nach Deutschland geholt (Tüsün, 2002, S. 91). Vor ihrer Einreise wurden Arbeitsmigranten bereits in ihrem Heimatland von deutschen Medizinern untersucht. Nur die Bewerber wurden zugelassen, die für die vorgesehenen Arbeiten entsprechend belastbar waren (ebd., S. 90; Reeg, 1984, S. 158f.). Daher waren diese Migranten aufgrund der Auswahleffekte anfangs sogar gesünder als ein Großteil der vergleichbaren deutschen Bevölkerung. Dies wird als »Healthy-Migrant-Effect« bezeichnet. Dieser Effekt hat jedoch inzwischen hinsichtlich der Morbidität abgenommen. Migranten wurden häufiger in der Schicht- und Akkordarbeit eingesetzt und die von ihnen ausgeübten Tätigkeiten waren oft mit gesundheitsgefährdenden Belastungen verbunden. Zudem sind sie vielfältigen psycho-sozialen und ökonomischen Belastungen ausgesetzt. Dies lässt sich migrationsspezifisch erklären, z.B. durch einen niedrigeren sozioökonomischen Status, geringeres Einkommen, aber u.U. auch durch einen unsicheren Aufenthaltsstatus (Glodny & Razum, 2008, S. 140f). Die Arbeitsmigration trennte ganze Familien und wirkte sich insgesamt negativ auf die Familiendynamik aus (ebd.; Güç, 1984, S. 86). Daraus resultierten nicht nur psycho-soziale Belastungen, sondern auch der Verlust sozialer Unterstützung. Wie Leyer zeigt, ist die erste Generation der Arbeitsmigranten oft vorgealtert und krank (Leyer, 1988, S. 102) und es ist zu erwarten, dass geriatrische Krankheiten bei älteren Migranten im Vergleich zu älteren Deutschen häufiger und zeitlich früher auftreten (Glodny & Razum, 2008, S. 140; Dietzel-Papakyriakou & Olbermann, 2005, S. 310).

1.2 Barrieren in der gesundheitlichen Versorgung von muslimischen Migranten türkischer Herkunft

Verschiedene Hindernisse erschweren die gesundheitliche Behandlung und Versorgung von Menschen mit Migrationshintergrund. Da türkischstämmige den größten Teil innerhalb der Gruppe der muslimischen Migranten bilden, fokussieren sich die folgenden Ausführungen explizit auf diese Zielgruppe.

Die Deutschkenntnisse vieler Migranten sind für eine Verständigung mit Ärzten und anderen behandelnden und versorgenden Berufsgruppen oft nicht ausreichend. Negative Folgen der Sprach- und Kommunikationsschwierigkeiten zeigen sich insbesondere bei der Patientenaufklärung vor einem medizinischen Eingriff: Eine nicht regelhaft erfolgte Aufklärung wirkt sich u. U. nicht nur ungünstig auf den Patienten aus, sondern kann auch zu Arzthaftungen führen (vgl. Kranich, 2001, S. 33). Da im deutschen Gesundheitswesen nicht gesetzlich geregelt ist, ob und wann ein Dolmetscher hinzuzuziehen ist, hängt der Umgang mit der Sprachproblematik von den Bedingungen innerhalb eines Krankenhauses und v. a. von der Sensibilität des jeweiligen Personals ab (vgl. Borde et al., 2000, S. 139). Im Allgemeinen werden Angehörige oder Krankenhauspersonal, und hier nicht selten Reinigungskräfte oder andere fremde Personen, zum Übersetzen herangezogen. Dies wirft jedoch hinsichtlich der Schweigepflicht und natürlich auch der Übersetzungsqualität viele Fragen auf (ebd., S. 140 f.).

Ein weiteres Hindernis in der Kommunikation ist ein oftmals niedriges Bildungsniveau bzw. der Analphabetismus von Patienten insbesondere mit türkischem Migrationshintergrund. In den ersten Stunden der Arbeitsmigration war es Bedingung der Arbeitgeber, ungelernte Arbeiter anzuwerben. Daher stammt die sog. erste Generation dieser Migranten aus den infrastrukturell unterentwickelten ländlichen Gebieten der Türkei (Koptagel-Ilal, 1988, S. 168). Dort gab es keine oder nur äußerst geringe Möglichkeiten für einen Schulbesuch. Negative Folgen dieser Besonderheit zeigen sich wiederum v. a. in der Patientenaufklärung. Eine medizinische Aufklärung setzt nicht nur ausreichende Sprachkenntnisse voraus, sondern auch ein Wissen über Körpervorgänge (David et al., 2000, S. 79), das vielen älteren türkischen Migranten jedoch fehlt.

Die Kommunikation zwischen Migranten und behandelndem Personal kann auch durch unterschiedliche Vorstellungen von Gesundheit und Krankheit beeinträchtigt werden. Wie diese Aspekte wahrgenommen werden, ist eng an den entsprechenden Kulturkreis gebunden (vgl. Lux, 1999, S. 18). Schildern Migranten ihre Beschwerden, so transportieren sie damit eben diese eigene kulturspezifische Wahrnehmung. Dies verunsichert oftmals westliche Mediziner und führt häufig zu Problemen in der Arzt-Patient-Beziehung (Theilen, 1985, S. 295 f.; Ete, 1995, S. 211).

Gerade das spezifische religiöse Verständnis des Islam und darauf basierende Gebote und Handlungen führen oft zu Schwierigkeiten in der Interaktion zwischen dem Personal des Gesundheits- und Sozialwesens und muslimischen Migranten (vgl. Rüschoff, 1992, S. 40). Der Islam beansprucht, auch die sogenannten profanen Bereiche religiös zu bestimmen, und beeinflusst daher alle Bereiche und Ebenen des menschlichen Lebens (Khoury, 1976, S. 41). In diesem Sinne ist für einen praktizierenden Muslim Religion gleichbedeutend mit einer bestimmten Lebensweise (Zaidan, 1999, S. 29). Die Religion nimmt nicht nur auf die Tagesstruktur eines Muslims Einfluss, sondern prägt auch seine Einstellung gegenüber Therapie und Behandlung (vgl. Ilkilic, 2005, S. 39).

1.3 Defizite des deutschen Versorgungswesens

Die Defizite des deutschen Gesundheitswesens stehen seit langer Zeit im Mittelpunkt der gesundheitspolitischen Debatte. Sie werden beschrieben als »die Expertendominanz in der Krankenversorgung, der ausgeprägte Objektstatus der Patienten, der Mangel an persönlicher Zuwendung bei der Krankheitsbewältigung, die Abschottung der Versorgungssektoren, die mangelhafte Ausrichtung der Versorgung an Leitlinien und die unzureichenden Mitwirkungsmöglichkeiten der Nutzer auf der Meso- und Makroebene des Gesundheitswesens« (Gerlinger, 2009, S. 22). Hinzu kommt, dass die einzelnen Professionen im Gesundheits- und Sozialsystem in der Praxis eher ungenügend miteinander kooperieren und sich nicht an den Bedürfnissen des einzelnen Patienten orientieren (Hurrelmann, 2001, S. 45). Das seit den 1990er Jahren geforderte Konzept der »Nutzerorientierung« kann man durchaus als Antwort auf die genannten Defizite verstehen (Gerlinger, 2009, S. 22; Dierks et al., 2006, S. 7). Dieses Konzept fordert von den Akteuren, gesundheitliche Versorgung an den Interessen und Bedürfnissen ihrer Nutzer zu orientieren. Durch Informations- und Partizipationsmöglichkeiten sollen Betroffene unterstützt werden; die gesundheitliche Versorgung soll an ihren Bedürfnissen ausgerichtet, Präferenzen und Qualitätsmaßstäbe von Patienten berücksichtigt und auf diese Weise die Fehlentwicklungen im Gesundheitssystem korrigiert werden (Dierks et al., 2006, S. 7). Zudem sollen die Kompetenzen der Nutzer gefördert und allgemein ihre Position gestärkt werden. Die Befähigung, Gesundheitsangebote rechtzeitig und sinnvoll zu nutzen, ist gerade für Angehörige sozial randständiger Gruppen wichtig. Mangelndes Wissen und defizitäre Handlungskompetenzen verschärfen das Ausmaß gesundheitlicher Ungleichheit (Bauer et al., 2005, S. 187).

Entsprechend dem Leitbild der Gesundheitspolitik ist es Aufgabe eines Sozialstaates, durch Regelungen sicherzustellen,

> dass jeder Mensch mit einem Gesundheitsproblem zum richtigen Zeitpunkt in das richtige Teilsystem der Gesundheitssicherung gelangt und dort – unabhängig von seiner Kaufkraft und seinem sozialen Status – eine möglichst wirksame und möglichst kostengünstige, seiner Würde, seinem Problem und seiner Individualität entsprechende Behandlung als mündiger Bürger und Coproduzent seiner Gesundheit erfährt. (Rosenbrock, 2001, S. 32)

2 Folgerungen für die Versorgung

Eine auf die Bedürfnisse und Problemlagen von Migranten zugeschnittene Versorgung ist nur durch die Entwicklung bzw. Erweiterung sogenannter transkultureller Kompetenz auf allen Ebenen und Bereichen einer Organisation möglich. Dies wird bereits seit längerem gefordert (z. B. Domenig, 2003) und berührt verschiedene Schnittstellen und Bereiche einer behandelnden und versorgenden Einrichtung. Ein Versorgungskonzept muss daher möglichst breit angelegt und umfassend sein. Nachfolgend werden die wichtigsten Aspekte eines solchen Konzeptes beschrieben.

2.1 Organisatorische Maßnahmen

Einrichtung eines Beratungs- und Betreuungsdienstes

Ist ein Konzept zur Versorgung muslimischer Patienten nach den notwendigen Vorbereitungen erarbeitet, dann muss im Krankenhaus ein entsprechender Beratungs- und Betreuungsdienst eingerichtet werden. Dessen Personal nimmt bei der Umsetzung dieses Konzeptes eine Schlüsselrolle ein und sein Gelingen hängt in hohem Maße von Qualifikation und Kompetenz des Dienstes ab: Er übernimmt die Verantwortung für die Organisation und Durchführung der Versorgung im transkulturellen Bereich. Ziel sollte sein, die Behandlung und Versorgung des Patienten während seines Krankenhausaufenthaltes seinen Bedürfnissen und Problemen entsprechend zu gewährleisten und durch integrative Maßnahmen einen reibungslosen Ablauf im Krankenhausalltag zu ermöglichen. Aufgabe dieses speziellen Personals ist es daher auch, die Kommunikation zwischen dem übrigen Personal und den Patienten der Zielgruppe durch qualifizierte Übersetzungen zu fördern (siehe hierzu ausführlich: Stuker, 2007; Allaoui, 2005).

Das Personal des Betreuungsdienstes muss Patienten mit Migrationshintergrund eine kompetente Beratung zu sozialen und gesundheitlichen Fragen anbieten können. Diese Beratung soll sie befähigen, ihre Interessen und ihr Selbstbestimmungsrecht wahrzunehmen und sich aktiv an der eigenen Versorgung zu beteiligen (Brinkmann-Göbel, 2001, S. 25). Dafür muss die transkulturelle Beratung neben kulturellem und migrationsspezifischem Hintergrundwissen auch über grundlegende Kenntnisse zu den Themen Gesundheit und Krankheit, Krankenversorgung und Krankenhausorganisation, aber auch zu aktuellen Themen der Gesundheitspolitik verfügen.

In einem Versorgungskonzept, dessen Zielgruppe muslimische Patienten sind, muss der Betreuungsdienst auch zu Fragen mit religiösem Inhalt beraten und Stellung beziehen. Auch hier ist fundiertes Wissen nötig, um Patienten und deren Angehörige, v. a. aber auch das übrige Personal, angemessen beraten zu können. Bei komplizierten Fragen, deren Klärung ohnehin des Wissens eines islamischen Rechtsgelehrten bedarf, muss der interkulturelle Betreuer seine Grenzen erkennen und durch die Vermittlung eines Experten eine sachgemäße Beratung sicherstellen.

Die Ausführungen zeigen, dass Mitarbeiter eines Beratungs- und Betreuungsdienstes im transkulturellen Bereich mit zahlreichen anspruchsvollen Aufgaben und Anforderungen konfrontiert sind. Um diesen Anforderungen gerecht zu werden, ist eine entsprechende Aus- und Weiterbildung unerlässlich. Bilinguale Sprachkenntnisse sowie kulturelle und religiöse Hintergrundinformationen über die Zielgruppe reichen aber nicht unbedingt aus: Es wäre ideal, wenn gerade dieses Personal über eine pflegerische und zusätzlich auch akademische Ausbildung z. B. im Sozialwesen verfügt.

Mitarbeiterfortbildung im Krankenhaus

Entscheidet eine Klinikleitung, die transkulturelle Beratung in ihrem Haus zu etablieren, sollten alle Mitarbeiter über das Vorhaben und dessen Ziele informiert und fortgebildet werden. Die Umsetzung eines solchen Konzeptes kann nur gelingen, wenn alle Mitarbeiter darin einbezogen sind. Die Teilnahme an Fortbildungsmaßnahmen sollte allen Mitarbeitern nicht nur angeboten, sondern im Sinne einer Pflichtveranstaltung als verbindlich angesehen werden.

Es kommt häufig vor, dass Klinikmitarbeiter von diesen Fortbildungen eher Handlungsanweisungen für entsprechende Situationen erwarten. Diesem Wunsch stehen jedoch der Charakter und die Arbeitsweise der humandienstlichen Berufe gegenüber. Remmers (2000, S. 11 f.) bemerkt dazu, dass es allen auf Personen ausgerichteten Dienstleistungsberufen an einem klaren, eindeutigen und fest umrissenen Gegenstand mangelt. Handlungen in diesen Berufen sind in hohem Maße situationsabhängig und durch unvorhersehbare Verläufe gekennzeichnet. Klare und »für alle Fälle« geltende Handlungsvorgaben sowie eindeutig festgelegte Handlungsstrukturen sind gegenüber solchen Phänomenen der Ungewissheit kontraproduktiv. »Die durch intervenierendes Handeln jeweils zu erbringenden Leistungen setzen daher auch Fähigkeiten eines flexiblen Umgangs sowohl mit unsicheren Verläufen als auch mit den daraus erwachsenden Reaktionen der unmittelbar Betroffenen voraus« (ebd., S. 11). Dies gilt auch für einen angemessenen Umgang mit Menschen aus anderen Kulturen und ist eine der Grundlagen transkultureller Kompetenz.

Domenig beschreibt transkulturelle Kompetenz als »die Fähigkeit, individuelle Lebenswelten in der besonderen Situation und in unterschiedlichen Kontexten zu erfassen, zu verstehen und entsprechende, angepasste Handlungsweisen daraus abzuleiten« (Domenig, 2007, S. 174). Die Reflexion der eigenen lebensweltlichen Prägung und die Fähigkeit, die Perspektive anderer zu erfassen, das Vermeiden von Kulturalisierungen und Stereotypisierungen bestimmter Zielgruppen sind charakterisierende Eigenschaften transkulturell kompetenter Fachkräfte (ebd.). Kulturelle und religiöse Hintergrundinformationen sollen vermittelt werden, ohne dabei Stereotypisierungen Vorschub zu leisten. Diese Gefahr besteht in der interkulturellen Arbeit gerade dann, wenn das Verhalten einzelner Personen als Kultur angesehen wird. Dann wird »Kultur« fast als »Natur« des Menschen gleichgesetzt, »etwas was einem anhaftet und das Handeln determiniert« (Kalpaka, 2004, S. 32). Es gilt zu bedenken, dass Menschen gleichzeitig verschiedenen Welten angehören und je nach Situation ihre Handlungen strategisch wählen können (Habermann, 1997, S. 56). Hintergrundwissen über Lebensbedingungen, Religionsausübung und diesbezügliche Bedürfnisse sowie über die familiären Bedingungen von Migranten zu vermitteln, ist für die transkulturelle Arbeit hilfreich und bei einer zielgruppenorientierten Versorgung sogar notwendig. Man darf nicht vergessen, dass auch Angehörige der gleichen Ethnie unterschiedliche Einstellungen gegenüber kulturellen Gegebenheiten oder der Religionsausübung haben. Hier gilt der Grundsatz, dass Hintergrundinformationen dazu dienen müssen, die richtigen Fragen zu stellen und sie nicht diese Fragen ersetzen können (Habermann, 1999, S. 7).

Auch Themen wie Gesundheitspolitik, Patienten- und Menschenrechte, gesellschaftliche Entwicklungen vor dem Hintergrund von Migration sollten bei Fortbildungen behandelt werden. Die transkulturelle Arbeit und die damit verbundenen Angebote für Patienten und deren Angehörige sollen dazu dienen, eine bedarfs- und bedürfnisorientierte Gesundheitsversorgung von Personen aus der Migrantenbevölkerung zu gewährleisten. Hierauf haben sie als Patient, als Versicherte und als (Mit-)Bürger, aber v. a. als Mensch einen Anspruch. Daher müssen die Mitarbeiter einer Einrichtung schließlich auch immer wieder daran erinnert werden, dass die transkulturelle Arbeit keine zusätzliche Leistung ist.

Neben Fortbildungen zur Erweiterung der eigenen transkulturellen Kompetenz bieten manche Krankenhäuser mit hohem Patientenanteil aus der Migrantenbevölkerung auch Sprachkurse an. Hierzu muss man anmerken, dass in diesen Kursen nur oberflächliche Sprachkenntnisse vermittelt werden und die erworbenen Sprachkenntnisse für eine adäquate Verständigung mit Migranten im Krankenhausalltag nicht ausreichen. Dennoch sind diese Angebote für das Personal hilfreich, da allein die erworbene Fähigkeit, den Patientennamen korrekt auszusprechen und sich in der Sprache des Patienten mit standardisierten Höflichkeiten begegnen zu können, in der transkulturellen Arbeit einen hohen Stellenwert hat (Klanke & Mazı, 2006, S. 199).

Im Rahmen von transkultureller Beratung in Einrichtungen sollten vermehrt auch Mitarbeiter mit Migrationshintergrund eingestellt werden. Dabei ist darauf zu achten, dass diese Mitarbeiter nicht in erster Linie eingestellt werden, um ihre Landsleute zu versorgen. Vielmehr sollte diese Maßnahme dazu dienen, kulturelle Vielfalt auch innerhalb der Mitarbeiterstruktur zu schaffen und die transkulturelle Kompetenz in einem multikulturellen Behandlungsteam voranzutreiben (ebd., S. 210).

2.2 Kulturell-religiöse Aspekte

Die Ausübung der religiösen Gebräuche spielt im Tagesablauf praktizierender Muslime eine zentrale Rolle. Die Religionsausübung erhält daher in der ungewohnten Umgebung eines Krankenhauses besondere Bedeutung.

Berücksichtigung der islamischen Speisevorschriften im Krankenhaus

Für muslimische Patienten sind ihre religiös geprägten Essgewohnheiten von größter Wichtigkeit. Allerdings entspricht in Krankenhäusern und Kliniken die für Muslime angebotene Kost nicht deren Bedürfnissen. Die Mahlzeiten werden zwar ohne Schweinefleisch zubereitet, viele Patienten sind sich dennoch unsicher, ob die Speisen wirklich im islamischen Sinne »helal« sind. Für viele Muslime ist es zudem wichtig, dass und wie ein Tier geschächtet wird (siehe hierzu ausführlich Karaman, 2001, S. 33). Da gerade dieser religiöse Aspekt in einem Krankenhaus nicht unbedingt berücksichtigt wird, geraten viele muslimische Patienten in eine schwierige Situation. So lassen sie sich ihre Mahlzeiten stattdessen von Angehörigen in die Klinik bringen. Dies kann jedoch dazu führen, dass ärztliche Anordnungen, wie z. B. die Einhaltung einer Diät bei einer Stoffwechselerkrankung, beeinträchtigt oder sogar verhindert werden (Klanke & Mazı, 2006, S. 194).

Die jeweilige Klinik muss genau prüfen, ob sie für muslimische Patienten erlaubtes Essen anbieten kann. Wenn dies nicht möglich ist, muss stattdessen mit dem medizinischen und pflegerischen Personal geklärt werden, wie Angehörige darüber aufgeklärt werden können, dass es für Patienten z. B. wichtig ist, eine spezielle Diät einzuhalten.

Umgang mit dem Schamgefühl bei Untersuchung und Behandlung

Ein weiterer wichtiger Aspekt ist die Berücksichtigung des Schamgefühls bei medizinischen Untersuchungen, bei der pflegerischen Versorgung und therapeutischen Behandlung. Muslimische Patienten verhalten sich hinsichtlich ihres Schamgefühls unterschiedlich. Hierbei spielen die Intensität der Religionsausübung, das Alter und Geschlecht des Patienten, die Behandlung selbst und v. a. die zu untersuchende Körperregion eine Rolle. Für viele männliche muslimische Patienten ist die Untersuchung durch einen gegengeschlechtlichen Arzt durchaus akzeptabel. Strenggläubige muslimische Frauen hingegen lehnen es ab, von einem männlichen Arzt untersucht zu werden. Kann die Untersuchung jedoch nur von einem Arzt durchgeführt werden, verhalten sie sich so zurückhaltend, dass die Untersuchung mitunter nicht sachgerecht erfolgen kann bzw. ungebührlich viel Zeit beansprucht (vgl. Zink, 1985, S. 356). Bei Therapien und in der pflegerischen Versorgung sind die Einstellungen männlicher und weiblicher muslimischer Patienten ähnlich. Sie wünschen sich in der Regel, von gleichgeschlechtlichem Personal oder in einer gleichgeschlechtlichen Gruppe behandelt zu werden. Wenn eine Klinik dies nicht gewährleisten kann, bleiben viele Therapieangebote, wie z. B. Wassergymnastik, für viele muslimische Patienten unerreichbar, obwohl sie indiziert sind (Klanke & Mazı, 2006, S. 69).

Verrichtung der Gebete

Das rituelle Gebet in einem Krankenhaus zu verrichten, ist für einen praktizierenden Muslim eine weitere Schwierigkeit. In den meisten Krankenhäusern steht den Patienten kein Gebetsraum zur Verfügung. Die Patienten versuchen dann, im Patientenzimmer, im Flur oder auf ihrem Bett zu beten. Obwohl Muslime für das Gebet keinen besonderen Raum benötigen, sind die genannten Räume dennoch wenig geeignet. Wenn Patienten diesem Gebot nicht entsprechend nachkommen können, beeinflusst das ihr Wohlbefinden. Außerdem empfinden praktizierende muslimische Patienten es als ein Zeichen von Gleichgültigkeit ihnen gegenüber, wenn in den Kliniken ein Gebetsraum fehlt. Dieses Gefühl fehlenden Respekts gegenüber ihrer Persönlichkeit kann zu Vertrauensverlust führen und dies wiederum beeinträchtigt die Kommunikation (ebd., S. 195).

Fasten im Monat Ramadan

Viele Muslime betrachten das Fasten im Monat Ramadan als wichtigsten Ausdruck ihrer Religiosität. Dieses Gebot wird auch von Muslimen praktiziert, die den anderen religiösen Geboten nicht oder nicht regelmäßig nachkommen. Obwohl es Muslimen erlaubt ist, nicht zu fasten, wenn sie krank sind (Koran, 2:184), kann man beobachten, dass manche strenggläubige Patienten dennoch bestrebt sind, dieses Gebot auch während ihres Krankenhausaufenthaltes zu erfüllen. Dieser Wunsch des Patienten ist für die Behandlung oft hinderlich: Das Fastengebot ist in vielen Einrichtungen nur unzureichend bekannt oder aber es wird bei der Behandlung nicht berücksichtigt. Muslimische Patienten müssen daher zu den Auswirkungen ihrer Krankheit auf die Einhaltung der religiösen Gebote beraten werden, um sie in dieser Konfliktsituation zu befähigen, eine für sie sinnvolle Entscheidung zu treffen (Klanke & Mazı, 2006, S. 194.).

Angehörigenarbeit

Ein weiterer wichtiger Aspekt in der stationären Versorgung ist die Berücksichtigung des sozialen Umfeldes des Patienten. Viele muslimische Patienten werden während ihres Krankenhausaufenthaltes von ihren Angehörigen begleitet, um sie bei Sprach- und Verständigungsproblemen und ganz allgemein in ihrer jetzigen Situation emotional zu unterstützen. Klinikmitarbeiter und Mitpatienten fühlen sich dadurch häufig gestört. Entsprechende Räumlichkeiten sollten es daher den Patienten ermöglichen, ihre Besucher zu empfangen. Zudem sollte versucht werden, die Familie weitgehend in den Behandlungsprozess einzubeziehen. Hier ist es sehr wichtig, die Familie z. B. über gesunde Ernährung und ausreichend Bewegung aufzuklären. Angehörige können die Compliance insbesondere der muslimischen Patientengruppe besonders fördern (ebd., S. 197).

3 Möglichkeiten und Grenzen einer transkulturellen Arbeit im Krankenhaus

Als innovativer Ansatz bieten Maßnahmen zur Entwicklung und Erweiterung transkultureller Kompetenz im Krankenhaus zwar viele Chancen, es müssen aber gleichzeitig auch ihre Grenzen bedacht werden.

Sind entsprechend qualifizierte Fachkräfte in einem Krankenhaus angestellt, können Personal sowie Patienten und deren Angehörige sie jederzeit zu kulturellen und religiösen Fragen hinzuziehen. Dies führt jedoch in manchen Situationen dazu, dass dem Patienten vermittelt wird, für ihn sei nicht das Gesundheitspersonal, sondern die transkulturelle Beratung zuständig. Als Folge eines solchen Missverständnisses kann sich ein muslimischer Patient vom Gesundheitspersonal »abgeschoben« fühlen.

Die Ziele transkultureller Arbeit im Krankenhaus müssen den übrigen Mitarbeitern natürlich vermittelt werden. Im Klinikalltag sind Konflikte fast unvermeidlich, wenn das übrige Personal keine klare Vorstellung über die Arbeit der transkulturellen Betreuung hat. Wenn sowohl das Personal des Betreuungsdienstes als auch die Patienten dem gleichen Kulturkreis angehören, kann die professionelle Unterstützung u. U. als Ausdruck einer trivialen kulturellen bzw. nationalen Solidarität missverstanden werden. Der Berater wird dann nicht nur als Angehörige einer bestimmten Kultur oder Nation, sondern auch als dessen Repräsentant wahrgenommen. Damit erwartet man gleichzeitig von ihm, die Verantwortung für das befremdlich wirkende Verhalten der Patienten zu übernehmen. Die Forderung nach Integration in den Klinikalltag kann so weit gehen, dass die Aufforderung an den Berater, sich um seine Landsleute zu kümmern, die Forderung nach einer (Um-) Erziehung der Zielgruppe impliziert.

Mitarbeiter des Betreuungsdienstes werden oft von anderen Berufsgruppen dahingehend missverstanden, ihnen bei der Versorgung und Behandlung der Zielgruppe zu »helfen«. Das kann dazu führen, dass Mitarbeiter ihre Aufgaben teilweise oder auch ganz mit der Rechtfertigung auf den Mitarbeiter der transkulturellen Betreuung delegieren wollen, dass sie selbst sich mit den Patienten nicht verständigen können. Ein weiteres Problem liegt darin, dass einige Mitarbeiter eine negative Einstellung gegenüber Menschen aus der Migrantenbevölkerung haben. Hier fehlt dann die Bereitschaft, sich überhaupt mit einer transkulturellen Arbeit auseinanderzusetzen. Dies kann hausintern bedeuten, dass es schwierig ist, überhaupt ein solches Programm zu implementieren. Führungskräfte müssen diese Situation erkennen und dürfen sie nicht eskalieren lassen. Auch die Unterstützung durch den Betriebsrat kann entsprechend hilfreich sein.

Um seine Aufgaben durchführen zu können, benötigt das Personal des Betreuungsdienstes einen relativ großen Spielraum, eine gewisse Autonomie und Befugnisse entsprechend seiner Verantwortung. Wichtig ist, dass das Krankenhauspersonal die Kompetenz und Qualifikation des Betreuungsdienstes anerkennt. Darin muss die Krankenhausleitung den Betreuungsdienst entsprechend unterstützen. Dennoch ist es wichtig, dass Autorität und Verantwortung des Betreuungsdienstes aus seiner Qualifikation und Kompetenz erwachsen. Durch sein eigenes professionelles Auftreten muss er sich innerhalb der Krankenhaushierarchie daher oft auch selbst einen sicheren Platz schaffen können.

4 Fazit

Für eine angemessene Versorgung und Behandlung von Personen aus der Migrantenbevölkerung sind spezielle, auf ihre Bedürfnis- und Problemlagen zugeschnittene Behandlungs- und Betreuungskonzepte erforderlich. In der Praxis existieren diese Konzepte vorwiegend für türkisch-stämmige Migranten. Diese Bemühungen sind nicht zu unterschätzen, zumal sie ein bisher kaum wahrgenommenes Thema aufgreifen und versuchen, die gesundheitliche Versorgung von Migranten durch spezielle Angebote zu verbessern. Dennoch vernachlässigen sie oft das System der gesamten Organisation eines Krankenhauses und ihre Mitarbeiter: Die Betreuung und zum Teil auch die Behandlung und Versorgung von Patienten mit türkischem Migrationshintergrund wird überwiegend von türkischem Personal durchgeführt und diesem Personal auch weitgehend überlassen. Dies kann u. U. als ein Signal interpretiert werden, sich ganz von dieser Migrantengruppe abgrenzen und distanzieren zu wollen (vgl. Klanke & Mazı, 2006, S. 212). In diesem Zusammenhang gilt es zu bedenken, ob das betreuende Personal über eine – wenn überhaupt – für eine solche Tätigkeit geeignete Ausbildung, ausreichende berufliche und soziale Kompetenz sowie auch selbst über die dafür erforderlichen Sprachkenntnisse verfügt.

Wie bereits erwähnt wird es aufgrund der demografischen Entwicklung innerhalb der Migrantenbevölkerung künftig im höheren Maß erforderlich sein, für diese Gruppe im ambulanten und stationären Versorgungsbereich neue Behandlungs- und Betreuungskonzepte zu entwickeln. Da solche Konzepte immer auch im Zusammenhang mit einer wirtschaftlich lukrativen Ausrichtung der Einrichtungen zu sehen sind (ebd.), sollten entsprechende für Institutionen und Akteure des Versorgungswesens verbindliche Regelungen festgelegt werden. Wenn erforderliche Regelungen und Standards zur Qualitätssicherung der gesundheitlichen Versorgung dieser Bevölkerungsgruppe fehlen, bedeutet dies auch, dass es den Institutionen und Einrichtungen selbst überlassen wird, ihre Probleme zu lösen. Als Fazit bleibt festzuhalten, dass Behandlung und Versorgung von Menschen mit Migrationshintergrund in den gesundheitspolitischen Überlegungen noch mehr Aufmerksamkeit als bisher geschenkt werden muss.

Literatur

Allaoui, R. (2005). Dolmetschen im Krankenhaus. Rollenerwartungen und Rollenverständnisse. In N-J. Albrecht, T. Borde & L. Durlanik (Hrsg.), *Migration – Gesundheit – Kommunikation*. Interdisziplinäre Reihe, 1. Göttingen: Cuvillier.

Bauer, U., Rosenbrock, R. & Schaeffer, D. (2005). Stärkung der Nutzerposition im Gesundheitswesen – gesundheitspolitische Herausforderung und Notwendigkeit. In B. Badura & O. Iseringhausen (Hrsg.), *Wege aus der Krise der Versorgungsorganisation. Beiträge aus der Versorgungsforschung* (S. 187–201). Bern: Huber.

Borde, T., David, M. & Kentenich, H. (2000). Patientenorientierung im Kontext der kulturellen Vielfalt im Krankenhaus. In M. David, T. Borde & H. Kentenich (Hrsg.), *Migration – Frauen – Gesundheit: Perspektiven im europäischen Kontext* (S. 121–151). Frankfurt a. M..: Mabuse.

Borde, T. (2009). »Interkulturelle Öffnung in der Gesundheitsversorgung – was heißt das?« *Impulse – Newsletter zur Gesundheitsförderung*, (1. Quartal/März), 2–3.

Brinkmann-Göbel, R. (2001). Gesundheitsberatung: Zur Relevanz eines »neuen« Elements im Gesundheitswesen. In R. Brinkmann-Göbel (Hrsg.), *Handbuch für Gesundheitsberater* (S. 13–32). Göttingen: Huber.

Ceylan, R. (2006). *Ethnische Kolonien. Entstehung, Funktion und Wandel am Beispiel türkischer Moscheen und Cafes*. Wiesbaden: VS.

David, M., Borde, T. & Kentenich, H. (2000). Kenntnisse deutscher und türkischer Frauen über spezifisch weibliche Körperfunktionen, Verhütung, Vorsorgeuntersuchungen und die Wechseljahre. In M. David, T. Borde & H. Kentenich (Hrsg.), *Migration – Frauen – Gesundheit. Perspektiven im europäischen Kontext* (S. 79–97). Frankfurt a. M.: Mabuse.

Der Koran. Aus dem Arabischen von M. Henning & C. Yayinlari. Istanbul, 2002.

Dierks, M.-L., Seidel, G., Horch, K. & Schwartz, F.-W. (2006). Bürger- und Patientenorientierung im Gesundheitswesen. In Robert-Koch Institut (Hrsg.), *Gesundheitsberichterstattung des Bundes, 32.*

Dietzel-Papakyriakou, M. & Olbermann, E. (2005). Gesundheitliche Lage und Versorgung alter Arbeitsmigranten in Deutschland. In P. Marschalck & K.-H. Wiedl (Hrsg.), *Migration und Krankheit* (S. 283–311). Osnabrück: Universitätsverlag Rasch.

Domenig, D. (2003). Transkulturelle Kompetenz: Eine Herausforderung für den Gesundheitsbereich. In *Managed Care, Transkulturalität im Gesundheitswesen, 3,* 5–7.

Domenig, D. (2007). Das Konzept der transkulturellen Kompetenz. In D. Domenig (Hrsg.), *Transkulturelle Kompetenz. Lehrbuch für Pflege-, Gesundheits- und Sozialberufe* (2., vollst. überarb. und erw. Aufl.) (S. 165–189). Bern: Huber.

Ete, E. (1995). Ethnomedizinische Aspekte der Interaktion mit türkischen Patienten. In E. Koch et al. (Hrsg.), *Psychologie und Pathologie der Migration: deutsch-türkische Perspektiven* (S. 3209–3216). Freiburg i. B.: Lambertus.

Gerlinger, Th. (2009). Nutzerorientierung im Gesundheitswesen – Probleme und Perspektiven. In K. Mozygemba, S. Mümken, U. Krause, M. Zündel, M. Rehm, N. Höfling-Engels, D. Lüdecke & B. Qurban (Hrsg.), *Nutzerorientierung – ein Fremdwort in der Gesundheitssicherung?* (S. 17–29). Bern: Huber.

Glodny, S. & Razum, O. (2008). Verbesserung der häuslichen Pflege von türkischen Migranten in Deutschland. In D. Schaeffer, J. Behrens & S. Görres (Hrsg.), *Optimierung und Evidenzbasierung pflegerischen Handelns. Ergebnisse und Herausforderungen der Pflegeforschung* (S. 132–152). Weinheim: Juventa.

Görres, S. & Hasseler, M. (2008). Gesundheit und Krankheit vulnerabler älterer Bevölkerungsgruppen. In A. Kuhlmey & D. Schaeffer (Hrsg.), *Alter, Gesundheit und Krankheit* (S. 175–189). Bern: Huber.

Güç, F. (1984). Die geteilte Familie. Auswirkungen des Wanderungsprozesses auf die Familiendynamik. In H. Kentenich, P. Reeg & K.-H. Wehkamp (Hrsg.), *Zwischen zwei Kulturen: Was macht Ausländer krank?* (S. 86–95). Berlin: Verlagsgesellschaft Gesundheit.

Habermann, M. (1997). Vom Umgang mit dem Fremden – Der Beitrag der Ethnologie zur Pflege. *Transkulturelle Pflege, Curare Sonderband 10,* 53–62.

Habermann, M. (1999). Aspekte einer interkulturellen Organisationsentwicklung. Überlegungen zur Verbesserung der kulturspezifischen Versorgung in der Altenhilfe. *Pflege Management, 2,* 5–10.

Hurrelmann, K. (2001). Wie lässt sich die Rolle der Patienten stärken? In Ch. v. Reibnitz, P.-E. Schnabel & K. Hurrelmann (Hrsg.), *Der mündige Patient. Konzepte zur Patientenberatung und Konsumentensouveränität im Gesundheitswesen* (S. 35–47). Weinheim/ München: Juventa.

Ilkilic, I. (2002). *Der muslimische Patient: Medizinethische Aspekte des muslimischen Krankheitsverständnisses in einer wertpluralen Gesellschaft.* Münster: LIT.

Ilkilic, I. (2005). Gesundheits- und Krankheitsverständnis der Muslime als Herausforderung an das deutsche Rechtswesen. In Arbeitsgemeinschaft Rechtsanwälte im Medizinrecht e. V. (Hrsg.), *Globalisierung in der Medizin. Der Einbruch der Kulturen in das deutsche Gesundheitswesen.* (S. 39–54). Berlin: Springer.

Kalpaka, A. (2004). Über den Umgang mit »Kultur« in der Beratung. In J. Radice v. Wogau, H. Eimmermacher & A. Lanfranchi (Hrsg.), *Therapie und Beratung von Migranten. Systemisch – interkulturell denken und handeln* (S. 31–44). Weinheim: Beltz.

Karaman, H. (2001). *Erlaubtes und Verwehrtes* (dt. Übersetzung von Achmed Schmiede). Ankara: Publikationen der Türkischen Religionsstiftung.

Khoury, A. T. (1976). Der Islam als religiöses Phänomen. Versuch einer Strukturanalyse des Islams. In M. Fitzgerald, Th. Khoury & W. Wanzura (Hrsg.), *Islam und westliche Welt. Moslems und Christen – Partner?* Band 1. Graz: Styra.

Klanke, C. & Mazı, H. (2006). *Barrieren in der Gesundheitsversorgung türkisch-muslimischer Patienten – Kultursensible Versorgung als Möglichkeit* (S. 230). Unveröffentlichte Masterarbeit, Fakultät für Gesundheitswissenschaften, Universität Bielefeld.

Koptagel-Ilal, G. (1988). Besonderheiten der Adoleszenz bei Türken in der Heimat und in der Bundesrepublik. In A. Morten (Hrsg.), *Vom heimatlosen Seelenleben. Entwurzelung – Entfremdung – Identität; der psychische Seilakt in der Fremde.* (S. 161–170). Bonn: Psychiatrie-Verlag.

Kranich, C. (2001). Patientenrechte und Patientenunterstützung in Theorie und Praxis. In R. Brinkmann-Göbel (Hrsg.), *Handbuch für Gesundheitsberater* (S. 33–37). Bern: Huber.

Leyer, E. (1988). Die Grenzen unserer Sprache sind nicht die Grenzen unserer Welt. Erfahrungen aus einem Modellprojekt zur psychosomatischen Behandlung türkischer Familien. In A. Morten (Hrsg.), *Vom Heimatlosen Seelenleben; Entwurzelung – Entfremdung – Identität; der psychische Seilakt in der Fremde* (S. 98–108). Bonn: Psychiatrie-Verlag.

Lux, Th. (1999). Semantische Netzwerke. In T. Lux (Hrsg.), *Krankheit als semantisches Netzwerk: ein Modell zur Analyse der Kulturabhängigkeit von Krankheit* (S. 10–22). Berlin: Verlag für Wissenschaft und Bildung.

Özcan, V. & Seifert, W. (2006). Lebenslage älterer Migrantinnen und Migranten in Deutschland. In Deutsches Zentrum für Altersfragen (Hrsg.), *Expertisen zum Fünften Altenbericht der Bundesregierung. Lebenssituation und Gesundheit älterer Migranten in Deutschland.* Band 6. (S. 7–75). Berlin: LIT.

Razum, O., Geiger, I., Zeeb, H. & Ronellenfitsch, U. (2004). Gesundheitsversorgung von Migranten. *Deutsches Ärzteblatt, 101* (43), 2882–2887.

Razum, O., Zeeb, H., Meesmann, U., Schenk, L., Bredehorst, M., Brzoska, P., Dercks, T., Glodny, S., Menkhaus, B., Salman, R., Saß, A.-Ch. & Ulrich, R. (2008). Migration und Gesundheit. In Robert Koch-Institut (Hrsg.), *Schwerpunktbericht der Gesundheitsberichterstattung des Bundes.*

Reeg, P. (1984). Vor 20 Jahren. Bundesdeutsche Anwerbepraxis ausländischer Arbeitskräfte. In H. Kentenich, P. Reeg & K.-H. Wehkamp (Hrsg.), *Zwischen zwei Kulturen: Was macht Ausländer krank?* (S. 155–163). Berlin: Verlagsgesellschaft Gesundheit.

Remmers, H. (2000). *Pflegerisches Handeln.* Wissenschafts- und Ethikdiskurse zur Konturierung der Pflegewissenschaft. Bern: Huber.

Rosenbrock, R. (2001). Verbraucher, Versicherte und Patienten als handelnde Subjekte. In Ch. v. Reibnitz, P.-E. Schnabel & K. Hurrelmann (Hrsg.), *Der mündige Patient. Konzepte zur Patientenberatung und Konsumentensouveränität im Gesundheitswesen* (S. 25–33). Weinheim/München: Juventa.

Rüschoff, S. I. (1992). Zur Bedeutung des Islamischen Religionsverständnisses für die psychiatrische Praxis. *Psychiatrie Praxis, 19,* 39–42.

Stuker, R. (2007). Professionelles Übersetzen. In D. Domenig (Hrsg.), *Transkulturelle Kompetenz. Lehrbuch für Pflege-, Gesundheits- und Sozialberufe* (S. 221–235). Bern: Huber.

Theilen, I. (1985). Überwindung der Sprachlosigkeit türkischer Patienten in der Bundesrepublik Deutschland: Versuch einer ganzheitlichen Medizin als Beitrag zur transkulturellen Therapie. In J. Collatz, E. Kürsat-Ahlers & J. Korporal (Hrsg.), *Gesundheit für alle. Die medizinische Versorgung türkischer Familien in der Bundesrepublik* (S. 292–322). Hamburg: EB-Verlag Rissen.

Tüsün, S. (2002). Wenn türkische Frauen pflegen. In W. Schnepp (Hrsg.), *Angehörige pflegen* (S. 90–111). Bern: Huber.

Zaidan, A. M. A. (1999). *Al-'Aqida: Einführung in die Iman-Inhalte.* Offenbach: ADIB.

Zimmermann, E. (2000). *Kulturelle Mißverständnisse in der Medizin: ausländische Patienten besser versorgen*. Bern: Huber.
Zink, A. (1985). Türkische Frauen als Patientinnen. Interaktionsprobleme aus der Sicht der behandelnden Ärzte. In J. Collatz, K. Kürsat–Ahlers & J. Korporal (Hrsg.), *Gesundheit für alle. Die medizinische Versorgung türkischer Familien in der Bundesrepublik* (S. 351–369). Hamburg: EB-Verlag Rissen.

Einige Aspekte der transkulturellen Beratung von Migranten mit chronischen Erkrankungen

Ljiljana Joksimovic

Einleitung

Wenn eine Krankheit dauernd Beschwerden verursacht und nicht geheilt werden kann, wird von einer chronischen Erkrankung gesprochen. Die meisten chronischen Erkrankungen haben eine multifaktorielle Genese. Die Ursachen sind nicht nur auf physiko-chemische Faktoren zu beschränken, auch psycho-soziale Risikofaktoren spielen bei der Auslösung, Entwicklung und Verschlechterung der chronischen Krankheiten eine Rolle (Langosch et al., 1982; Orth-Gomer et al., 2009). Aufgrund ihrer Komplexität erfordert die Behandlung langfristige, vielschichtige Therapiemaßnahmen und eine interdisziplinäre Suche nach neuen effektiven Behandlungsstrategien.

Chronische körperliche Erkrankungen werden oft von psychischen Erkrankungen begleitet. Beispielsweise finden sich bei Herzkreislauferkrankungen, Diabetes und Tumorleiden am häufigsten komorbid[1] Depression (Buist-Bouwman et al., 2005; Aben & Verhey, 2006), posttraumatische Belastungsstörung (PTBS) und somatoforme Störungen (Spitzer et al., 2009). 50 % der chronisch erkrankten US-amerikanischen Bevölkerung leiden unter psychischen Problemen (IGV-Fact-Sheet, 2008). Diese Erkrankungen schränken die ohnehin verminderte Lebensqualität körperlich Kranker weiter ein. Sie werden jedoch oft übersehen und nicht behandelt (Hutter et al., 2009). Zudem verschlechtern sie in vielen Fällen die Krankheitsprognose und tragen zu einem schnelleren Fortschreiten der körperlichen Erkrankung bei. Die zusätzlichen Einschränkungen von psychischen und sozialen Funktionen sind weitere Folgen dieser Komorbidität, die dadurch zu gravierenden Veränderungen von Lebensplänen, -zielen und sozialen Rollen chronisch kranker Patienten führen können. Wiederum leiden Menschen mit chronischen psychischen Erkrankungen, wie Schizophrenie, Depression oder bipolare Störung, im Vergleich zur Allgemeinbevölkerung häufiger unter körperlichen Erkrankungen (zusammenfassend de Hert et al., 2009). Chronische Erkrankungen können dauerhafte somatische und/oder psychische Schäden oder Behinderungen zur Folge haben

1 Unter Komorbidität somatischer und psychischer Störungen versteht man ein zusätzlich zur somatischen oder psychischen Grunderkrankung vorliegendes, diagnostisch abgrenzbares Krankheits- oder Störungsbild. Eine komorbide Störung kann ursächlich mit der Grunderkrankung zusammenhängen und eine Folgeerkrankung darstellen oder aber eine unabhängige Ursache aufweisen (Feinstein, 1970).

und stellen das Gesundheitssystem vor große medizinische, gesundheitspolitische und finanzielle Herausforderungen.

Obwohl sich das Spektrum der Erkrankungen in den zurückliegenden Jahrzehnten stark von akuten zu chronischen Krankheiten verschoben hat, chronische Erkrankungen voraussichtlich weltweit weiter zunehmen (Stegmann et al., 2009) und sie aktuell für 86 % der Todesfälle und 77 % der Krankheitslast in der Europäischen Region der Weltgesundheitsorganisation verantwortlich sind (Sonnenmoser, 2009), haben sich die Gesundheitssysteme bislang nicht ausreichend auf diese Entwicklung eingestellt. Sie sind nach wie vor primär auf Akutversorgung ausgerichtet (Nolte, Knai & McKee, 2008).

Neuerdings weist eine Reihe von internationalen Autoren darauf hin, dass die Veränderungen in der ethnischen Zusammensetzung in Europa einen großen Einfluss auf die Epidemiologie von chronischen Erkrankungen und ihre Determinanten haben werden und bereits hatten (Rafnsson & Bhpal, 2009; Carbalo, 2008). Diese Veränderungen finden in der Behandlung und Beratung von chronisch kranken Migranten bisher keine systematische Berücksichtigung.

Die epidemiologische Untersuchungen in einigen EU-Ländern zeigen, dass in Abhängigkeit von ethnischer Zugehörigkeit einige Migrantengruppen ein höheres Risiko für Diabetes (Wandel et al., 2007; Weijers et al., 1998) und kardiovaskuläre Krankheiten aufweisen (Razum et al., 1998; Fischbaker et al., 2007) als die weiße Population in diesen Ländern. Beispielsweise weist die Datenanalyse von General Health Survey aus 2004 die höchste Prävalenz für Diabetes in Amsterdam für marokkanische (8,0 %) und türkische (5,6 %) Migranten im Vergleich zu Niederländern (3,1 %) auf (Ujcic-Vortmann, 2009). Zudem waren Migranten in dieser Untersuchung bei Beginn der Erkrankung um 10–20 Jahre jünger als die Einheimischen.

1 Anforderungen an die transkulturelle Beratung von chronisch kranken Migranten

Mit den Fortschritten der Medizin, das Leben chronisch Kranker zu verlängern, geht die erhöhte Komplexität der Bewältigung der Belastungen, die durch diese Krankheiten entstehen, einher. Geeignete Leistungen für chronische Patienten beinhalten neben rein medizinischen Maßnahmen positive Beeinflussung des Risikoverhaltens (z. B. Bewegungsmangel, Fehlernährung, Rauchen etc.) und Unterstützung bei der Bewältigung von psycho-sozialen Folgen der Erkrankung. Diese Leistungen erfordern nicht nur zeitliche und strukturelle Ressourcen in einer Arztpraxis, sondern auch kommunikative und psychologische Kompetenzen des Behandlers. Insbesondere sind diese Fähigkeiten für die Unterstützung bei der Verarbeitung bedrohlicher Erkrankungen notwendig.

Die Menschen sind im allgemeinen häufig über die Natur ihrer chronischen Erkrankung nicht ausreichend informiert, auch nicht über die Wechselwirkung zwischen Körper und Seele sowie die Behandlungsmöglichkeiten und der Vorbeugung von psycho-sozialen Funktionseinschränkungen. Dabei könnte fachliche psycho-soziale und sozialmedizinische Beratung von chronisch Kranken eine deutliche psychische Entlastung für die Patienten bringen.

Die medizinische Versorgung von chronisch kranken Patienten mit Migrationshintergrund gehört mittlerweile zum Alltag in Kliniken und Arztpraxen. Bei der Behandlung dieser Patienten ist ein besonderes Geschick des Behandlers bei der Vermittlung von neuen Sichtweisen und Bewältigungsstrategien erforderlich. In diesem Zusammenhang können als wichtigste Problemfelder einerseits unterschiedliche Krankheitsvorstellungen, Bewältigungsstrategien und Gesundheitsrisiken, andererseits unterschiedliches Gesundheitserleben und gesundheitsfördernde Faktoren identifiziert werden. Eine Reihe nationaler und internationaler ethnomedizinischer Autoren weist darauf hin, dass die bestehenden präventiven Maßnahmen, sowie bestehende Behandlungsangebote und Therapiekonzepte, nicht ohne Modifikation in der Therapie mit Migranten eingesetzt werden können (Annunziato et al., 2009; Behrens & Calliess, 2008). Bisher gibt es allerdings nur wenige Untersuchungen, die das Krankheitsverständnis, das Krankheitsverhalten und die Ausdrucksformen bei chronisch kranken Migranten wissenschaftlich erfassen. Dies ist jedoch eine wesentliche Voraussetzung für die Analyse des Inanspruchnahmeverhaltens und Entwicklung von passenden Versorgungs- und Beratungsangeboten sowie für das Verständnis von unterschiedlichen Bewältigungsstrategien.

Seit fast zehn Jahren machen wir in der psychosomatischen Ambulanz unserer Klinik die Erfahrung, dass Migranten und Flüchtlinge mit chronischen körperlichen und/oder psychischen Erkrankungen eine hohe Bereitschaft an der Teilnahme an interkulturellen Versorgungsangeboten zeigen. Durch die interkulturellen Kompetenzen des Personals, welches darin geschult ist, auf die Sorgen und Bedürfnisse dieser Patientengruppe einzugehen, lassen sich psychische und körperliche Beschwerden reduzieren. In einer eigenen Untersuchung konnte nachgewiesen werden, dass sich durch eine kultursensible traumaspezifische Psychotherapie Traumasymptome und die körperliche Symptomatik selbst bei schwer traumatisierten Flüchtlingen in hohem Umfang verringern lassen (Kruse et al., 2009). Dagegen lassen sich bei Migranten, die unsere Ambulanz aufsuchen, oft ein hohes Maß an menschlichem Leid beobachten und höhere Behandlungskosten vermuten, wenn langjährig im Vorfeld in Anspruch genommene Hilfe bei Institutionen, die unzureichend auf die Bedürfnisse dieser Patientengruppe ausgerichtet sind, erfolgte. Die Unterstützung bei dem Umgang und der Verarbeitung von chronischen Erkrankungen ist, je nach Stadium der Erkrankung, spezifisch. Im Folgenden wird versucht, die Anforderungen an den Berater in verschiedenen Stadien der Erkrankung darzustellen.

2 Mitteilung einer Diagnose

Die einfühlsame Mitteilung einer Diagnose kann entscheidend dafür sein, wie der Patient diese Mitteilung, die bei jedem Menschen eine individuelle Reaktion bewirkt, verarbeitet. Diese Reaktionen sind z. B. von der Prognose, der Persönlichkeit und der psycho-sozialen Umwelt geprägt. Dabei spielen Erlebnis- und Lerngeschichte der Patienten eine wichtige Rolle (Ermann, 2007). In der Beratung von Migranten bedeutet dies, dass die Reaktionen auf Krankheiten bei den Patienten mit Migrationshintergrund z. B. durch Erlebnisse und Erfahrungen mit Krankheiten und dem medizinischen Versorgungssystem im Heimatland stark geprägt sein können.

Das Akzeptieren einer schweren chronischen Krankheit erfordert nicht nur bei Patienten, sondern auch bei ihren Angehörigen innere Anpassungsleistungen. Die kulturellen Faktoren spielen hierbei eine wichtige Rolle (Heuer & Lausch, 2006). Einer angemessenen Übermittlung der Diagnose kommt eine erhebliche Bedeutung zu, wenn es darum geht, die langfristige konstruktive Zusammenarbeit mit dem Patienten mit Migrationshintergrund und seiner Umgebung zu sichern (Joksimovic, 2011), wie das folgende Praxisbeispiel zeigt:

Fallbeispiel

Ein Kollege äußerte sein Erstaunen darüber, dass der Ehemann einer Patientin im Gespräch kollabierte, als dieser seiner Frau und ihm mitteilte, dass bei der Ehefrau Brustkrebs im ersten Stadium diagnostiziert wurde. Der Ehemann ist ein aus dem Kosovo stammender und seit ca. zehn Jahren in Deutschland lebender Malerarbeiter. Die Frau ist Deutsche und arbeitet als Friseurin. Sie sind seit sieben Jahren verheiratet und haben zwei Töchter (vier und sechs).

»Die Frau habe die Diagnose mit Fassung aufgenommen«, berichtete mir der Kollege, der den Ehemann in unserer Ambulanz vorstellen wollte. »Die Reaktion des Mannes kann ich aber ehrlich gesagt nicht verstehen. Er lässt sich hängen und kommt jetzt selber in die Praxis mit irgendwelchen Beschwerden. Mir liegt es aber an der jungen Frau und den Kindern, könnten Sie nicht mal mit ihm darüber sprechen, dass seine Frau jetzt Unterstützung braucht. Diese Macho-Männer sind ja ganz schön feige manchmal.«

Nach wenigen Gesprächen mit ihm berichtete der Patient über Kindheitserinnerungen, die eine erste Erklärung für seine Reaktion auf die Mitteilung der Krebsdiagnose bei seiner Frau boten. Er erzählte über eine junge krebskranke Nachbarin aus seinem Heimatdorf, um die sich seine Mutter ab und zu mal, und soweit sie konnte, gekümmert hat. Sie hat sehr betroffen immer wieder dem Vater, aber auch den Kindern erzählt, was sie dort gesehen hat. Sie hat ihn auch schon mal zu ihr geschickt, wenn sie mal was für die Nachbarin gekocht hatte. Er habe das immer äußerst ungern gemacht und habe oft schon im Garten des Hauses die Frau stöhnen gehört und habe Angst davor gehabt, das Haus zu betreten. Die junge Frau lag wahrscheinlich im Terminalstadium einer Krebserkrankung ohne schmerztherapeutische Versorgung im Sterben. Die Kinder waren sich selbst überlassen und ihr Ehemann trank im Zuge ihrer Erkrankung von Tag zu Tag immer mehr und war viel weg. Seine Mutter berichtete in Anwesenheit der Kinder darüber immer sehr empört, was ihm viel Angst machte. Die Mutter betete auch immer für die Kinder der Nachbarin mit.

Die Vermutung, dass diese Erinnerung seine Reaktion auf die Diagnosemitteilung ausgelöst haben könnte, führte zu einer deutlichen Entlastung und Erleichterung bei dem Patienten. Vor allem kam es zu einer deutlichen Reduzierung der erlebten Beschämung in der Arztpraxis. Seine Reaktion erlebte nicht nur er selbst, sondern offensichtlich auch der Hausarzt als nicht männlich.

Im transkulturellen Kontext ist es für Patienten besonders stabilisierend, wenn sie es schaffen, ihre Reaktion in der Beziehung zu ihren Erfahrungen zu bewerten.

Unser Patient sah sich im Laufe der erlebten Entlastung bald in der Lage, seine Frau bei ihrer Behandlung gut zu unterstützen und zu begleiten. Es zeigte sich, dass eine spezielle psychotherapeutische Hilfe zunächst nicht dringend erforderlich war. Das Verständnis der Therapeutin/Beraterin für die Reaktion des Patienten und seine ersten Befürchtungen und Phantasien, von denen er wahrscheinlich in der Arztpraxis überflutet wurde, schaffte nachhaltige Hilfe und Entlastung.

Es ist bekannt, dass es bei schwer kranken Menschen, insbesondere wenn sie sich der Erkrankung hilflos ausgeliefert fühlen, zu Regressionstendenzen kommen kann, die die Krankheitsbewältigung behindern. Das o.g. Beispiel zeigt, je früher die Klärung dieser Zusammenhänge erfolgt, desto wahrscheinlicher ist es, dass die betroffene Patienten und/oder ihre Angehörige es schaffen, wirksame Krankheitsbewältigungsstrategien zu entwickeln. Für diese Klärung ist das Wissen über die Lebensumstände der Patienten und die subjektive unbewusste Bedeutung der Erkrankung für den Patienten zu ergründen. Dass es dabei, ganz unabhängig vom kulturellen Hintergrund des Patienten, einer vertrauensbildenden und sicherheitsvermittelnden Gesprächsführung bedarf, steht außer Frage. Bei Patienten mit Migrationshintergrund kommt es darauf an, die erlernten Methoden der allgemeinen – sei es psychotherapeutischen, ärztlichen oder beraterischen – Gesprächsführung kultursensibel und diversity-kompetent[2] anzuwenden. Erfahrungsgemäß ermöglicht ein kultursensibler Ansatz im Gespräch eine relativ schnelle Mobilisierung der psychodynamisch – bzw. der für die Klärung der psycho-sozialen Zusammenhänge – relevanten Erinnerungen aus der Kindheit im Heimatland. Auf der Grundlage dieser Erinnerungen lässt sich mit dem Patienten die subjektive Bedeutung der Erkrankung verstehen.

2 »Diversity-Kompetenz beinhaltet Wissen, Haltungen und Fähigkeiten, die uns ermöglichen, bei der Zusammenarbeit mit uns ›fremden‹ Patienten eine gute Verständigung zu erreichen – indem wir als Professionelle eigene Vorurteile, die unweigerlich erscheinen werden, reflektieren und dem Gegenüber mit professioneller Zugewandtheit und Offenheit begegnen« (van Keuk et al., 2011, S. 100).

Auf die Frage, ob es sein könnte, dass er mit »Krebserkrankung« Begriffe wie »Schmerzen, Armut, Waisenkinder« assoziiert, fing der Patient aus dem o.g. Beispiel an zu weinen. Therapeutin: »Wahrscheinlich gelang es Ihrer Frau, im Unterschied zu Ihnen, trotz der Schwere dieser Nachricht in dem Moment noch z.B. Hoffnung, Vertrauen in die Medizin oder Kampfgeist zu verspüren. Auch zwei Menschen, die sich sehr nah stehen, können auf gleiche Information unterschiedlich reagieren.«

Diese Differenzierung und Einsicht für die Gleichberechtigung beider Reaktionen kann den Patienten auch weiter von seinen Schuld- und Schamgefühlen entlasten. Bei der Mitteilung einer Diagnose ist zu beachten, dass keine Krankheit separat vom Menschen, dem sie mitgeteilt wird, zu betrachten ist; bzw. die Reaktion eines Einzelnen auf eine Mitteilung dieser Art nur in seinem soziokulturellen Kontext zu verstehen ist.

3 Behandlungsverlauf

In den Kursen und Seminaren zur interkulturellen Kommunikation beklagen Ärzte und Berater oft die mangelnde Kooperationsbereitschaft von ausländischen Patienten und Klienten. Nicht selten berichten sie über ein hohes Engagement und Bemühen ihrerseits, ihre Patienten über die vorliegende Erkrankung zu informieren, und dem Gefühl, dass die Informationen bei den Patienten nicht ankommen. Von den Patienten wird häufig berichtet, dass sie sich bezüglich der Therapiemöglichkeiten nicht ausreichend informiert fühlen. Diese Beobachtung steht im Einklang mit den Ergebnissen der Untersuchung von Pette et al. (2004) in Bezug auf die Informiertheit von deutschen und Patienten türkischer Herkunft vor und nach der Patientenaufklärung. Am Tag vor der Entlassung aus der Klinik, d.h. nach der durchgeführten Therapie und der entsprechenden Aufklärung, konnte nur etwa die Hälfte der Patientinnen türkischer Herkunft (55%) ihre Diagnose richtig wiedergeben, während dies für 79% der deutschen Patientinnen zutraf. Besonders auffällig ist, dass immerhin 62% der Patienten türkischer Abstammung und 75% der deutschen Patienten ihre Diagnose vor der erfolgten Aufklärung richtig erinnert haben. Ein ähnlicher Trend konnte in Bezug auf die Informiertheit der Patienten über die Therapie gezeigt werden.

Auch in Gesprächen mit den Patienten, die in unserer Ambulanz behandelt werden, stelle ich oft fest, dass sie eine Fülle von Informationen über die Therapie- und Handlungsmöglichkeiten von ihren Ärzten erhalten. Mit gewisser Unterstützung sind sie auch in der Lage, diese zu erinnern. Jedoch bleibt und verfestigt sich bei den Patienten nicht selten das Gefühl der beinah völligen »Nichtinformiertheit«. Das folgende Beispiel bietet eine mögliche Erklärung für dieses Gefühl:

»Wenn ich frage, wird mein Bluthochdruck geheilt, bekomme ich vom Arzt die Antwort, nein, Sie müssen Ihr Leben lang Medikamente nehmen, sonst können Sie einen Herzinfarkt oder einen Schlaganfall bekommen. Ich weiß, dass ich die Medikamente nehmen soll, und das werde ich auch tun. Auch dass ich einen Herzinfarkt oder einen Schlaganfall bekommen kann, weiß ich.«

Auf die Frage: »Was ist das, was sie über ihre Erkrankung nicht wissen?«, antwortet die Patientin: »Ehrlich gesagt habe ich es mir gewünscht, dass der Arzt sagt, dass es mit meinem Bluthochdruck nicht so schlimm ist und dass ich wahrscheinlich keinen Schlaganfall oder Herzinfarkt bekomme.«

Wenn Patienten mit Migrationshintergrund beklagen, dass sie sich im Bezug auf ihre Erkrankung nicht informiert fühlen, ist es ganz wichtig, die Erwartungen an die Beratung zu klären und zu verstehen. In meinem Beispiel vermisste die Patientin eine prognostische, möglichst beruhigende Aussage seitens des Arztes in Bezug auf ihre Erkrankung, die ihr sehr viel Angst machte.

Bei vielen Patienten kann die Angst z. B. verhindern, dass Gelerntes abgerufen werden kann. Wenn der Gesprächsstil des Arztes beängstigend, gar abweisend ist, können Patienten oft tiefe Ängste und Verunsicherungen erleben. Je nach Persönlichkeit des Patienten kann das die Motivation und die Selbstfürsorge gefährden. Das ist insbesondere bei depressiven Patienten der Fall:

»Wenn jemand mit mir hart spricht, denke ich, es lohnt sich eh nicht, Medikamente zu nehmen, ich werde ja sowieso sterben. Das macht mich dann unendlich traurig.«

Studien weisen darauf hin, dass es depressiven Menschen in einem deutlich geringeren Ausmaß gelingt, ihr Krankheitsverhalten an die Behandlungsnotwendigkeit anzupassen (Lustman et al., 2000; Katon, 2008; Ciechanowski et al., 2000). Bei der Beratung von Patienten mit Migrationshintergrund spielt das insofern eine wichtige Rolle, da Depression unter Zuwanderern weiter verbreitetet ist als unter Deutschen (Bermejo et al., 2010). Die ausschließliche symptomorientierte Gesprächsführung und die mangelnde Berücksichtigung der psycho-sozialen Dimensionen der Krankheitsverarbeitung bei Patienten mit Migrationshintergrund führen i. d. R. zum Fortbestehen von Unzufriedenheiten sowohl auf der Seite der Patienten als auch auf der Seite ihrer Behandler und Berater im Versorgungssystem.

Literatur

Aben, I. & Verhey, F. (2006). Depression after a cerebrovascular accident. The importance of the integration of neurobiological and psychosocial pathogenic models. *Panminerva Med 48* (1), 49–57.

Annunziato, R. A., Rubinstein, D., Murgueitio, M., Santra, M., Sultan, S., Maurer, M., Cotter, G., Yehuda, R. & Shemesh, E. (2009). Psychiatric symptom presentation in ethnically diverse cardiology patients. *Ethn Dis, 19* (3), 271–275.

Behrens, K. & Calliess, I. T. (2008). Gleichbehandlung ohne gleiche Behandlung: Zur Notwendigkeit der Modifikation therapeutischer Strategien für die Arbeit mit Migranten. *Fortschr Neuro Psychiat, 76*, 725–733.

Bermejo, I., Mayninger, E., Kriston, L. & Härter, M. (2010). Psychische Störungen bei Menschen mit Migrationshintergrund im Vergleich zur deutschen Allgemeinbevölkerung. *Psychiatrische Praxis, 37* (5), 225–232.

Buist-Bouwman, M. A., de Graaf, R., Vollebergh, W. A. M. & Ormel, J. (2005). Comorbidity of physical and mental disorders and the effect on work-loss days. *Acta Psychiatrica Scandinavica, 111*, 436–443.

Carbalo, M. (2008). Non-communicable diseases, chapter 4. In A. Fernandes, M. Carballo, Malherios, J. & Miguel, J. P. (eds.), *Challenges for health in the age of migration: health and migration in the European Union*. Available at: ttp:www.ggdnl/uploaddb/downnl_object.asp?atoom=44 574&VolgNr=573.

Ciechanowski, P. S., Katon, W. J. & Russo, J. E. (2000). Depression and diabetes: Impact of depressive symptoms on adherence, function, and costs. *Archives of internal medicine, 160*, 3278–3285.

De Hert, M., Dekker, J. M., Wood, D., Kahl, K. G., Holt, R. I. G. & Möller, H.-J. (2009). Cardiovascular disease and diabetes in people with severe mental illness position statement from the European Psychiatric Association (EPA), supported by the European Association for the Study of Diabetes (EASD) and the European Society of Cardiology (ESC). *European Psychiatry, 24*, 412–424.

Ermann, M. (2007). *Psychosomatische Medizin und Psychotherapie – Ein Lehrbuch auf psychoanalytischer Grundlage* (5. überarb. Aufl.). Stuttgart: Kohlhammer.

Feinstein, A. R. (1970). The pretherapeutic classification of comorbidity in chronic disease. *Journal of Chronic Diseases, 23*, 455–468.

Fischbacher, C. M., Bhopal, R., Povey, C. Steiner, M., Chalmers, J., Mueller, G., Jamieson, J. & Knowles, D. (2007). Record linked retrospective cohort study of 4.6 million people exploring ethnic variations in disease: myorcadial infarction in South Asians. *BMC Pub Health, 7*, 142.

Heuer, L. & Lausch, C. (2006). Living With Diabetes: Perceptions of Hispanic Migrant Farmworkers. *Journal of Community Health Nursing, 23* (1), 49–64.

Hutter, N., Scheidt-Nave, C. & Baumeister, H. (2009). Health care utilisation and quality of life in individuals with diabetes and comorbid mental disorders. *Gen Hosp. Psychiatry, 31* (1), 33–35.

Institut für Gesundheitsförderung & Versorgungsforschung gGmbH. *Chronische Erkrankungen. Komorbidität chronischer und psychischer Erkrankungen.* IGV-Fact-Sheet I/08. http://www.igv-bochum.de/fileadmin/user_upload/Materialien/IGV_chronische_Erkrankungen_Komorbiditaet_01_08.pdf.

Joksimovic, L. (2009). Ethnosoziokultureller Leitfaden für die interkulturelle Psychotherapie mit Migranten aus dem ehemaligen Jugoslawien. In Y. Erim, *Klinische Interkulturelle Psychotherapie. Ein Lehr- und Praxisbuch* (S. 288–298). Stuttgart: Kohlhammer.

Joksimovic, L. (2011). Diversity-Kompetenz bei der ärztlichen Untersuchung: Von Symptomen zur Diagnose. In E. van Keuk, C. Ghaderi, L. Joksimovic & D. David (Hrsg.), *Diversity Transkulturelle Kompetenz in klinischen und sozialen Arbeitsfeldern* (S. 135–145). Stuttgart: Kohlhammer.

Katon, W. J. (2008). The Comorbidity of Diabetes Mellitus and Depression. *Am J. Med., 121 (11/2), 8–15.*

Kruse, J., Joksimovic, L., Cavka, M., Wöller, W. & Schmitz, N. (2009). Effects of trauma focused psychotherapy upon war refugees. *Journal of Traumatic Stress, 22 (6), 585–592.*

Langosch, W., Seer, P., Brodner, G., Kallinke, D., Kulick, B. & Heim, F. (1982). Behaviour therapy with coronary heart disease patients: results of a comparative study. *Journal of Psychosomatic Research, 26*, 475–484.

Lustman, P. J., Anderson, R. J., Freedland, K. E., de Groot, M., Carney, R. M. & Clouse, R. E. (2000). Depression and poor glycemic control. *Diabetes Care, 23*, 934–942.

Nolte, E., Knai, C. & McKee, M. (2008). Managing chronic conditions. Experience in eight countries. *Observatory studies Series No 15.* World Health Organisation.

Orth-Gomér, K., Schneiderman, N., Wang, H. X., Walldin, C., Blom, M. & Jernberg, T. (2009). Circ Cardiovasc Qual Outcomes. Stress reduction prolongs life in women with coronary disease: *the Stockholm Women's Intervention Trial for Coronary Heart Disease (SWITCHD). Epub, 22* (1), 25–32.

Pette, M., Borde, T. & David, M. (2004). Kenntnis über die Diagnose und Therapie ihrer Erkrankung bei deutschen und türkischstämmigen Patientinnen vor und nach einem Krankenhausaufenthalt. *J Turkish German Gynecol Assoc, Vol. 5* (4), 130–137.

Rafnssen, S. B. & Bhopal, R. S. (2009). Large-scale epidemiological data on cardiovascular diseases and diabetes in migrant and ethnic minority groups in Europe. *European Journal of Public Health, 19* (5), 484–491.

Razum, O. & Gerhardus, A. (1998). Cardiovascular mortality of Turkish nationals residing in West Germany. *Ann Epidemiol, 8*, 334–341.

Spitzer, C., Barnow, S., Völzke, H., John, U., Freyberger, H.J. & Grabe, H.J. (2009). Trauma, posttraumatic stress disorder, and physical illness: findings from the general population. *Psychosom Med., 71* (9), 1012–1017.

Sonnenmoser, M. (2009). Chronische Erkrankungen: Steigender Bedarf an begleitender *Psychotherapie Dtsch Arztebl, 106* (42), A-2080/B-1781/C-1745.

Stegman, M.E, Ormel, J., de Graaf, R., Haro, J.-M., de Girolamo, G., Demyttenaere, K., Kovess, V., Matschinger, H., Vilagut, G., Alonso, J. & Burger, H. (2009). Functional disability as an explanation of the associations between chronic physical conditions and 12-month major depressive episode. *Journal of affective disorders, 124* (1–2), 38–44.

Ujcic-Voortman, J. K., Schram, M. T., Jacobs-van der Bruggen, M. A.., Verhoeff, A. P. & Baan, C. A. (2009). Diabetes prevalence and risk factors among ethnic minorities. *Eur J Public Health, 19 (5), 511–515.*

Van Keuk, E., Joksimovic, L. & Ghaderi, C. (2011). Diversity im klinischen und sozialen Alltag: Kompetenter Umgang mit kultureller Vielfalt. In E. van Keuk, C. Ghaderi, L. Joksimovic & D. David (Hrsg.), *Diversity. Transkulturelle Kompetenz in klinischen und sozialen Arbeitsfeldern* (S. 83–103). Stuttgart: Kohlhammer.

Wandell, P. E., Wajngot, A., de Faire, U. & Hellenius, M. L. (2007). Increased prevalence of diabetes among immigrants from non-European countries in 60-year-old men and women in Sweden. *Diabetes Metab, 33*, 30–36.

Weijers, R. N. M., Bekedam, D. J. & Oosting, H. (1998). The prevalence of type 2 diabetes and gestational diabetes mellitus in an inner city multi-ethnic population. *Eur J Epidemiol, 14*, 693–699.

Ressourcenorientierte traumazentrierte Behandlung von Migranten

Ibrahim Özkan

Einleitung

In der psychotherapeutischen und psychiatrischen Praxis treffen Behandler immer wieder auf Patienten mit Migrationshintergrund. Laut Schouler-Ocak et al. (2010) haben 17 % der stationär behandelten Patienten einen Migrationshintergrund. Zahlreiche Arbeiten weisen auf die besondere Relevanz von Traumata in der Behandlung dieser Patientengruppe hin (Keller et al., 2003; Knaevelsrud et al., 2007; Lindert et al., 2008; Schouler-Ocak et al., 2010). Dabei können Traumata, definiert als »ein belastendes Ereignis oder eine Situation außergewöhnlicher Bedrohung oder katastrophenartigen Ausmaßes (kurz- oder langanhaltend), die bei fast jedem eine tiefe Verstörung hervorrufen würde« (Dilling et al., 1992, S. 157), sowohl ursächlich für die Genese einer Posttraumatischen Belastungsstörung (Hapke et al., 2005), aber auch mitverantwortlich für die Entstehung anderer psychischer Erkrankungen (Schouler-Ocak et al., 2010) sein. Zusätzlich zu Traumatisierungen durch Gewalterfahrung in der Familie, Vergewaltigung oder sexuellen Missbrauch, schwere Unfälle und emotionalen Missbrauch oder Vernachlässigung als Kind kommen bei diesen Patienten sehr häufig noch Traumatisierungen durch folgende Umstände hinzu: minoritätenfeindliche Gewalt, sozialer Stress, Verfolgung, Folter und/oder Krieg im Herkunftsland. Bei den letzteren Traumatisierungen sollte bei Patienten mit Migrationshintergrund besonders darauf geachtet werden, dass nicht nur der unmittelbar erlebte Schaden, sondern auch dessen Antizipation ein traumatisierender Stressor sein kann (Gierlichs et al., 2003).

Geringe Sprachkenntnisse (Özkan, 2002 b), die damit verbundene unterschiedliche Compliance, ein anderes Krankheitsverständnis oder andere Symptomrepräsentationen (Yildirim-Fahlbusch, 2003) sowie teilweise die besondere Schwere der Traumata (z. B. Krieg, Folter oder Vergewaltigung) stellen besondere Hindernisse für Patienten und Therapeuten in der Behandlung traumatisierter Migranten dar. Der Beginn und das Ende einer Therapie werden bei Migranten in Deutschland nicht nur durch die Stabilität der Person, sondern auch durch deren Aufenthaltsstatus mitbestimmt. Veröffentlichungen zu spezifischen Behandlungsmethoden fehlen bislang größtenteils.

Der folgende Artikel möchte zunächst die Besonderheiten und Schwierigkeiten der traumazentrierten Behandlung von Patienten mit Migrationshintergrund darstellen. Daran anschließend sollen spezifische Methoden für die Behandlung traumatisierter Migranten, welche vom Autor entwickelt und im Asklepios Fachklinikum Göttingen Anwendung finden, dargestellt werden.

1 Besondere Problembereiche in der traumazentrierten Arbeit bei Menschen mit Migrationsgeschichte

In der traumazentrierten Arbeit bei Patienten mit Migrationshintergrund ist für eine sensible Betrachtung der familiären Sozialisation hinsichtlich der Affekte und der körperlichen Konstitution Sorge zu tragen (Özkan, 2003 a). Im Einzelnen heißt das, dass Patienten aufgrund kultureller Unterschiede andere Erwartungen in die Arbeit des Therapeuten setzen können (Franz et al., 2007). Diese Unterschiede zeigen sich in folgenden Bereichen:

- in der Erziehung (Gün et al., 2004)
- in der Tradition (Brzoska & Razum, 2009; Gün et al., 2010)
- im Schamgefühl (Güç, 2010)
- im Ausdruck der Angst und Traurigkeit (Kirmayer, 2001)
- in der Erarbeitung der Stabilität (In der Praxis zeigt sich, dass bestimmte Entspannungstechniken nicht komplett übertragen werden können und auch mithilfe einer Übersetzung in die Muttersprache nicht die gleiche Wirkung bei Patienten mit Migrationsgeschichte haben. Auch sollte die Art des Traumas bei der Auswahl einer Übung berücksichtigt werden, z. B. könnte die Lichtübung nach Reddemann (2004) Flashbacks bei Kriegsopfern triggern.)

Um diesen Erwartungen gerecht zu werden, bedarf es mehr Zeit in der Psychotherapie und eines Wissens über Zusammenhänge, Rituale und Traditionen der Kultur des Patienten vonseiten des Psychotherapeuten. Für den Aufbau einer vertrauensvollen therapeutischen Beziehung sollten hierbei auch Unterschiede in den Erwartungen des Patienten nicht außer Acht gelassen werden. Mit zunehmender Akkulturation werden vermehrt deutsche psycho-soziale Netze genutzt (Brandeset et al., 2009). Das »Ausagieren im interkulturellen Feld« stellt dabei ein relevantes Phänomen dar.

Exkurs: Ausagieren im interkulturellen Feld

Agieren wird als »das unbewusst motivierte Handeln anstelle des Erinnerns und reflektierenden Sprechens« (Auchter & Strauss, 2003, S. 35) definiert. In der Transkulturellen Psychotherapie lassen sich setting-spezifische Phänomene des Agierens beobachten. Konflikte aus dem Heimatland werden ohne Realitätsüberprüfung in der hiesigen Gesellschaft angewandt. Hier einige Beispiele:

- Ein bosnischer, aus dem Kosovo stammender Patient lehnt einen hier in Deutschland aufgewachsenen Dolmetscher aufgrund seines serbischen Namens ab.

- Ein in Deutschland aufgewachsener Patient mit sehr guten Deutschkenntnissen teilt dem deutschen Therapeuten mit, dass er ihn nicht verstehen könne, weil er nicht aus derselben Kultur stamme.
- Einige Migranten der zweiten, dritten oder vierten Generation oder Patienten, die aus politischen Gründen in Deutschland leben, lehnen unter Umständen sogar Therapeuten aus »demselben Kulturkreis« ab, weil sie zum Beispiel Vorurteile befürchten, aber auch Scham empfinden.

Auch werden Konflikte des Patienten in der Aufnahmegesellschaft ausagiert:

- Ein Patient erwartet eine bevorzugte Behandlung durch den Therapeuten bzw. die Einrichtung, da er in anderen Bereichen als Migrant bereits benachteiligt sei.

Solange die rechtliche Situation des Patienten nicht geklärt ist, kann trotz einer stabilen therapeutischen Beziehung keine traumazentrierte therapeutische Aufarbeitung des Traumas erfolgen, da durch den meist unsicheren Aufenthaltsstatus eine Sicherheit (körperlich und psychisch) nicht gegeben ist (Birck, 2004; Koop, 2000; Rössel-Cunovic, 1999).

Von den rund 6,7 Millionen Ausländern in Deutschland am 31. 12. 2009 hatten 628 965 Menschen den maximalen Status einer Duldung in der Bundesrepublik (Statistisches Bundesamt, 2010). Die Dauer einer Duldung wird von Fall zu Fall entschieden und kann auch sehr kurze Zeitspannen umfassen (Wochen bis hin zu Monaten). Eine Stabilisierung innerhalb solcher Zeitspannen ist oftmals durch die äußeren Umstände kaum zu erreichen. Es ergeben sich somit aus zwei Perspektiven entgegenwirkende und behindernde Zusammenhänge: Einerseits soll auf einer Handlungsebene eine Begutachtung, eine Entscheidung über die Art der Störung, der Krankheit erreicht werden. Diese Störung soll versorgt, also therapiert werden im Sinne einer Herstellung einer Reisefähigkeit. Zudem soll einer Retraumatisierung durch die Therapie vorgebeugt werden. Weiterhin sollte die Sicherheit der Fortsetzung der Behandlung im Herkunftsland gegeben sein. Zumindest soll diese Möglichkeit erfragt werden. Andererseits soll aus juristischen und sozialwirtschaftlichen Gründen nach dem Sozialhilferecht verfahren werden – mit einschränkenden Anspruchsberechtigungen nach Bundessozialhilfegesetz (BSHG) und Aufenthaltsgesetz (AufenthG). Lediglich die den Deutschen nach § 120 BSHG gleichgestellten Ausländer, z. B. anerkannte Asylberechtigte, können wie oben beschrieben versorgt werden. In allen anderen Fällen ist das Vorgehen eher kriseninterventorisch und aus der Perspektive einer Stabilisierungsarbeit zu sehen. Hierbei wird der Therapeut gefordert, schnelle, praktische Lösungen in der Arbeit zu finden. Das erfordert interdisziplinäres Vorgehen und ein Geschick im Umgang mit Patienten anderer Kulturen, die meist stark belastet sind, sowie mit Angehörigen, Anwälten, Ämtern, und Behörden inklusive der Polizei. Für eine Stabilisierung ist es in solchen Fällen hilfreich, mit dem Patienten bekannte Verfahren aus seiner Kultur zu erarbeiten, die den etablierten Methoden in der Traumatherapie entsprechen. Dies können kulturell und traditionell bewährte Ressourcen sein, aber auch die Stärkung der Familie und des sozialen Umfeldes.

Unser Ansatz der ressourcenorientierten Arbeit lässt sich kurz zusammenfassend mit Worten Fiedlers (2004, S. 4) beschreiben:

> Ressourcenorientierung bzw. Ressourcenaktivierung meint dabei für die Forscher immer mindestens Zweierlei:
>
> - Erkennen und Stützen der bereits vorhandenen positiven Seiten und Fähigkeiten eines Patienten.
> - Anreichern und Erweiterung der vorhandenen Möglichkeiten durch gezielte Vermittlung von neuen Informationen und Bewältigungskompetenzen.
>
> Die positive Wirksamkeit der Ressourcenorientierung zeigt sich übrigens nicht nur in Studien zur zielorientiert arbeitenden Verhaltenstherapie, sondern sie gilt auch für Studien, in denen die Ressourcenorientierung in psychodynamischen und Gesprächspsychotherapien untersucht wurde – zum Beispiel von Forschern in der weltweit organisierten Society of Psychotherapy Research (SPR), von denen etwa alle zehn Jahre das Handbook of Psychotherapy and Behavior Change herausgegeben wird: die Bibel der Psychotherapieforscher. (Bergin & Garfield, 1994)

Bewährte Techniken und Methoden, die zur Traumasynthese wie auch zur Stabilisierung der Patienten eingesetzt werden können, zeigen unter Umständen Grenzen in der »Kulturanpassung« durch zum Beispiel sprachliche, kognitive oder imaginative Erfordernisse. In der praktischen Arbeit kommen im Schwerpunktbereich Traumatherapie mit Migranten des Asklepios Fachklinikums Göttingen folgende Methoden zur Anwendung.

1.1 EMDR

EMDR (Eye Movement Desensitization and Reprocessing; Shapiro, 1998) basiert auf der Beobachtung, dass sich psychische Belastungen verringern, wenn die Augen schnell und rhythmisch bewegt werden, während der Betroffene an das belastende Ereignis denkt. Es liegen detaillierte Therapiemanuale vor (Hofmann, 1999; Shapiro, 1998) und die Wirksamkeit bei posttraumatischen Belastungsstörungen wurde inzwischen recht gut gezeigt (Barth, 2003). Die beim EMDR durchgeführten Augenbewegungen, sensorischen Impulse oder akustischen Reize scheinen die Kommunikation der Großhirnhemisphären zu stimulieren (Yehuda, 2001). Da es sich hierbei um eine Methode zur Traumasynthese handelt, ist sie in der klassischen Vorgehensweise aus o. g. Gründen bei Asylbewerbern ohne geklärten Aufenthaltsstatus kontraindiziert (Özkan, 2003 a). Die Methode der bilateralen Stimulation lässt sich aber in schonendere, ressourcenaktivierende Maßnahmen einbinden (wie z. B. CIPBS nach Diegelmann, 2006, s. u.).

1.2 Traumazentrierte Psychotherapie nach Sachsse (2004)

Aufgrund eigener Erfahrungen, dass die klassische Psychoanalyse in der stationären Behandlung traumatisierter Patienten aufgrund ihrer langen Behandlungszeit und die damit verbundene enge und teilweise verstrickte therapeutische Beziehung ungeeignet erscheint, entwickelte Sachsse (2004) eine traumazentrierte Behandlungsmethode. Dabei gestaltet sich die Beziehung zwischen Therapeut und Patient auf Augenhöhe, in der der Patient jederzeit die volle Kontrolle über das hat, was in der Therapie geschieht. Anstatt einer regressionsfördernden Vorgehensweise zur Nachreifung des Patienten wird ein besserer Umgang mit sich selbst durch Arbeit mit dem inneren Kind als erwachsener Patient angestrebt. Der Patient hat Kontrolle über das, was geschieht. Das Behandlungskonzept beinhaltet die drei Phasen der imaginativen traumazentrierten Psychotherapie (Reddemann & Sachsse, 1997, 1998; Reddemann, 2001): Stabilisierung, Trauma-Synthese, Trauer und Neuorientierung, welche nicht aufeinander folgen, sondern sich dynamisch einander ergänzen. Sachsse bezieht bei der Behandlung neurophysiologische Erkenntnisse aus der Stress- und Lernforschung mit ein. Zu Erlernendes (z. B. Körperbezug, Innere-Kind-Arbeit, Imaginationsübungen) wird ritualisiert geübt und somit automatisiert mit dem Ziel, Symptome wie selbstverletzendes Verhalten, Dissoziation, o. ä. überflüssig zu machen. Methoden der Traumaexposition sind die Beobachter- und die Bildschirm-Technik sowie das EMDR.

Sachsse stimmt mit unserer Auffassung überein, dass vor einer Traumaexposition unbedingt für eine »äußere Sicherheit« Sorge getragen werden soll. Für den Fall, dass dies nicht möglich sei, schlägt er eine sozialpsychiatrische Begleitung vor. Eine traumazentrierte Behandlung sei hier kontraindiziert. Wir erachten dagegen Elemente der Stabilisierung (Körperbezug, Innere-Kind-Arbeit, Imaginationsübungen) als wertvolle Methoden der Ressourcenaktivierung. Bezüglich der Imaginationsübungen besteht die Schwierigkeit der Sprachlastigkeit. Eine Anpassung an die individuellen Voraussetzungen ist hier erforderlich, z. B. durch vereinfachte Sprache, Übersetzung durch einen Dolmetscher oder eine muttersprachliche Version auf CD. (Einige Übungen sind in mehren Sprachen auf den NaWa-CDs des Psychosozialen Zentrums für Flüchtlinge Düsseldorf zu finden.)

1.3 TRUST

TRUST (Techniken Ressourcenfokussierter und Symbolhafter Traumabearbeitung; Diegelmann, 2007) ist ein neuer, schulenübergreifender, konsequent ressourcenorientierter Ansatz, der in der Arbeit mit Krebspatientinnen und Krebspatienten entwickelt wurde. Dabei werden aus gängigen psychotherapeutischen Verfahren (wie z. B. EMDR, Hypnotherapie, PITT, KIP, VT) diejenigen Elemente kombiniert, die sich in der Behandlung von Traumafolgeerkrankungen und/oder subsyndromalen PTBS-Störungsbildern bewährt haben. Wichtige Arbeitsbereiche hierbei stellen die unmittelbare Stressregulation, die Ressourcenförderung, schonende Krisenbearbeitung und Traumakonfrontation sowie die Resilienzstärkung dar.

Viele Interventionen der Psychotherapie mit TRUST erweisen sich für unsere Arbeit als außerordentlich wertvoll. Zumeist müssen sie allerdings an die geringeren Sprachkenntnisse unserer Patienten adaptiert werden bzw. sind für eine entsprechende Adaptation unbrauchbar.

1.4 CIPBS

CIPBS (Conflict Imagination, Painting an Bilateral Stimulation; Diegelmann, 2006) ist eine schonende, ressourcenorientierte Expositionsmethode und stellt eine Kombination von Elementen des EMDR (Shapiro, 1998) und der Katathym-Imaginativen Psychotherapie (Leuner, 1982) dar. Der Patient stellt während einer Sitzung eine für ihn belastende Situation zeichnerisch dar. Nach jedem Bild folgt eine bilaterale Stimulation (z. B. durch Tapping). Diese Methode eignet sich aufgrund ihrer schonenden Vorgehensweise auch zur Behandlung von traumatisierten Menschen mit Migrationshintergrund.

CIPBS zeichnet sich durch seine wenig sprachbetonte Durchführung aus. Bei der Anwendung soll darauf geachtet werden, dass die gemalten Bilder in der Akte (oder einem anderen sicheren Ort) verbleiben, damit der Patient die dargestellten Situationen »da lassen« und somit mit weniger emotionaler Belastung das Therapiesetting verlassen kann.

1.5 Traumatherapie »light«

In der Traumatherapie »light« (Sack, Lempa, Gromes, 2005) werden gezielt möglichst non-invasive und dennoch effektive Interventionen bekannter Verfahren zur Behandlung Posttraumatischer Belastungsstörungen kombiniert. Durch eine schonende Traumatherapie soll sich die Belastung sowohl für den Patienten als auch für den Therapeuten reduzieren. Ziel ist die Integration und die emotionale Verarbeitung des traumatischen Erlebnisses bei möglichst geringer Belastung durch Aktualisierung der traumatischen Erinnerung. Die angewandten Techniken lassen sich in drei Bereiche aufteilen: 1. Techniken, die eine Distanzierung vom emotionalen Gehalt der belastenden Erinnerungen erleichtern (z. B. Bildschirm- oder Beobachtertechnik nach Sachsse, 2004; Reddemann, 2004), 2. Verfahren, die Bewältigungsressourcen durch Aktivierung hilfreicher und unterstützender imaginativer Vorstellungen mobilisieren (z. B. Arbeit auf der »inneren Bühne« nach Reddemann, 2004) und 3. Techniken zur Veränderung des traumatischen Narrativs in eine Geschichte mit positivem Ausgang (z. B. Imagery-Rescripting nach Schmucker, 1999). Diese Traumatherapie »light« lässt sich laut Sack und Kollegen schon während der Stabilisierungsphase bei komplex Traumatisierten einsetzen.

1.6 PITT

PITT (Psychodynamisch Imaginative Traumatherapie; Reddemann, 2004) legt einen besonderen Akzent auf Ich-stärkende und -stützende Ansätze, die dem Durcharbeiten der traumatischen Erfahrung vorangehen sollten. Die PITT hat zum Ziel, sich dem natürlichen Selbstheilungsversuch der Patienten anzupassen und diesen gezielt zu fördern. PITT orientiert sich daher am Prozess der »natürlichen Traumaverarbeitung«, wobei es nicht vorrangig um Erkenntnisgewinnung über die traumatische Erfahrung geht, sondern v. a. um Resilienzfaktoren und deren Förderung. Die Patienten werden angeregt, Spaltungsmechanismen bewusst anzuwenden, um sich über Selbstregulation vor negativen Affekten und Affektüberflutung zu schützen. Deutungen und Konfrontation durch den Therapeuten werden vermieden. Abwehrmechanismen werden als notwendig anerkannt und diese gezielt zur Stabilisierung genutzt. Auf einer »inneren Bühne« als imaginären Raum für die bildhafte Vorstellung werden hilfreiche Bilder erzeugt. Der Patient bringt den verletzten inneren Anteil – meistens ein »inneres Kind« – an einen guten, sicheren inneren Ort, um ihn dort von immerwährend verfügbaren idealen Eltern und »hilfreichen Wesen« versorgen und trösten zu lassen. Die in der Therapie gelernten Übungen kann der Patient später selbstständig anwenden und Stress regulieren.

1.7 DBT

Die DBT (Dialektisch-Behaviorale Therapie; Bohus, 2006) ist ein von Linehan entwickeltes Therapiemodell und -konzept zur Behandlung der Borderline-Persönlichkeitsstörung. Die Aufgabe des Behandlers ist, eine Balance zu finden zwischen Strategien des Verstehens und Wertschätzens eines Problems und dessen Veränderung. Diese »dialektische Strategie« (Linehan, 1996) bildet die Grundlage für die Bezeichnung »Dialektisch-Behaviorale Therapie«. Im Sinne der DBT betrachtet Dialektik scheinbare Gegensätze in der Welt des Patienten, um sie aufzulösen und schrittweise zu integrieren. Weitere wichtige Bestandteile der DBT bilden das Erwerben einer verbesserten »inneren Achtsamkeit« sowie das Skilltraining zum besseren Umgang mit Anspannung.

In der Arbeit mit traumatisierten Patienten hat sich besonders die Anwendung der sogenannten »Skills« als wertvoll zum Umgang mit Dissoziationen, Flashbacks und sonstigen Angstzuständen erwiesen. Inhalte der Traumata werden hingegen mit dieser Methode nicht thematisiert und stellen somit lediglich eine wertvolle Ergänzung dar.

1.8 Weitere hypnotherapeutische, imaginative und körpertherapeutische Techniken

Insgesamt bieten die beschriebenen Therapieverfahren und -methoden eine hervorragende Ergänzung für die therapeutische Arbeit mit traumatisierten Migranten. Eine unadaptierte Anwendung ist jedoch nicht möglich. Zum einen sind die meisten Methoden überwiegend sprachbasiert. Besonders narrative und imaginative Ansätze gestalten sich in der Literatur zumeist so, dass die Patienten einen detailreichen Wortschatz aufweisen müssen. Oft geschieht es in der Praxis aber, dass die Patienten das Gesagte weder völlig verstehen noch ihr Inneres adäquat sprachlich ausdrücken können. Dies führt nicht selten zu Frustration und Hilflosigkeit auf Patienten- und Behandlerseite, was sich schädlich auf den weiteren

Therapiefortschritt auswirken kann. Daher sind Methoden vonnöten, die bedarfsangepasster für Patienten mit wenig Deutschkenntnissen gestaltet sind.

Eine weitere Schwierigkeit der traumazentrierten Methoden ist der Verbleib von Restbelastung nach der Anwendung. Es kann sich als destabilisierend erweisen, wenn in der therapeutischen Sitzung ein traumatisches Erlebnis thematisiert wird, am Ende aber durch den Patienten nicht vollständig verarbeitet, sondern als emotionale Belastung »mit nach Hause« genommen wird. Gerade bei hohen Sprachbarrieren gestaltet es sich für Behandler schwierig, das Ausmaß der Restbelastung einzuschätzen. Hier könnten sich Methoden, die das Trauma rein visuell und »zum Anfassen« im therapeutischen Setting an einem sicheren Ort belassen, als sinnvoll erweisen. Zur bedarfsangepassten Versorgung und Berücksichtigung der genannten Schwierigkeiten wurden ergänzende Techniken entwickelt, um kulturelle Aspekte in der Stabilisierung der Patienten zu berücksichtigen. Diese werden im Folgenden kurz beschrieben.

Zur Erarbeitung einzelner Ressourcen, die belastenden oder traumatischen Situationen entsprechen, wurden spezielle *Holzklötze* hergestellt. Benötigte Materialien für dieses methodische Vorgehen: Holzklötze in drei unterschiedlichen Höhen, die oben je eine Einkerbung (Schlitz) und unten je ein durchgängiges Loch haben, mehrere Karteikärtchen, Stift.

Vorgehen: Zunächst werden entsprechend einer Traumahierarchie belastende Situationen identifiziert und diese je auf eine Karteikarte skizziert. Dabei kann es sich um ursprünglich traumatisierende Situationen, Flashbacks oder Trigger handeln. Pro Karte wird eine traumatische Situation aus der Sicht des Patienten symbolhaft festgehalten. Belastendere Situationen werden in die großen, weniger belastende Situationen in die entsprechenden mittleren bzw. kleinen Holzklötze gesteckt.

Die Holzklötze mit den Situationskarten werden dann in absteigender Reihenfolge aufgestellt. Im nächsten Schritt werden zum höchsten (am meisten belastenden) Holzklotz persönliche Ressourcen zur entsprechenden Situation erarbeitet, die Möglichkeiten bieten, mit diesem Thema umzugehen, z. B. was gut tun kann, was helfen würde, was hilft, damit es damit besser geht etc. Dieses wird auf ein weiteres Kärtchen skizziert. Im Anschluss wird die Karte mit der belastenden Situation aus der Einkerbung genommen und durch die Karte mit den Ressourcen ersetzt. Das Kärtchen mit der Traumatisierung wird zusammengerollt (mit Skizze nach innen) und im Holzklotz unten in die Öffnung gesteckt, somit vorerst auch »weggepackt«. Mit den anderen Holzklötzen wird, in absteigender Reihenfolge, ebenso verfahren – zu jedem belastenden Ereignis kommt eine Karte mit entsprechenden Ressourcen, welche die belastende Karte ersetzen könnte, so dass diese in die Öffnung gepackt werden kann. Am Ende haben alle Holzklötze oben eine Karte mit Ressourcen, die »guttun«, und unten die Karte des traumatischen Ereignisses eingerollt in der Öffnung.

Kettenreaktion: Dies dient zur psychoedukativen Darstellung des traumatischen Prozesses, von Flashbacks und Intrusionen als normaler biologischer Reaktion und zur Findung von Ressourcen bzw. Möglichkeiten zur Stresstoleranz.

Materialien: Mehrere Holztafeln, ca. 15 × 15 × 2 cm groß, die so beschichtet sind, dass sie mit Whiteboard-Stiften beschriftet werden können; alternativ Holzklötzchen und selbstklebende Zettel, um diese damit zu beschriften; Stift; mehrere persönliche Gegenstände des Patienten, die symbolhaft für einzelne Skills stehen oder konkret für Skills genutzt werden.

Vorgehen: Die Holztafeln werden gemeinsam mit dem Patienten aus der Erlebnisperspektive des jeweiligen Patienten nacheinander beschriftet, um Schritt für Schritt festzuhalten, was im Körper bei Flashbacks abläuft, und in dieser Reihenfolge aufgestellt: Etwas wird wahrgenommen (gesehen, gerochen usw. – hier wurde als Beispiel das Sehen bearbeitet) – auf das erste Brett kommt daher ein Symbol für das Sehen, der Körper reagiert – die Augen werden groß, der Puls geht hoch, die Atmung verändert sich, der Körper ist angespannt, schwitzt usw. – auch dafür werden jeweils Symbole gefunden und auf weitere Holztafeln skizziert; Gedanken, Bilder, Erinnerungen tauchen auf – all dies wird auf weitere Holztafeln vermerkt, die Wahrnehmung verändert sich, alles wird heller, es kommt zum »Blackout«, Altes hält einen »gefangen«.

Bei jedem Menschen gibt es in dem oben genannten Ablauf Veränderungen. Wichtig ist, dass dabei klar wird, dass dies einfach passiert – es natürliche körperliche Reaktionen sind, automatische Abläufe, oft so schnell, dass diese einzeln nicht gleich zu fassen/zu benennen/wahrnehmbar sind. Es werden so viele Holztafeln genommen, dass ganz individuell die einzelnen Veränderungen im Ablauf aufgegriffen werden, je nach Wahrnehmung und Reaktion des Einzelnen. Um die individuelle Kettenreaktion zu verdeutlichen, werden die Holztafeln in einer Reihe aufgestellt – wie Dominosteine. Wenn der erste dann (durch den Therapeuten oder besser den Patienten selbst) angestoßen wird, fällt schlagartig die ganze Reihe um, als Symbol für die kaum aufhaltbare natürliche Kettenreaktion, die bei Flashbacks abläuft.

Im Anschluss werden die Holztafeln wieder aufgestellt. Im nächsten Schritt wird versucht, für jede einzelne Holztafel ein Skill zu finden, eine Möglichkeit, gegenzusteuern, wenn man diese Veränderung wahrnimmt (als Beispiel: der Puls geht hoch – was lässt sich tun, um diesen wieder herunterzufahren). Diese Möglichkeiten (Skills) werden auf die Gegenstände skizziert, die dafür stehen (das kann vom Stein über ein Buch oder Spiel alles sein, was als Symbol für den Skill steht). Diese Gegenstände werden dann zwischen die Holztafeln gelegt, womit gezeigt wird, dass die Kettenreaktion dadurch unterbrochen werden könnte. Wenn jetzt die erste Holztafel umgestoßen wird, fallen nicht automatisch alle anderen auch, da die Gegenstände den Fall stoppen, so wie auch die Skills im Idealfall die Auswirkungen der Kettenreaktionen, z. B. der Flashbacks, stoppen können.

Diese und weitere Techniken zur ressourcenorientierten kultursensiblen Stabilisierung von traumatisierten Menschen werden derzeit im Rahmen des »Göttinger Konzeptes« (Özkan, Demirkan & Belz, 2010) am Asklepios Fachklinikum Göttingen weiterentwickelt, erprobt und wissenschaftlich ausgewertet. Auf Basis unserer Erfahrungen sollten derartige Techniken sowie die Förderung der Transkulturellen Sensibilität in die Ausbildung von ärztlichen und psychologischen

Psychotherapeuten aufgenommen werden. Auf Wunsch bieten wir Trainings in den dargestellten Bereichen an.

Des Weiteren sollten die bereits vorliegenden Therapiemethoden und -konzepte auf ihre Wirksamkeit hin untersucht und so deren Evidenzbasierung verfolgt werden. Die bisherige Forschung widmet sich bisher v. a. epidemiologischen Studien, während in der Praxis überwiegend Konzepte angewandt werden, die sich zwar bewährt haben, ihre Wirksamkeit bisher aber nicht in kontrollierten Studien unter Beweis gestellt haben.

Zur besseren Versorgung von traumatisierten Patienten mit Migrationsgeschichte sollte die Vernetzung der bereits in diesem Feld arbeitenden Therapeuten untereinander und auch mit daran interessierten Kollegen weiter vorangetrieben werden. Hierzu zählt v. a. die Arbeit der jeweiligen Dachverbände DTPPP (Dachverband der transkulturellen Psychiatrie, Psychotherapie und Psychosomatik im deutschsprachigen Raum), DTGPP (Deutsch-Türkische Gesellschaft für Psychiatrie, Psychotherapie und psychosoziale Gesundheit) und GIP AKTPT (Gesellschaft für türkischsprachige Psychotherapie und psychosoziale Beratung). Eine große Errungenschaft der politischen Interessenvertretung und Vernetzung stellt die Entwicklung der »Essener Leitlinien zur interkulturellen Psychotherapie« (Erim et al., 2010) dar. Die Entwicklung von Leitlinien und deren Etablierung muss unbedingt weiter unterstützt und gefördert werden.

Literatur

Auchter, T. & Strauss, L. V. (2003). *Kleines Wörterbuch der Psychoanalyse.* Göttingen: Vandenhoeck & Ruprecht.

Bergin, A. E. & Garfield, S. L. (Hrsg.) (1994). *Handbook of psychotherapy, and behavior change.* New York: Wiley.

Birck, A. (2004). Symptomatik bei kriegs- und folterüberlebenden Flüchtlingen, mit und ohne Psychotherapie. *Zeitschrift für Klinische Psychologie und Psychotherapie, 33* (2), 101–109.

Bohus, M. & Höschel, K. (2006). Dialektisch Behaviorale Psychotherapie. In A. Remmel (Hrsg.), *Handbuch Körper und Persönlichkeit* (S. 255–271). Stuttgart/New York: Schattauer.

Brandes, I., Gerken, U. & Walter, U. (2009). Einflussfaktoren auf das gesundheitsbezogene Inanspruchnahmeverhalten türkischsprachiger Migranten. *Zeitschrift für medizinische Psychologie, 18*, 124–134.

Brzoska, P. & Razum, O. (2009). Krankheitsbewältigung bei Menschen mit Migrationshintergrund im Kontext von Kultur und Religion. *Zeitschrift für Medizinische Psychologie, 18* (3–4), 151–161.

Diegelmann, C. (2006). Krisenintervention mit CIPBS (Conflict Imagination, Painting and Bilateral Stimulation). In S. Ditz, C. Diegelmann & M. Isermann (Hrsg.), *Psychoonkologie – Schwerpunkt Brustkrebs: ein Handbuch für die ärztliche und psychotherapeutische Praxis* (S. 264–287). Stuttgart: Kohlhammer.

Diegelmann, C. (2007). *Trauma und Krise bewältigen: Psychotherapie mit TRUST (Techniken ressourcenfokussierter und symbolhafter Traumabearbeitung).* Stuttgart: Klett-Cotta.

Dilling, H., Mombour, W. & Schmidt, M.H. (1991). *Internationale Klassifikation psychischer Störungen. ICD-10 V (F) Klinisch-diagnostische Leitlinien.* Bern: Huber.

Erim, Y,. Toker, M., Aygün, S., Özdemir, Z., Renz, M. & Gün, A.K. (2010). Essener Leitlinien zur interkulturellen Psychotherapie – Interkulturalität in psychotherapeutischer Praxis, Aus- und Fortbildung, Forschung und in der Öffnung von Institutionen. *Psychotherapie im Dialog, 4*, 299–305.

Franz, M., Liujić, C., Koch, E., Wüsten, B., Yürük, N. & Gallhofer, B. (2007). Subjektive Krankheitskonzepte türkischer Migranten mit psychischen Störungen – Besonderheiten im Vergleich zu deutschen Patienten. *Psychiatrische Praxis, 34*, 332–338.

Fiedler, P. (2004). Ressourcenorientierte Psychotherapie bei Persönlichkeitsstörungen. *Bundespsychotherapeutenkammer: Psychotherapeutenjournal, 1*, 4–12.

Gierlichs, H.W. (2003). Stellungnahme der wissenschaftlichen Fachgesellschaften zur Untersuchung von Flüchtlingen vor Abschiebungen. Verfügbar unter: http://www.sbpm.de/?download=Stellungnahme%20der%20wissenschaftlichen%20Fachgesellschaften.pdf (19.04.2012).

Güç, F. (2010). Dissoziation und Schuld-Scham-Affekte in der Behandlung von Migranten aus islamischen Ländern. *Psychotherapie im Dialog, 4*, 313–318.

Gün, A.K., Toker, M. & Senf, W. (2010) »... keine Lust, meinem deutschen Therapeuten zu erklären, dass ich kein Pascha bin ...« Ali Kemal Gün und Mehmet Toker im Gespräch mit Wolfgang Senf. *Psychotherapie im Dialog, 4*, 352–356.

Hapke, U., Schumann, A., Rumpf, H.-J., John, U. & Meyer, C. (2006). Post-traumatic stress disorder. The role of trauma, pre-existing psychiatric disorders, and gender. *European Archives of Psychiatry and Clinical Neuroscience, 256*, 299–306.

Hofmann, A. (1999). EMDR – Ein dynamisch-behavioraler Ansatz und die neurophysiologischen Implikationen in der Therapie mit Traumapatienten. In G. Kruse & S. Gunkel (Hrsg.), *Trauma und Konflikt*. Hannover: Hannoversche Ärzte Verlags-Union.

Keller, A.S., Rosenfeld, B., Trinh-Shevrin, C., Meserve, C., Sachs, E., Leviss, J.A., Singer, E., Smith, H., Wilkinson, J., Kim, G., Allden, K. & Ford, D. (2003). Mental health of detained asylum seekers. *Lancet, 362*, 1721–1723.

Kirmayer, L.J. (2001). Cultural Variations in the Clinical Presentation of Depression and Anxiety: Implications for Diagnosis and Treatment. *Journal of Clinical Psychiatry, 62*, 22–28.

Knaevelsrud, C., Wagner, B., Karl, A. & Mueller, J. (2007). New treatment approaches: integrating new media in the treatment of war and torture victims. *Torture, 17* (2), 67–78.

Koop, I.I. (2000). Narben auf der Seele: Integrative Traumatherapie mit Folterüberlebenden. *Zeitschrift für Politische Psychologie, 8* (4), 561–584.

Leuner, H. (1982). Katathymes Bilderleben. In R. Corsini (Hrsg.), *Handbuch der Psychotherapie*. Weinheim: Beltz.

Lindert, J., Brähler, E., Wittig, U., Mielck, A. & Priebe, S. (2008). Depressivität, Angst und posttraumatische Belastungsstörung bei Arbeitsmigranten, Asylbewerbern und Flüchtlingen. *Psychotherapie, Psychosomatik, Medizinische Psychologie, 58*, 109–122.

Özkan, I. (2002a). Problembereiche in der traumazentrierten Arbeit mit ethnischen Minoritäten. In U. Sachsse, I. Özkan & A. Streeck-Fischer (Hrsg.), *Traumatherapie – Was ist erfolgreich?* (S. 72–82). Göttingen: Vandenhoeck & Ruprecht.

Özkan, I. (2002b). *Sprache und Kommunikation in der multikulturellen Gesellschaft.* Vortrag auf der Fachtagung »Du kannst mich einfach nicht verstehen ...«, 26.–27.11.2002, Marienburg, Zell/Mosel.

Özkan, I. (2003a). Grenzen und Praxisansätze der traumazentrierten Arbeit mit Flüchtlingen. In Beauftragte der Bundesregierung für Migration, Flüchtlinge und Integration (Hrsg.), *Gesunde Integration* (S. 122–126). Dokumentation der Fachtagung Februar. Berlin 2003.

Özkan, I. (2003b). Das Trauma im Blick. Augenbewegungen (EMDR) zur Behandlung der PTSD. *Der Neurologe und Psychiater, 9*, 59–62.

Özkan, I., Demirkan, D. & Belz, M. (2010). Behandlungskonzept für Menschen mit Migrationshintergrund. Poster auf dem 7. Deutsch-Türkischen Psychiatriekongress, 21.–25. September 2010, Rathaus Schöneberg, Berlin.

Özkan, I., Streeck-Fischer, A. & Sachsse, U. (Hrsg). (2002). *Trauma und Gesellschaft, Vergangenheit in der Gegenwart.* Göttingen: Vandenhoeck & Ruprecht.

Reddemann, L. (2001). *Imagination als heilsame Kraft.* Stuttgart: Pfeiffer.

Reddemann, L. (2004). *Psychodynamisch imaginative Traumatherapie. PITT – das Manual.* Stuttgart: Pfeiffer bei Klett-Cotta.

Reddemann, L. & Sachsse, U. (1998). Traumazentrierte Psychotherapie II: Traumaexposition zur Traumasynthese. *Persönlichkeitsstörungen PTT, 2* (2), 72–108.

Reddemann, L., Sachsse, U. (1997). Traumazentrierte Psychotherapie I: Stabilisierung. *Persönlichkeitsstörungen PTT, 1* (3), 113–147.

Rössel-Cunovic, M. (1999). Kurz-Therapien für Flüchtlinge mit befristeter Duldung? Probleme und ausländerrechtliche Restriktionen der psychotherapeutischen Grundversorgung traumatisierter Flüchtlinge: Erfahrungen mit bosnischen Flüchtlingen. *Zeitschrift für Politische Psychologie, 7* (1–2), 143–150.

Sachsse, U. (Hrsg.) (2004). *Traumazentrierte Psychotherapie.* Stuttgart/New York: Schattauer.

Sack, M., Lempa, W. & Gromes, B. (2005). Traumaexposition »light« – nur wünschenswert oder schon machbar? *Persönlichkeitsstörungen, 9*, 45–50.

Smucker, M. R. & Dancu, C. V. (1999). *Cognitive behavioral treatment for adult survivors of childhood trauma – Imagery rescripting and reprocessing.* Oxford: Rowan & Littlefield Publishers.

Schouler-Ocak, M., Schepker, R., Bretz, H. J., Hartkamp, N., Koch, E., Penka, S., Hauth, I., Rapp, M. A., Alchberger, M. C. & Heinz, A. (2010). Patienten mit Migrationshintergrund in stationär-psychiatrischen Einrichtungen. *Der Nervenarzt, 81*, 86–91.

Shapiro, F. (1998). *EMDR – Grundlagen und Praxis: Handbuch zur Behandlung traumatisierter Menschen.* Paderborn: Junfermann.

Statistisches Bundesamt (2010). *Ausländische Bevölkerung.* Fachserie 1, Reihe 2. Wiesbaden: Statistisches Bundesamt.

von Wogau, J. R., Eimmermacher, H. & Lanfranchi, A. (2004). *Therapien und Beratung von Migranten.* Weinheim: Beltz.

Yildirim-Fahlbusch, Y. (2003). Türkische Migranten: Kulturelle Missverständnisse. *Deutsches Ärzteblatt, 18*, 993–995.

Yehuda, R. (2001). Biology of posttraumatic stress disorder. *Journal of Clinical Psychiatry 62* (17), 41–46.

Gruppenverfahren bei Menschen mit Migrationshintergrund

Jan Ilhan Kizilhan

Einleitung

Patienten aus weniger individualistischen bzw. familienorientierteren Gesellschaften können ein anderes Verständnis von Psychotherapie und deren Anwendungen haben, auch von Gruppenverfahren, als Patienten aus westlichen Gesellschaften. Die modernen multimodalen Therapieansätze berücksichtigen dies bisher nicht ausreichend. Das Verhalten in der Gruppe, die Gruppendynamik und die Rolle der Therapeutinnen und Therapeuten können sich aufgrund anderer Normen und Wertevorstellungen und Beziehungsgestaltung anders gestalten. Bei einer psychotherapeutischen Behandlung und insbesondere bei den Gruppenverfahren scheint es daher von besonderer Bedeutung zu sein, unterschiedliche Selbstkonzepte, die Rolle der Familie und das Verständnis von Krankheit und Gesundheit in der Herkunftsgesellschaft zu berücksichtigen.

Eine genaue Betrachtung und Entwicklung von Therapiemodulen, hier insbesondere Gruppentherapien und Gruppenverfahren für familienorientierte Gesellschaften in der Migration und die Bedeutung der kollektiven Identität, sind bisher kaum Gegenstand wissenschaftlicher Forschung gewesen. Therapeuten, die Menschen mit Migrationshintergrund behandeln, betonen jedoch immer wieder, wie wichtig kollektive Ressourcen und damit die Gruppendynamik aus der Herkunftskultur sind und damit auch die verschiedenen Gruppenverfahren für die psychotherapeutische Behandlung (Koch, 2003; Kizilhan, 2010 a).

In diesem Beitrag möchte ich daher beispielhaft für die Gruppe der Arbeitsmigranten aus familienorientierten Gesellschaften und ihre nachfolgende Generation die Chancen und Schwierigkeiten der psychotherapeutischen Arbeit in den Gruppentherapien und einige Gruppenverfahren diskutieren. Um Gruppentherapien und -verfahren zu verstehen, ist für die Entwicklung einer Gruppendynamik und -leitung das Verständnis von Krankheit und Krankheitsverarbeitung notwendig.

1 Krankheitsverständnis und -verarbeitung

Menschen aus traditionell ländlichen Regionen sind in der Regel von einer kollektiven Denkweise geprägt, in der persönliche Wünsche, Interessen und

Beschwerden eines Einzelmitglieds als sekundär betrachtet werden. Harmonie und Sicherheit in der Familie und der Peergroup sind wesentlich wichtiger als die individuelle Autonomie. Das einzelne Individuum sieht sich als Teil einer Solidargemeinschaft, aus der sich die entsprechenden Aufgaben und Pflichten ergeben. Seine Hauptaufgabe ist es, dafür zu sorgen, dass der Solidargemeinschaft, insbesondere der Kern- und Großfamilie, kein Schaden zugefügt wird. Es ist deshalb folgerichtig, dass persönliche Gefühle und Beschwerden nicht geäußert werden, um möglicherweise die Familie nicht zu belasten oder ihr zu schaden (Kizilhan & Beremejo, 2009).

Im Rahmen von Behandlungsmaßnahmen kann dieser Hintergrund dazu führen, dass schwierige und traumatische Themen, wie z. B. sexuelle Gewalt und Folter, vermieden werden, da die Angst vor der *eigenen und kollektiven Entehrung* durch die Gemeinschaft immer vorhanden ist. Dabei spielen *kollektiv-dysfunktionale Kognitionen* des »Ehrverlustes« und die Angst vor einer möglichen Zerstörung der Gesamtfamilie und Ausgliederung durch die Herkunftsgemeinschaft eine wichtige Rolle. Konflikte zwischen den Migrantengenerationen und der Umgang damit können ebenfalls für die Behandlung wichtig sein. Erwähnt seien hier beispielhaft traditionelle Heirat, Zwangsheirat oder »Ehrenmorde«.

Als ein besonderes Thema sei hier v. a. aber auch die Einstellung zur Sexualität in familienorientierten Gesellschaften genannt, in der sich patriarchalische Sitten und Traditionen mit religiösen Verhaltensregeln (z. B. Islam) vermischen. Dies führt häufig zu einer erheblichen Unsicherheit im Umgang mit diesem Lebensbereich, wenn nicht gar zu dessen gänzlicher gesellschaftlicher Tabuisierung (Baumeister, 2007). Hohe moralische Vorstellungen und Einschränkungen führen gerade bei Frauen zu erheblicher Sorge und Angst, da sie jeden Augenblick Gefahr laufen könnten, in ihrer Ehre verletzt zu werden. Sexuelle Belästigungen oder Missbrauch werden in der Behandlung erst bei ausreichendem Vertrauen und Schutz vor einer öffentlichen Kenntnis durch die Community verbalisiert. Auch wenn die nachfolgende Generation westlich-individuell geprägt ist, scheinen diese Wertvorstellungen, die im Alltag zu zahlreichen Einschränkungen und Belastungen führen können, v. a. bei jungen Mädchen und Frauen, weiterhin wirksam zu sein (Kizilhan, 2006).

Bestimmte Dinge können für die Migranten aus ihrer Kultur heraus so selbstverständlich sein, dass sie sie als bekannt und für nicht erwähnenswert erachten. Eigene Erfahrungen werden manchmal in der *Wir*-Form ausgedrückt, was zum Teil mit der kollektivistischen Kultur zu tun hat. Auch scheinen den Patienten manche ihrer Beschwerden nicht wichtig genug, um darüber zu sprechen. Oft sehen sie auch z. B. keine Zusammenhänge zwischen körperlichen und psychischen Beschwerden.

Innerpsychische Konflikte und auch traumatische Ereignisse werden meist über *Schmerzäußerungen* thematisiert (Kizilhan & Haag, 2011). Ein Grund dürfte in der vorhandenen Krankheitsvorstellung und dem Krankheitsverständnis sowie der ungewohnten Behandlungssituation liegen. Aus psychodynamischer Perspektive bietet die Somatisierung für sozial benachteiligte Gruppen und Menschen mit schweren traumatischen Erlebnissen eine Möglichkeit, Ausgrenzung, soziale Kränkung, Schuld- und Minderwertigkeitsgefühle aus dem bewussten Erleben auf die Körperebene zu verlagern, um so die Selbstachtung zu bewahren und gleichzeitig darauf zu hoffen, dass Arzt und Medizin ihnen helfen können.

In einer vergleichenden Studie zwischen deutschen und türkischen Patienten konnte ich zeigen (Kizilhan, 2010 a), dass türkische Patienten die Ursachen ihrer Erkrankung häufiger in externalen Einflüssen wie »Schicksal« oder »Gottes Wille« sehen, d. h., sie attribuieren allgemein fatalistischer bzw. deterministischer, erleben bedeutsam weniger persönliche Kontrolle wie auch Behandlungskontrolle und entwickeln ein auffällig geringeres Verständnis für ihre Krankheit. Um ihre Krankheit zu bewältigen, setzen sie z. B. nicht, wie häufig die deutschen Patienten, eine langfristig planvolle Strategie ein, sondern versuchen stattdessen, wenn auch kurzfristig, so doch aktiv problemorientiert zu agieren (Kizilhan, 2010 a).

2 Magische Vorstellungen und Gesundheit

Magische Vorstellungen im Zusammenhang mit Krankheit und Gesundheit, wie z. B. Geister, Dschinnen, Symbole und Rituale, haben in den Balkanländern und im Mittleren und Nahen Osten schon immer eine wichtige Rolle gespielt. Noch heute lässt sich in ländlichen, stark von der Tradition geprägten Gebieten der nahöstlichen Gesellschaften, aber auch in großen Städten eine Affinität zur traditionellen Medizin feststellen. Verschiedene traditionelle Heiler sind sowohl im Herkunftsland als auch im Gastland aktiv, wie z. B. Knochenheiler, religiöse Heiler, die als Magier oder Zauberer tätig sind, aber auch arabische Ärzte, die in der Tradition der »Vier-Säfte-Lehre« stehen, Pflanzenheiler und die heilkundigen Frauen, die besonders bei gynäkologischen Problemen und der Geburt zu Rate gezogen werden (Heine & Assion, 2005).

Trotz möglicher Widersprüche und Interessenskonflikte kann unter Umständen auch ein auf Religion oder Magie basierendes Krankheitsverständnis als Ressource in die Behandlung, v. a. in den Gruppen, mit einbezogen werden und steht nicht per se schon im Widerspruch zur modernen Medizin, sofern die Gesundung des Patienten das höchste Kriterium darstellt. Aufgrund des Primates der Verfassung des Patienten können Dschinnen, Geister, Kultstätten, magische Steine, Gebete etc. daher bei der psycho-sozialen Versorgung durchaus als Placebo von Bedeutung sein, insbesondere im psychiatrisch-psychotherapeutischen Bereich für Diagnostik und Behandlung.

3 Behandlungskonzepte

Bei genauer Betrachtung der Therapiekonzepte zeigt das Beispiel der Versorgung türkischer Patientinnen und Patienten in psychosomatisch-psychiatrischen Kliniken in Deutschland, dass der Schwerpunkt auf die Verständigung, also auf die muttersprachliche Behandlung, gelegt wird (Koch, 2003; Schmeling-Kludas, 2005). In einem weiteren Schritt geht es dann meistens um spezifische Gruppenangebote unter Berücksichtigung kultureller Aspekte.

Die Grundprinzipien einer Psychotherapie – Motivation, offene Grundhaltung, Informationen zur Verhaltens- und Bedingungsanalyse, Definition von Zielen – unterscheiden sich nicht von denen bei deutschen Patienten. Auf Grundlage der bisherigen Studien zu diesem Thema kann davon ausgegangen werden, dass zu Beginn der Behandlung eine kultursensible Hinführung zu einem Verstehen psychischer Zusammenhänge notwendig ist (Kizilhan, 2010). Auch bei Patienten aus familienorientierten Gesellschaften geht es um eine Aufarbeitung intrapsychischer und intrafamiliärer Konflikte (Machleidt & Calliess, 2003).

Neben diesen Gemeinsamkeiten gibt es jedoch spezifische Fragestellungen. Bei Menschen mit psychosomatischen Leiden ergeben sich diese auf der einen Seite aus der Erfahrung der Migration, die oftmals einen radikalen Umbruch der individuellen und der familiären Biografie darstellt. Auf der anderen Seite entwickeln sich besondere Probleme aus der Komplexität der Lebenswelt der Migranten (Moro & Sturm, 2006). Daher scheinen in der Behandlung von Migranten die Migrationsgeschichte, ethnische und religiöse Lebenswelten, Familienstruktur, Generationskonflikte, soziales Umfeld, mögliche Kulturkonflikte zwischen der Herkunfts- und Residenzkultur sowie Vorstellungen von psychischen und körperlichen Beschwerden besonders wichtig zu sein.

Therapeut-Patient-Beziehung

In kollektiven Gesellschaften ist infolge der traditionellen Erziehung und Sozialisation die Beziehung zu anderen Menschen zentral, so auch die zum Behandelnden. Gerade wegen ihrer *kommunikativen Kompetenzen* werden traditionelle Heiler aufgesucht. Eigenschaften wie Verständnis, Geduld, Respekt, Höflichkeit, Aufmerksamkeit, Freundlichkeit und Offenheit werden deshalb beim Behandelnden höher geschätzt als Fachwissen (Gilson et al., 1994).

Wenn Therapeuten Beschwerden psychologisch zu erklären versuchen, dann geschieht es leicht, dass Patienten die Behandlung ablehnen oder noch stärker ihre körperlichen Beschwerden betonen, um so deren Vorhandensein zu »beweisen«. Günstig ist es daher, wenn der Patient von einem ambulanten medizinischen und psychotherapeutischen Behandelnden kontinuierlich betreut wird, um so eine Beziehung aufbauen zu können. Vielen Patienten kann die Herstellung *eines guten Klimas* wichtiger sein, als die Anamnese oder Bearbeitung von Konflikten. Im Gespräch mit dem Therapeuten können die Patienten indirekt, bildhaft, emotional, persönlich gefärbt oder durch Nebenerzählungen über sich und ihre Konflikte sprechen. Sachthemen können eher nebenbei und indirekt besprochen werden.

In den Gruppen können Therapeuten in die Rolle eines »Lehrers« gedrängt werden, vom dem sie passiv nur lernen wollen. Die interaktionelle Kommunikation mit Selbsterkenntnis durch Besprechung bestimmter Themen in der Gruppe muss von dem Gruppenleiter immer wieder angestrebt und die Gruppe dazu angeleitet werden. Dies kann die ersten Gruppensitzungen erschweren, da viele Patienten diese Form der Gruppenbehandlung nicht kennen.

In der Gruppe meiden Menschen aus orientalisch-patriarchalischen Gesellschaften Ereignisse, die thematisch nicht in die Gruppe passen, sie lenken stattdessen ab mit Fragen wie z. B.: »Warum muss ich diese Medikamente nehmen?« oder »Können Sie mir eine Bescheinigung ausstellen?« Hier muss der Gruppenleiter mit viel Geduld und Empathie die Patienten wieder zurück in die Inhalte und Rahmen der Gruppenpsychotherapie holen.

3.1 Gruppenpsychotherapie

In der Gruppenpsychotherapie soll idealerweise der Umgang mit psycho-sozialen Problemen und Belastungen behandelt werden, die aus einer Lerngeschichte mit der sozialen Umgebung stammen (Tschuschke, 2001). In einer Gruppe von drei bis maximal zwölf Mitgliedern, die sich zunächst kennenlernen, durch Gespräche bestimmte Gruppenziele entwickeln, sollen über einen längeren Zeitraum verschiedene Themen bearbeitet werden (Antons, 2000). Dieses Grundmuster ist in zahlreichen Modellen des Gruppenprozesses weiter ausdifferenziert worden (der Gruppenprozess als Problemlösung, der Gruppenprozess als Beratungsprozess etc.). In der Gruppenpsychotherapie sind die Gruppenaktivität (Passivität, Offenheit, Widerstand), und Gruppendynamik (Prioritäten können sich im Verlauf der Gruppentherapie ändern) wichtige Elemente, um die Behandlung effektiv zu gestalten. Die Kenntnis dieser Muster ermöglicht das Verständnis und die Klärung schwieriger und problematischer Gruppenprozesse.

Gruppentherapie kann im weitesten Sinne als ein Mikrokosmos (Yalom, 2003) von den Mitgliedern der Gruppe gesehen werden, die durch ihre Lerngeschichte und Sozialisation die Gruppendynamik beeinflussen (Fiedler, 2001) und durch Konflikte bewusst oder unbewusst neue Fertigkeiten (Emotionen, Kognitionen und Verhalten) lernen. Einer der wichtigsten therapeutischen Wirkfaktoren der Gruppentherapie ist das *interpersonale Lernen*. Feedback anderer Menschen ermöglicht es dem Einzelnen, mehr über sich selbst zu erfahren und eine realistischere Sicht auf die eigene Persönlichkeit zu erlangen. Interpersonales Lernen beinhaltet Identifizierung, Klärung und Modifizierung unangepasster interpersoneller Beziehungen.

Gruppenkohäsion entspricht in etwa dem, was in der Einzeltherapie die Therapeut-Patient-Beziehung ausmacht, also die Fähigkeit der Gruppe, Mitglieder zu binden und bedeutsam und identitätsstiftend für die Gruppenmitglieder zu sein. Wichtig ist also nicht nur, dass die einzelnen Gruppenmitglieder einen guten Kontakt zum Gruppentherapeuten herstellen, sondern auch untereinander Vertrauen entwickeln. Dieses »Wir-Gefühl« hat schon an sich therapeutische Qualität, stellt aber auch eine Basisvariable für andere Wirkfaktoren der Gruppenpsychotherapie dar.

Für eine effektive Gruppentherapie ist die *Selbstöffnung* von Patienten bedeutend (Tschuschke & Weber, 2002). Die Selbstöffnung ist natürlich auch im einzeltherapeutischen Setting von Bedeutung; in Gruppen kann sie aber einen katalysatorischen Effekt aufgrund der damit verbundenen Überwindung der Schamschwelle erzielen.

Indikation von Gruppenpsychotherapie

Die Frage, welcher Patient von Gruppenpsychotherapie profitiert, ist bisher nicht ausreichend erforscht (Tschuschke, 2001). Wir können allerdings hinreichend die Kontraindikation beschreiben, die dafür spricht, dass ein Patient noch nicht an einer Gruppentherapie teilnehmen sollte oder kann. Als *Kontraindikationen* für eine Gruppentherapie können folgende Faktoren gesehen werden: akute Psychose, akute Suizidalität, starke Impulskontrollstörung, starke Affektlabilität, verbale und oder nonverbale Gewaltausbrüche und Gewaltanwendung, Unfähigkeit, die Gruppensituation zu tolerieren, potentielle Noncompliance mit Gruppennormen, zu starke Konflikte mit einem oder mehreren Gruppenmitgliedern, keine Fähigkeit zur Selbstöffnung, Schwierigkeiten mit Nähe und Intimität, exzessiver Gebrauch von Verleugnung, keine Überwindung von ethnischen und religiösen Konflikten aus dem Herkunfts- und Aufnahmeland. Grundsätzlich sollten vor Beginn der Teilnahme eines Patienten an einer Gruppentherapie folgende Punkte geklärt werden (Tschuschke, 2003): Motivation der Patienten, ausreichende Compliance, ausreichender Umgang (zuhören und versuchen, andere Meinungen zu verstehen) mit anderen Mitgliedern der Gruppe, ausreichende Bereitschaft zur Unterstützung anderer Gruppenmitglieder, ausreichende Arbeitsbeziehung zwischen Patienten und Therapeuten, regelmäßige Teilnahme an den Gruppensitzungen, keine Schädigung des Patienten durch die Gruppentherapie (vgl. Moro & Sturm, 2006).

Erfahrungen mit Migranten in stationären Behandlungen zeigen, dass z. B. traumatisierte Patienten aufgrund von Folterungen und Kriegserlebnissen im Herkunftsland nur schwer mit anderen Patienten aus dem gleichen Herkunftsland in der Gruppe arbeiten können, da sie misstrauisch sind oder andere Patienten ihre traumatischen Erlebnisse ablehnen, da es in ihre politische Vorstellung und in ihr entwickeltes positives Bild über ihr Herkunftsland nicht hineinpasst. Geschlechtsspezifische Themen sind ebenfalls behutsam zu behandeln und unter Umständen sollten spezielle Gruppen, wie z. B. interaktionelle Traumagruppen oder Frauengruppen, empfohlen werden.

Gruppenpsychotherapeutische Verfahren

Ähnlich wie bei der Einzelpsychotherapie existiert mittlerweile ein fast unüberschaubares »Angebot« an gruppentherapeutischen Verfahren. Jede der großen therapeutischen Schulen entwickelte im Laufe der Zeit speziell auf Gruppen ausgerichtete Methoden und Vorgehensweisen. Fiedler (1996) unterteilt die wichtigsten Verfahren in zwei Gruppen: Einerseits nennt er die konflikt-, beziehungs- und interaktionsorientierten Psychotherapiegruppen, zu denen er die psychoanalytisch/tiefenpsychologischen Verfahren, die interpersonellen/interaktionellen Gruppen und die gesprächspsychotherapeutischen Gruppen zählt. Auf der anderen Seite lassen sich die psychodramatischen, die gestalttherapeutischen und die verhaltenstherapeutischen Gruppenverfahren unter den Sammelbegriffen störungs-, methoden- und einzelfallorientierte Psychotherapiegruppen zusammenfassen. Den ersteren Verfahren sei die Zielsetzung gemeinsam, dass durch eine gruppendynamische beziehungsweise interpersonelle Analyse in der Therapiegruppe den Mitgliedern eine Veränderung und Kontrolle ihres problematischen Verhaltens ermöglicht wird. Die störungs-, methoden- und einzelfallorientierten Psychotherapiegruppen verbindet dagegen die Tatsache, dass der Dynamik der Gruppe in der Regel nur im Falle negativer Entwicklungen Beachtung geschenkt wird und ansonsten die intensive Einzelarbeit eines oder mehrerer Gruppenmitglieder im Vordergrund steht.

Eine tiefergehende Diskussion zur Effektivität von psychoanalytisch-interaktioneller Gruppenpsychotherapie und verhaltenstherapeutischen Ansätzen bei Menschen mit Migrationshintergrund würde den Rahmen dieses Beitrages sprengen. Hierzu verweise ich auf Kizilhan (2010 a), Machleidt und Calleis (2003).

Verhaltensregeln und Rituale in der Gruppentherapie

In der Gruppentherapie mit Menschen aus traditionellen Gemeinschaften sind bestimmte Verhaltensrituale, wie z. B. der geschlechtsspezifische Kontakt, die Begrüßung oder der Gebrauch religiöser Begriffe zu beachten. Eine erste Schwierigkeit kann schon der Erstkontakt sein, in dem der Patient zur Begrüßung einen *Händedruck* verweigert. Der Händedruck zwischen einem Mann und einer Frau kann bei einigen religiösen Muslimen als eine Verletzung der Intimität verstanden werden. Nach dem Gebet geben z. B. viele Frauen den Männern und umgekehrt nicht die Hand. Auch sollte man die Patienten danach fragen oder sich Informationen einholen, ob beispielsweise zum Zeitpunkt der Gruppentherapie *Ramadan* (Fastenmonat) ist, um dies entsprechend bei der Gruppentherapie zu würdigen und vielleicht auch zu thematisieren.

Man muss wissen, dass viele Menschen aus nichtwestlichen Ländern häufig geringes Wissen über die westeuropäische Bürokratie, asyl- bzw. aufenthaltsrechtliche Bestimmungen und möglicherweise Psychotherapie haben und oft versuchen, diese Themen in der Gruppe in den Vordergrund zu rücken. Ebenfalls können in der Gruppenpsychotherapie die Patienten sehr stark auf körperliche Beschwerden fixiert sein und nur noch über ihre Schmerzen sprechen. Hier wären eine genaue Aufklärung und Informationen über die Gruppentherapie notwendig.

In der Gruppenpsychotherapie kann es vorkommen, dass einige Patienten aufgrund ihrer eigenen Erzählstruktur langatmig zu erzählen beginnen und diese Art des Sprechens vielleicht für die europäische Denkkultur keinen Sinn ergibt. Hier sind sehr viel Geduld und eine gewisse therapeutische Sensibilität notwendig, um z. B. das Gespräch zu unterbrechen, da eine Unterbrechung als Respektlosigkeit oder Nicht-ernst-genommen-Werden verstanden werden kann. Wenn man derartige Erzählungen zu Ende hört, ergeben sie oft einen Sinn, allerdings kann dies die vorgegebene Zeit der Gruppentherapie sprengen. Hier sind je nach Indikation durchaus an Gruppentherapiezeiten von ca. 90 Minuten oder mehr zu denken.

Bestimmte Dinge können für die Patienten aus ihrer Kultur heraus so selbstverständlich sein, da sie diese als bekannt und nicht erwähnenswert ansehen. Eigene Erfahrungen werden zum Teil in der Wir-Form ausgedrückt, was zum Teil mit der kollektivistischen Kultur zu tun hat. Politische Konstellationen, wie z. B. ethnische oder religiöse Konflikte, werden oft weit wichtiger genommen als die eigene Befindlichkeit und können den Rahmen einer Gruppentherapie sprengen.

Dem Gruppenleiter muss klar sein, dass eine Reihe von traumatisierten Patienten aufgrund ihrer Störung nicht in der Lage sein wird, sich in der Gruppe aktiv zu beteiligen, da sie möglicherweise aufgrund ihrer Störung noch sehr misstrauisch und unsicher sind. Ebenso bleibt oft die Tatsache unbeachtet, dass traumatisierte Menschen ihre erlittene Geschichte oder auch andere Dinge aus ihrem Leben meist nur fragmentarisch wiedergeben können. Hinzu kommt, dass viele dieser Menschen aus kollektiven Kulturen und oralen Gesellschaften kommen oder einen geringen Bezug zur Schriftsprache haben. Erzählen und Narration können wichtige Elemente einer Gruppenpsychotherapie werden.

3.2 Narrative Therapie/Gruppentherapien

Durch das Erzählen wird eine Rekonstruktion der Vergangenheit betrieben, die aus der psychisch bedingten Lähmung oder Erstarrung von Gefühlen führt, indem bruchstückhafte Erinnerungen ganz allmählich Raum und Zeit gewinnen und zu Gestalten und Worten werden. Um eine tiefgehende Trauer über die erlittenen Verluste und eine Anerkennung möglicher traumatischer Realität zu erreichen, ist manchmal eine kultursensitiv-narrative Gruppentherapie notwendig, da viele Migranten aus kollektiven Kulturen und/oder Erzähl-Gesellschaften mit unterschiedlichen Gesundheitskonzepten kommen und die Narration in der Regel in diesen Kulturen ein wichtiges Element einer stabilen Ich-Identität darstellt. Die Geschichte des Patienten mit den vielen Teilgeschichten, die sich möglicherweise spiegeln, verschwinden und plötzlich wieder auftauchen, ist zunächst durch Narration erkennbar zu machen. Das heißt, eine Geschichte ist notwendig, die einerseits erklärt, wie der Patient in diese Situation gekommen ist, ihm andererseits aber auch den Weg nach vorn weist. Die narrative Therapie hält der gesamten Lebensentwicklung einen Spiegel vor. Der Patient lernt mit anderen Patienten, seine Lebenslinie als Ganzes zu verstehen und die möglicherweise entstandenen »fließenden Lücken« in Worte zu fassen und für diesen Zustand Gefühle zu entwickeln, mit denen er umgehen kann. Die Erzählungen der Patienten führen zu Verständnis, Solidarität und der Erkenntnis, dass sie nicht alleine ein solches Schicksal erlebt haben. Aus den vielen Geschichten der einzelnen Patienten entsteht eine gemeinsame Geschichte, in der sie voneinander lernen und eine Perspektive entwickeln können.

Gruppentherapie: Märchen, Legenden, Mythen und andere Geschichten

Märchen, Legenden, Mythen und andere Geschichten der Herkunftskultur, welche die Patienten als Kinder gehört haben, können in einer Gruppe als ein »Modell für Problemlösungsstrategien« eingesetzt werden. In vielen Geschichten geht es um Helden, die leiden, kämpfen und es zum Schluss schaffen, wieder anerkannt zu werden. Themen wie Ungerechtigkeit, Verbitterung, soziale Isolierung, Unverständnis der anderen etc. können durch eine Geschichte, die ein Patient oder der Therapeut erzählt, in der Gruppe bearbeitet werden. Beispielhaft können bekannte Märchen in der Gruppe vorgelesen und anschließend besprochen werden. Es müssen selbstredend therapeutisch verwertbare Inhalte transferiert werden.

3.3 Gestaltungstherapie

Die Verbindung von nonverbalen mit verbalen Techniken ist besonders bei Migranten mit einer niedrigen Schulbildung erfolgreich. Arbeit mit Ton, Holz, Farben etc. assoziieren viele mit ihrer eigenen Arbeit und Lebenserfahrung z. B. als Landarbeiter, Maurer, Kraftfahrer etc. im Herkunftsland. Die Bearbeitung der Biografie und vorhandene innerpsychische Konflikte werden aufgedeckt und können in der Therapie dann bearbeitet werden. Es gilt, wieder die Phantasie und Kreativität anzuregen, Fähigkeiten zu wecken, die Denken, Fühlen und Handeln aktivieren und in Einklang bringen. Verloren geglaubte Ressourcen werden wieder sichtbar gemacht und damit eine schöpferische Lebenseinstellung gefördert, die Voraussetzung für Lebensfreude schafft. Als nonverbale Therapieform ist die Gestaltungstherapie hierfür hervorragend geeignet.

3.4 Frauengruppen, beispielsweise traumatisierte Frauen aufgrund von sexueller Gewalt

Um der unterschiedlichen weiblichen Problematik und den Zusammenhängen zur psychischen Erkrankung gerecht zu werden, z. B. Grenzverletzungen bis hin zu Gewalt und Missbrauch, Sozialisation zu abhängigeren Bedingungen, ist Gruppentherapie für Frauen besonders indiziert. Gerade traumatisierte Frauen aufgrund sexualisierter Gewalt benötigen viel Vertrauen und können in der Gruppentherapie mit anderen Opfern über ähnliche Erfahrungen sprechen, ohne Angst vor Ablehnung haben zu müssen. Therapieziele sind u. a. das Stabilisieren der Geschlechtsidentität (Selbstbild, positives Körpergefühl), Verbesserung des Selbstwertgefühls, der Eigenverantwortung und Selbstständigkeit sowie das Entwickeln von Kompetenzen und Erkennen eigener Stärken, Einsamkeit, Verhaltensmöglichkeiten im Alter, Überforderungssituationen, Partnerschaft, Sexualität etc. Mit den eigenen Problemen nicht mehr allein zu sein, sondern sich mit anderen zu identifizieren und Unterstützung erleben zu können, kann als sehr erleichternd empfunden werden.

3.5 Familientherapie als Gruppentherapie

Aufgrund der kollektiv-traditionellen Sozialisation und entsprechender Kognitionen ist bei einigen Patienten manchmal die Einbindung der Familie in die Behandlung indiziert. So kann durch die Einbeziehung der Familie und die jeweilige Rolle aller Familienmitglieder der Großfamilie ein besseres Verständnis für mögliche familiäre Konflikte und Beziehungsabhängigkeiten (z. B. Heirat von Cousinen, finanzielle Unterstützung der Familie im Herkunftsland, Zwangsheirat etc.) ermöglicht werden. Doch die starke Solidarität der Familie für ein erkranktes Mitglied kann unter Umständen auch einer schnellen Besserung nicht nur im Wege stehen, sondern seinen Zustand sogar noch verschlimmern. Wichtig ist jedoch, dass die früheren Familienkonflikte nicht nur einfach rekapituliert werden, sondern korrigierend durchlebt werden. Dies ermöglicht ein Durcharbeiten vergangener Konfliktsituationen.

Fallbeispiel

Eine 22-jährige türkischstämmige Patientin, die in Deutschland geboren und aufgewachsen ist, möchte seit einigen Jahren aus der Wohnung ihrer Eltern ausziehen, was der Vater nicht erlaubt. Nach den Vorstellungen der Eltern dürfe ihre Tochter nur ausziehen, wenn sie verheiratet sei. Die Patientin möchte aber mehr Autonomie und selbstständig ihr Leben gestalten, ohne die Beziehung zu ihren Eltern zu gefährden. Der Vater drohe immer wieder, sie als Tochter abzulehnen und im Falle eines Auszuges den Kontakt zur gesamten Familie zu verbieten. Die Patientin leidet seit mehreren Jahren unter Bulimie und Depressionen. Nach der Schule müsse sie sich sofort bei der Mutter melden und dürfe kaum allein die Wohnung verlassen. Einmal habe sie der ältere Bruder von einem abendlichen Treffen mit einigen deutschen Freunden mit Gewalt nach Hause gebracht. Er habe ihr gesagt, es gehöre sich nicht, als junge Frau abends auf der Straße zu sein. Sie fühle sich zu Hause nicht wohl, möchte aber auch ihrer Familie keine »Schande« machen.

Neben der therapeutischen und medikamentösen Behandlung der Essstörung und Depression wurden mehrere Familiengespräche geführt. Bei diesen stellte sich heraus, dass der Vater sehr traditionell eingestellt und als solcher als Vorstandsvorsitzender einer örtlichen Moschee-Gemeinde tätig war. Der Vater sprach von einem Gesichtsverlust und einer Ehrverletzung, falls die Tochter unverheiratet die gemeinsame Wohnung verlassen würde. Die Moschee-Gemeinde würde ihn ausgrenzen und glauben, er sei nicht in der Lage, seine Familie der eigenen Tradition entsprechend zu erziehen.

Nach mehreren Gesprächen über die Krankheit der Tochter und ihre Bedürfnisse, über die Bedeutung von Ehre, Familie und die Rolle der Gemeinde wurde vereinbart, dass die Tochter in einer anderen Stadt in ein betreutes Wohnen kommt. Hierzu wurde dem Vater ein Attest über die Krankheit der Tochter und die Notwendigkeit einer Betreuung außerhalb des Wohnortes ausgehändigt. Dieses Attest wurde der Moschee-Gemeinde vorgelegt und alle waren aufgrund der Krankheit der Tochter mit diesem Wohnortwechsel einverstanden. Nach einem Jahr zog die Tochter aus der betreuten Wohnung aus und lebt seither allein. Es besteht weiterhin ein guter Kontakt zu den Eltern und Geschwistern.

Um diese Lösung zu ermöglichen, wurden mehrere Gruppengespräche mit allen Familienmitgliedern durchgeführt und verschiedene Möglichkeiten diskutiert. Das Ergebnis, dass die Tochter in ein betreutes Wohnheim zog, wurde dann von der ganzen Familie getragen.

3.6 Psychoedukativ-interaktionelle Gruppen

Patientinnen und Patienten aus sogenannten traditionellen Gesellschaften drücken psychische Beeinträchtigungen oft mittels somatischer Schmerzen aus (Kizilhan, 2009). Ihre Kausal- und Kontrollattributionen werden eher durch einfache biomedizinische Annahmen und durch magische Vorstellungen bestimmt. Daran muss das Behandlungssetting gegebenenfalls angepasst werden. Folglich ist gemeinsam mit den Patienten, letztlich wie bei allen anderen auch, ein Behandlungs- und Erklärungsmodell zu entwickeln, das an das jeweilige Bildungsniveau und kulturelle Verständnis anschließen kann. Demnach ist Psychoedukation ein notwendiger Bestandteil der Therapie, um die Selbstwirksamkeitsüberzeugungen zu stärken. Dieses kann etwa durch den Einsatz von Medien, wie Selbsthilfebroschüren und Videos in der Muttersprache, erfolgen. Ziel ist es, den Patienten neue Einsichten zum Zusammenhang von körperlichen und psychischen Prozessen zu vermitteln. Für Patienten aus familienorientierten Gesellschaften mag die gemeinsame Entwicklung eines Erklärungsmodells ungewohnt sein; sie erwarten eher, dass der Therapeut nach der ersten Untersuchungsstunde ein vollständiges Erklärungsmodell liefert (Kirmayer et al., 1998; Herzer, 2000), wie sie es von traditionellen Heilern kennen. Daher ist es hilfreich, den Patienten bereits frühzeitig die Sinnhaftigkeit einer für sie ungewohnten Behandlungsstrategie zu erklären.

Viele Patienten sind über mögliche Zusammenhänge psychischer und organischer Krankheiten nicht ausreichend informiert (Kizilhan, 2010) und können deshalb auch eher von der Einzelpsychotherapie profitieren.

4 Schlussbetrachtung

In einer Gesellschaft mit verschiedenen Kulturen existieren immer auch damit verbundene unterschiedliche kulturelle Lebenskonzepte zur Bewältigung von Konflikten. Migration bewirkt in der Regel einen dauerhaften und sich dynamisch entwickelnden Wechselwirkungsprozess dieser Konzepte. Durch die Einbeziehung sprachlicher, kultureller und migrationsspezifischer Aspekte in die Beratung, Behandlung und soziale Unterstützung von Migranten bei der Bewältigung ihrer

Probleme ist es möglich, ihre Versorgung und Integration grundlegend zu verbessern. So sind bei der Behandlung von Menschen mit Migrationshintergrund sowohl auf Seiten des Behandelnden als auch der Gesundheitsinstitutionen spezifische interkulturelle Kenntnisse notwendig, um diese Patienten frühzeitig und adäquat behandeln zu können und so z. B. eine Chronifizierung der Krankheit zu vermeiden. Neben gezielter Bildung von multikulturellen Behandlungsteams ist v. a. eine Sensibilisierung aller Mitarbeiter für eine transkulturelle, kultursensitive Perspektive notwendig. Verschiedene kultursensible Gruppenverfahren können die Behandlung dieser Klientel noch effektiver gestalten.

Literatur

Antons, K. (2000). *Praxis der Gruppendynamik*. Göttingen: Hogrefe.

Baumeister, W. (2007). *Ehrenmorde. Blutrache und ähnliche Delinquenz in der Praxis bundesdeutscher Strafjustiz*. Münster: Waxmann.

Fiedler, P. (1996). *Verhaltenstherapie in und mit Gruppen*. Weinheim: Psychologie Verlags Union.

Fiedler, P. (2001). Grundlagen und Praxis der Verhaltenstherapie in und mit Gruppen. *Psychotherapie im Dialog, 1*, 16–24.

Gilson, L., Alilio, M. & Heggenhougen, K. (1994). Community satisfaction with primary health care Sevices: an evaluation undertaken in the Morogoro Region of Tanzania. *Soc Sci Med, 39* (6), 767–780.

Heine, P., Assion, H. J. (2005). Traditionelle Medizin in islamischen Kulturen. In J. H. Assion (Hrsg.), *Migration und seelische Gesundheit* (S. 29–46). Berlin: Springer.

Herzer, H. (2000). Zunehmende Invalidisierung trotz medizinischem Fortschritt bei Schweizern und Ausländern. *Schweizerische Ärztezeitung, 8* (1/47), 2668–2672.

Kirmayer, L. J. & Young, A. (1998). Culture and somatization: clinical, epidemiological and ethnographic perspectives. *Psychosom Med, 60*, 420–430.

Kizilhan, J. (2006). Spezifisches Behandlungskonzept in der Psychosomatik für Migranten. In Beauftragte der Bundesregierung für Migration, Flüchtlinge und Integration (Hrsg.), *Gesundheit und Integration. Ein Handbuch für Modelle guter Praxis* (S. 289–294). Berlin: Verlag der Bundesregierung.

Kizilhan, J. (2009): Interkulturelle Aspekte der somatoformen Schmerzstörung. *Psychotherapeut, 52* (4), 381–388.

Kizilhan, J. & Beremejo, I. (2009). Migration, Kultur, Gesundheit. In B. Jürgen & M. Jerusalem (Hrsg.), *Handbuch der Gesundheitspsychologie und Medizinischen Psychologie* (S. 509–518). Göttingen: Hogrefe.

Kizilhan, J. (2010). Psychotherapeutisches Arbeiten in institutionellen Settings. In T. Hegemann & R. Salman (Hrsg.), *Transkulturelle Psychiatrie* (S. 169–186). Berlin: Psychiatrieverlag.

Kizilhan, J. (2010 a). Migration, Identität und Gesundheit. *Familiendynamik, 35* (1), 50–59.

Kizilhan, J. & Haag, G. (2011). Die Rolle der therapeutischen Beziehung bei der Behandlung türkischer Schmerzpatienten. *Praxis Klinische Verhaltensmedizin und Rehabilitation, 88*, 14–18.

Koch, E. (2003). Psychiatrie, Psychotherapie, Psychosomatische Rehabilitation und Migration. In Bundesweiter Arbeitskreis Migration und öffentliche Gesundheit. Koordination: Beauftragte der Bundesregierung für Migration, Flüchtlinge und Integration (Hrsg.), *Gesunde Integration* (S. 43–53). Berlin: Verlag der Bundesregierung.

Machleidt, W. & Calliess, I. T. (2003). Psychiatrisch-psychotherapeutische Behandlung von Migranten und Transkulturelle Psychiatrie. In M. Berger (Hrsg.), *Psychiatrie und Psychotherapie* (S. 201–281). München: Urban & Fischer.
Moro, R. S. & Sturm, G. (2006). Die Differenzierung der therapeutischen Räume in der Therapie von Migranten. In W. Macheleidt, R. Salman & I. Calliess (Hrsg.), *Sonnenberger Leitlinien. Integration von Migranten in Psychiatrie und Psychotherapie* (S. 141–149). Berlin: VWB-Verlag für Wissenschaft und Bildung.
Özbek, T. (2006). Autonomieentwicklung und Identität im transkulturellen Alltag. In E. Wohlfahrt & M. Zaumseil (Hrsg.), *Transkulturelle Psychiatrie – Interkulturelle Psychotherapie* (S. 96–109). Heidelberg: Springer.
Pennebaker, J. W. (2004). *Writing to Heal: A Guided Journal for Recovering from Trauma and Emotional Upheaval.* Oakland, CA: New Harbinger Press.
Schmeling-Kludas, C. (2003). Psychosoziale Belastungen und Krankheitserleben bei sychosomatisch erkrankten Migranten aus der Türkei. *Praxis Klinische Verhaltensmedizin und Rehabilitation, 63*, 315–321.
Tschuschke, V. (2001): Gruppenpsychotherapie – Entwicklungslinien, Diversifikation, Praxis und Möglichkeiten. *Psychotherapie im Dialog, 1*, 3–15.
Tschuschke, V. & Weber, R. (2002). Persönlichkeitsstörungen und Perspektiven gruppenpsychotherapeutischer Behandlungen – ein aktueller Überblick. *Persönlichkeitsstörungen –Theorie und Therapie, 2*, 80–93.
Yalom, I. D. (2003). *Theorie und Praxis der Gruppenpsychotherapie.* Stuttgart: Pfeiffer.

Trennung und Scheidung als Herausforderung Sozialer Arbeit im Migrationskontext

Talibe Süzen

Einleitung

Migration ist ein permanenter Prozess, der die Biografien prägt und verändert. Um das Besondere an Migrantinnen und Migranten zu verstehen, müssen die Migrationserfahrungen und die daraus resultierenden veränderten lebensgeschichtlichen Perspektiven, die in der Migration entwickelten Ressourcen und die Überschneidung von individuellen und gesellschaftlichen Positionierungen sowie die »sozialstrukturellen, kulturellen und kollektiven Aspekte« berücksichtigt werden. Nur so lassen sich einseitige Erklärungsansätze bei der Analyse der Situation von Migrantinnen und Migranten vermeiden (vgl. Lutz, 2000, S. 181).

Im Rahmen der Familienforschung wurden der Strukturwandel der Familie im Migrationsprozess, die Funktion der Einwandererfamilie und ihre besondere Lage in der Bundesrepublik kaum untersucht. Obgleich der Anteil der Migrantenbevölkerung an der Gesamtbevölkerung mittlerweile 19 % beträgt, weiß man relativ wenig über sie. Erst seit dem sechsten Familienbericht (2000) ist bekannt, dass die unterschiedlichen Lebensstile und Lebensführungen von Einwandererfamilien nicht nur Unterschiede gegenüber der Aufnahmegesellschaft aufweisen, sondern dass sie auch in sich unterschiedlich sind. Der Grad der Religiosität, der Bildungsstand, das Familienmodell der Herkunftsfamilie, die Wanderungsmotive, Wanderungsgeschichte, Motivation und Kompetenzen etc. lassen Familien unterschiedliche Entscheidungen bei der Gestaltung ihrer Lebensbiografie treffen.

Aktuelle Studien in Deutschland zeigen, dass die Einwandererpopulation in sich keine homogene Gruppe bildet. Die Studien belegen stattdessen die unterschiedlichen Milieus, die unterschiedlichen Lebenswelten, das veränderte Kulturverständnis sowie die Heterogenität der Einwandererbevölkerung. Damit widerlegen die aktuellen Daten viele bestehende Klischees, die stets von einer soziokulturell homogenen Einwanderer-Gruppe ausgehen. Vielmehr zeigen diese eine vielfältige und differenzierte Lebensführung in unterschiedlichen Milieus (vgl. Statistisches Bundesamt, 2005, S. 74; Sinus Sociovision, 2007, 2009).

Im Folgenden Beitrag werden einige Ergebnisse aus meiner Untersuchung zur Scheidungs- und Trennungssituation von Migrantinnen türkischer Herkunft dargestellt, die ich im Rahmen meiner Promotionsarbeit zwischen 1999–2002 durchgeführt habe. Im Anschluss daran werde ich die Herausforderungen für die Soziale Arbeit mit dieser Klientel erläutern.

Den Schwerpunkt meiner empirischen Arbeit bildet die Analyse der subjektiven Zusammenhänge der Scheidung bei Migrantinnen, der Wechselwirkungen zwischen dem Scheidungsverhalten und der Migration dieser Bevölkerungsgruppe. Es stellt sich also die zentrale Frage, welche gesellschaftlichen Veränderungsprozesse unter den Bedingungen der Migration die Entscheidung zur Auflösung der Ehe beeinflussen bzw. begünstigen und wie die geschiedenen Migrantinnen nach einer Scheidung ihren Alltag organisieren. Auf der Grundlage der hermeneutischen Analyseverfahren (Rosenthal, 1995) wurden die Emanzipationsbestrebungen, veränderte Familienbilder und -formen, die berufliche Situation, das veränderte soziale Umfeld und die ökonomische Unabhängigkeit der Frauen dieses Samples bezüglich ihres Entschlusses zur »Scheidung« analysiert.

Die gesellschaftlichen Veränderungen in den Lebens- und Familienformen der Migrantinnen sind so gravierend (vgl. Westphal, 2007), dass ich in diesem Beitrag den Individualisierungsdiskurs aufgreife, um das Scheidungsverhalten von Migrantinnen im Kontext des Individualisierungsprozesses in der Migration zu beleuchten. Die eingewanderten Frauen und Männer sind ein Modellbeispiel der individualisierten Lebensführungen, auch wenn sie im bundesdeutschen Individualisierungsdiskurs kaum als Subjekte vertreten sind (vgl. Sechster Familienbericht, 2000).

1 Individualisierungskonzept

Die Resultate der veränderten Lebenssituationen – wie allein lebend, allein erziehend, nicht eheliche Gemeinschaften, steigende Scheidungsquote, Rückgang der Geburten usw. – deuten auf Wandlungsprozesse hin, die bereits von vielen Menschen vollzogen wurden. Diese Wandlungsprozesse versucht der deutsche Soziologe Ulrich Beck mit dem Individualisierungsprozess des Individuums zu erklären. In seiner Definition von Individualisierung betont Beck drei Aspekte: Der erste Aspekt ist »die Herauslösung aus historisch vorgegebenen Sozialformen und -bindungen im Sinne traditionaler Herrschafts- und Versorgungszusammenhänge«, worunter er die Freisetzung der individualisierten Individuen aus tradierten Sozialbezügen »zu etwas und von etwas« versteht. Der zweite Aspekt ist »der Verlust von traditionellen Sicherheiten«, womit er Stabilitätsverlust meint. Als dritten Aspekt nennt Beck »die neue Art von sozialen Bindungen«. Damit ist »die Wiedereinbindung« gemeint – so bleiben die individualisierten Individuen nicht völlig entwurzelt und orientierungslos (Beck, 1986, S. 206). Diese drei Aspekte können zu Missverständnissen führen und damit das »ahistorische Modell der Individualisierung« (vgl. ebd.) bilden. Im Mittelpunkt seiner Überlegungen steht die reale Veränderung von Lebensbiografien und Sozialbezügen. Gemeinsam mit Beck-Gernsheim definiert er Individualisierung wie folgt:

> Mit diesem Begriff ist ein Ensemble gesellschaftlicher Entwicklungen und Erfahrungen gemeint, das vor allem durch zwei Bedeutungen gekennzeichnet ist, [...] Individualisierung meint – zum einen die Auflösung vorgegebener sozialer Lebensformen zum Beispiel das Brüchigwerden von lebensweltlichen Kategorien wie Klasse und Stand, Geschlechtsrollen,

> Familie, Nachbarschaft usw.; oder [...] der Zusammenbruch staatlich verordneter Normalbiografien, Orientierungsrahmen und Leitbilder. (Beck & Beck-Gernsheim, 1994, S. 11)

Damit entstehen anstelle der von Religion und Tradition geprägten oder solcher, deren Zerbrechen staatlich verursacht sind, neue Lebensformen. Die Frage ist, so Beck-Gernsheim, wie diese neuen Lebensformen, die für die weitere Entwicklung wichtig sind, aussehen. Individualisierung ist demnach eine gesellschaftliche Dynamik, die nicht auf einer freien Entscheidung der Individuen beruht. Stattdessen sind die Menschen zur Individualisierung verdammt (vgl. Beck-Gernsheim, 2002). Beck macht deutlich, dass Individualisierung als Vergesellschaftungsprozess nur unter wohlfahrtsstaatlichen Bedingungen möglich ist, bei denen sich für die Individuen Bildung, Einkommen sowie Klassen- bzw. Schichtenzugehörigkeit subjektiv verbessern – dass sie also die Möglichkeit haben, ihren Zustand zu ändern, wobei diese Änderungen mit der Krise der Wohlfahrtsgesellschaft einhergehen (Beck, 1986, S. 123).

Beck und Beck-Gernsheim schlussfolgern, dass der Verlust der traditionellen Vorgaben – hier erweisen sich Migrantinnen und Migranten als besonders stark betroffen – und die Übernahme der neuen Anforderungen, die die individualisierten Individuen tagtäglich einfordern, die Normalbiografie zur »Wahlbiografie«, zur »reflexiven Biografie« und zur »Bastelbiografie« werden lässt. Bastelbiografie ist immer auch eine »Risikobiografie«, sozusagen eine »Drahtseilbiografie«, ein Zustand, der nicht gewollt ist, aber sein muss (ebd., S. 216 f.).

Nach Beck sind Menschen nun auf sich selbst gestellt, sie müssen über alle institutionellen Lebenslaufmuster selbst entscheiden.[1] Demnach müssen heutzutage die individualisierten Individuen alles selbst verantworten. Ereignisse, wie der Tod des Partners, Krieg, Ehescheidung usw., die als Schicksalsschlag empfunden wurden, werden heute als persönliches Versagen des Einzelnen betrachtet. In der individualisierten Gesellschaft werden individualisierte Biografien »auf der einen Seite in ihren Strukturen zurückgebunden an die Selbstgestaltung, [...] zu der anderen Seite fast ins Unabschließbare hin geöffnet« (ebd., S. 218).

Beck hält ein aktives Handlungskonzept für den Alltag für erforderlich, welches das Individuum zum Zentrum hat, »ihm Handlungschancen zuweist und eröffnet und es auf diese Weise erlaubt, die aufbrechenden Gestaltungs- und Entscheidungsmöglichkeiten in Bezug auf den eigenen Lebenslauf sinnvoll kleinzuarbeiten« (ebd., S. 217). Jedes Individuum ist damit aufgefordert, ein »Ich-zentriertes Weltbild« zu entwickeln, das das herrschende Bild von »Ich« und »Gesellschaft« auf den Kopf stellt und die eigenen individuellen Lebensbiografien in der Praxis selbst gestaltet.

Folgt man dem Individualisierungsdiskurs von Beck und Beck-Gernsheim, so ist festzuhalten, dass sich im Zuge der Individualisierungsprozesse die traditionelle Lebensführung türkeistämmiger Migrantenfamilien ebenfalls auflöst. Dabei verliert die weibliche »Normalbiografie« von Migrantinnen ihre selbstverständliche allgemeine Gültigkeit. Dieser Wandel stellt türkeistämmige Migrantinnen auf der

---

1 Mit institutionellen Lebenslaufmustern meint Beck das Bildungssystem, Erwerbsarbeit, sozialpolitische Fixierung des Rentenalters, Abstimmung von Familien-, Bildungs- und Berufsexistenz (vgl. Beck, 1986, S. 212).

einen Seite vor neue Herausforderungen, auf der anderen Seite bringt er ihnen mehr Handlungsspielräume, Alternativen zur Ehe und die Freiheit für individuelle Entscheidungen. Die mit dem Individualisierungsprozess einhergehenden Veränderungen innerhalb der Familien mit Migrationshintergrund, je nach sozialer Herkunft und Milieu, führen auch zu unterschiedlichem Verhalten im Lebensarrangement der Geschlechter und in der Lebensführung. Nicht selten wird die Familienhierarchie durch die Verschiebung der Rollenverteilung zwischen Mann und Frau auf den Kopf gestellt (vgl. Westphal, 2007, S. 9 f.).

Die Wahlmöglichkeiten der einzelnen Individuen steigen in einer individualisierten Gesellschaft erheblich: Die Wahl des Partners, die Art der Partnerschaft (eheliche oder nicht eheliche Verhältnisse), der Auszug aus dem Elternhaus, die Gestaltung der eigenen Biografie – dies alles wird weniger als früher über kulturelle Normierungen und gesellschaftliche Verbindungen geregelt, sondern beruht unter der Migrantenbevölkerung immer mehr auf individuellen Entscheidungen, wozu auch die Entscheidung zu einer Ehescheidung zählt (vgl. Süzen, 2003).

Zu beachten ist, dass Migrantinnen ihren Individualisierungsprozess unter schwierigen Bedingungen durchleben und nicht nur mit den grundsätzlichen Problemen der Individualisierung konfrontiert sind. Sie sind zudem mit ihrem Status als Ausländerin der strukturellen Benachteiligung auf dem Arbeitsmarkt ausgesetzt, leiden unter der fehlenden Partizipationsmöglichkeit an gesellschaftlichen Ressourcen und Bildung, unter Ausgrenzung, Stigmatisierung und Rassismus (vgl. Beck-Gernsheim, 2004, S. 39; Westphal, 2007). Daher können Migrantinnen und Migranten mit den klassischen Begrifflichkeiten weder als »traditionell« noch als »modern« charakterisiert werden. In welche Richtung die Individualisierungs- und Veränderungsprozesse verlaufen, ist in der Tat sehr unterschiedlich.

Zusammenfassend lässt sich konstatieren, dass jede Frau mit Migrationshintergrund ein anderes, individuelles Bild aufweist. Sie steht im Migrationsprozess nicht selten vor einem Dilemma: Auf der einen Seite ist sie mit einer individualisierten Gesellschaft konfrontiert, die gewisse Anforderungen an sie stellt. Auf der anderen Seite findet sie keine Akzeptanz und Unterstützung für ihr selbst konzipiertes Lebenskonzept vor. Das Resultat ist, dass beispielsweise Migrantinnen oft auf religiöse Bindungen angewiesen sind, obwohl sie ihnen z. T. skeptisch bis ablehnend gegenüberstehen. Es sind oft nur diese Bindungen, die ihnen gesellschaftliche Anerkennung bzw. Akzeptanz verschaffen. Festzuhalten bleibt auch der Umstand, dass inzwischen viele junge Frauen ihre selbst konzipierte, durch familiäre Strukturen stabilisierte Lebensführung mutig in die Hand nehmen und nach eigenem Handlungsmodell agieren, oft sogar gegen die Denkweisen und das Handlungsmodell der Familie (vgl. Westphal, 2007, S. 12).

2 Ehescheidung im Migrationskontext

Es gibt eine Reihe von Gründen, warum eine Ehe scheitert bzw. warum sich Paare scheiden lassen. »Manche mögen einer Beziehung entfliehen, die belastend, erniedrigend oder unerträglich geworden ist«, während für andere die Scheidung dann die einzige Alternative darstellt, »dem Unglück einer gescheiterten Ehe zu entfliehen« (Wallerstein & Blakeslee, 1994, S. 168). Als beeinflussende und begünstigende Risikofaktoren wird in der gegenwärtigen Forschung eine Korrelation zwischen dem Heiratsalter, der Kinderzahl, der Konfession und der sozialen Schicht genannt (vgl. Nave-Herz, 2006, S. 168).

Nave-Herz sieht die Zunahme der Ehescheidungen als paradox an. Demnach ist die Zunahme der Ehescheidungen nicht die Folge eines wachsenden Bedeutungsverlustes der Ehe, sondern eher der hohen psychischen Bedeutung und Wichtigkeit der Ehe für den Einzelnen geschuldet, »[...] so dass die Partner unharmonische eheliche Beziehungen heute weniger ertragen können und sie deshalb ihre Ehe schneller auflösen, zuweilen in der Hoffnung auf eine spätere bessere Partnerschaft« (ebd., 2006, S. 170). Konkret: Das Scheitern einer Ehe kann sowohl nachhaltige psychische, gesellschaftliche, soziale und ökonomische Folgen mit sich bringen als auch einen psychischen, gesellschaftlichen, sozialen und ökonomischen Abstieg verhindern. Es kann für den Einzelnen eine »Lebenskrise« oder einen »Neubeginn« bzw. eine zweite Chance auf eine neue Partnerschaft bedeuten.

Mit Blick auf die türkische Gesellschaft ist Scheidung nach wie vor sanktioniert. Das zeigen auch die offiziellen Scheidungsraten. Die niedrigsten Scheidungsraten unter den Industrieländern weist die Türkei mit 0,5 % – neben Georgien und Bosnien-Herzegowina – auf (vgl. Statisches Bundesamt, 2002). Die Scheidungstendenz unter der Einwandererbevölkerung türkischer Herkunft in der Bundesrepublik zeigt jedoch einen Aufwärtstrend. In der Migration geht die Stigmatisierung der Scheidung und der Betroffenen letztendlich auch zurück. Dies geschieht sicherlich nicht plötzlich, sondern im Migrationsprozess in Schrittgeschwindigkeit.

Die Erwartungen an ein eher kooperatives Partnerschaftsverständnis der deutschen Gesellschaft, welches sich die Migrantinnen häufig zu Eigen machen, kollidiert nicht selten mit dem stark geschlechtsspezifisch orientierten Partnerschaftsverständnis des Ehemannes. Diese Veränderungen spiegeln sich in den ehelichen Machtverhältnissen und -strukturen sowie in der ehelichen Aufgabenverteilung wider. Ebenfalls ändern sich das Geschlechterverständnis und -verhältnis und die selbstverständliche Akzeptanz eines nicht funktionierenden Ehelebens.

Es ist festzuhalten, dass der demografische und gesellschaftliche Wandel gravierende Auswirkungen auch auf die Lebensgestaltung von Migrantenfamilien hat, er generiert neue Bedürfnisse und stellt Familien vor neue Herausforderungen. Diese gesamtgesellschaftlichen Veränderungsverläufe führen sowohl auf normativer als auch auf faktischer Ebene zu mehr Spannungen und Konflikten im Ehe- und Familiensystem in der Migration.

3 Zentrale Ergebnisse der empirischen Untersuchung zur Ehescheidung bei türkeistämmigen Migrantinnen

In der Analyse des Scheidungsverhaltens der Migrantinnen der zweiten Generation hat sich zunächst eine kollektiv geteilte Familienbiografie, die mit der Migration verknüpft ist, herausgestellt. Diese *kollektive Familienbiografie* wird in der Trennungserfahrung im Kindesalter, der Entwurzelung, Heimatlosigkeit, dem Fremdheitsgefühl, dem ambivalenten Verhalten gegenüber der Herkunftsfamilie, der eigenen und der Aufnahmekultur und nicht zuletzt der Wahl zur Heirat deutlich. Im Zentrum der Selbstpräsentation stehen die Migrationsbedingungen und -folgen und überlagern nahezu alle Themen in der Lebensgeschichte der untersuchten Frauen. In der Regel erleben sie ständige Ambivalenz auf der Gefühlsebene. Einerseits möchten sich diese Frauen von der Familie lösen und ihren eigenen Weg gehen, andererseits suchen sie die Geborgenheit und Einsicht ihrer Familie und versuchen so ihre Autonomie und Handlungssicherheit zu erhalten (vgl. Süzen, 2008).

Alle untersuchten Frauen dieser Studie beginnen ihre *Lebensgeschichte mit der Migration*. Begonnen wird mit der Emigration der ersten Person in der Familie, z. B. dem Vater oder der Mutter, um dann auf die eigene Migration einzugehen. Die eigene Migrationsgeschichte wird mit der der Eltern und der Familiengeschichte verbunden. Ob sie bei der Einreise zwei oder achtzehn Jahre alt waren, die Einreise in die Bundesrepublik markiert den Beginn ihrer Lebensgeschichte. Somit stellt die Migration im Leben der Frauen einen überaus bedeutsamen Einschnitt dar. Ihr Leben ist davon weitgehend geprägt. Insbesondere die Erfahrungen zu Beginn der Migration haben tiefe Spuren hinterlassen. Die Frauen erinnern sich en detail an die Ereignisse, die sie zu Beginn ihrer Migration erlebt haben. Diese Zeitspanne können sie sprachlich sehr differenziert und in einer chronologisch genauen Reihenfolge darstellen.

Es gibt in der Bevölkerung der geschiedenen türkeistämmigen Frauen *Untergruppen*, z. B. altersmäßig *früh und spät Migrierte*, die sich hinsichtlich ihres beruflichen und sozialen Status und ihrer Motivation für eine Aus- bzw. Weiterbildung usw. unterscheiden. Die spät einreisenden Frauen zeigen mehr Interesse und Engagement für ihre berufliche Karriere bzw. haben stärkere Karriere- und Bildungsambitionen. Dies liegt zum einen an den guten Schulabschlüssen im Herkunftsland; zum anderen haben diese Frauen noch enge Bindungen zur Herkunftsfamilie. Sie wollen ihre Familie unterstützen, und daher ist der Drang, Geld zu verdienen bei ihnen größer als bei den hier aufgewachsenen Frauen. Ein anderer wichtiger Grund ist, dass sie unvoreingenommen und enthusiastisch an eine Qualifizierung herangehen und wenig Vorbehalte aufgrund von negativen Vorerfahrungen mit dem deutschen Bildungssystem haben.

Diese Frauen erarbeiten sich mit voller Kraft und Energie individuelle Überlebensstrategien. In der Regel zur Hausfrau erzogen, können sie nach der Scheidung ohne wirtschaftlichen und sozialen Schutz der Familie ihr Leben in einem für sie weitgehend fremden Land als alleinstehende bzw. alleinerziehende Frauen und Mütter meistern. Unter diesem Aspekt dürften die bisherigen Feststellungen in der hiesigen wissenschaftlichen und öffentlichen Diskussion kaum zutreffen, wonach Frauen türkischer Herkunft eher als »hilfsbedürftige Opfer« beschrieben werden. Meine Analysen zeigen, dass die Frauen nicht (nur) Opfer, sondern »agierende« und selbstbewusste Personen sind. Sie sind in der Lage, ihr Leben selbstständig zu organisieren. Sie haben für sich aus der Krise heraus neue Chancen und Lebensperspektiven für die Zukunft erarbeitet.

Die befragten Frauen versuchten in ihrer Jugend eine Balance durch Heirat herzustellen. Zum einen wollten sie damit dem elterlichen Wunsch nach einer Ehe nachkommen und zum anderen wollten sie mit der Ehe die angestrebte unabhängige Lebensführung und ihre Freiheit verwirklichen. Eine Balance konnten sie demzufolge nur herstellen, indem sie einen offenen Konflikt bzw. einen Bruch mit den Eltern vermieden. Mit der vollzogenen Scheidung versuchen die Frauen, sich von den verinnerlichten Geschlechterrollen zu befreien. Dies ist ein schmerzhafter Prozess für sie, da sie unter Migrationsbedingungen sowohl mit materieller Benachteiligung als auch mit dem Verlust familiärer, partnerschaftlicher und freundschaftlicher Bindungen rechnen müssen; also Bindungen, die sie für Mobilität und ein autonomes Leben dringend benötigen (vgl. Süzen, 2003, 2008). Sie lösen sich von ihren herkömmlichen Wertverbindungen und Herkunftsmilieus, um der sozialen Kontrolle zu entkommen und ihre eigene Lebensführung zu gestalten.

Ein weiteres zentrales Ergebnis der Untersuchung ist, dass die Frauen mit der Heirat zunächst beabsichtigen, sich von der Herkunftsfamilie und den herkömmlichen traditionellen Bindungen zu lösen. Dies gelingt ihnen zwar nicht; dennoch hat die Ehe für die Betroffenen zunächst einen »Befreiungseffekt«, weil sie ihnen die Aussicht auf Autonomie und die Möglichkeit zur individuellen Lebensführung bietet. In der Ehe kollidieren jedoch die unterschiedlichen Erwartungen an die Partnerschaft und die widersprüchlichen Geschlechterorientierungen. Erst mit der vollendeten Scheidung gelingt es den Frauen, sich weitgehend von der Herkunftsfamilie bzw. -kultur und dem Herkunftsland zu distanzieren.

Die Frauen lassen deutlich erkennen, dass ihre Scheidung mit der *Individualisierung der Lebensführung* im Migrationsprozess zusammenhängt. Dies stellt aber nicht das entscheidende Kriterium zur Trennung/Scheidung für die untersuchte Gruppe dar. Migrantinnen sind bereit – selbst wenn es für sie z. T. sehr schmerzhaft verläuft –, mit einer Scheidung ihre Biografie zu ändern.

Im Zusammenhang mit meiner Untersuchung stellte sich heraus, dass alle interviewten Frauen mindestens einmal in ihrem Leben *Gewalt erfahren* hatten. Sie mussten Gewalt erdulden, die entweder vom Vater, dem Ehemann oder von beiden ausging. Die Gewalterfahrungen in der Kindheit lösten bei den Frauen Angst, Ohnmacht und Unsicherheit aus. Die häufigsten Folgen der häuslichen Gewalt wurden in dieser Untersuchung in Selbstvorwürfen, Niedergeschlagenheit, Hoffnungslosigkeit und geringer Selbstachtung beobachtet.

Ein wesentlicher Migrationseffekt im Scheidungsverhalten der untersuchten Gruppe ist die *Anonymität der Individuen* in der Migration. Die fehlenden verwandtschaftlichen Beziehungen/Netzwerke und soziale Kontrolle erleichtern Frauen die Entscheidung zur Trennung/Scheidung. Gleichzeitig führt das Fehlen dieser Beziehungen zu größerer Konzentration auf den Partner, von dem sie nicht nur ökonomische Sicherheit erwarten, sondern zunehmend egalitäre Partnerschaft. Neben größerer ökonomischer Sicherheit helfen die staatlichen Leistungen wie Arbeitslosengeld, Sozialhilfe und Betreuung der Kinder, den Weg zur Scheidung zu wagen. Im Gegensatz zur Müttergeneration sehen sie sich eher in der Lage, eine konfliktbeladene Ehe zu beenden.

Mit der Ehe werden Wünsche nach einem freien Leben, emanzipatorischer und individueller Lebensführung, Milieuwechsel, Vernetzung mit anderen sozialen Gruppen und nicht zuletzt sexueller Selbstbestimmung verknüpft. Das heißt, mit der Ehe wird eine Individualisierung beabsichtigt, die zur Eröffnung von weiteren sozialen Kontakten und sozialen Beziehungen beiträgt. In diesem Individualisierungskontext versuchen die Frauen, einerseits als selbstständige, andererseits als andersartige Subjekte zu agieren. Unter Selbstständigkeit verstehen sie mehr Selbstverantwortung, größere Handlungsspielräume und mehr Möglichkeiten für ihre Persönlichkeitsentwicklung und Entfaltung. Mit Andersartigkeit meinen sie ihre Unvergleichbarkeit, v. a. die weitgehende Distanzierung von der Müttergeneration. Damit gewinnen die individuellen Wünsche an Bedeutung und der »innere Kern des Ichs« wird nach der eigenen Gesetzmäßigkeit entfaltet.

Die Frauen dieser Studie vollziehen nicht nach der Heirat, sondern nach der Scheidung einen »biografischen Milieuwechsel«. Nach der Scheidung distanzieren sie sich weitgehend vom vorehelichen Milieu. Zu diesem Milieuwechsel fühlen sie sich gezwungen, weil sie zum einen als geschiedene Frauen um Anerkennung ringen und dafür auf die individuelle Freiheit und Lebensführung, teilweise also auf persönliche Ziele verzichten müssen. Sie sind darüber hinaus einer starken sozialen Kontrolle unterworfen. Zum anderen wollen diese Frauen sich der Lebensführung und des Weltbildes der Eltern- bzw. Müttergeneration entledigen. Sie verabschieden sich vom herkömmlichen Milieu und wechseln in ein selbst gewähltes oder selbst gegründetes Milieu, das hauptsächlich aus Frauen mit ähnlichen Biografien besteht.

In welches Milieu sie wechseln, hängt mit der beruflichen Situation bzw. Qualifikation und dem Selbstkonzept nach einer Scheidung zusammen. Sie betrachten ihr Herkunftsmilieu nicht als ein »Schicksalsmilieu«, in dem biografischer Milieuwechsel und sozialer Aufstieg nicht möglich sind. Zu diesem Wechsel tragen neben dem eigenen Durchsetzungswillen die berufliche Bildung, die Distanz zur Herkunftsfamilie und zum Herkunftsland, die institutionellen Hilfsangebote, Frauennetzwerke und neue soziale Beziehungen bei. Der Milieuwechsel bedeutet in der Regel sozialer Aufstieg und Autonomie.

Abschließend ist festzuhalten, dass nicht alle Frauen nach einer Scheidung ihr Leben erfolgreich gestalten können, da die Scheidungsfolgen für sie nicht immer günstig ausfallen. Sie sind mit Armut, Arbeitslosigkeit, Einsamkeit, Diskriminierung und Erziehungsproblemen gegenüber ihren Kindern konfrontiert und haben kaum familiäre Unterstützung. Eine Scheidung bringt ihnen mehr Unabhängigkeit, Freiheit und Emanzipation, sie müssen aber im Scheidungsprozess auch mit Folgeschwierigkeiten rechnen. Sie sind allein auf sich gestellt und meistens auf institutionelle Hilfsangebote angewiesen. Diese Frauen müssen große Handlungskompetenz und -orientierung entwickeln, um sowohl die psychischen Folgen der

Scheidung und die migrationsbedingten Schwierigkeiten zu bewältigen als auch Alleinerziehung und Erwerbstätigkeit zu vereinbaren. Von Gewalt sind auch die Frauen meiner empirischen Analyse betroffen. Gewalt in Ehe und Familie gilt nach wie vor als ein soziales Problem und damit als ein weitverbreitetes Phänomen in allen Gesellschaften, das v. a. Frauen und Kinder betrifft. Sie kennt keine Ethnie und keine Religion, sondern entstammt »aus der Mitte unserer Gesellschaft« (Hageman-White, 1997).

4 Konsequenzen für die Soziale Arbeit

Wie meine Untersuchung und meine praktischen Erkenntnisse zeigen, fühlen sich Frauen in ihrem Handeln als geschiedene Frau/Mutter sicherer, je mehr institutionelle Alternativen ihnen zur Verfügung stehen. Mit der Auflösung von traditionellen familiären Bindungen sind die Frauen mehr auf die staatlichen Versorgungsnetze und professionellen Hilfen angewiesen. Daraus lassen sich folgende Herausforderungen an die Soziale Beratungsarbeit mit Familien in Trennungs- und Scheidungssituationen ableiten:

Soziale Arbeit in einem Einwanderungsland hat einen erheblichen Anteil bei der Herstellung von Chancengerechtigkeit und gesellschaftlicher Teilhabe. Der Arbeitsauftrag einer modernen Sozialen Arbeit wird m. E. darin definiert, Menschen in Belastungssituationen in ihrem Selbst(-bildungs-)konzept so zu unterstützen, dass sie in die Lage versetzt werden und den Willen zeigen, sich gesellschaftlich zu integrieren und ihren Alltag selbst zu organisieren. Vor diesem Hintergrund ist es bei der Arbeit mit Einwanderern grundsätzlich notwendig, einen ressourcenorientierten Ansatz zu verfolgen. Sie sind nicht als Opfer, sondern als Akteure ihres Lebens zu betrachten. Es sollte also nicht nach dem Prinzip »Ich mache alles für Dich« unterstützt werden, sondern jedes Unterstützungsangebot auf den vorhandenen Fähigkeiten und Kenntnissen der Betroffenen aufgebaut werden und an deren Bedürfnissen orientiert sein. Partizipation und Mitwirkung nach individuellen Fähigkeiten und Stärken sollten im Rahmen der Sozialen Arbeit gefördert und eingefordert werden.

Der Gruppe der interviewten Frauen half es v. a. – neben größerer ökonomischer Sicherheit –, der Gewalt zu entkommen bzw. den Weg zu einer Scheidung zu wagen, wenn ihnen Perspektiven aufgezeigt wurden, wie z. B. eine Therapie oder ein Arbeitsplatz, und wenn die Betreuung ihrer Kinder sichergestellt war bzw. sie Unterstützung bei der Erziehung ihrer Kinder erhielten. So sahen sie sich eher in der Lage, eine konflikt- bzw. gewaltbeladene Ehe zu beenden. Daher ist es in der Sozialen Arbeit dringend notwendig, die Aufmerksamkeit im Migrationsdiskurs auf die inkludierenden und exkludierenden Mechanismen zu richten. Dies gilt umso mehr, da sich die migrationsbedingten Ausschlussmechanismen und weitere allgemeine Benachteiligung kumulieren. Dies hat zur Konsequenz, sich nicht auf die Fragen der Herkunft, Ethnie, Kultur, Religion etc. zu konzentrieren, sondern auf die sozialen Verhältnisse und sozialen Probleme. Dies erfordert einen Perspektivenwechsel bzw. eine Haltungsänderung der Sozialen Arbeit, weg von einer Kulturorientierung und Ethnisierung sozialer Probleme und hin zur Konzentration auf die gegebenen sozialen Verhältnisse. Hier kann die Soziale Arbeit sich auch in die politischen Debatten einmischen und für seine Klientel Partei ergreifen. Denn sie hat bei dieser Thematik wesentlich mehr zu berichten als alle anderen in diesem Land, da sie tagtäglich mit eigenen Themen, Fragen und Problemen ihrer Adressaten konfrontiert wird.

In einer Einwanderungsgesellschaft ist es normal, verschieden zu sein. Jedes Hilfeangebot und jede Maßnahme ist an diesem Ansatz, je nach individueller Voraussetzung, anzupassen. Die Umsetzung dieser Herangehensweise ist nur mit einer interkulturellen Kompetenz und Öffnung der sozialen Dienste sicherzustellen. Hierfür müssen strukturelle und rechtliche Rahmenbedingungen geschaffen werden. Nur so können die Bedürfnisse und Angebote der Zielgruppe genau analysiert und ermittelt werden, damit Zielgruppe, Bedürfnisse und Angebote im Einklang sein können. Das Ziel interkultureller Öffnung ist u. a., eine besondere Aufmerksamkeit auf die Akzeptanz unterschiedlicher Lebensformen, Religionen und den Respekt vor anderen Lebens- und Glaubensarten zu richten und diese gezielt zu unterstützen. Erst mit dem Ansatz der interkulturellen Kompetenz und Öffnung kann Einwandererfamilien in belasteten Situationen, wie dies in Scheidungs- und Trennungssituation der Fall ist, lebenswelt- und ressourcenorientiert geholfen werden.

Abschließend ist festzuhalten, dass das aktuell vorherrschende Bild von Männern mit Migrationshintergrund sehr negativ besetzt ist. Diese dürfen aber nicht die Verlierer der Gesellschaft werden/bleiben. Denn es darf nicht vergessen werden, dass Männer die Aktivitäten (und Barrieren) in der Familie mitbestimmen. Ein geschlechtssensibler Blick ist in der Arbeit mit Einwandererfamilien dringend geboten. Dabei geht es nicht mehr allein um die Andersartigkeit der Frauen und ihrer spezifischen Lebenssituationen, sondern auch um die der Männer.

Literatur

Beck, U. (1986). *Risikogesellschaft. Auf dem Weg in eine andere Moderne.* Frankfurt a. M.: Suhrkamp.

Beck, U. & Beck-Gernsheim, E. (1990). *Das ganz normale Chaos der Liebe.* Frankfurt a. M.: Suhrkamp.

Beck-Gernsheim, E. (2002). *Was kommt nach der Familie? Alternative, Kontroversen, Perspektive.* Frankfurt a. M.: Suhrkamp.

Beck-Gernsheim, E. (2004). *Wir und die Anderen.* Frankfurt a. M.: Suhrkamp.

Bundesministerium für Familie und Senioren, Frauen und Jugend (2000). *Sechster Familienbericht. Familien ausländischer Herkunft in Deutschland. Leistungen – Belastungen – Herausforderungen.* Bonn.

Bundesministerium für Familie und Senioren, Frauen, und Jugend (2007). *Zwangsverheiratung in Deutschland.* Berlin.

Hagemann-White, C. (1997). Strategien gegen Gewalt im Geschlechterverhältnis. Bestandsanalyse und Perspektiven. In C. Hagemann-White, B. Kavemann & D. Ohl (Hrsg.), *Parteilichkeit und Solidarität. Praxiserfahrungen und Streitfragen zur Gewalt im Geschlechterverhältnis.* Bielefeld: Kleine.

Lutz, H. (2000). Biographisches Kapital als Ressource der Bewältigung von Migrationsprozessen. In I. Gogolin & B. Nauck (Hrsg.), *Migration, gesellschaftliche Differenzierung und Bildung* (S. 179–210). Opladen: Leske & Budrich.

Nave-Herz, R. (2006). *Ehe- und Familiensoziologie. Eine Einführung in Geschichte, theoretische Ansätze und empirische Befunde.* Weinheim: Juventa.

Rosenthal, G. (1995). *Erlebte und erzählte Lebensgeschichte. Gestalt und Struktur biographischer Selbstbeschreibungen.* Frankfurt a. M./New York: Campus.

Sinus Sociovision (2007). *Die Milieus der Menschen mit Migrationshintergrund in Deutschland.* Verfügbar unter: http://www.sinus-sociovision.de/Download/Zentrale_Ergebnisse_16 102 007.pdf

Sinus Sociovision (2009). *Lebenswelten von Migrantinnen und Migranten.* Verfügbar unter: http://www.gemeinsamengagiert.net/fileadmin/ge/Literatur/Sinus_Studie_2008_Tuerkische_Migranten.pdf

Statistisches Bundesamt (2005). *Ergebnisse des Mikrozensus.* Verfügbar unter: http://www.destatis.de/jetspeed/portal/cms/Sites/destatis/Internet/DE/Presse/pk/2006/Mikrozensus/Pressebroschuere,property=file.pdf

Statisches Bundesamt Deutschland (2002). *Statistisches Jahrbuch für das Ausland.* Wiesbaden.

Süzen, T (2006). Integrationsprozesse von Frauen mit Migrationshintergrund – Chancen und Hindernisse. *TUP – Theorie und Praxis der Sozialen Arbeit, 2*, 31–37.

Süzen, T (2008). La violence concentre les migrants en Allemagne. Les mariages forcés sous l'angle des changements de vie en situaiton migratoire. *Migrations Societe.* Revue Bimestrielle. Centre D'Information Et D'etudes Sur Les Migrations Internationales. CIEMI. 115–128.

Süzen, T. (2003). *Scheidungsverhalten türkischer Migrantinnen der zweiten Generation in der Bundesrepublik. Die subjektiven Ursachen und Folgen der Scheidung – Kulturpendlerinnen.* Frankfurt a. M.: Peter Lang.

Süzen, T. (2004). Geschiedene Migrantinnen der zweiten Generation aus der Türkei. Die subjektiven Ursachen und Folgen der Ehescheidung für die Migrantinnen der zweiten Generation türkischer Herkunft. *IZA. Zeitschrift für Migration und Soziale Arbeit, 3* (4), 283–289.

Wallerstein, J. & Blakeslee, S. (1994). Scheidung – Gewinner und Verlierer. In U. Beck & E. Beck-Gernsheim (Hrsg.), *Riskante Freiheiten* (S. 168–187). Frankfurt a. M.: Suhrkamp.

Wallerstein, J. & Blakeslee, S. (1998). *Gute Ehen. Wie und warum die Liebe bleibt.* München: dtv.

Westphal, M. (2007). Migration und Genderaspekte. *Migration und Soziale Arbeit, (29)* 1, 4–13.

Interkulturelle Mediation

Barbara Heimannsberg

1 Zur Idee und Tradition der Mediation

Überall, wo Menschen miteinander leben und arbeiten, können Irritationen auftreten. Streit und Konflikte sind Alltagsphänomene. Wir Menschen verfügen aber auch über die Fähigkeit, Konflikte durch Gespräche und Verhandlung auszutragen. Solche Traditionen der Streitschlichtung reichen weit in die Geschichte zurück. Eine Lösung, die im Dialog erarbeitet wurde, scheint der beste Weg zu sein, Konflikte nachhaltig zu bewältigen. Die eigenen Interessen aufzugeben, das heißt Ausweichen, Flucht oder Unterwerfung unter den Willen anderer, führt dagegen eben so wenig zu einer dauerhaften Lösung wie die Anwendung von Gewalt.

Ein guter Weg, in einem Streitfall für die eigenen Interessen einzutreten und die Entscheidung darüber nicht anderen zu überlassen, ist ein Mediationsverfahren (vgl. auch Kadenbach, 2011). Dazu wird eine dritte, neutrale Person beauftragt, die zwischen den streitenden Parteien vermittelt. Im Streitfall zu verhandeln und dazu einen Vermittler einzubeziehen, ist der Kerngedanke der Mediation. Es geht darum, eine Konfliktlösung zu erarbeiten, mit der alle Beteiligten leben können. Der Mediator oder die Mediatorin unterstützt den Verhandlungsprozess aus neutraler Position. Die Konfliktparteien delegieren die Konfliktlösung also nicht an eine andere Instanz, wie z. B. ein Gericht oder eine Schiedsstelle, sondern entscheiden selbst. Sie bleiben in jeder Phase »Herr des Verfahrens«, das heißt, sie geben die Verantwortung für den Prozess und das Ergebnis nicht an andere ab. Am Ende sollte eine Vereinbarung stehen, der alle Beteiligten zustimmen können.

Der Ausgleichsgedanke macht dieses Verfahren so chancenreich. Im Mittelpunkt der Verhandlung steht nicht das vermeintliche Recht der Beteiligten, sondern der Ausgleich zwischen ihren unterschiedlichen Interessen. Die Konfliktpartner können somit eine tragfähige Lösung vereinbaren. Im Idealfall gibt es dann weder einen Gewinner noch einen Verlierer. Wenn der Ausgleich gelingt, profitieren beide Seiten. So hat die ausgehandelte Lösung Chancen, auch in Zukunft zu bestehen. Das Risiko, dass der Konflikt schon beim nächsten geringfügigen Anlass wieder aufbricht, wird minimiert. Im Idealfall ist eine Versöhnung zu erzielen oder zumindest eine Einigung, die den weiteren Umgang miteinander erleichtert.

Mediation ist ein Aushandlungsverfahren, in dem ein Interessenausgleich zwischen den Konfliktpartnern angestrebt wird. Individuelle Kompromissvorschläge können ebenso Eingang finden wie kulturelle Bedürfnisse und Eigenheiten. Juristisches Fachwissen ist in der Regel nicht erforderlich oder nicht so wichtig, da es sich nicht um einen Rechtsstreit handelt, in dem neben formalem Recht juristische Verfahrensregeln und Instanzenwege berücksichtigt werden müssen.

Die heutige Form der Mediation hat sich in erster Linie aus der Praxis außergerichtlicher Konfliktregelung entwickelt. Dabei sind interdisziplinäre Quellen – u. a. aus der Kommunikationswissenschaft, der Sozialpsychologie und der Verhandlungsforschung – zusammengeflossen. Der Ausgleichsgedanke wurde aber auch rechtswissenschaftlich aufgegriffen und weiterentwickelt. So gibt es mehr und mehr gerichtsinterne oder gerichtsnahe Mediationen und auch Juristen, die sich als Mediatoren ausbilden lassen und als solche tätig werden.

Bei Auseinandersetzungen eine neutrale Mittelsperson einzusetzen, ist eine alte und weltweit verbreitete Tradition. Die Rolle des Vermittlers ist beispielsweise im islamischen Recht schon seit frühester Zeit bekannt. Zwar war die Streitschlichtung des Kadis in erster Linie an religiöse Vorgaben orientiert, berücksichtigte aber auch lokale Gewohnheiten. Diese Praxis eröffnet Spielräume für Lösungen, die zwischen den Konfliktpartnern ausgehandelt werden (Rosen, 2000). Im Osmanischen Reich war der Kompromiss eine hoch geachtete Form der Konfliktregelung. Untersuchungen von Jennings (1978) zum Kadi-System bedeutender anatolischer Städte des 17. Jahrhundert belegen diese Praxis. Bei Rechtsstreitigkeiten wurden häufig Mitglieder der örtlichen Gemeinde hinzugezogenen, um Kompromisse zu erzielen (vgl. auch Jung, 2002).

In der islamischen Tradition finden sich auch viele Beispiele für Formen der Konfliktbewältigung, welche die Familienbande nicht zerstören und die soziale Integration aufrechterhalten. Rosen (2000) erwähnt, dass die Integrität persönlicher Beziehungen in der Streitregulierung hoch geschätzt war. Vom Kadi wurde geradezu erwartet, dass er mit Rücksicht auf die künftige Beziehung der Streitenden Kompromisse zulässt, die sogar dem Buchstaben des Gesetzes zuwiderlaufen. Die Streitenden sollten in erster Linie wieder in die Lage versetzt werden, ihre Beziehungen miteinander auszuhandeln und fortzusetzen (vgl. auch Jung, 2002).

Die Vermittlung bei Streitigkeiten war vermutlich zunächst im familiären Bereich verankert und wurde dann darüber hinaus auf andere Konfliktsituationen bezogen. Im Europa des frühen Mittelalters übernahmen bei kriegerischen Auseinandersetzungen kirchliche und weltliche Würdenträger die Rolle des neutralen Friedensstifters (Kamp, 2001). Es wird auch von vermittelnden Interventionen geachteter Personen, wie einer Königin oder einer Äbtissin, berichtet (Kamp, 2001, S. 41). Die vermittelnde Streitschlichtung zwischen Fürsten und Landesherren knüpfte an Praktiken an, die bereits von den Römern im Umgang mit germanischen Völkern überliefert sind: Die Friedensstiftung durch Boten (*mediantibus legatis*). Hin- und herlaufende Gesandte erkundeten die genauen Bedingungen, etwa für die Vermeidung eines Waffengangs oder als Voraussetzung für einen Friedensschluss.

In der Geschichte sind Friedensschlüsse häufig durch vermittelnde Mächte und neutrale Unterhändler erzielt worden. Als beispielhaft für eine historische Mediation (Schwarz, 2005) gilt die nahezu fünf Jahre dauernde mühevolle Vermittlung durch *Alvise Contarini,* die in den Westfälischen Frieden von 1648 mündete. Damit wurde der Dreißigjährige Krieg beendet.

Verhandlungen, die 1973/74 im Streit um den Bau eines Staudamms im US-Bundesstaat Washington geführt wurden, gelten als erstes Mediationsverfahren im heutigen Sinne (Hehn, 2002). Das Staudammprojekt am Snoqualmie River war Gegenstand eines 15 Jahre dauernden Streits. An dem anschließenden Mediationsverfahren wurden Landwirte, Nachbarschaftsinitiativen, Umweltgruppen, Verbände, Behörden und Vertreter der Wirtschaft beteiligt. Es gelang, das Verfahren mit einer von allen Beteiligten akzeptierten Lösung abzuschließen. In den ersten zehn Jahren nach diesem erfolgreichen Mediationsverfahren wurden in den USA bereits 161 weitere Mediationen durchgeführt und 1984 die ersten staatlichen Büros für Mediation gegründet. In den 1980er Jahren des letzten Jahrhunderts kehrte die Mediation als konsensorientierte Alternative zu gerichtlichen Streitverfahren nach Europa zurück.

Dieses alternative Modell der Streitregulierung wurde in Deutschland zunächst unter dem Namen »Das Harvard Konzept« (Fischer et al., 1984) von interessierten Fachkreisen aufgegriffen. Michaela Muhr (2006) beschreibt die Entwicklung der Mediation in Deutschland seit 1990. 2005 zählte sie bereits zehn Mediationsverbände oder -vereine. Mit der »Bundesarbeitsgemeinschaft für Familienmediation« (BAFM), die 1992 in Bad Boll gegründet wurde, begann sich das Verfahren zu etablieren. Seither gibt es in Deutschland v. a. auf der Ebene der Länder viele Initiativen zur Förderung der Mediation. Auch in die Gesetzgebung fand der Ausgleichsgedanke Eingang. »1992 wurden im Kinder- und Jugendhilfegesetz KJHG § 17 Abs. 1 Ziffer 3 die Jugendämter mit der Vermittlung beim Sorgerecht anlässlich einer Trennung oder Scheidung beauftragt« (Muhr, 2006, S. 14). Weitere Institutionalisierungen folgten. 1998 konstituierte sich aus einer Arbeitsgemeinschaft des Deutschen Anwaltvereins (DAV) die Deutsche Gesellschaft für Mediation (DGM).

2 Anwendungsfelder der Mediation

Familien- und erbrechtliche Streitigkeiten gehörten zu den ersten Anwendungsfeldern der Mediation in Deutschland. Weiler und Schlickum (2008) beschreiben Mediationsfälle aus folgenden Feldern: Paarbeziehung, Familienrecht, Schulkonflikte, Arbeitsleben, Gesellschaftsrecht, Wirtschaftsrecht und Strafrecht. Auf Konflikte in Unternehmen gehen Altmann et al. (1999) in ihrem Praxisbuch ein. Mediation im öffentlichen Bereich bezieht sich oftmals auf große Bauvorhaben oder andere Projekte mit Auswirkungen auf Menschen und Umwelt – wie z. B. der Ausbau des Frankfurter Flughafens. Das juristisch dominierte Handbuch für Mediation (Haft & Schlieffen, 2009, S. 457–815) diskutiert umfänglich die Anwendungsbereiche Privatleben, Wirtschaft, Beruf sowie Verwaltung, Planung, Politik und Strafrecht.

Mediationsprinzipien werden auch auf Auseinandersetzungen zwischen Volksgruppen bezogen. Aber eine Mediation im strengen Sinne lässt sich dort nur durchführen, wenn die verhandelnden Personen als offizielle Vertreter ihrer jeweiligen Volksgruppe dazu ein Mandat erhalten.

3 Grundsätze der Mediation

Kracht (2009) wie auch Weiler und Schlickum (2008) heben folgende vier Prinzipien heraus:

Freiwilligkeit: Die Teilnahme an dem Verfahren ist freiwillig. Die Parteien sollen ohne äußeren Zwang bereit sein, das Verfahren durchzuführen. Es soll sichergestellt sein, dass jede Seite ohne Nachteil jederzeit aus dem Verfahren ausscheiden kann.

Selbstverantwortlichkeit: Die Konfliktparteien nehmen im Mediationsprozess ihre Interessen selbst wahr. Die Lösung des Problems erarbeiten die Parteien eigenverantwortlich. Der Mediator unterstützt zwar die Verhandlung, enthält sich aber jeder inhaltlichen Einflussnahme auf das Verhandlungsergebnis.

Informiertheit: Dieser Grundsatz bedeutet, dass alle Parteien über wichtige Tatsachen und die Rechtslage umfassend informiert sein müssen. Um eigenverantwortlich entscheiden zu können, benötigen sie alle relevanten Informationen. Die Teilnehmer verpflichten sich zur Offenlegung. Es ist Aufgabe des Mediators, den Informationsfluss zwischen den Beteiligten aufrechtzuerhalten und dafür zu sorgen, dass alle Seiten an dem benötigten Fachwissen teilhaben können.

Vertraulichkeit: Der Mediationsprozess ist vertraulich. Das Postulat der Vertraulichkeit dient dem Schutz jeder Partei und ist die Grundlage für ein vertrauensvolles Verhandlungsklima. Alle Beteiligten müssen sich zur Vertraulichkeit verpflichten. Die Vertraulichkeitsmaxime soll auch verhindern, dass Informationen, die während des Mediationsprozesses offenbart wurden, zu einem späteren Zeitpunkt gegen die offenbarende Partei verwendet werden.

4 Rolle und Aufgabe des Mediators

Der Mediator ist der Garant der Mediationsprinzipien. Als neutraler Dritter muss er von den Konfliktparteien unabhängig sein. Die Vorteile der Mediation ergeben sich gerade daraus, dass der Mediator nicht als Entscheider agiert, sondern als *Prozessbegleiter*. Er achtet auf einen fairen Umgang der Konfliktparteien und vereinbart mit ihnen Verfahrensregeln. Zudem hat er einige technische Aufgaben.

So strukturiert er die Zeitdauer der einzelnen Sitzungen, gestaltet die Sitzordnung, sorgt für »neutrales Terrain« und eine angemessene Atmosphäre.

Durch geeignete Interventionen unterstützt der Mediator den Kommunikationsprozess und als »Agent of Reality« verhindert er, dass sich die Beteiligten in unrealistische Vorstellungen und Erwartungen versteigen oder dass sich ein Mediationsteilnehmer im Eifer des Gefechts zu einer Entscheidung hinreißen lässt, die er später bereuen könnte.

5 Phasen und Schritte der Mediation

Der Ablauf ist in allen Mediationsmodellen sehr ähnlich. Kessen und Troja (2009) geben folgenden Überblick:

Vorbereitung und Mediationsvertrag: Wenn alle Beteiligten sich auf die Mediation einlassen und die jeweiligen Erwartungen geklärt sind, schließen sie einen Vertrag mit dem Mediator. Alle Konfliktbeteiligten müssen einbezogen sein. Der Mediator oder die Mediatorin führt eventuell Vorgespräche mit allen Beteiligten. Zur Klärung organisatorischer Fragen kann auch ein Vortreffen stattfinden.

Informations- und Themensammlung: Die Beteiligten benennen, worum es ihnen geht und welche Themen sie in dem Mediationsverfahren besprechen möchten. Zum Informationsausgleich werden alle bisherigen und anstehenden Planungen und Entscheidungen offengelegt. Die Themen werden für alle sichtbar aufgeschrieben und von den Konfliktbeteiligten nach ihrer Wichtigkeit eingeschätzt und gewichtet.

Interessenklärung: Diese entscheidende Klärungsphase dient dazu, die unterschiedlichen Interessen und Bedürfnisse hinter den Positionen herauszuarbeiten. Die Beweggründe und Ziele, die hinter den Positionen liegen, eröffnen den Raum für neue Lösungsmöglichkeiten. Dabei geht es auch darum, die Interessen der anderen Seite anzuerkennen. Allen Konfliktbeteiligten muss speziell in dieser Phase ausreichend Raum und Zeit gegeben werden.

Kreative Suche nach Lösungsoptionen: Gemeinsam werden dann auf der Grundlage der Interessensammlung möglichst viele Ideen entwickelt, die für eine Lösung hilfreich sein könnten. Dabei kommen in der Regel neue Sichtweisen und auch für alle Seiten vorteilhafte Optionen heraus. Zusätzlich können Kreativitätstechniken eingesetzt werden.

Bewertung und Auswahl der Optionen: Die unterschiedlichen Ideen werden nun gemeinsam bewertet und konkretisiert. Die Optionen sollen den Interessen möglichst weitgehend gerecht werden. Die Bewertungskriterien müssen für alle Konfliktparteien nachvollziehbar sein. Am Ende stehen realisierbare Vorschläge, mit denen alle leben können.

Vereinbarung und Umsetzung: Die Lösungen werden in einem abschließenden Vertrag zusammengefasst. Diese Vereinbarung enthält z. B. Informationen zum Verlauf, zu offengebliebenen Fragen, rechtlichen Rahmenbedingungen und den nächsten Schritten. Zur Überprüfung wird gegebenenfalls ein Nachfolgetreffen vereinbart. So leistet das Verfahren meist einen Beitrag zu einer langfristigen Verbesserung der Beziehungen zwischen den Beteiligten.

6 Interkulturelle Mediation

Wir leben in einer Welt, in der interkulturelle Kontakte auf allen Ebenen zunehmen. Interkulturelle Situationen im privaten wie beruflichen Umfeld sind ein alltäglicher Teil unserer Lebenswelt. Ich beziehe mich hier also auf Mediation in der Migrationsgesellschaft. Dazu werden Konzepte benötigt, die sowohl den lebensweltlichen Bedingungen als auch dem dialogischen Grundverständnis der Mediation als Aushandlungsprozess gerecht werden. Die Beziehungsdefinition von gleich zu gleich im Rahmen der Mediation entspricht hier dem Grundsatz der Gleichberechtigung von Menschen unterschiedlicher kultureller und religiöser Ausrichtung.

Der Erfolg eines Mediationsverfahrens hängt nicht zuletzt davon ab, dass die Konfliktpartner vom Mediator gleichermaßen akzeptiert und respektiert werden. Die Parteien sind in ihrer Rolle als Beteiligte in diesem Verfahren gleichberechtigt. Sie unterliegen denselben Spielregeln mit den gleichen Rechten und Pflichten. Mag ihre Beziehung auch in anderen Kontexten oder Rollen asymmetrisch sein, beispielsweise ein Abhängigkeitsverhältnis oder ein Machtgefälle aufweisen, hier verhandeln sie »auf gleicher Augenhöhe«. Als »Hüter der Spielregeln« ist der Mediator in besonderem Maße aufgerufen, eine gleichberechtigte Kommunikation zwischen den Streitparteien zu unterstützen.

Kulturelle Differenzen können natürlich Anlass für Irritationen, Missverständnisse und Konflikte sein. Allerdings wird das Konfliktpotenzial kulturell-religiöser Heterogenität häufig überbewertet. Kulturelle Unterschiede sind nur *eine* Variante von Diversität. Es gibt viele andere Unterschiede, die zu Konflikten führen können, z. B. Geschlechts- und Altersunterschiede. Hinter einem Konflikt, der »kulturell« genannt wird, verbergen sich nicht selten andere Themen – etwa hierarchische oder soziale Unterschiede sowie Verteilungs- oder Anerkennungskonflikte. Konstruktiver Umgang mit Vielfalt wird deshalb zu Recht als eine Schlüsselkompetenz betrachtet.

In Konfliktsituationen sind die Unterschiede selbst oft nicht das Problem, sondern eher der Umgang damit. Das ist jedenfalls dann der Fall, wenn kulturelle Selbstbehauptung mit Ausgrenzung und Abwertung anderer verknüpft wird. Wir tun zwar gut daran, kulturelle Unterschiede sorgsam zu thematisieren, aber wir sollten Schwierigkeiten, die in interkulturellen Situationen auftreten, nicht auf kulturelle Unterschiede reduzieren. Kühner (2010, S. 5 f.) spricht in diesem Zusammenhang von Kulturalisierung oder kultureller Maskierung. Nicht Kulturen, sondern Menschen geraten in Konflikte. Dabei gibt es immer auch Gestaltungs-

und Interpretationsspielräume (Heimannsberg, 2000). Gerade Mediation bietet einen Weg, diese Spielräume zu nutzen.

Im Folgenden werde ich ein Modell interkultureller Kompetenz (Bertelsmann Stiftung, 2006) aufgreifen und auf Aspekte der Mediation beziehen. Dieses dynamische Modell von Kompetenz in interkulturellen Situationen basiert auf einem ebenso dynamischen Kulturverständnis. Ein Begriff wie »Nationalkultur« unterstellt eine kulturell homogene Einheit. Die ältere Kulturanthropologie oder Völkerkunde beschrieb Kulturen als Gesamtheit mit bestimmten Kulturmerkmalen und erforschte sie vergleichend. Allerdings entspricht die heutige Wirklichkeit nicht dem Bild einer globalen Landkarte, auf der Kulturen als abgeschlossene Systeme wie Mosaiksteine nebeneinander stehen. Ein- und Auswanderer sind überall ein Teil der lokalen Welt. Die Erfahrungswelt der Migrationsgesellschaft legt einen erweiterten Kulturbegriff nahe.

Mit der Globalisierung wuchs nicht nur die kulturelle Pluralität in sozialen Systemen, sondern auch das Bewusstsein für »Hybridformen«, d. h. kulturelle Mischungen und Überlagerungen. Heute sind solche Phänomene so allgegenwärtig, dass dem nur ein prozesshafter Kulturbegriff angemessen erscheint.

Das erwähnte dynamische Modell interkultureller Kompetenz findet sich in einem Thesenpapier der Bertelsmann Stiftung (2006). Die dort zusammengestellten Faktoren beziehen sich u. a. auf Forschungsergebnisse und den zentralen Beitrag von Daerdorff (2006) zum gleichen Thema. Im Wesentlichen werden dort vier Dimensionen interkultureller Kompetenz (ebd., S. 8–10) unterschieden:

Konstruktive Interaktion – Vermeidung von Regelverletzungen, Zielerreichung: Konstruktiv und angemessen ist die Interaktion, wenn wichtige »kulturelle« Regeln, die Beteiligte für verbindlich erachten, nicht verletzt werden. Effektiv ist die Kommunikation, wenn die interkulturellen Akteure das angestrebte Ergebnis ihrer Interaktion tatsächlich erreichen.

Haltungen und Einstellungen – Wertschätzung von Vielfalt, Ambiguitätstoleranz: Voraussetzung für interkulturelles Lernen ist eine grundsätzlich positive Haltung gegenüber interkulturellen Situationen und Offenheit für kulturelle Vielfalt. Auch Ambiguitätstoleranz ist gefordert. Gemeint ist damit die Fähigkeit, Widersprüche auszuhalten und Unsicherheit zuzulassen, die fremde Kulturphänomene möglicherweise auslösen.

Handlungskompetenz – kulturelles Wissen, Kommunikationsfähigkeit, Konfliktfähigkeit: Wissen über die eigene Kultur und die Kultur des Interaktionspartners sind wichtige Förderaspekte interkultureller Kompetenz. Dazu gehört Verständnis für die historische und religiöse Begründung von Normen, Werten und Lebensweisen. Da umfassendes kulturelles Wissen aber nicht abschließend zu erreichen ist, gilt es, Haltungen und Fähigkeiten auszubilden, die das Erlernen und Verarbeiten von Wissen über andere Kulturen ermöglichen.

Reflexionskompetenz – Relativierung von Referenzrahmen, Empathiefähigkeit: Die Fähigkeit zum Perspektivenwechsel ist ebenfalls sehr wichtig. Die eigene Weltsicht soll nicht absolut gesetzt, sondern reflektiert werden. Die Reflexion als innere Wirkung interkultureller Kompetenz kann dann auch zu einer affektiven Neubewertung zunächst fremder Denk- und Verhaltensweisen führen. Reflexion bereitet den Boden für Empathie.

Alle vier Dimensionen interkultureller Kompetenz beeinflussen sich gegenseitig. So wirkt jede interkulturelle Interaktion auf die zugrunde liegende Motivation sowie die Handlungs- und Reflexionskompetenz der Akteure zurück.

Um die Perspektive von Wechselseitigkeit und Gleichberechtigung zu bekräftigen, möchte ich hier noch einen Aspekt aus der Migrationsforschung ergänzen, nämlich den Blickwinkel der transnationalen Räume. Während die klassische Migrationstheorie internationale Migrationsströme als einmalige Wanderungsprozesse ansieht und die kulturelle Anpassung der Einwanderer an die »Mehrheitsgesellschaft« untersucht, definieren neuere Ansätze Migration als zirkulären Prozess. Auch aus diesem Blickwinkel sind kulturelle Transformationen prinzipiell nicht abschließbar. Das betrifft nicht nur die Gesellschaft als Ganzes, sondern auch die Inklusions- und Entwicklungsmöglichkeiten von Individuen. Transnationale Migranten können z.B. gleichzeitig an unterschiedlichen nationalstaatlichen Standorten an Subsystemen wie Ökonomie, Politik, Recht, Erziehung, Wissenschaft, Medien teilhaben und damit individuelle Handlungspotenziale realisieren. Mit dem Blickwinkel der mehrfachen simultanen Inklusion von Amelina (2010) wird die Zweiteilung von »Mehrheitsgesellschaft« und eingewanderten »Minderheiten« überwindbar.

7 Perspektivenkoordination

Wenn ein Mediationsverfahren gut läuft, wenn interkulturelle Prozesse gelingen, stimmen konkrete Menschen in beiden Fällen divergierende Bedeutungen und Sichtweisen ab, halten Dissens oder Widersprüche aus und schaffen schließlich eine gemeinsame Wirklichkeit. Das Metakonzept der Intersubjektivität ist beiden Denkfiguren gemeinsam. Konkrete Akteure setzen sich zueinander in Beziehung.

Duss-von Werdt (2009) betont, dass Mediation jenseits aller erlernbaren Methoden und Techniken ein zwischenmenschliches Geschehen ist (ebd., S. 245–254). Interkulturelle Situationen erfordern wie Konfliktsituationen »Perspektivenkoordination« – auch ein erhellender Begriff von Duss-von Werdt (ebd., S. 247). Es geht zunächst darum, Vertrauen aufzubauen. Die Parteien kommunizieren achtsam, nehmen sich gegenseitig ernst und vermeiden Beleidigungen. Keine Partei soll einen Gesichtsverlust befürchten müssen. Angestrebt wird ein Ergebnis, mit dem alle leben können. Davon trifft vieles auch auf interkulturelle Situationen zu. In beiden Feldern ist der Umgang mit Unterschieden ein »Dauerbrenner«.

8 Praxeologie und Ausbildung

Wer die kommunikative Kompetenz einer Mediatorin/eines Mediators mitbringt und in der Rolle des Vermittlers die Interaktion von Konfliktpartnern authentisch und einfühlsam begleiten kann, hat auch gute Voraussetzungen, kultursensibel zu agieren. Doch die interkulturelle Perspektive wird am besten von jenen Mediatoren vertreten, die Zugang zu mehreren Kulturen haben. Das würde speziell auch die praxeologischen Diskurse mit Blick auf die Migrationsgesellschaft entscheidend bereichern.

Mediationsverbände und Institute sollten den Einsatz transkulturell erfahrener Mediatoren fördern und vermehrt Bewerber mit transkulturellem Hintergrund ausbilden. Sinnvoll wäre auch, spezifische Konzepte interkultureller Mediation zu entwickeln und in Curricula der Fort- und Ausbildung für Mediatoren zu integrieren.

Literatur

Altmann, G., Fiebiger, H. & Müller, R. (1999). *Mediation. Konfliktmanagement für moderne Unternehmen.* Weinheim und Basel: Beltz.

Amelina, A. (2010). Transnationale Migration jenseits von Assimilation und Akkulturation. Transnationale Inklusion und hybride Wissensordnungen als konzeptionelle Alternative zur Assimilations- und Akkulturationsdebatte. *Berliner Journal für Soziologie, Band 20* (2/10), 257–279.

Duss-von Werdt, J. (2009). Systemische Aspekte. In F. Haft & K. Gr. v. Schlieffen (Hrsg.), *Handbuch Mediation. Verhandlungstechnik, Strategien, Einsatzgebiete* (2. Aufl.) (S. 231–265). München: C. H. Beck.

Fisher, R., Ury, W. & Patton, B. (1997). *Das Harvard-Konzept: Sachgerecht verhandeln – erfolgreich verhandeln* (16. Aufl.). Frankfurt a. M./New York: Campus.

Haft, F. & Schlieffen, K. Gr. v. (Hrsg.) (2009). *Handbuch Mediation. Verhandlungstechnik Strategien, Einsatzgebiete* (2. Aufl.). München: C. H. Beck.

Heimannsberg, B. (2000). Einleitung: Zum Umgang mit kulturellen Unterschieden. In B. Heimannsberg & C. J. Schmidt-Lellek (Hrsg.), *Interkulturelle Beratung und Mediation. Konzepte, Erfahrungen und Perspektiven* (S. 13–22). Köln: EHP.

Jennings, R. C. (1978). Kadi, Court, and Legal Procedure in 17th C. Ottoman Kayseri. *Studia Islamica* 48, 133–172.

Jung, H. (2002). Zur Kadijustiz. In H.-H. Kühne, H. Jung, A. Kreuzer & J. Wolter (Hrsg.), *Festschrift für Klaus Rolinski* (S. 209–217). Baden-Baden: Nomos.

Kamp, H. (2001). *Friedensstifter und Vermittler im Mittelalter.* Darmstadt: Wissenschaftliche Buchgesellschaft.

Kessen, S. & Troja, M. (2009). Die Phasen und Schritte der Mediation als Kommunikationsprozess. In F. Haft & K. Gr. v. Schlieffen (Hrsg.), *Handbuch Mediation. Verhandlungstechnik, Strategien, Einsatzgebiete* (2. Aufl.) (S. 293–319). München: C. H. Beck.

Kracht, S. (2009). Rolle und Aufgabe des Mediators – Prinzipien der Mediation. In F. Haft & K. Gr. v. Schlieffen (Hrsg.), *Handbuch Mediation. Verhandlungstechnik, Strategien, Einsatzgebiete* (2. Aufl.) (S. 267–293). München: C. H. Beck.

Rosen, L. (2000). *The Justice of Islam. Comparative perspectives on Islamic Law and Society.* Oxford: Oxford University Press.

Weiler, E. & Schlickum, G. (2008). *Praxisbuch Mediation. Falldokumentationen und Methodik zur Konfliktlösung.* München: C.H. Beck.

Internetquellen

Bertelsmann Stiftung (2006).Thesenpapier der Bertelsmannstiftung. Interkulturelle Kompetenz – Schlüsselkompetenz des 21. Jahrhunderts? Verfügbar unter: http://www.bertelsmann-stiftung.de/bst/de/media/xcms_bst_dms_17 145_17 146_2.pdf (06. 07. 2012).

Deardorff, D.K. (2006). Policy Paper zur Interkulturellen Kompetenz. In Bertelsmannsstiftung, Interkulturelle Kompetenz – Schlüsselkompetenz des 21. Jahrhunderts? Thesenpapier der Bertelsmann Stiftung auf Basis der Interkulturellen Kompetenz-Modelle von Dr. Darla K. Deardorff (S. 13–42). Gütersloh: Bertelsmann Stiftung. Verfügbar unter: http://www.bertelsmann-stiftung.de/bst/de/media/xcms_bst_dms_17 145_17 146_2.pdf (06.07. 2012).

Kadenbach, J. (2011). Mediation (Juristische Fakultät Leibniz). Verfügbar unter: http://www.jura.uni-hannover.de/1318.html (30. 10. 2011).

Kühner, A. (2010). Beratung in der Migrationsgesellschaft. Zwischen Dramatisierung und Anerkennung von Differenz. Positionen. Beiträge zur Beratung in der Arbeitswelt. 2, 5–6. Verfügbar unter: http://www.upress.uni-kassel.de/publik/Positionen%20Heft%202_2010.pdf (16. 01. 2012).

Muhr, M. (2006). Die geschichtliche Entwicklung der Mediation in Deutschland und Russland in den letzten 15 Jahren. Master-Thesis. Verfügbar unter: http://www.diemediatoren.at/pdf/Master-Thesis%20MUHR.pdf (17. 08. 2012).

Schwartz, H.V. (2005). Ein Beitrag zur Geschichte der Mediation. Verfügbar unter: http://himev.de1.cc/wpcontent/themes/th_himev/pdf/Ein_Beitrag_zur_Geschichte_der_Mediation_in_Europapdf (04. 07. 2010).

Die Herausgeber

Dr. Wilhelm Körner, Diplom-Psychologe, Psychologischer Psychotherapeut, Kinder- und Jugendlichen-Psychotherapeut, Mitherausgeber der Fachzeitschrift *Kindesmisshandlung und -vernachlässigung*, Münster i. W.

Arbeits- und Forschungsschwerpunkte: Psychotherapie und Beratung; Migration und Gesellschaft; Diagnostik, Intervention und Prävention bei Vernachlässigung, sexuellem Missbrauch und Gewalt; Entwicklung von Handlungs- und Selbsthilfekonzepten gegen Gewalt und sexuellen Missbrauch.

Veröffentlichungen (Auswahl): Handbuch der Erziehungsberatung. 2 Bände (1998; 2000); Handwörterbuch Sexueller Missbrauch (2002); Sexueller Missbrauch. Grundlagen und Konzepte (2004); Kindesmisshandlung und Vernachlässigung. Ein Handbuch (2005); Risikoerfassung bei Kindesmisshandlung und Vernachlässigung (2006); Einführung in die Erziehungsberatung (2008); Eltern-Belastungs-Screening zur Kindeswohlgefährdung (EBSK) (2009); Erfassung von Kindeswohlgefährdung in Theorie und Praxis (2011); Gewalt und Aggression im Kinder- und Jugendalter (2011); Diagnostik von Kindesmisshandlung und Vernachlässigung. Ein Leitfaden (2012). E-Mail: wilhelm.koerner@web.de

Gülcan Irdem, Diplom-Sozialpädagogin/Diplom-Sozialarbeiterin, Kinder- und Jugendlichen-Psychotherapeutin, Leiterin der Clearing- und Diagnostikstelle »Seelische Behinderung« der Stadt Bochum.

Arbeits- und Forschungsschwerpunkte: Psychotherapie und Beratung, Interkulturelle Beratung und Migration, Eingliederungshilfe im Rahmen der seelischen Behinderung.

Dr. Ullrich Bauer, Sozial- und Gesundheitswissenschaftler, Professor für Sozialisationsforschung an der Fakultät für Bildungswissenschaften der Universität Duisburg-Essen, Geschäftsführender Direktor des dortigen Instituts für Pädagogik, Mitglied des Zentrums für Bildungs- und Sozialreform und Leiter der AG Sozialisationsforschung und des Zentrums für Prävention und Intervention im Kindes- und Jugendalter. Zudem Wissenschaftlicher Beirat der Spitzenverbände der Krankenkassen (§ 65 b SGB V, Modellprojekte der Patientenberatung).

Arbeits- und Forschungsschwerpunkte: Sozialisationsbedingungen von Kindern in Risikolagen, Prävention und Beratung für ressourcenschwache und benachteiligte Gruppen, Ökonomisierung von sozialen Dienstleistungen, Bildungs- und Sozialreformen.

Veröffentlichungen (Auswahl): Soziale Ungleichheit und Pflege (2008); Health Inequalities. Determinanten und Mechanismen gesundheitlicher Ungleichheit

(2008); Die Wissensgesellschaft (2006); Das Präventionsdilemma (2005). Schulische Kompetenzförderung im Spiegel sozialer Polarisierung; Prävention für Familien mit psychisch erkrankten Eltern. Bedarf, Koordination, Praxiserfahrung (2012); Handbuch Bildungs- und Erziehungssoziologie (2012); Prävention für Kinder psychisch erkrankter Eltern. Das KANU-Manual (2012).

Autorinnen und Autoren

Abdoulaye Amadou
Sprach- und Kulturmittler im Gesundheits- und Sozialwesen
Zertifizierte Diversity-Fortbildung zur transkulturellen Kompetenz im Gesundheits- und Sozialwesen.
E-Mail: a_amadou@gmx.de

Maria Belz
Dipl.-Psychologin am Asklepios Fachklinikum Göttingen.
E-Mail: m.belz@asklepios.com

Isaac Bermejo, Dr.
Dipl.-Pyschologe, Priv.-Dozent, Psychologischer Psychotherapeut (VT)
Celenus-Kliniken GmbH Offenburg, Abt. Qualitätsmanagement.
E-Mail: i.bermejo@celenus-kliniken.de

Jutta Bierwirth
Dipl.-Psychologin, Verhaltenstherapeutin (i. A.)
Arbeitsschwerpunkt: Transkulturelle Psychotherapie und Psychotherapie mit traumatisierten Flüchtlingen.
E-Mail: jutta.bierwirth@email.de

Kemal Bozay, Dr.
Sozial- und Erziehungswissenschaftler
E-Mail: bozay@ifak-bochum.de

Askim Bozkurt-Müller, Dr.
Wirtschaftsmediatorin (IHK).
E-Mail: askimb@gmx.de

Aladin El-Mafaalani, Dr.
Vertretung des Lehrstuhls für Didaktik der Sozialwissenschaften an der Ruhr-Universität Bochum, ab 2/2013 Professor für Politikwissenschaft an der Fachhochschule Münster.
E-Mail: mafaalani@fh-muenster.de

Jürgen Gerdes
Dipl.-Politologe an der Pädagogischen Hochschule Freiburg, Institut für

Soziologie.
E-Mail: juergen.gerdes@ph-freiburg.de

Cinur Ghaderi
Dipl.-Psychologin, Psychologische Psychotherapeutin am Psychosozialen Zentrum für Flüchtlinge Düsseldorf.
E-Mail: ghaderi@psz-duesseldorf.de

Christian Gosberg
Dipl.-Sozialarbeiter.
E-Mail: chris.gosberg@t-online.de

Barbara Heimannsberg
Beratung, Fortbildung, Supervision in Frankfurt a. M.
Internet: www.barbara-heimannsberg.de
E-Mail: heimannsberg@t-online.de

Emra Ilgün-Birhemioglu
Dipl.-Pädagogin an der Universität Duisburg-Essen, Fakultät für Bildungswissenschaften.
E-Mail: emra.ilguen@uni-due.de

Ljiljana Joksimovic
Fachärztin für Psychosomatische Medizin und Psychotherapie, Leitende Oberärztin
LVR Klinikum Düsseldorf, Kliniken der Heinrich-Heine-Universität Düsseldorf, Klinik für Psychosomatische Medizin und Psychotherapie.
E-Mail: Ljiljana.Joksimovic@lvr.de

Eva von Keuk
Dipl.-Psychologin, Psychologische Psychotherapeutin am Psychosozialen Zentrum für Flüchtlinge Düsseldorf.
E-Mail: vankeuk@psz-duesseldorf.de

Jan Kizilhan, Dr.
Professor an der Dualen Hochschule Baden-Württemberg, PG Migration, psychische Erkrankungen und Rehabilitation, Universität Freiburg, Fachbereich Psychologie.
E-Mail: kizilhan@psychologie.uni-freiburg.de

Jürgen Kriz, Dr.
Univ.-Prof. für Psychotherapie und Klinische Psychologie, Institut für Psychologie, Universität Osnabrück.
Internet: www.jkriz.de
E-Mail: kriz@uos.de

Ruperta Mattern, Dr.
Erzieherin und Sozialpädagogin, wiss. Mitarbeiterin, Lehrstuhl Allgemeine Pädagogik, Universität Bamberg.
E-Mail: ruperta.mattern@uni-bamberg.de

Havva Mazı
MPH, Gesundheitspädagogin und Lehrerin für Pflegeberufe (TR), Krankenschwester, Gesundheitswissenschaftlerin sowie Fachkraft in der Interkulturellen Betreuung in einer Rehabilitationsklinik in Bad Oeynhausen.
E-Mail: havvamazi@gmx.de

Ibrahim Özkan, Dr.
Dipl.-Psychologe, Psychologischer Psychotherapeut, zert. Traumatherapeut (DeGPT), zert. EMDR-Therapeut, Psychoonkologe am Asklepios Fachklinikum Göttingen.
E-Mail: ibrahim@ibrahim.info

Julia Paruch, Dr.
Dipl.-Psychologin, Psychologische Psychotherapeutin in Berlin, psyberlin.
E-Mail: paruch@psyberlin.com

Bernd Röhrle, Dr.
Professor für Klinische Psychologie und Psychotherapie an der Philipps-Universität Marburg, Fachbereich Psychologie, sowie Psychologischer Psychotherapeut, Supervisor.
E-Mail: roehrle@staff.uni-marburg.de

Ehsan Salehi-Jozani
Sozialarbeiter, Sozialpädagoge (BA) in Dortmund.
E-Mail: e.salehi_jozani@yahoo.de

Joachim Schroeder, Dr.
Professor für Lernbehindertenpädagogik, Fachbereich Erziehungswissenschaft, Universität Hamburg.
E-Mail: Joachim.Schroeder@uni-hamburg.de

Wolfgang Schrödter, Dr.
Priv.-Dozent am Evangelischen Zentrum für Beratung, Höchst, Frankfurt a. M.
E-Mail: wolfgang.schroedter@frankfurt-evangelisch.de

Talibe Süzen, Dr.
AWO Bundesverband e. V. Berlin.
E-Mail: talibe.suezen@awo.org

Ahmet Toprak, Dr.
Professor für Erziehungswissenschaften an der Fachhochschule Dortmund, Fachbereich Angewandte Sozialwissenschaften.
E-Mail: ahmet.toprak@fh-dortmund.de

Haci Halil Uslucan, Dr.
Wissenschaftlicher Leiter des Zentrums für Türkeistudien und Integrationsforschung sowie Professor für Moderne Türkeistudien an der Universität Duisburg-Essen.
E-Mail: haci@uslucan.de

Hakan Uzun
Kommunikationswissenschaftler, Journalist.
E-Mail: hakan.uzun@schulen-ans-netz.de

Ece Wendler
Dipl.-Psychologin, Gesprächs- und Systemische Familienpsychotherapeutin Beratungszentrum Ost, Jugendamt Stuttgart.
E-Mail: ece.wendler@stuttgart.de

Birgit Werner, Dr.
Professorin für Lernbehindertenpädagogik an der Pädagogischen Hochschule Heidelberg.
E-Mail: birgit.werner@ph-heidelberg.de